suhrkamp taschenbuch
wissenschaft 1066

Wir ertragen nur schwer die Analysen von Soziologen, wenn sie unsere Verhaltensweisen in der Perspektive von Regeln oder von Ritualen beschreiben. Gleichwohl erheben wir in der Regel keine Einwände, wenn Ethnologen in dieser Weise über sogenannte primitive Völker sprechen. Warum sind wir dann, wenn es sich um andere handelt, spontan objektivistisch? Und warum nehmen wir für uns selbst und uns allein das Privileg von Freiheit und von Subjektivität in Anspruch?

Ein wirkliches Verständnis von Praxis stellt eine doppelte Aufgabe, die sowohl über den Objektivismus (wie z. B. bei Lévi-Strauss) als auch über den Subjektivismus (wie z. B. bei Sartre) hinausführt: es geht darum, sowohl die objektiven Strukturen (z. B. die statistischen Regelmäßigkeiten von Praktiken) als auch die inkorporierten Strukturen (z. B. die sozialen Kategorien der Wahrnehmung) zu objektivieren – was eine auf der Anwendung von Techniken der Objektivierung begründete Distanz voraussetzt. Gleichzeitig geht es aber auch darum, die Objektivierung selbst zu objektivieren: nämlich die Operationen, die den Zugang zu dieser »objektiven Wahrheit« ermöglichen, wie auch den Gesichtspunkt, unter dem sie operieren – um die Distanz zu überwinden, die der Objektivierung innewohnt.

Auf diese Weise zu entdecken, daß es eine Objektivität des Subjektiven gibt, daß der Forscher mit seinen Instrumenten der Objektivierung die Vorstellungen, die sich die Akteure selbst über ihre Praxis machen, zerstören muß, um die objektiven Strukturen erfassen zu können, ist selbst noch ein Moment der Objektivität: die kollektiven Illusionen sind nicht illusorisch.

Pierre Bourdieu (1930-2002) war Professor für Soziologie am Collège de France.

Im Suhrkamp Verlag sind zuletzt erschienen: *Meditationen* (2001), *Die männliche Herrschaft* (2005), *Soziologie ist ein Kampfsport* (fes 5), *Algerische Skizzen* (2010), *Über den Staat* (2014).

Pierre Bourdieu
Sozialer Sinn

Kritik
der theoretischen Vernunft

Übersetzt von
Günter Seib

Suhrkamp

Titel der Originalausgabe:
Le sense pratique

Bibliografische Information der Deutschen Nationalbibliothek
Die Deutsche Nationalbibliothek verzeichnet diese Publikation
in der Deutschen Nationalbibliografie;
detaillierte bibliografische Daten sind im Internet über
http://dnb.d-nb.de abrufbar.

11. Auflage 2020

Erste Auflage 1993
suhrkamp taschenbuch wissenschaft 1066

Umschlag nach Entwürfen von
Willy Fleckhaus und Rolf Staudt
Druck und Bindung: C. H. Beck, Nördlingen
Printed in Germany
ISBN 978-3-518-28666-1

Inhalt

Vorwort

> Welche speziellen Affinitäten schienen ihm zwischen dem Mond und der Frau als solcher zu bestehen? Sein Alter, insofern er älter war als die sukzessiven tellurischen Generationen und dieselben alle überlebt hatte: seine nächtliche Prädominanz: seine Abhängigkeit als Trabant: seine luminare Reflexion, seine Beständigkeit in allen seinen Phasen, indem er zu feststehenden Zeiten auf- und niederging, zunahm und abnahm: die erzwungene Invariabilität seines Anblicks: sein unbestimmtes Antworten auf inaffirmative Befragung: seine Macht über flutende und ebbende Wasser: seine Kraft, verliebt zu machen, zu kränken, mit Schönheit zu bekleiden, den Verstand zu benehmen, zum Verbrechen zu verleiten und demselben Vorschub zu leisten: die ruhige Undurchdringlichkeit seines Gesichts: die Schrecklichkeit seiner einsamen, herrschenden, unversöhnlichen, gleißenden Nähe: seine Omina für Sturm und Windstille: die Stimulation seines Lichtes, seiner Bewegung und seiner Gegenwart: die Warnung seiner Krater, seiner trockenen Meere, seines Schweigens: sein Glanz, wenn er sichtbar war: seine Anziehungskraft, wenn er unsichtbar war.
>
> James Joyce, *Ulysses*
> (Übers. Hans Wollschläger)

Der Fortschritt der Erkenntnis setzt bei den Sozialwissenschaften einen Fortschritt im Erkennen der Bedingungen der Erkenntnis voraus. Deshalb erfordert er, hartnäckig und mehrfach zu denselben Objekten zurückzukehren (hier: zu den in *Entwurf einer Theorie der Praxis* und in zweiter Linie zu den in *Die feinen Unterschiede* behandelten), alles Gelegenheiten, das objektive und subjektive Verhältnis zum Objekt weiter zu objektivieren. Notwendig ist die rückblickende Rekonstruktion der einzelnen Etappen deswegen, weil diese Arbeit, die zunächst auf den Ausführenden einwirkt und die manche Schriftsteller in das entstehende Werk (*work in progress*, schrieb Joyce) einzuarbeiten suchten, ihre eigenen Spuren zu löschen trachtet. Das Wesentliche meiner keineswegs persönlichen Mitteilungen hier könnte an Sinn und Wirkung verlieren, wenn man es unter Gestattung eines Sichablösens von der Praxis, von der es ausgeht und in die es wieder eingehen sollte, in der wirklichkeitsfernen und neutralisierten Existenzform »theoretischer« Thesen oder epistemologischer Diskurse stehenließe.

Es ist nicht leicht, sich die Wirkungen des Werks von Claude Lévi-Strauss auf das intellektuelle Feld Frankreichs und die konkreten Vermittlungsprozesse zu vergegenwärtigen, durch die einer ganzen Generation eine neue Auffassung der Geistestätigkeit aufgedrängt wurde, die in durchaus dialektischem Gegensatz zur Gestalt des »totalen« und entschieden der Politik zugewandten Intellektuellen trat, wie sie Jean-Paul Sartre verkörperte. Diese exemplarische Konfrontation hat damals sicher nicht wenig dazu beigetragen, daß bei vielen angehenden Sozialwissenschaftlern der Ehrgeiz geweckt wurde, die Spaltung zwischen theoretischen und praktischen Intentionen, die so häufige Loslösung der wissenschaftlichen Berufung vom ethischen oder politischen Auftrag aufzuheben, indem diese ihre Aufgabe als Forscher als ein der reinen Wissenschaft und der exemplarischen Prophetie gleichermaßen fernes, sozusagen engagiertes Handwerk bescheidener und verantwortungsbewußter erfüllten.

In einem um seine Unabhängigkeit kämpfenden Algerien an einer wissenschaftlichen Analyse der algerischen Gesellschaft zu arbeiten bedeutete zugleich den Versuch, die Grundlagen wie die Ziele dieses Kampfes zu verstehen und verständlich zu machen, die über die aus Strategiegründen notwendige Einheit hinaus eindeutig sozial differenziert, ja sogar antagonistisch waren. Damit sollte gewiß diesem Kampf nicht die Richtung gegeben, doch sollten wahrscheinliche Fehlentwicklungen vorhersehbarer gemacht und damit erschwert werden. Daher kann ich meine damaligen Arbeiten, die mir zwar damals die angestrebte Versöhnung zwischen praktischer und wissenschaftlicher Intention einzulösen schienen, aber viel ihrem emotionalen Entstehungszusammenhang verdanken, bei aller ihrer Naivität nicht verleug-

nen.[1] Noch weniger kann ich mich von den Vorhersagen oder besser Warnungen in den Schlußbemerkungen der zwei empirischen Untersuchungen über die algerische Gesellschaft, *Travail et travailleurs en Algérie* und *Le déracinement*, distanzieren, auch wenn beide (vor allem letztere) inzwischen dazu herhalten mußten, gewisse wahrscheinliche Fehlentwicklungen zu rechtfertigen, denen sie vorbeugen wollten.
Zwar braucht hier nicht gesagt zu werden, daß ein Buch wie *Rasse und Geschichte* in einem solchen Kontext, in dem sich das Rassismusproblem ständig als Frage von Leben und Tod stellte, mehr als eine intellektuelle Stellungnahme gegen den Evolutionismus war. Schwieriger ist es jedoch, die zugleich geistige und emotionale Erschütterung zu beschreiben, die das Lesen einer Analyse der Mythologien der Indianer als einer Sprache mit eigener Logik und Existenzberechtigung bewirken konnte, vor allem dann, wenn man gerade im Zuge eigener Forschungen diese oder jene der zahllosen Sammlungen ritueller Fakten gelesen hatte, von denen die Bibliotheken und Bibliographien über Nordafrika überquellen, die oft ohne jede Ordnung und Methode aufgezeichnet waren und daher völlig ohne Sinn und Verstand erscheinen mußten. Die ehrfurchtsvolle Akribie und Geduld, mit der Claude Lévi-Strauss in seinem Seminar am Collège de France diese auf den ersten Blick sinnleeren Sequenzen solcher Erzählungen zerlegte und wieder zusammenfügte, mußte letztendlich als exemplarische Einlösung einer Art wissenschaftlichen Humanismus erscheinen. Ich riskiere diese Formulierung trotz der darin vielleicht enthaltenen Abschätzigkeit, weil sie mir ziemlich genau die metawissenschaftliche Begeisterung für die Wissenschaft zu umschreiben scheint, mit der ich mich auf die Untersuchung des kabylischen Rituals stürzte. Zuvor hatte ich diesen Gegenstand von meinen Forschungen im Namen der Vorstellung ausgeklammert, die so manchen vor allem in früheren Kolonien verleitet, die Ethnologie für eine Spielart des fixistischen Essentialismus zu halten, der vor allem auf diejenigen Aspekte der Praxis achtet, mit denen sich rassistisches Gedankengut am besten

1 Vgl. P. Bourdieu, »Révolution dans la révolution«, *Esprit* Nr. 1, Januar 1961, S. 27–40, und »De la guerre révolutionnaire à la révolution«, in: *Algérie de demain*, P.U.F. 1962, S. 5–13.

untermauern läßt. In der Tat schienen mir fast alle der zum Zeitpunkt der Entstehung meines Buchs *Sociologie de l'Algérie* vorhandenen, ganz oder teilweise mit dem Ritual befaßten Arbeiten zumindest in ihrer objektiven Intention und gesellschaftlichen Auswirkung einer besonders skandalösen Spielart des Ethnozentrismus schuldig. Sie besteht darin, nur begründet durch einen vagen, zur Rechtfertigung des Kolonialismus wie geschaffenen Frazerschen Evolutionismus, Praktiken darzubieten, die als unbegründbar wahrgenommen werden müssen. Daher orientierte ich mich damals in ganz andere Richtungen, wie sie von einigen exemplarischen Arbeiten gewiesen wurden. Dies waren Jaques Berques Arbeiten, darunter *Les structures sociales du Haut Atlas*, für mich ein besonders wertvolles Beispiel für die materialistische Methode auf diesem Gebiet, und die beiden hervorragenden Artikel »Qu'est-ce-qu'une tribu nord-africaine?« und »Cent-vingt ans de sociologie maghrébine«[1], die mir zahllose Ansatz- und Bezugspunkte von unschätzbarem Wert boten; die Arbeiten André Nouschis, dessen Untersuchungen über die Geschichte der Landwirtschaft mich anregten, die Ursache für den Wandel der bäuerlichen Wirtschaft und Gesellschaft in der Geschichte der Kolonialpolitik und im Bodenrecht zu suchen, und dies auch in den Regionen, die scheinbar von der Kolonisierung am wenigsten betroffen waren[2]; und schließlich die Arbeiten Emile Dermenghems und Charles-André Juliens, die mir Anfänger auf verschiedenen Gebieten die Blickrichtung wiesen.
Zur Untersuchung der rituellen Überlieferungen wäre ich nie gelangt, wenn nicht dieselbe »Rehabilitierungsabsicht«, die mich zunächst veranlaßt hatte, das Ritual aus der Gesamtheit der legitimen Forschungsgegenstände zu streichen und allen Arbeiten zu mißtrauen, die es gelten ließen, mich von 1958 an bewogen hätte, das Ritual der primitivistischen, gönnerhaften Behandlung zu entreißen. Ich wollte damit bis in den letzten Winkel

1 J. Berque, *Les structures sociales du Haut Atlas*, Paris, P.U.F., 1955; »Qu'est-ce-qu'une tribu nord-africaine?«, *Hommage à Lucien Febvre*, Paris 1954; »Cent-vingt ans de sociologie maghrébine«, *Annales*, 1956.

2 A. Nouschi, *Enquête sur le niveau de vie des populations rurales constantinoises de la conquête jusqu'en 1919. Essai d'histoire économique et sociale*, Paris, P.U.F. 1961; *La naissance du nationalisme algérien*, 1914–1954, Paris, Ed. de Minuit 1962.

jenem Rassendünkel nachspüren, der seinen Opfern durch die Selbstbeschämung, die er in ihnen erzeugt, die Erkenntnis und Anerkennung ihrer eigenen Überlieferung versagt. Wenn ein Problem oder eine Methode in der Wissenschaft soeben als höchst legitim konstituiert worden ist, kann das bewußt oder unbewußt befreiend oder anfeuernd wirken. Doch konnte mich dies nicht vergessen machen, wie unpassend, ja sogar absurd eigentlich eine Untersuchung ritueller Praktiken unter den tragischen Umständen des Algerienkriegs war. Dies wurde mir erst neulich wieder bewußt, als mir alte Fotos von gemauerten, mit Schlangenreliefs verzierten Saatgetreidebehältern in die Hände gerieten, die ich Ende der fünfziger Jahre bei Studien in der Gegend von Collo aufgenommen hatte. Obwohl ich kein Blitzlicht hatte, ist die Bildqualität gut. Das aber verdanke ich nur der französischen Armee, die den Bewohnern des Hauses, in welchem die Behälter als ortsfestes (weil »gemauertes«) »Mobiliar« standen, zwecks Vertreibung das Dach über dem Kopf angezündet hatte. Besondere epistemologische Klarsicht oder besonderer ethischer oder politischer Scharfblick war also nicht erforderlich, um sich die Frage nach den tieferen Bestimmungsfaktoren einer so offensichtlich »deplazierten« *libido sciendi* zu stellen. Ein wenig gemildert wurde dieses unvermeidliche Unbehagen durch das Interesse, das die Gewährsleute in Algerien dieser Forschung immer dann entgegenbrachten, wenn sie zugleich zu ihrer eigenen wurde, zu dem Bemühen, sich einen zugleich »eigenen und anderen« Sinn wieder anzueignen. Nachzutragen wäre noch, daß es zweifellos das Unbehagen über die »Überflüssigkeit« einer rein ethnographischen Untersuchung war, welches mich bewog, im Statistischen Institut von Algier zusammen mit Alain Darbel, Jean-Paul Rivet, Claude Seibel und einer ganzen Gruppe algerischer Studenten die zwei Untersuchungen durchzuführen, die zur Grundlage für zwei Analysen der Sozialstruktur der Kolonialgesellschaft und ihrer Wandlungen mit den Titeln *Travail et travailleurs en Algérie* und *Le déracinement* werden sollten, und außerdem für verschiedene eher ethnographische Artikel, in denen ich eine Analyse der Einstellungen zur Zeit versuchte, die im Grunde vorkapitalistische ökonomische Verhaltensweisen sind.

Die philosophischen Auslegungen, die sich eine Zeitlang um den

Strukturalismus rankten, vergaßen und machten vergessen, was gewiß die entscheidende Neuheit war: daß mit ihm die strukturelle *Methode* oder einfacher das relationale Denken in die Sozialwissenschaften eingeführt wurde, das mit dem substantialistischen Denken bricht und dazu führt, jedes Element durch die Beziehungen zu charakterisieren, die es zu anderen Elementen innerhalb eines Systems unterhält und aus denen sich sein Sinn und seine Funktion ergeben. Das wirklich Schwierige und Seltene ist nicht, sogenannte »eigene Einfälle« zu haben, sondern sein Scherflein dazu beizutragen, jene nicht personengebundenen Denkweisen zu entwickeln und durchzusetzen, mit denen die verschiedensten Menschen Gedanken hervorbringen können, die bisher nicht gedacht werden konnten. Wenn man weiß, wie schwer und wie langsam sich das relationale (oder strukturelle) Denken in der Mathematik und der Physik durchgesetzt hat und welche spezifischen Hindernisse seiner Anwendung in den Sozialwissenschaften entgegenstehen, kann man ermessen, welche Errungenschaft die Anwendung dieser Denkweise auf »selbstverständliche« Symbolsysteme wie Sprache, Mythos, Religion und Kunst bedeutet. Voraussetzung dafür war unter anderem, wie Cassirer bemerkt, daß es gelang, die von Leibniz und dem gesamten klassischen Rationalismus aufgestellte Unterscheidung zwischen Verstandeswahrheiten und Tatsachenwahrheiten praktisch zu überwinden, um die historischen Tatsachen als Systeme verstehbarer Beziehungen behandeln zu können, und dies in einer wissenschaftlichen Praxis und nicht, wie seit Hegel, nur im Diskurs.[1]

1 Mein einziger Beitrag zum Diskurs über den Strukturalismus (an dessen Überladenheit und Stil es wohl auch liegen dürfte, daß ich nicht entschiedener klarstellte, wieviel ich ihm verdankte) entstand aus einem Versuch, die Logik dieser relationalen und transformationellen Denkweise, die ihr in den Sozialwissenschaften entgegenstehenden spezifischen Hindernisse zu explizieren - und damit besser zu beherrschen -, vor allem um die Bedingungen zu präzisieren, unter denen sie über die Kultursysteme hinaus auf die sozialen Beziehungen selbst ausgedehnt, d. h. auf die Soziologie angewandt werden kann (vgl. P. Bourdieu, *Zur Soziologie der symbolischen Formen,* übers. von Wolfgang Fietkau, Frankfurt, Suhrkamp 1970; engl. »Structuralism and Theory of Sociological Knowledge«, *Social Research* 34 (1969) 4, Winter 1969, S. 681–706).

Vor der relationalen Interpretation geschützt sind Mythen oder Riten ebensosehr durch den Anschein von Absurdität oder Zusammenhanglosigkeit wie dadurch, daß sie bisweilen schon bei bruchstückhafter und selektiver Lektüre, die den Sinn jedes Elements von einer besonderen Offenbarung und nicht vom systematischen Inbeziehungsetzen zu allen anderen Elementen derselben Klasse erwartet, einen Anschein von Sinn ergeben. So kommt es, daß die vergleichende Betrachtung von Mythologien, die mehr auf das Vokabular eines Mythos oder Ritus als auf seine Syntax achtet, die Entzifferung mit einer Wort-für-Wort-Übersetzung gleichsetzt und letztendlich nur daran arbeitet, eine Art überdimensionales Wörterbuch aller Symbole aus allen möglichen Überlieferungen zu erstellen, konstituiert als Wesenheiten, die systemunabhängig an sich und für sich selbst definiert werden können, und so ein konkretes Abbild jener von Borges erträumten Bibliotheken schafft, die alles enthalten, »was in allen Sprachen ausgedrückt werden kann«.[1] Die Abkürzung nehmen, die direkt von jedem Signifikanten zum entsprechenden Signifikat führt, und sich den langen Umweg über das vollständige System der Signifikanten ersparen, innerhalb dessen der *relationale* Wert jedes dieser Signifikanten definiert wird (der nichts mit einem intuitiv erfaßten »Sinn« zu tun hat), heißt sich auf einen approximativen Diskurs beschränken, der bestenfalls den offensichtlichsten Bedeutungen (z. B. der Entsprechung zwischen Pflügen und Geschlechtsakt) auf die Spur kommt, indem er sich mit einer Art anthropologischer Intuition Jungschen Typs

1 Das Inhaltsverzeichnis des 1953 erschienenen *Traité d'histoire des réligions* von Mircea Eliade vermittelt eine gute Vorstellung von der Thematik, nach der sich die Mehrzahl der Berichte über Riten in Algerien orientierten (z. B. Mond, Frau und Schlange; heilige Steine; Erde, Frau und Fruchtbarkeit; Opfer und Auferstehung; Sterben und Aussaat; Flur und Todesgottheiten usw.). Dieselbe thematische Orientierung findet sich in den Werken der Cambridger Schule, z. B. in F. M. Cornfords *From Religion to Philosophy, A Study in the Origins of Western Speculation* (New York and Evanston, Harper and Row 1957, Erstaufl. 1914), in Th. H. Gasters *Thespis, Ritual, Myth, and Drama in the Ancient Near East* (New York, Anchor Books, Doubleday and Comp. Inc. 1961), oder auch in J. Harrisons *Themis, A Study of the Social Origins of Greek Religion* (London, Merlin Press 1963, Erstaufl. 1912).

wappnet und auf einen Kulturvergleich Frazerscher Prägung stützt, der sich aus der Gesamtheit der Mythensysteme und Universalreligionen gleichsam aus dem Kontext gerissene Themen herauspickt.[1]

Derart losgelöst, können sich diese Themen nicht mehr gegen die Rekontextualisierung wehren, die begnadete Interpreten an ihnen vornehmen, wenn sie, die »geistige Erneuerung« durch Rückbesinnung auf die gemeinsamen Quellen der großen Überlieferungen predigend, in der Religionsgeschichte oder in der Ethnologie der archaischen Gesellschaften das Fundament für eine durch Wiedervergeistigung der entgeistigenden Wissenschaft zu erreichende gelehrte Religiosität und Erbauungswissenschaft suchen. Es ist ein weiteres Verdienst von Claude Lévi-Strauss, dafür gesorgt zu haben, daß der von Durkheim und Mauss begonnene Bruch mit der mythologischen Denkweise in der Mythologiewissenschaft konsequent vollendet werden konnte, indem er diese entschlossen zum Forschungsgegenstand machte, anstatt sie dafür einzusetzen, mythologische Probleme mythologisch zu lösen, wie dies die eingeborenen Mythologen schon immer tun. Wie bei sozialer Relevanz der untersuchten Mythen und besonders bei sogenannten Universalreligionen gut zu sehen ist, gehört zu diesem wissenschaftlichen Bruch untrennbar auch ein sozialer Bruch mit den vieldeutigen Lesarten der »philomythischen« Mythologen, die in einem bewußten oder unbewußten Doppelspiel die vergleichende Mythenwissenschaft in eine Suche nach den Invarianten der großen Überlieferungen ummünzen und so Gewinne aus wissenschaftlicher Klarheit und Gewinne aus Treue zum Glauben zu kumulieren trachten. Ganz zu schweigen von denen, die die unvermeidliche

1 Jean-Pierre Vernant weist ebenfalls darauf hin, daß die griechischen Sagenzyklen nur dann richtig gelesen und die durch ihre relative Stellung innerhalb eines bestimmten Systems definierten mythologischen Elemente nur dann richtig entziffert werden können, wenn mit Frazerschen Interpretationen (die in Adonis z. B. eine Verkörperung des »Geists der Pflanzenwelt« erblicken) radikal gebrochen und »ein ohne Rücksicht auf das Spezifische jedes Kultursystems vermittels direkten Vergleichs vorgehender globaler Komparatismus« verworfen wird (vgl. J. P. Vernant, Introduction à M. Détienne, *Les jardins d'Adonis,* Paris, Gallimard 1972, S. III-V).

Mehrdeutigkeit eines wissenschaftlichen Diskurses, der der religiösen Erfahrung die Worte zu ihrer Beschreibung entlehnt, dazu nutzen, den Anschein der mitfühlenden Teilnahme und begeisterten Nähe zu erwecken, und in der Verherrlichung der primitiven Mysterien den Vorwand für einen regressiven und irrationalistischen Kult des Ursprünglichen finden.

Es ist wohl kaum nötig, die koloniale Situation und die von ihr begünstigten Dispositionen zu beschreiben, um zu erklären, wie es um die Ethnologie des Maghreb in den sechziger Jahren und ganz speziell auf dem Gebiet der rituellen Überlieferungen bestellt war. Manche, die sich heute gern zu Richtern aufwerfen und sich darin gefallen, Lob und Tadel an die Ethnologen und Soziologen der kolonialen Vergangenheit auszuteilen, könnten Nützlicheres leisten, wenn sie sich bemühten zu verstehen, woran es gelegen hat, daß auch die Klarsichtigsten und Wohlmeinendsten unter ihren Angeklagten manches nicht verstehen konnten, was heute auch für die weniger Klarsichtigen und bisweilen sogar für die Böswilligsten evident ist. Zum Undenkbaren einer Epoche gehört nämlich alles, was mangels ethischer oder politischer Disposition, es zu berücksichtigen oder einzubeziehen, nicht gedacht werden kann, aber auch alles, was man mangels geeigneter Denkwerkzeuge wie Problemstellungen, Begriffe, Methoden, Verfahren nicht denken kann (womit erklärt ist, warum aus guten Gefühlen so häufig schlechte Soziologie wird).[1]

Jedenfalls hatte man eine Masse von Aufzeichnungen vor sich, von denen sich schlicht sagen läßt, daß sie in ihrer sachlichen Qualität um so unvollkommener und mit um so krasseren Lücken behaftet sind, je mehr es ihren Verfassern an einer spezifischen Ausbildung, also an Protokolliermethoden und an Hypo-

1 Vgl. P. Bourdieu, »Les conditions sociales de la production sociologique: sociologie coloniale et décolonisation de la sociologie«, in: *Le Mal de voir*, Cahiers Jussieu, Nr. 2, Paris, 1976, S. 416–427. Die Bedingungen für eine wahre Wissenschaft der Ethnologie und der Soziologie der Kolonialgesellschaft sind dann erfüllt, wenn es möglich geworden ist, die Inhaltsanalyse der Werke, die sozialen Merkmale der Produzenten (wie sie z. B. in den Arbeiten von Victor Karady ermittelt sind) und besonders deren Stellung in der Produktion (darunter speziell im kolonialen Teilbereich) zueinander in Beziehung zu setzen.

thesen zur Steuerung von Beobachtung und Befragung, gebrach. (Obwohl auch Amateure - oder Fachleute einer anderen Disziplin wie z. B. der Linguistik – häufig sauber protokollierte Materialien liefern, die nicht um all das verstümmelt sind, was infolge der für eine »wissenschaftliche« Problemstellung konstitutiven Erwartungshaltung als bedeutungslos erachtet wird.) So lassen sich vor dem Hintergrund unvollkommener und unvollständiger Aufzeichnungen über Bauernkalender, Hochzeits- oder Erzählrituale, die überwiegend nach einer von Frazer angehauchten Systematik gesammelt und interpretiert wurden, einige Quellen von hervorragender Qualität erschließen. Nennen möchte ich *Fichier de documentation berbère* (besonders die ausgezeichneten Arbeiten Dallets – *Le verbe kabyle* – und von Genevois über das Haus, die Weberei und viele andere Gegenstände, von Yasmina At-S. und Sr Louis de Vincennes über Hochzeit und Jahreswechsel), ohne welche die Mehrzahl der Arbeiten nach dem Zweiten Weltkrieg nicht entstanden oder nicht das wären, was sie sind. Außerdem die Berbertexte von Linguisten (darunter besonders die Arbeiten E. Laousts und A. Picards) sowie einige Monographien, wie die von Germaine Chantréaux, eine hervorragende, ab 1941 in der *Revue africaine* veröffentlichte Untersuchung über die Weberei in Aït Hichem, die mein Interesse sowohl für Aït Hichem als auch für das Ritual weckte. Weiter die Arbeiten von Slimane Rahmani über die Bevölkerungen von Kap Aokas, darunter insbesondere die Untersuchungen über das Scheibenschießen, über den Monat Mai, über die Riten in bezug auf die Kuh und die Milch, die Arbeiten Devulders (dessen großzügige Gastfreundschaft mir die für meine Forschungen nötige Ruhe verschaffte) über Wandmalereien und magische Praktiken bei den Ouadhia.

Neben diesen ethnographischen Beiträgen sind nach Beginn meiner eigenen Arbeiten über das Ritual drei ethnologische Interpretationsversuche erschienen, die besondere Erwähnung verdienen. Der 1958 erschienene Artikel von Paulette Galand-Pernet »Les jours de la vieille« will die Bedeutung einer bestimmten, über einen sehr langen Zeitraum und in einem sehr großen Kulturgebiet nachgewiesenen Überlieferung durch Auszählung und »Dumézilsche« Variantenanalyse ermitteln, um unveränderliche Merkmale festzustellen (Übergangszeit, Häßlichkeit und Rohes, Wirbelwind, Felsen, böse Kräfte usw.). Bemerkenswert ist, daß diese Form des methodischen Vergleichs, bei der das jeweilige Kulturmerkmal in die Welt der geographischen Varianten eingeordnet wird, zu ganz ähnlichen Interpretationen gelangt wie die Einordnung eines Merkmals in das Kultursystem, in dem es fungiert.[1] Unter den sehr zahlreichen Arbeiten, die sich mit dem bäuerlichen Jahreszyklus bei den berbersprachigen Völkern, genauer noch dem Gegensatz zwischen Pflügen und Ernte befassen, ragen die zwei Arbeiten Jean Serviers, *Les portes de l'anneé* (1962) und *L'homme et l'invisible* (1964[2]), insofern heraus, als sie, gestützt auf umfangreiches ethnographisches Material, um den Nachweis bemüht sind, daß sich alle Gebärden des Alltagslebens nach dem Symbol der jeweiligen Jahreszeit richten und auf diese Weise eine Entsprechung zwischen dem Symbolismus der bäuerlichen Riten und dem Symbolismus der *Übergangsriten* herstellen. Doch hat Serviers Interpretation sicher insofern Grenzen, als sie die Grundlage der festgestellten Entsprechungen zwischen den verschiedenen Praxisfeldern im allgemeingültigen Symbolismus von Tod und Auferstehung und nicht in der Eigenlogik der in *ihren wechselseitigen Beziehungen* erfaßten rituellen Objekte sucht. Obwohl die Märchen, meist relativ freie Variationen über Grundthemen der Überlieferung, keinen so direkten Zugang zu den Tiefenschemata des Habitus erlauben wie die rituellen Praktiken selbst, oder, in der Ordnung des Diskurses, die Rätsel, Redensarten oder Sprichwörter, sind in Camille Lacostes Buch über die kabylische Erzählung (*Le conte kabyle*, 1970[3]) interessante ethnographische Daten besonders über die Welt der Frau enthalten. Sein Verdienst ist, daß er mit dem Komparatismus insofern bricht, als er den Schlüssel zu einem historischen Diskurs in diesem selber sucht. Doch gelangt man mit der Feststellung, die Ausdrucksform des Mythos und des Rituals könne nie außerhalb einer bestimmten Sprache erfaßt

1 P. Galand-Pernet, »La vieille et les jours d'emprunt au Maroc«, *Hesperis* (1958) 1/2, S. 29–94.

2 J. Servier, *Les portes de l'année, Rites et symboles*, Paris, Laffont 1962; *L'homme et l'invisible*, Paris, Laffont 1964.

3 C. Lacoste, *Le conte kabyle. Etude ethnologique*, Paris, Maspero 1970; außerdem *Bibliographie ethnographique de la Grande Kabylie*, Paris, Mouton 1962.

werden, nicht über ein Wörterbuch der Grundmerkmale einer bestimmten Kultur hinaus, das jedoch an sich schon ein äußerst wertvoller Beitrag ist (wie der Index von *Le conte kabyle* zur Genüge beweist).

Man sieht nur zu gut, wie die mythischen Zeichen, die in ihrer sinnlich wahrnehmbaren Erscheinungsform und in ihren psychologischen Schwingungen »besser begründet« sind, sich für alle Spielarten des Intuitionismus hergeben, die die *Bedeutung* (im Gegensatz zum *Wert*) der einzeln genommenen oder in der erfühlten Einheit einer Gesamtsicht aufgehenden kulturellen Merkmale direkt herauslesen wollen; dies um so mehr, als das sogenannte intuitive Verstehen zwangsläufiges Produkt eines Lernens durch Vertrautwerden ist, wie es zu jeder vertieften Arbeit des Forschens und Analysierens gehört. Weniger leicht zu sehen aber ist, warum man nicht zu wählen hat zwischen der Anspielung auf die Gesamtheit der intuitiv beherrschbaren Merkmale und der endlosen Kompilation verstreuter Elemente, oder aber der (scheinbar) makellosen Analyse eines scharf umrissenen und unangreifbaren Teilbereichs, dem man wahrlich nur gerecht werden kann, wenn man ihn wieder in das vollständige Netz der für das System konstitutiven Beziehungen einfügt. Die Elemente des Korpus als Themen begreifen, die einzeln für sich oder im Maßstab von Teilmengen interpretiert werden können, heißt vergessen, daß nach Saussure »zufällig und unterschiedlich zwei korrelative Eigenschaften sind«[1]; daß jedes dieser Merkmale lediglich das bedeutet, was die anderen nicht bedeuten, und daß es als in sich selbst (teilweise) unbestimmtes Merkmal seine vollständige Bestimmtheit nur aus seiner Relation zur Gesamtheit der übrigen Merkmale bezieht, als *Unterschied* in einem *System von Unterschieden.* Wenn also zum Beispiel die geschulte Intuition des Ethnologen in einem Merkmal wie dem *Kreuzweg,* einem gefährlichen Ort, der von Geistern umspukt und häufig wie Orte, an denen Blut vergossen wurde, mit Steinhaufen markiert ist, von vornherein den Punkt sieht, wo sich zwei gegensätzliche Richtungen, der männliche, trockene Osten und der weibliche, feuchte Westen kreuzen, vermengen, vereinigen,

1 F. de Saussure, *Grundfragen der Allgemeinen Sprachwissenschaft,* 2. Aufl. Berlin, de Gruyter 1967, S. 141.

dann heißt dies offensichtlich, daß sie ihn stillschweigend mit allen Kreuzungsorten oder -akten gleichsetzt, wie z. B. der gefährlichen Stelle, wo sich beim Weben Kett- und Schußfaden kreuzen, oder dem Härten des glühenden Schmiedeeisens im Wasserbad, oder auch mit Pflügen und Geschlechtsakt. Tatsächlich ist ein echtes Verstehen dieser durch gewisse Riten belegten Beziehung eines solchen Merkmals zur Fruchtbarkeit oder genauer zur männlichen Zeugungsfähigkeit[1] nur möglich, wenn die Gesamtheit der Unterschiede rekonstruiert wird, die sie nach

1 »Wenn ein Mädchen mit der *djennaba* geschlagen ist – einem Fluch, der es am Heiraten hindert und einsam am Herd bleiben läßt –, ist es der Schmied, der ihm Wasser aus der *Lbilu*, der Härtewasserbütte, gibt, damit das Mädchen nackten Leibes vor Sonnenaufgang Waschungen an einem Marktbrunnen, auf einer Kreuzung oder auf dem Dorfplatz vornehme. Dieses Wasser hat nämlich die Eigenschaft, die im Feuer rotglühend erhitzten Werkzeuge fruchtbar zu machen.« Jean Servier, der dieses Ritual berichtet (J. Servier, *a.a.O.*, S. 246), gibt es ohne weiteren Kommentar als Beispiel für die Rolle des Schmieds in gewissen Fruchtbarkeitsriten wieder (die er unter Rückgriff auf die vergleichende Mythologie mit dem Thema des Funkenflugs, der dem Flug des Getreides beim Worfeln auf der Tenne bei den Bambara ähnelt, wo er angeblich den von der Auferstehung gefolgten Tod symbolisiert – und außerdem mit der Rolle des Schmieds bei der Herstellung der Pflugschar und dem Beginn des Pflügens erklärt). Ein ganz ähnlicher Ritus wird von R. P. Devulder berichtet: um ein junges Mädchen vom *elbur* (der Brache, der unfreiwilligen Jungfräulichkeit, zu befreien, stellt die *qibla* (Hebamme) einen Topf Wasser die ganze Nacht unter einen Baum und wäscht sodann mit diesem Wasser das Mädchen, das dafür auf einem großen flachen Kuchenblech steht, auf welchem ein *Stück Eisen* liegt. Danach zündet sie die Lampe an, das Symbol des Mannes, und schüttet dann das aufgefangene Waschwasser auf dem Marktplatz aus, »wo die Männer vorbeigehen und an der Stelle, wo die Metzger die Tiere abstechen« (Devulder, 1951, S. 35–38). Diese verschiedenen Riten erscheinen als Varianten des am Vorabend der Hochzeit praktizierten Ritus, bei dem die *qibla* das auf einem großen Teller zwischen zwei brennenden Lampen stehende Mädchen wäscht, bevor sie es mit Henna schminkt. Nach den magischen Begleitformeln soll dieses Ritual die *tucherka* (wörtlich: Zusammenschluß) aufheben, d. h. das Unglück und alle Formen der Unfruchtbarkeit. (Zur Erleichterung von Lektüre und aus redaktionellen Gründen wurde hier die verbreitetste und knappste Transkription übernommen, deren Prinzip im einzelnen in P. Bourdieu und A. Sayad, *Le déracinement*, Paris, Ed. de Minuit 1964, S. 181–185 beschrieben ist.)

und nach bestimmen. So stellt sich heraus, daß im Gegensatz zur Weggabelung, die nach Aussage eines Gewährsmanns »der Ort ist, an dem sich die Wege teilen, scheiden« *(anidha itsamfarqün ibardhan)*, also ein Ort der Leere (nach Art der *thigejdith*, der mittleren Pfeilergabel des Hauses, die von *asalas*, dem Firstbalken, ausgefüllt werden muß), der Kreuzweg als Ort konstituiert ist, »an dem sich die Wege treffen« *(anidha itsamyagran ibardhan)*, also als Ort der Fülle. Im Gegensatz zum Haus, d. h. der weiblichen Fülle *(laâmara)* und zu den Feldern oder zum Wald als der männlichen Leere *(laklah)* erweist sich der Kreuzweg als Ort männlicher Fülle, usw. Um den geringsten Ritus *vollständig* erklären zu können, um ihm das Absurde einer *unmotivierten* Abfolge von Handlungen und Symbolen zu nehmen, müßte also jeder seiner Akte und jedes von ihm verwendete Symbol in dem System von Unterschieden lokalisiert werden, die ihn aufs Unmittelbarste und nach und nach im Gesamtsystem von Mythos und Ritual bestimmen; und außerdem zugleich in der syntagmatischen Sequenz, die ihn in seiner Einmaligkeit bestimmt und die in ihrer Eigenschaft als Schnittpunkt aller Gesamtheiten von Unterschieden (Kreuzweg, Tagesanbruch, Härtewasser usw.) gleichzeitig *der Beliebigkeit seiner eigenen Elemente Grenzen setzt.* So läßt sich das Fortschreiten jeder strukturellen Forschung mit genau den Worten Duhems zur Beschreibung der Fortschritte in der Physik beschreiben: als »ein synoptisches Gemälde, das durch ständige Retuschen immer umfassender und einheitlicher wird (...), während jedes Detail des Gesamtbilds als losgelöster Ausschnitt jede Signifikanz verliert und überhaupt nichts mehr darstellt«.[1]

Duhems Formulierung ist eine hervorragende Anspielung auf die zahllosen, durchweg winzigen Korrekturen, die von den ersten Skizzen bis zu den großen Linien des System auf dem vorläufig endgültigen Gemälde führen, das eine viel größere Datenmenge in einem sehr viel engeren Netz von Beziehungen umfaßt. Ich kann nicht wie in einem Forschungstagebuch alle die sukzessiven kleinen Fortschritte, die unzähligen Zufallsfunde, die dem ungeschulten Auge entgehen müssen, oder die vielfachen Um-

1 P. Duhem, *Ziel und Struktur der physikalischen Theorien*, Übers. Friedrich Adler, Hamburg, Meiner 1978.

strukturierungen zitieren, die jedesmal eine Neudefinition der Bedeutung der bereits in das Modell eingefügten Daten nach sich ziehen, und begnüge mich daher mit der Wiedergabe einer jener vorweggenommenen Synopsen, die schon 1959 auf dem Kolloquium für mediterrane Ethnologie auf Burg Wartenstein vorgetragen wurde und mit einigen Korrekturen noch heute als »Zusammenfassung« der Abschlußanalyse gelten könnte, wenn es nicht genau das Eigentümliche dieser Art Analyse wäre, daß sie sich nicht zusammenfassen läßt: »Herbst und Winter bilden einen Gegensatz zum Frühling und zum Sommer wie das Feuchte einen Gegensatz zum Trockenen, das Untere zum Oberen, das Kalte zum Warmen, links zu rechts, Westen und Norden zu Osten und Süden, die Nacht zum Tage. Das Ordnungsprinzip der zeitlichen Abfolge ist das gleiche, das auch die Arbeitsteilung zwischen den Geschlechtern bestimmt, die Unterscheidung zwischen der feuchten Nahrung der feuchten Jahreszeit und der trockenen Nahrung der trockenen Jahreszeit, und die Abwechslungen im sozialen Leben, Feste, Riten, Spiele, Arbeiten, die Raumaufteilung. Dasselbe Prinzip regiert bestimmte Strukturmerkmale der Gruppe wie den Gegensatz zwischen den ›verbundenen Dingen‹ *(s'uff)*, der die innere Raumaufteilung des Hauses und den grundlegenden Gegensatz des Wertesystems bestimmt (*nif*, Ehrensache, und *h'urma*, Ehre). So entspricht dem Gegensatz zwischen der mit Fruchtbarkeit und Keimung assoziierten feuchten Jahreszeit und der mit dem Absterben der Kulturpflanzen assoziierten trockenen Jahreszeit der Gegensatz zwischen den mit dem Geschlechtsakt assoziierten Bereichen Pflügen und Weberei einerseits, und der mit dem Tod assoziierten Ernte andererseits, und auch der Gegensatz zwischen dem lebensspendenden Pflug und der lebensvernichtenden Sichel. Alle diese Gegensätze werden in ein umfassenderes System eingefügt, in welchem das Leben dem Tode, das Wasser dem Feuer gegenübersteht und die zu besänftigenden Naturkräfte den behutsam anzuwendenden Anbautechniken.«[1]

1 P. Bourdieu, »The Attitude of the Algerian Peasant toward Time«, in: J. Pitt-Rivers (Hrsg.), *Mediterranean Countrymen*, Paris/ Den Haag, Mouton 1963, S. 56–57; für eine analoge Darstellung vgl. auch P. Bourdieu, »The Sentiment of Honour in Kabyle Society«, in: J.-G. Peristiany.

Um über diese provisorische Konstruktion, diese erste Skizze eines Netzes von Komplettierung und Komplizierung erheischenden Gegensatzbeziehungen hinauszugelangen, begann ich 1962, auf (etwa 1 500) Randlochkarten alle veröffentlichten Daten, die ich durch Befragung überprüft hatte, und die selbst gesammelten einzutragen. Letztere hatte ich beim Versuch einer systematischeren Weiterführung von Beobachtung und Befragung auf bereits intensiv erforschten Gebieten wie dem Bauernkalender, der Hochzeit, der Weberei zusammengetragen. Oder ich hatte sie gewonnen, indem ich im Rahmen einer anderen Problemstellung (d. h. eines anderen theoretischen Ansatzes) ganze Praxisbereiche ins Licht rückte, die von früheren Autoren fast systematisch vernachlässigt worden waren (obzwar man hie und da Anmerkungen darüber findet). Bei letzteren ging es um Struktur und Orientierung der Zeit (Unterteilung des Jahres, des Tages, des Menschenlebens), Struktur und Ausrichtung des Raums – besonders des Innenraums der Häuser –, um Kinderspiele und Körperbewegungen, Rituale der frühen Kindheit und um Körperteile, um Werte *(nif* und *h'urma)* und geschlechtsspezifische Arbeitsteilung, Farben und traditionelle Traumdeutungen usw. Hinzuzufügen wären noch die Informationen, die sich mir in der letzten Phase meiner Arbeit durch eine systematisch nicht auf »Symbole«, sondern auf *symbolische Praktiken* wie Eintreten und Hinausgehen, Füllen und Leeren, Schließen und Öffnen, Verknüpfen und Trennen usw. gerichtete Befragung von Gewährsleuten und Texten erschlossen. Alle diese neuen Fakten waren in meinen Augen wichtig, weniger wegen ihrer »Neuheit« (solange irgendwo ein erzeugender Habitus funktioniert, wird man immer neue Daten »entdecken«) als wegen ihrer strategischen Rolle als »intermediäre Terme« im Sinne Wittgensteins, die das Herstellen von Korrelationen ermöglichen: ich denke beispielsweise an die Verbindung zwischen Pflugschar und Blitz. Außer in der volkstümlichen Etymologie zeigt sich die Verbindung beider Begriffe auch darin, daß die Pflugschar auch als Euphemismus für den Blitz oder für den Glauben gebraucht werden kann, daß der Blitz im Boden eine Furche wie

(Hrsg.), *Honour and Shame*, Chicago, The University of Chicago Press 1966, insb. S. 221–222.

die Pflugschar zieht. Oder sie zeigt sich in der Legende, nach der der Urahn der Familie, der »zum ersten Pflügen hinausgehen sollte«, den Blitz in eines seiner Felder einschlagen sah und beim Aufgraben dieser Stelle ein Stück Metall gefunden und es auf die Schar seines Pfluges »gepfropft« habe. Oder ich denke an die durch das Verb *qabel* bezeichnete Verbindung zwischen den Werten der Ehre und der räumlichen und zeitlichen Orientierung; oder aber an die Verbindung, die über das Handwerk des Webens und die mit seiner besonderen Lage im Innenraum des Hauses zusammenhängenden Eigenschaften die geschlechtsspezifische Arbeitsteilung mit den Werten der Ehre verknüpft; oder schließlich an alle die Verbindungen, die über den Gegensatz zwischen dem patrilateralen Onkel und dem matrilateralen Onkel, zwischen dem offiziellen System der Verwandtschaftsbeziehungen und dem mythisch-rituellen System geknüpft werden.

Die Erstellung einer Kartei aus Randlochkarten, deren Löcher jeweils entsprechend einem einfachen Code zum Rand hin aufgeschnitten wurden, ermöglichte ein einfaches manuelles Ermitteln aller jeweils zugleich vorkommenden oder sich gegenseitig ausschließenden Angaben und damit für alle grundlegenden Handlungen oder Symbole die Skizzierung des sie bestimmenden Netzes von Gegensatz- und Äquivalenzbeziehungen. Parallel dazu hatte ich eine Lösung für die praktischen Antinomien gefunden, die sich aus der Absicht ergaben, alle beobachteten Einzelheiten systematisch zueinander in Beziehung zu setzen. Ich beschränkte mich schlicht auf die Analyse des Innenraums des Hauses, der als Mikrokosmos ein zugleich vollständiger und genau umschriebener Gegenstand ist. In der Tat ist dieser 1963 verfaßte und in der von Jean Pouillon und Pierre Maranda als Ehrengabe für Claude Lévi-Strauss herausgegebenen Sammlung erschienene Artikel gewiß meine letzte Arbeit als unbefangener Strukturalist.[1] Allmählich nämlich gewann ich den Eindruck, daß es zur Erklärung der aus der Analyse sozusagen wie durch Zauberhand ohne jede Ordnungsabsicht hervorgetretenen und

1 P. Bourdieu, »La maison kabyle ou le monde renversé«, in: *Echanges et communications, Mélanges offerts à C. Lévi-Strauss à l'occasion de son 60e anniversaire*, Paris/ Den Haag, Mouton 1970, S. 739–758. In diesem Band im Anhang.

insofern ein wenig unglaubhaften Bedingtheiten erforderlich war, das Ordnungsprinzip (*principium importans ordinem ad actum,* wie die Scholastiker sagten), das die Praktiken zugleich unbewußt und systematisch zu lenken imstande war, in den einverleibten Dispositionen bzw. im Schema der Körperbewegungen zu suchen. Mich hatte nämlich verblüfft, daß die Transformationsregeln, die den Wechsel vom äußeren zum inneren Raum des Hauses ermöglichen, auf Körperbewegungen wie beispielsweise die Kehrtwendung zurückgeführt werden können. Bekannt ist, welche Rolle diese Bewegungen in den Riten spielen, in denen es ständig darum geht, Gegenstände, Tiere, Kleidungsstücke umzudrehen oder zu wenden, das Oberste zuunterst zu kehren oder sich in die eine oder andere Richtung, nach rechts oder links zu drehen.
Doch waren es vor allem die Zwiespältigkeiten und Widersprüche, die sich ständig aus dem Versuch ergaben, die Anwendung der strukturellen Methode bis zur letzten Konsequenz zu treiben, welche mich veranlaßten, weniger die Methode selbst zu hinterfragen als vielmehr die anthropologischen Hypothesen, die stillschweigend allein schon in ihre konsequente Anwendung auf Praktiken Eingang gefunden hatten. Um die verschiedenen durch meine Analyse ermittelten Gegensätze oder Äquivalenzen festzuhalten, hatte ich für unterschiedliche Praxisbereiche wie bäuerliche Riten, Küche, Frauenarbeiten, Abschnitte des Lebenszyklus usw., Diagramme aufgestellt, die unter praktischer Ausnutzung jener Eigenschaft des synoptischen Schemas, die uns nach Wittgenstein »ermöglicht zu verstehen, d. h. eben ›die Korrelationen zu sehen‹«[1], die Homologie- oder Gegensatzbeziehungen in sichtbare Form brachten, wobei sie gleichzeitig die lineare Ordnung der zeitlichen Abfolge wiederherstellten. Die durch das Schema bewerkstelligte »Gruppierung des Faktenmaterials« stellt für sich allein schon einen Akt der Konstruktion oder mehr noch der Interpretation insofern dar, als sie die Gesamtheit des Beziehungssystems erhellt und die Möglichkeiten unterbindet, die man sich schafft, wenn man Beziehungen vereinzelt und nach den Zufälligkeiten der Intuition manipuliert

1 L. Wittgenstein, »Remarques sur le Rameau d'or de Frazer«, *Actes de la Recherche en sciences sociales,* 16, September 1977, S. 35-42.

und jeden Gegensatz unbedingt zu allen anderen in Beziehung setzt.

Genau diese Eigenschaft des synoptischen Schemas hat mich die Grenzen der praxisimmanenten Logik, die es aufzeigen will, in Form der Widersprüche erkennen lassen, die durch den von ihm erzeugten Synchronisationseffekt sichtbar werden. Nachdem ich nämlich versucht hatte, die Gesamtheit der über den »Bauernkalender« verfügbaren Informationen in ein und demselben Kreisschema zusammenzufassen, stieß ich auf unzählige Widersprüche, sobald ich mehr als eine bestimmte Anzahl von Grundgegensätzen gleich welcher Art gleichzeitig fixieren wollte. Und analoge Schwierigkeiten hörten auch dann nicht auf, als ich versuchte, die Schemata der verschiedenen Praxisbereiche einander zu überlagern: Wenn ich ein bestimmtes Ensemble von Äquivalenzen zusammengestellt hatte, wurde eine bestimmte andere eindeutig belegte Äquivalenz unmöglich, usw. usf. Die vielen Stunden, die ich mit Abdelmalek Sayad (mit dem zusammen ich mit gleichem Erfolg eine ähnliche Arbeit über verschiedene Varianten des Hochzeitsrituals in Angriff genommen hatte und der mir bei meiner Analyse des Rituals sehr behilflich war) bei dem Versuch zubrachte, diese Widersprüche zu lösen, anstatt sie von vornherein zu akzeptieren und darin die Auswirkung der Grenzen zu sehen, die für die immer nur im Groben bis zu einem gewissen Punkt schlüssige *praktische Logik* wesenstypisch sind, erwähne ich vor allem, um zu zeigen, wie schwierig es war, sich dieser durch die strukturalistische Vulgata noch verstärkten sozialen Anforderung zu entziehen, die mich nach der perfekten logischen Geschlossenheit des Systems suchen ließ.[1] Abgesehen davon, daß schon die Absicht, die praktische Logik zu verstehen, eine regelrechte Umkehrung aller erworbenen Dispositionen und insbesondere eine Art Aufgeben alles dessen voraussetzt, was gewöhnlich mit Reflexion, Logik und Theorie zusammenhängt, also mit den »höheren« Tätigkeiten, die den

1 Obzwar dieser Panlogismus im Denken von Claude Lévi-Strauss, der stets der Abstufungen zwischen den verschiedenen Aspekten der sozialen Realitäten (Mythos, Ritual, Kunst, Morphologie oder Ökonomie) gedenkt, nicht enthalten ist, gehört er zweifellos untrennbar zur sozialen Vorstellung vom Strukturalismus und zu seinen sozialen Auswirkungen.

»niederen« Denkweisen völlig entgegengesetzt sind, war dies schon deswegen ungeheuer schwierig, weil die Interpretation den Beweis ihrer Wahrheit nur mit der Fähigkeit zur absolut logischen Erklärung der Totalität der Fakten erbringen kann. Mir scheint, daß dies erklärt, welche Mühe ich hatte, die objektive (selbst im Hinblick auf die Klassifizierung) Zwiespältigkeit einer ganzen Reihe von Symbolen oder Praktiken (Kohlenglut, Schöpfkelle, Puppe usw. in gewissen Riten) zu akzeptieren und wirklich in meiner Analyse zu berücksichtigen, sie als nicht klassifizierbar einzuordnen und diese Unmöglichkeit, *alles* zu klassifizieren, in die Logik des Klassifizierungssystems aufzunehmen. Ich habe lange gebraucht, um zu begreifen, daß man die Logik der Praxis nur mit Konstruktionen erfassen kann, die sie als solche zerstören, solange man sich nicht fragt, was Objektivierungsinstrumente wie Stammbäume, Schemata, synoptische Tabellen, Pläne, Karten oder, nach den neueren Arbeiten Jack Goodys[1], schon die einfache Verschriftung eigentlich sind, oder besser noch, was sie anrichten. Weil diese Fragestellung nie von einem reinen und rein theoretischen Bemühen um epistemologische Klärung inspiriert war, kam ich wohl nie auf den heute durchaus verbreiteten Gedanken, von einer kritischen Analyse der gesellschaftlichen und technischen Bedingungen der Objektivierung und der Definition der Geltungsgrenzen der unter diesen Bedingungen entstandenen Produkte zu einer »radikalen« Kritik jeder Art von Objektivierung und damit auch der Wissenschaft überzugehen: Wenn sie nicht lediglich Projektion eines Gemütszustands sein will, setzt die Sozialwissenschaft zwangsläufig das Moment der Objektivierung voraus, und es sind eben die Errungenschaften des strukturalistischen Objektivismus, die die von diesem Moment geforderte Grenzüberschreitung ermöglichen.

Auch nach dieser Aussage ist es nicht leicht, zu verstehen und praktisch verständlich zu machen, daß das Schema als Modell einer Praxis, deren Grundlage dieses Modell nicht ist, und alle Gegensätze, Äquivalenzen und Analogien, die es auf einen Blick sichtbar macht, nur so lange gelten, wie sie für das genommen

1 J. Goody, *La raison graphique*, übersetzt und eingeleitet von J. Bazin und A. Bensa, Paris, Ed. de Minuit 1979.

werden, was sie sind, also für logische Modelle, die die größtmögliche Zahl von beobachteten Fällen am schlüssigsten und sparsamsten erklären. Und daß diese Modelle falsch und gefährlich werden, sobald man sie als reale Grundlagen dieser Praktiken behandelt. Denn dies läuft unweigerlich darauf hinaus, daß man die Logik der Praktiken überschätzt und sich deren wahre Grundlage entgehen läßt. Einer der praktischen Widersprüche der wissenschaftlichen Analyse der Logik der Praxis liegt in dem paradoxen Sachverhalt, daß das schlüssigste und damit sparsamste Modell, welches die Gesamtheit der beobachteten Tatsachen am einfachsten und am systematischsten erklärt, nicht die Grundlage der von ihm besser als von jeder anderen Konstruktion erklärten Praxis ist; oder, was auf dasselbe hinausläuft, daß die Praxis die Beherrschung der Logik, die in ihr zum Ausdruck kommt, nicht voraussetzt – und auch nicht ausschließt.

Ein Beispiel soll dies verdeutlichen. Bekanntlich gibt es neben der Homologie zwischen dem bäuerlichen Zyklus und dem Webezyklus, deren Prinzip bereits von Basset formuliert wurde[1],

1 »Zu dem von ihm geschaffenen Gewebe verhält sich das Weben wie das Feld zu seiner Frucht. Solange das Getreide darauf steht, führt das Feld ein wunderbares Leben, dessen Produkt die Ernte ist. Dieses Leben keimt mit dem Samenkorn, wächst mit den Ähren, reift mit ihnen und schwindet in dem Augenblick, wo sie unter der Sichel des Schnitters fallen. Danach bleibt das Feld wie tot liegen und würde tatsächlich sterben, wenn der Akkermann ihm nicht geschickt einen kleinen Teil dieses Lebens zurückerstatten würde, auf daß es im nächsten Jahr auferstehe und dem Samenkorn Kraft gebe. Analoge Glaubensinhalte, und sehr ähnliche Riten. Zwischen der Zeremonie beim Abschneiden des Gewebes und der bei der Ernte besteht eine verblüffende Analogie. Es handelt sich in beiden Fällen um dieselbe religiöse Achtung vor diesem magischen Leben, das unter Beachtung aller Vorsichtsmaßregeln zur Gewährleistung der Auferstehung ausgelöscht werden soll. Genauso, wie beim Weben die handwerkliche Meisterschaft die Hauptrolle spielt, müssen die ersten Ähren vom Herrn des Feldes oder vom Vormann der Schnitter geerntet werden, der bei den Berbervölkern den Titel *raïs* oder *agellid* (König) trägt. Wo der Stahl zum Abschneiden der Wollfäden vorgeschrieben ist, müssen die Ähren mit der Hand geerntet werden. Im einen wie im anderen Fall werden Beschwörungsformeln gesungen. Daß die Ähnlichkeit dieser beiden Handlungen von den Eingeborenen selbst zutiefst wahrgenommen wird, zeigt sich darin, daß die *Formeln identisch sind.* Die Weberinnen haben die Formeln der

eine häufig festgestellte Homologie zwischen dem Webezyklus und dem menschlichen Lebenszyklus. Dies gilt natürlich nur, wenn man sich an den kleinsten gemeinsamen Nenner der drei Zyklen hält, deren »Entsprechungen« stückchenweise nach Maßgabe der jeweiligen Situation sowohl von den Gewährsleuten als auch von den Interpreten formuliert werden, die unwissentlich die Logik des praktischen Verstehens des mythisch-rituellen Systems reproduzieren. Das heißt, daß sich in diesem Fall das vollständige *Modell* in folgender Formel zusammenfassen ließe: das Handwerk des Webens verhält sich zum Gewebe, dem Produkt der gefährlichen Operation einer Vereinigung von Gegensätzen, das ihm durch die gewaltsame Operation des Abschneidens entrissen werden wird, wie das Feld (oder die Erde) zum Weizen, oder wie das Weib (oder der Bauch des Weibes) zum Kind. Diese Konstruktion, die von den Benutzern gewiß akzeptiert würde und mit der fast alle relevanten (oder durch eine mit diesem Modell ausgerüstete Beobachtung oder Befragung erhaltenen) Fakten erklärt oder besser noch (theoretisch) wieder erzeugt werden können, ohne daß man sich auf eine endlose Aufzählung einlassen muß, ist als solche nicht Grundlage der Praxis der Handelnden. Als Erzeugungsformel, welche die Reproduktion des Wesentlichen der betreffenden Praxis als *opus operatum* ermöglicht, ist sie nicht Erzeugungsgrundlage der Praktiken, *modus operandi.* Wenn es anders wäre und wenn den Praktiken die Erzeugungsformel zugrunde läge, die man zu ihrer Erklärung konstruieren muß, d. h. eine Gesamtheit von zugleich selbständigen und schlüssigen Axiomen, wären nach völlig bewußten Erzeugungs*regeln* hervorgebrachte Praktiken bar allem, was sie eigentlich als Praktiken definiert. Sie gingen der Ungewißheit und der Unschärfe verlustig, die daher rühren, daß sie nicht etwa auf bewußten und konstanten Regeln beruhen, sondern auf praktischen Schemata, die für sich selbst undurchsichtig und je nach der Logik der Situation und dem von dieser geforderten, fast stets voreingenommenen Standpunkt Schwankungen unterworfen sind. Daher geht die praktische Logik selten völlig

Erntezeremonie übernommen, ohne auch nur ein Wort daran zu verändern.« (H. Basset, »Les rites du travail de la laine à Rabat«, *Hesperis* (1922), S. 157–158.)

schlüssig und selten völlig zusammenhanglos vor. Um dies zu beweisen, müßte man, auf die Gefahr hin, zu langweilen, alle gesammelten Fakten wahllos zitieren, ohne sie auch nur unter ein Minimum an Konstruktion zu zwingen, wie es z. B. die chronologische Ordnung darstellt (insofern, als sie praktisch die Entsprechung zwischen den Zyklen und insbesondere mit dem bäuerlichen Zyklus festhält). Die Frau, die ein Gewebe anfängt, enthält sich z. B. jeder trockenen Nahrung, und am Abend des Tages, an dem die Kettfäden aufgespannt worden sind, nimmt die Familie eine Mahlzeit von Kuskus und Krapfen zu sich. Die Kettfäden werden im Herbst aufgezogen, und der größte Teil der Arbeit wird im Winter getan. Die Kunst, das Gewebe zu verzieren, wurde von Titem Tahittust gelehrt, die ein Stückchen herrlichen Gewebes in einem Misthaufen gefunden hatte. Die leeren oder gefüllten Dreiecke, mit denen das Gewebe verziert wird, stellen einen Stern dar, wenn sie an ihrer Grundlinie zusammengefügt werden (oder, wenn sie größer sind, den Mond). Sie werden als *thanslith* bezeichnet, also als ein Symbol, das, wie der Name schon sagt, »jedem Muster zugrunde liegt«, wenn sie an der Spitze zusammengefügt sind. Junge Mädchen dürfen nicht über das Gewebe hinwegschreiten. Die Stelle, an der sich die Fäden kreuzen, wird *erruh'* oder Seele genannt. Wenn man Regen erfleht, legt man den Kamm zum Wollkrempeln auf die Schwelle und besprengt ihn mit Wasser usw.[1]

Vor allem muß nachgewiesen werden, wie die durch einen Sinn für Vereinbares und Unvereinbares, der vieles unbestimmt läßt, geleiteten rituellen Praktiken dasselbe Objekt innerhalb der durch die schreiendsten Unvereinbarkeiten (und außerdem natürlich durch die Sachzwänge) umschriebenen Grenzen ganz verschieden auffassen können. Oder aber wie sie verschiedene Objekte identisch auffassen können, indem sie praktisch das Handwerk des Webens einmal wie eine Person behandeln, die

1 Um einen allzuleicht entstehenden Eindruck von Disparatheit zu vermeiden, beschränke ich mich hier auf die relevanten Fakten, die von derselben Beobachterin (G. Chantréaux, »Le tissage sur métier de haute lisse à Aït Hichem et dans le Haut Sébaou«, *Revue africaine*, 85 (1941), S. 78–116, 212–229; und 86 (1942), S. 261–313) am selben Ort (dem Dorf Aït Hichem) zusammengetragen wurden und die ich (durch Komplettierung verschiedener Punkte) verifizieren konnte.

geboren wird, wächst und stirbt, und ein andermal wie ein Feld, das bestellt und später abgeerntet wird, oder wie eine Frau, womit das Weben dem Gebären gleichgesetzt wird, oder auch in einem anderen dieser sozialen Bräuche wie einen willkommenen Gast – er wird wie der Webstuhl mit dem Rücken zur Wand des Lichts plaziert – oder aber wie eine geheiligte Zuflucht oder ein Symbol von »Rechtschaffenheit« und Würde.[1] Kurzum, die beobachteten Praktiken verhalten sich zu Praktiken, die ausdrücklich nach den Grundsätzen geregelt wären, die der Forscher zu ihrer Erklärung aufstellen muß - wenn so etwas in der Praxis möglich und wünschenswert wäre, wo vollkommene Geschlossenheit nicht immer von Vorteil ist -, wie alte Häuser mit ihren späteren Anbauten und allen teilweise nicht zueinander passenden und doch im Grunde stimmigen, im Laufe der Zeit in ihnen angesammelten Gegenständen zu Appartements, die nach einer bestimmten ästhetischen Konzeption von einem Innenarchitekten termingerecht und schlüsselfertig eingerichtet worden sind. Die scheinbar unbeabsichtigte Geschlossenheit und sichtliche Einheit ohne Vereinheitlichungsprinzip aller kulturellen Realitäten mit ihrer gewissermaßen naturwüchsigen Logik (macht nicht gerade dies den von Marx zitierten »ewigen Reiz der griechischen Kunst« aus?) sind das Produkt jahrtausendelanger Anwendung derselben Wahrnehmungs- und Handlungsschemata, welche, weil sie niemals als explizite Grundsätze konstituiert, nur eine ungewollte und daher zwangsläufig unvollkommene, aber auch ein wenig verblüffende Notwendigkeit hervorbringen können, die hierin jener der Kunst eng verwandt ist. Die Zwiespältigkeit vieler Symbole und ritueller Akte, die Widersprüchlichkeit, mit der sie einander trotz ihrer *Vereinbarkeit in der Praxis* in diesem oder jenem Punkt gegenüberstehen, und die Unmöglichkeit, sie alle in ein und dasselbe, auf einfache Weise aus einer kleinen Anzahl von Prinzipien ableitbare System aufzunehmen, ergeben sich schlichtweg daraus, daß die von einem

1 Der praktischen Logik gelingt es außerdem in mehr als einem Falle (z. B. in der Ausrichtung des Hauses und seines Innenraums oder beim Handwerk des Webens), Dinge miteinander zu vereinbaren, deren somit hergestellte Gemeinsamkeit für ein zur Trennung zwischen den sogenannten Sachzwängen und den sogenannten Zwängen des Rituals neigendes Denken unter Umständen ans Wunderbare grenzt.

praktischen Verständnis der globalen Äquivalenz zwischen diesem Moment des bäuerlichen Zyklus und jenem Moment des Webens (z. B. der Äquivalenz zwischen dem Spannen der Kettfäden und dem Beginn des Pflügens) geleiteten Handelnden auf die eine wie die andere Situation dieselben Wahrnehmungs- und Handlungsschemata anwenden oder dieselben ritualisierten Abfolgen von der einen auf die andere Situation übertragen (wie die Trauergesänge der Männer bei der Ernte und der Frauen beim Abschneiden des fertigen Gewebes), ohne die Homologie ausdrücklich feststellen zu müssen. Dieser praktische Sinn wird weder geheimnisvoller noch weniger geheimnisvoll, wenn man berücksichtigt, daß das, was bei allen Entscheidungen derselben Person mit demselben Geschmack die Einheitlichkeit des Stils ausmacht, auf den verschiedensten Gebieten der Praxis wirksam werden kann oder daß es möglich ist, ein Beurteilungsschema wie den Gegensatz zwischen fade und schmackhaft, flach und erhaben, schal und pikant, süß und salzig auf ein Gericht, eine Farbe, eine Person (genauer noch auf deren Augen, Gesichtszüge, Schönheit) zu übertragen oder auch auf Aussagen, Witze, einen Stil, ein Theaterstück oder ein Gemälde. Es liegt diesen zugleich überdeterminierten und indeterminierten Realitäten zugrunde, die selbst dann, wenn man ihre Grundlage begriffen hat, nur schwer vollständig beherrschbar sind, es sei denn in einer lyrischen Paraphrase, die ebenso unzulänglich und steril ist wie der übliche Diskurs über ein Kunstwerk. Ich denke zum Beispiel an die zahllosen Dissonanzen und Konsonanzen, die sich aus der Überlagerung von näherungsweisen Anwendungen derselben Denkschemata ergeben. So verdankt zum Beispiel das Handwerk des Webens, selber eine Welt mit oben und unten, Ost und West, Himmel und Erde, Acker und Frucht, Pflügen und Ernte, Kreuzwegen und gefährlichen Überschneidungen gegensätzlicher Prinzipien, einen Teil seiner Eigenschaften und Bräuche (z. B. beim Eidschwur) seiner eben vom Grundsatz seiner inneren Aufteilung bestimmten Lage im Haus, die wiederum mit der Welt insgesamt in derselben Beziehung von Mikrokosmos zu Makrokosmos steht. Beherrschen kann diese Logik nur, wer von ihr vollständig beherrscht wird, wer sie so weit besitzt, daß er von ihr völlig besessen, d. h. enteignet ist. Daß dies so ist, liegt daran, daß es nur ein praktisches Lernen der Wahrnehmungs-, Beurteilungs- und Handlungsschemata gibt, die Vorbedingung jeder sinnvollen Praxis und jedes sinnvollen Denkens sind und die ständig durch nach denselben Schemata hervorgebrachte Handlungen und Diskurse verstärkt werden und damit aus der Welt der Denkobjekte ausgeschlossen sind.

Wie ich bereits ständig durch Häufung *bewußt ethnozentrischer* Näherungen angedeutet habe, hätte ich mich sicher weniger veranlaßt gefühlt, kritisch auf die elementaren Akte der Ethnologie einzugehen, wenn ich nicht bei der vom Strukturalismus unter Berufung auf ein für mich unverständlich kühn behauptetes epistemologisches Privileg des Beobachters vertretenen Definition des Verhältnisses zum Objekt Unbehagen verspürt hätte. Zwar hielt ich mich angesichts des fiktiv jede Distanz zwischen Beobachter und Beobachtetem leugnenden Intuitionismus eher an den auf Kosten eines methodischen Bruchs mit der Primärerfahrung um ein Verstehen der Logik der Praktiken bemühten Objektivismus, doch ließ mich der Gedanke nicht los, daß man auch die spezifische Logik dieses erfahrungslosen »Verstehens« verstehen können müsse, welches durch die Beherrschung der Grundlagen der Erfahrung ermöglicht wird: der Gedanke, daß es nicht darum gehe, die Distanz mittels einer falschen primitivistischen Teilhabe per Zaubertrick aufzuheben, sondern darum, *diese objektivierende Distanz* und ihre sozialen Voraussetzungen, wie z. B. Außenstandpunkt des Beobachters, diesem zur Verfügung stehende Objektivierungstechniken usw., *zu objektivieren.* Weil ich vielleicht eine weniger abstrakte Vorstellung als andere vom Leben eines Bergbauern hatte, war mir *entsprechend* stärker bewußt, wie unüberwindlich, unaufhebbar die Distanz bei Strafe des Doppelspiels oder, wenn das Wortspiel erlaubt ist, des Doppel-Ichs ist. Da die Theorie, wie schon ihr Name sagt, ein Schauspiel ist, das nur von einem Standpunkt außerhalb der Handlungsbühne betrachtet werden kann, liegt die Distanz sicher nicht dort, wo sie gewöhnlich vermutet wird, d. h. in der Kluft zwischen kulturellen Überlieferungen, sondern eher in der Kluft zwischen den beiden Verhältnissen zur Welt, dem theoretischen und dem praktischen. Sie hängt eben deswegen faktisch mit einer sozialen Distanz zusammen, die man als solche anerkennen und deren wahre Grundlage, d. h. die *unterschiedliche Distanz zur Notwendigkeit,* man erkennen muß, wenn man nicht Gefahr laufen will, einer Kluft zwischen »Kulturen« oder »Mentalitäten« zuzuschreiben, was in Wirklichkeit die Auswirkung der Kluft zwischen sozialen Lagen ist (und dem Ethnologen im eigenen Land in Form von Klassenunterschieden entgegentritt). Die nicht aus Büchern erlangbare Vertrautheit mit der praktischen Daseinsform jener, die nicht die Freiheit haben, auf Distanz zur Welt gehen zu können, könnte also am Anfang sowohl eines geschärften Bewußtseins für die Distanz als auch einer realen Nähe stehen, einer über die kulturellen Unterschiede hinwegreichenden Solidarität.

Ich mußte also, wie mir scheint, ohne überhaupt Gefallen daran zu finden, mich ständig über mein Verhältnis zum Gegenstand befragen, nach dem Allgemeinen und dem Besonderen daran. Und es mag sein, daß die Objektivierung der allgemeinen Beziehung des Beobachters zum Beobachtungsgegenstand, die ich durch eine Reihe von »Beweisen« herstellen wollte, die tendenziell immer mehr zu Experimenten wurden, das Hauptprodukt meines ganzen Unterfangens ist. Nicht als Objektivierung im Sinne eines theoretischen Beitrags zu einer Theorie der Praxis, sondern als Grundlage einer strengeren, weniger dem Zufall der individuellen Dispositionen ausgelieferten Definition des richtigen Verhältnisses zum Objekt, die eine der entscheidendsten Bedingungen für eine wahrhaft wissenschaftliche Praxis in den Sozialwissenschaften ist.

Besonders deutlich wurden die wissenschaftlichen Auswirkungen dieser Objektivierungsarbeit am Verhältnis zum Objekt für mich bei meinen Forschungen über die Heirat. Zunächst hatte ich zusammen mit Abdelmalek Sayad versucht, aufgrund von Stammbäumen aus verschiedenen Dörfern der Kabylei, dann aus der Gegend von Collo und schließlich im Tal von Chelif und im Warsenis aus den insgesamt möglichen Eheformen die Häufigkeit von Heiraten mit der Parallelbase zu bestimmen, die von der ethnologischen Überlieferung für dieses Kulturgebiet als »Norm« betrachtet wurde. Dabei mußten wir feststellen, daß die ermittelten Zahlen insofern völlig ohne Aussagekraft waren, als sie von der Größe der sozialen Einheit abhängig blieben, für die die Berechnung jeweils angestellt wurde und die alles andere als absolut objektiv bestimmbar, sondern von den Strategien in der sozialen Realität selbst abhängig war. Als ich daraufhin diese nur negative Ergebnisse erbringenden Forschungen einstellte und unsere Versuche auf die Analyse des Hochzeitsrituals verlagerte, ging mir auf, daß sich die im Ablauf der Feierlichkeiten beobachteten Variationen ganz und gar nicht auf simple, für die strukturalistische Interpretation wie geschaffene *Varianten* reduzieren ließen. Sie entsprachen vielmehr Variationen in den genealogischen, ökonomischen und sozialen Beziehungen zwischen den Ehegatten und zugleich Variationen der Bedeutung und sozialen Funktion der vom Ritual sanktionierten Ehebünde. Tatsächlich genügte die Beobachtung, daß das bei Heiraten zwischen angesehenen Familien verschiedener Stämme in aller Pracht entfaltete Ritual bei Heiraten zwischen parallelen Vettern und Basen auf seine einfachste Form reduziert wurde, um Klarheit darüber zu gewinnen, daß jede die jeweilige Heiratsform begleitende Ritualform nicht eine aus einer Art semiologischem Spiel hervorgegangene simple Variante ist, sondern eine Dimension einer *Strategie*, die ihren Sinn aus dem Rahmen der insgesamt möglichen Strategien bezieht. Diese Strategie ist nicht etwa das Produkt der Einhaltung einer explizit gesetzten und eingehaltenen Norm, und auch nicht der durch ein unbewußtes »Modell« bewirkten Regulierung, sondern das Produkt einer Bewertung der Stellung der jeweiligen Gruppen zueinander. Daher lag auf der Hand, daß man sie nur dann erklären kann, wenn man neben der rein genealogischen Beziehung zwischen den Ehegatten (die selbst zum Gegenstand strategischer Manipulationen werden kann) auch eine ganze Reihe von Informationen über die durch die Heirat miteinander verbundenen Gruppen einbezieht, wie zum Beispiel ihre Stellung zueinander, die Geschichte ihrer früheren Tauschvorgänge und die Bilanz dieser Transaktionen zum untersuchten Zeitpunkt, über die Ehegatten (Alter, frühere Ehen, körperliche Erscheinung usw.), über die Geschichte der Verhandlungen zur Anbahnung dieser Ehe und über die Tauschvorgänge aus diesem Anlaß usw.

Im vorigen Abschnitt heißt es lapidar: »... genügte die Beobachtung, daß das Ritual ..., um Klarheit darüber zu gewinnen ...«. Die Rhetorik kennt Abkürzungen, die fast vergessen machen können, daß die wissenschaftliche Praxis nie die Form dieser zwangsläufigen Abfolge von ans Wunderbare grenzenden Geistesakten annimmt, es sei denn in der Methodik von Nachschlagewerken oder in der Wissenschaftstheorie auf Schulniveau. Wie soll man ohne falsches Pathos oder retrospektive Rekonstruktion die langwierige Arbeit an sich selbst schildern, die zu einem allmählichen *Wandel* der eigenen Gesamtsicht des Handelns und der sozialen Umwelt führt, wie sie die »Beobachtung« dieser völlig neuen, weil vom alten Blickpunkt aus absolut *unsichtbaren* Fakten voraussetzt: eines Hochzeitsrituals, das nicht mehr lediglich als Summe symbolischer, durch ihren Unterschied in einem System von Unterschieden signifikanter Akte (was sie unter anderem auch sind) aufgefaßt wird, sondern als eine durch ihre Stellung innerhalb eines auf Maximierung materiellen oder symbolischen Gewinns ausgerichteten Strategiensystems definierte soziale Strategie? Oder einer »bevorzugten« Ehe, die nicht länger als Produkt der Einhaltung einer Norm oder der Anpassung an ein unbewußtes Modell behandelt wird, sondern als Reproduktionsstrategie, die ihren Sinn aus einem vom Habitus erzeugten und auf die Realisierung derselben sozialen Funktion ausgerichteten Strategiensystem bezieht? Oder des Ehrverhaltens, das nicht mehr als Produkt der Einhaltung von Regeln oder der Unterwerfung unter Werte begriffen wird (was es unter anderem auch ist, weil es so erlebt wird), sondern als Produkt eines mehr oder minder bewußten Strebens nach Akkumulation symbolischen Kapitals?

Ich glaube, daß ich nicht zufällig zwischen dem Abbruch der Untersuchung der Hochzeit in der Kabylei und ihrer Wiederaufnahme gegen Ende der sechziger Jahre die Befragung sozusagen revidierte, die ich 1960 in einem Dorf im französischen Béarn angestellt und bewußt als eine Art Gegenprobe zu meinem ethnologischen Experiment des Vertrautwerdens mit einer fremden Welt angelegt hatte.[1] Aufmerksam gemacht von einem schlichten Ausspruch in einer realen Situation (»die Sowiesos haben entdeckt, daß sie mit den Sowiesos sehr eng verwandt sind, seitdem diese einen Absolventen der Ecole Polytechnique in der Familie haben«), hatte ich erkennen können, was alle Gesellschaften und alle Verwandtschaftstheorien verdrängen wollen, indem sie so

1 Vgl. P. Bourdieu, »Célibat et condition paysanne«, *Etudes rurales*, 5–6, 1962, S. 32–136, und »Les stratégies matrimoniales dans le système des stratégies de réproduction«, *Annales*, 4–5, Juli/Oktober 1972, S. 1105–1125.

tun, als würden sich die realen Beziehungen zwischen Verwandten aus den nach dem genealogischen Modell definierten Verwandtschaftsverhältnissen herleiten. Doch betrachtet man sich bei gleichem genealogischen Abstand, je nachdem, wie interessiert man selber ist und wie »interessant« die betreffenden Verwandten sind, als »näher« oder »entfernter« verwandt. Entdecken, daß die Verhältnisse zwischen Verwandten auch Interessenverhältnisse sind, daß die von der Gesellschaft verherrlichte Beziehung zwischen Brüdern in der Kabylei strukturelle Interessenkonflikte verdecken oder, wie im Béarn, zur Verdeckung und Rechtfertigung nackter ökonomischer Ausbeutung dienen kann, bei der der jüngere Bruder für den älteren eingestandenermaßen oft »Knecht ohne Lohn« und dazu noch häufig zur Ehelosigkeit verdammt ist; entdecken, daß innerhalb der Einheit von Haus und Hof als Ort einer Konkurrenz um das ausschließlich an sie gebundene ökonomische und symbolische Kapital (Grund und Boden, Titel usw.) Kämpfe um die Aneignung dieses Kapitals toben, in denen die Stärke jedes einzelnen von dem ökonomischen und symbolischen Kapital abhängt, über das er kraft seiner untrennbar zugleich genealogischen und ökonomischen Stellung und in dem Maße verfügt, in welchem er die Gruppe durch Sichabfinden mit den die Verwandtschaftsverhältnisse offiziell regierenden Regeln auf seine Seite ziehen kann; entdecken, daß die ehelichen Tauschbeziehungen der Strukturalisten lediglich ein Moment einer *Tauschwirtschaft zwischen den Geschlechtern und den Generationen* sind, das unbeirrt der Logik von Kosten und Nutzen gehorcht, ob es sich nun um die Kosten einer Übertretung der offiziellen Norm oder um den Nutzen der durch Achtung der Regel gewährleisteten Achtbarkeit handelt; dies alles nicht etwa in einer der äußerst neutralisierten sozialen Beziehungen entdecken, wie sie der Ethnologe gewöhnlich kennenlernt (soweit er sie überhaupt kennenlernen kann, weil es überall Dinge gibt, die man vor *Fremden* einfach nicht sagt oder tut), sondern in einer Befragungssituation, die sozusagen verwandtschaftlicher Art war, hieß eine regelrechte Umkehrung des gesamten Verhältnisses zum Objekt und zu sich selbst und einen praktischen Bruch mit dem naiven Humanismus vollziehen, der vielleicht eine Art Eingehen auf ein gefälliges Selbstbild ist und der mich zusammen mit einer angesichts der damaligen Gering-

schätzung der Eingeborenen verständlichen Rehabilitierungsabsicht bisweilen bewogen hatte, in meinen Ausführungen über die kabylische Ehre die Sprache der Dissertationen über Corneilles Dramenhelden zu wählen. (Ich muß sagen, daß mir an diesem kritischen Punkt die Lektüre von Max Weber, der Marx nicht etwa, wie gemeinhin geglaubt wird, eine idealistische Geschichtstheorie entgegenstellt, sondern die materialistische Denkweise auf Gebiete anwendet, die der Marxismus faktisch dem Idealismus überließ, sehr geholfen hat, den Zugang zu dieser Art verallgemeinertem Materialismus zu finden: Dies wird nur denen paradox erscheinen, die durch den kumulierten Effekt von Faktoren wie Seltenheit von Übersetzungen, Einseitigkeit der ersten französischen und amerikanischen Interpretationen und stark ökonomisch geprägte Bannflüche der »marxistischen« Orthodoxie einer sehr vereinfachten Vorstellung vom Denken Max Webers verhaftet sind.)
Die Distanz, die die Ethnologie zwischen sich und ihren Gegenstand legt – und die in der Scheidung zwischen Ethnologie und Soziologie institutionalisiert ist - ermöglicht ihr zugleich auch, mit allem, worin sie wirklich an der Logik ihres Objektes beteiligt ist, abseits zu treten. Es gibt gewiß kein treffenderes Beispiel dieser Bewußtseinsspaltung, die die Forscher daran hindert, in ihre wissenschaftliche Praxis ihr praktisches Verständnis von der Praxis einzubeziehen, als den von Wolschinow so bezeichneten Philologismus. Dieser behandelt Worte und Texte so, als hätten sie keinen anderen Daseinsgrund als den, von Gelehrten entziffert zu werden. Nichts ist zum Beispiel paradoxer, als wenn Leute, die ihr ganzes Leben mit dem Streiten über Worte zubringen, um jeden Preis festschreiben wollen, was ihnen als einzig wahrer Sinn von Symbolen, Worten, Texten oder Ereignissen erscheint. Wo doch letztere in Anbetracht ihrer Mehrdeutigkeit, Überdeterminiertheit oder Indeterminiertheit ihren *Fortbestand* und sogar das ihnen entgegengebrachte Interesse lediglich dem Umstand verdanken, daß sie stets Zankapfel in Auseinandersetzungen eben um die Festlegung des einzig »wahren« Sinns gewesen sind. Das gilt für alle sakralen Texte, welche, ausgestattet mit einer kollektiven Autorität wie die sprichwörtlichen Redensarten, Merksätze oder gereimten Sinnsprüche, in den Gesellschaften ohne Schrift als Instrumente anerkannter Macht über

die Sozialwelt fungieren können. Verschaffen kann man sich diese Macht, indem man sich die Instrumente durch Interpretation aneignet.[1]

Genügt es, die Praktiken durch eine »Anordnung des Faktenmaterials« zu erklären, die »es gestattet, Korrelationen zu erkennen«? Und ist es nicht eine andere Art, sie der Absurdität anheimzugeben, wenn man sie wie im Diskurs der Interpreten stillschweigend auf ein Spiel von semiologischen Schreibweisen reduziert? Ohne polemisch werden zu wollen, gestatte ich mir die Bemerkung, daß der Ethnologe Rituale oder Verwandtschaftsverhältnisse wohl besser erklären könnte, wenn er eben jenes »Verstehen« – die Fähigkeit zur richtigen Anwendung im Wittgensteinschen Sinne – in seine Theorie einbeziehen würde, das er gegenüber den *Gründervätern* seiner Disziplin oder dann an den Tag legt, wenn er geschickt den sozialen Ritualen des akademischen Lebens huldigt. Wenn man bei der Analyse eines Rituals wirklich den Ethnozentrismus des Beobachters vermeiden will, ohne in die falsche intuitive Sympathie der Nostalgiker der patriarchalischen Ursprünge oder in den Neo-Frazerschen Kult der Überbleibsel zu verfallen, muß man – und dies genügt auch schon – dieses praktische Verstehen verstehen. Es bewirkt, daß wir angesichts eines Ritus, dessen Grund uns schleierhaft ist, wenigstens überhaupt verstehen, daß ein solcher vorliegt und was ihn von der Interpretation trennt, die sich nur erlauben kann, wer eine Position außerhalb der Praxis bezieht.[2] Anders gesagt,

1 Der Korpus, an dem der Philologe oder der Ethnologe arbeitet, ist seinerseits zum Teil das Produkt jener Kämpfe zwischen den eingeborenen Interpreten, die von Moloud Mammeri so hervorragend geschildert wurden (vgl. M. Mammeri und P. Bourdieu, »Dialogue sur la poésie orale en Kabylie«, *Actes de la recherche en sciences sociales*, 23, September 1978, S. 51–66) und die zu unterschätzen (zugunsten einer Durkheimschen Darstellung der Kulturproduktion als einer kollektiven, unpersönlichen, kurz, als einer ohne Produzenten) ich durch die Furcht vor dem (im Werk Griaules symbolisierten) Fehler eines Rückgriffs auf eingeborene Theorien verleitet worden war.

2 Daß der Ethnologe als fremder Beobachter notwendig auf diese Position des Außenstehenden verwiesen wird, ist durchaus kein Privileg. Dies um so weniger, als nichts dagegen spricht, daß auch der Eingeborene eine solche Position gegenüber seinen eigenen Überlieferungen beziehen kann, sofern er nur in der Lage ist, sich die Objektivierungsinstrumente anzueig-

muß man in die Theorie der Rituale die Theorie des praktischen Verstehens aller rituellen Akte und Diskurse wieder einbeziehen, die wir uns selber leisten, und zwar nicht nur in der Kirche und auf dem Friedhof. Das Eigentümliche an diesen ist nämlich gerade, daß niemand sich erkühnt, sie als absurd, willkürlich oder unmotiviert zu erleben, und daß sie keinen anderen Daseinsgrund haben als den, zu existieren und sozial als existenzwürdig anerkannt zu sein.[1] Riten als Praktiken sind sich Selbstzweck und finden schon in ihrer Ausführung ihre Erfüllung. Sie sind Akte, die man ausführt, weil »es sich so gehört«, weil »das halt so gemacht wird«, bisweilen aber auch, weil man schlicht nicht anders kann. Dabei braucht man nicht zu wissen, warum und für wen man sie ausführt, z. B. unsere Akte bei Beerdigung und Grabpflege, oder was sie bedeuten. Genau das aber unterschlägt die Interpretationsarbeit, die ihnen ihren Sinn wiedergeben, ihre Logik erneut begreifen will. Sie können genaugenommen weder Sinn noch Funktion haben, es sei denn die Funktion, die in ihrer bloßen Existenz impliziert ist, und den Sinn, der objektiv in den Gesten oder Worten, die man ausführt oder spricht, »um halt etwas zu sagen oder zu tun« (sofern sich nicht »etwas anderes gehört«), oder genauer noch in den Erzeugungsstrukturen ent-

nen, und außerdem bereit, den Aufwand für dieses von der Objektivierung vorausgesetzte und bewirkte Abseitstreten zu tragen (eine Fähigkeit und Bereitschaft, die nicht unbedingt immer gleichzeitig gegeben sind). Damit wird verständlich, wie wichtig eine von den Algeriern selbst entwickelte Ethnologie Algeriens ist. Dabei denke ich insbesondere an die Forschungen um Mouloud Mammeri im Rahmen von CRAPE, von dem ausgezeichnete Arbeiten über die mündliche »Literatur«, besonders über das *ahellil* von Gourara, bekannt sind (stellvertretend zitiere ich hier nur die Untersuchung von R. Bassagna und A. Sayad, *Habitat traditionnel et structures familiales en Kabylie,* mit einem Vorwort von M. Mammeri, Algier, Mémoires du CRAPE, 1974).

1 Die soziologische Analyse muß außerdem die Bedingungen der Möglichkeit und Geltung dieses Verstehens und dieser Akte ermitteln (vgl. P. Bourdieu, »Le langage autorisé, note sur les conditions sociales de l'efficacité du discours rituel«, *Actes de la recherche en sciences sociales,* 5–6, November 1975, S. 183–190; und P. Bourdieu und Y. Delsaut, »Le couturier et sa griffe, contribution à une théorie de la magie«, *Actes de la recherche en sciences sociales,* 1, Januar 1975, S. 7–36.

halten sind, deren Produkt diese Gesten oder Worte sind. Im Extrem beziehen sie ihren Sinn oder ihre Funktion aus dem orientierten Raum, in welchem sie ausgeführt werden.

Genauso, wie man nur dann mit Fug über das Ritual sprechen kann, wenn man den wahren Charakter des Rituals als zugleich vernünftiger und sinnloser Verhaltensweise und den wahren Charakter der wissenschaftlichen Intention als eines Erklärungsvorhabens kennt, kann man sich über den sozialen Nutzen von Verwandten und Verwandtschaft nur dann richtig klar werden, wenn man die objektivierende Beziehung ihrerseits objektiviert und entdeckt, was sie verhüllt. Die Handelnden (und der Beobachter selbst, sobald er aufhört, Beobachter zu sein) unterhalten nämlich mit ihren Verwandten und ihrer Verwandtschaft eben nicht die Beziehung, die sich in die Beobachtung einschleicht und unterstellt, Verwandte und Verwandtschaft würden nicht praktisch ausgenutzt. Kurzum, man muß ganz einfach in die wissenschaftliche Arbeit und in die Theorie der Praktiken, die sie hervorbringen soll, d. h. in dieses Verhältnis »gelehrter Ignoranz« des unmittelbaren, aber sich selbst gegenüber blinden Verstehens, welches das praktische Verhältnis zur Welt definiert, eine (nicht durch bloße theoretische Erfahrung zu entdeckende) Theorie der Bedeutung des Eingeborenseins einführen. (Dieser Ansatz steht – sofern das der Erwähnung bedarf – in krassem Gegensatz zu jenem anderen, der das historische oder soziologische Verstehen entweder mit Dilthey auf einer »psychischen Teilhabe« oder »psychischen Nachbildung« oder mit Husserl auf einer »bewußten Modifikation« oder einem »bewußten Sich-Hineinversetzen in den anderen« begründen will, also auf pseudowissenschaftlichen Rückübersetzungen der spontanen Theorie des Verstehens als eines »Sich-an-die-Stelle-Setzens.«)

Die Vorstellung, die man sich gewöhnlich von dem Gegensatz zwischen »Primitivem« und »Zivilisiertem« macht, rührt vom Nichtwissen um die Tatsache her, daß die in diesem Fall wie sonst auch zwischen dem Beobachter und dem Beobachteten hergestellte Beziehung ein Sonderfall der Beziehung zwischen Erkennen und Handeln, zwischen Interpretation und Nutzung, zwischen symbolischer Beherrschung und praktischer Handhabung, zwischen der logischen, d. h. mit allen akkumulierten Objektivierungsinstrumenten ausgerüsteten Logik und der *univer-*

sell vorlogischen Logik der Praxis ist.[1] Und dieser für die Verstandestätigkeit und für die Situation des Intellektuellen konstitutive Unterschied ist mit Sicherheit das, was der intellektuelle Diskurs am wenigsten in seiner Wahrheit ausdrücken kann. Es geht nämlich darum, wieweit sich der Objektivierende selbst in seine Objektivierungsarbeit einbeziehen will. Das objektivistische Verhältnis zum Objekt ist eine Manier, die Distanz zu wahren, eine Weigerung, sich selbst als Objekt aufzufassen, im Objekt erfaßt zu werden. So bin ich mir zum Beispiel nicht sicher, ob ich an das herangegangen wäre, was mir heute als der Sinn der rituellen Erfahrung und als die Funktion der von ihr in Gang gesetzten Erzeugungsschemata erscheint, wenn ich die Anamnese des sozial Verdrängten nicht weiter als bis zur Erinnerung an gewisse Auffälligkeiten getrieben hätte. So sagen, genau wie die Kabylen, die in dem Wort *qabel* (die Stirn bieten, gen Osten, in die Zukunft blicken) ihr gesamtes Wertesystem zusammenfassen, die alten Bauern im Béarn *capbat* (wörtlich: Kopf nach unten), um die Richtung nach unten, aber auch nach Norden zu bezeichnen, *capsus* oder *catsus* (wörtlich: Kopf nach oben), um die Richtung nach oben, aber auch nach Süden (oder *cap-aban*, Kopf nach vorn, für Osten, und *cap-are*, Kopf nach hinten, für Westen). Wörter wie *capbacha* (die Stirn senken) werden mit der Idee der Scham, der Demütigung, der Entehrung oder Beleidigung assoziiert. Auch ließen sich die legitimsten Vertreter meiner höchst legitimen Kultur bisweilen auf diese sogenannte vorlogische Logik ein. So assoziiert Platon im Zehnten Buch seines *Staat* die Gerechten mit der Brust und mit der Bewegung nach rechts hinauf zum Himmel und die Ungerechten mit dem Rücken und der Bewegung nach links hinunter in die Erde.[2] Auch die Klimatheo-

1 Offenbar kann nicht geleugnet werden – und es ist das Verdienst Jack Goodys, daran erinnert zu haben -, daß zwischen Gesellschaftsformationen beträchtliche Unterschiede in bezug auf die Objektivierungstechniken (schon in der Schrift und in allem, was das »graphische Denken« ermöglicht) und daher in den allgemeinen Zugangsbedingungen zur Logik bestehen, die sich dieser Techniken bedient.

2 »... so ließen sie die Gerechten den Weg einschlagen, der *rechts* hinauf durch den *Himmel* führt, nachdem sie ihnen Zeichen des Urteilsspruches *an die Brust* geheftet hatten. Die Ungerechten aber wiesen sie nach *links* und nach *unten*; auch diese trugen die Zeichen für alle ihre Taten, aber *auf*

rie Montesquieus beruht auf mythischen Gegensätzen nach keinem anderen Prinzip als dem, das wir heute auf die Antithese zwischen »kaltblütig« und »heißblütig« und folglich auch auf die zwischen Norden und Süden[1] anwenden. Die Untersuchung mußte also weiter getrieben werden und näherliegende und alltäglichere Anwendungen erfassen. So zum Beispiel den Geschmack, dieses System von erzeugenden und klassifizierenden (in antagonistischen Adjektivpaaren wie einzigartig und gewöhnlich, glänzend und trübe, schwer und leicht manifestierten) Schemata, die auf den verschiedensten Gebieten der Praxis fungieren und den letzten, unbestrittenen und unsagbaren Werten zugrunde liegen, welche von allen sozialen Riten und besonders vom Kult um das Kunstwerk verklärt werden.[2]
Doch hätte ich sicher nicht die letzten Hindernisse überwunden, die mich davon abhielten, in der Logik der Praxis die typischsten Formen der vorlogischen Logik zu erkennen, wenn ich nicht fast

dem Rücken« (Platon, *Der Staat*, Zehntes Buch, 616 c-d). Ganz nebenbei merkt man hier, daß das alte Griechenland in der Ethnologie des Maghreb zwar häufig bemüht wurde, um *humanistische* Effekte (in allen Bedeutungen dieses Wortes) zu erzielen, sich eine *ethnologisierte* (und nicht heroisierte) Kenntnis Griechenlands aber auch dazu eignet, die schriftlosen Gesellschaften besser zu verstehen (und umgekehrt), insbesondere alles, was mit kultureller Hervorbringung und Kulturproduzenten zu tun hat.

1 Pierre Gourou, der alle Inkonsequenzen der Bücher XIV bis XVII von Montesquieus *Esprit des lois* aufdeckt, ohne das eigentlich mythische Prinzip zu bemerken, das diesem scheinbar zusammenhanglosen Diskurs seine Schlüssigkeit verleiht, bemerkt zu Recht: »Es war von Interesse, diese Ansichten Montesquieus herauszuarbeiten, weil sie in uns ebenso erwekkungsbereit schlummern, wie sie in ihm lebendig waren. Auch wir glauben ohne Rücksicht darauf, was eine präzisere Beobachtung als zur Zeit Montesquieus dagegen einwenden mag, daß die Menschen des Nordens größer, gelassener, arbeitsamer, ehrlicher, unternehmerischer, glaubwürdiger, selbstloser sind als die des Südens« (P. Gourou, »Le déterminisme physique dans L'Esprit des lois«, *L'homme*, Sept./Dez. 1963, S. 5–11).

2 Vgl. P. Bourdieu und M. de Saint-Martin, »Les catégories de l'entendement professoral«, *Actes de la recherche en sciences sociales*, 3, Mai 1975, S. 69–93; P. Bourdieu, *Die politische Ontologie Martin Heideggers*, Übers. Bernd Schwibs, Frankfurt, Syndikat 1977, und *Die feinen Unterschiede*, Übers. Bernd Schwibs und Achim Russer, Frankfurt, Suhrkamp 1982.

zufällig inmitten der vertrauten Welt auf diese »wilde« Logik gestoßen wäre, und zwar in den Urteilen, die von Franzosen 1975 bei einer Meinungsumfrage über ihre Politiker abgegeben wurden.[1] Da ich in diesem Fall als Eingeborener das System von Schemata vollkommen beherrschte, mit denen Georges Marchais eher die Tanne, die Farbe Schwarz oder der Rabe zugeordnet wird und Valéry Giscard d'Estaing eher die Eiche, die Farbe Weiß und das Maiglöckchen, konnte ich sowohl die eingeborene Erfahrung einer lässigen Vertrautheit mit einem weder ganz logischen noch völlig unlogischen, weder völlig gesteuerten noch völlig unbewußten Symbolismus als auch die für die eingeborene Erfahrung verblüffende wissenschaftliche Erkenntnis der aus der Gesamtheit der Attributionen hervortretenden Logik, und darüber hinaus auch noch die sozusagen experimentelle Beobachtung dieses in Begriffspaaren ablaufenden Denkens, welches die Prinzipien seiner Unterscheidungen und Vergleiche im Ungewissen läßt und nie präzisiert, worin das von ihm Gegenübergestellte oder Zusammengefaßte nun gegensätzlich oder ähnlich ist, gegeneinanderhalten und vergleichen. Wenn man entdeckt, daß das normale, wie alle sogenannten »vorlogischen« bzw. praktischen Denkweisen von einem einfachen »Gefühl für den Gegensatz« geleitete Denken bei vielen seiner Operationen nach Gegensätzen vorgeht, also nach der Elementarform der Spezifizierung, die dieses Denken zum Beispiel veranlaßt, demselben Terminus so viele Gegensätze zuzuordnen, wie es praktische Verhältnisse gibt, die es mit allem eingehen kann, was es selber nicht ist, erkennt man konkret, daß die Verdinglichung des Objekts der Wissenschaft in der wesensmäßigen Andersartigkeit einer »Mentalität« ein auftrumpfendes Zurückgreifen auf ein nicht objektives Subjekt voraussetzt. Um die Distanz zu überwinden, muß man nicht wie üblich den Fremden fiktiv an einen imaginären Eingeborenen heranbringen. Vielmehr bringt man den Ein-

1 Zur genauen Beschreibung dieses »Tests« (in welchem der Befrager Listen von sechs Attributen – Farben, Bäume, klassische Helden usw. – vorlegte und darum bat, den sechs Parteichefs der großen politischen Parteien Frankreichs jeweils eines dieser Attribute zuzuordnen) und einer Analyse der Logik, nach der diese Attributionen erfolgen, vgl. P. Bourdieu, *Die feinen Unterschiede, a. a. O.*, S. 842–863.

geborenen, der in allem fremder Beobachter ist, dem Fremden näher, indem man ihn durch Objektivierung entfernt.
Dieses letztere Beispiel soll genausowenig wie die anderen die besonderen (sehr realen) Schwierigkeiten der Soziologie hervorheben oder ihre Verdienste geltend machen, sondern nachvollziehbar oder, besser noch, von einem die Praxis implizierenden Verstehen aus praktisch verstehen machen, daß jedes echte soziologische Unterfangen unweigerlich eine Sozioanalyse ist. Auf diese Weise soll dazu beigetragen werden, daß das Ergebnis dieses Unterfangens seinerseits zum Instrument der Sozioanalyse wird.[1] Es geht nicht nur darum, aus der Analyse der sozialen Stellung, von der aus die Diskurse über die Sozialwelt hervorgebracht werden – angefangen mit dem Wissenschaftlichkeit beanspruchenden Diskurs -, eine der wirksamsten Waffen der wissenschaftlichen und politischen Kritik des wissenschaftlichen und politischen Diskurses und ganz besonders der politischen Ausbeutung »wissenschaftlicher« Legitimität zu machen. Im Gegensatz zur personalistischen Negation, die unter Ablehnung der wissenschaftlichen Objektivierung nur eine der Phantasie oder einem Wahnbild entsprungene Person konstruieren kann, ermöglicht die soziologische Analyse, besonders wenn sie sich in die eigentliche ethnologische Tradition der Erforschung von Klassifizierungsformen einreiht, eine echte Wiedergewinnung des Ichs durch die Objektivierung der um einen behaupteten Ort der Subjektivität, z. B. der um die sozialen Kategorien des Denkens, der Wahrnehmung und des Werturteils geisternden Objektivität. Diese Kategorien nämlich sind das ungedachte Prinzip jeder Vorstellung von der sogenannten objektiven Welt. Indem sie die Entdeckung der Äußerlichkeit im Herzen der Innerlichkeit, der Banalität in der Illusion der Seltenheit, des Gewöhnlichen im Streben nach dem Einzigartigen erzwingt, denunziert

1 Anstatt lange über die Befreiungsfunktionen zu argumentieren, die die Soziologie übernehmen kann, indem sie die Instrumente für eine Wiederaneignung der Wahrnehmungs- und Beurteilungsschemata liefert, die häufig einem eigentlich sozialen Elend zugrunde liegen, begnüge ich mich hier mit dem Hinweis auf einen Artikel von Abdelmalek Sayad: »Les enfants illégitimes« (*Actes de la recherche en sciences sociales*, 25, Januar 1979, S. 61–82, und 26, März 1979, S. 68–83), und auf seine Arbeiten über die algerischen Auswanderer insgesamt.

die Soziologie nicht nur alle Hochstapeleien der narzißtischen Ichbezogenheit. Sie bietet auch das vielleicht einzige Mittel, und sei es auch nur über das Bewußtsein der Determiniertheiten, dazu beizutragen, etwas wie ein Subjekt zu konstituieren, eine Aufgabe, die sonst den Kräften der Welt anheimfällt.

Erstes Buch
Kritik der theoretischen Vernunft

»Wie kann ich einer Regel folgen?« – wenn das nicht eine Frage nach den Ursachen ist, so ist es eine nach der Rechtfertigung dafür, daß ich so nach ihr handle.
Habe ich die Begründungen erschöpft, so bin ich nun auf dem harten Felsen angelangt, und mein Spaten biegt sich zurück. Ich bin dann geneigt zu sagen: »So handle ich eben.«

L. Wittgenstein, *Philosophische Untersuchungen*

Das Darstellen nämlich liegt den Menschen im Blute von Kindheit an, und dadurch unterscheiden sie sich von den anderen Geschöpfen, daß sie auf Nachahmen versessen sind. Auch das Lernen beruht anfänglich auf Nachahmen.

Aristoteles, *Poetik*

Von allen Gegensätzen, die die Sozialwissenschaften künstlich spalten, ist der grundlegendste und verderblichste der zwischen Subjektivismus und Objektivismus. Schon daß diese Spaltung immer wieder in kaum veränderten Formen aufbricht, dürfte zur Genüge belegen, daß die beiden Erkenntnisweisen, zwischen denen sie unterscheidet, für eine Wissenschaft der Sozialwelt, die weder auf eine Sozialphänomenologie noch auf eine Sozialphysik reduziert werden kann, gleichermaßen unentbehrlich sind. Um den Antagonismus zwischen diesen Erkenntnisweisen zu überwinden und dabei dennoch die Errungenschaften beider zu bewahren (ohne wegzulassen, was sich aus der interessierten Betrachtung der jeweils entgegengesetzten Position ergibt), müssen die Grundannahmen expliziert werden, die sie als wissenschaftliche Erkenntnisweisen miteinander gemein haben, die gleichermaßen im Gegensatz zur praktischen Erkenntnisweise stehen, der Grundlage der normalen Erfahrung der Sozialwelt. Dies erfordert, die wissenschaftstheoretischen und sozialen Bedingungen, welche sowohl das reflexive Zurückkommen auf die subjektive Erfahrung der Sozialwelt als auch die Objektivierung der objektiven Bedingungen dieser Erfahrung möglich machen, einer kritischen Objektivierung zu unterziehen.

Gegenstand der Erkenntnisweise, die man als phänomenologische bezeichnen kann, ist es, eine Erfahrung zu reflektieren, die definitionsgemäß nicht reflektiert wird, nämlich das erste Vertrautwerden mit der vertrauten Umwelt, und so die Wahrheit dieser Erfahrung an den Tag zu bringen, welche, so illusorisch sie von einem »objektiven« Standpunkt aus auch scheinen mag, als Erfahrung doch völlig *gewiß* bleibt.[1] Doch kann sie nicht über eine Beschreibung dessen hinweggelangen, was das »erlebte« Erfahren der Sozialwelt als solches charakterisiert, d. h. nicht über eine Auffassung dieser Welt als einer evidenten oder fraglos gegebenen. Daß dem so ist, liegt daran, daß diese Erkenntnisweise die Frage nach den Bedingungen der Möglichkeit solcher Erfahrung ausschließt, nämlich nach der Deckungsgleichheit der objektiven Strukturen mit den einverleibten, welche die für das praktische Erfahren der vertrauten Welt typische Illusion unmittelbaren Verstehens verschafft und zugleich jede Frage nach ihren eigenen Bedingungen der Möglichkeit ausschließt. Es liegt außerdem und tiefer noch daran, daß diese Erkenntnisweise ebenso wie die praktische Erkenntnis, die sie sich zum Objekt nimmt, jede Frage nach ihren eigenen sozialen Bedingungen der Möglichkeit, genauer: jede Frage nach der sozialen Bedeutung des für

1 Es ist die Evidenz und Transparenz der sich reflektierenden Erfahrung (des *cogito*) gegenüber sich selbst, die der Phänomenologe (z. B. Sartre in *Das Imaginäre*) als das »Gewisse« dem »Wahrscheinlichen« der objektiven Erkenntnis gegenüberstellt: »Man muß an dieser Stelle wiederholen, was man seit Descartes weiß: ein reflexives Bewußtsein liefert uns absolut gewisse Gegebenheiten; wer in einem Akt der Reflexion sich bewußt wird, ›eine Vorstellung zu haben‹, kann sich nicht täuschen. (...) Was man ›Vorstellung‹ zu nennen pflegt, gibt sich unmittelbar als solche der Reflexion. (...) Wenn diese Bewußtseinsformen sich unmittelbar von allen anderen unterscheiden, so deshalb, weil sie sich der Reflexion mit bestimmten Merkmalen und Charakteristiken zeigen, die sofort das Urteil bewirken: ›Ich habe eine Vorstellung‹. Der Reflexionsakt hat also einen unmittelbar gewissen Inhalt, den wir das Wesen der Vorstellung nennen werden« (J. P. Sartre, *Das Imaginäre*, Übers. Hans Schöneberg, Reinbek bei Hamburg 1971, S. 34–44).

ein Verstehenwollen dieses Primärverstehens erforderlichen praktischen *Epoché*, oder, wenn man will, nach dem durchaus *paradoxen* sozialen Verhältnis ausschließt, das vom reflexiven Zurückkommen auf die *doxische* Erfahrung gesetzt wird.
Der Objektivismus, der sich vorgenommen hat, vom individuellen Willen und Bewußtsein unabhängige objektive Gesetzmäßigkeiten (Strukturen, Gesetze, Systeme von Relationen usw.) zu ermitteln, setzt eine schroffe Diskontinuität zwischen der wissenschaftlichen und der praktischen Erkenntnis, indem er die mehr oder weniger expliziten Vorstellungen, mit denen letztere ausgerüstet ist, als »Rationalisierungen«, »vorwissenschaftliche Begriffe« oder »Ideologien« verwirft. Er weist also den Versuch zurück, die Wissenschaft der Sozialwelt mit einer wissenschaftlichen Beschreibung der vorwissenschaftlichen Erfahrung dieser Welt gleichzusetzen, genauer gesagt, die Sozialwissenschaft wie Schütz und die Phänomenologie auf »Konstruktionen zweiten Grades, das heißt Konstruktionen von Konstruktionen jener Handelnden im Sozialfeld«[1], oder wie Garfinkels Ethnomethodologie auf »Berichte über Berichte« (*accounts*) zu reduzieren, die von den Handelnden hervorgebracht werden.[2] Objektiv zumindest wirft er die vergessene Frage nach den besonderen Bedingungen auf, die die doxische Erfahrung der Sozialwelt ermöglichen. So zum Beispiel erinnern die Saussuresche Semiologie oder ihre Ableitungen, z. B. der anthropologische Strukturalismus, zwar daran, daß ein unmittelbares Verstehen dann und nur dann möglich ist, wenn die Handelnden sich objektiv einig sind, beim selben Zeichen, Sprechakt, Handeln dieselbe Bedeutung und bei derselben Bedeutung dasselbe Zeichen zu assoziieren, bzw. sich bei ihren Chiffrier- und Dechiffrieroperationen auf ein und dasselbe System konstanter Relationen zu beziehen, die vom Willen und Bewußtsein des einzelnen unabhängig sind und auch nicht auf ihre *Ausführung* in Form von Praktiken oder Werken (beispielsweise Sprache als Code oder Chiffre) reduziert

1 Vgl. A. Schütz, *Gesammelte Aufsätze*, I, Das Problem der sozialen Wirklichkeit, Übers. Benita Luckmann und Richard Grathoff, Den Haag 1971, S. 68.

2 H. Garfinkel, *Studies in Ethnomethodology*, Englewood Cliffs, N.J., Prentice-Hall 1967.

werden können. Doch widersprechen sie damit eigentlich nicht der phänomenologischen Analyse der Primärerfahrung der Sozialwelt als eines unmittelbaren Verstehens, sondern definieren lediglich deren Geltungsgrenzen durch Festlegung der besonderen Bedingungen, unter denen dieses Verstehen möglich ist (nämlich vollkommene Deckungsgleichheit der Chiffren zum Verschlüsseln und Entschlüsseln) und von denen die phänomenologische Analyse nichts weiß.

Zudem berücksichtigt der Objektivismus in allen seinen Operationen in keiner Weise, was die Distanz und Äußerlichkeit im Verhältnis zur Primärerfahrung in sich birgt, die zugleich Bedingung und Produkt der Objektivierungsoperationen ist: indem er vergißt, woran die phänomenologische Analyse der Erfahrung der vertrauten Welt erinnert, nämlich an den Schein der Unmittelbarkeit, mit der sich der Sinn dieser Welt erschließt, läßt er die Objektivierung der objektivierenden Relation aus, also den epistemologischen Bruch, der zugleich ein sozialer ist. Und eben weil der Objektivismus die Beziehung zwischen dem von der Sozialphänomenologie explizierten *erlebten Sinn* und dem von der Sozialphysik oder der objektivistischen Semiologie konstruierten *objektiven Sinn* ignoriert, versagt er sich die Analyse der Bedingungen, unter denen der *Sinn des sozialen Spiels* entsteht und fungiert, welches ermöglicht, den in den Institutionen objektivierten Sinn als fraglos gegebenen zu erleben.

Die scheinbare Antinomie der beiden Erkenntnisweisen kann also nur dann unter Wahrung der Errungenschaften beider überwunden werden, wenn die wissenschaftliche Praxis einem Erkennen des »Erkenntnissubjekts« untergeordnet wird, also einer im wesentlichen *kritischen Erkenntnis* der Grenzen jeder theoretischen Erkenntnis, sei sie nun subjektivistisch oder objektivistisch, die alle Merkmale einer *negativen Theorie* aufweisen würde, wären da nicht die eigentlich wissenschaftlichen Wirkungen, die sie erzeugt, indem sie genau die Fragestellungen erzwingt, die von jeder wissenschaftlichen Erkenntnis verdeckt werden. Die Sozialwissenschaft muß nicht nur wie der Objektivismus mit der eingeborenen Erfahrung und der eingeborenen Darstellung dieser Erfahrung brechen, sondern außerdem in einem zweiten Bruch die mit der Position des »objektiven« Beobachters untrennbar verbundenen Voraussetzungen in Frage stellen. Der *In-*

terpretation der Praktiken verhaftet, neigt dieser nämlich dazu, die Grundlagen seiner Beziehung zum Objekt in dieses einzubringen, was unter anderem durch den Vorrang belegt wird, den er den Funktionen von Kommunikation und Erkenntnis einräumt und der ihn verleitet, Interaktionen auf rein symbolische Tauschvorgänge zu reduzieren. Erkenntnis hängt nicht nur, wie dies ein elementarer Relativismus lehrt, von dem besonderen Standpunkt ab, den ein »räumlich und zeitlich festgelegter« Beobachter zum Objekt bezieht; dies ist eine um so grundlegendere und schädlichere, weil für die Erkenntnisoperation konstitutive und damit zwangsläufig unerkannt bleibende Verfälschung der Praxis schon dadurch, daß man ihr gegenüber einen »Standpunkt« bezieht und sie damit zum *Objekt* (von Beobachtung und Analyse) macht. Wobei dieser souveräne Standpunkt nirgends leichter bezogen werden kann als von den besseren Plätzen des sozialen Raums, von denen aus sich die Sozialwelt wie ein von ferne und von oben herab betrachtetes Schauspiel, wie eine *Vorstellung* darbietet.

Diese kritische Reflexion über die Grenzen des wissenschaftlichen Verstehens hat nicht etwa zum Ziel, die wissenschaftliche Erkenntnis in ihrer einen oder anderen Form zu diskreditieren, um ihr wie üblich eine mehr oder minder idealisierte praktische Erkenntnis entgegenzustellen oder sie durch diese zu ersetzen. Ihr Ziel ist vielmehr, die wissenschaftliche Erkenntnis durch Befreiung von den Verzerrungen, die ihr von den epistemologischen und sozialen Bedingungen ihrer Hervorbringung aufgezwungen werden, vollständig zu begründen. Fern jeder Rehabilitierungsabsicht, wie sie die meisten Diskurse über die Praxis irregeleitet hat, zielt diese kritische Reflexion lediglich darauf ab, die von der wissenschaftlichen Erkenntnis implizit angewandte Theorie der Praxis ans Licht zu ziehen und auf diese Weise eine wahrhaft *wissenschaftliche* Erkenntnis der Praxis und der praktischen Erkenntnis möglich zu machen.

Die Analyse der Logik der Praxis wäre sicher schon weiter, wenn die Gelehrtentradition die Frage nach dem Verhältnis zwischen Theorie und Praxis nicht immer als *Wert*problem gestellt hätte. So hat zum Beispiel Platon mit dem berühmten Zitat aus *Theaitet* das Spiel schon ganz am Anfang verfälscht, indem er den Intellektuellen über eine völlig negative Beschreibung der Logik der

Praxis[1], die nur die Kehrseite einer Verherrlichung der als *conditio sine qua non* der Wahrheitsfindung dargestellten *shkolé* als Freiheit von Zwang und Drang der Praxis ist (»die Reden sind für uns wie Diener«), eine »Theodizee ihres eigenen Privilegs« anbietet. Diesem apologetischen Diskurs, der in seinen extremsten Formen das Handeln als »Unfähigkeit zur Kontemplation« *(astheneia theorias)* definiert, hat die Philosophie (auch die vom platonischen Aristokratismus negativ konstituierte *philosophia plebeia*) immer nur ein anderes Vorzeichen, eine Umwertung der Werteskala entgegengesetzt. So zum Beispiel in Nietzsches idealtypischem Text, wo er die ätzendste Kritik der »reinen« Erkenntnis beschließt, indem er für die Erkenntnisweise, die er ihr vorzieht, genau die Tugenden beansprucht, die sie für sich in Anspruch nimmt, wie z. B. Objektivität: »Hüten wir uns nämlich, meine Herren Philosophen, von nun an besser vor der gefährlichen alten Begriffs-Fabelei, welche ein ›reines, willenloses, schmerzloses, zeitloses Subjekt der Erkenntnis‹ angesetzt hat, hüten wir uns vor den Fangarmen solcher contradiktorischen Begriffe wie ›reine Vernunft‹, ›absolute Geistigkeit‹, ›Erkenntnis an sich‹ – hier wird immer ein Auge zu denken verlangt, das gar nicht gedacht werden kann, ein Auge, das durchaus keine Richtung haben soll, bei dem die aktiven und interpretirenden Kräfte unterbunden sein sollen, fehlen sollen, durch die doch Sehen erst ein Etwas-Sehen wird, hier wird also immer ein Widersinn und Unbegriff vom Auge verlangt. Es giebt nur ein perspektivisches Sehen, nur ein perspektivisches ›Erkennen‹; und *je mehr* Affekte wir über eine Sache zu Worte kommen lassen, *je mehr* Augen, verschiedne Augen wir uns für dieselbe Sache einzusetzen wissen, um so vollständiger wird unser ›Begriff‹ dieser Sache, unsre ›Objektivität‹ sein.«[2] Das Schwierige ist sicher, daß man aus dem

1 Über die Anspielung auf den »praktischen« Intellektuellen hinaus arbeitet Platon zwei der wichtigsten Eigenschaften der Praxis, dieses »Wettlaufs um das Leben« *(peri psyches a dromos)* heraus, nämlich den *Zeitdruck* (»das verrinnende Wasser der Uhr treibt sie zur Eile«), welcher verbietet, bei interessanten Problemen zu verweilen, sie mehrmals wiederaufzunehmen, auf sie zurückzukommen, sowie die Tatsache, daß Praktisches, bisweilen Lebenswichtiges auf dem Spiele steht (*Theaitet,* 172, 173, Übers. Friedrich Schleiermacher, Frankfurt 1979, S.72/73).

2 F. Nietzsche, *Zur Genealogie der Moral,* München 1925, S. 398–399.

Spiel der umgekehrten Präferenzen nicht herauskommt, wenn man eine echte *Beschreibung* der Logik der Praxis liefern will, ohne die theoretische, kontemplative, gelehrte Position aufs Spiel zu setzen, von der sich alle Diskurse ableiten, auch die am heftigsten um eine Aufwertung der Praxis bemühten.

Das größte Hindernis für die Konstruktion einer adäquaten Wissenschaft der Praxis dürfte jedoch darin liegen, daß die Wissenschaftler durch ihre Verbundenheit mit ihrer Wissenschaft (und mit dem sozialen Privileg, das sie ihnen erst ermöglicht, begründet oder verschafft) anfällig für die Behauptung werden, ihr häufig um den Preis großer Anstrengungen erworbenes Wissen sei dem Alltagsverstand überlegen, oder gar in dieser vermeintlichen Überlegenheit eine Rechtfertigung ihres Privilegs erblikken, anstatt eine wissenschaftliche Erkenntnis der praktischen Erkenntnisweise und der Grenzen hervorzubringen, welche der wissenschaftlichen Erkenntnis dadurch gezogen sind, daß sie auf einem Privileg beruht. So zitiert zum Beispiel ein gewisser Klassiker der Volkswirtschaftslehre die spezifische Logik der Praxis und des Alltagsverstands nur, um sie als widersinnig abzutun. Er denunziert den Anspruch der Wirtschaftssubjekte, die ökonomischen Mechanismen durchschauen zu können, und beansprucht als »gelehrter« Ökonom ein Monopol auf die *Gesamtbetrachung des Ganzen*, indem er behauptet, er allein sei fähig, die partiellen und partikularistischen Standpunkte der einzelnen Gruppen zu überwinden und Fehler durch den »Trugschluß der Verallgemeinerung« *(fallacy of composition)* zu vermeiden.[1] Jede objektivistische Erkenntnis enthält einen Anspruch auf legitime Herrschaft: wie in *Troilus und Cressida* die allgemeinen Ideen des Generals die Kritik des einfachen Soldaten Thersites an den großen strategischen Entwürfen als eigensüchtige Blindheit erscheinen lassen, enthält der Anspruch des Theoretikers auf den absoluten Standpunkt, den »aus allen Perspektiven geometrischen«, wie Leibniz sagen würde, die Forderung nach einer auf Vernunft gegründeten Macht über die infolge der parteiischen Einseitigkeit ihrer partikulären Standpunkte zum Irrtum und damit zur Unvollkommenheit verdammten *schlichten Normalbürger.*

1 P. A. Samuelson, *Volkswirtschaftslehre*, Übers. Wilhelm Hankel, Köln 1967, S. 33.

Unanalysiert bleiben bei jeder (subjektivistischen wie objektivistischen) wissenschaftlichen Analyse das subjektive Verhältnis des Wissenschaftlers zur Sozialwelt und das objektive (soziale) Verhältnis als Voraussetzung dieses subjektiven Verhältnisses.[1] Intellektualismus ist (man gestatte den Ausdruck) Intellektualozentrismus und verleitet dazu, der analysierten Praxis über die zu ihrer Erklärung konstruierten Vorstellungen (Regeln, Modelle usw.) das eigene Verhältnis des Beobachters zur Sozialwelt und damit eben jenes zu unterlegen, welches die Beobachtung möglich macht. Die Übertragung eines nicht objektivierten theoretischen Verhältnisses auf die Praxis, die man objektivieren will, ist Ursache einer ganzen Reihe wissenschaftlicher Fehler, die alle miteinander zusammenhängen. (Daher wäre es bereits ein beträchtlicher Fortschritt, wenn man jeder wissenschaftlichen Abhandlung über die Sozialwelt eine Präambel mit dem Wortlaut »alles spielt sich so ab, als ob . . .« voranstellen würde, damit sie nach Art der Quantoren der Logik ständig an den epistemologischen Status des wissenschaftlichen Diskurses erinnere.) Also nicht etwa, um einer Art zweckfreien Vorliebe für theoretische Voraussetzungen zu huldigen, sondern um die praktischsten Bedürfnisse der wissenschaftlichen Praxis zu befriedigen, muß man zu einer Analyse der spezifischen Logik und der sozialen Bedingungen der Möglichkeit wissenschaftlicher Erkenntnis (und besonders der von ihr implizit angewandten Theorien der Praxis) gelangen, die untrennbar zugleich eine Analyse der spezifischen Logik der praktischen Erkenntnis ist.

1 Der Urheber eines Diskurses über Objekte der Sozialwelt, der es unterläßt, den Standpunkt zu objektivieren, von dem aus er diesen Diskurs hervorbringt, hat gute Aussichten, nichts weiter als diesen Standpunkt zu liefern: Belegt wird dies von allen Reden über das »Volk«, in denen weniger vom Volk die Rede ist als vom Verhältnis des Redners zum Volk oder, simpler noch, von der sozialen Stellung, von der aus er vom Volke spricht.

1. Kapitel
Die Objektivierung objektivieren

Nichts dürfte besser geeignet sein, die *wissenschaftstheoretischen* und soziologischen Voraussetzungen des Objektivismus darzustellen, als auf die ersten Operationen zurückzukommen, mit denen Saussure den eigentlichen Gegenstand der Linguistik konstruiert hat. Diese Operationen, verschleiert und unkenntlich gemacht durch die vielen mechanistischen Anleihen bei der damals herrschenden Disziplin und die zahlreichen wörtlichen Übersetzungen einer verselbständigten Lexik, auf denen damals die neuen sogenannten strukturalistischen Wissenschaften übereilt begründet wurden, sind das *wissenschaftstheoretisch Unbewußte* des Strukturalismus geworden.[1]

Wie Saussure zu postulieren, das wahre Kommunikationsmedium sei nicht das Sprechen als die in ihrer beobachtbaren Materialität betrachtete unmittelbare Gegebenheit, sondern die Sprache als System objektiver Beziehungen, die sowohl die Hervorbringung des Diskurses als auch seine Entzifferung ermögliche, hieß den äußeren Schein völlig umkehren, indem die *Materie* der Kommunikation, das von ihr Sichtbarste und Wirklichste, einem reinen, sinnlich nicht erfahrbaren Konstruktum untergeordnet wurde.[2] Saussure, der sich des paradoxen Bruchs

1 Es ist zum Beispiel bezeichnend, daß bis jetzt außer Sapir, der von seiner doppelten Ausbildung als Linguist und Ethnologe wie geschaffen war, das Problem der Beziehungen zwischen Sprache und Kultur aufzuwerfen, kein Anthropologe versucht hat, alle Weiterungen der (von Leslie White fast als einzigem explizit formulierten) Homologie zwischen den grundlegenden Gegensätzen der Kulturanthropologie (oder strukturalen Anthropologie) und der Linguistik festzustellen, also der Homologie der Gegensätze zwischen Sprache und Sprechen sowie zwischen Kultur und Verhalten.

2 Man kann alles, was Saussure über die Beziehung zwischen Sprache und Sprechen sagt, auf die Beziehung zwischen Kultur und Verhalten erweitern, von der sie nur eine Dimension ist: ebenso, wie Saussure postuliert, Mittel der Verständigung sei nicht die Rede, sondern die Sprache, postuliert die Kulturanthropologie (oder die Ikonologie im Sinne Panofskys), die wissenschaftliche Interpretation betrachte die sinnlich erfahrbaren Eigenschaften der Praxis oder der Werke als Zeichen oder »kulturelle Symbo-

mit der doxischen Erfahrung durchaus bewußt ist, den seine grundlegende These vom Primat der Sprache voraussetzt (für die er sich auf die Existenz toter Sprachen und den Spätmutismus beruft, welcher belege, daß man die Sprechfähigkeit einbüßen, die Sprache aber dennoch behalten könne, oder auf den Sprachfehler, der die Sprache als objektive Norm des Sprechens kennzeichne), bemerkt zwar, alles mache glauben, das Sprechen sei »Vorbedingung der Sprache«: nicht nur könne Sprache ohne Sprechen nicht erfaßt werden, sondern auch Spracherwerb geschehe durch Sprechen, und das Sprechen sei Ursprung aller Neuerungen und Veränderungen der Sprache. Doch fügt er sogleich hinzu, die Rangfolge der beiden Prozesse sei nur *chronologisch*, und das Verhältnis zwischen ihnen kehre sich um, sobald man den Bereich der individuellen oder kollektiven *Geschichte* verlasse und sich nach den *logischen Bedingungen der Entzifferung* frage: von diesem Standpunkt aus gebühre der Sprache als Medium zur Gewährleistung der Gleichheit von Laut- und Sinnassoziationen bei Gesprächspartnern und damit des gegenseitigen Verstehens der Primat, da sie Voraussetzung für die Verstehbarkeit des Sprechens sei.[1] Saussure, der an anderer Stelle behauptet, daß »der Standpunkt das Objekt schafft«, bezeichnet hier sehr klar den Standpunkt, auf den man sich stellen muß, um den »eigentlichen Gegenstand« dieser neuen strukturalistischen Wissenschaft hervorzubringen: aus dem Sprechen läßt sich dann und nur dann eine Hervorbringung der Sprache machen, wenn man sich *in die logische Ordnung der Verstehbarkeit* hineinversetzt.

Gewiß wäre der Versuch lohnend, die theoretischen Postulate vollständig zu formulieren, die dieser Standpunkt voraussetzt, wie z. B. den Primat von synchron erfaßter Logik und Struktur vor Individual- oder Kollektivgeschichte (d. h. vor dem Sprachlernen oder, um mit Marx zu sprechen, vor »der historischen Bewegung, die sie geboren hat«) oder den Vorrang innerlicher

le«, deren Sinn sich nur einer Lektüre erschließe, die mit einer kulturellen Chiffre ausgerüstet sei, welche über Aktualisierungen hinausreiche (und sei sich damit darüber klar, daß die »objektive Bedeutung« des Werks oder der Praxis sich auf Willen und Bewußtsein ihres Urhebers ebensowenig reduzieren läßt wie auf die erlebte Erfahrung des Beobachters).

1 F. de Saussure, *Grundfragen der Allgemeinen Sprachwissenschaft*, Übers. Hermann Lommel, 2. Aufl., Berlin, de Gruyter 1967, S.22–23.

und spezifischer, einer »tautegorischen« (Schelling) oder strukturellen Analyse zugänglicher Beziehungen vor den äußerlichen, ökonomischen und sozialen Bestimmtheiten. Doch außer daß dies schon häufig getan wurde, zumindest partiell, scheint es wichtiger, die Aufmerksamkeit dem Standpunkt selber zuzuwenden, dem Verhältnis zum Objekt, das sich in allem äußert, was sich aus diesem Standpunkt ergibt, angefangen mit einer bestimmten Theorie der Praxis. Was wiederum voraussetzt, daß man in dem Versuch, ihn zu objektivieren, eine Zeitlang den von vornherein zugewiesenen und anerkannten Platz des objektiven und objektivierenden Beobachters aufgibt, der seinem Objekt in einer Art Machtwahn seine eigenen Konstruktionsnormen aufzwingt, indem er wie ein Regisseur nach Belieben mit den Möglichkeiten der Objektivierungsinstrumente spielt, um heranzuholen oder zu entfernen, zu vergrößern oder zu verkleinern.
Wenn man sich wie Saussure in die Ordnung der Verstehbarkeit hineinversetzt, nimmt man den Standpunkt des »unparteiischen Zuschauers« ein, den seine Konzentration auf das *Verstehen um des Verstehens willen* verleitet, der Praxis der Handelnden diese *hermeneutische* Absicht zugrunde zu legen, so zu tun, als fragten sich diese selbst, was er sich im Hinblick auf sie fragt. Im Unterschied zum Redner hat der Grammatiker mit der Sprache nichts zu tun, außer daß er sie studiert, um sie zu *kodifizieren*. Eben durch die Behandlung, die er ihr angedeihen läßt, indem er sie zum *Objekt der Analyse* macht, anstatt sie zum Denken und zum Reden zu gebrauchen, konstituiert er sie als *logos* im Gegensatz zur *praxis* (und natürlich auch zur *praktizierten Sprache*). Bedarf es da noch der Feststellung, daß dieser typisch schulische Gegensatz ein Produkt der Schulsituation im strengen Sinne, einer Situation von *skhole*, von *otium*, von Muße ist, die kaum Aussicht hat, den von der Institution Schule verbildeten Geistern in ihrer Wahrheit sichtbar zu werden? Da er über keine Theorie des Unterschieds zwischen dem rein theoretischen Verhältnis dessen zur Sprache verfügt, der wie er selber mit der Sprache nichts zu tun hat, außer sie zu verstehen, und dem praktischen Verhältnis dessen zu Sprache, der sie für praktische Zwekke gebraucht, weil er verstehen will, um handeln zu können, und zwar gerade so viel, wie er praktisch braucht und wie in praxi dringend ist, trachtet der Grammatiker, die Sprache stillschwei-

gend als selbständiges und selbstgenügsames Objekt zu behandeln, d. h. als *Zweckmäßigkeit ohne Zweck*, jedenfalls ohne anderen Zweck als den, wie ein Kunstwerk interpretiert zu werden. Die Ursache des Fehlers der Grammatiker liegt also weniger darin, daß sie, wie ihnen die Soziolinguistik vorwirft, eine Schul- oder Wissenschaftssprache zum Objekt erwählen, sondern darin, daß sie unwissentlich sowohl zur wissenschaftlichen wie zur Umgangssprache ein schulisches oder wissenschaftliches Verhältnis haben.

Die konstantesten Tendenzen dieser formalen Grammatik, die die Linguistik ist und schon immer war, sind in der Schulsituation enthalten, die über das durch sie geförderte Verhältnis zur Sprache und über ihre Neutralisierung der Funktionen der Umgangssprache auf vielerlei Weise die wissenschaftliche Behandlung der Sprache beherrscht. Man denke nur einmal an die unnachahmlichen Beispiele, die der Phantasie der Grammatiker entsprungen sind, wie kahle Könige Frankreichs oder geschirrspülende Wittgensteins, und die wie die bei allen Formalismen beliebten Paradoxe ihre Vieldeutigkeit und ihre Rätselhaftigkeit nur durch Ausklammerung jeder praktischen Situation entfalten können, wie sie das schulische *Epoché* gewährleistet. Für den schulischen Diskurs »genügt schon« die Institution Schule und alles, was sie voraussetzt, einschließlich der Bereitschaft der Sprecher und Hörer, alles hinzunehmen, wenn nicht gar zu *glauben*, was man ihnen vorsetzt. Auch Valéry ist das aufgefallen: »*Quia nominor Leo* bedeutet keineswegs: *denn Löwe heiße ich*, sondern: *ich bin ein Grammatikbeispiel.*«[1] Die von Austinschen Analysen illokutionärer Akte ausgelöste Kommentarkette wird so lange nicht unterbrochen werden, wie die Unkenntnis der Produktions- und Zirkulationsbedingungen des Kommentars ermächtigt und geneigt macht, einzig und allein im kommentierten Diskurs die »hinreichenden Bedingungen« zu suchen, welche als theoretisch und praktisch nicht von den institutionellen Funktionsbedingungen des Diskurses ablösbare von Anfang an in die Kategorie der externen Linguistik verwiesen, d. h. der Soziologie *überlassen* worden sind.

1 Paul Valéry, »Tel Quel«, in: *Œuvres*, II, Paris, Gallimard (La Pléiade), S. 696.

Als Erkenntniswerkzeug und Analyseobjekt ist die Saussuresche Sprache durchaus die tote, die Schrift- und Fremdsprache, von der Bakhtine spricht, das selbstgenügsame System, *welches als ein aus dem realen Gebrauch herausgenommenes und seiner Funktionen vollständig entkleidetes* nur rein passives Verstehen erheischt (mit der reinen Semantik im Sinne von Fodor und Katz als Extrem). Die Illusion, die sprachliche Ordnung sei an sich autonom, wie sie der Vorrang bestätigt, der der inneren Logik der Sprache auf Kosten der sozialen Bedingungen ihrer *zweckgerichteten Anwendung*[1] eingeräumt wird, öffnet allen späteren Forschungen Tür und Tor, die so tun sollten, als könne man sich schon mit der Beherrschung des Codes die Beherrschung des angeeigneten Sprachgebrauchs verschaffen oder als könne man Gebrauch und Sinn der Sprachäußerungen aus einer Analyse ihrer formalen Struktur herleiten, als sei Grammatikalität notwendige und hinreichende Bedingung der Erzeugung von Sinn, kurz, so tun sollten, als wüßten sie nicht, daß Sprache dazu da ist, gesprochen zu werden, und zwar zur Sache. Keineswegs erstaunlich, daß die Aporien der Chomskyschen Linguistik, die die Voraussetzungen aller Grammatiken bis in die letzte Konsequenz überspitzt hat, zwangsläufig zu der Wiederentdeckung führen, daß die wirkliche Frage, wie Jacques Bouveresse bemerkt, nicht lautet, ob man »grammatikalische« Sätze in unendlicher Zahl hervorbringen kann, sondern ob das für eine unendliche Zahl von Sätzen möglich ist, die wirklich auf eine unendliche Zahl von Situationen passen.

Daß der Diskurs unabhängig ist von der Situation, in der er fungiert, und alle Funktionen ausgeklammert werden, wird von

1 Nicht zufällig formulierten die Sophisten (man denke nur an Protagoras und an Platons *Gorgias*), die im Unterschied zu den reinen Grammatikern eine Sprache des Handelns beherrschen lernen und diese Meisterschaft vermitteln wollten, als erste das Problem des *kairos*, des passenden oder günstigen Augenblicks und der für Ort und Zeit treffsicheren und passenden Rede. Als Rhetoriker waren sie wie geschaffen, aus der Praxis der Sprache als *Strategie* eine Philosophie zu machen (bezeichnend, daß der ursprüngliche Sinn des Wortes *kairos*, lebensentscheidender, also tödlicher Punkt, und Zielpunkt, Zielscheibe, Ziel, auch in vielen Redewendungen der Alltagssprache enthalten ist: schlagfertig sein, einen Pfeil abschießen, ins Schwarze treffen usw.).

der ursprünglichen Operation vorausgesetzt, die Sprache dadurch hervorbringt, daß sie den Sprechakt auf eine einfache Ausführung reduziert. Es ließe sich mühelos nachweisen, daß alle Voraussetzungen – und alle späteren Schwierigkeiten – aller Strukturalismen sich aus derlei ursprünglicher Spaltung zwischen der Sprache und ihrer Realisierung im Sprechen, d. h. in der Praxis und auch in der Geschichte, ergeben und aus der Unfähigkeit, die Beziehung zwischen diesen beiden Wesenheiten anders als die zwischen Modell und Ausführung, zwischen Wesen und Existenz zu denken – was darauf hinausläuft, den Wissenschaftler als Alleininhaber dieses Modells auf den Platz eines Leibnizschen Gottes zu erheben, der den objektiven Sinn der Praktiken schwarz auf weiß besitzt.

Um innerhalb der sprachlichen Fakten »das Gebiet der Sprache« umreißen zu können, klammert Saussure »den physischen Teil der Kommunikation« aus, d. h. das Sprechen als vorkonstruiertes Objekt, und isoliert sodann innerhalb des »Kreislaufs des Sprechens« das, was er als »ausführende Seite« bezeichnet, d. h. das Sprechen als konstruiertes Objekt, das im Gegensatz zur Sprache als *Aktualisierung eines bestimmten Sinns in einer besonderen Lautkombination* definiert ist, das er außerdem mit der Behauptung: »die Ausführung geschieht nie durch die Masse«, sondern »ist immer individuell« eliminiert. In dem Wort Ausführung, das auf einen Befehl oder eine Partitur und, allgemeiner noch, auf einen künstlerischen Plan oder Entwurf bezogen wird, verdichtet sich die ganze Philosophie der Praxis und Geschichte der Semiologie als paradigmatischer Form des Objektivismus, der durch Bevorzugung des Konstruktums vor der Materialität praktischer Realisierung die individuelle Praxis, das Tun, die Machart und alles, was im praktischen Moment bezogen auf praktische Zwecke, also durch Stil, Machart und im Extrem durch die Handelnden selbst bestimmt wird, auf die Aktualisierung einer Art ahistorischen Wesens, mithin auf ein Nichts reduziert.[1]

1 Die gesellschaftlichen Implikationen der Sprache der Ausführung werden besser verständlich, wenn man weiß, daß die Auseinandersetzung um den Primat von Bedeutung oder Ausführung, Idee oder Materie und Manier (Machart, bei Caravage *manifattura*) im Mittelpunkt der Kunstgeschichte und der Geschichte der »Befreiung« des Künstlers, und auch im Mittelpunkt der Methodendiskussion zwischen Kunsthistorikern steht (vgl. R. W. Lee, *Ut Pictura Poëis*, New York, 1967; F. Bologna, *Dalle arti minori all'industrial design, Storia di una ideologia*, Bari, Laterza 1972; und »Il metodi di studio dell'arte italiana e il problema metodologico oggi«, in: *Storia dell'arte italiana*, I, Rom, Einaudi 1979, S. 165–273).

Mit Sicherheit aber zeigt die durch ihren identischen Standpunkt zum Objekt für unkontrollierte Begriffsanleihen anfällige Ethnologie in vergröberter Form alle Weiterungen der *petitio principe* des Objektivismus. Charles Bally bemerkte, linguistische Forschungen seien unterschiedlich ausgerichtet, je nachdem, ob sie auf die Muttersprache oder auf eine Fremdsprache zielten, und betonte besonders ihren Hang zum *Intellektualismus,* der darin liege, Sprache mehr vom Standpunkt des Hörers als von dem des Sprechers zu erfassen, d. h. mehr als Entzifferungsinstrument denn als »Handlungs- und Äußerungsmittel«: »Der Hörer ist auf seiten der Sprache, mit der Sprache interpretiert er das Sprechen.«[1] Die praktische Beziehung des Ethnologen zu seinem Objekt, die des *Fremden,* der aus dem realen Spiel der sozialen Praktiken dadurch ausgeschlossen ist, daß er im beobachteten Raum seinen Platz nicht hat und auch nicht schaffen darf – es sei denn *absichtlich* und wie spielerisch –, ist das Extrem und die Wahrheit der Beziehung, die der Beobachter willentlich oder unwillentlich, wissentlich oder unwissentlich zu seinem Objekt unterhält: der Status des Zuschauers, der sich aus der Situation zurückzieht, um sie zu beobachten, setzt einen wissenschaftstheoretischen, aber auch sozialen Bruch voraus, der die wissenschaftliche Tätigkeit nie subtiler regiert als dann, wenn sie sich nicht mehr als solche vorkommt, und führt zu einer Theorie der Praxis, die korrelativ zur Vernachlässigung der gesellschaftlichen Bedingungen der Möglichkeit wissenschaftlicher Tätigkeit ist. Die Situation des Ethnologen gemahnt an das Verhältnis, das jeder Beobachter zu dem Handeln hat, das er ausspricht und analysiert: nämlich an den unumgänglichen Bruch mit dem Handeln und der Welt, mit den unmittelbaren Zwecken des kollektiven Handelns, mit der Evidenz der vertrauten Welt, den die bloße Absicht voraussetzt, die Praxis auszusprechen und vor allem, sie anders zu verstehen und verständlich zu machen als dadurch, daß er sie in praxi produziert oder reproduziert. Wenn man weiß, was Reden heißt, gibt es keinen Diskurs (oder Roman) des Handelns: es gibt nur einen Diskurs, der die Handlung ausspricht und der unablässig *wiederholen muß, daß er sie nur ausspricht,* wenn er nicht in Zusammenhanglosigkeit oder Hoch-

1 Ch. Bally, *Le langage et la vie,* Genf, Droz 1965, S. 58, 72, 102.

stapelei abgleiten will. Die unzulässige Projektion des Subjekts auf das Objekt ist nie augenfälliger als bei der *primitivistischen Teilhabe* des verzauberten oder mystischen Ethnologen, der wie das populistische Eintauchen noch mit der objektiven Distanz zum Objekt spielt, um das Spiel wie ein Spiel zu treiben, bis er ausscheiden kann, um davon zu erzählen. Das bedeutet, daß teilnehmende Beobachtung sozusagen ein Widerspruch in sich ist (wie jeder praktisch überprüfen konnte, der sich darin versucht hat) und daß die Kritik des Objektivismus und seines Unvermögens, die Praxis als solche zu erfassen, in keiner Weise die Rehabilitierung des Eintauchens in die Praxis bedeutet: die partizipationistische Parteinahme ist nur eine andere Art, die Frage nach dem wahren Verhältnis des Beobachters zum Beobachteten und vor allem nach den kritischen Schlußfolgerungen auszublenden, die sich aus ihr für die wissenschaftliche Praxis ergeben.

Hierzu gibt es kein besseres Beispiel als die Kunstgeschichte, die im erhabenen Charakter ihres Gegenstands jede Rechtfertigung für eine mehr dem *opus operatum* als dem *modus operandi* zugewandte hagiographische Hermeneutik findet und das Werk wie einen Diskurs behandelt, der ähnlich wie die Sprache bei Saussure mit Hilfe einer transzendenten Chiffre entziffert werden soll, und darüber vernachlässigt, daß die künstlerische Hervorbringung – in unterschiedlichem Maße, je nach der Kunstform und den historisch variablen Formen ihrer Praktizierung – immer *auch* Produkt einer »Kunst«, nach Durkheim also einer »reinen Praxis ohne Theorie« , oder, wenn man so will, einer *mimesis,* einer Art symbolischen Gymnastik wie Ritus oder Tanz ist und daß sie deswegen immer etwas *Unsagbares* enthält, nicht etwa, weil sie zu schön wäre, wie die Beweihräucherer meinen, sondern weil die Worte fehlen. Auch hier wiederum geht die Unzulänglichkeit des wissenschaftlichen Diskurses, wie schon Nietzsche meinte, darauf zurück, daß er nichts von alledem weiß, was seine Theorie vom Objekt dem theoretischen Verhältnis zum Objekt verdankt: »Kant (hat), gleich allen Philosophen, statt von den Erfahrungen des Künstlers (des Schaffenden) aus das ästhetische Problem zu visieren, allein vom ›Zuschauer‹ aus über die Kunst und das Schöne nachgedacht und dabei unvermerkt den ›Zuschauer‹ selber in den Begriff ›schön‹ hineinbekommen.«[1] Der Intellektualismus liegt darin, daß das intellektuelle Verhältnis zum Objekt in dieses eingebracht wird, an die Stelle des praktischen Verhältnisses zur Praxis das Verhältnis des Beobachters zum Objekt gesetzt wird. Ethnologen könnten nur dann ihren ganzen metaphysischen Fragestellungen zum ontologischen Status oder gar »Ort« der Kultur entgehen, wenn sie ihr eigenes Verhältnis zum Objekt objektivierten, das Verhältnis des Fremden, der sich Ersatz für die praktische Beherrschung in Form eines objektivierten Modells schaffen muß: Stammbäume und andere wissenschaftliche Modelle verhalten sich zum sozialen Orientierungssinn, der das Verhältnis unmittelbarer Immanenz zur vertrauten Welt ermöglicht, wie eine Karte als abstraktes Modell aller möglichen Wege zum praktischen Raumgefühl, oder, wie Poincaré schrieb, zu dem »unwandelbar mit unserem Leib verbundenen Achsensystem, das wir überall mit uns herumtragen«.

Es gibt wenige Gebiete, wo die Auswirkung der Situation des Fremden so unmittelbar sichtbar wird wie in der Analyse von Verwandtschaftsbeziehungen. Da er mit der Verwandtschaft und den Verwandten, oder zumindest mit der von ihm zum Objekt erwählten Verwandtschaft und den Verwandten anderer, außer dem kognitiven Gebrauch nichts zu tun hat, kann der Ethnologe die eingeborene Terminologie der Verwandtschaft als abgeschlossenes und in sich schlüssiges System logisch notwendiger und ein für allemal wie per Konstruktion in der und durch die implizite Axiomatik einer kulturellen Überlieferung definierter Beziehungen betrachten. Weil er den wissenschaftstheoretischen Status seiner Praxis und der von ihr vorausgesetzten und gebilligten Neutralisierung der praktischen Funktionen nicht reflektiert, hält er sich einzig und allein an die symbolische Wirkung *der kollektiven Kategorisierung*, die *sehen* und *glauben* macht, indem sie Gebote und Verbote auferlegt, deren Intensität der Entfernung in dem auf diese Weise willkürlich geschaffenen Raum umgekehrt proportional ist. Damit klammert er unwissentlich den unterschiedlichen Gebrauch aus, den man in der Praxis von soziologisch identischen Verwandtschaftsbeziehun-

1 F. Nietzsche, *Zur Genealogie der Moral*, Gesammelte Werke, Bd. 15, München, Musarion 1925, S. 379.

gen machen kann. Die von ihm konstruierten logischen Beziehungen verhalten sich zu den »praktischen«, d. h. zu den ständig praktizierten, unterhaltenen und gepflegten Verwandtschaftsbeziehungen wie der geometrische Raum einer Landkarte als Darstellung aller für alle denkbaren Individuen möglichen Wege zum unterhaltenen, begangenen, ausgetretenen und damit für einen bestimmten Handelnden wirklich begehbaren Wegenetz. Als räumliches Schema, das sich ohne weiteres *uno intuitu* erfassen und von jedem beliebigen Punkt in jede beliebige Richtung verfolgen läßt, verhilft der Stammbaum dem kompletten Netz der Verwandtschaftsverhältnisse über mehrere Generationen zur zeitlichen Existenzform eines theoretischen Objekts, d. h. zu einer Existenz *tota simul*, in der Totalität der Gleichzeitigkeit, indem er die offiziellen Verwandtschaftsverhältnisse, die mangels ständiger Pflege werden, was sie für den Ahnenforscher sind, nämlich theoretische ähnlich den aufgelassenen Straßen auf einer veralteten Karte, und die real lebendigen, weil eine praktische Funktion erfüllenden praktischen Verhältnisse auf eine Stufe stellt. Damit vernachlässigt er, daß die logischen Verwandtschaftsverhältnisse, denen die strukturalistische Tradition eine fast vollständige Autonomie gegenüber den ökonomischen Bestimmtheiten zugesteht, *in praxi* nur durch und für den offiziellen und offiziösen Gebrauch durch die Handelnden vorhanden sind, denen um so mehr daran liegt, sie um so intensiver - und damit durch Einschleifen auch leichter – am Funktionieren zu halten, je unerläßlichere Funktionen, je vitalere (materielle oder symbolische) *Interessen* sie tatsächlich oder potentiell erfüllen oder befriedigen können.[1]

1 Um den (wie in jeder Fragestellung) auch in der Stammbaumforschung implizit enthaltenen Anspruch zu erklären, müßte man zunächst eine Sozialgeschichte dieses genealogischen Instruments unter besonderer Berücksichtigung der Funktionen schreiben, die in der Geschichte der Tradition, aus der auch die Ethnologen hervorgegangen sind, also der Geschichte der Probleme des Erbens und der Erbfolge, den Bedarf nach diesem Instrument produziert und reproduziert haben und untrennbar zugleich auch das Bedürfnis, soziales Kapital als Verfügungsmacht über ein Netz mobilisierbarer oder zumindest vorzeigbarer Verwandtschafts- (oder sonstiger) Beziehungen zu erhalten und zu bewahren. Diese gesellschaftliche Genealogie des Stammbaums müßte um eine Sozialgeschichte der Bezie-

Tatsächlich erzeugt die Projektion eines nicht objektivierten Objektivierungsverhältnisses in ein Objekt auf den verschiedenen Praxisfeldern jeweils immer andere, wiewohl vom selben Prinzip ausgehende Wirkungen: entweder wird das durch die Objektivierungsarbeit Erworbene und Konstruierte zur Grundlage gemacht und damit das durch und für die Wissenschaft *nur auf dem Papier* Vorhandene in die Wirklichkeit projiziert, oder es werden Handlungen, die wie Riten oder Mythen auf die Natur- und Sozialwelt *einwirken* sollen, so interpretiert, als handle es sich dabei um Interpretationsverfahren.[1] Auch hier wiederum gerät das

hungen zwischen dem »wissenschaftlichen« und dem gesellschaftlichen Gebrauch dieses Instruments erweitert werden. Das Wichtigste wäre jedoch, die Fragestellung, die Bedingung dafür ist, daß der Stammbaum überhaupt hervorgebracht werden konnte, einer wissenschaftstheoretischen Befragung mit dem Ziel zu unterwerfen, die volle Bedeutung der ontologischen Verwandlung zu ermitteln, welche die wissenschaftliche Fragestellung allein schon dadurch bewirkt, daß sie ein quasi-theoretisches Verhältnis zur Verwandtschaft erheischt, das wiederum erfordert, mit dem unmittelbar auf die Funktionen ausgerichteten praktischen Verhältnis zu brechen.

1 Die Situation des Ethnologen unterscheidet sich nur wenig von der des Philologen mit seinen toten Buchstaben: nicht nur muß er sich häufig auf die Pseudotexte der *offiziellen Diskurse* der Gewährsleute stützen, die eher den kodifiziertesten Aspekt der Überlieferung in den Vordergrund rücken, er muß z. B. bei der Analyse von Mythen oder Riten auch häufig auf Texte zurückgreifen, die von Dritten unter oft mangelhaft definierten Umständen erstellt wurden; schon durch die bloße Aufzeichnung wird der Mythos oder Ritus zum *Objekt der Analyse* erhoben, indem er von seinen konkreten Bezugspunkten (z. B. von den Eigennamen von Orten, Gruppen, Feldern, Personen usw.), von den Situationen, in denen er fungiert, und von den Personen abgelöst wird, also von alledem, was ihm unter Bezug auf praktische Funktionen (z. B. auf die Funktion der Legitimierung von Hierarchien oder Macht- und Besitzverteilungen) seine Funktion gibt. Wie Bateson (*Naven*, Stanford, Stanford University Press 1958, 1. Aufl. 1936) zeigt, kann die mythologische Kultur zum Instrument und manchmal auch zum Gegenstand äußerst komplexer Strategien werden (was unter anderem erklärt, warum man die ungeheuere Anstrengung des Auswendiglernens auf sich nimmt, um sie zu beherrschen), und zwar auch in Gesellschaften, die nicht über einen hochentwickelten und ausdifferenzierten religiösen Apparat verfügen. Hieraus ergibt sich, daß man die Struktur des mythischen Korpus und seiner Wandlungen im Zeitablauf nur durch eine streng interne Analyse, die von seinen Funktionen in Verhältnissen der Konkur-

sogenannte *objektive*, Distanz und Äußerlichkeit voraussetzende Verhältnis zum Objekt in durchaus praktischen Widerspruch zum praktischen Verhältnis, das es verneinen muß, um sich selbst und damit zugleich die objektive Darstellung der Praxis konstituieren zu können: »Sein (des einfachen Teilnehmers an einem Ritual) Blickfeld ist dadurch begrenzt, daß er einen bestimmten Platz oder sogar eine Reihe von situationsspezifisch im Widerspruch zueinander stehenden Plätzen sowohl in der dauerhaften Struktur seiner Gesellschaft als auch in der Rollenstruktur eines bestimmten Rituals einnimmt. Darüber hinaus dürfte der an einem Ritual Beteiligte bei seinen Handlungen je nach seinem spezifischen Platz von einer Anzahl Interessen, Absichten und Gefühle geleitet werden, die sein Verständnis der Gesamtsituation hemmen. Ein noch viel schwerwiegenderes Hindernis für seinen Zugang zur Objektivität liegt darin, daß er die im Ritual offen ausgedrückten oder symbolisierten Ideale, Werte und Normen gern als axiomatisch und grundlegend betrachtet (...) Was für einen Schauspieler mit einer spezifischen Rolle bedeutungslos ist, kann für einen Beobachter und Analytiker des Gesamtsystems von größter Bedeutung sein.«[1] Nur indem er mit der wissenschaftlichen Sicht bricht, die selbst als Bruch mit der normalen Sicht erlebt wird, könnte der Beobachter in seiner Beschreibung der rituellen Praxis das Faktum der *Teilhabe* (und damit zugleich das Faktum seines eigenen Bruchs) berücksichtigen: allein ein kritisches Bewußtsein der von den Bedingungen der Theorieproduktion gesetzten Grenzen nämlich würde ermöglichen, in die vollständige Theorie der rituellen Praxis diejenigen Eigenschaften einzubeziehen, die für sie ebenso unabdingbar sind wie der partielle und eigennützige Charakter der praktischen Erkenntnis oder die Kluft zwischen erlebten und »objektiven« Gründen der Praxis. Doch triumphiert die theoretische Vernunft nur um den Preis des Unvermögens von Anbeginn, über ein bloßes Registrieren des Doppelcharakters der beiden Wege zur Erkenntnis, von Schein und Wahrheit, *doxa* und *epi-*

renz oder des Konflikts um ökonomische oder symbolische Macht absieht, nicht vollständig erklären kann.

1 V. Turner, *The Forest of Symbols*, Ithaca-London, Cornell University Press 1970, S. 27 (hier nach dem amerikanischen Original übersetzt).

steme, Alltagsverstand und Wissenschaft, hinauszugelangen, und der Unfähigkeit, für die Wisssenschaft die Wahrheit dessen zu erobern, gegen das Wissenschaft konstruiert wird.
Indem der »Denker« in die Wahrnehmung der Sozialwelt das zu seinem Platz in dieser Welt gehörige Ungedachte projiziert, also das »Denk«monopol, das ihm die gesellschaftliche Arbeitsteilung faktisch garantiert und das ihn verleitet, Denkarbeit mit einer Arbeit des Ausdrückens, Protokollierens, Erläuterns in Rede oder Schrift gleichzusetzen – »Denken und Ausdruck bilden sich gleichzeitig«, schrieb Merleau-Ponty -, verrät er seine geheime Überzeugung, Handeln finde nur dann Vollendung, wenn es verstanden, interpretiert, ausgedrückt werde, wobei er Unausgesprochenes mit Ungedachtem gleichsetzt und dem *stillen und praktischen Denken,* das zu jeder vernünftigen Praxis gehört, den Status echten Denkens abspricht.[1] Die Sprache wird spontan zum Komplizen dieser hermeneutischen Philosophie, welche verleitet, sich das Handeln als etwas zu Entzifferndes zu denken, wenn z. B. von einer rituellen Geste oder Handlung gesagt wird, sie *drücke etwas aus,* anstatt schlicht zu sagen, sie sei *sinnvoll,* oder, wie die Engländer, »it makes sense«, sie *mache* einen Sinn. Wohl weil er kein anderes Denken als das des »Denkers« kennt und anerkennt und Menschenwürde nicht zuerkennen kann ohne das, was ihm für die Menschenwürde konstitutiv erscheint, konnte der Ethnologe die von ihm untersuchten Menschen nur aus der Barbarei des Vorlogischen herausheben, indem er sie mit seinen renommiertesten Kollegen, mit Logikern oder Philosophen gleichsetzte (man denke nur an den berühmten Buchtitel »Der Primitive als Philosoph«). Hocart schreibt dazu: »Vor langer Zeit hörte der Mensch auf, sich auf das Leben zu beschränken, und fing an, *das Leben zu denken.* Ausgehend von allen Erscheinungen, die zum Leben beitragen, entwickelte er eine Idee des Lebens, des Wohlergehens und der Lebensenergie.«[2]

1 Um zu zeigen, daß der theoretische oder theoretizistische Triumphalismus selbstverständlich wie Atemluft für alle ist, die Anspruch auf den Status des Intellektuellen erheben, müßte man die zahllosen verächtlichen Äußerungen über das Unvermögen oder die Unfähigkeit »des Plebs« zum wirklichen Denken zitieren, mit denen Literatur und Philosophie gepflastert sind.

2 A. M. Hocart, *Rois et courtisans,* Paris, Seuil 1978, S. 108.

Claude Lévi-Strauss tut nichts anderes, wenn er dem Mythos die Aufgabe überträgt, *logische* Probleme zu lösen, gesellschaftliche Widersprüche auszudrücken, zu vermitteln und zu verdecken – dies vor allem in seinen älteren Analysen, wie in »Die Geschichte von Asdiwal«[1] -, oder wenn er den Mythos zu einem der Orte macht, wo der Weltgeist, wie in Hegels Geschichte der Vernunft, sich selbst denkt[2] und so »die allgemeingültigen Gesetze, die die unbewußten Geistestätigkeiten regieren«[3], zu beobachten aufgibt.

Die Unbestimmtheit, in der das Verhältnis zwischen dem Standpunkt des Beobachters und dem des Handelnden gelassen wird, spiegelt sich in der Unbestimmtheit des Verhältnisses zwischen den vom Beobachter zur Erklärung der Praktiken hervorgebrachten Konstruktionen (Schemata oder Diskursen) und eben

1 C. Lévi-Strauss, »Die Geschichte von Asdiwal«, in *Strukturale Anthropologie II*, übers. von Eva Moldenhauer, Hans Henning Ritter und Traugott König, Frankfurt, Suhrkamp 1975, S. 169–224.

2 »Die Mythen-Analyse hat nicht und kann nicht zum Ziel haben, aufzuzeigen, wie die Menschen denken. (...) Wir behaupten also nicht, zeigen zu können, wie die Menschen Mythen denken, sondern wie sich die Mythen in den Menschen ohne deren Wissen denken.« (C. Lévi-Strauss, *Das Rohe und das Gekochte*, Frankfurt, Übers. Eva Moldenhauer, Suhrkamp 1971, S.25–26). Obwohl dieses Zitat, wörtlich genommen, meine Lesart der neuesten Theorie Lévi-Strauss' der mythischen Vernunft völlig rechtfertigt, muß ich – vor allem in einer Zeit, in der Diktieren von Büchern, Querlesen und Kritik auf Verdacht üblich geworden sind - hinzufügen, daß man in dieser Formel, die allzu glatt ist, um vor metaphysischen *Entstellungen* sicher zu sein, auch eine Verwahrung gegenüber der Versuchung der mystischen Partizipation oder sogar einen wertvollen Beitrag zu einer Theorie des praktischen Verhältnisses zum Mythos finden könnte (Claude Lévi-Strauss erinnert zu Recht daran, daß das Wissen um die Gesetze bei der Hervorbringung des Mythos ebenso wie bei der Hervorbringung der Rede nur partiell und sprunghaft sein kann, denn: »das Subjekt, das während seiner Rede die phonologischen und grammatikalischen Gesetze bewußt anwenden würde, angenommen, es besäße das dazu notwendige Wissen und Geschick, verlöre fast augenblicklich den Faden seiner Gedanken« (*a. a. O.*, S. 25).

3 C. Lévi-Strauss. »Language and the Analysis of Social Laws«, in: *American Anthropologist,* April-Juni 1951; zitiert in J. Pouillon, »L'œuvre de Claude Lévi-Strauss«, Nachwort zu C. Lévi-Strauss, *Race et Histoire*, Paris, Meditations 1968.

diesen Praktiken selbst wider, eine Ungewißheit, die durch die Wechselwirkungen zwischen dem die Praxis ausdrücken oder regeln sollenden eingeborenen Diskurs, den Regeln des Gewohnheitsrechts, den offiziellen Theorien, Sinnsprüchen, Sprichwörtern und den Wirkungen der darin zum Ausdruck kommenden *Denkweise* nur noch verstärkt wird. Allein schon dadurch, daß er die Frage nach der Entstehungsgrundlage der von ihm verzeichneten Regelmäßigkeiten unangetastet und die »mythopoetische« Macht der Sprache spielen läßt, die nach einer Bemerkung Wittgensteins fortwährend vom Substantiv zur Substanz übergeht, will der objektivistische Diskurs das Modell, das zur Erklärung der Praktiken konstruiert worden ist, tendenziell zu der Macht machen, die diese Praktiken tatsächlich bestimmen kann. Durch Verdinglichung von Abstraktionen (in Sätzen wie »das Entwöhnungsalter ist kulturbedingt«) behandelt er seine Konstruktionen »Kultur«, »Strukturen«, »gesellschaftliche Klassen« oder »Produktionsweisen« als Realitäten, die auf die Gesellschaft wirken und die Praktiken direkt beherrschen können; oder aber er *personifiziert Kollektive*, indem er Begriffen die Macht einräumt, in der Geschichte so zu handeln wie die Worte zu ihrer Bezeichnung im historischen Diskurs, und macht aus ihnen für geschichtliches Handeln zuständige Subjekte (mit Sätzen wie: »Die Bourgeoisie will ...«, oder »die Arbeiterklasse duldet nicht, daß ...«[1]). Und wenn die Frage nicht mehr umgangen werden kann, wahrt er den Schein durch Zurückgreifen auf *systematisch vieldeutige* Begriffe. So jedenfalls bezeichnen die Linguisten Sätze, deren Vorstellungsinhalt systematisch mit dem Anwendungskontext variiert. Auf diese Weise ermöglicht der Begriff der *Regel*, mit dem beliebig die immanente Regelmäßigkeit der Praxis (z. B. eine statistische Korrelation), das von der Wissenschaft zu ihrer Erklärung konstruierte *Modell* oder die

1 Indem sie die Existenz eines »Kollektivbewußtseins« von Gruppen oder Klassen postuliert und diesen Gruppen Dispositionen zuschreibt, die sich auch als Produkt kollektiver Bedingungen, wie z. B. beim *Bewußtwerden* von Klasseninteressen, nur im Bewußtsein des einzelnen bilden können, erübrigt die Personifizierung der Kollektive eine Analyse dieser Bedingungen, besonders derer, nach denen sich der objektive und subjektive Grad der Homogenität der jeweiligen Gruppe und der Bewußtseinsstand ihrer Mitglieder richten.

von den Handelnden bewußt gesetzte und eingehaltene *Norm* bezeichnet werden kann, sich gegenseitig ausschließende Theorien des Handelns fiktiv miteinander in Einklang zu bringen. Man denkt hier gleich an Chomsky, der (in verschiedenen Kontexten) gleichzeitig behauptet, Grammatikregeln seien *Instrumente zur Beschreibung der Sprache*, Systeme von *Normen*, um die die Handelnden wissen, und schließlich, sie seien *neurophysiologische Mechanismen* (»Eine Person, die eine Sprache beherrscht, verfügt *in ihrem Gehirn gleichzeitig über ein sehr abstraktes System von Strukturen* und über *ein abstraktes System von Regeln*, die durch freie Wiederholung eine unendliche Zahl von Entsprechungen zwischen Laut und Bedeutung bestimmen«[1]). Doch muß man hier auch den Abschnitt des Vorworts zur zweiten Auflage von *Die elementaren Strukturen der Verwandtschaft* lesen, aus dem man schließen kann, daß die Lexik von Norm, Modell oder Regel besonders überlegt gebraucht wird, da sie der Unterscheidung zwischen »präferentiellen« und »präskriptiven Systemen« dient: »Umgekehrt kann ein System, das die Heirat mit der Tochter des Mutterbruders *empfiehlt*, auch dann präskriptiv genannt werden, wenn die *Regel* selten beachtet wird: sie sagt, was man tun *muß*. Die Frage, bis zu welchem Punkt und in welchem Verhältnis die Mitglieder einer gegebenen Gesellschaft *die Norm respektieren*, ist zwar hochinteressant, aber eine ganz andere als die, auf welchen Platz man diese Gesellschaft in einer Typologie zu stellen hat. Denn man braucht nur der Wahrscheinlichkeit gemäß anzunehmen, daß das *Wissen um die Regel* die Wahlen in wie immer geringem Maße in die vorgeschriebene Richtung lenkt und daß der Prozentsatz der *konventionellen* Heiraten höher ist als derjenige, der sich ergeben würde, wenn die Eheschließungen *dem Zufall* überlassen blieben, um zu erkennen, daß in dieser Gesellschaft etwas am Werk ist, das man als einen matrilateralen *»Operator«* bezeichnen könnte, welcher die Rolle eines Lotsen spielt: zumindest einige Allianzen folgen dem Weg, den er ihnen weist, und dies reicht aus, dem genealogischen Raum eine spezifische Kurve zu geben. Zweifel-

1 N. Chomsky, »General Properties of Language«, in: L. Darley (Hrsg.), *Brain Mechanisms Underlying Speech and Language*, New York-London, Grune & Straton 1967, S. 73–88.

los wird es nicht eine einzige Kurve, sondern eine große Zahl von lokalen Kurven geben; und zweifellos werden diese lokalen Kurven meist Ansätze sein und nur in seltenen Ausnahmefällen geschlossene Zyklen bilden. Doch die *strukturalen Umrisse,* die hier und dort in Erscheinung treten, reichen aus, um das System zu einer *probabilistischen Version* rigiderer Systeme zu machen, deren *Begriff* rein *theoretisch* ist und in dem sich die Heiraten streng an die Regel halten würden, *welche die soziale Gruppe sich gibt.*[1] In diesem Zitat wie auch im gesamten Vorwort ist der Oberton die Norm, während die *Strukturale Anthropologie* in der Sprache des *Modells,* oder, wenn man so will, der *Struktur* gehalten ist. Nicht, daß die entsprechende Lexik hier völlig fehlte, da die Metaphern, um die das entscheidende Zitat aufgebaut ist (»Operator«, »Kurve«, »genealogischer Raum«, »Strukturen«), an die Logik des theoretischen Modells und die zugleich verkündete und verworfene Äquivalenz von *Modell* und *Norm* erinnern: »Ein präferenzielles System ist präskriptiv, wenn man es auf der Ebene des Modells betrachtet, und ein präskriptives System kann niemals etwas anderes sein als präferenziell, wenn man es auf der Ebene der Realität betrachtet«.[2] Wer sich jedoch noch an den Text der *Strukturalen Anthropologie* über die Beziehungen zwischen Sprache und Verwandtschaft (»die ›Verwandtschaftssysteme‹ werden wie die ›phonologischen Systeme‹ durch den Geist auf der Stufe des unbewußten Denkens gebildet«[3]) und an die gebieterische Klarheit erinnert, mit der in diesem Werk »kulturelle Normen« und alle von den Eingeborenen hervorgebrachten »Rationalisierungen« und »Sekundärschöpfungen« zugunsten »unbewußter Strukturen« beiseite geschoben wurden – ganz zu schweigen von den Texten, in denen sich die Allgemeingültigkeit der ursprünglichen Exogamieregel durchsetzte -, wird hier überrascht sein von den Konzessionen an das »Wissen um die Regel« und der deutlichen Distanz gegenüber jenen rigideren Systemen, »deren Begriff rein theoretisch ist«, nicht minder als

1 C. Lévi-Strauss, *Die elementaren Strukturen der Verwandtschaft,* Übers. Eva Moldenhauer, Frankfurt, Suhrkamp 1981, S. 29 (Hervorhebung von P. Bourdieu).

2 *a. a. O.,* S. 28, vgl. auch S. 31.

3 C. Lévi-Strauss, *Strukturale Anthropologie,* Übers. Hans Naumann, Frankfurt, Suhrkamp 1967, S. 46.

vom folgenden Zitat aus demselben Vorwort: »Nichtsdestoweniger gewinnt die empirische Wirklichkeit der sogenannten präskriptiven Systeme erst dann ihren vollen Sinn, wenn man sie auf ein theoretisches Modell bezieht, *das von den Eingeborenen selbst* noch vor den Ethnologen *erarbeitet wurde*«[1]; oder auch von folgendem Zitat: »Diejenigen, die sie praktizieren, wissen sehr genau, daß der Geist solcher Systeme sich nicht auf den tautologischen Satz reduzieren läßt, daß jede Gruppe ihre Frauen von ›Gebern‹ erhält und ihre Töchter an ›Nehmer‹ gibt. Sie sind sich auch bewußt, daß die Heirat mit der matrilateralen Kreuzkusine (Tochter des Mutterbruders) die einfachste Veranschaulichung der Regel ist, die Formel, die ihren Fortbestand am besten garantiert, während die Heirat mit der patrilateralen Kreuzkusine (Tochter der Vaterschwester) sie unwiderruflich verletzen würde.«[2] Man kann hier nicht umhin, einen Text Wittgensteins zu zitieren, in welchem dieser wie spielerisch alle Fragen behandelt, um die sich die *Strukturale Anthropologie* und gewiß viel allgemeiner noch der Intellektualismus insofern drücken, als sie die von der Wissenschaft ermittelte objektive Wahrheit auf eine Praxis übertragen, die ihrem Wesen nach die theoretische Haltung ausschließt, welche die Ermittlung dieser Wahrheit erst ermöglicht: »Was nenne ich ›die Regel, nach der er vorgeht‹? – Die Hypothese, die seinen Gebrauch der Worte, den wir beobachten, zufriedenstellend beschreibt; oder die Regel, die er beim Gebrauch der Zeichen nachschlägt; oder, die er uns zur Antwort gibt, wenn wir ihn nach seiner Regel fragen? – Wie aber, wenn die Beobachtung keine Regel klar erkennen läßt, und die Frage keine zu Tage fördert? – Denn er gab mir zwar auf meine Frage, was er unter ›N‹ verstehe, eine Erklärung, war aber bereit, diese Erklärung zu widerrufen und abzuändern. – Wie soll ich also die Regel bestimmen, nach der er spielt? Er weiß sie selbst nicht. – Oder richtiger: Was soll der Ausdruck ›Regel, nach welcher er vorgeht‹ hier noch besagen?«[3]

1 C. Lévi-Strauss, *Die elementaren Strukturen der Verwandtschaft, a. a. O.*, S. 28.

2 *a. a. O.*, S. 27.

3 L. Wittgenstein, *Philosophische Untersuchungen*, Frankfurt, Suhrkamp 1969, S. 332.

Von der Regelmäßigkeit, d. h. von dem, was in einer bestimmten, statistisch meßbaren Häufigkeit geschieht, und der Formel zu ihrer Erklärung zum bewußt erlassenen und eingehaltenen *Reglement* übergehen oder zur *unbewußten Regulierung* durch einen mysteriösen zerebralen oder sozialen Mechanismus, das sind die beiden üblichsten Formen des schleichenden Übergangs vom Modell der Realität zur Realität des Modells. Im ersten Falle geht man von einer Regel, die sich nach Quines Unterscheidung zwischen *to fit* und *to guide*[1] rein deskriptiv an die beobachtete Realität anpaßt, zu einer Regel über, die das Verhalten beherrscht, steuert oder orientiert – was wiederum voraussetzt, daß sie erkannt und anerkannt wird, also ausgesprochen werden kann – womit man auf die primitivste Form des Juridismus hereinfällt, auf jene Art Finalismus, die gewiß die häufigste spontane Theorie der Praxis ist und darin besteht, so zu tun, als liege den Praktiken eine bewußte Einhaltung erarbeiteter oder gebilligter Regeln zugrunde: »Betrachten wir einmal«, schreibt Ziff, »den Unterschied zwischen: ›der Zug hat *regelmäßig* zwei Minuten Verspätung‹ und: ›*in der Regel* hat der Zug zwei Minuten Verspätung‹: (...) im zweiten Falle wird unterstellt, die zweiminütige Verspätung des Zugs gehöre zu einer bestimmten Strategie oder einem Plan (...). Regeln, nicht Regelmäßigkeiten, lassen auf Pläne und Strategien schließen (...). Die Behauptung, es müsse in der natürlichen Sprache Regeln geben, läuft ungefähr auf dasselbe hinaus wie die, Landstraßen müßten rot sein, weil sie den roten Linien auf der Landkarte entsprechen.«[2] Im zweiten Falle verschafft man sich die Möglichkeit, so zu tun, als habe die Handlung das theoretische Modell zur Grundlage (wenn nicht zum Zweck), das man zu ihrer Erklärung konstruieren muß, ohne allerdings in die krassesten Naivitäten des Juridismus zu verfallen, indem man den objektiv von Regeln, die den Handelnden unbekannt sind, regierten Praktiken und Institutionen, jenen Bedeutungen ohne Bezeichnungsabsicht, jenen Zweck-

1 W. V. Quine, »Methodological Reflections on Current Linguistic Theory«, in: Harman and Davidson (Hrsg.), *Semantics of Natural Language*, Dordrecht, D. Reidel Publishing Company 1972, S. 442–454.

2 P. Ziff, *Semantic Analysis*, New York, Cornell University Press 1960, S. 38.

mäßigkeiten ohne bewußt gesetzten Zweck, alles Herausforderungen an die alte Alternative zwischen Mechanizismus und Finalismus, ein als mechanischer Zweckmäßigkeitsoperator definiertes Unbewußtes zugrunde legt. So schreibt zum Beispiel Lévi-Strauss über Durkheims Versuche »zur Erklärung der Entstehung des symbolischen Denkens«: »Die Soziologen und Psychologen von heute lösen solche Probleme, indem sie sich auf die unbewußte Tätigkeit des Verstandes berufen; doch zur Zeit Durkheims hatten die Psychologie und die moderne Linguistik noch nicht ihre Hauptergebnisse erreicht. Dies erklärt auch, warum Durkheim sich mit etwas herumschlug, was er als unauflösliche Antinomie ansah (bereits ein erheblicher Fortschritt gegenüber dem Denken beispielsweise bei Spencer gegen Ende des 19. Jahrhunderts): nämlich mit der Behauptung der Blindheit der Geschichte und der Zweckmäßigkeit des Bewußtseins. Zwischen beiden liegt *offenbar die unbewußte Zweckmäßigkeit des Geistes.*«[1]

Man kann sich vorstellen, welcher Reiz für die gegenüber der Naivität von Zweckerklärungen und der Trivialität von Ursachenerklärungen (die besonders »vulgär« sind, wenn sie sich auf ökonomische oder soziale Faktoren berufen) ablehnungsbereiten Geister in all den geheimnisvollen Zweckmechanismen lag, diesen vernünftigen und offenbar gewollten Hervorbringungen ohne Hervorbringer, die der Strukturalismus vorwies, indem er die gesellschaftlichen Bedingungen von Produktion, Reproduktion und Gebrauch symbolischer Objekte mit derselben Handbewegung verschwinden ließ, mit der er ihre immanente Logik aufzeigte. Und man versteht auch die Vorschußlorbeeren für den Versuch von Claude Lévi-Strauss, die Alternative zwischen der bewußt auf rationale Zwecke gerichteten Handlung und der mechanischen Reaktion auf Bestimmtheiten zu umgehen, indem er die Zweckmäßigkeit in diesen Mechanismus hineinverlegt, mit Hilfe des Begriffs des Unbewußten, dieses *deus ex machina,* der zugleich Gott in der Maschine ist. Sicher hat die Naturalisierung der Zweckmäßigkeit, die in der Vernachlässigung des geschichtlichen Handelns angelegt ist und dazu führt, die Zwecke der Ge-

1 C. Lévi-Strauss, in: G. Gurvitch und W. E. Moore (Hrsg.), *La sociologie du XXe siècle,* Paris, Presses Universitaires de France 1947, Bd. II, S. 527 (Hervorhebung von P. Bourdieu).

schichte vermittels des Begriffs des Unbewußten in die Mysterien einer Natur hineinzuverlegen, der strukturalen Anthropologie ermöglicht, als natürlichste Sozialwissenschaft und als wissenschaftlichste Metaphysik der Natur aufzutreten. »Da auch der Geist *ein Ding* ist, belehrt uns das Funktionieren dieses Dings über die Natur der Dinge, selbst die reine Reflexion läuft auf eine Interiorisierung des Kosmos hinaus.«[1] Man sieht, wie der Autor in ein und demselben Satz zwischen zwei einander widersprechenden Erklärungen der postulierten Identität von Geist und Natur schwankt, zwischen der naturgegebenen Identität – der Geist ist Ding – und der durch Lernen erworbenen – der Verinnerlichung des Kosmos -, also zwischen zwei Thesen, die zugunsten der Zweideutigkeit der Formulierung »in der Architektur der Welt enthaltenes Weltbild«[2] zusammengeworfen werden und die jedenfalls insofern zusammenpassen, als sie die individuelle und kollektive Geschichte ausschließen. Unter der Maske eines radikalen Materialismus ist diese Philosophie der Natur eine Philosophie des Geistes, die auf eine Spielart des Idealismus hinausläuft. Indem sie die Allgemeingültigkeit und den Ewigkeitscharakter der logischen Kategorien behauptet, welche »die unbewußte Geistestätigkeit« regieren, ignoriert sie die Dialektik von sozialen Strukturen und strukturierten und strukturierenden Dispositionen, innerhalb deren Denkschemata gebildet und verändert werden. Gleichviel, ob diese Denkschemata nun logische Kategorien, *Teilungsprinzipien*, die der Struktur der Sozialwelt (nicht etwa der Naturwelt) vermittels der Grundlagen der *Arbeitsteilung* entsprechen, oder zeitliche Strukturen sind, die unmerklich durch »den dumpfen Druck der ökonomischen Verhältnisse« (Marx), d. h. durch das System der mit einem bestimmten Platz in den ökonomischen Strukturen verbundenen ökonomischen und sozialen Sanktionen eingeprägt werden, sie sind eine der Vermittlungen, durch die die objektiven Strukturen jede Erfahrung strukturieren können, angefangen mit der ökonomischen, ohne deshalb den Weg der mechanisti-

1 C. Lévi-Strauss, *Das wilde Denken*, Übers. Hans Naumann, Frankfurt, Suhrkamp 1968, S. 285.

2 C. Lévi-Strauss, *Das Rohe und das Gekochte*, Übers. Eva Moldenhauer, Frankfurt, Suhrkamp 1971, S. 437.

schen Festlegung oder der adäquaten Bewußtwerdung einzuschlagen.
Es reicht schon, wenn man von der Dialektik von objektiven und einverleibten Strukturen, die in jeder praktischen Handlung wirksam wird, nichts weiß, und schon ist man der kanonischen Alternative ausgeliefert, die in der Geschichte des sozialen Denkens immer wieder aufersteht und alle, die wie die heutigen strukturalistischen Marxleser Gegenposition zum Subjektivismus beziehen wollen, zwangsläufig zu Fetischisten sozialer Gesetzmäßigkeiten werden läßt. Wenn man Konstruktionen, auf die die Wissenschaft zur Erklärung der durch Akkumulation unzähliger geschichtlicher Handlungen entstandenen strukturierten und sinnvollen Gesamtheiten zurückgreifen muß, in transzendente Einheiten verwandelt, die zu den Praktiken in einem Verhältnis von Wesen zu Existenz stehen, reduziert man Geschichte auf einen »Prozeß ohne Subjekt« und ersetzt das »schöpferische Subjekt« des Subjektivismus schlicht durch einen Automaten, der den Gesetzen einer Naturgeschichte gehorchen muß. Diese emanatistische Sicht, die aus der Struktur, aus Kapital oder Produktionsweise eine Entelechie macht, die von selber in einem Prozeß der Selbstverwirklichung entsteht, reduziert die historisch handelnden Subjekte auf die Rolle von »Trägern« der Struktur und ihre Handlungen auf simple Randerscheinungen der Fähigkeit der Struktur, sich nach ihren eigenen Gesetzen zu entwickeln und andere Strukturen zu determinieren oder zu überdeterminieren.

2. Kapitel
Die imaginäre Anthropologie des Subjektivismus

Man muß Sartre das Verdienst zuerkennen, eine extrem konsequente Formulierung der Philosophie des Handelns geliefert zu haben, welche fast immer stillschweigend von denen akzeptiert wird, die die Praktiken als *Strategien* beschreiben, die explizit auf von einem freien Vorhaben explizit formulierte Zwecke oder gar, wie bei manchen Interaktionisten, auf vorweggenommene Reaktionen anderer Handelnder ausgerichtet sind. So macht Sartre, da er nichts anerkennen kann, was *dauerhaften Dispositionen* und *wahrscheinlichen Eventualitäten* ähnlich wäre, aus jeder Handlung eine Art vorgeschichtslose Konfrontation zwischen Subjekt und Welt. Dies zeigt sich deutlich in den Textstellen von *Das Sein und das Nichts,* wo er der revolutionären Bewußtwerdung als einer Bewußtseins»verwandlung«, die durch eine Art imaginäres Ausdenken zustande kommt, die Macht zuschreibt, den Sinn der Gegenwart schaffen zu können, indem sie den künftigen Revolutionär hervorbringt, der dieser Gegenwart sein Nein entgegensetzt: »Denn hier muß man die allgemeine Ansicht umkehren und sich darüber klarwerden, daß nicht die Härte einer Situation oder die von ihr auferlegten Leiden Anlässe dafür sind, daß man sich einen anderen Sachverhalt ausdenkt, bei dem es aller Welt besser ginge; im Gegenteil: von dem Tage an, an welchem man sich einen anderen Sachverhalt ausdenken kann, fällt ein neues Licht auf unsere Mühsale und Leiden und *entscheiden* wir, daß sie unerträglich sind.«[1] Zwar ist die Welt des Handelns nichts anderes als diese imaginäre Welt auswechselbarer Möglichkeiten, ganz und gar abhängig von den Dekreten des Bewußtseins, das sich diese Welt selbst erschafft, und folglich jeder *Objektivität* völlig bar, zwar ist sie bewegend, weil das Subjekt selbst bewegt sein will, und aufrührend, weil es den Aufruhr selber will, doch sind die Emotionen und Leidenschaften, aber

1 J. P. Sartre, *Das Sein und das Nichts,* Hamburg, Rowohlt 1962, Übers. Justus Streller, S. 554; vgl. auch J. P. Sartre, »Réponse à Lefort«, in: *Les temps modernes,* April 1953, Nr. 89, S. 1571–1929.

auch die Handlungen selbst nichts anderes als unwahrhaftige Spiele: »Es ist kein Zufall, daß der Materialismus ernsthaft ist, und es ist kein Zufall, daß er immer und überall die auserwählte Doktrin des Revolutionärs bildet. Denn auch die Revolutionäre sind ernsthaft. Sie erkennen sich selbst von der Welt her, die sie bedrückt (...) Der Ernsthafte gehört der Welt an und kann nicht mehr zu sich selbst Zuflucht nehmen; er erwägt nicht einmal mehr die Möglichkeit, aus der Welt zu gehen (...) er ist unwahrhaftig.«[1] Dasselbe Unvermögen, der »Ernsthaftigkeit« anders als in der mißbilligten Form des »Geists der Ernsthaftigkeit« zu begegnen, findet sich bei Sartre in einer Analyse der Emotion, die bezeichnenderweise durch *Das Imaginäre* von den nicht so radikal subjektivistischen Beschreibungen in *Entwurf einer Theorie der Emotionen* getrennt ist: »Aber was bestimmt mich dazu, den magischen oder den technischen Aspekt der Welt zu wählen? Das kann nicht die Welt selbst sein –, die, um sich zu offenbaren, darauf wartet, entdeckt zu werden. Also muß das Für-sich bei seinem Sichentwerfen wählen, das zu sein, durch das die Welt sich als magische bzw. als rationale enthüllt, das heißt, es muß sich, als freier Entwurf seiner selbst, das magische oder rationale Dasein zulegen. Für beide ist es *verantwortlich;* denn beides kann nur sein, wenn es gewählt wurde. Das erwählte Dasein erscheint also als die freie Grundlegung seiner Gemütsbewegungen wie auch seiner Wollungen. Meine Furcht ist frei und bekundet meine Freiheit.«[2] Gleich dem Gotte Descartes', dessen Freiheit nur in einer frei gefällten Entscheidung ihre Grenze finden kann, zum Beispiel der, die der Kontinuität der Schöpfung – und besonders der Konstantheit von Wahrheiten und Werten – zugrunde liegt, kann Sartres Subjekt, ob individuelles oder kollektives, aus der absoluten Diskontinuität vergangenheits- und zukunftsloser freier Entscheidungen nur ausbrechen, indem es entweder den freien Entschluß zum Gelöbnis und zur Selbsttreue faßt oder der Unwahrhaftigkeit freiwillig entsagt, also sich die einzige Grundlage der beiden einzig denkbaren Formen der *constantia sibi* schafft.[3]

1 J. P. Sartre, *Das Sein und das Nichts, a. a. O.*, S. 729.

2 *Ebd.*, S. 566.

3 Sartre selbst nähert die Freiheit des Subjekts, wie er sie auffaßt, der göttli-

Sicher wird man dieser Analyse der Sartreschen Anthropologie die (vor allem in den Früh- und Spätwerken häufigen) Textstellen entgegenhalten, in denen er beispielsweise »passive Synthesen« einer Welt bereits konstituierter Bedeutungen anerkennt – wie dort, wo er sich von der momentbezogenen Philosophie Descartes' abgrenzen will[1], oder dort, wo er die Untersuchung von »Aktionen ohne Handelnde, Produktionen ohne Produzenten, Totalisierungen ohne Totalisierende, Gegenfinalitäten und teuflischen Zirkularitäten«[2] ankündigt. Ungeachtet dessen bleibt, daß er mit tiefstem Widerwillen »jene gallertartigen und von einem überindividuellen Bewußtsein mehr oder weniger unbestimmt heimgesuchten Realitäten« ablehnt, »die ein erbärmlicher Organizismus immer noch, entgegen aller Wahrscheinlichkeit, in diesem harten, komplexen, aber von der passiven Aktivität durchschnittenen Feld finden will, in dem es viele individuelle Organismen und anorganische materielle Realitäten gibt«[3], und

chen Freiheit nach Descartes in einem Text, der ungefähr gleichzeitig mit *Das Sein und das Nichts* erschien: »Wenn er (Descartes) die göttliche Freiheit als eine seiner eigenen Freiheit ganz ähnliche aufgefaßt hat, dann spricht er bei seiner Beschreibung der Freiheit Gottes von seiner eigenen Freiheit, wie er sie sich ohne die Fesseln des Katholizismus und Dogmatismus vorgestellt hätte. Hier liegt ein eindeutiges Sublimierungs- und Übertragungsproblem vor. Der Gott Descartes' ist der freieste, den das menschliche Denken erschaffen hat; es ist der einzige schöpferische Gott« (J. P. Sartre, *Descartes*, Genf/Paris, Editions des Trois Collines 1946, S. 44–45). Und an anderer Stelle: »Es bedurfte noch zweier Krisenjahrhunderte – der Glaubenskrise und der Krise der Wissenschaft –, bevor der Mensch diese schöpferische Freiheit wiedergewann, die Descartes in Gott verlegte, und bevor endlich jene Wahrheit erahnt wurde, die zur wesentlichen Grundlage des Humanismus wurde: der Mensch ist das Wesen, dessen Erscheinen bewirkt, daß eine Welt existiert. Doch werfen wir Descartes nicht vor, daß er Gott gegeben hat, was von Rechts wegen uns gebührt: bewundern wir ihn lieber dafür, daß er in einem autoritären Zeitalter das Fundament der Demokratie gelegt, die Erfordernisse der Idee der *Autonomie* zuende gedacht und lange vor Heideggers *Vom Wesen des Grundes* begriffen hat, daß die Freiheit die einzige Grundlage des Seins ist.« (*a. a. O.*, S. 51–52)

1 J. P. Sartre, *Das Sein und das Nichts, a. a.* O., S. 591.

2 J. P. Sartre, *Kritik der dialektischen Vernunft*, Übers. Traugott König, Hamburg, Rowohlt 1967, S. 79.

3 *Ebd.*, S. 268.

daß er allem, was von den Dingen der Welt ebenso wie von den Handelnden aus die Grenzlinie verwischen könnte, die sein strenger Dualismus zwischen der reinen Durchsichtigkeit des Subjekts und der steinartigen Undurchsichtigkeit des Dings erhalten sehen will, keinerlei Raum gewährt.

Die Sozialwelt als Ort solcher »Bastard«-Kompromisse zwischen Ding und Sinn, die den »objektiven Sinn« als dinggewordenen Sinn und die Dispositionen als leibgewordenen Sinn definieren, ist eine echte Herausforderung für jeden, der nur in der reinen Welt des Bewußtseins oder der »Praxis« atmen kann. Und Sartre rebelliert nicht ohne Grund gegen die »objektive« (ich würde sagen objektivistische) Soziologie, die nur eine »inerte Sozialität« erfassen könne. Sein aktivistischer Voluntarismus, der transzendenten Notwendigkeiten mit Ungeduld begegnet, läßt ihn die Klasse als Klasse von Konditionen und Konditionierungen, mithin von *dauerhaften* Dispositionen und Lebensstilen verwerfen, die er als in ihrem Sein gefangenes, zur *Trägheit* und damit Machtlosigkeit verkommenes Klassending, Klassenwesen betrachtet, dem er die innerhalb des Klassendings, aber gegen dieses entstandene »in einer Praxis totalisierende Gruppe« entgegenstellt.[1] Alle »objektiven« Beschreibungen dieser »objektiven« Klasse scheinen ihm von einem heimtückisch demobilisierenden Pessimismus inspiriert, der die Arbeiterklasse in ihrem jetzigen Zustand verharren oder gar *versinken* lassen und sie so von dem entfernen will, was sie zu sein hat, nämlich *mobilisierte Klasse*, von der man wie vom Sartreschen Subjekt sagen könnte, daß sie das ist, wozu sie sich macht.

Eine solche Theorie des individuellen und kollektiven Handelns mündet natürlich in den verzweifelten Entwurf einer transzendentalen Genese von Gesellschaft und Geschichte (man wird *Die Kritik der dialektischen Vernunft* erkannt haben), den Durkheim zu meinen scheint, wenn er in seinen *Regeln der soziologischen Methode* schreibt: »Und weil diese imaginäre Welt dem Verstande keinen anderen Widerstand bietet, überläßt er sich ohne Halt

1 *a. a. O.*, S. 338. Das Problem der gesellschaftlichen Klassen ist eines der Gebiete überhaupt des Gegensatzes zwischen Objektivismus und Subjektivismus, der die Forschung in einer Reihe fiktiver Alternativen gefangenhält.

schrankenlosen Ambitionen und hält es für möglich, allein mit seinen Kräften die Welt nach Belieben konstruieren oder reformieren zu können.«[1] Und man könnte mit Nietzsche fortfahren: »Die Philosophie ist dieser tyrannische Trieb selbst, der geistigste Wille zur Macht, zur ›Schaffung der Welt‹, zur causa prima.«[2] Weil dieser soziale Artifizialismus »in den sozialen Einrichtungen nur künstliche und mehr oder weniger willkürliche Kombinationen« erblickt, wie Durkheim[3] schreibt, ordnet er ohne Nachdenken die auf die »Reziprozität der Zwänge und Autonomien« reduzierte Transzendenz des Sozialen der »Transzendenz des Ichs« unter, wie Sartre als erster formulierte: »Im Laufe dieser Aktion entdeckt das Individuum die Dialektik einmal als rationale Transparenz, indem es sie schafft, und zum anderen als absolute Notwendigkeit, indem sie ihm entgeht, das heißt *ganz einfach*, indem die anderen sie schaffen. Genau in dem Maße, wie das Individuum sich schließlich in der Überschreitung seiner Bedürfnisse erkennt, erkennt es das Gesetz an, das ihm die anderen aufzwingen, indem sie ihrerseits ihre Bedürfnisse überschreiten (es erkennt es an, was jedoch nicht bedeutet, daß es sich ihm unterwirft), erkennt es seine eigene Autonomie als fremde Kraft an (insofern sie von anderen ausgenutzt werden kann, was täglich geschieht: Finten, Manöver usw.) und die Autonomie der anderen als unerbittliches Gesetz, das es ermöglicht, sie zu bezwingen.«[4] Die Transzendenz des Sozialen kann nur der Effekt der »Rückläufigkeit«, d. h. letztendlich der *Zahl* (daher die große Bedeutung der »Serie«) oder der »Materialisierung der Rückläufigkeit« in den Kulturobjekten sein[5], wobei die Entfremdung in der freiwilligen Abdankung der Freiheit zugunsten der Erfordernisse der »bearbeiteten Materie« besteht: »Indem der Arbeiter des 19. Jahrhunderts nun seine Ausgaben nach den Bedürfnissen, die seine Arbeit in ihm schafft, bestimmt (wobei er vor allem seinen Hunger auf Kosten von Kleidung und Wohnung

1 E. Durkheim, *Die Regeln der soziologischen Methode*, Hrsg. René König, Darmstadt und Neuwied, Luchterhand, 5. Aufl. 1976, S. 117.

2 F. Nietzsche, *Jenseits von Gut und Böse*, Gesammelte Werke, Bd. 15, München, Musarion 1925, S. 15.

3 E. Durkheim, *a. a. O.*, S. 118.

4 J. P. Sartre, *a. a. O.*, S.40.

5 *a. a. O.*, S. 174.

befriedigt), *macht er sich zu dem, was er ist,* das heißt, er bestimmt praktisch und rationell die Dringlichkeitsfolge seiner Ausgaben. Er entscheidet also in seiner freien Praxis, und durch eben diese Freiheit macht er sich zu dem, was er war, was er ist, was er sein soll: eine Maschine, deren Lohn einfach die Unterhaltungskosten darstellt. (...) Das Klassensein als praktisch-inertes Sein geschieht dem Menschen durch die Menschen vermittels der passiven Synthesen der bearbeiteten Materie.«[1] Die Behauptung des »logischen« Primats der »individuellen Praxis« gegenüber der konstituierenden Vernunft, gegenüber der Geschichte als konstituierter Vernunft führt dazu, das Problem der Genese der Gesellschaft in eben den Worten zu formulieren, die auch die Theoretiker des Gesellschaftsvertrags *(contrat social)* gebrauchten: »Die Geschichte bestimmt den Inhalt der menschlichen Beziehungen in ihrer Totalität, und diese Bedingungen (...) verweisen auf das Ganze. Aber die Geschichte *bewirkt* nicht, daß es allgemein menschliche Beziehungen gibt. Nicht die Probleme der Arbeitsteilung und -organisation haben es bewirkt, daß sich zwischen jenen *zunächst getrennten* Gegenständen, den Menschen, Beziehungen hergestellt haben.«[2] Genau wie bei Descartes Gott mit der Aufgabe betraut wird, zu jedem erneuten Jetztpunkt *ex nihilo* durch eigenen freien Ratschluß seines Willens eine Welt zu erschaffen, die von sich aus nicht die Kraft zur Selbsterhaltung hat, wird auch Sartre von der typisch kartesianischen Ablehnung der zähflüssigen Trübe der »objektiven Möglichkeiten« und des objektiven Sinns verleitet, der absoluten Tatkraft individueller oder kollektiver »historischer Handelnder«, wie z. B. »der Partei« als Hypostasierung des Sartreschen Subjekts, die unbegrenzte Aufgabe zu stellen, das gesellschaftliche Ganze bzw. die Klasse aus der Trägheit des »Praktisch-Inerten« zu reißen. Am Ende des ungeheuren Romans von Tod und Auferstehung der Freiheit mit seiner Doppelbewegung der Exteriorisierung der Interiorität, die von der Freiheit zur Entfremdung, vom Bewußtsein zur Materialisierung des Bewußtseins oder, wie es Sartres Titel sagt, »von der Praxis zum Praktisch-Inerten«, und von der »Interiorisierung der Exteriorität«, die über plötz-

1 *a. a. O.*, S. 101.
2 *a. a. O.*, S. 253.

lich Abkürzungen der Bewußtwerdung und der »Bewußtseinsverschmelzung« »von der Gruppe zur Geschichte«, von der Verdinglichung der entfremdeten Gruppe zur authentischen Existenz als historisch handelnder führt, sind das Bewußtsein und das Ding genauso unaufhebbar voneinander getrennt wie am Anfang, ohne daß irgend etwas, was einer Institution oder einem gesellschaftlich verfaßten handelnden Subjekt ähnlich wäre (wie schon die Wahl der Beispiele belegt), jemals festgestellt oder konstruiert worden wäre; auch der äußere Schein eines dialektischen Diskurses kann nicht darüber hinwegtäuschen, daß Sartre endlos zwischen dem An-Sich und dem Für-Sich schwankt, oder, in der neueren Formulierung, zwischen Materialität und Praxis, zwischen der Trägheit der auf ihr »Wesen«, d. h. auf ihre überholte Vergangenheit und auf ihre (den Soziologen überlassene) Notwendigkeit, reduzierten Gruppe einerseits, und dem fortwährenden Entstehen des freien kollektiven Entwurfs als einer unendlichen Reihe von Entscheidungsakten, die unerläßlich sind, um die Gruppe vor dem Untergehen in reiner Materialität zu bewahren.

Wie sollte man auch nicht der Trägheit eines Habitus die Konstantheit zuschreiben, mit der sich die objektive Intention der Sartreschen Philosophie bis in die Sprache gegen die subjektiven Intentionen ihres Autors behauptet, d. h. gegen das beständige Vorhaben der »Verwandlung« *(conversion)*, die nie offensichtlicher und nie sichtlicher ernst gemeint sind als in manchen seiner Bannflüche, die wohl nicht so heftig ausgefallen wären, wenn sie nicht einen Anflug von bewußter oder unbewußter Selbstkritik enthielten? So muß man beispielsweise die berühmte Analyse des Caféhauskellners im Gedächtnis haben, um einen Satz wie den folgenden richtig würdigen zu können: »Allen, die sich für Engel halten, erscheinen die Aktivitäten ihres Nächsten als absurd, weil sie das menschliche Unternehmen transzendieren wollen, ohne an ihm teilzunehmen.«[1] Das Beispiel Sartres, des Intellektuellen schlechthin, der fähig ist, von den durch und für die Analyse produzierten »Erfahrungen« so zu leben, wie er sie ausspricht, und wie um sie auszusprechen, d. h. von den Dingen, die erlebenswert, weil erzählenswert sind, zeigt, daß der Subjek-

1 *a. a.* O., S. 106.

tivismus, ähnlich wie der das wissenschaftliche Verhältnis zum Objekt der Wissenschaft verallgemeinernde Objektivismus, die Erfahrung verallgemeinert, die das Subjekt des wissenschaftlichen Diskurses über sich selbst als Subjekt macht. Als ein der Illusion eines »trägheitslosen Bewußtseins« ohne Vergangenheit und Äußerlichkeit verhafteter Bewußtseinsspezialist versieht er alle Subjekte, mit denen er sich *identifizieren* will – das heißt fast ausschließlich sein projektives Volk, das durch diese »großmütige« Identifizierung entsteht – mit seiner eigenen Erfahrung, erlebt von einem reinen, bindungs- und wurzellosen Subjekt.
Interessant an Sartres Analyse ist, daß sie aufzeigt, was die Grundlage der Auseinandersetzung zwischen Subjektivismus und Objektivismus ist und um was es in ihr geht: die Idee, die sich die Humanwissenschaft vom Menschen macht, also von jemand, der zugleich Objekt und Subjekt dieser Wissenschaft ist (und sicher jeweils mehr in Richtung Subjektivismus oder mehr in Richtung Objektivismus geht, je nachdem, wie groß der objektive und subjektive Abstand des Subjekts zum Objekt der Wissenschaft ist). Sie zwingt dazu, anthropologische Fragen explizit zu stellen, auf welche Ökonomen (wie Anthropologen oder Linguisten) in einer Mischung aus theoretischer Gleichgültigkeit und mangelnder Bewußtheit antworten, ohne sie überhaupt gestellt zu haben – d. h. häufig recht zusammenhanglos –, Fragen, die sich recht genau mit denen decken, welche die Philosophen im Zeitalter des entstehenden Bürgertums in der sublimierten Form der Frage nach dem Verhältnis zwischen der göttlichen Freiheit und den Wesenheiten formulierten. Die historische Analogie hilft sogar erkennen, daß die von der Ökonomie verwendete Theorie des Handelns oder genauer der Verhältnisse zwischen den Handelnden und den objektiven Verhältnissen (oder Strukturen) unablässig, von einem Werk zum anderen und bisweilen im selben Werk von einer Seite zur nächsten, zwischen einer Sicht, die die Freiheiten und Einzelwillen einer äußerlichen und mechanischen bzw. einer innerlichen und geistigen Bestimmtheit unterordnet, und einer anderen, subjektivistischen und zweckbetonten Sicht hin- und herschwankt, die die Vorgeschichte der Kausalerklärung durch künftige Zwecke des Vorgehens und absichtsvollen Handelns oder, wenn man so will, durch die Hoffnung auf künftige Profite ersetzt. So pendelt die

sogenannte Theorie des »rational Handelnden« zwischen dem zweckbetonten Ultrasubjektivismus des »trägheitslosen Bewußtseins«[1] einerseits, das den Sinn der Welt jeden Augenblick neu erschafft und Konstantheit und Kontinuität nur in der Treue zu sich selbst findet, mit der es sich wie Odysseus bei den Sirenen »selbst fesselt«, und dem intellektuellen Determinismus andererseits, der sich zwar häufig gegen einen mechanistischen Determinismus verwahrt, welcher das Handeln auf eine mechanische Reaktion auf mechanische Determiniertheiten und die Wirtschaftssubjekte auf unkenntliche, den Gesetzen eines mechanischen Gleichgewichtsgesetzes unterworfene Partikel reduziert, aber nur um ein paar sprachliche Effekte von diesem Mechanizismus entfernt ist. Wenn man nämlich die Entscheidung einerseits von strukturellen (technischen, ökonomischen oder juristischen) Zwängen, die die Gesamtheit der möglichen Handlungen begrenzen, und andererseits von Präferenzen abhängig macht, die als allgemeingültig und bewußt angenommen werden – oder allgemeingültigen Grundsätzen unterworfen sind -, läßt man dem durch die Augenfälligkeit der Gründe und durch die logische Notwendigkeit »rationaler Berechnung« eingeengten Handelnden keine andere Freiheit als die des Festhaltens am Wahren – d. h. an objektiven Chancen – oder Falschen des subjektiven, also partiellen und voreingenommenen Denkens.[2]

Die extrem subjektivistische Phantasie Sartres wird noch übertroffen vom Voluntarismus *anthropologischer Fiktionen,* auf welche die Anhänger der Ideologie vom »rational Handelnden« zurückgreifen müssen (wenn sie sich nicht wie üblich um diese Frage drücken), um das rationale Verhalten des »rational Handelnden« und besonders die Konstantheit und innere Schlüssigkeit seiner Präferenzen im Zeitverlauf einzig und allein auf seine rationale Entscheidung zu gründen. Unter Anspielung auf Stra-

1 »Im Bewußtsein gibt es keine solche Trägheit« (J. P. Sartre, *Das Sein und das Nichts, a. a. O.*, S. 109). Und an anderer Stelle: »Descartes hat begriffen (...), daß eine freie Handlung eine absolut neue Hervorbringung war, deren Keim in einem früheren Zustand der Welt nicht enthalten sein konnte.« (J. P. Sartre, *Descartes, a. a. O.*, S. 47)

2 Paradoxerweise kann sich die Theorie des »rational Handelnden« (in ihrer intellektualistischen Version) nur auf die objektiven Bedingungen der in den Praktiken verzeichneten Unterschiede beziehen.

tegien, die darin bestehen, »sich selber zu fesseln« – in einer Variante des Sartreschen Gelöbnisses, das als »bevorzugtes Mittel zur Lösung des Problems der Willensschwäche«[1] beschrieben wird -, tut man so, als *erkläre* man das rationale Verhalten, und dies mit einem großen Aufwand an mathematischen Modellen, weil man keine andere Möglichkeit sieht, dieses Verhalten *vernünftig zu begründen* außer der, es auf die Grundlage der Vernunft zu stellen, während man doch bloß als *vis dormitiva* dieses Vernunftwesen, Pflichtwesen einführt, zu dem ein Handelnder wird, dessen gesamtes praktisches Handeln auf Vernunft gegründet sein soll.[2] Dies deswegen, weil man per Definition, d.h. allein schon dadurch, daß man die Idee eines ökonomisch – besonders in seinen Präferenzen - voraussetzungslosen *Wirtschaftsubjekts* akzeptiert, jede Frage nach den wirtschaftlichen und gesellschaftlichen Bedingungen der ökonomischen Dispositionen ausschließt, welche durch die Sanktionen einer bestimmten Stufe einer bestimmten Wirtschaftsform mehr oder minder »rationell« (nicht so sehr rational) scheinen, je nachdem, ob sie an ihre objektiven Erfordernisse besser oder schlechter angepaßt sind. Mathematische Modelle enthüllen ihren gewiß unbestreitbarsten Vorzug, d.h. ihre Fähigkeit, *a contrario* die Komplexität

1 Diese idealtypischen Zitate sind dem selbst idealtypischen und hierin sehr aufschlußreichen Werk Jon Elsters, *Ulysses and the Sirens,* Cambridge U.P. 1979 (bes. S. VII und 37) entnommen (hier aus dem Englischen übersetzt).

2 Jon Elster zeigt in aller Klarheit die Wahrheit eines ethischen Unterfangens auf, das darauf abzielt, als Ersatz für die Willensschwächen den Willen anzubieten, wenn er bei dem von der klassischen Philosophie gern behandelten Thema der durch Leidenschaft bekämpften Leidenschaft dem »analytischen« Vorhaben das »strategische« Vorhaben der Verhaltensänderung durch rationale Entscheidung gegenüberstellt: »Das analytische Vorhaben wäre, festzustellen, wie weit sich die Leidenschaften *bei den Menschen, wie sie sind,* tatsächlich gegenseitig aufheben. Das strategische und das manipulative Vorhaben setzen Leidenschaft gegen Leidenschaft, um Verhalten zu ändern, das Verhalten der anderen beim manipulativen, das eigene beim strategischen« (J. Elster, *a. a.* O., S. 55). Damit wird gesagt, »die schlüssigen und jederzeit vollständigen Präferenzen«, die den »rational Handelnden« als solchen definieren, seien Ergebnis einer »strategischen Einstellung«, die auf ihre rationale Beherrschung, d.h. auf eine rationale Moral zielt.

der von ihnen verstümmelten Wirklichkeit aufzuzeigen, nie deutlicher, als wenn sie die imaginäre Anthropologie des liberalen Subjektivismus ad absurdum führen, indem sie mit aller Gewalt das willkürlich Gesetzte in einem ursprünglichen *fiat* auflösen und durch Willensakt die freie Entscheidung eines bewußten und rationalen Subjekts zur Grundlage der zumindest scheinbar irrationalsten Praktiken machen, wie es z. B. verbreitete Überzeugungen oder geschmackliche Vorlieben sind.[1]

Die Wahrheit der mathematischen Konstruktionen, von denen die Ökonomie wimmelt (ich denke z. B. an die von dem gern als *bahnbrechend* bezeichneten Aufsatz C. F. von Weizsäckers über endogene Veränderungen des Geschmacks[2] ausgelöste Artikelserie), wird in der Dürftigkeit und Wirklichkeitsferne der Hypothesen enthüllt, auf die sie angewandt werden: so unterstellt der zitierte Artikel erstens, die heutigen Präferenzen hingen allein von der Konsumption des unmittelbar vorangehenden Zeitraums ab – womit er den Gedanken einer sich über die gesamte Geschichte der Konsumption erstreckenden Entstehung von Präferenzen als zu komplex und damit zu schwer mathematisierbar ausschließt -, und zweitens, aus denselben Gründen, das Einkommen des Konsumenten teile sich auf nur zwei Güter auf. Und was soll man erst von den vielen fiktiven Beispielen halten, die so offensichtlich um des Beweises willen erfunden wurden, daß damit absolut nichts, wenn nicht, um den Preis von Quantifizierungen durch Willensakt und willkürlichen Rechenoperationen, für »imaginäre Gruppen« so gut wie alles bewiesen werden kann: 20 Piloten, 5 bestanden, 15 durchgefallen; 20 Studenten, 6 verdienen 200, 8 verdienen 100, und 6 verdienen 0.[3] Um uns jedoch eine lange Aufzählung aller dieser »mathematischen Freiübungen« zu ersparen, die allen Ernstes als anthropologische Analysen ausgegeben werden, wie z. B. das »Dilemma des Gefangenen« und andere zur zirkulären Zirkulation verdammte Paradoxe, soll ein Beispiel genügen, das für alle Raucher, die aufhören, und alle Dicken, die abnehmen wollen, leicht faßlich sein dürfte:

1 Bezeichnend ist, daß Jon Elster, der Dispositionsbegriffe aus seiner Theorie ausschließt und es »einem *aristokratischen Abscheu* vor jederlei Berechnung und einer *nicht weniger aristokratischen Vorliebe* für absolute Charakterfestigkeit, und sei sie auch noch so exzentrisch,« zuschreibt, daß Descartes die unbegründete Entscheidung bevorzugt, an die man sich hält, wenn man sie einmal getroffen hat (Jon Elster, *a. a. O.*, S. 60).

2 C. F. von Weizsäcker, »Notes on Endogenous Change of Taste«, *Journal of Economic Theory*, 3(1971), S. 345–372.

3 R. Boudon, *Effets pervers et ordre social*, Paris, P.U.F. 1977, passim, und zur »imaginären Personengruppe« S. 39.

»Stellen wir uns einen Russen des 19. Jahrhunderts vor, der in einigen Jahren ein Erbe von riesigen Landgütern antreten wird. Seinen sozialistischen Ideen getreu, will er das Land den Bauern schenken. Doch weiß er, daß seine Ideale mit der Zeit schwächer werden können. Um dieser Möglichkeit vorzubeugen, tut er zweierlei. Zunächst unterschreibt er eine Urkunde, mit der er automatisch seinen Grundbesitz abtritt und die nur mit Zustimmung seiner Ehefrau annulliert werden kann; und sagt dann zu seiner Frau: »Wenn ich jemals anderen Sinnes werde und von Dir verlange, einer Annullierung zuzustimmen, versprich mir, daß Du nicht zustimmst.« Vielleicht fügt er noch hinzu: »Ich betrachte meine Ideale als Teil meiner selbst. Wenn ich sie verleugne, will ich, daß Du davon ausgehst, daß ich nicht mehr bin; ich will, daß Dein Mann in Deinen Augen nicht mehr derselbe sei, der Dich heute um dieses Versprechen bittet, sondern ein anderer. Versprich mir, daß Du nicht tun wirst, was jener andere von Dir verlangt!«[1] Muß noch gesagt werden, daß das Erfinden und Akzeptieren solcher »Beispiele« und, allgemeiner noch, mancher nach Nietzsche[2] »absurd vernünftiger« Übungen des formalen Denkens, die unter Bezug auf beliebige Objekte gestatten, von der Sozialwelt so zu reden, als sei von ihr überhaupt nicht die Rede, die *Verleugnung der Sozialwelt* voraussetzt und fördert?

Man kann also die Pascalsche Analyse der ungewöhnlichsten, unwahrscheinlichsten, mit einem Wort unsoziologischsten aller rationalen Entscheidungen[3], nämlich *die Entscheidung zu glauben, a contrario* wie ein heuristisches Modell, wie eine logische Erweiterung des Arguments der Wette fungieren lassen. Angenommen, sagt Pascal ungefähr, wer auf die Existenz Gottes wette, riskiere einen endlichen Einsatz, um einen unendlichen Gewinn zu erzielen, so erweise sich fraglos das Glauben als einzig rationale Strategie; natürlich nur, wenn man so weit an die Vernunft glaube – wie Pascal später mahnt, aber Jon Elster und alle, die wie er in der reinen Welt der Logik zu leben gewöhnt sind, entschlossen vergessen –, daß man für solche Gründe *empfänglich* sei. Bleibt zu sagen, daß man das Vorhaben, den Glauben auf eine rationale Entscheidung zu gründen, nicht ausführen kann,

1 D. Parfit, »Later Selves and Moral Principles«, hg. von A. Montefiore, *Philosophy and Personal Relations,* London, Routledge and Kegan Paul 1973, S. 137–169.

2 F. Nietzsche, *Götzendämmerung, a. a. O.*, Bd. 17.

3 Die deswegen am besten geeignet ist, das Interesse Jon Elsters und seinen Kommentar herauszufordern (*a. a. O.*, S. 47–54).

ohne von der Vernunft zu verlangen, an ihrer eigenen Auflösung im Glauben mitzuwirken, an diesem »Abschwören« der Vernunft, das aufs Höchste »mit der Vernunft übereinstimmt«: um von der Entscheidung zu glauben, die von der Vernunft herbeigeführt werden kann, zum *Glauben* zu gelangen, der *dauerhaft* ist, d. h. die Sprunghaftigkeit des Willens und Bewußtseins überwinden kann, muß man andere Mächte als die der Vernunft anrufen. Dies deswegen, weil die Vernunft, von der man glauben will, sie könne zu der Entscheidung führen zu glauben, den Glauben in keiner Weise dauerhaft stützen kann: »Denn man darf sich nicht täuschen: wir sind ebensosehr Automat wie Geist, deshalb ist das Mittel zu überzeugen nicht allein der Beweis. Wie wenig bewiesene Dinge gibt es! Die Beweise überzeugen nur die Vernunft; die Gewohnheit macht unsere Beweise stärker und deutlicher, sie stimmt den Automaten, der den Geist, ohne daß er es merkt, mit sich zieht. Wer hat bewiesen, daß es morgen Tag sein wird und daß wir sterben werden, und was wäre handgreiflicher? Folglich ist es die Gewohnheit, die davon überzeugt, sie macht so viele zu Christen, sie macht zu Türken, Heiden, die Berufe, Soldaten usw. (...) Also muß man, wenn der Geist einmal einsah, wo die Wahrheit, auf die Gewohnheit zurückgehen, um uns von dem Glauben, der uns ständig entschlüpft, färben und grundieren zu lassen, denn es ist zu schwierig, die Beweise immer gegenwärtig zu haben. Man muß einen leichteren Glauben haben, und das ist der, der in die Gewohnheit eingeht, der uns zwanglos, kunstlos, ohne Beweise glauben läßt und unsere ganze Vernunft unter diesem Glauben beugt, so daß unsere Seele ihm völlig natürlich zufällt. Es genügt nicht, wenn man nur gläubig durch die Kraft der Überzeugung ist und wenn der Automat die Neigung hat, das Gegenteil zu glauben. Folglich muß man beide Teile glauben machen: den Geist durch die Gründe, die man nur einmal im Leben eingesehn zu haben braucht, und den Automaten durch die Gewohnheit und dadurch, daß man ihm nicht gestattet, sich dem Gegenteil zuzuwenden.«[1] Diese außergewöhnliche Analyse der Grundlagen des Glaubens, allen zum

1 Blaise Pascal, *Über die Religion und über einige andere Gegenstände* (Pensées), übers. u. hrsg. von Ewald Wasmuth, Heidelberg, Lambert Schneider, 7. Aufl. 1972, 252, S. 134.

Nachdenken aufgegeben, die den Glauben eifernd im Sinne von Vorstellungen denken wollen, hat Pascal nicht abgehalten, selber in den üblichen Fehler der berufsmäßig mit *logos* und Logik Beschäftigten zu verfallen, die stets dazu neigen, wie Marx schrieb, die Dinge der Logik für die Logik der Dinge zu halten. Ausgehend vom realistischen Bemühen, die Willensentscheidung zum Glauben gedanklich auf das Modell des gewöhnlichen Glaubenserwerbs zu übertragen, macht er schließlich die Willensentscheidung des Subjekts der Praxis zur Grundlage der ursprünglichen, die dauerhafte Neigung zum Praktizieren erzeugenden Praxis: »Sie möchten zum Glauben gelangen, und Sie kennen nicht den Weg dahin? Sie möchten vom Unglauben geheilt werden, und Sie bitten um die Arzenei? Lernen Sie von denen, die in Ihrer Lage waren und die jetzt ihr ganzes Hab und Gut eingesetzt haben; (...) Handeln Sie so, wie diese begonnen haben: nämlich alles zu tun, als ob sie gläubig wären, Weihwasser zu benutzen und Messen lesen zu lassen usf. Ganz natürlich wird Sie das sogar glauben machen und verdummen.«[1] Indem er so tut, als seien Willen und Bewußtsein Grundlagen der Disposition, die »uns ohne Gewalt, List und Streit die Dinge glauben macht«, läßt Pascal das Mysterium des ersten Anfangs im dunkeln, verlagert in die unendliche Regression von Entscheidungen über Entscheide. Indem er den Glauben zum Ergebnis einer freien, aber selbstzerstörerischen Entscheidung des Sichbefreiens von der Freiheit macht, liefert sich Pascal der Antinomie des *Glaubens kraft Entscheidung* aus, die Liebhabern logischer Paradoxe nicht entgehen konnte: selbst wenn man sich, wie Bernard Williams bemerkt, entscheiden kann, *p* zu glauben, kann man nicht *p* glauben und zugleich glauben, daß der Glaube an *p* auf der Entscheidung fußt, *p* zu glauben; folglich müsse man, um die Entscheidung, *p* zu glauben, fällen zu können, diese Entscheidung zugleich aus dem Gedächtnis des Glaubenden tilgen. Anders gesagt, könne die Entscheidung zum Glauben nur Erfolg haben, wenn sie einhergehe mit der Entscheidung zum Vergessen, d. h. der Entscheidung, die Entscheidung zum Glauben zu vergessen.[2]

1 *a. a.* O., 233, S. 125 f.

2 B. A. O. Williams, »Kann man sich dazu entscheiden, etwas zu glauben?«, *Probleme des Selbst*, Übers. Joachim Schulte, Stuttgart, Reclam 1978,

Überflüssig die Bemerkung, daß sich alle diese Antinomien aus dem Willen ergeben, die Praxis in der Logik der Willensentscheidung zu denken. In der Tat wird klar, warum die angelsächsischen Philosophen eingestehen müssen, daß sie den für eine voluntaristische Theorie so wichtigen Unterschied zwischen *omission* und *commission* nicht begründen können: die Akte des *Tuns*, d. h. des bewußten und willentlichen Eingreifens, sanktionieren meist nur den allmählichen Krebsgang des *Unterlassens*, jene Unzahl winziger Nichtentscheidungen, die rückblickend als »Schicksal« oder »Berufung« beschrieben werden könnten (nicht zufällig sind die meistzitierten Beispiele für Entscheidungen fast immer *Brüche*). Doch grundsätzlicher noch: wie kann man übersehen, daß eine Entscheidung, sofern sie überhaupt erfolgt ist und das ihr zugrunde liegende Präferenzensystem nicht nur von allen früheren Entscheidungen des Entscheidenden, sondern auch von den Bedingungen abhängt, unter denen diese Entscheidungen gefällt wurden, also auch von allen Entscheidungen jener, die für ihn, an seiner Statt entschieden haben, indem sie seine Urteile mit Vorurteilen befrachtet und dadurch seine Urteilsfähigkeit geformt haben. Die Paradoxe bei dem Versuch, den Glauben in der Logik der Entscheidung zu denken, lassen erkennen, daß der tatsächliche Glaubenserwerb dadurch definiert ist, daß er diese Antinomien in praxi auflöst. Zur Entstehung gehört unweigerlich die Amnesie der Entstehung: die Logik des Glaubenserwerbs, die Logik der unmerklichen, d. h. ständigen und unbewußten Konditionierung, die ebenso über Existenzbedingungen wie über explizite Maßregelungen erfolgt, setzt voraus, daß dieser Erwerb vergessen wird und die Illusion entsteht, das Erworbene sei angeboren. Damit wird es überflüssig, jene letzte Zuflucht der Freiheit und der eigenen Ehre, »die Unwahrhaftigkeit« als Selbstlüge und Entscheidung zum Vergessen der Entscheidung, zur Erklärung anzuführen, warum der Glaube oder jede andere kulturelle Errungenschaft zugleich als

S. 217–241, zitiert in Jon Elster, *a. a. O.*, S. 151. Die Liebhaber von Paradoxen können ein weiteres Objekt ihrer Wahl in der »Entscheidung« finden, zu lieben oder nicht mehr zu lieben (wie sie Alidor in *La place Royale* trifft, der mit seiner Geliebten nur bricht, um sich seine Freiheit zu beweisen).

logisch notwendig und als soziologisch voraussetzungslos erlebt werden kann.[1]

So sind die anthropologischen Strukturen, auf welche die Anhänger der Theorie des »rational Handelnden« zurückgreifen müssen, um die Konsequenzen des theoretischen Postulats unterstellen zu können, demzufolge rationales Handeln keine andere Grundlage als die Intention der Rationalität und die freie und sachkundige Berechnung des rationalen Subjekts haben kann, in Wirklichkeit eine Widerlegung dieses Postulats durch Ad-absurdum-Führen und laden ein, die Grundlage der Praktiken in dem Verhältnis zwischen den äußeren Zwängen, die der Entscheidung einen sehr variablen Spielraum lassen, und den Dispositionen zu suchen, die das Ergebnis ökonomischer und sozialer Prozesse sind, welche so gut wie gar nicht auf diese punktuell definierten Zwänge reduziert werden können.[2] Die Theorie des »rational Handelnden«, der den »Ursprung« seiner rein oder nicht rein ökonomischen Handlungen in einer »Intention« des »Bewußtseins« sucht, geht oft mit einer engen Auffassung der »Rationalität« der Praktiken einher, mit einem Ökonomismus, der die bewußt am Prinzip der Kostenminimierung oder Profitmaximierung orientierten Praktiken für rational (oder, was auf dasselbe hinausläuft, für ökonomisch) hält. Der zweckgerichtete Ökonomismus, der die Praktiken, um sie erklären zu können, unmittelbar und ausschließlich in Beziehung zu

1 Sicher findet diese Illusion, wie bereits an anderer Stelle (P. Bourdieu, *Die feinen Unterschiede, a. a. O.*, bes. S. 103–104) gezeigt, besonders dann günstige Verbreitungsbedingungen vor, wenn sich der maßgebende Einfluß der materiellen Existenzbedingungen paradoxerweise, indem er ausbleibt, über die Neutralisierung der unmittelbarsten und brutalsten ökonomischen Zwänge negativ auswirkt; und sicher findet sie exemplarischen Ausdruck und Bekräftigung in allen Spielarten des antigenetischen Denkens (dessen vollendetste Form wiederum Sartre mit dem Begriff des »ursprünglichen Entwurfs« bietet).

2 Die tatsächlichen Präferenzen werden durch die Relation zwischen dem Raum der gebotenen Möglichkeiten und Unmöglichkeiten und dem System der Dispositionen bestimmt, wobei jede Veränderung dieses Raums von Möglichkeiten eine Veränderung der Logik der Präferenzen bewirkt, die der Logik des Habitus unterworfen sind (vgl. P. Bourdieu, *Die feinen Unterschiede, a. a. O.*, S. 332f).

den als bewußt gesetzte *Zwecke* behandelten ökonomischen Interessen setzt, hat daher mit dem mechanistischen Ökonomismus, der sie nicht weniger direkt und ausschließlich mit den ebenso eng definierten, aber als *Ursachen* behandelten ökonomischen Interessen verknüpft, das Merkmal gemein, nichts davon zu wissen, daß Praktiken auch noch auf anderem als auf mechanischen Ursachen oder bewußten Zwecken beruhen und einer ökonomischen Logik gehorchen können, ohne deswegen eng ökonomischen Interessen zu folgen: es gibt nämlich eine *Ökonomie der Praktiken,* d. h. eine den Praktiken innewohnende Vernunft, die ihren »Ursprung« weder in »Entscheidungen« der Vernunft als bewußter Berechnung noch in den Bestimmtheiten der äußerlichen und den Handelnden übergeordneten Mechanismen findet. Da sie für die *Struktur* der rationalen Praxis konstitutiv, d. h. bestgeeignet ist, die in der Logik eines bestimmten Feldes enthaltenen Ziele mit dem geringsten Aufwand zu erreichen, kann diese Ökonomie in bezug auf alle möglichen Funktionen definiert werden, wobei eine unter vielen auch die vom Ökonomismus einzig anerkannte Maximierung des Geldprofits ist.[1] In anderen Worten verbaut man sich, wenn man keine andere Form des Handelns als die rationale Handlung oder die mechanische Reaktion anerkennen kann, ein Verstehen der Logik all jener Handlungen, die vernünftig sind, ohne deswegen das Produkt eines durchdachten Plans oder gar einer rationalen Berechnung zu sein; denen eine Art objektiver Zweckmäßigkeit innewohnt, ohne daß sie deswegen auf einen explizit gesetzten Zweck bewußt hinorganisiert wären; die verstehbar und schlüssig sind, ohne aus gewollter Schlüssigkeit und reiflich überlegter Entscheidung hervorgegangen zu sein; die auf die Zukunft abheben, ohne das Ergebnis eines Vorhabens oder Planes zu sein. Und weil nicht erkannt wird, daß die von der ökonomischen Theorie beschriebene Ökonomie nur ein Sonderfall aus einer

1 Mit dem Ökonomismus brechen, um die Gesamtheit der möglichen Ökonomien beschreiben zu können, heißt sich der Alternative zwischen dem eng ökonomisch gesehenen rein materiellen Interesse und der *Uneigennützigkeit* entziehen und sich die Möglichkeit verschaffen, dem Prinzip des hinreichenden Grundes zu genügen. Dieses besagt, daß es keine Handlung ohne Daseinsgrund, d. h. ohne Interesse gibt, oder, wenn man so will, ohne *Einsatz in ein Spiel und ohne Festlegung, illusio, commitment.*

ganzen Welt von Ökonomien ist, d. h. von Kampffeldern, die sich ebenso nach den dort entstehenden Streitobjekten und Raritäten wie nach den dort eingesetzten Arten des Kapitals unterscheiden, versagt man sich die Erklärung der Formen, Inhalte und spezifischen Ansatzpunkte, die dem Streben nach Maximierung spezifischer Profite und den sehr allgemeinen Optimierungsstrategien (von denen die ökonomischen Strategien im engeren Sinne nur eine Spielart unter vielen sind) aufgezwungen werden.[1]

1 Das Vorhandensein der unveränderlichen Prinzipien der *Logik der Felder* ermöglicht eine Verwendung allgemein üblicher Begriffe, die etwas ganz anderes ist als die dabei bisweilen zu beobachtende simple analoge Übertragung von Begriffen aus der Ökonomie.

3. Kapitel
Strukturen, Habitusformen, Praktiken

Der Objektivismus konstituiert die Sozialwelt wie ein Schauspiel für einen Beobachter mit einem bestimmten »Standpunkt« zum Handeln, der die Grundlagen seines Verhältnisses zum Objekt in dieses einbringt und damit so tut, als sei die Sozialwelt nur zum Zwecke der Erkenntnis bestimmt und als seien alle Interaktionen in diesem Objekt auf symbolische Tauschvorgänge zurückzuführen. Genau diese Sicht hat man von den besseren Plätzen der Sozialstruktur, von denen sich die Welt – im Sinne der idealistischen Philosophie, aber auch der Malerei und des Theaters – wie eine Darstellung darbietet, eine Sicht, aus der die Praktiken nichts weiter sind als Theaterrollen, aufgeführte Partituren oder ausgeführte Pläne. Die Theorie der Praxis als Praxis erinnert gegen den positivistischen Materialismus daran, daß Objekte der Erkenntnis *konstruiert* und nicht passiv registriert werden, und gegen den intellektualistischen Idealismus, daß diese Konstruktion auf dem System von strukturierten und strukturierenden Dispositionen beruht, das in der Praxis gebildet wird und stets auf praktische Funktionen ausgerichtet ist. Man kann nämlich mit Marx *(Thesen über Feuerbach)* den souveränen Standpunkt aufgeben, von dem aus der objektivistische Idealismus die Welt ordnet, ohne diesem die »tätige Seite« der Welterfassung überlassen zu müssen, indem man Erkenntnis auf Registrieren reduziert. Dazu braucht man sich nur in die »wirkliche, sinnliche Tätigkeit als solche«, also in das praktische Verhältnis zu Welt *hinein*zuversetzen, in jene beschäftigte und geschäftige Gegenwärtigkeit auf der Welt, durch welche die Welt ihre Gegenwärtigkeit mit ihren Dringlichkeiten aufzwingt, mit den Dingen, die gesagt oder getan werden müssen, die dazu da sind, gesagt oder getan zu werden, und die die Worte und Gebärden unmittelbar beherrschen, ohne sich jemals wie ein Schauspiel zu entfalten. Man muß sich dem *Strukturrealismus* entziehen, zu dem der Objektivismus als notwendiges Moment des Brechens mit der Ersterfahrung und des Konstruierens objektiver Verhältnisse zwangsläufig führt, wenn er diese Verhältnisse hypostasiert, indem er sie als außerhalb der *Geschichte* von Individuum und

Gruppe vorgebildete Realitäten behandelt. Deswegen braucht man nicht zurück in den Subjektivismus zu verfallen, der mitnichten erklären kann, warum die Sozialwelt notwendig so sein muß: um dies zu können, muß man sich darauf besinnen, daß die Praxis der Ort der Dialektik von *opus operatum* und *modus operandi*, von objektivierten und einverleibten Ergebnissen der historischen Praxis, von Strukturen und Habitusformen ist.[1]

Die Konditionierungen, die mit einer bestimmten Klasse von Existenzbedingungen verknüpft sind, erzeugen die *Habitusformen* als Systeme dauerhafter und übertragbarer *Dispositionen*, als strukturierte Strukturen, die wie geschaffen sind, als strukturierende Strukturen zu fungieren, d. h. als Erzeugungs- und Ordnungsgrundlagen für Praktiken und Vorstellungen, die objektiv an ihr Ziel angepaßt sein können, ohne jedoch bewußtes

1 Die Herausarbeitung der Voraussetzungen der objektivistischen Konstruktion wurde paradoxerweise durch die Bemühungen derer verzögert, die in der Linguistik wie in der Anthropologie das strukturalistische Modell unter Berufung auf den »Kontext« oder die »Situation« zu »korrigieren« suchten, um Variationen, Ausnahmen und Zufälle zu erklären (anstatt wie die Strukturalisten daraus einfache, in der Struktur aufgehende Varianten zu machen), und sich dadurch die radikale Infragestellung der objektivistischen Denkweise ersparten, sofern sie nicht schlicht wieder auf die freie Entscheidung des bindungs- und wurzellosen reinen Subjekts zurückverfielen. So zum Beispiel bleibt die Methode der sogenannten *situational analysis*, bei der »Menschen in verschiedenen sozialen Situationen« beobachtet werden, um bestimmen zu können, »wie Individuen in den Grenzen einer bestimmten Sozialstruktur Entscheidungen fällen können« (vgl. M. Gluckman, »Ethnographic Data in British Social Anthropology«, *Sociological Review*, IX (1), März 1961, S. 5–17; außerdem J. Van Velsen, *The Politics of Kinship, A Study in Social Manipulation among the Lakeside Tonga*, Manchester, Manchester University Press 1964, 2. Aufl. 1971), in der Alternative von Ausnahme und Regel gefangen, die (der von den Anhängern dieser Methode gern zitierte) Leach in aller Klarheit formuliert hat: »Ich postuliere, daß strukturelle Systeme mit strikter Institutionalisierung aller Pfade des sozialen Handelns unmöglich sind. In jedem lebensfähigen System muß es einen Bereich geben, in welchem es dem Individuum freisteht, Entscheidungen zu treffen, um das System zu seinen Gunsten zu manipulieren« (E. Leach, »On Certain Unconsidered Aspects of Double Descent Systems«, *Man* 62 (1962), S. 133).

Anstreben von Zwecken und ausdrückliche Beherrschung der zu deren Erreichung erforderlichen Operationen vorauszusetzen, die objektiv »geregelt« und »regelmäßig« sind, ohne irgendwie das Ergebnis der Einhaltung von Regeln zu sein, und genau deswegen kollektiv aufeinander abgestimmt sind, ohne aus dem ordnenden Handeln eines Dirigenten hervorgegangen zu sein.[1] Zwar ist keineswegs ausgeschlossen, daß Reaktionen des Habitus von einer strategischen Berechnung begleitet sind, die ganz bewußt diejenige Operation zu realisieren trachtet, die der Habitus auf andere Weise realisiert, nämlich die Chancenabwägung, bei der ein früherer Effekt zum anvisierten Ziel werden muß. Doch sind diese Reaktionen zunächst außerhalb jeder Berechnung im Hinblick auf die *objektiven Möglichkeiten* der unmittelbaren Gegenwart als das definiert, was im Hinblick auf ein wahrscheinliches *Zukünftiges* getan oder unterlassen, gesagt oder verschwiegen werden muß. Dieses Zukünftige drängt sich im Gegensatz zur Zukunft als reiner, vom Vorhaben einer »negativen Freiheit« projizierten »absoluten Möglichkeit« im Hegelschen (oder Sartreschen) Sinne mit einer jedes Abwägen ausschließenden Dringlichkeit und Daseinsberechtigung auf. Reize existieren für die Praxis nicht in ihrer objektiven Wahrheit als *bedingte und konventionelle* Auslöser, da sie nur wirken, wenn sie auf Handelnde treffen, die darauf konditioniert sind, sie zu *erkennen*.[2]

1 Man müßte völlig vermeiden können, von Begriffen für sich selbst zu sprechen und sich so der Gefahr auszusetzen, zugleich schematisch und formal vorzugehen. Wie alle Begriffe von Dispositionen dürfte der Wert des Habitusbegriffs, der nach seinen historischen Verwendungsformen insgesamt zur Bezeichnung eines Systems von dauerhaften und erzeugenden erworbenen Dispositionen taugt, vor allem darin liegen, welche falschen Problemstellungen und Lösungen er beseitigt und welche Fragen mit seiner Hilfe besser gestellt oder gelöst werden können, als darin, welche eigentlich wissenschaftlichen Probleme er aufwirft.

2 Der Begriff des *Strukturreliefs* der Attribute eines Objekts, d. h. des Merkmals, welches bewirkt, daß ein Attribut (z. B. Farbe oder Form) »bei beliebiger semantischer Behandlung des Signifikats, das es enthält, eher berücksichtigt wird« (J. F. Le Ny, *La sémantique psychologique*, Paris, P. U. F. 1979, S. 190f.), ist genau wie sein Äquivalent in einem anderen Kontext, der Webersche Begriff der *»durchschnittlichen Chancen«*, eine Abstraktion, weil sich das Relief je nach den Dispositionen verändert. Doch kann man mit diesem Begriff den reinen Subjektivismus hinter sich lassen, indem

Die Praxiswelt, die sich im Verhältnis zum Habitus als System kognitiver und motivierender Strukturen bildet, ist eine Welt von bereits realisierten Zwecken, Gebrauchsanleitungen oder Wegweisungen, und von Objekten, Werkzeugen oder Institutionen, die nach Husserl mit einem »dauerhaft teleologischen Charakter« ausgestattet sind. Dies, weil die einer (im Sinne von Saussure oder Mauss) willkürlichen Bedingung innewohnenden Regelmäßigkeiten deswegen eher als notwendig bzw. natürlich erscheinen, weil sie den Wahrnehmungs- und Beurteilungsschemata zugrunde liegen, mit denen sie erfaßt werden.

Zwar läßt sich regelmäßig eine sehr enge Korrelation zwischen wissenschaftlich konstruierten *objektiven Wahrscheinlichkeiten* (z. B. Chancen des Zugangs zu diesem oder jenem Gut) und *subjektiven Erwartungen* (»Beweggründen« oder »Bedürfnissen«) feststellen, doch liegt dies nicht etwa daran, daß die Handelnden bei ihren Erwartungen von einer exakten Bewertung ihrer Erfolgschancen ausgehen wie Spieler, die ihr Spiel aufgrund vollkommener Information über ihre Gewinnchancen gestalten. In der Wirklichkeit, und weil die durch Möglichkeiten und Unmöglichkeiten, Freiheiten und Notwendigkeiten, Erleichterungen und Verbote dauerhaft eingeprägten Dispositionen, die in den objektiven Bedingungen enthalten (und wissenschaftlich über statistische Gesetzmäßigkeiten wie z. B. objektiv mit einer Gruppe oder Klasse verknüpfte Wahrscheinlichkeiten erfaßbar) sind, mit diesen Bedingungen objektiv vereinbare und ihren Erfordernissen sozusagen vorangepaßte Dispositionen erzeugen, werden die unwahrscheinlichsten Praktiken vor jeder näheren Prüfung durch eine Sofortunterwerfung unter die Ordnung, die aus der Not gern eine Tugend macht, also Abgelehntes verwirft und Unvermeidliches will, als *undenkbare* ausgeschieden,. Schon die Bedingungen der Erzeugung des Habitus als der *zur*

man das Vorhandensein objektiver Determiniertheiten der Wahrnehmung zur Kenntnis nimmt. Die Illusion einer freien Schöpfung der Merkmale der Situation und damit auch der Zwecke des Handelns findet sicher eine Scheinbegründung in dem für jeden konditionierten Reiz typischen Zirkelschluß, der Habitus könne die objektiv in seiner »Formel« enthaltene Reaktion nur so weit erzeugen, wie er die Situation als Auslöser wirken läßt, indem er sie nach seinen Grundlagen aufbaut, d. h. sie im Hinblick auf eine bestimmte Art der Wirklichkeitsbefragung zur *relevanten Frage* macht.

Tugend gemachten Not sorgen dafür, daß die von ihm hervorgebrachten Vorwegnahmen die Einschränkung zu ignorieren trachten, die für jede Wahrscheinlichkeitsrechnung gilt: die Versuchsbedingungen dürfen nicht verändert worden sein. Im Unterschied zu wissenschaftlichen Berechnungen, die nach jedem Experiment nach strengen Rechenregeln berichtigt werden, gewichten die Vorwegnahmen des Habitus als eine Art praktischer Hypothesen, die auf früherer Erfahrung fußen, die Ersterfahrungen viel zu hoch. Die charakteristischen Strukturen einer bestimmten Klasse von Daseinsbedingungen sind es nämlich, die über die ökonomische und soziale Notwendigkeit, mit der sie auf die relativ autonome Welt der Hauswirtschaft und der Familienverhältnisse drücken, oder besser noch über die eigentlichen Erscheinungsformen dieses äußeren Zwangs in der Familie (Form der geschlechtsspezifischen Arbeitsteilung, Objektwelt, Formen der Konsumption, Verhältnis zu Verwandten usw.), die Strukturen des Habitus erzeugen, welche wiederum zur Grundlage der Wahrnehmung und Beurteilung aller späteren Erfahrung werden.

Als Produkt der Geschichte produziert der Habitus individuelle und kollektive Praktiken, also Geschichte, nach den von der Geschichte erzeugten Schemata; er gewährleistet die aktive Präsenz früherer Erfahrungen, die sich in jedem Organismus in Gestalt von Wahrnehmungs-, Denk- und Handlungsschemata niederschlagen und die Übereinstimmung und Konstantheit der Praktiken im Zeitverlauf viel sicherer als alle formalen Regeln und expliziten Normen zu gewährleisten suchen.[1] Das System der

1 In Gesellschaftsformationen, in denen die Reproduktion der Herrschaftsverhältnisse (und des ökonomischen und kulturellen Kapitals) nicht durch objektive Mechanismen gewährleistet ist, wäre die unablässige Arbeit zur Aufrechterhaltung der persönlichen Abhängigkeitsverhältnisse von vornherein zum Scheitern verurteilt, wenn sie nicht mit der Konstantheit der gesellschaftlich gebildeten und ständig durch individuelle oder kollektive Sanktionen verstärkten Habitusformen rechnen könnte: in diesem Fall beruht die Gesellschaftsordnung in der Hauptsache auf der Ordnung in den Hirnen und auf dem Habitus, d. h. der von der Gruppe angeeignete und auf ihre Bedürfnisse zugeschnittene Organismus funktioniert wie die Materialisierung des kollektiven Gedächtnisses, indem er in den Nachfolgern reproduziert, was die Vorläufer erworben haben. Die Neigung der Gruppe

Dispositionen als Vergangenheit, die im Gegenwärtigen überdauert und sich in die Zukunft fortzupflanzen trachtet, indem sie sich in den nach ihren eigenen Prinzipien strukturierten Praktiken aktualisiert, als inneres Gesetz, welches ständig dem nicht auf unmittelbare Zwänge der jeweiligen Situation zurückführbaren Gesetz der äußeren Notwendigkeit Geltung verschafft, liegt der Kontinuität und Regelmäßigkeit zugrunde, die der Objektivismus den sozialen Praktiken zuschreibt, ohne sie erklären zu können, und ist außerdem Grundlage der geregelten Transformationen, die sich weder durch die äußerlichen und augenblicklichen Determinismen eines mechanistischen Soziologismus noch durch die rein innerliche, doch ebenso punktbezogene Determiniertheit des spontaneistischen Subjektivismus erklären lassen. Indem sie sich die inneren Dispositionen der Alternative zwischen den im früheren Zustand des Systems, *außerhalb* des Leibes vorhandenen Kräften und den *inneren* Kräften, den augenblicklich entstehenden Beweggründen der freien Entscheidung, entziehen, ermöglichen sie als Verinnerlichung der Äußerlichkeit *(Interiorisierung der Exteriorität)* den äußeren Kräften, Wirkung zu entfalten, allerdings nach der spezifischen Logik der Organismen, die sie sich einverleibt haben, also dauerhaft, systematisch und nicht mechanisch. Da er ein erworbenes System von Erzeugungsschemata ist, können mit dem Habitus alle Gedanken, Wahrnehmungen und Handlungen, und nur diese, frei hervorgebracht werden, die innerhalb der Grenzen der besonderen Bedingungen seiner eigenen Hervorbringung liegen. Über den Habitus regiert die Struktur, die ihn erzeugt hat, die Praxis, und zwar nicht in den Gleisen eines mechanischen Determinismus,

zum Beharren in ihrem Sosein, die so gewährleistet wird, funktioniert auf einer sehr viel niedrigeren Stufe als »Familienüberlieferungen«, die nur dann von Dauer sind, wenn ihnen bewußt die Treue gehalten wird und jemand da ist, der sie pflegt, und die eben deswegen im Vergleich zu den Strategien des Habitus sehr unbeweglich sind, der in neuen Situationen neue Mittel zur Wahrnehmung alter Funktionen erfinden kann. Sie funktionieren auf einer viel niedrigeren Stufe als bewußte Strategien, mit denen die Handelnden ausdrücklich ihre Zukunft beeinflussen und nach dem Vorbild der Vergangenheit gestalten wollen, z. B. letztwillige Verfügungen oder explizit gesetzte Normen, die als schlichte *Rufe zur Ordnung* bzw. zur Wahrscheinlichkeit die Wirkung letzterer verstärken.

sondern über die Einschränkungen und Grenzen, die seinen Erfindungen von vornherein gesetzt sind. Als unendliche, aber dennoch strikt begrenzte Fähigkeit zur Erzeugung ist der Habitus nur so lange schwer zu denken, wie man den üblichen Alternativen von Determiniertheit und Freiheit, Konditioniertheit und Kreativität, Bewußtem und Unbewußtem oder Individuum und Gesellschaft verhaftet bleibt, die er ja eben überwinden will. Da der Habitus eine unbegrenzte Fähigkeit ist, in völliger (kontrollierter) Freiheit Hervorbringungen – Gedanken, Wahrnehmungen, Äußerungen, Handlungen – zu erzeugen, die stets in den historischen und sozialen Grenzen seiner eigenen Erzeugung liegen, steht die konditionierte und bedingte Freiheit, die er bietet, der unvorhergesehenen Neuschöpfung ebenso fern wie der simplen mechanischen Reproduktion ursprünglicher Konditionierungen.

Nichts ist trügerischer als die rückblickende Illusion, die die Spuren eines Lebens insgesamt, wie das Werk eines Künstlers oder die Ereignisse einer Biographie, als Realisierung eines vorgegebenen Wesens erscheinen läßt. Die Wahrheit eines künstlerischen Stils ist nicht im Keim in einer originellen Eingebung enthalten, sondern wird in der Dialektik von Objektivierungsabsicht und bereits objektivierter Absicht ständig definiert und umdefiniert. Genauso kann man die Einheit des Sinns, den die Nachbetrachtung der Taten und Werke als Vorwegnahmen der endgültigen Bedeutung vor diese zu verlegen scheint, indem sie die verschiedenen Momente der Zeitreihe in simple Vorentwürfe verwandelt, nur herstellen, indem man Fragen, die nur durch und für einen mit einem bestimmten Typ von Schemata ausgestatteten Verstand existieren, den Lösungen gegenüberstellt, die durch Anwendung eben dieser Schemata erzielt werden, sie aber durchaus verändern können. Daß die Erzeugung des Systems von Praktiken oder Werken, die vom selben Habitus (oder von homologen Formen des Habitus wie denen, aus denen sich die Einheitlichkeit des Lebensstils einer Gruppe oder Klasse ergibt) erzeugt werden, weder als eigenständige Entwicklung eines einzigartigen und stets mit sich selbst identischen Wesens noch als fortwährende Neuschöpfung beschrieben werden kann, liegt daran, daß sie in und vermittels der zugleich notwendigen und unvorhersehbaren Konfrontation des Habitus mit dem Ereignis erfolgt, das auf den Habitus nur dann einen relevanten Reiz ausüben kann, wenn dieser das Ereignis der Zufallsbedingtheit entreißt und zum *Problem* macht, indem er genau die Prinzipien darauf anwendet, mit denen es gelöst werden kann. Weiter liegt es daran, daß mit dem Habitus wie mit jeder *Erfinderkunst* unendlich viele und (wie die jeweiligen Situationen) relativ unvorhersehbare Praktiken von dennoch begrenzter Verschiedenartigkeit erzeugt werden können. Kurz, als *Erzeugnis* einer bestimmten Klasse objektiver Regelmäßigkeiten sucht der Habitus die »vernünftigen« Verhaltensweisen des »Alltagsverstands«[1] zu erzeugen, und nur diese, die in den Grenzen dieser Regelmäßigkeiten möglich sind und alle Aussicht auf Belohnung haben, weil sie objektiv der Logik angepaßt sind, die für ein bestimmtes Feld typisch ist, dessen objektive Zukunft sie vorwegnehmen. Zugleich trachtet der Habitus, »ohne Gewalt, List oder Streit« alle »Dummheiten« (»so etwas tut man nicht«), also alle Verhaltensweisen auszuschließen, die gemaßregelt werden müssen, weil sie mit den objektiven Bedingungen unvereinbar sind.

Da die Praktiken die Regelmäßigkeiten zu reproduzieren trachten, die in den Bedingungen enthalten sind, unter denen ihre Erzeugungsgrundlage erzeugt wurde, und sich dabei durchaus an die Erfordernisse der objektiven Möglichkeiten der Situation anpassen, wie sie durch die für den Habitus konstitutiven Kognitions- und Motivationsstrukturen definiert sind, lassen sie sich weder von den gegenwärtigen Bedingungen ableiten, die sie hervorgerufen zu haben scheinen mögen, noch von früheren Bedingungen, die den Habitus als ihre dauerhafte Erzeugungsgrundlage hervorgebracht haben. Sie lassen sich daher nur erklären,

1 »Diese subjektive, variable Wahrscheinlichkeit, die bisweilen den Zweifel aussschließt und eine Gewißheit *sui generis* erzeugt, die sonst nur noch als Irrlicht erschiene, nennen wir *philosophische Wahrscheinlichkeit*, weil sie auf den Gebrauch jenes höheren Sinnes zurückgeht, durch den wir uns über die Ordnung und den Grund der Dinge klar werden. Ein unklares Empfinden ähnlicher Wahrscheinlichkeiten ist bei allen denkenden Menschen vorhanden; es bestimmt oder rechfertigt zumindest die unerschütterlichen Überzeugungen, die man als *gesunden Menschenverstand* bezeichnet.« (A. Cournot, *Essai sur les fondements de la connaissance et sur les caractères de la critique philosophique*, Paris, Hachette 1922, 1. Aufl. 1851, S. 70)

wenn man die gesellschaftlichen Bedingungen, unter denen der Habitus, der sie erzeugt hat, geschaffen wurde, und die gesellschaftlichen Bedingungen, unter denen er angewandt wird, zueinander ins Verhältnis setzt, d. h. wenn man durch die wissenschaftliche Arbeit jenes Inbeziehungsetzen dieser beiden Zustände der Sozialwelt vornimmt, das der Habitus, indem er es verschleiert, in der Praxis und durch die Praxis bewerkstelligt. Das »Unbewußte«, mit dem man sich dieses Inbeziehungsetzen ersparen kann, ist in Wirklichkeit nämlich immer nur das Vergessen der Geschichte, von der Geschichte selber erzeugt, indem sie die objektiven Strukturen realisiert, die sie in den Habitusformen herausbildet, diesen Scheinformen der Selbstverständlichkeit.[1] Als einverleibte, zur Natur gewordene und damit als solche vergessene Geschichte ist der Habitus wirkende Präsenz der gesamten Vergangenheit, die ihn erzeugt hat. Deswegen macht gerade er die Praktiken *relativ unabhängig* von den äußeren Determiniertheiten der unmittelbaren Gegenwart. Diese Selbständigkeit ist die der abgehandelten und fortwirkenden Vergangenheit, die, wie ein akkumuliertes Kapital fungierend, Geschichte aus Geschichte erzeugt und damit die Dauerhaftigkeit im Wandel gewährleistet, die aus dem einzelnen Handelnden eine eigene Welt in der Welt macht. Als Spontaneität ohne Willen und Bewußtsein steht der Habitus zur mechanischen Notwendigkeit nicht weniger im Gegensatz als zur Freiheit der Reflexion, zu den geschichtslosen Dingen mechanistischer Theorien nicht weniger als zu den »trägheitslosen« Subjekten rationalistischer Theorien.

Der dualistischen Sicht, die nur den für sich selbst durchsichti-

1 »Denn in jedem von uns ist in verschiedenen Dosen der Mensch von gestern; und der Mensch von gestern ist durch die Macht der Dinge stärker in uns, weil die Gegenwart nur recht wenig ist im Vergleich mit der langen Vergangenheit, in der wir uns gebildet haben und aus der wir das Ergebnis sind. Nur fühlen wir diesen Menschen der Vergangenheit nicht, weil er in uns verwurzelt ist. Er bildet den unbewußten Teil in uns. Folglich rechnen wir gar nicht mit ihm, genausowenig wie mit seinen legitimen Forderungen. Die neuesten Errungenschaften der Zivilisation dagegen fühlen wir sehr lebhaft, weil sie frisch sind und noch nicht die Zeit gehabt haben, sich im Unterbewußtsein einzunisten (E. Durkheim, *Die Entwicklung der Pädagogik*, Übers. Ludwig Schmidts, Weinheim/ Basel, Beltz 1977, S. 16.

gen Bewußtseinsakt oder das in der Äußerlichkeit determinierte Ding anerkennen will, muß daher die reale Logik des Handelns entgegengesetzt werden, die zwei Objektivierungen der Geschichte gegeneinanderstellt, die Objektivierung in den Leibern und die Objektivierung in den Institutionen, oder, was auf dasselbe hinausläuft, zwei Zustände des Kapitals, ein objektiviertes und ein einverleibtes, durch welche Distanz zur Notwendigkeit und ihren Dringlichkeiten geschaffen wird. Eine Logik, deren paradigmatische Form man in der Dialektik von Dispositionen des Ausdrucks und institutionalisierten Ausdrucksmitteln (morphologischen, syntaktischen, lexikalischen Stilmitteln, literarischen Gattungen usw.) sehen kann und die zum Beispiel in der unbeabsichtigten Erfindung regelhafter Improvisationen zu beobachten ist. Ständig von seinen eignen Worten überflügelt, zu denen er, wie Nicolaus Hartmann formuliert, ein Verhältnis von »Tragen« und »Getragenwerden« habe, entdeckt der Virtuose die Auslöser seines Diskurses in seinem Diskurs, der dahineilt »wie ein Zug, der seine eigenen Schienen mitführt«.[1] In anderen Worten also enthält der Diskurs, da er nach einem nicht bewußt beherrschten *modus operandi* gestaltet wird, eine, wie die Scholastik sagt, »objektive Absicht«, die über die bewußten Absichten seines scheinbaren Urhebers hinausgeht, und bietet dem *modus operandi*, der ihn hervorbringt und demnach wie eine Art »geistiger Automat« funktioniert, ständig neue relevante Reize. Daß »geistreiche Bemerkungen« sich mit ihrer eigenen Unvorhersehbarkeit und retrospektiven Notwendigkeit aufdrängen, liegt daran, daß der Gedankenblitz, der lange verborgene Fähigkeiten an den Tag bringt, einen Habitus voraussetzt, der über die objektiv verfügbaren Ausdrucksmittel so vollkommen verfügt, daß diese so weit über ihn verfügen, daß er seine Freiheit gegen sie behaupten kann, indem er die in ihnen notwendig auch enthaltenen seltensten Möglichkeiten ausschöpft. Die Dialektik von Sinn der Sprache und »Stammesworten« ist ein besonderer und besonders vielsagender Fall der Dialektik von Habitusformen und Institutionen, d.h. von zwei Objektivierungsweisen verflossener Geschichte, in deren Rahmen ständig eine Geschichte

1 R. Ruyer, *Paradoxes de la conscience et limites de l'automatisme*, Paris, Albin Michel 1966, S. 136.

erzeugt wird, die wie eine geistreiche Bemerkung zugleich verblüffend und unvermeidlich erscheinen muß.
Als ständig von regelhaften Improvisationen überlagerte Erzeugungsgrundlage bewirkt der Habitus als praktischer Sinn das Aufleben des in den Institutionen objektivierten Sinns: als Produkt einer Prägungs- und Aneignungsarbeit, die notwendig ist, damit die Erzeugnisse der kollektiven Geschichte als objektive Strukturen in Form der dauerhaften und angepaßten Dispositionen reproduziert werden können, die für das Funktionieren dieser Institutionen nötig sind, ermöglicht eben der Habitus (der sich im Verlauf einer besonderen Geschichte bildet und dabei der Einverleibung seine besondere Logik aufzwingt und durch den die Handelnden an der in den Institutionen objektivierten Geschichte beteiligt sind), Institutionen zu bewohnen *(habiter)*, sie sich praktisch anzueignen und sie damit in Funktion, am Leben, in Kraft zu halten, sie ständig dem Zustand des toten Buchstabens, der toten Sprache zu entreißen, den Sinn, der sich in ihnen niedergeschlagen hat, wieder aufleben zu lassen, wobei er ihnen allerdings die Korrekturen und Wandlungen aufzwingt, die Kehrseite und Voraussetzung dieser Reaktivierung. Besser noch, erst durch den Habitus findet die Institution ihre volle Erfüllung: der Vorzug der Einverleibung, der die Fähigkeit des Leibes ausnutzt, die performative Magie des Sozialen ernst zu nehmen, macht, daß König, Priester, Bankier menschgewordene Erbmonarchie, Kirche und menschgewordenes Finanzkapital sind. Das Eigentum eignet sich seinen Eigner an, indem es sich in Form einer Struktur zur Erzeugung von Praktiken verkörpert, die vollkommen mit seiner Logik und seinen Erfordernissen übereinstimmen. Wenn man zu Recht mit Marx sagen kann, daß »der Nutznießer des Majorats, der Erstgeborene, dem Boden gehört«, daß letzterer »ihn erbt«, oder daß die »Personen« der Kapitalisten »personifiziertes« Kapital seien, so liegt dies daran, daß der durch den Akt der *Etikettierung* (mit dem ein Individuum als Erstgeborener, Erbe, Nachfolger, Christ oder schlicht als Mann – im Gegensatz zur Frau – mit allen zugehörigen Vorrechten und Pflichten *eingesetzt* wird) eingeleitete rein soziale und sozusagen magische Sozialisationsprozeß, der durch Akte sozialer Behandlung verlängert, verstärkt und bestätigt wird, die den institutionellen Unterschied in eine natürliche Unterscheidung

zu verwandeln geeignet sind, sehr reale, weil auf Dauer auf den Leib geschriebene und im Glauben einbeschriebene Wirkungen erzeugt. Eine Institution, zum Beispiel die Wirtschaftsform, ist nur dann vollständig und richtig lebensfähig, wenn sie dauerhaft nicht nur in Dingen, also in der über den einzelnen Handelnden hinausreichenden Logik eines bestimmten Feldes objektiviert ist, sondern auch in den Leibern, also in den dauerhaften Dispositionen, die diesem Feld zugehörigen Erfordernisse anzuerkennen und zu erfüllen.

In dem Maße, und nur in diesem, wie die Habitusformen dieselbe Geschichte verkörpern – oder genauer dieselbe in Habitusformen und Strukturen objektivierte –, sind die von ihnen erzeugten Praktiken wechselseitig verstehbar und unmittelbar den Strukturen angepaßt, und außerdem aufeinander abgestimmt und mit einem zugleich einheitlichen und systematischen, über subjektive Absichten wie individuelle und kollektive Vorhaben hinausreichenden objektiven Sinn ausgestattet. Eine der grundlegendsten Auswirkungen des Einklangs von praktischem Sinn und objektiviertem Sinn besteht darin, daß eine *Welt des Alltagsverstands* geschaffen wird, deren unmittelbare Evidenz durch die vom Konsens über den Sinn der Praktiken und der Welt gewährleistete Objektivität verstärkt wird, d. h. durch die Harmonisierung der Erfahrungen und die ständige Verstärkung, die jede dieser Praktiken durch den individuellen oder kollektiven (z. B. beim Fest), improvisierten oder vorgegebenen (Gemeinplätze, Sprichwörter) Ausdruck ähnlicher oder identischer Erfahrungen erfährt.

Die Homogenität der Habitusformen, die in den Grenzen einer Klasse von Existenzbedingungen und sozialen Konditionierungen zu beobachten ist, bewirkt nämlich, daß Praktiken unmittelbar verständlich und vorhersehbar sind und daher als evident und selbstverständlich wahrgenommen werden: Mit dem Habitus können die Praktiken und Werke mit einem geringeren Aufwand an Absicht nicht nur erzeugt, sondern auch entziffert werden.[1] Da sie automatisch und nicht personengebunden, bezeichnend ohne Bezeich-

1 Einer der Vorzüge des Subjektivismus und der Gewissensmoral (oder Gewissenserforschung), die häufig hinter ihm steht, liegt darin, daß er in Analysen (ob Heideggersche Analysen des Alltäglichen und des »man« oder

nungsabsicht sind, ist mit den gewöhnlichen Praktiken ein nicht weniger automatisches und personenungebundenes Verstehen möglich, wobei die Absicht, die sie objektiv ausdrücken, aufgegriffen wird, ohne daß dafür ein »Aufleben« der »erlebten« Absicht dessen erforderlich wird, der sie ausführt, und auch kein »bewußtes Hineinversetzen in den anderen«, wie es den Phänomenologen und allen Vertretern einer »partizipativen« Auffassung von Geschichte oder Soziologie so lieb und teuer ist, und auch keine stillschweigende oder ausdrückliche (»Was willst Du damit sagen?«) Befragung der Absichten anderer. »Bewußtes Kommunizieren« zwischen Menschen setzt voraus, daß sie das »Unbewußte« (d. h. die sprachliche und kulturelle Kompetenz) miteinander gemein haben. Die Entzifferung der objektiven Absichten von Praktiken und Werken hat nichts mit einer (vom frühen Dilthey so bezeichneten) *»Nachbildung«* der erlebten Erfahrungen und mit der nutzlosen und ungewissen Rekonstruktion der persönlichen Eigentümlichkeiten einer »Absicht« zu tun, die ihnen in Wirklichkeit gar nicht zugrunde liegt.

Die objektive Homogenisierung der Habitusformen der Gruppe oder Klasse, die sich aus der Homogenität der Existenzbedingungen ergibt, sorgt nämlich dafür, daß die Praktiken ohne jede strategische Berechnung und bewußte Bezugnahme auf eine Norm objektiv aufeinander abgestimmt und *ohne jede direkte Interaktion* und damit *erst recht* ohne ausdrückliche Abstimmung einander angepaßt werden können – weil die Form der Interaktion selbst den objektiven Strukturen geschuldet ist, welche die Dispositionen der interagierenden Handelnden erzeugt haben und ihnen dazu noch über diese Dispositionen ihren jeweiligen Platz in der Interaktion und anderswo zuweisen.[1] Leibniz schreibt: »Stellen Sie sich zwei Wanduhren oder Taschenuhren vor, die vollkommen miteinander übereinstimmen. Das kann nur auf drei Weisen geschehen; die erste besteht in einem

Sartresche Analysen der »Ernsthaftigkeit«), in denen das den objektiven Erfordernissen der Welt unterworfene Handeln als »uneigentlich« verurteilt wird, durch Ad-absurdum-Führen die praktische Unmöglichkeit einer »eigentlichen« Existenz nachweist, die in ein freies Vorhaben alle vorgegebenen objektiven Bedeutungen und Determiniertheiten einbringen wollte: das rein ethische Streben nach »Eigentlichkeit« ist das Vorrecht dessen, der Muße zum Denken hat und sich die Ersparnis des Denkens ersparen kann, zu der das »uneigentliche« Verhalten berechtigt.

1 Gegen alle Spielarten der okkasionalistischen Illusion, welche dazu verführt, Praktiken direkt zu Eigenschaften der Situation in Beziehung zu setzen, muß daran erinnert werden, daß »interpersonelle« Beziehungen

natürlichen Einfluß; (...) die zweite Weise... bestünde darin, sie immer durch einen geschickten Arbeiter überwachen zu lassen, der sie richtet und sie in jedem Augenblick gleich einstellt. Die dritte Weise besteht darin, zunächst diese zwei Pendel mit so viel Kunst und Genauigkeit herzustellen, daß man in der Folge ihrer Übereinstimmung sicher sein kann«.[1] Solange man die wahre Grundlage dieser Konzertierung ohne Dirigent nicht kennt, die selbst dann für Regelmäßigkeit, Einheitlichkeit und Systematik der Praktiken sorgt, wenn die einzelnen Vorhaben weder spontan noch gezwungenermaßen geordnet werden, liefert man sich dem naiven Artifizialismus aus, der kein anderes Vereinheitlichungsprinzip als das der bewußten Abstimmung anerkennt.[2] Daß Praktiken von Mitgliedern derselben Gruppe oder, in einer differenzierten Gesellschaft, derselben Klasse stets mehr und besser aufeinander abgestimmt sind, als die Handelnden selber wissen und wollen, liegt wiederum nach Leibniz daran, daß jeder, »indem (er) nur seinen eigenen Gesetzen folgt, ...

immer nur dem Anschein nach Beziehungen von Person zu Person sind und daß die Wahrheit der Interaktion nie völlig in der Interaktion selbst liegt (was gern vergesssen wird, wenn man die *objektive Struktur* der Beziehung zwischen den versammelten Individuen oder ihren Zugehörigkeitsgruppen – d.h. der Distanzen und Hierarchien – auf die zufällige Struktur ihrer Interaktion in einer bestimmten Situation und Gruppe zurückführen und alle Vorgänge in einer experimentellen Interaktion durch experimentell kontrollierte Situationsmerkmale wie die räumliche Stellung der Beteiligten zueinander oder die Art der Kommunikationskanäle erklären will).

1 G. W. Leibniz, »Zweite Erläuterung des Systems des Verkehrs der Substanzen (Das neue System)«, *Kleine Schriften zur Metaphysik*, Frankfurt, Insel 1965, S. 239.

2 So kann das Nichtwissen um die sichersten, aber bestverborgenen Grundlagen des Zusammenhalts von Gruppen oder Klassen manche Leute verleiten, die Einheit der herrschenden Klasse zu leugnen, ohne einen anderen Beweis als die Unmöglichkeit, empirisch zu ermitteln, daß die Mitglieder der herrschenden Klasse eine explizite, ausdrücklich durch Konzertierung oder gar Komplott durchgesetzte *Politik* betreiben. Andere werden dadurch verleitet, aus der Bewußtwerdung, einer Art revolutionärem *cogito*, das der Arbeiterklasse zur Existenz verhilft, indem es sie als »Klasse für sich« konstituiert, die einzig mögliche Grundlage für die Einheit der unterdrückten Klasse zu machen.

dennoch mit den anderen übereinstimmt«. Der Habitus ist nichts anderes als jenes immanente Gesetz, jene den Leibern durch identische Geschichte(n) aufgeprägte *lex insita*, welche Bedingung nicht nur der Abstimmung der Praktiken, sondern auch der Praktiken der Abstimmung ist.[1] Die von den Handelnden selbst vorgenommenen Korrekturen und Anpassungen setzen nämlich voraus, daß ein gemeinsamer Code beherrscht wird, und die Unterfangen kollektiver Mobilisierung bleiben erfolglos, wenn nicht ein Mindestmaß an Übereinstimmung zwischen den Mobilisierenden (Propheten, Rädelsführern usw.) und den Dispositionen derjenigen gegeben ist, die sich in deren Praktiken oder Äußerungen wiedererkennen, und vor allem nicht ohne das von der spontanen Konzertierung der Dispositionen geweckte Bestreben, sich zusammenzuschließen.

Zweifellos muß jeder Versuch der *Mobilisierung*, der das Ziel hat, *kollektives Handeln* zu organisieren, die Dialektik von Dispositionen und Gelegenheiten in Rechnung stellen, die in jedem einzelnen Handelnden wirkt, sei es nun mobilisierendes oder mobilisiertes (wobei die Hysteresis der Habitusformen gewiß einer der Gründe der Kluft zwischen den Gelegenheiten und den Dispositionen, sie beim Schopfe zu fassen, eine der Ursachen für verpaßte Gelegenheiten und besonders für das häufig feststellbare Unvermögen ist, historische Krisen in anderen Wahrnehmungs- oder Denkkategorien als jenen der Vergangenheit, und sei es auch der revolutionären, zu denken); und ebenso die objektive *Abstimmung*, die sich zwischen den Dispositionen einstellt, die, objektiv koordiniert, weil an teilweise oder völlig identischen objektiven Notwendigkeiten ausgerichtet sind. Zu bemerken wäre noch, daß es äußerst gefährlich ist, das kollektive Handeln nach dem Muster des individuellen zu denken und dabei alles zu ignorieren, was es der relativ selbständigen Logik der Mobilisierungsinstitutionen (mit ihrer eigenen Geschichte, ihrer spezifischen Organisation usw.) und den institutionalisierten oder nichtinstitutionalisierten Situationen verdankt, in denen es erfolgt.

Die Soziologie behandelt alle biologischen Individuen als identisch, die als Erzeugnisse derselben objektiven Bedingungen mit denselben Habitusformen ausgestattet sind: als Klasse von iden-

1 Man versteht, warum der Tanz als besonderer und besonders spektakulärer Fall der Synchronisierung des Homogenen und der Konzertierung des Heterogenen überall besonders gut den Zusammenhalt der Gruppe symbolisieren und ihn durch diese Symbolisierung verstärken kann.

tischen oder ähnlichen Existenzbedingungen und Konditionierungen ist die gesellschaftliche Klasse (an sich) untrennbar zugleich eine Klasse von biologischen Individuen mit demselben Habitus als einem System von Dispositionen, das alle miteinander gemein haben, die dieselben Konditionierungen durchgemacht haben. Zwar ist ausgeschlossen, daß *alle* Mitglieder derselben Klasse (oder auch nur zwei davon) *dieselben Erfahrungen* gemacht haben, und dazu noch *in derselben Reihenfolge*, doch ist gewiß, daß jedes Mitglied einer Klasse sehr viel größere Aussichten als ein Mitglied irgendeiner anderen Klasse hat, mit den für seine Klassengenossen häufigsten Situationen konfrontiert zu werden: die objektiven Strukturen, von der Wissenschaft in Form der Wahrscheinlichkeit des Zugangs zu Gütern, Dienstleistungen und zur Macht erfaßt, prägen über stets konvergente Erfahrungen, die einem sozialen Milieu mit seinen »geschlossenen« Laufbahnen, unerreichbaren »Positionen« und »verbauten Aussichten« das *Gesicht* geben, jene »Kunst, die Wahrheitsähnlichkeit zu errechnen«, wie Leibniz schrieb, d. h. die Kunst, die objektive Zukunft vorwegzunehmen, den Sinn der Realität oder der Realitäten, der mit Sicherheit die bestverborgene Grundlage der Wirksamkeit dieser Strukturen ist.

Um das Verhältnis zwischen dem Klassenhabitus und dem individuellen Habitus (der unablösbar ist von der organischen Individualität, die sich der unmittelbaren Wahrnehmung – *intuitus personae* – unmittelbar darbietet – und gesellschaftlich in Form von Eigennamen, juristischen Personen usw. bezeichnet und anerkannt wird) zu definieren, könnte man den Klassen- (oder Gruppen-)habitus, d. h. den individuellen Habitus insofern, als er Ausdruck und Widerspiegelung der Klasse (oder Gruppe) ist, als subjektives, aber nichtindividuelles System verinnerlichter Strukturen, gemeinsamer Wahrnehmungs-, Denk- und Handlungsschemata betrachten, welche Vorbedingung für jede Objektivierung und Wahrnehmung sind und die objektive Abstimmung der Praktiken und die Einheitlichkeit der Weltanschauung mit der vollkommenen Personenungebundenheit und Substituierbarkeit der Praktiken und Einzelanschauungen begründen. Dies liefe jedoch darauf hinaus, alle nach identischen Schemata hervorgebrachten Praktiken oder Vorstellungen wie die besonderen räumlichen Intuitionen, welche, Kant zufolge, keine der

Besonderheiten des empirischen Ichs widerspiegeln, für nicht personengebunden und austauschbar zu halten. In Wirklichkeit jedoch werden die besonderen Habitusformen der verschiedenen Mitglieder derselben Klasse durch ein Verhältnis der *Homologie* vereinheitlicht, d. h. durch ein Verhältnis der Vielfalt in Homogenität, welches die Vielfältigkeit in der charakteristischen Homogenität ihrer gesellschaftlichen Produktionsbedingungen widerspiegelt: *jedes System individueller Dispositionen* ist eine *strukturale Variante* der anderen Systeme, in der die Einzigartigkeit der Stellung innerhalb der Klasse und des Lebenslaufs zum Ausdruck kommt. Der »eigene« Stil, d. h. jenes besondere Markenzeichen, das alle Hervorbringungen desselben Habitus tragen, seien es nun Praktiken oder Werke, ist im Vergleich zum *Stil* einer Epoche oder Klasse immer nur eine *Abwandlung*, weswegen der Habitus nicht nur durch Einhaltung des Stils - wie bei Phidias, der Hegel zufolge keine »Machart« besaß – auf den gemeinsamen Stil verweist, sondern auch durch den Unterschied, aus dem die »Machart« besteht.

Die Grundlage der Unterschiede zwischen den individuellen Habitusformen liegt in der Besonderheit der *sozialen Lebensläufe*, denen Reihen von chronologisch geordneten Determiniertheiten entsprechen, die jedoch nicht aufeinander zurückgeführt werden können. Der Habitus, der mit den Strukturen aus früheren Erfahrungen jederzeit neue Erfahrungen strukturieren kann, die diese alten Strukturen in den Grenzen ihres Selektionsvermögens beeinflussen, sorgt für eine einheitliche, von den Ersterfahrungen dominierte Aufnahme von Erfahrungen, die Mitglieder derselben Klasse statistisch miteinander gemein haben.[1] Das besondere Gewicht der ursprünglichen Erfahrungen ergibt sich nämlich im wesentlichen daraus, daß der Habitus seine eigene Konstantheit und seine eigene Abwehr von Veränderungen über die Auswahl zu gewährleisten sucht, die er unter neuen Informationen trifft, indem er z. B. Informationen, die die akkumulierte Information in Frage stellen könnten, verwirft, wenn er zufällig

1 Es leuchtet ein, daß sich die unendliche Zahl der individuellen Unterschiede aus den unendlich vielen Kombinationen erklärt, die die Variablen des Lebenslaufs jedes Individuums und die Variablen seiner Abstammungs gruppe miteinander eingehen können.

auf sie stößt oder ihnen nicht ausweichen kann, und vor allem jedes Konfrontiertwerden mit derlei Informationen hintertreibt: man denke nur an die Homogamie als Paradigma aller »Entscheidungen«, mit denen der Habitus alle Erfahrungen zu bevorzugen sucht, die dazu taugen, ihn selbst zu verstärken (z. B. an die empirisch belegte Tatsache, daß man über Politik am liebsten mit Leuten diskutiert, die ohnehin gleicher Meinung sind). Durch die systematische »Auswahl«, die er zwischen Orten, Ereignissen, Personen des *Umgangs* trifft, schützt sich der Habitus vor Krisen und kritischer Befragung, indem er sich ein *Milieu* schafft, an das er so weit wie möglich vorangepaßt ist, also eine relativ konstante Welt von Situationen, die geeignet sind, seine Dispositionen dadurch zu verstärken, daß sie seinen Erzeugnissen den aufnahmebereitesten Markt bieten. Und wiederum liegt in der paradoxesten Eigenschaft des Habitus als *nicht ausgewählter Grundlage* aller »Auswahlentscheidungen« die Lösung des Paradoxons, wieviel Information man braucht, um sich dem Informiertwerden entziehen zu können: die Wahrnehmungs- und Beurteilungsschemata des Habitus, auf denen alle Vermeidungsstrategien beruhen, sind großenteils das Ergebnis eines unbewußten und nicht gewollten Meidungsverhaltens, ob sich dieses nun automatisch aus den Existenzbedingungen ergibt (wie z. B. das Meidungsverhalten aufgrund räumlicher Trennung) oder auf eine strategische Absicht zurückgeht (die z. B. Kinder von »schlechtem Umgang« oder »Schmutz und Schund« fernhalten will), für die jedoch die Erwachsenen zuständig sind, die unter den gleichen Umständen geprägt wurden.

Selbst wenn sie wie die Realisierung expliziter Zwecke anmuten, sind die vom Habitus erzeugten Strategien, mit denen man unvorhergesehenen und immer wieder neuen Situationen die Stirn bieten kann, nur dem Anschein nach zukunftsbestimmt: zwar scheinen sie auf Vorwegnahme ihrer eigenen Folgen ausgerichtet und leisten so Illusionen der Zielgerichtetheit Vorschub, doch werden sie in Wirklichkeit, weil sie stets die objektiven Strukturen zu reproduzieren trachten, aus denen sie hervorgegangen sind, durch die früheren Produktionsbedingungen ihrer Erzeugungsgrundlage determiniert, d. h. durch die bereits eingetretene Zukunft früherer Praktiken, identischer oder ersetzbarer. Mit ihrer eigenen Zukunft deckt sich diese bereits eingetretene *so weit, und nur so weit,* wie die Strukturen, innerhalb deren diese Praktiken fungieren, identisch oder homolog mit den objektiven Strukturen sind, die sie hervorgebracht haben. So zum Beispiel spielt sich in der Interaktion zwischen zwei Handelnden oder Gruppen von Handelnden mit demselben Habitus (z. B. A und B) alles so ab, als ob die Handlungen jedes (jeder) von ihnen (z. B. a_1 für A) im Hinblick auf die Reaktionen organisiert wären, die sie bei jedem Handelnden mit demselben Habitus hervorrufen (z. B. b_1 als Reaktion von B auf a_1); folglich implizieren sie objektiv die Vorwegnahme der Reaktion, die von diesen Reaktionen wiederum ausgelöst wird (z. B. a_2 als Reaktion auf b_1). Doch die teleologische Beschreibung, die einzige, die auf einen »rational Handelnden« paßt, der lückenlos über die Präferenzen und die Kompetenz der anderen Handelnden informiert ist, und derzufolge jede Handlung den Zweck hat, eine erneute Reaktion auf die von ihr provozierte Reaktion zu ermöglichen (indem die Person A eine Handlung a_1 unternimmt, z. B. ein Geschenk macht, um die Person B zu der Handlung b_1, zu einem Gegengeschenk, zu veranlassen, damit sie anschließend die Handlung a_2 vornehmen, z. B. das Geschenk durch ein weiteres Gegengeschenk übertrumpfen kann), ist ebenso naiv wie die mechanistische Beschreibung, die aus Zug und Gegenzug ebenso viele Elemente einer von einer mechanischen Vorrichtung produzierten Abfolge programmierter Handlungen machen würde.[1] Der Habitus schließt die Lösung der Paradoxe des objekti-

1 Um zu ermessen, auf welche Schwierigkeiten eine mechanistische Theorie der Praxis stieße, bei der diese als eine rein mechanische Reaktion definiert würde, die unmittelbar von den früheren Bedingungen bestimmt und ganz auf ein mechanisches Funktionieren zuvor vorhandener Apparate reduzierbar wäre, deren Anzahl übrigens ebenso wie die der zufälligen Reizzusammenstellungen, die sie von außen auslösen können, mit unendlich angenommen werden müßte, braucht man sich nur das grandiose und verzweifelte Vorhaben jenes Ethnologen vorzustellen, der mit schönstem positivistischen Wagemut nach zwanzigminütiger Beobachtung der Küchenarbeit seiner Frau 480 elementare Verhaltenseinheiten aufzeichnet und dann die »Episoden«, die wissenschaftlich verarbeitet werden müssen, auf 20000 pro Tag und pro Akteur, also für eine Gruppe von mehreren Hundert Klassen von Akteuren auf mehrere Millionen jährlich schätzt. (Vgl. M. Harris, *The Nature of Cultural Things,* New York, Random House 1964, S. 74–75.)

ven Sinns ohne subjektive Intention ein: er liegt jener Verkettung von »Zügen« zugrunde, die objektiv wie Strategien organisiert sind, ohne das Ergebnis einer echten strategischen Absicht zu sein – was zumindest voraussetzen würde, daß sie als eine von vielen möglichen Strategien aufgefaßt werden.[1] Daß jedes der Momente einer geordneten und gerichteten Folge von Handlungen, aus denen objektive Strategien zusammengesetzt sind, durch Vorwegnahme der Zukunft und besonders *seiner eigenen Folgen* (die erst den Begriff Strategie rechtfertigt) bestimmt scheinen kann, geht darauf zurück, daß die vom Habitus erzeugten und von den früheren Produktionsbedingungen ihrer eigenen Erzeugungsgrundlage beherrschten Praktiken immer dann an die objektiven Bedingungen vorangepaßt sind, wenn die Bedingungen, unter denen der Habitus fungiert, immer noch gleich oder ähnlich den Bedingungen sind, unter denen er gebildet wurde, wobei die vollkommene und sofort erfolgreiche Anpassung an die objektiven Bedingungen die vollständigste Illusion einer Zielgerichtetheit oder, *was auf dasselbe hinausläuft*, eines selbstgeregelten Mechanismus verschafft.

Die vom Habitus in dieser Art umgekehrter Vorwegnahme der Zukunft bewirkte Gegenwart der Vergangenheit ist nie besser erkennbar, als wenn der Sinn der wahrscheinlichen Zukunft plötzlich Lügen gestraft wird und Dispositionen, die infolge eines Effekts der Hysteresis (wie bei dem von Marx gern zitierten Don Quichotte) schlecht an die objektiven Möglichkeiten angepaßt sind, bestraft werden, weil das Milieu, auf das sie real treffen, zu weit von dem entfernt ist, zu dem sie objektiv passen.[2]

1 Die einträglichsten Strategien sind meist die, welche außerhalb jeder Berechnung und in der Illusion der »eigentlichsten« Aufrichtigkeit von einem objektiv an objektive Strukturen angepaßten Habitus erzeugt werden: diese Strategien ohne strategische Berechnung werfen für jene, die kaum noch als ihre Urheber bezeichnet werden können, einen bedeutenden Nebengewinn ab, nämlich die soziale Anerkennung, die für den Schein der Uneigennützigkeit gewährt wird.

2 Bei Generationskonflikten stehen sich keineswegs Altersklassen gegenüber, die durch natürliche Eigenschaften voneinander getrennt wären, sondern Habitusformen, die verschieden entstanden sind, d. h. unter Existenzbedingungen, welche aufgrund verschiedener Definitionen des Un-

Das Weiterwirken der Erstkonditionierungen in Gestalt des Habitus nämlich kann auch und ebensogut die Fälle erklären, wo sich Dispositionen *unerwünscht* auswirken und Praktiken den vorliegenden Bedingungen objektiv unangepaßt, weil objektiv für überholte oder beseitigte Bedingungen passend sind. Die Neigung zum Verharren in ihrem Sosein, welche bei Gruppen unter anderem darauf zurückgeht, daß die Handelnden der Gruppe dauerhafte Dispositionen aufweisen, die sich unter Umständen länger halten als die ökonomischen und sozialen Bedingungen ihrer Erzeugung, kann Grundlage sowohl von Nichtanpassung wie von Anpassung, von Auflehnung wie von Resignation sein. Schon wenn man andere mögliche Formen des Verhältnisses zwischen Dispositionen und Bedingungen anführt, kann man in der vorweggenommenen Anpassung des Habitus an die objektiven Bedingungen einen »Sonderfall des Möglichen« erkennen und so vermeiden, das Modell der quasi-zirkulären Verhältnisse quasivollkommener Reproduktion für *allgemeingültig zu erklären,* das nur dann uneingeschränkt gilt, wenn der Habitus unter Bedingungen zur Anwendung gelangt, die identisch oder homothetisch mit denen seiner Erzeugung sind. In diesem Sonderfall sind die durch die objektiven Bedingungen und durch ein tendenziell an diese Bedingungen angepaßtes pädagogisches Handeln dauerhaft aufgeprägten Dispositionen bestrebt, objektiv mit diesen Bedingungen vereinbare Praktiken und an deren objektive Erfordernisse *(amor fati)*[1] vorangepaßte Erwartungen zu

möglichen, des Möglichen und des Wahrscheinlichen dafür sorgen, daß manche Leute Praktiken oder Bestrebungen als selbstverständlich oder sinnvoll erleben, die andere als undenkbar oder skandalös verübeln, und umgekehrt.

1 In der psychologischen Literatur finden sich einige Beispiele für Versuche, dieses Verhältnis direkt zu verifizieren (vgl. E. Brunswik, »Systematic and Representative Design of Psychological Experiments«, in J. Neymen (Hrsg.), *Proceedings of the Berkeley Symposium on Mathematical Statistics and Probability,* Berkeley, Univ. of California Press 1949, S. 143–202; M. G. Preston und P. Barrata, »An Experimental Study of the Action-Value of an Uncertain Income«, *American Journal of Psychology* 861 1948, S. 183–193; F. Atteneave, »Psychological Probability as a Function of Experienced Frequency«, *Journal of Experimental Psychology,* 46 (1953) 2, 1953, S. 81–86).

erzeugen. Folglich trachten sie jenseits jeder rationalen Berechnung und bewußten Abwägung von Erfolgschancen danach, die *a priori* oder *ex ante* Wahrscheinlichkeit eines Ereignisses (mit oder ohne subjektive Begleiterfahrungen wie Hoffnungen, Erwartungen, Ängste usw.) und die *a posteriori* oder *ex post* Wahrscheinlichkeit, die aufgrund früherer Erfahrung ermittelt werden kann, unmittelbar miteinander zur Deckung zu bringen. So kann man anhand der Dispositionen verstehen, warum die auf das (stillschweigende) Postulat einer »verstehbaren Kausalitätsbeziehung« (Max Weber) zwischen gattungsmäßigen (»typischen«), »objektiv durchschnittlich vorhandenen« Chancen und »subjektiven Erwartungen«[1] – also beispielsweise zwischen Investition oder Investitionsneigung und erwarteter oder früher real erzielter Profitrate – gegründeten ökonomischen Modelle eine recht genaue Erklärung für Praktiken liefern, die nicht auf einer Kenntnis der objektiven Chancen beruhen.

Indem er daran erinnert, daß das am »objektiv Gültigen«[2] richtig orientierte rationale Handeln so erfolgt, »wie es bei Kenntnis aller Umstände und aller Absichten der Mitbeteiligten (...) verlaufen wäre«[3], also bei Kenntnis dessen, »was sich aus der Sicht des Wissenschaftlers lohnt«, der als einziger durch Berechnung das System objektiver Chancen konstruieren kann, an das sich ein Handeln bei vollkommener Kenntnis der Ursachen anpassen müßte, zeigt Max Weber eindeutig, daß das reine Modell des rationalen Handelns nicht als anthropologische Beschreibung der Praxis betrachtet werden darf. Dies nicht nur, weil die Handelnden nur in Ausnahmefällen *vollkommene Information* und das für deren richtige Einschätzung nötige Geschick haben, die Voraussetzungen eines rationalen Handelns. Bis auf den Ausnahmefall, bei dem die (ökonomischen und kulturellen) Bedingungen des am Wissen um die auf verschiedenen Märkten jeweils erzielbaren Profite ausgerichteten rationalen Handelns eins sind, richten sich die Praktiken nicht nach dem nur rechenmäßig exi-

1 Vgl. Max Weber, *Gesammelte Aufsätze zur Wissenschaftslehre*, Tübingen, Mohr (Siebeck) 1973.

2 M. Weber, *a. a. O.*, S. 433.

3 M. Weber, *Wirtschaft und Gesellschaft*, Köln, Kiepenheuer & Witsch 1964, S. 5.

stenten, abstrakten und unwirklichen Begriff der durchschnittlichen Profitchancen, sondern nach den spezifischen Chancen, über die ein einzelnes Wirtschaftssubjekt oder eine Klasse von Wirtschaftssubjekten aufgrund ihres Kapitals verfügen, das in dem hier behandelten Verhältnis als Instrument zur Aneignung von Chancen betrachtet wird, die lediglich theoretisch allen offenstehen.

Die Wirtschaftstheorie, die nur rationale »Reaktionen« eines nicht näher bestimmten und austauschbaren Wirtschaftssubjekts auf »potentielle Gelegenheiten« (*responses to potential opportunities*) oder genauer auf durchschnittliche Chancen (wie die »durchschnittlichen Profitraten« auf verschiedenen Märkten) kennt, verwandelt das immanente Gesetz der Ökonomie zur allgemeingültigen Norm der angemessenen ökonomischen Praxis. Sie verschleiert damit, daß der »rationale« Habitus als Bedingung einer angemessenen ökonomischen Praxis von einer besonderen ökonomischen Bedingung erzeugt wird, nämlich von der, welche festlegt, über wieviel ökonomisches und kulturelles Kapital man verfügen muß, um die formal allen gebotenen »potentiellen Gelegenheiten« beim Schopfe packen zu können. Sie verschleiert damit außerdem, daß die Dispositionen, indem sie die ökonomisch und kulturell Minderbemittelten zur Anpassung an die spezifische Situation zwingen, aus der sie hervorgegangen sind, und ihnen zugleich die Anpassung (etwa durch Berechnung oder Voraussicht) an die allgemeinen Erfordernisse des ökonomischen Kosmos mit unmöglich machen, diese Minderbemittelten veranlassen, sich mit den Strafen abzufinden, die auf diese mangelnde Angepaßtheit stehen, also mit ihrer eigenen Benachteiligung. Kurz, die Kunst, Chancen zu berechnen und beim Schopfe zu packen, das Geschick, der Zukunft durch eine Art praktische Induktion vorzugreifen oder sogar bei kalkuliertem Risiko das Mögliche gegen das Wahrscheinliche auszuspielen, sind alles Dispositionen, die nur unter bestimmten, d. h. gesellschaftlichen Bedingungen erworben werden können. Wie Investitionsneigung oder Unternehmersinn ist wirtschaftliche Informiertheit eine Sache wirtschaftlicher Macht, weil sich die Neigung zur Beschaffung von Information nach den Aussichten ihrer erfolgreichen Verwertung und die Chancen der Beschaffung nach den Chancen nutzbringender Verwendung richten. Außerdem auch deswegen, weil wirtschaftliche Kompetenz durchaus keine unter bestimmten Umständen erworbene rein sachliche Fähigkeit ist, sondern wie jede Kompetenz (Sprachkompetenz, politische Kompetenz usw.) eine Macht, die stillschweigend denen zuerkannt wird, die über wirtschaftliche Macht verfügen oder über eine durch Status und Statut bestimmte Eigenschaft.

Nur im Phantasieerlebnis (z. B. im Märchen), das den Sinn der gesellschaftlichen Wirklichkeit neutralisiert, nimmt die Sozialwelt die Gestalt einer für jedes mögliche Subjekt gleich möglichen Welt von Möglichkeiten an. Handelnde bestimmen sich selbst nach *konkreten Indikatoren* des Erreichbaren und des Unerreichbaren, des »steht uns zu« und »steht uns nicht zu«, einer Unterscheidung, die ebenso grundlegend und grundsätzlich anerkannt ist wie die zwischen dem Heiligen und dem Profanen. Rechtlich festgelegte *Vorgriffsrechte auf die Zukunft* und das rechtlich gesicherte Monopol auf bestimmte Möglichkeiten sind nur *die explizit garantierte Form* aller dieser angeeigneten Chancen, mit denen die heutigen Kräfteverhältnisse in die Zukunft fortgeschrieben werden, da sie rückwirkend die heutigen Dispositionen beherrschen, besonders die zukunftsgerichteten. Das praktische Verhältnis eines bestimmten Handelnden zur Zukunft, das seine Gegenwartspraxis beherrscht, definiert sich nämlich einerseits in dem Verhältnis zwischen seinem Habitus (insbesondere den zeitlichen Strukturen und den Dispositionen zur Zukunft, die sich gebildet haben, solange ein bestimmtes Verhältnis zu einer bestimmten Welt von Wahrscheinlichkeiten andauerte) und einem bestimmten Zustand der ihm objektiv von der Sozialwelt gebotenen Chancen andererseits. *Das Verhältnis zu Möglichkeiten ist ein Verhältnis zu Machtbefugnissen,* und der Sinn der wahrscheinlichen Zukunft entsteht in dem verlängerten Verhältnis zu einer nach den Kategorien des (für uns) Möglichen und des (für uns) Unmöglichen strukturierten Welt, also nach den Kategorien des von vornherein von anderen Angeeigneten und anderen Gehörigen und des von vornherein uns Zustehenden. Der Habitus als Grundlage einer selektiven Wahrnehmung von Indizien, die eher zu seiner Bestätigung und Bekräftigung als zu seiner Verwandlung taugen, und als Matrix zur Erzeugung von Reaktionen, die an alle mit den (früheren) Bedingungen seiner Erzeugung identischen oder homologen objektiven Bedingungen vorangepaßt sind, wird entsprechend einer wahrscheinlichen Zukunft festgelegt, die er vorwegnimmt und mit herbeiführt, weil er sie direkt aus der *Gegenwart der vermuteten Welt* als der einzigen herausliest, die er je erkennen kann.[1]

1 Als Grenzbeispiel einer derartigen Antizipation ist die Emotion eine halluzinierte Vergegenwärtigung des Zukünftigen, welche – wie die mit denen

Dadurch ist er Grundlage dessen, was Marx als wirksame Nachfrage[1] (im Gegensatz zu der auf Bedürfnis und Wunsch beruhenden unwirksamen Nachfrage) bezeichnet, also des realistischen Verhältnisses zu den Möglichkeiten, das zugleich von *Macht* begründet und begrenzt wird und das als Disposition, die auch auf die (gesellschaftlichen) Bedingungen ihres Erwerbs und ihrer Realisierung verweist, eher den objektiven Chancen der Bedürfnis- oder Wunschbefriedigung angepaßt wird und geneigt macht, »nach eigenem Gusto«, d. h. »nach den eigenen Möglichkeiten«, zu leben, wie es in der thomistischen Maxime heißt, und sich so mit Prozessen zu verbünden, die das Wahrscheinliche zu realisieren suchen.

der realen Situation durchaus identischen körperlichen Reaktionen belegen – eine noch schwebende Zukunft wie etwas bereits Gegenwärtiges oder gar Vergangenes lebendig werden läßt (»ich bin tot«, »ich bin ganz fertig«).

1 Karl Marx, *Ökonomisch-philosophische Manuskripte aus dem Jahre 1844*, MEW, Ergänzungsband 1, Berlin, Dietz 1968, S. 565 f.

4. Kapitel
Glaube und Leib

Sozusagen als leibliche Absicht auf die Welt, die weder eine Vorstellung vom Leib noch von der Welt, und noch weniger von deren Verhältnis voraussetzt, als Innewohnendes *(immanence)* der Welt, durch das die Welt ihr Bevorstehendes *(imminence)* durchsetzt als das, was gesagt oder getan werden muß und Gebärde und Sprache unmittelbar beherrscht, leitet der praktische Sinn »Entscheidungen«, die zwar nicht überlegt, doch durchaus systematisch, und zwar nicht zweckgerichtet sind, aber rückblickend durchaus zweckmäßig erscheinen. Als besonders exemplarische Form des praktischen Sinns als vorweggenommener Anpassung an die Erfordernisse eines Feldes vermittelt das, was in der Sprache des Sports als »Sinn für das Spiel« (wie »Sinn für Einsatz«, Kunst der »Vorwegnahme« usw.) bezeichnet wird, eine recht genaue Vorstellung von dem fast wundersamen Zusammentreffen von Habitus und Feld, von einverleibter und objektivierter Geschichte, das die fast perfekte *Vorwegnahme* der Zukunft in allen konkreten Spielsituationen ermöglicht. Als Ergebnis der Spielerfahrung, also der objektiven Strukturen des Spielraums, sorgt der Sinn für das Spiel dafür, daß dieses für die Spieler subjektiven Sinn, d. h. Bedeutung und Daseinsgrund, aber auch Richtung, Orientierung, Zukunft bekommt. Mit ihrer Teilnahme lassen sie sich auf das ein, um was es bei diesem Spiel geht (also die *illusio* im Sinne von Spiel*einsatz,* Spiel*ergebnis,* Spiel*interesse,* Anerkennung der Spielvoraussetzungen - *doxa*). Außerdem objektiven Sinn, weil der Sinn für die wahrscheinliche Zukunft, der sich aus der praktischen Beherrschung der spezifischen Regelmäßigkeiten ergibt, welche die Ökonomie eines Feldes ausmachen, Grundlage von Praktiken ist, die *sinnvoll* sind, d. h. in einem verstehbaren Verhältnis zueinander und zu den Bedingungen ihrer Ausführung stehen, also unmittelbar für jedes Individuum mit Sinn für das Spiel Sinn und Daseinsgrund haben (daher auch die Wirkung der Übereinkunft, welche Regeln gelten sollen, auf der der kollektive Glaube an das Spiel und seine Fetische beruht). Eben weil die angeborene Zugehörigkeit zu einem Feld den Sinn für das Spiel als die Kunst der praktischen

Vorwegnahme der in der Gegenwart enthaltenen Zukunft mitenthält, erscheint alles, was dort vorgeht, *sinnvoll*, d. h. sinnerfüllt und objektiv in eine vernünftige Richtung weisend. In der Tat braucht man nur die im Sinn für das Spiel mitenthaltene Zustimmung zum Spiel zurückzunehmen, und schon werden die Welt und das Handeln in ihr absurd, und es entstehen Fragen über den Sinn der Welt und des Daseins, die nie gestellt werden, solange man im Spiel befangen, vom Spiel gebannt ist, also Fragen eines im Augenblick gefangenen Ästheten oder müßigen Betrachters. Genau diesen Effekt erzeugt der Roman, wenn er Spiegel, reine Kontemplation sein soll und die Handlung in eine Reihe von Momentaufnahmen zerstückelt, dabei die Gliederung, die Intention zerstörend, die die Darstellung wie der rote Faden eines Diskurses vereinheitlichen soll. Er führt so Akte und Akteure ad absurdum wie die Tanzenden in einem Roman von Virginia Woolf[1], die man hinter einer Glastür gestikulieren sieht, ohne die zugehörige Musik zu vernehmen. Beim Spiel zeigt sich das Feld (d. h. Spielraum, Spielregeln, Einsätze usw.) eindeutig, wie es ist, nämlich als willkürliche und künstliche soziale Konstruktion, als ein in allem, was seine *Selbständigkeit* definiert, also in expliziten und spezifischen Regeln, in strikter Begrenztheit und Außergewöhnlichkeit von Raum und Zeit zum Ausdruck kommender Artefakt. Mit dem Eintritt in das Spiel schließt man gewissermaßen einen bisweilen explizit formulierten Vertrag (olympischer Eid, Aufruf zum *fair play*, und vor allem Anwesenheit eines Schiedsrichters), an dessen Einhaltung alle gemahnt werden, die derart im Spiel »aufgehen«, daß sie vergessen, daß es sich um ein Spiel handelt (»es ist doch bloß Spiel«). Dagegen entscheidet man sich in sozialen Feldern, die im Ergebnis eines langwierigen und langsamen Verselbständigungsprozesses sozusagen Spiele an sich und nicht länger Spiele für sich selbst sind, nicht bewußt zur Teilnahme, sondern wird in das Spiel hineingeboren, mit dem Spiel geboren, und ist das Verhältnis des Glaubens, der *illusio*, des Einsatzes um so totaler und bedingungsloser, je weniger es als solches erkannt wird. Das Wort Claudels, »connaître c'est naître avec« (erkennen heißt,

1 Vgl. M. Castaing, *La philosophie de Virginia Woolf*, Paris, P.U.F. 1951, S. 157–159.

mit etwas geboren sein), gilt hier uneingeschränkt, und der häufig als »Berufung« beschriebene langwierige dialektische Prozeß, durch den man »sich zu dem macht«, durch das man gemacht wird, »wählt«, was einen wählt, und an dessen Ende die verschiedenen Felder genau zu den Handelnden kommen, die mit dem für das reibungslose Funktionieren dieser Felder erforderlichen Habitus ausgestattet sind, verhält sich zum Erlernen eines Spiels ungefähr wie das Erlernen der Muttersprache zu dem einer Fremdsprache. Beim Erlernen einer Fremdsprache trifft eine bereits gebildete Disposition auf eine Sprache, *die als solche wahrgenommen wird,* d. h. als willkürliches, explizit in Form von Grammatik, Regeln, Übungen verfaßtes Spiel, das ausdrücklich in Institutionen beigebracht wird, die nur zu diesem Zweck da sind. Beim Erwerb der Erstsprache hingegen lernt man die Sprache (die sich immer nur im Akt des Sprechens, im eigenen oder fremden Sprechen darstellt) sprechen und lernt zugleich, *in* (statt *mit*) dieser Sprache denken. Man weiß um so weniger von alledem, was man durch den *Einsatz* auf diesem Feld und das *Interesse* an seinem Vorhandensein und Fortbestand, an allem, was sich darin abspielt, stillschweigend zugesteht, und ist sich aller ungedachten Voraussetzungen, die das Spiel unablässig produziert und reproduziert, auf diese Weise die Bedingungen seiner eigenen Fortdauer reproduzierend, um so weniger bewußt, je unmerklicher und früher man sich auf das Spiel und die damit zusammenhängenden Lernprozesse einläßt, wobei man im Extrem natürlich in das Spiel hineingeboren, mit ihm geboren wird. Der *Glaube* ist daher entscheidend dafür, ob man zu einem Feld gehört. In seiner vollkommensten, also *naivsten* Form, d. h. bei angeborener, ursprünglicher Zugehörigkeit von Geburt, steht er in diametralem Gegensatz zum »pragmatischen Glauben«, von dem Kant in seiner *Kritik der reinen Vernunft* spricht, also zur willentlich, um handeln zu können, übernommenen ungewissen Hypothese (wie bei den im Wald verirrten Reisenden in Descartes' Paradigma, die sich für eine beliebige Richtung entscheiden und fortan daran halten). Der praktische Glaube ist das Eintrittsgeld, das alle Felder stillschweigend nicht nur fordern, indem sie Spielverderber bestrafen und ausschließen, sondern auch, indem sie praktisch so tun, als könnte durch die Operationen der Auswahl und der Ausbildung Neueingetretener (Initiationsriten,

Prüfungen usw.) erreicht werden, daß diese den Grundvoraussetzungen des Felds die unbestrittene, unreflektierte, naive, eingeborene Anerkennung zollen, die die *doxa* als Urglauben definiert.[1]

Mit den unzähligen Akten des Anerkennens, diesem Eintrittsgeld, ohne das man nicht dazugehört, die ständig kollektive falsche Erkenntnis erzeugen, ohne die das Feld nicht funktioniert und die zugleich Ergebnis dieses Funktionierens sind, *investiert* man gleichzeitig in das kollektive Unternehmen der Bildung symbolischen Kapitals, das nur gelingen kann, wenn unerkannt bleibt, wie die Logik des Feldes überhaupt funktioniert. Natürlich kann man in diesen magischen Kreis nicht durch spontane Willensentscheidung eintreten, sondern nur durch Geburt oder durch einen langwierigen Prozeß von Kooptation und Initiation, der einer zweiten Geburt gleichkommt.

Einen Glauben, der mit Existenzbedingungen, die von den eigenen grundverschieden sind, d. h. mit ganz anderen Spielen und Einsätzen zusammenhängt, kann man nicht wirklich *leben* und noch weniger andere allein durch den Diskurs nacherleben lassen. Mit Recht kann man hier, wie bisweilen angesichts einer gelungenen Anpassung an als unerträglich empfundene Existenzbedingungen, sagen: »Da muß man hineingeboren sein.« Bei allen Bemühungen der Ethnologen, sich von Hexereien oder Mythologien anderer verzaubern oder bannen zu lassen, so ge-

1 Man könnte den Begriff *obsequium*, womit Spinoza jenen »konstanten Willen« bezeichnete, der aus der Konditionierung hervorgeht, »durch die uns der Staat nach seinen Zwecken formt und die seinen Fortbestand ermöglicht« (A. Matheron, *Individu et société chez Spinoza*, Paris, Ed. de Minuit 1969, S. 349), für die Akte öffentlicher Anerkennung reservieren, die jede Gruppe von ihren Mitgliedern verlangt (vor allem bei Kooptation), d. h. für den symbolischen Tribut, der von den einzelnen bei den Tauschvorgängen erwartet wird, wie sie in jeder Gruppe zwischen dem einzelnen und der Gruppe üblich sind: weil dieser Tausch wie beim Geschenk Selbstzweck ist, beschränkt sich die von der Gruppe geforderte Ehrerbietung im allgemeinen auf Nichtigkeiten, d. h. auf symbolische Rituale (Übergangsriten, Höflichkeitszeremonien), auf Formalitäten und Formalismen, deren Einhaltung »nichts kostet« und die so »selbstverständlich« scheinen (»das ist doch das mindeste ...«, »das ist doch nicht viel verlangt ...«), daß es als Herausforderung aufgefaßt wird, wenn man sie nicht erweist.

nerös sie bisweilen auch gemeint sein mögen, geht es doch nur um eines: sie können in ihrem Voluntarismus alle Antinomien der Entscheidung zum Glauben realisieren, durch welche der willentliche Glaube ständig Unaufrichtigkeit und Doppelspiel (oder Doppel-Ich) schafft. Wer etwas vom Glauben anderer glauben will, ist verdammt, weder die objektive Glaubenswahrheit noch das subjektive Glaubenserlebnis fassen zu können. Weder kann er sein *Außenstehen* nutzen, das Feld nachzuzeichnen, wo der Glaube erzeugt wird und das man nicht objektivieren kann, wenn man dazugehört, d. h. die Bedingungen für den Glauben nachzubilden, noch kann er seine Zugehörigkeit zu einem anderen Feld, z. B. zur Wissenschaft, nutzen, um die Spiele, in denen seine eigenen Überzeugungen, seine eigenen Investitionen erzeugt werden, zu objektivieren und sich durch diese teilnehmende Objektivierung real Erfahrungen anzueignen, die denen, die er beschreiben soll, gleichwertig sind, also die Instrumente, die man für eine zutreffende Beschreibung der einen wie der anderen Erfahrung unbedingt braucht.[1]

Der praktische Glaube ist kein »Gemütszustand« und noch weniger eine willentliche Anerkennung eines Korpus von Dogmen und gestifteten Lehren (»Überzeugungen«), sondern, wenn die Formulierung gestattet ist, ein *Zustand des Leibes.* Die ursprüngliche *doxa* ist jenes unmittelbare Verhältnis der Anerkennung, das in der Praxis zwischen einem Habitus und dem Feld hergestellt wird, auf das dieser abgestimmt ist, also jene stumme Erfahrung der Welt als einer selbstverständlichen, zu welcher der praktische Sinn verhilft. Der Glaube an Akte, der durch das Erstlernen beigebracht wird, das den Leib in typisch Pascalscher Logik wie eine Gedächtnisstütze, wie einen Automaten, »der

1 Der Ethnologe würde wohlwollender über Glauben oder Riten anderer reden, wenn er anfinge, seine eigenen Riten und Überzeugungen zu besitzen und zu beherrschen, die in seinen körperlichen Verbeugungen oder in seinen sprachlichen Wendungen verborgen sind oder sogar durch seine wissenschaftliche Praxis geistern, also seine prophylaktischen Fußnoten, versöhnlichen Einleitungen oder beschwörenden Zitate, ganz zu schweigen von seinem Kult um die *Gründerväter* seiner Disziplin oder ähnliche wissenschaftliche Ahnherrn. An ihnen könnte ihm aufgehen, daß die lächerlichsten Äußerlichkeiten unter gewissen Umständen zu Fragen von Leben und Tod werden können.

den Geist mitzieht, ohne daß dieser daran denkt«, und zugleich wie einen Speicher zur Aufbewahrung der kostbarsten Werte behandelt, ist die ausgeprägteste Form dieses »blinden oder auch symbolischen Denkens« *(cogito caeca vel symbolica)*, von dem Leibniz spricht, wobei er zunächst an die Algebra denkt[1], und das von quasi-leiblichen Dispositionen erzeugt wird, von operativen Schemata ähnlich dem Rhythmus eines Verses, dessen Worte uns entfallen sind, oder dem Gang einer improvisierten Rede, also von übertragbaren Verfahren, rhetorischen Wendungen, Tricks oder Kunstgriffen, die kraft Übertragung unzählige praktische Metaphern erzeugen, die gewiß fast so »leer von Perzeption und Empfindung«[2] sind wie die »tauben Gedanken« des Algebraikers. Der praktische Sinn als Natur gewordene, in motorische Schemata und automatische Körperreaktionen verwandelte gesellschaftliche Notwendigkeit sorgt dafür, daß Praktiken in dem, was an ihnen dem Auge ihrer Erzeuger verborgen bleibt und eben die über das einzelne Subjekt hinausreichenden Grundlagen ihrer Erzeugung verrät, *sinnvoll*, d. h. mit Alltagsverstand ausgestattet sind. Weil die Handelnden nie ganz genau wissen, was sie tun, hat ihr Tun mehr Sinn, als sie selber wissen.

In allen Gesellschaftsordnungen wird systematisch ausgenutzt, daß Leib und Sprache wie Speicher für bereitgehaltene Gedanken fungieren können, die aus der Entfernung und mit Verzögerung schon dadurch abgerufen werden können, daß der Leib wieder in eine Gesamthaltung gebracht wird, welche die mit die-

1 »Ich pflege diese Erkenntnis blind oder auch symbolisch zu nennen, deren wir uns in der Algebra oder Arithmetik, ja sogar fast überall bedienen« (Leibniz, *Betrachtungen über die Erkenntnis, die Wahrheit und die Ideen*, Frankfurt, Insel 1965, S. 37).

2 Leibniz, *Neue Abhandlungen über den menschlichen Verstand*, Zweites Buch, Kap. XXI, 35 (Frankfurt, Insel 1961, S. 283). »Welche Notwendigkeit zwingt denn dazu, stets zu wissen, wie das geschieht, was man tut? Wissen denn etwa die Salze, die Metalle, die Pflanzen, Tiere und tausend andere belebte oder leblose Körper, wie das geschieht, was sie tun, und brauchen sie das zu wissen? Muß ein Öl- oder Fetttropfen Geometrie verstehen, um sich auf der Oberfläche des Wassers zu einer Kugel zusammenzuballen?« (Leibniz, *Die Theodizee*, Hamburg, Felix Meiner 1968, S. 400).

ser Haltung assoziierten Gefühle und Gedanken *heraufbeschwören* kann, also in einen jener Induktorzustände des Leibs, der Gemütszustände herbeiführen kann, wie Schauspielern bekannt ist. Daher die Sorgfalt, die bei der *Inszenierung* großer Massenfeierlichkeiten nicht nur auf das (z. B. bei der Ausgestaltung der großen Barockfeste offensichtliche) Bemühen um feierliche Darstellung der Gruppe zurückgeht, sondern auch, wie zahlreiche Einsatzformen von Tanz und Gesang beweisen, auf die sicher unbestimmte Absicht, Gedanken zu ordnen und durch strikte Regelung der Praktiken, durch regelhafte Aufstellung der Leiber und besonders durch leibliche Ausdrucksformen der Gemütsbewegung wie Lachen oder Weinen Gefühle zu *suggerieren.* Symbolische Wirkung dürfte auf der Macht über andere und insbesondere über deren Leib und Glauben fußen, verliehen von der kollektiv anerkannten Fähigkeit, durch verschiedenste Mittel auf die zutiefst verborgenen verbal-motorischen Zentren einzuwirken, um sie zu neutralisieren oder um sie zu reaktivieren, indem man sie mimetisch fungieren läßt.

Man könnte in Abwandlung eines Worts von Proust sagen, Arme und Beine seien voller verborgener Imperative. Und man fände kein Ende beim Aufzählen der Werte, die durch jene Substanzverwandlung verleiblicht worden sind, wie sie die heimliche Überredung durch eine stille Pädagogik bewirkt, die es vermag, eine komplette Kosmologie, Ethik, Metaphysik und Politik über so unscheinbare Ermahnungen wie »Halt dich gerade!« oder »Nimm das Messer nicht in die linke Hand!« beizubringen und über die scheinbar unbedeutendsten Einzelheiten von *Haltung, Betragen* oder körperliche und verbale *Manieren* den Grundprinzipien des kulturell Willkürlichen Geltung zu verschaffen, die damit Bewußtsein und Erklärung entzogen sind. Die Logik der Übertragung von Schemata, die aus jeder Technik des Leibes eine Art *pars totalis* macht, die von vornherein nach dem Paralogismus des *pars pro toto* fungieren kann, also jederzeit das ganze System beschwört, zu dem sie gehört, verleiht den scheinbar beschränktesten und zufälligsten Regelbefolgungen allgemeine Bedeutung. Die List der pädagogischen Vernunft liegt gerade darin, daß sie das Wesentliche unter dem äußeren Schein abnötigt, nur Unwesentliches wie z. B. Beachtung der Formen und Formen der Achtung zu erheischen, sichtbarste und zugleich »selbstverständlichste« Manifestation der Unterwerfung unter die bestehende Ordnung, wie z. B. Zugeständnisse an die *Politesse* (Höflichkeit), die stets auch Konzessionen an die *Politik* enthalten.[1]

Die körperliche Hexis ist die realisierte, *einverleibte*, zur dauerhaften Disposition, zur stabilen Art und Weise der Körperhaltung, des Redens, Gehens und damit des *Fühlens* und *Denkens* gewordene politische Mythologie. Der Gegensatz zwischen dem Männlichen und dem Weiblichen realisiert sich darin, wie man *sich hält,* in der Körperhaltung, im Verhalten, und zwar in Gestalt des Gegensatzes zwischen dem Geraden und dem Krummen (Verbeugung), zwischen Festigkeit, Geradheit, Freimut (ins Gesicht sehen, die Stirn bieten und geradewegs aufs Ziel blicken oder losschlagen) einerseits und Bescheidenheit, Zurückhaltung, Nachgiebigkeit andererseits. Wie schon dadurch belegt wird, daß die meisten Worte zur Bezeichnung von Körperhaltungen auf Tugenden und Gemütszustände anspielen, sind in diesen beiden Verhältnissen zum Leib zwei Verhältnisse zu den anderen, zu Ort und Zeit mitenthalten, also zwei Wertsysteme. »Der Kabyle ist spröde wie Bruyereholz, das lieber bricht, als sich biegen zu lassen.« Ein Mann von Ehre schreitet zügig und entschlossen aus. Sein Gang als der eines Menschen, der weiß, wohin er will, und daß er dort ohne Rücksicht auf Hindernisse rechtzeitig anlangen wird, steht durch seine Entschlossenheit im Gegensatz zum unsicheren Gang *(thikli thamahmahth)*, der von Unschlüssigkeit, halbherziger Zusage *(awal amahmah)*, Angst vor Verpflichtungen (die von der Frau sogar erwartet wird) und der Unfähigkeit kündet, Verpflichtungen einzuhalten (des Mannes *gemessener* Schritt ist von der Hast dessen, der »große Sprünge

1 So setzt die praktische Beherrschung der sogenannten Höflichkeitsregeln und besonders die Kunst, für verschiedene Kategorien von Empfängern die jeweils passende Formel (z. B. am Schluß eines Briefs) zu wählen, die stillschweigende Meisterung und mithin Anerkennung einer Gesamtheit von Gegensätzen voraus, die für die implizite Axiomatik einer bestimmten politischen Ordnung konstitutiv sind: der Gegensätze zwischen Männern und Frauen, zwischen Jüngeren und Älteren, zwischen Persönlichem oder Privatem und Unpersönlichem – wie bei Behörden- oder Geschäftsbriefen – und schließlich zwischen Vorgesetzten, Gleichgestellten und Untergebenen.

macht« wie ein »Tänzer«, ebenso grundverschieden wie von der Trägheit dessen, der »trödelt«). Die gleichen Gegensätze bei den Tischsitten: zunächst in den Mundbewegungen, da der Mann ungezwungen und mit vollen Backen essen soll, nicht wie die Frauen *geziert,* halbherzig, bescheiden, zurückhaltend, aber auch verstohlen, heuchlerisch (da alle *»Tugenden« der Unterordnung* so zwiespältig sind wie schon die Worte zu ihrer Bezeichnung, die wie sie selber jederzeit ins Ungute umschlagen können); zweitens im Rhythmus, da der Mann von Ehre weder zu hastig, schlingend und gierig, noch zu langsam (und genußvoll) essen darf, also beide Arten des Sichgehenlassens meiden muß. Der Mannhafte, der ohne Umwege stracks aufs Ziel zugeht, ist auch der, welcher ohne schiefe Blicke, Worte, Gesten, tückische Schachzüge jedem die Stirn bietet und ins Gesicht blickt, der zu ihm kommt oder auf den er zugeht; stets hellwach, weil stets gefährdet, läßt er sich nichts entgehen, was um ihn herum geschieht, denn nur ein Zurechnungsunfähiger, der nichts zu fürchten hat, weil er in seiner Gruppe keinerlei Gewicht hat, kann sich leisten, in die Luft zu gucken oder zu Boden zu starren. Dagegen erwartet man von der gesitteten Frau, die »weder mit dem Haupte, noch mit Händen oder Füßen« eine Unschicklichkeit begeht, daß sie leicht vornübergeneigt daherschreitet, mit niedergeschlagenen Augen, sich dabei vor jeder unschicklichen Gebärde, Körper-, Kopf- oder Armbewegung hütend. Ihr Blick meidet dabei alles bis auf den Fleck, wo sie den Fuß hinsetzen will, vor allem wenn sie zufällig an der Versammlung der Männer vorbeimuß. Ihr Gang muß das zu ausgeprägte Hüftenwackeln vermeiden, das sich aus kräftigem Auftreten ergibt; sie muß stets mit dem *thimeh'remth* gegürtet sein, einem rechteckigen Stück Stoff mit gelben, roten und schwarzen Streifen, das über dem Kleid getragen wird, und aufpassen, daß der Knoten ihres Kopftuchs sich nicht löst und ihr Haar nicht zu sehen ist. Kurzum, die eigentlich weibliche Tugend *lah'ia,* die Verschämtheit, Zurückhaltung, Bescheidenheit richtet den ganzen Frauenleib nach unten zur Erde, nach innen auf das Haus aus, während die Vorbildlichkeit des männlichen *nif* in der Bewegung nach oben, nach außen, hin zu den anderen Männern zur Geltung kommt.

Um nur diese eine Dimension des männlichen und weiblichen

Leibesgebarens vollständig erklären zu können, müßte man die gesamte Arbeitsteilung zwischen den Geschlechtern und zudem die geschlechtliche Arbeitsteilung abhandeln. Doch wollen wir uns hier nur an ein Beispiel halten, nämlich an die Aufgabenverteilung bei der Olivenernte. Sie genügt, um aufzuzeigen, daß die Systeme von Gegensätzen, die man zu Unrecht als Wertsysteme beschreiben würde (in der mündlichen Schilderung der Gewährsleute erlangen sie die performative Evidenz des selbstverständlich gewordenen Willkürlichen: der Mann macht dies – schirrt die Tiere an – und die Frau das), ihre symbolische Wirksamkeit ihrer praktischen Rückübersetzung in Gebärden verdanken, die sich von selbst verstehen, z. B. daß die Frau dem Mann die Trittleiter reicht oder einige Schritte hinter ihm geht. Hier nimmt der Gegensatz zwischen dem Geraden und dem Krummen, zwischen dem Starren und dem Nachgiebigen die Gestalt des Unterschieds zwischen dem geraden und hochgereckten Mann an, der die Oliven (mit der Stange) vom Baum schüttelt, und der Frau, die sie gebückt aufsammelt: dieses praktische, d. h. untrennbar zugleich logische wie axiologische Prinzip, häufig explizit ausgesprochen – »die Frau hebt auf, was der Mann zu Boden wirft« –, verbindet sich mit dem Gegensatz zwischen groß und klein und überläßt der Frau die zugleich niedrigen und minderwertigen, Unterwerfung und Nachgiebigkeit erheischenden, sorgfältigen, aber auch kleinlichen Arbeiten (»der Löwe sammelt keine Ameisen auf«) wie das Auflesen der Späne, die der Mann geschlagen hat (der für alles zuständig ist, was diskontinuierlich ist oder Diskontinuität erzeugt). Im Vorübergehn wird klar, wie eine derartige Logik sich selbst zu untermauern sucht, indem sie eine »Berufung« zu den Arbeiten vortäuscht, zu denen man verdammt ist, einen *amor fati,* der den Glauben an die geltende Rangordnung bekräftigt, indem er diese als in der Wirklichkeit begründet erscheinen läßt –, *was sie faktisch ist,* weil sie dazu beträgt, diese Wirklichkeit zu schaffen, und weil sich die verleiblichten gesellschaftlichen Verhältnisse allen Anschein von Selbstverständlichkeit geben –, und das alles nicht bloß in den Augen derer, denen die herrschende Rangordnung zugute kommt.

Die Eigenschaften und Bewegungen des Körpers gesellschaftlich kennzeichnen heißt zugleich die grundlegendsten gesellschaftlichen Entscheidungen natürlich und den Leib mit seinen Eigenschaften und Ortsveränderungen zum analogen Operator machen, der alle möglichen praktischen Äquivalenzen zwischen den verschiedenen Teilungen der Sozialwelt herstellt, also der Teilung nach Geschlechtern, Altersklassen oder gesellschaftlichen Klassen, oder genauer nach Bedeutungen und Werten, die mit den Individuen assoziiert werden, die in den durch diese Teilungen determinierten Räumen praktisch äquivalente Plätze einnehmen. Alles erlaubt im besonderen den Schluß, daß die gesellschaftlichen Determiniertheiten, die mit einem bestimmten Platz im sozialen Raum zusammenhängen, durch das Verhältnis zum eigenen Leib die für die geschlechtliche Identität konstitutiven Dispositionen (wie Gang, Redeweise usw.) prägen, und sicher auch die sexuellen.[1]

Anders gesagt, bedeutet die Überfrachtung der elementaren Akte der Leibesübung (aufwärts, abwärts, vorwärts oder rückwärts gehen usw.) und besonders des eigentlich sexuellen und somit biologisch vorgegebenen Aspekts dieser Leibesübung (eindringen oder das Eindringen gestatten, unten oder oben liegen usw.) mit Bedeutungen oder Werten, daß der *Sinn der Äquivalenzen zwischen dem physischen und dem sozialen Raum* und zwischen den Ortsveränderungen (z. B. Aufstieg oder Fall) in beiden Räumen eingeprägt und damit die grundlegendsten Strukturen einer Gruppe in den ursprünglichen Erfahrungen des Leibes verwurzelt werden, welcher, wie man an Gefühlen gut sehen kann, Metaphern wörtlich nimmt.[2]

So ist zum Beispiel der Gegensatz zwischen dem Geraden und dem Krummen, dessen Funktion in der einverleibten Arbeitsteilung zwischen den Geschlechtern wir gesehen haben, Grundlage der meisten *Zeichen* von Achtung oder Verachtung, wie sie die

1 Damit soll nicht ausgeschlossen werden, daß rein biologische Determiniertheiten der geschlechtlichen Identität die gesellschaftliche Stellung mitbestimmen können (indem sie z. B. der geltenden Definition des Vorbildlichen mehr oder minder nahestehende Dispositionen begünstigen, also solche, die in einer Gesellschaft mit Klassenteilung dem sozialen Aufstieg mehr oder minder förderlich sind).

2 Wie die Hysterie, die nach Freud »den sprachlichen Ausdruck wörtlich nimmt, den ›Stich ins Herz‹ oder den ›Schlag ins Gesicht‹ bei einer verletzenden Anrede wie eine reale Begebenheit empfindet«.

Höflichkeit in vielen Gesellschaften zur Symbolisierung von Herrschaftsverhältnissen benutzt: einerseits neigt oder senkt man Kopf und Stirn als Zeichen der Verwirrung oder Unterwerfung, schlägt man aus Demut oder Schüchternheit, aber auch aus Verschämtheit oder Scham die Augen nieder, blickt man zu Boden oder von unten herauf, verbeugt sich, wirft sich zu Füßen, unterwirft sich, verneigt sich, macht Bücklinge, Komplimente, Kratzfüße, wirft sich zu Boden (vor einer Majestät oder einem Gott); andererseits blickt man dagegen von oben herab oder sieht direkt ins Auge (gerader Blick), reckt sich, hebt den Blick oder Kopf, bietet die Stirn, trägt den Kopf hoch, will ihn nicht neigen, wehrt sich, sieht den Dingen ins Gesicht (widersteht ihnen also), ist obenauf.

Männliches Streben nach oben gegen weibliche Bewegung nach unten, Geradheit gegen Biegsamkeit, Wille zum Obenaufsein gegen Unterwerfung, diese grundlegenden Gegensätze der Gesellschaftsordnung zwischen Herrschenden und Beherrschten, aber auch zwischen herrschend Herrschenden und unterdrückt Herrschenden, sind stets geschlechtlich überdeterminiert, als hätte die Körpersprache von geschlechtlicher Herrschaft und Unterwerfung die Grundlage für die körperliche und verbale Sprache von gesellschaftlicher Herrschaft und Unterordnung abgegeben.[1]

Weil die Ordnungsschemata, mit denen der Leib praktisch erfaßt und bewertet wird, immer doppelt begründet sind, in der gesellschaftlichen Arbeitsteilung und der geschlechtlichen, wird das Verhältnis zum Leib je nach Geschlecht und nach der Form näher bestimmt, die die Arbeitsteilung zwischen den Geschlechtern je nach ihrer Stellung in der gesellschaftlichen Arbeitsteilung annimmt. So variiert der Wert des Gegensatzes zwischen groß und klein, der, wie zahlreiche Experimente gezeigt haben, für die Leibeswahrnehmung der Handelnden und für ihr gesamtes Verhältnis zu ihrem Leib grundlegend ist, mit dem Geschlecht, wel-

1 Der Gegensatz zwischen den Geschlechtern kann sich auch auf den bei Beleidigungen durch Gebärden oder Worte heftig betonten Gegensatz zwischen dem Vorne (des Leibes) als Ort des geschlechtlichen Unterschieds und dem geschlechtlich undifferenzierten, potentiell weiblichen und unterwürfigen Hintern gründen.

ches selbst nach diesem Gegensatz gedacht wird (wobei die vorherrschende Vorstellung von Arbeitsteilung zwischen den Geschlechtern dem Manne die beherrschende Stellung einräumt, die des umarmenden, einhüllenden, umschlingenden, wachenden, alles überblickenden Beschützers usw.). Der solcherart näher bestimmte Gegensatz wird seinerseits je nach Klasse mit verschiedenen Werten besetzt, d. h. je nachdem, wie stark und zwingend der Gegensatz zwischen den Geschlechtern in dieser Arbeitsteilung in den Praktiken oder im Diskurs zur Geltung kommt (von der schroffen Alternative – »Macker« und »Tunte« – bis zur kontinuierlichen Skala), und je nach der Form, die der unvermeidliche Kompromiß zwischen dem realen Leib und dem legitimen, d. h. idealen Leib (einschließlich der Geschlechtseigenschaften, die ihm jede gesellschaftliche Klasse zuweist) annehmen muß, um sich an die Notwendigkeiten der Klassenlage anzupassen.

Als von einem Verhältnis zu Sprache und Zeit untrennbare grundlegende Dimension des Habitus kann das Verhältnis zum Leib nicht auf ein »Bild des Leibes«, auf eine subjektive Vorstellung (die Psychologie spricht so gut wie unterschiedslos von *body image* oder *body concept*) zurückgeführt werden, die sich hauptsächlich aufgrund der Leibesvorstellung bildet, die von den anderen erzeugt und rückübertragen wird. Hier irrt die Sozialpsychologie, wenn sie die Dialektik der Einverleibung auf die Ebene der *Repräsentationen* verlegt, wobei das Bild des Leibes als von der Gruppe rückübertragener deskriptiver und normativer *feedback* das Selbstbild *(self-image* oder *looking-glass self)* erzeuge, d. h. die ein gewisses Selbstwertgefühl *(self-esteem)* implizierende Vorstellung eines Handelnden von seiner sozialen »Wirkung« auf andere (Verführungskunst, Charme usw.). Dies zunächst deswegen, weil alle Wahrnehmungs- und Beurteilungsschemata, in denen eine Gruppe ihre Grundstrukturen und die Äußerungsschemata festlegt, mit denen sie für diese eine erste Objektivierung und damit Verstärkung gewährleistet, sich von Anbeginn zwischen das Individuum und seinen Leib schalten: die Anwendung der grundlegenden Schemata auf den eigenen Leib und besonders auf die unter dem Gesichtspunkt dieser Schemata relevantesten Teile dieses Leibs ist wegen dessen, was in den Leib investiert ist, gewiß eine der hervorragendsten Gelegenheiten zur Einverleibung von Schemata.[1] Aber auch und vor allem weil der Prozeß des Erwerbs, praktische *Mimesis* (oder Mimetismus) als So-tun-als-ob, das ein umfassendes Verhältnis der Identifikation voraussetzt, nichts von einer *Nachahmung* an sich hat, die ein bewußtes Bemühen um Reproduktion eines explizit zum Modell gemachten Akts, Objekts oder Sprechens voraussetzen würde, und der Prozeß der Reproduktion, der als praktische Reaktivierung zur Erinnerung ebenso im Gegensatz steht wie zum Wissen, sich eher außerhalb von Bewußtsein und Äußerung, also außerhalb der reflexiven Distanz abspielen, die sie voraussetzen. Der Leib glaubt, was er spielt: er weint, wenn er Traurigkeit mimt. Er stellt sich nicht vor, was er spielt, er ruft sich nicht die Vergangenheit ins Gedächtnis, sondern *agiert* die Vergangenheit *aus*, die damit als solche aufgehoben wird, erlebt sie wieder.[2] Was der Leib gelernt hat, das besitzt man nicht wie ein wiederbetrachtbares Wissen, sondern das ist man. Besonders deutlich wird dies in Gesellschaften ohne Schrift, in denen ererbtes Wissen nur in einverleibtem Zustand lebendig bleiben kann. Nie abgelöst von dem Leib, der es trägt, kann dieses Wissen nur um den Preis einer Art Leibesübung wiedergegeben werden, die

1 Neben allen sozialen Urteilen, die unmittelbar auf den eignen Leib oder den eines anderen bezogen sind und mit aller willkürlichen Gewalt selbstverständlich gewordener Willkür die Leibesbeschaffenheit zum Schicksal machen (»für ein Mädchen ist sie zu groß« oder »bei einem Jungen ist das nicht so schlimm« – etwa eine Narbe), sind es die Schemata und die Realisierungen von Schemata bei der sozialen Einordnung oder der Unterscheidung von männlichen oder weiblichen, armen oder reichen Gegenständen (Werkzeugen, Schmuck), die sich direkt auf den Leib beziehen, bisweilen durch die für ihren richtigen Gebrauch nötige Körpergröße oder -haltung, und damit das Verhältnis zum Leib, ja sogar die Leibeserfahrung prägen. So kann in einer Welt, die den Gegensatz zwischen dem (physisch, aber auch sozial, moralisch) Großen und dem Kleinen zur Grundlage des Geschlechtsunterschieds macht, nicht erstaunen, daß die Männer, wie Seymour Fischer bemerkt, sich eher Sorgen über »zu kleine« Körperteile machen, während Frauen bei sich Körperregionen kritisch betrachten, die ihnen »zu groß« vorkommen.

2 Man könnte hier Bergson mit seinem Werk *Materie und Gedächtnis* zitieren, der im Negativen die wichtigen Bestandteile einer Beschreibung der Eigenlogik der Praxis liefert (z. B. die »Pantomime« und die »im Entstehen begriffenen Worte«), die die Darstellung des Vergangenen begleiten.

es abrufen soll, einer *Mimesis,* die totales Sicheinbringen und tiefe emotionale Identifikation voraussetzt, wie schon Platon feststellte: Eric A. Havelock, von dem diese Analyse stammt, bemerkt, der Leib werde so ständig mit allen Kenntnissen vermengt, die er reproduziert und die nie die Objektivität aufweisen, wie sie die Objektivierung im Geschriebenen und die mit ihr erreichte Freiheit vom Leib verleiht.[1]

Es ließe sich nachweisen, daß mit dem Übergang von einer rein mündlichen Überlieferung zum schriftlichen Sammeln und darüber hinaus mit jedem Prozeß der Rationalisierung, wie ihn unter anderem die Objektivierung im Schriftlichen ermöglicht, eine tiefgreifende Veränderung des ganzen Verhältnisses zum Leib, oder genauer noch des Leibesgebrauchs bei der Produktion oder Reproduktion kultureller Werke einherging: besonders gut zu sehen ist dies in der Musik, wo der von Max Weber beschriebene Prozeß der Rationalisierung als Kehrseite eine regelrechte »Desinkarnation« des musikalischen Produzierens oder (davon meist nicht unterscheidbaren) Reproduzierens hat, ein *»Zurücknehmen« des Leibs,* der bei den meisten archaischen Musikformen wie ein totales Instrument gespielt wird.

Solange die pädagogische Arbeit nicht als spezifische und selbständige Praxis institutionalisiert ist und die ganze Gruppe und ein ganzes symbolisch strukturiertes Milieu ohne spezialisierte Beauftragte und ohne angegebene Zeiten eine anonyme und diffuse pädagogische Wirkung ausübt, wird das Wesentliche des *modus operandi,* nach dem sich praktische Kompetenz definiert, in der Praxis im Zustand des Praktischen vermittelt, ohne die Stufe des Diskurses zu erreichen. Man ahmt nicht »Vorbilder« nach, sondern Handlungen anderer. Die leibliche Hexis spricht unmittelbar die Motorik als Haltungsschema an, das einzigartig und systematisch zugleich ist, weil mit einem ganzen System von Objekten im Verbund stehend und mit einer Fülle von Bedeutungen und sozialen Werten befrachtet. Daß Schemata von Praxis auf Praxis übertragen werden können, ohne den Weg über Diskurs und Bewußtsein zu nehmen, heißt allerdings nicht, daß der Erwerb des Habitus auf ein mechanisches Lernen durch Versuch und Irrtum zurückgeführt werden kann. Im Unterschied zu einer zusammenhanglosen Zahlenfolge, die nur nach wieder-

1 Vgl. E. A. Havelock, *Preface to Plato,* Cambridge, Mass., Harvard U.P. 1963.

holten Versuchen in kontinuierlichen und vorhersehbaren Schritten gelernt werden kann, ist eine Zahlenreihe leichter zu erlernen, weil sie eine Struktur enthält, die dem Lernenden erspart, sich mechanisch alle Zahlen einzeln merken zu müssen: das Lernmaterial, gleichviel ob Diskurse wie Redewendungen, Sprichwörter, Reimsprüche, Lieder oder Rätsel, Gegenstände wie Werkzeuge, Haus oder Dorf, oder aber Praktiken, Spiele, Ehrenerweise, Gabentausch, Riten usw., ist Ergebnis der systematischen Anwendung weniger Prinzipien von praktischer Schlüssigkeit und liefert in seiner unendlichen Redundanz den *Vernunftgrund* für alle sinnlich erfaßbaren Reihen, der in Form einer Erzeugungsgrundlage von Praktiken angeeignet wird, die nach demselben Vernunftgrund organisiert sind.[1]

Experimentelle Analysen des Lernens, aus denen hervorgeht, daß »weder Bildung noch Anwendung eines Begriffs ein bewußtes Erkennen der gemeinsamen Elemente oder Verhältnisse (erfordern), die in den einzelnen Beispielen enthalten sind«[2], gestatten es, die Dialektik von Objektivierung und Einverleibung zu verstehen, an deren Ende die Praktiken und Werke als systematische Objektivierungen systematischer Dispositionen ihrerseits systematische Dispositionen zu erzeugen suchen: nach Vorlage von Symbolreihen – chinesischen Schriftzeichen (Hull) oder Zeichnungen, bei denen gleichzeitig Farbe, Beschaffenheit und Anzahl der dargestellten Gegenstände verändert wurden (Heidbreder) –, die in mit willkürlichen, aber objektiv begründeten Bezeichnungen versehene Klassen eingeteilt sind, erzielen sogar Probanden, die das Klassifizierungsprinzip nicht nennen können, höhere Punktwerte, als wenn sie *nach dem Zufall raten*. Dies belegt, daß sie die Klassifikationsschemata praktisch meistern lernen, was keineswegs voraussetzt, daß sie die praktisch angewandten Verfahren symbolisch meistern, d. h. bewußt und im sprachlichen Ausdruck. Die Analyse, wie ein strukturiertes Material in vertrauter Umgebung erworben wird, die Albert B. Lord aufgrund einer Analy-

1 Daß Gesellschaften ohne Schrift besonders gern mit Strukturen spielen und die Ethnologen damit faszinieren, erfüllt Funktionen der Gedächtnisstütze: die bemerkenswerte Homologie zwischen der Struktur der Verteilung der Familien im Dorf und der Struktur der Verteilung der Gräber auf dem Friedhof, die in der Kabylei zu beobachten ist (Aït Hichem, Tizi Hibel), hilft offenbar beim Wiederauffinden der traditionell namenlosen Gräber (wobei die Strukturprinzipien durch ausdrücklich weitergegebene Anhaltspunkte ergänzt werden).

2 B. Berelson und G. A. Steiner, *Menschliches Verhalten*, Weinheim, Belz 1971, Bd. 2, S. 127.

se der Ausbildung des *Guslar*, eines jugoslawischen Barden, vorlegt, deckt sich völlig mit dem, was als »Formelmethode« bezeichnet wird. Dabei wird die Fähigkeit zur Improvisation durch Kombinieren von »Formeln«, von Wortfolgen, die »regelmäßig unter denselben metrischen Umständen verwendet werden, um einen bestimmten Gedanken auszudrücken«[1], durch schlichte Gewöhnung erworben, »durch Hören von Gesängen«[2] und ohne daß die Lernenden jemals diese oder jene Formel oder ein bestimmtes Formelsystem bewußt erwerben und in der Folge handhaben[3]; die Zwänge von Rhythmus oder Metrik werden zugleich mit Melodie und Bedeutung verinnerlicht, ohne je als solche wahrgenommen zu werden.

Zwischen dem Lernen durch schlichte Gewöhnung einerseits, bei dem der Lernende unmerklich und unbewußt die Grundzüge von »Kunst« und Lebenskunst erwirbt, einschließlich derer, die für die Hervorbringer der Praktiken oder nachgeahmten Werke unerkannt bleiben, und der expliziten und ausdrücklichen Übertragung durch Vorschriften und Regeln andererseits sieht jede Gesellschaft Strukturübungen vor, mit denen diese oder jene Form praktischer Meisterschaft übertragen werden dürfte: in der Kabylei sind es Rätsel und rituelle Zweikämpfe, mit denen der »Sinn der rituellen Sprache« erprobt wird. Außerdem alle Spiele, die häufig nach der Logik von Wette, Herausforderung oder Kampf strukturiert sind (Zweikampf oder Gruppenkampf, Scheibenschießen usw.) und bei denen von den Knaben verlangt wird, die Erzeugungsschemata der Ehrenstrategien auf der Ebene des »So-tun-als-ob« anzuwenden[4]; das alltägliche Beteiligt-

1 A. B. Lord, *Der Sänger erzählt*, München, Carl Hanser 1965, S. 22.

2 *a. a.* O., S. 24.

3 *a. a.* O., S. 23.

4 So ist im *qochra*-Spiel, das die Kinder an den ersten Frühlingstagen (in Aïn Aghbel) praktizierten, die Korkkugel *(qochra)*, um die man sich rangelt, die man einander zuwirft und verteidigt, das praktische Äquivalent der Frau: man muß sich zugleich vor ihr hüten und sie gegen die verteidigen, die sie rauben wollen. Zu Beginn der Partie, wenn der Spielführer wiederholt fragt: »Wem gehört die Tochter?«, findet sich keiner, der freiwillig die »Vaterschaft« übernehmen und die Korkkugel schützen will: das Lager der Männer wird durch ein Mädchen stets geschwächt. Daher muß die Kugel durch Los gezogen und schließlich als Schicksal hingenommen werden: der so bestimmte Spieler muß nämlich die Kugel gegen alle andern verteidigen und sich dabei zugleich bemühen, sie an einen anderen Spieler loszuwerden, jedoch nur unter ehrenhaften und anerkannten Bedingungen. Wenn er einen anderen mit den Worten »Jetzt ist es Deine Tochter« mit der

sein am Austausch von Geschenken und an dessen Feinheiten, das den Knaben durch ihre Rolle als Boten und ganz besonders als Mittler zwischen der Welt der Frauen und der Männerwelt sicher ist; das stumme Beobachten der Männerversammlung mit ihren rhetorischen Kunststückchen, ihren Ritualen, Strategien, ihren rituellen Strategien und ihrer strategischen Nutzung des Rituals; die Interaktionen mit der Verwandtschaft, die dazu führen, die objektiven Verwandtschaftsverhältnisse in alle Richtungen auszuspielen, selbst um den Preis von *Umkehrungen,* die einen, der sich hier als Neffe verhielt, zwingen, sich dort als Onkel väterlicherseits zu verhalten und auf diese Weise die Umwandlungsschemata beherrschen zu lernen, mit denen man von Dispositionen, die mit der einen Position verbunden sind, zu denen der entgegengesetzten wechseln kann; die grammatikalischen und lexikalischen Kommutationen (wobei mit *Ich* und *Du* je nach dem Verhältnis zum Sprecher dieselbe Person bezeichnet werden kann), durch die der Sinn für die Austauschbarkeit von Plätzen und für deren gegenseitige Bedingtheit ebenso erworben wird wie der Sinn für ihre jeweiligen Grenzen; tiefer noch die Beziehungen zu Vater und Mutter, die durch ihre Asymmetrie in der antagonistischen Komplementarität eine der Gelegenheiten sind, untrennbar zugleich die Schemata der *geschlechtsspezifischen Arbeitsteilung* und der *Teilung der geschlechtlichen Arbeit* zu verinnerlichen.

Tatsächlich wird die praktische Meisterung der grundlegenden Schemata durch Handlungen im strukturierten Raum und in der strukturierten Zeit erworben, die sofort symbolisch eingeordnet werden und alle wie Strukturübungen fungieren. Die gesellschaftlichen Disziplinen nehmen die Form zeitlicher Disziplinen

Kugel berührt, kann dieser sich nur noch geschlagen erklären wie einer, der zeitweise der Familie (häufig von geringerem gesellschaftlichem Rang), aus der er eine Tochter zur Frau genommen hat, verpflichtet ist. Während der »Vater« die Hochzeit wünscht, die ihm sein Mündel abnimmt und nach der er wieder mitspielen darf, streben die Freier nach Prestigeverhalten, Brautraub, gewaltsamem Zugriff ohne Gegenwehr. Wer die Partie verliert, wird aus der Männerwelt ausgeschlossen; man knotet ihm die Korkkugel ins Hemd und behandelt ihn damit wie ein Mädchen, dem man ein Kind gemacht hat.

an, und die gesamte Gesellschaftsordnung wird im tiefsten Grund der leiblichen Dispositionen über eine besondere Art der Regelung der Zeiteinteilung, der zeitlichen Verteilung von kollektiven und individuellen Tätigkeiten und des für sie angebrachten Rhythmus durchgesetzt.

»Nähren wir uns nicht alle vom gleichen Fladenbrot (oder der gleichen Gerste)?« »Stehen wir nicht alle zur selben Zeit auf?« Diese Gemeinformeln zur Bekräftigung der Verbundenheit enthalten eine implizite Definition der Grundtugend Konformität, deren Gegenteil der Wille ist, sich abzusondern. Arbeiten, wenn alle ruhen, daheim bleiben, wenn alle draußen auf dem Feld sind, die Wege entlanggehen, wenn sie menschenleer sind, auf den Dorfstraßen lungern, wenn alle schlafen oder auf dem Markt sind, das alles sind verdächtige Verhaltensweisen. »Für alles gibt es eine Stunde«, und es kommt darauf an, »alles zu seiner Zeit« (wörtlich: »jede Zeit zu ihrer Zeit« – *kul waqth salwagth-is*) zu tun. So muß ein verantwortungsbewußter Mann Frühaufsteher sein: »Wer seine Geschäfte nicht frühmorgens erledigt, erledigt sie nie.«[1] Früh aufstehen, um das Vieh hinauszulassen, in die Koranschule zu gehen oder ganz einfach mit den Männern draußen zu sein, mit ihnen zugleich, ist eine Ehrenpflicht, deren Beachtung den kleinen Jungen schon früh eingehämmert wird. Wer rechtzeitig aufzubrechen weiß, wird zur rechten Zeit am rechten Ort sein, ohne sich sputen zu müssen. Spott über den, der hastet, einem anderen nachrennt, Gefahr läuft, durch hastiges Arbeiten »den Boden zu mißhandeln«. Die landwirtschaftlichen Arbeiten, altgriechisch *horia erga*, sind ebenso nach dem Rhythmus wie nach dem Zeitpunkt definiert.[2] Die entscheidenden Arbeiten wie Pflügen und Aussaat fallen denen zu, die das Feld mit dem schuldigen Respekt behandeln, sich gemessenen Schritts dorthin begeben *(qabel)* wie zu einem Partner, den man willkommen heißen und ehren will. Daran erinnert auch die (von einem *t'aleb* der Matmata) erzählte Sage vom Ursprung der Gerste und des Weizens. Adam säte gerade den Weizen aus, da kam Eva, ihm das Fladenbrot zu bringen. Sie sah, wie Adam Korn um Korn säte, wobei er bei jedem Korn »Erde aufnahm« und Gott anrief. Sie warf ihm vor, *er verliere seine Zeit.* Als ihr

1 Ein Prinzip, das ebenso zur Magie gehört wie zur Moral. Man sagt zum Beispiel »*Leftar n-esbah' d-esbuh' n-erhab'*, das Frühstück am Morgen ist das erste gute Omen« (*erbah'*, Erfolg haben, gedeihen).

2 Eine Auswirkung der Ritualisierung der Praktiken besteht genau darin, daß ihnen eine Zeit - d.h. ein Zeitpunkt, ein Tempo und eine Dauer – relativ unabhängig von den äußeren Notwendigkeiten des Klimas, der Technik oder der Ökonomie zugewiesen wird, was ihnen genau die willkürliche Notwendigkeit verleiht, durch die das kulturell Willkürliche als solches definiert ist.

Mann beim Essen war, nahm sie die Gelegenheit wahr und fing an, das Korn mit vollen Händen auszustreuen, ohne dabei Gott anzurufen. Beim Ernten bemerkte Adam in seinem Feld merkwürdige Ähren, die dünn, brüchig, frauenhaft schwach waren. Er nannte diese Pflanze (die Gerste) *châir*, »schwach«[1]. Zeitpunkt und vor allem Tempo der Praktiken beherrschen heißt, sich in Gestalt des Rhythmus von Gebärden oder Sprache ein ganzes Verhältnis zur Dauer auf den Leib zu schreiben, das als konstitutiv für die Person (wie die *gravitas* römischer Senatoren) erlebt wird, und damit z. B. dazu beitragen, alle Formen des *Wettlaufs*, des Konkurrenzstrebens *(tha'raymith)* zu entmutigen, die geeignet sind, die zirkuläre Zeit zur linearen, die einfache Reproduktion zur unbegrenzten Akkumulation zu machen.

In einer solchen Welt hat man nie mit »Natur« zu tun, wie sie die Wissenschaft kennt, mit jenem kulturellen Faktum, das historisches Produkt einer langen Arbeit der »Entzauberung« ist. Die ganze Gruppe tritt zwischen Kind und Welt, nicht nur durch ihre Ermahnungen *(warnings)*, die geeignet sind, die Furcht vor übernatürlichen Gefahren[2] einzuprägen, sondern durch die Welt ritueller Praktiken und Diskurse, die die Welt mit Bedeutungen bevölkern, die entsprechend den Grundlagen des jeweiligen Habitus strukturiert sind. Der bewohnte Raum – in erster Linie das Haus – ist der bevorzugte Ort der Objektivierung der Erzeugungsschemata, und durch die Einteilungen und Hierarchien, die es unter den Dingen, Personen und Praktiken herstellt, trichtert dieses dinggewordene Rangordnungssystem die Prinzipien der für das kulturell Willkürliche konstitutiven Klassifizierung ein und verstärkt sie unablässig. So materialisiert sich der Gegensatz zwischen dem rechten Geheiligten und dem linken Geheiligten, zwischen *nif* und *h'aram*, zwischen dem mit Schutz- und Befruchtungseigenschaften ausgestatteten Mann und der zugleich geheiligten und mit unheilbringenden Eigenschaften ausgestatteten Frau in der räumlichen Trennung zwischen dem männlichen Raum mit dem Versammlungsort, dem Markt oder den Feldern, und dem weiblichen Raum von Haus und Garten

1 Der Gegensatz zwischen dem männlichen Weizen und der weiblichen Gerste scheint allgemein belegt. So in dem Rätsel, von dem Genevois berichtet. Es lautet: »Ich habe Keimendes hinter dem Hügel gesät; ob es Weizen oder Gerste wird, weiß ich nicht.« Lösung: »Das Kind im Mutterleib.«

2 Vgl. J. M. W. Whiting, *Becoming a Kwoma*, New Haven, Yale U. P. 1941, S. 215.

als Refugium des *h'aram;* und in zweiter Linie in dem Gegensatz, der im Hausinnern selbst die Raumbereiche, Gegenstände und Tätigkeiten nach ihrer Zugehörigkeit zur männlichen Welt des Trockenen, des Feuers, des Oberen, des Gekochten oder des Tags, oder zur weiblichen Welt des Feuchten, des Wassers, des Unteren, des Rohen oder der Nacht voneinander scheidet. Die Objektwelt, dieses Buch, in welchem jedes Ding metaphorische Aussagen über alle anderen macht und in dem die Kinder die Welt lesen lernen, wird mit dem ganzen Leib in den und durch die Bewegungen und Ortsveränderungen gelesen, die den Objektraum sowohl gestalten als auch von ihm gestaltet werden.[1] Die Strukturen, die zum Aufbau der Objektwelt beitragen, werden in der Praxis einer Welt von Objekten aufgebaut, die selbst wiederum nach denselben Strukturen aufgebaut sind. Dieses aus der Objektwelt hervorgegangene »Subjekt« bezieht nicht wie eine Subjektivität gegen eine Objektivität Stellung: die objektive Welt besteht aus Objekten, die das Ergebnis von Objektivierungsoperationen sind, welche nach denselben Strukturen strukturiert sind, wie sie der Habitus auf sie anwendet. Der Habitus ist eine Metapher der Objektwelt, die selber nur ein unendlicher Kreis aufeinander reagierender Metaphern ist.

Alle symbolischen Manipulationen der Leibeserfahrung, angefangen mit den Ortsveränderungen in einem symbolisch konstruierten Raum, trachten den Raum des Leibes, den Weltenraum und den sozialen Raum *in eins zu setzen,* indem sie das Verhältnis zwischen Mensch und Naturwelt und die komplementären und entgegengesetzten Zustände und Handlungen der beiden Geschlechter bei der Teilung der geschlechtlichen Arbeit und der geschlechtsspezifischen Arbeitsteilung, also bei der Arbeit der biologischen und der sozialen Reproduktion, freilich um

1 Damit ist gesagt, daß die Arrow zugeschriebene Hypothese des »learning by doing« (vgl. K. J. Arrow, »The Economic Implications of Learning by Doing«, *The Review of Economic Studies* 29 (1962) 3, S. 155–173) ein Sonderfall eines sehr allgemeinen Gesetzes ist: jedes hergestellte Produkt – angefangen mit symbolischen Hervorbringungen wie Kunstwerken, Spielen, Mythen usw. – übt eben durch seine Funktionsweise, und besonders durch seine Verwendung, eine erzieherische Wirkung aus, die dazu beiträgt, den Erwerb der für seine adäquate Verwendung nötigen Dispositionen zu erleichtern.

den Preis einer großen logischen Laxheit, in denselben Kategorien denken: so zum Beispiel entspricht dem Gegensatz zwischen Bewegung nach außen, in Richtung auf Feld oder Markt, auf Warenproduktion und Warentausch, und Bewegung nach innen, in Richtung auf Akkumulation und Konsumption von Produkten der Arbeit, symbolisch der Gegensatz zwischen dem in sich geschlossenen und außengerichteten Männerleib und dem häuslichen, dunklen, feuchten, mit Nahrung, Gerätschaft und Kindern erfüllten Frauenleib, bei dem man durch dieselbe, notwendig unreine Öffnung ein- und ausgeht.[1]

Der Gegensatz zwischen der *zentrifugalen* männlichen und der *zentripetalen* weiblichen Orientierung, Grundlage der Ordnung im Hausinnern, ist sicher auch Grundlage des Verhältnisses der beiden Geschlechter zu ihrem Leib oder genauer zu ihrer Sexualität. Wie in jeder von männlichen Werten dominierten Gesellschaft – die europäischen, in denen der Mann sich der Politik, der Geschichte oder dem Krieg und die Frau dem Herd, der Lektüre von Romanen und der Psychologie widmen muß, sind hier keine Ausnahme – ist das eigentlich männliche Verhältnis zum Leib und zur Sexualität ein *sublimiertes,* da die Symbolik der Ehre zu verhindern sucht, daß sich die natürliche Sexualität direkt äußert, und zugleich ihre Umwandlung in Potenzprotzerei fördert. Männer, die weder an den Orgasmus der Frau denken noch sich darum bemühen und ihre Manneskraft mehr darin bestätigt sehen, wie oft sie können, als darin, ob ihre Partnerin Erfüllung findet, wissen haargenau, daß das Getuschel der Frauen, das sie zugleich verachten und fürchten, ihr Intimleben stets in das Blickfeld der Gruppe rücken und gefährden kann. Für die Frauen hingegen kann man mit Erikson sagen, daß die Dominanz des Mannes tendenziell »ihr Sprachbewußtsein verengt«[2], sofern man hierunter versteht, daß ihnen zwar nicht jedes Reden über

1 Nach dieser Logik könnte man auch die Analysen Eriksons über die Yurok interpretieren (vgl. E. H. Erikson, »Observations on the Yurok: Childhood and World Image«, *University of California Publications in American Archaeology and Ethnology* 35 (1943) 10, S. 257–302.

2 E. H. Erikson, »Childhood and Tradition in Two American Indian Tribes«, *The Psychoanalytic Study of the Child,* New York, International Universities Press 1945, Bd. I.

Sexuelles verboten ist, ihr Diskurs aber von den männlichen Werten der Potenz dominiert bleibt, wobei dieser aggressive und schändliche Potenzkult keinen Platz läßt für »Bedürfnisse« von Frauen.

Die Psychoanalyse als entzauberndes Ergebnis der Entzauberung der Welt, *die als solche* eher einen Bereich mythisch überdeterminierter Bedeutung zu schaffen sucht, will vergessen machen, daß der eigene Leib und der Leib anderer immer nur über die Wahrnehmungskategorien wahrgenommen wird, die als sexuelle zu behandeln naiv wäre, auch wenn sie, wie das verhaltene Lachen der Frauen bei Befragungen und ihre Deutung von graphischen Symbolen, Wandmalereien, Ornamenten auf Geschirr oder Teppichen beweist, stets, und bisweilen recht drastisch, auf den Gegensatz zwischen den primären Geschlechtsmerkmalen bezogen sind. Ebenso naiv wie der Versuch, die abertausend Akte diffuser Einprägung auf ihre rein sexuelle Dimension zu reduzieren, die Akte, mit denen Leib und Welt durch eine symbolische Manipulation des Verhältnisses zu Leib und Welt geordnet werden, die das durchsetzen soll, was mit Melanie Klein als »Geographie des Leibes« bezeichnet werden muß, ein Sonderfall der Geographie oder besser der Kosmologie.[1] Die ursprüngliche Beziehung zu Vater und Mutter oder, wenn man so will, zum Vaterleib und zum Mutterleib, die dramatischste Gelegenheit, alle grundlegenden Gegensätze der mythopoetischen Praxis zu erleben, liegt nur so weit dem Erwerb der Grundlagen der Strukturierung von Ich und Welt und insbesondere jeder homosexuellen und heterosexuellen Beziehung zugrunde, als diese Beziehung anhand symbolischer und nicht biologischer Sexualobjekte hergestellt wird. Das Kind bildet seine *geschlechtliche Identität* als Hauptbestandteil seiner sozialen Identität zugleich mit seiner Vorstellung von der Arbeitsteilung zwischen den Geschlechtern und aufgrund derselben gesellschaftlich festgelegten Gesamtheit von untrennbar zugleich biologischen und sozialen Indizien. Anders gesagt, wird es sich seiner sexuellen Identität bewußt und übernimmt die Dispositionen, die mit einer bestimmten gesellschaftlichen Definition der sozialen Funktion von Mann und

1 M. Klein, *Essais de psychanalyse*, Paris, Payot 1967, S. 133 Fn. 1, S. 290 Fn. 1.

Frau zusammenhängen, und damit zugleich eine gesellschaftlich festgelegte Sicht der geschlechtsspezifischen Arbeitsteilung.

An Arbeiten von Psychologen über die Wahrnehmung geschlechtsspezifischer Unterschiede läßt sich nachweisen, daß sich Kinder schon sehr früh (mit etwa fünf Jahren) über die krassen Unterschiede zwischen männlichen und weiblichen Funktionen klar werden, da den Frauen und Müttern die häuslichen Pflichten und die Aufzucht der Kinder obliegen, den Männern und Vätern dagegen die Erwerbstätigkeiten.[1] Alles wirkt dahingehend zusammen, daß der Unterschied der Geschlechter und der Unterschied zwischen den Funktionen von Vater und Mutter gleichzeitig bewußt werden.[2] Aus den zahlreichen Analysen zur unterschiedlichen Wahrnehmung von Vater und Mutter läßt sich entnehmen, daß der Vater meist kompetenter und strenger gesehen wird als die Mutter, die wiederum »lieber« und zärtlicher als der Vater und Objekt einer zugleich gefühlsbetonteren und angenehmeren Beziehung ist.[3] Letztendlich beruhen alle diese Unterscheidungen, wie Emmerich zu Recht bemerkt, auf dem Prinzip, daß die Kinder dem Vater mehr *Macht* zuschreiben als der Mutter.[4]

Man kann sich vorstellen, welches Gewicht der Gegensatz zwischen Männlichkeit und Weiblichkeit für den Aufbau des Selbstbilds und des Weltbilds hat, wenn dieser Gegensatz zur Grundlage der tiefen Teilung der Sozial- und der Symbolwelt wird. Wie die Doppelbedeutung des Wortes *nif* als untrennbar zugleich physische und soziale *Macht* zeigt, ist das, was über eine bestimmte gesellschaftliche Definition von Männlichkeit (und abgeleitet von Weiblichkeit) durchgesetzt wird, eine politische My-

1 Vgl. z. B. M. Mott, »Concept of Mother: A Study of Four- and Five-Year-Old Children«, *Child Development* 23 (1954), S. 92–104. Es konnte nachgewiesen werden, daß der Vater bei der Erledigung von Frauenarbeit oder die Mutter bei der Erledigung von Männerarbeit den Kindern als »Aushilfe« erschien (vgl. R. E. Hartley, »Children's Concept of Male and Female Roles«, *Merril-Palmer Quarterly* 1960, 6, S. 83–91.

2 R. Dubin und Elizabeth Ruch-Dubin, »Children's Social Perceptions: A Review of Research«, *Child Development*, 38, (1965) 3; L. Kohlberg, »A Cognitive-Developmental Analysis of Children's Sex-Role Concepts and Attitudes«, *The Development of Sex Differences*, hg. von E. Maccoby, London, Tavistock 1967.

3 Für Zitate vgl. R. und E. Dubin, *a. a. O.*

4 W. Emmerich, »Young Children's Discriminations of Parents' and Child Roles«, *Child Development* 30 (1959), S. 403–419; »Family Role Concepts of Children Aged Six to Ten«, *Child Development*, S. 609–624.

thologie, die alle Leibeserfahrungen beherrscht, zuallererst die sexuellen. So ist der Gegensatz zwischen der öffentlichen und sublimierten männlichen und der verborgenen oder, wenn man so will (wie in Eriksons Utopie der ungeteilten Geschlechtlichkeit, d. h. des gleichen Rechts auf Orgasmus), »entfremdeten« weiblichen Sexualität nur eine Spezifizierung des Gegensatzes zwischen der Außengerichtetheit öffentlicher Politik oder Religion und der Innengerichtetheit privater Magie, jener schmählichen Geheimwaffe der Unterdrückten, die im wesentlichen aus Riten besteht, welche die Männer kirre machen sollen.

Alles spielt sich so ab, als mache der Habitus aus Zufallsereignis und Zufälligkeit Logik und Notwendigkeit, als gelänge es ihm, die Effekte der durch die materiellen Daseinsbedingungen, also die allerersten Beziehungserlebnisse und die Praxis strukturierter Handlungen, Objekte, Räume und Zeiten, durch die Auswirkung biologischer Zwangsläufigkeiten wie Einfluß des Hormonhaushalts oder Bedeutung der primären und sekundären Geschlechtsmerkmale von Kindesbeinen an verspürten sozialen Notwendigkeit zusammenzuführen, als führe der Habitus dazu, die gesellschaftlichen Eigenschaften biologisch (besonders sexuell) zu lesen, und verleite damit, die biologischen Eigenschaften wiederum gesellschaftlich zu nutzen und die gesellschaftlichen biologisch anzuwenden. Das ist recht eindeutig den Äquivalenzen zu entnehmen, die der Habitus zwischen dem Platz in der Arbeitsteilung und dem Platz in der Rollenteilung zwischen den Geschlechtern herstellt, und die gewiß keine Eigentümlichkeit von Gesellschaften sind, in denen die Teilungen nach diesen beiden Prinzipien fast völlig deckungsgleich sind: in einer Gesellschaft mit Klassenteilung sagen alle Hervorbringungen eines bestimmten Handelnden infolge einer wesensmäßigen *Überdeterminiertheit* untrennbar zugleich etwas über seine Klassenzugehörigkeit (oder genauer über seine Stellung in der Gesellschaft und seinen Aufstieg oder Abstieg) und über seinen Leib aus, oder genauer über alle stets gesellschaftlich näher bestimmten Eigenschaften, die er mit sich herumträgt, also natürlich Geschlechtsmerkmale, doch ebenso Körpermerkmale, allgemein bewunderte, wie Stärke oder Schönheit, oder aber sozial geächtete.

5. Kapitel
Die Logik der Praxis

Es ist nicht leicht, über die Praxis anders als negativ zu reden; vor allem über das, was an der Praxis scheinbar am mechanischsten ist, der Logik von Denken und Diskurs am stärksten entgegengesetzt. Alle Automatismen des Denkens in Begriffspaaren sollen ausschließen, daß bewußte Zielstrebigkeit, gleichviel auf welchem Gebiet, eine permanente Dialektik zwischen dem ordnenden Bewußtsein und diesen Automatismen voraussetzen kann. Die gewöhnliche Alternative zwischen der Sprache des Bewußtseins und der Sprache des mechanischen Modells würde sich nicht so weithin durchsetzen, wenn sie nicht einer grundlegenden Teilung der vorherrschenden Weltsicht entspräche. Die Inhaber des Monopols auf den Diskurs über die Sozialwelt denken jeweils anders, je nachdem, ob sie sich selbst oder andere (d. h. andere Klassen) denken. Sie halten sich selbst gern für idealistisch und die andern für materialistisch, sich selbst für liberal und die andern für dirigistisch, und ebenso logischerweise sich selbst für zweckorientiert und verstandesbetont und die andern für mechanistisch. Besonders deutlich wird das in der Ökonomie, wo sie einerseits gern den Wirtschaftssubjekten und besonders dem Unternehmer zutrauen, objektive Chancen rational abzuschätzen, aber andererseits den selbstregulierenden Marktmechanismen von Angebot und Nachfrage unumschränkte Geltung für den Ausgleich von Präferenzen zuschreiben möchten.[1] Die Ethnologen hingegen wären nicht so fixiert auf die Sprache des mechanischen Modells, wenn sie unter der Idee des Gabentauschs nicht nur *potlatch* oder *kula*, sondern auch ihre eigenen Gesellschaftsspiele verstünden, die sprachlich als Takt, Fingerspitzengefühl, Feinfühligkeit, Gewandtheit oder Lebensart bezeichnet werden – nur andere Namen für den praktischen Sinn –, und wenn sie vom Tausch von Gaben oder Worten einmal loskämen und an die Tauschvorgänge dächten, bei denen man für jeden hermeneutischen Fehler augenblicklich büßen muß wie bei

1 Der Populismus realisiert eine noch unerwartetere Kombination, da er das Volk gern so denkt wie der Bourgeois sich selber.

dem von Georges H. Mead[1] zitierten Schlagabtausch. Bei diesem enthält jede Körperstellung des Gegners Hinweise, die im Entstehungszustand erfaßt werden müssen, im Ausholen zum Schlag oder im ausweichenden Zurückzucken errät man die Zukunft, also Schlag oder Finte. Wenn die Ethnologen zu den scheinbar mechanischsten und ritualisiertesten Tauschvorgängen zurückfänden, z. B. auf die Pflichtkonversation als stereotypes Aneinanderreihen von Floskeln, könnten sie entdecken, welcher permanenten Wachsamkeit es bedarf, damit dieses Ineinandergreifen vorgefertigter Gebärden und Worte überhaupt funktioniert, welche Aufmerksamkeit für alle Zeichen bei den rituellsten Scherzen nötig ist, um beim Spiel mitgehen zu können, ohne sich davon hinreißen zu lassen, wie dies manchmal passiert, wenn aus Schattenboxen plötzlich Ernst wird. Sie würden die Kunst der Zweideutigkeiten, Unterschwelligkeiten und Doppelbedeutungen beim Umgang mit körperlichen oder sprachlichen Symbolen entdecken, die man beherrschen muß, wenn man die objektiv richtige Distanz wahren, Verhaltensweisen zeigen können will, die uneindeutig sind, d. h. beim geringsten Anzeichen von Ablehnung oder Zurückweisung widerrufen werden können und beim anderen Ungewißheit über die stets zwischen Hingabe und Distanz, Engagement und Gleichgültigkeit schwankenden eigenen Absichten fortbestehen lassen. Es genügt, sich solcherart der eigenen Spiele, der eigenen Praxis des gesellschaftlichen Spiels zu entsinnen, um zu entdecken, daß der *Spielsinn* zugleich die Realisierung der *Spieltheorie* und ihre Negation als Theorie bedeutet.

Wenn man den theoretischen Fehler ausgemacht hat, der darin besteht, die theoretische *Sicht* der Praxis für das *praktische Verhältnis* zur Praxis auszugeben, genauer noch darin, der Praxis das Modell zugrunde zu legen, das man zu ihrer Erklärung erst konstruieren muß, wird man auch schon gewahr, daß dieser Fehler auf der Antinomie zwischen dem Zeitbegriff der Wissenschaft und dem Zeitbegriff des Handelns beruht. Diese Antinomie verleitet, die Praxis zu zerstören, indem man ihr die zeitlose Zeit der Wissenschaft überstülpt. Vom praktischen Schema zum nach der

1 G. H. Mead, *Geist, Identität und Gesellschaft*, Frankfurt, Suhrkamp 1968, S. 82.

Schlacht konstruierten theoretischen Schema, vom praktischen Sinn zum theoretischen Modell übergehen, das entweder als Vorhaben, Plan oder *Methode* oder als mechanisches Programm, als vom Wissenschaftler auf mysteriöse Weise rekonstruierte mysteriöse Ordnung gelesen werden kann, heißt alles dahinfahren lassen, was die zeitliche Realität der in Ausübung begriffenen Praxis ausmacht. Die Praxis rollt in der Zeit ab und weist alle entsprechenden Merkmale auf, wie z. B. die Unumkehrbarkeit, die durch Synchronisierung beseitigt wird; ihre zeitliche Struktur, d. h. ihr Rhythmus, ihr Tempo und vor allem ihre Richtung, ist für sie sinnbildend: wie bei der Musik nimmt jede Manipulierung dieser Struktur, und sei es bloß eine Veränderung der Tempi in Richtung auf Allegro oder Andante, eine Entstrukturierung an ihr vor, die nicht auf den Effekt einer simplen Änderung der Bezugsachse zurückgeführt werden kann. Kurzum, die Praxis ist schon wegen ihrer ganzen Eingebundenheit in die Dauer mit der Zeit verknüpft, nicht bloß, weil sie sich in der Zeit abspielt, sondern auch, weil sie strategisch mit der Zeit und vor allem mit dem Tempo spielt.

Es gibt eine Zeit der Wissenschaft, die nicht die der Praxis ist. Für den Analytiker ist die Zeit aufgehoben: nicht nur, wie seit Max Weber häufig wiederholt, weil er immer erst analysiert, wenn alles schon vorbei ist, und daher nicht im ungewissen über das mögliche Geschehen sein kann, sondern auch, weil er die Zeit hat zu totalisieren, d. h. Zeiteffekte zu überwinden. Die wissenschaftliche Praxis ist derart entzeitlicht, daß sie gern sogar den bloßen Gedanken an das von ihr Verdrängte verdrängt: weil sie nur in einem Verhältnis zur Zeit möglich ist, das dem der Praxis diametral entgegengesetzt ist, trachtet sie die Zeit zu ignorieren und damit die Praxis zu entzeitlichen. Ein Spieler, der im Spiel aufgeht, vom Spiel gepackt ist, stellt sich nicht auf das ein, was er sieht, sondern auf das, was er vorhersieht, was er in der unmittelbar wahrgenommenen Gegenwart bereits vorausblickend erfaßt, indem er nämlich den Ball nicht dorthin abgibt, wo sich sein Mittelstürmer gerade befindet, sondern an den Punkt, den dieser – vor dem ihn deckenden gegnerischen Verteidiger – sogleich erreichen wird. Dabei nimmt er Vorwegnahmen der gegnerischen Mannschaft, oder gar, wie beim Täuschen, Vorwegnahmen von Vorwegnahmen vorweg. Er entscheidet nach objektiven Wahrscheinlichkeiten, d.h. aufgrund einer momentanen Gesamteinschätzung aller Gegner und aller Mannschaftskameraden, die er in ihrem potentiellen Werden erfaßt. Und dies, wie es heißt, *»auf der Stelle«*, augenblicklich und in der Hitze des Gefechts, d.h. unter Bedingungen, unter denen Distanzgewinnen, Zurücklehnen, Überschauen, Abwarten, Gelassenheit ausgeschlossen sind. Er läßt sich auf das Künftige ein, ist im Künftigen präsent und identifiziert sich unter Verzicht auf die Möglichkeit, den Spieleifer, der ihn in den Bereich der Wahrscheinlichkeit mitreißt, jederzeit abschalten zu können, mit dem Künftigen der Welt und postuliert dabei, daß die Zeit kontinuierlich ist. Damit verneint er die höchst reale und zugleich ganz und gar theoretische Möglichkeit einer plötzlichen Beschränkung auf die Gegenwart, d.h. auf die Vergangenheit, eines abrupten Bruchs im Verhaftetsein und Verwachsensein mit dem Zukünftigen, welcher wie der Tod die Vorwegnahmen der plötzlich unterbrochenen Praxis in die Absurdität des Unvollendeten stürzt. Die Dringlichkeit, die mit Recht als eine der wesentlichen Eigenschaften der Praxis angesehen wird, ist das Produkt des Beteiligtseins am Spiel und des Präsentseins in der Zukunft, die sie mitenthält: es genügt, sich wie ein nüchterner Beobachter außerhalb des Spiels zu stellen, Abstand vom erstrebten Spielergebnis zu gewinnen, und schon verschwinden die Dringlichkeiten, Appelle, Bedrohungen, vorgeschriebenen Spielzüge, aus denen sich die reale, d.h. real bewohnte Welt zusammensetzt. Nur dem, der sich vollständig vom Spiel zurückzieht, der vollständig mit dem Zauber, der *illusio* bricht und damit auf alles verzichtet, um das es bei diesem Spiel geht, d.h. auf jedes Setzen auf die Zukunft, kann die zeitliche Abfolge ganz und gar diskontinuierlich erscheinen, nur ihm kann sich die Welt in der Absurdität einer des Künftigen und mithin *des Sinns* entblößten Gegenwart darbieten, wie die ins Leere gehenden Treppen der Surrealisten. Der Sinn für das Spiel ist der Sinn für die Zukunft des Spiels, der Sinn für den Sinn der Geschichte des Spiels, die dem Spiel seinen Sinn verleiht.

Das bedeutet, daß nur der eine gewisse Chance hat, die Praxis – und insbesondere die Eigenschaften, die sie der Tatsache verdankt, daß sie sich in der Zeit abspielt – wissenschaftlich zu erklären, der die Effekte kennt, die die wissenschaftliche Praxis allein schon durch *Totalisierung* erzeugt: man denke nur an das

Schema der Synopse, das seine *wissenschaftliche Wirksamkeit* eben dem Synchronisationseffekt verdankt, den es erzeugt, indem es um den Preis einer sehr zeitraubenden Arbeit gestattet, nur nacheinander existierende Fakten *im selben Augenblick* zu überblicken und damit ansonsten nicht wahrnehmbare Beziehungen (und unter anderem auch Widersprüche) aufdeckt. Wie bei den rituellen Praktiken ersichtlich, verschafft die Häufung oder Reihung von Gegensatz- oder Äquivalenzbeziehungen, die ein einziger Gewährsmann weder beherrscht noch jemals beherrschen kann, vor allem nie in einem einzigen Augenblick, und die nur unter Bezug auf verschiedene Situationen, d. h. nur in verschiedenen Diskurswelten mit verschiedener Funktion hergestellt werden können, dem Analytiker das *Privileg der Totalisierung*, d. h. die Fähigkeit, sich und anderen die synoptische Sicht der Totalität und Einheit der Beziehungen zu gestatten, welche die Voraussetzung der angemessenen Entzifferung ist. Daß er jede Möglichkeit hat, die sozialen und logischen Bedingungen der von ihm an der Praxis und ihren Produkten vorgenommenen *Veränderungen des Charakters* und zugleich den Charakter der logischen Umwandlungen zu ignorieren, die er an der erhaltenen Information vornimmt, verleitet den Analytiker zu allen Fehlern, die sich aus der Tendenz ergeben, den Standpunkt des Schauspielers mit dem des Zuschauers zu verwechseln. So sucht er beispielsweise Antworten auf Fragen des Zuschauers, die die Praxis niemals stellt, weil sie sie sich nicht zu stellen braucht, anstatt sich zu fragen, ob das Eigentliche der Praxis nicht gerade darin liegt, daß sie solche Fragen ausschließt.

Das Paradigma dieses grundlegenden wissenschaftstheoretischen Fehlers findet sich in der »Verdrehtheit« jener Schriftsteller, die nach Meinung T. E. Lawrences einem »völlig von seiner Arbeit gepackten Menschen« den Standpunkt eines »im Sessel Sitzenden« zuschreiben. Maxime Chastaing, der diesen Beleg zitiert, schreibt weiter: »Bei Ramuz wird die Feldarbeit des Bauern in scheinbare Bewegungen der Landschaft verwandelt: wenn sich der Bauer beim Umgraben mühsam bückt, hebt sich allerdings nicht die Scholle: entweder gräbt er und merkt dabei nicht, wie sich die Scholle hebt; oder es scheint nur so, als käme der Boden hoch, und es ist nicht mehr der Bauer, der das so sieht, sondern der kinematografische Apparat irgend eines urlaubenden Künstlers, der auf geheimnisvolle Weise an die Stelle seiner Augen gesetzt worden ist; Ramuz verwechselt Arbeit und Freizeit« (M. Chastaing, *a. a. O.*, S. 86). Nicht bloß zufällig pendelt der Roman zwischen diesen beiden Polen, die auch in der Sozialwissenschaft bekannt sind: auf der einen Seite die absolute Sicht eines allgegenwärtigen und allwissenden Gottes, der im Besitz der Wahrheit über seine Romangestalten ist (ihre Lügen aufdeckt, ihr Schweigen erklärt usw.) und wie ein objektivistischer Anthropologe interpretiert und erläutert; auf der anderen Seite ein Standpunkt, der anmutet wie der eines Beobachters der Berkeleyschen Schule.

Das Privileg, totalisieren zu dürfen, setzt einerseits die praktische (also implizite) *Neutralisierung* der *praktischen Funktionen* voraus – d. h. im Einzelfall die Ausklammerung der praktischen Verwendung der zeitlichen Bezugspunkte. Diese Neutralisierung wird schon durch das Untersuchungsverhältnis als »theoretische« Befragungssituation bewirkt, welche erfordert, die praktischen Investitionen ruhen zu lassen. Andererseits setzt dieses Privileg auch die *zeitaufwendige* Nutzung dieser im Laufe der Geschichte akkumulierten und mit Zeitaufwand erkauften *Verewigungsinstrumente* der Schrift und der sonstigen Aufzeichnungs- und Analyseverfahren wie Theorien, Methoden, Schemata usw. voraus. Indem z. B. das Kalenderschema die vollständige Reihe der zeitlichen Gegensätze, die von verschiedenen Handelnden in verschiedenen Situationen angewandt werden und nie alle zusammen praktisch abgerufen werden können, weil die Erfordernisse des Daseins nie und nimmer eine derartig synoptische Erfassung verlangen und sie durch ihre jeweilige Dringlichkeit sogar unmöglich machen, in der Gleichzeitigkeit eines einzigen Einheitsraums nebeneinanderstellt, stellt es vollständig eine Fülle von Verhältnissen (z. B. der Gleichzeitigkeit, der Abfolge oder der Symmetrie) zwischen Bezugspunkten verschiedener Ebenen her, welche, weil in der Praxis nie anzutreffen, auch dann praktisch miteinander vereinbar sind, wenn sie einander logisch widersprechen.

Im Gegensatz zur Praxis, die wie der Diskurs eine »dem Wesen nach lineare Reihe« ist, die uns infolge »ihrer Konstruktionsweise nötigt, die Verhältnisse, die der Verstand wahrnimmt oder die er *gleichzeitig* und in einer anderen Reihenfolge wahrnehmen müßte«, nacheinander in einer linearen Zeichenfolge auszudrükken, ermöglichen Schemata oder wissenschaftliche Diagramme, »synoptische Übersichtsblätter, Stammbäume, Geschichtsatlanten als eine Art Tabellen mit Doppeleintragung«, wie Cournot bemerkt, »die Zweidimensionalität der Fläche mehr oder minder glücklich zu nutzen, um systematische Beziehungen und Verknüpfungen darzustellen, die im Fluß der Rede nur schwer auseinanderzuhalten sind.«[1] Anders gesagt, ermöglicht das synoptische Schema, gleichzeitig und auf einen Blick, *uno intuitu et total simul,* wie Descartes schrieb, oder, wie Husserl sagt[2], *polithetisch,* d. h. nicht nur nacheinander, sondern auch jeweils einzeln, für sich hervorgebrachte und verwendete Bedeutungen *monothetisch* zu erfassen. Ferner können mit dem Sinusschema, mit dessen Hilfe die Gegensatz- oder Äquivalenzbeziehungen zwischen den Elementen dargestellt werden, wobei diese zugleich (wie beim Kalender) nach den Gesetzen der Aufeinanderfolge angeordnet sind (wenn y auf x folgt, kann x nicht auf y folgen; wenn y auf x und z auf y folgt, muß z auf x folgen; und schießlich kann nur entweder y auf x oder x auf y folgen), und, obgleich es nur die grundlegenden Gegénsätze zwischen oben und unten, rechts und links veranschaulicht, die Beziehungen zwischen den Bezugspunkten oder den aufeinanderfolgenden Unterteilungen gemeistert werden, da dieses Schema alle möglichen Beziehungen hervortreten läßt (von denen manche den Gesetzen der Aufeinanderfolge widersprechen), die in der Praxis ausgeschlossen sind; denn die verschiedenen Teilungen oder Unterteilungen, die der Betrachter zusammenziehen kann, können nicht systematisch als Elemente einer Aufeinanderfolge gedacht und verwendet werden, sondern gehen je nach Kontext in Gegensätze von ganz unterschiedlichem Niveau ein (vom größten Gegensatz zwischen den Extremen von Sommer und Winter bis zum kleinsten zwischen zwei beliebigen Unterteilungspunkten einer dieser Jahreszeiten).

Wie der Stammbaum, der einen Raum von einheitlichen, homogenen, ein für allemal festgestellten Beziehungen an die Stelle einer Gesamtheit von räumlich und zeitlich diskreten Inselchen der Verwandtschaft setzt, die nach den Erfordernissen des Au-

1 A. Cournot, *Essai sur les fondements de la connaissance et sur les caractères de la critique philosophique,* Paris, Hachette 1922, S. 364.

2 E. Husserl, *Ideen zu einer reinen Phänomenologie und phänomenologischen Philosophie,* Husserliana, Gesammelte Werke Bd. 3, Tübingen, Neomarius 1950.

genblicks hierarchisiert und geordnet und schlagartig praktisch existent gemacht werden, oder wie der Stadtplan, der den diskreten und lückenhaften Raum der praktisch begehbaren Wege durch den homogenen und kontinuierlichen Raum der Geometrie ersetzt, setzt der Kalender eine lineare, homogene und kontinuierliche Zeit an die Stelle der diskreten praktischen Zeit, die aus Inselchen von inkommensurabler Dauer besteht, die einen bestimmten Rhythmus haben, nämlich den Rhythmus der Zeit, die, je nachdem, was man aus ihr *macht,* d. h. je nach den *Funktionen,* die sie von der in ihr vollzogenen Handlung übertragen bekommt, rasend schnell oder schleppend vergeht; indem der Kalender fällige Zeremonien oder Arbeiten als *Bezugspunkte* auf einer kontinuierlichen Geraden verzeichnet, macht er aus ihnen Unterteilungspunkte, die durch eine Beziehung der einfachen Aufeinanderfolge verbunden sind, und läßt solcherart vollständig die Frage der Intervalle und der Entsprechungen zwischen nur noch metrisch und nicht mehr topologisch äquivalenten Punkten entstehen.

Je nach der Genauigkeit, mit der das jeweilige Ereignis lokalisiert werden muß, je nach der Natur dieses Ereignisses, je nach der sozialen Eigenschaft des jeweiligen Handelnden greift die Praxis auf verschiedene Gegensätze zurück: so wird die als *eliali* bezeichnete »Jahreszeit« durchaus nicht wie in einer vollkommen geordneten Reihe nach dem Zeitpunkt, der ihr vorangeht und der ihr folgt, und ausschließlich nach diesem definiert, sondern kann ebensogut dem *esmaïm* wie dem *el h'usum* oder *thimgharine* gegenübergestellt werden; sie kann auch als *»eliali des Januars«* oder »*eliali* des Dezembers« oder aber, nach einer anderen Logik, als »Zeit der langen Nächte« den »kurzen Nächten des *furar*« und den »kurzen Nächten des *maghres*« gegenübergestellt werden. Es wird ersichtlich, wie künstlich, ja sogar wirklichkeitsfern der Kalender ist, der Einheiten unterschiedlichen Niveaus und sehr ungleichen strukturellen Gewichts miteinander vergleicht und einander angleicht. In Anbetracht der Tatsache, daß alle Teilungen und Unterteilungen, die der Beobachter erfassen und zusammenfassen kann, in verschiedenen und zeitlich voneinander getrennten Situationen erzeugt und verwendet werden, stellt sich in der Praxis nie die Frage, welche Beziehung jede dieser Unterteilungen zur Einheit der nächsthöheren Stufe oder erst recht zu den Teilungen oder Unterteilungen der »Jahreszeiten« hat, denen sie gegenübergestellt wird. Die Reihe von Augenblicken, die nach den vom Beobachter konstruierten Gesetzen der Aufeinanderfolge verteilt sind, der sich unbewußt vom Modell des Kalenders leiten läßt, verhält sich zu den nacheinander in die

Praxis umgesetzten zeitlichen Gegensätzen wie der kontinuierliche und homogene politische Raum der Meinungsumfrageskalen zu den diskreten Stellungnahmen der praktischen Politik. Da letztere stets in einer bestimmten Situation gegenüber bestimmten Gesprächspartnern oder Gegnern abgegeben werden, beziehen sie sich, je nachdem, wieweit die Gesprächspartner politisch voneinander entfernt sind (Gespräch zwischen Rechten und Linken oder zwischen linken Linken und rechten Linken oder zwischen linksstehenden linken Linken und rechtsstehenden linken Linken usw.), auf Gegensätze verschiedenen Niveaus, so daß man im »absoluten« geometrischen Raum nacheinander rechts von sich selbst und links von sich selbst und damit im Widerspruch zum dritten Gesetz der Aufeinanderfolge stehen kann.

Dieselbe Analyse gilt für Terminologien zur Bezeichnung sozialer Einheiten: die Unkenntnis der Ungewißheiten und Zweideutigkeiten, die diese Produkte einer praktischen Logik ihren Funktionen und ihren Anwendungsbedingungen verdanken, führt zur Hervorbringung von *Artefakten,* die ebenso wirklichkeitsfern wie makellos sind. Nichts ist nämlich verdächtiger als die ostentative Exaktheit zahlreicher Organisationsschemata von Gesellschaften, wie sie die Ethnologen aufzeichnen. So ist das saubere und perfekte Modell der Berbergesellschaft als eine Reihe ineinandergefügter Einheiten, wie es Ethnologen von Hanoteau über Durkheim bis Jeanne Favret aufgestellt haben, nur dann akzeptabel, wenn man erstens das Beliebige aller dieser Aufteilungen ignoriert, die dazu noch je nach Ort fließend und variabel sind und *im Kontinuum der Verwandtschaftsverhältnisse* (einer Kontinuität, die sich zum Beispiel in der unmerklichen Abstufung der Pflichten im Trauerfall manifestiert) über die erweiterte Familie *(akham)* und den Klan *(adhrum* oder *takharuhth)* hinaus vorgenommen werden, und zweitens die permanente Dynamik der Einheiten außer acht läßt, die *historisch* nach der Logik von Vereinnahmung oder Verschmelzung (so sind im Dorfe Aït Hichem im Klan Aït Assad mehrere geschrumpfte Klans – *thakharuth* – zusammengefaßt) oder nach der Logik der Spaltung (ebenfalls in Aït Hichem hat sich der ursprünglich zusammengehörige Klan Aït Mendil in zwei Sippen gespalten) entstehen und vergehen; und wenn man drittens schließlich die *Verschwommenheit* negiert, die für die eingeborenen Begriffe in ihrer praktischen Verwendung (im Gegensatz zu den halbtheoretischen Artefakten, wie sie die Befragungssituation hier wie anderswo zwangsläufig erzeugt) wesenstypisch ist, weil sie zugleich Bedingung für das Fungieren dieser Begriffe und deren Produkt ist: mehr noch als bei den zeitlichen Taxonomien des Bauernkalenders hängt die Verwendung von Worten oder Gegensätzen, die zur Klassifizierung, d. h. in diesem Fall zur *Gruppenbildung* dienen, von der Situation und genauer noch von der Funktion ab, die diese Worte oder Gegensätze über die Bildung von Klassen hinaus haben: ob sie zusammenfassen oder teilen, vereinnahmen oder ausschließen sollen.

Ohne in eine gründliche Diskussion von Jeanne Favrets schematischer Darstellung der von Hanoteau zusammengetragenen Terminologie[1] eintreten zu wollen, ist festzuhalten, daß im Dorfe Aït Hichem[2] und in vielen anderen Dörfern die Hierarchie der mit den Worten *thakharuhth* und *adhrum* bezeichneten grundlegenden gesellschaftlichen Einheiten genau *umgekehrt* ist, wie Jeanne Favret unter Berufung auf Hanoteau meint; und dies, obwohl sich ein paar Fälle finden lassen, in denen *thakharuhth* wie bei Hanoteau *adhrum* einschließt, sicher weil die an bestimmten Orten zu bestimmter Zeit gesammelten Terminologien das Endergebnis verschiedener *Geschichtsentwicklungen* bezeichnen, die von der Spaltung, dem Aussterben – gewiß recht häufig vorkommend – oder der Vereinnahmung von Abstammungsgruppen gekennzeichnet sind. Es kommt auch vor, daß beide Worte unterschiedslos zur Bezeichnung derselben sozialen Unterteilung verwendet werden: so in der Region Sidi Aïch, wo man, ausgehend von den kleinsten Einheiten, unterscheidet zwischen: (a) *el h'ara,* der ungeteilten Familie (die in Aït Hichem mit *akham,* dem Haus, *akham n'Aït Ali* bezeichnet wird), (b) *akham,* der erweiterten Familie, in der alle Personen zusammengefaßt werden, die (in der dritten oder vierten Generation) mit dem Namen desselben Vorfahren bezeichnet werden – mit *Ali oder X,* bisweilen auch mit einem wohl von der Topografie abgeleiteten Namen, z. B. wenn der Weg von einem *akham* zum anderen abknickt, mit *thaghamurth,* Ellenbogen, (c) *dahrum, akharuth* (oder *thakharuth*) oder *aharum,* worunter alle die Personen verstanden werden, deren gemeinsame Ahnenreihe mehr als vier Generationen zurückreicht, (d) *s'uff* oder einfacher noch »die von droben« oder »die von drunten«, und (e) dem Dorf als rein räumlicher Einheit, wobei hier die beiden Sippen zusammengefaßt sind. Die Synonyme, zu denen auch noch *thaârifth* (von *âarf,* sich auskennen) als Sammelbezeichnung für die Wissenden, das Äquivalent zu

1 Vgl. J. Favret, »La segmentarité au Maghreb«, *L'homme* 6 (1966) 2, S. 105–111), und J. Favret, »Relations de dépendance et manipulation de la violence en Kabylie«, in: *L'homme* 8 (1968) 4, S. 18–44.

2 Vgl. P. Bourdieu, *The Algerians,* Boston, Beacon Press 1962, S. 14–20.

akham oder *adhrum* (andernorts *thakharubth*) gehört, können nicht rein zufällig verwendet werden, da die einen Synonyme *(akham* oder *adhrum)* eher innere Geschlossenheit und Zusammenhalt betonen, und die anderen *(taghamurth, aharum)* mehr den Gegensatz zu anderen Gruppen. Der Begriff *s'uff,* zur Bezeichnung einer »beliebigen« Einheit, einer üblichen Schwiegerverwandtschaft gebraucht, im Gegensatz zu anderen Begriffen, die Personen mit einem gemeinsamen Rufnamen (Aït...) bezeichnen, ist häufig etwas anderes als der Begriff *adhrum,* mit dem er in Aït Hichem und andernorts deckungsgleich ist.

Man muß der Praxis eine Logik zuerkennen, die anders ist als die Logik der Logik, damit man der Praxis nicht mehr Logik abverlangt, als sie zu bieten hat. Sonst wäre man dazu verdammt, entweder mangelnde Schlüssigkeit von ihr zu verlangen oder ihr eine erzwungene Schlüssigkeit überzustülpen. Die Analyse der verschiedenen, im übrigen stark interdependenten Aspekte dessen, was man den Theoretisierungseffekt nennen könnte (erzwungene Synchronisierung der Aufeinanderfolge und künstliche Totalisierung, Neutralisierung der Funktionen und Ersetzung des Systems der Erzeugungsgrundlagen durch das System der Erzeugnisse), läßt im Umkehrbild gewisse Eigenschaften der Logik der Praxis hervortreten, die sich definitionsgemäß einer theoretischen Erfassung entziehen. Diese im doppelten Wortsinne *praktische Logik* kann alle Gedanken, Wahrnehmungen und Handlungen nur deswegen vermittels einiger als praktisch integriertes Ganzes eng miteinander verknüpfter Erzeugungsprinzipien ordnen, weil ihre gesamte, auf dem Prinzip der logischen Einsparung beruhende Ökonomie voraussetzt, daß die Exaktheit der Einfachheit und Allgemeingültigkeit geopfert wird, und weil sie in der »Polythetie« die Voraussetzungen für einen richtigen Gebrauch der Polysemie findet. Dies besagt, daß die Symbolsysteme ihre *praktische Schlüssigkeit,* also sowohl ihre Einheitlichkeit und ihre Gesetzmäßigkeiten als auch ihre Verschwommenheit oder Unregelmäßigkeiten, die beide gleichermaßen *notwendig,* weil in der Logik ihrer Erzeugung und ihrer Funktionsweise mitenthalten sind, der Tatsache verdanken, daß sie Produkte der Praxis sind, die ihre praktischen Funktionen nur insoweit erfüllen können, wie sie im praktischen Zustand Prinzipien heranziehen, die nicht nur schlüssig – d. h. zugleich in sich logisch und mit den objektiven Bedingungen vereinbar –, sondern auch praktisch im Sinne von bequem, d. h. leicht zu beherrschen und zu handhaben sind, weil sie einer einfachen und ökonomischen Logik gehorchen.

Nur weil die nacheinander ausgeführten praktischen Handlungen auch nacheinander wahrgenommen werden, kann die »Verwechslung der Sphären«, wie die Logiker sagen, die sich aus der äußerst ökonomischen, aber zwangsläufig näherungsweisen Anwendung derselben Schemata auf verschiedene Logikwelten ergibt, unbemerkt bleiben. Niemand kümmert sich darum, die aufeinanderfolgenden Produkte der Anwendung dieser Erzeugungsschemata systematisch aufzuzeichnen und einander gegenüberzustellen: diese diskreten und selbständigen Einheiten verdanken ihre unmittelbare Einsehbarkeit nicht nur den Schemata, die darin realisiert werden, sondern auch der Situation, die in einem praktischen Verhältnis nach denselben Schemata wahrgenommen wird. Die *Ökonomie der Logik*, die dafür sorgt, daß nicht mehr Logik aufgewendet wird als für die Bedürfnisse der Praxis erforderlich, führt dazu, daß die Gesamtheit aller Gegenstände, im Verhältnis zu welcher diese oder jene Klasse konstituiert ist (also ihr Komplement), unerwähnt bleiben kann, weil sie in jedem Fall im praktischen Verhältnis zur Situation und durch dieses implizit definiert ist. Da es sehr unwahrscheinlich ist, daß zwei gegensätzliche Anwendungen derselben Schemata in der Welt aufeinanderprallen, die wir eher als *Praxiswelt* (denn als Diskurswelt) bezeichnen müssen, kann dasselbe Ding in verschiedenen Praxiswelten Verschiedenes zum Komplement haben und daher je nach Art der Welt verschiedene, sogar entgegengesetzte Eigenschaften annehmen.[1] Daher kann das Haus, welches, wie bereits dargestellt, insgesamt als weiblich, feucht usw. definiert ist, plötzlich in einen weiblich-männlichen und einen weiblich-weiblichen Teil zerfallen, wenn es von außen, vom Standpunkt des Mannes, also als Gegenstück zur Außenwelt und folglich nicht mehr unter Bezug auf eine Praxiswelt wahrgenommen wird, die so groß wie das Weltall ist, sondern als autonome

1 Die Logik der Praxis verdankt eine Vielzahl ihrer Eigenschaften der Tatsache, daß das, was die Logik als Diskurswelt bezeichnet, in ihr praktisch bleibt.

Welt (der Praxis wie des Diskurses) behandelt wird, die das Haus übrigens für die Frauen auch ist, vor allem im Winter.[1]

Die Sinnwelten, die verschiedenen Praxiswelten entsprechen, sind zugleich in sich geschlossen – und folglich der logischen Kontrolle durch Systematisierung entzogen – und als schwach systematische Produkte eines Systems praktisch integrierter Erzeugungsprinzipien, die auf den verschiedensten Praxisfeldern wirksam sind, *objektiv* aufeinander abgestimmt. In der *Logik des Ungefähren und der Verschwommenheit,* die in Urteilen von Ästheten oder Professoren gern verwandte Adjektive wie »seicht«, »dünn« und »schwach«, oder, wie bei den Kabylen, traditionelle Begriffe wie »voll«, »geschlossen«, »drinnen« und »darunter«, ohne weiteres als gleichwertig anerkennt, sind die Erzeugungsschemata praktisch austauschbar; eben darum können sie nur systematische Produkte erzeugen, deren Schlüssigkeit aber näherungsweise und verschwommen ist und der Überprüfung durch die logische Kritik nicht standhält. Die *sympatheia tôn holôn,* um mit den Stoikern zu sprechen, die Affinität zwischen allen Objekten einer Welt, in welcher überall Sinn waltet, und zwar Sinn in Hülle und Fülle, hat die Unbestimmtheit und die Überdeterminiertheit jedes einzelnen der Elemente und der sie verknüpfenden Beziehungen zur Grundlage oder zum Gegenstück: die Logik kann nur deshalb überall sein, weil sie in Wirklichkeit nirgendwo ist.

In der rituellen Praxis erfolgt eine *ungewisse Abstraktion,* bei der dasselbe Symbol in verschiedene Verhältnisse eingebracht wird, indem man es unter verschiedenen Aspekten erfaßt oder verschiedene Aspekte desselben Bezugsobjekts in dasselbe Gegensatzverhältnis einbringt. In anderen Worten schließt die rituelle Praxis die sokratische Frage nach dem *Verhältnis* (Form, Farbe, Funktion usw.) aus, *unter dem* das Bezugsobjekt erfaßt wird, und drückt sich damit vor der Aufgabe, in jedem Einzelfalle das

1 En passant sieht man, wie die Standpunkte zum Haus einander nach derselben Logik (männlich/ weiblich) gegenübergestellt werden, die sie auf dieses anwenden: eine solche Verdopplung, die ihre Grundlage in der Entsprechung zwischen den gesellschaftlichen und den logischen Unterteilungen hat, und die daraus resultierende zirkuläre Verstärkung tragen mit Sicherheit viel dazu bei, die Handelnden in einer endlichen und geschlossenen Welt und in einem doxischen Erleben dieser Welt einzuschließen.

Auswahlkriterium für den hervorgehobenen Aspekt zu definieren, und *erst recht* vor der Pflicht, sich stets nach diesem Kriterium zu richten. Da das Prinzip, nach dem die in Beziehung zueinander gesetzten Begriffe (z. B. Sonne und Mond) einander gegenübergestellt werden, nicht definiert und meist auf einen einfachen Gegensatz reduziert wird, stellt die *Analogie* (die wie bei: »die Frau ist der Mond« stets elliptisch formuliert ist, sofern sie nicht von vornherein praktisch gebildet wird) ein Verhältnis der Homologie zwischen Verhältnissen des Gegensatzes her (Mann verhält sich zu Frau wie Sonne zu Mond[1]), die selber unbestimmt und überdeterminiert sind (heiß : kalt : : männlich : weiblich : : Tag : Nacht usw.), wobei sie andere Erzeugungsschemata ins Spiel bringen als die, mit denen eine beliebige weitere Homologie erzeugbar ist, welche etwa die folgenden Begriffe umfassen könnte (Mann : Frau : : Osten : Westen oder Sonne : Mond : : trocken : feucht). Das heißt, daß die ungewisse Abstraktion zugleich eine falsche Abstraktion ist, die so vorgeht, daß sie Beziehungen herstellt, die auf dem beruhen, was Jean Nicod als *globale Ähnlichkeit* bezeichnet.[2] Da sie sich nie ausdrücklich und systematisch auf nur einen Aspekt der Begriffe beschränkt, die sie miteinander verknüpft, nimmt diese Auffassungsart jeden dieser Begriffe monolithisch wahr, wobei sie sich voll zunutze macht, daß zwei »Realitäten« sich nie in *allen* Aspekten, aber immer in *irgendeinem* Aspekt ähneln, zumindest indirekt (d. h. vermittels irgendeines gemeinsamen Begriffs). So erklärt sich zunächst, warum die rituelle Praxis von den verschiedenen Aspekten der zugleich unbestimmten und überdeterminierten Symbole, die sie handhabt, niemals eindeutig Aspekte, die etwas symbolisieren, anderen gegenüberstellt, die nichts symbolisieren und von denen sie folglich abstrahieren müßte (wie bei den Buchstaben des Alphabets, der Farbe der Typen oder der Schriftgröße): wenn zum Beispiel einer der drei verschiedenen Aspekte, nach denen eine »Realität« wie Galle in Beziehung zu anderen (selbst gleichermaßen zweideutigen) »Realitäten« gesetzt wer-

1 *A. d. Ü.:* In den meisten Sprachen ist ›die Sonne‹ männlich und ›der Mond‹ weiblich.

2 J. Nicod, *La géometrie dans le monde sensible*, Vorwort von Bertrand Russell, Paris, P. U. F. 1961, S. 43–44.

den kann, seien es Bittergeschmack (zum Äquivalent hat dieser Lorbeer, Wermut oder Teer, und gegenübergestellt wird er dem Honig), Herbheit unreifen Obsts oder junger Triebe (assoziiert mit der Smaragdeidechse und der Farbe Grün) oder Feindseligkeit (die in beiden vorgenannten Eigenschaften enthalten ist), unbedingt zuerst genannt wird, ist sie trotzdem immer noch genau wie der Grundton eines Akkords an Terz und Quint an die anderen Aspekte gebunden, die *mitschwingen* und mit deren Hilfe Galle anderen Aspekten eines anderen Bezugsobjekts gegenübergestellt werden kann, wenn weitere Verhältnisse gebildet werden sollen. Ohne die Musikmetapher hier zu sehr zu strapazieren, könnte man anregen, viele rituelle Verknüpfungen als *Modulationen* zu verstehen: besonders häufig vorkommend, weil das Bemühen, alle Chancen für sich auszuschöpfen, als spezifisches Prinzip rituellen Handelns zur Logik der *Entwicklung* mit ihren Variationen vor dem Hintergrund der Redundanz führt, spielen diese Modulationen auf den harmonischen Eigenschaften ritueller Symbole, ob man nun ein Thema durch ein striktes Äquivalent unter allen Verhältnissen verstärkt (z. B. die Galle durch Assoziation mit Wermut, der wie sie Bittergeschmack und Herbsäuerlichkeit vereint) oder ob man in leicht verschiedenen Klangfarben moduliert, indem man auf den Assoziationen einer der sekundären Harmonien spielt (Eidechse → Kröte[1]).

Assoziation durch Gleichklang, die zu Näherungen ohne mythisch-rituelle Bedeutung (*Aman d laman,* Wasser ist Vertrauen) oder gar symbolisch überdeterminierten (*azka d azqa,* das Morgen ist das Grab) führen kann, ist eine weitere Modulationstechnik. Das Nebeneinander von Beziehung nach Gleichklang und Beziehung nach Sinn stellt eine Alternative dar, eine Art Kreuzweg von konkurrierenden Pfaden, die widerspruchslos zu anderen Zeiten und in anderen Kontexten eingeschlagen werden können. Die rituelle Praxis nutzt die Polysemie der grundlegenden Handlungen, der mit den sprachlichen Wurzeln teilweise deckungsgleichen mythischen »Wurzeln« so weit wie möglich: auch wenn sie unvollkommen bleibt, ist die Entsprechung zwischen den sprachlichen und den mythischen Wurzeln doch stark genug, eine der tragenden Säulen des analogen Sinns zu sein. Dies über sprachliche Assoziationen, die bisweilen durch Sprichwort oder Sinnspruch sanktioniert

1 Für ähnliche Bemerkungen vgl. M. Granet, *Die chinesische Zivilisation,* München, Piper 1976, passim.

und genutzt werden, die in ihrer gelungensten Form die Notwendigkeit einer mythischen Verbindung durch die Notwendigkeit einer sprachlichen Verbindung bekräftigen.[1] So findet das Öffnen-Schließen-Schema teilweise Ausdruck in der Wurzel *FTH'*, welche unbestimmt und im wörtlichen wie im übertragenen Sinne *Öffnen*, einer Tür oder eines Wegs (bei ritueller und ausgefallener Anwendung), des Herzens (sein Herz öffnen), *Eröffnen* einer Rede (z. B. mit einer rituellen Formel), einer Sitzung oder Versammlung, einer Handlung oder des Arbeitstags usw., oder *Offensein* der »Pforte«, als Beginn einer beliebigen Reihe verstanden, des Herzens (bzw. Appetits), oder einer Knospe, des Himmels, eines Knotens, oder schließlich *Sich-Öffnen* einer Knospe, eines Antlitzes, eines Schößlings, eines Eies, also im umfassenderen Sinne einweihen, segnen, erleichtern, günstige Vorzeichen schaffen (»möge Gott die Pforte auftun«) bedeuten kann, also eine Sinngesamtheit, die sich ungefähr mit der Gesamtheit der Bedeutungen deckt, die mit Frühling assoziiert werden. Die mythische Wurzel hingegen ist umfassender und unbestimmter als die sprachliche und gibt sich zu reichhaltigeren und vielseitigeren Spielen her; mit dem Schema Öffnen-sich-Öffnen-Offensein können Assoziationen zwischen einer ganzen Reihe von Verben und Substantiven geknüpft werden, die sich nicht auf simple morphologische Affinitätsbeziehungen reduzieren lassen. Die mythische Beziehung kann so auf die Wurzel *FSU* anspielen, die mit Losbinden, Entknoten, Lösen, Sich-Öffnen, Erscheinen (der jungen Triebe, daher der Name *thafsuth* für den Frühling) zusammenhängt; die Wurzel *FRKh* austreiben, gebären (daher *asafrurakh*, der Austrieb, oder *lafrakh*, die Baumschossen im Frühjahr, oder noch umfassender auf die Nachkommenschaft, den Erfolg jedes Geschäfts) kann anspielen auf wuchern, sich vermehren; auf *FRY*, sich bilden oder gebildet werden (wenn von Feigen die Rede ist), zu wachsen beginnen (wenn es um Weizen oder um Säuglinge geht), sich vermehren (wenn das Vogelnest gemeint ist: *ifruri el aâch*, das Nest ist voller flügger Jungen), enthülsen, enthülst werden (bei Bohnen oder Erbsen) und infolgedessen auch auf den Eintritt in die Jahreszeit, in der Bohnen frisch geerntet werden können *(lah-'lal usafruri)*; sie kann aber auch anspielen auf die Wurzel *FLQ*, Zerbrechen, Platzen oder Platzenlassen, Spalten, Entjungfern oder Aufspringen der Schale wie beim Ei oder beim Granatapfel, der zu Beginn des Pflügens oder bei der Hochzeit zerschlagen wird. Man braucht nur mit der Logik der Assoziationen zu gehen, um das komplette *Netz* der Synonyme und Antonyme, der Synonyme von Synonymen und der Antonyme von Antonymen zu rekonstruieren. Derselbe Begriff könnte also eine unendliche Zahl von Verhältnis-

1 Um sich eine Vorstellung von diesen Sprachmontagen zu machen, braucht man nur an die Rolle zu denken, die in den Alltagsurteilen den Adjektivpaaren zufällt, der Substanz von unbegründbaren Geschmacksurteilen.

sen eingehen, wenn die Möglichkeiten, ein Verhältnis mit dem einzugehen, was er selbst nicht ist, nicht auf einige grundlegende Gegensätze beschränkt wären, die durch praktische Äquivalenzbeziehungen miteinander verknüpft sind: je nachdem, wie genau (oder ungenau) sie definiert sind, sind die verschiedenen Prinzipien, die die Praxis nacheinander oder zugleich heranzieht, wenn sie Objekte in Beziehung zueinander setzt oder hervorzuhebende Aspekte auswählt, *praktisch* gleichwertig, so daß diese Taxonomie dieselben »Realitäten« von verschiedenen Standpunkten aus einordnen kann, ohne sie deswegen jemals von Grund auf anders zu ordnen.

Doch diese Sprache globaler Ähnlichkeit und ungewisser Abstraktion ist noch zu verstandesbetont, als daß sie eine Logik ausdrücken könnte, die sich unmittelbar in der Leibesübung äußert, ohne den Weg über die bewußte Wahrnehmung hervorgehobener oder beiseite gelassener »Aspekte«, ähnlicher oder abweichender »Profile« zu nehmen. Indem sie in einer Vielfalt von Situationen eine identische Reaktion auslösen, dem Leib in verschiedenen Kontexten dieselbe Haltung aufprägen, können diese praktischen Schemata das Äquivalent eines Akts der Verallgemeinerung erzeugen, der ohne Rekurs auf den Begriff unmöglich zu erklären ist; dies, obwohl das nicht in der Vorstellung, sondern im Handeln zum Vorschein kommende Allgemeine, welches unter ähnlichen Umständen ähnlich handelt, doch ohne »die Ähnlichkeit unabhängig vom Ähnlichen zu denken«, wie Piaget sagt, alle Operationen erspart, die für das Konstruieren eines Begriffs nötig sind. Je nachdem, »um was es geht«, also nach dem Prinzip der stillschweigenden und praktischen Relevanz, »wählt« der praktische Sinn bestimmte Objekte oder Handlungen und folglich bestimmte ihrer Aspekte aus, indem er diejenigen betont, die ihn etwas angehen oder bestimmen, was er in der jeweiligen Situation zu leisten hat, oder indem er verschiedene Situationen oder Objekte als äquivalent behandelt, und unterscheidet so zwischen relevanten Eigenschaften und irrelevanten. Genau wie man Mühe hat, die verschiedenen Bedeutungen eines Wortes wie ein Wörterbuch gleichzeitig zu erfassen, aber unschwer auf verschiedene Situationen passende Beispielsätze nacheinander abrufen kann, sind die Begriffe, die der Analytiker *gezwungenermaßen* anwendet (zum Beispiel die Idee der »Auferstehung« oder des »Schwellens«), um die durch rituelle Akte bewirkten praktischen Gleichsetzungen zu erklären, völlig abgehoben von der Praxis, die solche Auflistungen der Teilrealisierungen eines bestimmten Schemas nicht kennt und nicht mit Verhältnissen wie oben/unten, trocken/feucht oder gar mit Begriffen zu tun hat, sondern mit *sinnlich erfahrbaren* Dingen, die bis in ihre scheinbar typischst relativen Eigenschaften absolut gesehen werden.

Um schlagend zu beweisen, daß es die vom selben Schema erzeugten verschiedenen Bedeutungen im Praktischen nur im Zusammenhang mit ebenso vielen verschiedenen Situationen gibt, braucht man nur wie in einem Wörterbuch einige Anwendungen des Gegensatzes zwischen vorn und hinten aufzulisten. Hinten ist der Ort, wohin man befördert, was man loswerden will; zum Beispiel gibt es in einem bestimmten Ritual des Weberhandwerks den Spruch: »Vor mir die Engel, den Teufel hinter mich«; in einem andern Ritual gegen den Bösen Blick rubbelt man das Kind hinter dem Ohr, um das Übel »hinters Ohr« zu verbannen (nach hinten werfen meint in einem oberflächlicheren Sinne auch Vernachlässigen, Verachten, Hintanstellen, oder einfacher noch etwas nicht angehen, einer Sache nicht ins Gesicht sehen). Hinterrücks oder hintenrum kommt alles Übel: die Frau, die auf dem Markt ein Erzeugnis ihres Fleißes (wie eine Webdecke, gesponnene Wolle usw.) oder ihrer Tierhaltung (wie Hühner, Eier usw.) verkaufen will, darf nicht hinter sich blicken, sonst geht das Geschäft schlecht; nach einer von P. Galand-Pernet berichteten Legende ergreift der Wirbelwind von hinten jeden, der mit dem Gesicht zur *qibla* betet. Man versteht, warum hinten außerdem mit drinnen, mit weiblich (die ostwärts gelegene Vordertür ist männlich, die westwärts gelegene Hintertür weiblich), mit dem Intimen, Verborgenen, Geheimen assoziiert wird; aber auch mit dem, was folgt, was auf der Erde liegt, mit der Quelle der Fruchtbarkeit, *abruâ*, der Brautschleppe, dem Glücksbringer, dem Glück: beim Eintreten ins neue Haus macht die Braut zahlreiche Fruchtbarkeitsgebärden, indem sie Früchte, Eier, Weizen hinter sich wirft. Diese Bedeutungen sind definiert durch den Gegensatz zu allen anderen, die assoziiert werden mit vorne, Vorwärtsgehen, die Stirn bieten *(qabel)*, in die Zukunft, nach Osten, dem Licht entgegen schreiten.

Die Überbetonung der Logik im Standpunkt des Objektivisten verleitet dazu, außer acht zu lassen, daß die wissenschaftliche Konstruktion die Prinzipien der praktischen Logik nur erfassen kann, indem sie diese ihrem Charakter nach verändert: die reflektierende Erklärung verwandelt ein praktisches Nacheinander in eine Abfolge der Vorstellung, eine auf einen objektiv als Anforderungsstruktur gebildeten Raum (Dinge, die »getan« werden müssen) ausgerichtete Handlung in eine beliebig umkehrbare Operation, ausgeführt in einem kontinuierlichen und homogenen Raum. Diese unvermeidliche Transformation ergibt sich daraus, daß die Handelnden den *modus operandi* zur Erzeugung der richtigen rituellen Praktiken nur dann hinreichend beherrschen können, wenn sie ihn praktisch fungieren lassen, also in der Situation und bezogen auf *praktische Funktionen.* Wer über eine praktische Kompetenz verfügt, über eine Kunst oder Fertigkeit worin auch immer, kann beim Übergehen zur Handlung diejenige Disposition anwenden, die ihm nur beim Handeln, in der Beziehung zu einer Situation in den Sinn kommt (er wird die Finte, die sich ihm als einzige Möglichkeit darbietet, so oft wiederholen, wie es die Lage erfordert); er ist im Hinblick auf Wahrnehmung und geordnete Formulierung dessen, was wirklich seine Praxis regelt, nicht besser gestellt als der Beobachter, der ihm voraus hat, die Handlung von außen wie ein Objekt erfassen und vor allem die aufeinanderfolgenden Realisierungen des Habitus aus einer Gesamtsicht betrachten zu können (ohne deswegen über die praktische Kompetenz, die diesen Realisationen zugrunde liegt, oder eine hinreichende Theorie dieser Kompetenz verfügen zu müssen). Alles weist darauf hin, daß der Handelnde, sobald er über seine Praxis nachdenkt und sich damit sozusagen theoretisch in Positur wirft, keine Chance mehr hat, die Wahrheit seiner Praxis und vor allem die Wahrheit des praktischen Verhältnisses zu Praxis zu formulieren: die wissenschaftliche Fragestellung verführt ihn, gegenüber seiner eigenen Praxis einen Standpunkt einzunehmen, der nicht mehr der des Handelns ist, ohne deswegen der Standpunkt der Wissenschaft zu sein. Sie bringt ihn nämlich dazu, in seine Erklärungen seiner Praxis eine Theorie der Praxis als Vorläufer des juristischen, ethischen oder grammatikalischen Legalismus einfließen zu lassen, zu welchem die Situation des Betrachters verleitet. Schon weil er über Begründung und Daseinsgrund seiner Praxis befragt wird und sich selbst befragt, kann der Handelnde das Wesentliche nicht mehr vermitteln: das Eigentümliche der Praxis ist gerade, daß sie diese Frage gar nicht zuläßt. In seinen Aussagen ergibt sich die Grundwahrheit der Primärerfahrung nur aus Weggelassenem, Verschwiegenem und elliptischem Beweisen. Und das bestenfalls, d. h. wenn der Befrager dem Gewährsmann durch hervorragendes Fragen gestattet, der *Sprache der Vertrautheit* zu frönen: da diese nur Einzelfälle und Einzelheiten des praktischen Interesses oder der anekdotischen Kuriosität kennt, Personen und Orte stets mit Eigennamen benennt und außer zum Ausfüllen der toten Jahreszeit die vagen Allgemeinplätze und Stegreiferklärungen nicht kennt, wie sie bei Fremden angebracht sind, übergeht diese Sprache, in der man nicht mit dem Erstbesten spricht, alles mit Schweigen, was nicht besprochen werden muß, weil es eben selbstverständlich ist; ähnlich dem Diskurs von Hegels »Urhistoriker«, der, »das Geschehen nacherlebend«, sich die Voraussetzungen jener zu eigen macht, deren Geschichte er berichtet, bietet sie eben wegen ihrer Unklarheit und der nichtvorhandenen Scheinklarheit halbfertiger Aussagen für den Laiengebrauch Chancen zu entdecken, worin die Wahrheit der Praxis besteht: in ihrer Blindheit gegenüber ihrer eigenen Wahrheit.[1]

Im Gegensatz zur Logik als einer Denkarbeit, die darin besteht, die Denkarbeit zu denken, schließt die Praxis jedes formale Interesse aus. Das Nachdenken über das Handeln selbst, wenn es einsetzt (d. h. fast immer dann, wenn die Automatismen versagen), bleibt dem Streben nach dem Ergebnis und der (nicht notwendig als solche wahrgenommenen) Suche nach Maximierung des Ertrags der Mühe untergeordnet. Daher hat es nichts gemein mit der Absicht zu erklären, wie das Ergebnis erzielt wurde, und

1 Daß der praktische Sinn nicht *im Leeren,* d. h. außerhalb jeder Situation funktionieren kann (es sei denn nach besonderer Schulung), verdammt alle Fragebogenuntersuchungen ins Unwirkliche, welche die durch die abstrakten Reize der Untersuchungssituation provozierten Antworten als authentische Produkte des Habitus registrieren, die doch nur Artefakte des Versuchsraums sind und zu den Reaktionen in der realen Situation im selben Verhältnis stehen wie die für Touristen (oder Ethnologen) vorgeführten Folkloreriten zu den von den Imperativen einer lebendigen Tradition oder den Zwängen einer dramatischen Situation erzeugten echten Riten. Das ist nirgends augenfälliger als in allen Untersuchungen, welche in einer künstlichen Situation und einer ebenso künstlichen Befragung den Sinn für den eigenen Platz im Sozialgefüge, mit dem man sich und die anderen praktisch unter gewöhnlichen Daseinsumständen einordnen kann, mühelos in die Irre führen, indem sie von den Gewährsleuten verlangen, selber zu Soziologen zu werden und zu sagen, zu welcher Schicht sie sich zugehörig fühlen oder ob es bei ihnen gesellschaftliche Klassen gibt, und wenn ja, wie viele.

noch weniger mit dem Versuch, die Logik der Praxis, die der logischen Logik trotzt, verstehen zu wollen (um des Verstehens willen). Man sieht, welche praktische Antinomie die Wissenschaft überwinden muß, wenn sie um den Preis eines Bruchs mit jeder Art Operationalismus, der die grundlegendsten Voraussetzungen der praktischen Logik stillschweigend akzeptiert und sie deswegen nicht objektivieren kann, die Logik der Praxis, die nur versteht, um zu handeln, an sich und für sich verstehen will, und dies gerade nicht mit dem Ziel, diese Logik der Praxis zu verbessern oder zu reformieren.

Die Idee der praktischen Logik als einer Logik an sich, ohne bewußte Überlegung oder logische Nachprüfung, ist ein *Widerspruch in sich*, der der logischen Logik trotzt. Genau nach dieser paradoxen Logik richtet sich jede Praxis, jeder *praktische Sinn:* gefangen von dem, *um was es geht,* völlig gegenwärtig in der Gegenwart und in den praktischen Funktionen, die sie in dieser in Gestalt objektiver Möglichkeiten entdeckt, schließt die Praxis den Rekurs auf sich selbst (d. h. auf die Vergangenheit) aus, da sie nichts von den sie beherrschenden Prinzipien und den Möglichkeiten weiß, die sie in sich trägt und nur entdecken kann, indem sie sie ausagiert, d. h. in der Zeit entfaltet.[1] Es gibt gewiß wenige Praktiken, die wie die Riten nur dazu da zu sein scheinen, daran zu mahnen, wie verkehrt es ist, in Begriffe eine Logik einzubinden, die dazu da ist, daß man ohne Begriff auskommen kann; praktische Manipulationen und Körperbewegungen wie logische Beziehungen und Operationen zu behandeln; von Analogien oder Homologien zu reden (wie man es zwangsläufig tut, um zu verstehen und verständlich zu machen), wo es lediglich

1 Es gibt Akte, die ein Habitus nie hervorbringen wird, wenn er nicht auf die Situation stößt, in der er sein Potential aktualisieren könnte: es ist zum Beispiel bekannt, daß in den Grenzsituationen gewisser Krisenzeiten manche Menschen sich und anderen bisher unbekannte Fähigkeiten offenbaren. Auf diese Interdependenz zwischen dem Habitus und der Situation bauen die Filmregisseure, wenn sie einen Habitus (unbewußt als Erzeugungsprinzip eines bestimmten Stils der Äußerung, der Gestik usw. ausgewählt) mit einer künstlich herbeigeführten Situation zusammenbringen und so die Bedingungen für die Hervorbringung von (unter Umständen völlig improvisierten) Praktiken schaffen, die ihren Erwartungen entsprechen.

um praktische Übertragungen einverleibter und sozusagen haltungsbestimmter Schemata geht.[1] *Als performative Praxis, die dem, was sie tut oder sagt, zum Sein verhelfen will,* ist das Ritual nämlich allzuoft bloß eine praktische *Mimesis* des natürlichen Prozesses, der gefördert werden soll.[2] Im Gegensatz zur expliziten Metapher und Analogie stellt die *mimetische Vorstellung* eine Beziehung zwischen so verschiedenen Phänomenen wie dem Quellen der Getreidekörner im Kochtopf, dem sich rundenden Leib der Schwangeren und dem Keimen des Weizens im Boden her, die keinerlei Erklärung der Eigenschaften der aufeinander bezogenen Begriffe oder der Prinzipien ihrer Inbeziehungsetzung impliziert. Die typischsten Operationen ihrer »Logik« – also Umkehren, Übertragen, Zusammenfassen, Trennen usw. – nehmen dabei die Form von Körperbewegungen an, also einer Rechts- oder Linksdrehung, eines Kopfstands, eines Hinein- oder Hinausgehens, Verknüpfens oder Zerschneidens usw. Diese Logik, die wie jede praktische Logik nur im Handeln erfaßt werden kann, also in der zeitlichen Bewegung, welche diese Logik verschleiert, indem sie sie totalisiert, stellt den Analytiker vor ein schwieriges Problem, dessen Lösung nur in einer Theorie der theoretischen Logik und der praktischen Logik zu finden ist. Die Experten des Logos möchten, daß die Praxis etwas *ausdrückt,*

1 Diese Schemata können nur in der objektiven Schlüssigkeit der von ihnen erzeugten rituellen Handlungen erfaßt werden; auch wenn man sie bisweilen unmittelbar im Diskurs ausmachen kann, wenn ein Gewährsmann scheinbar grundlos zwei Praktiken miteinander »assoziiert«, die nur das Schema gemeinsam haben.

2 Georges Duby, der mit dem »Mentalismus« der meisten Beschreibungen der Religion brach und darauf verweist, daß die Religion der Ritter »völlig in Riten, Gebärden, Formeln aufging« (G. Duby, *Die Zeit der Kathedralen: Kunst und Gesellschaft 980–1420,* Frankfurt, Suhrkamp 1980, S. 18) hebt den praktischen und leiblichen Charakter der rituellen Praktiken hervor: »Wenn ein Reisiger einen Schwur leistete, war in seinen Augen nicht die seelische Verpflichtung wichtig, sondern *eine Körperhaltung,* die Berührung, die seine Hand mit dem Heiligtum hatte, wenn sie auf dem Kreuz, der Heiligen Schrift oder dem Reliquiensäckchen lag. Wenn er vortrat, um Lehnsmann eines Herrn zu werden, war auch dies eine *Attitüde,* eine Haltung der Hände, eine Folge rituell verknüpfter Worte, mit deren bloßem Aussprechen der Vertrag geschlossen war« (*a. a. O.*, S.62–63).

was auch durch einen Diskurs ausgedrückt werden kann, am besten durch einen logischen. Nur mit Mühe kommen sie darauf, daß man eine Praxis auch anders der Absurdität entreißen, ihr ihre Logik zurückgeben kann, als dadurch, sie das Selbstverständliche aussprechen zu lassen, indem man ein explizites Denken auf sie projiziert, das in der praktischen Logik definitionsgemäß nicht vorkommt: man kann sich vorstellen, welche philosophischen oder poetischen Effekte ein von der Schultradition an die Pflege Swedenborgscher »Entsprechungen« gewöhnter Geist unfehlbar daraus ableiten würde, daß die rituelle Praxis Jugend und Frühling mit ihren Reifeschritten und plötzlichen Rückfällen als Äquivalente behandelt oder daß die Beiträge von Mann und Frau zu Produktion und Reproduktion einander gegenübergestellt werden wie das Diskrete und das Kontinuierliche.[1]

Gewiß kann man die praktische Schlüssigkeit der Praktiken und Werke nur durch Konstruieren von Erzeugungsmodellen erklären, die in ihrer eigenen Ordnung die Logik reproduzieren, nach der diese Schlüssigkeit erzeugt wird, und durch Entwickeln von Schemata, die dank ihres synoptischen Synthese- und Totalisierungsvermögens die objektive Systematik der Praxis ohne Phrasen und Paraphrasen hervortreten lassen und bei richtiger Nutzung der Eigenschaften des Raumes (oben/unten, rechts/links) sogar den Vorzug haben können, das Leibschema direkt anzusprechen (was allen, die Dispositionen der Bewegung vermitteln sollen, sattsam bekannt ist). Dennoch muß man sich der Transformation bewußt sein, der die praktische Logik in diesen theoretischen Verschriftungsspielen allein schon dadurch unterworfen wird, daß sie expliziert wird. Ebenso, wie man sich zu Lévy-Bruhls Zeiten weniger über die Eigenarten der »Mentalität der Primitiven« gewundert hätte, wenn man sich hätte vorstellen können, daß die Logik von Magie und »Teilhabe« in einer gewis-

1 Das Extrem dessen, was die inhärente Neigung zur *Interpretation* darstellt, zeigt sich in den *Spekulationen* der Theologen, welche, stets dazu verleitet, ihren Gemütszustand in die Analyse des Religiösen einzubringen, unauffällig durch eine *Rekonversion*, die der der Literaturanalytiker ähnelt, zu einer vergeistigten Form der Semiologie übergegangen sind, bei der Heidegger oder Congar sich mit Lévi-Strauss oder Lacan oder gar mit Baudrillard berühren.

sen Beziehung zum alltäglichsten Erleben von Gefühl oder Leidenschaft (Wut, Eifersucht, Haß usw.) steht, würde man heute nicht so über die »logischen« Fähigkeiten der australischen Ureinwohner staunen, wenn man dem »wilden Denken« nicht in einer Art umgekehrten Ethnozentrismus unbewußt das Verhältnis zur Welt unterstellte, das der Intellektualismus jedem »Bewußtsein« zuschreibt, wenn man nicht die Transformation verschwiege, die von den praktisch beherrschten Operationen zu den ihnen isomorphen formalen Operationen überleiten, und darüber nicht zugleich vergäße, die gesellschaftlichen Bedingungen dieser Transformationen zu hinterfragen.

Die Wissenschaft des Mythos ist im Recht, wenn sie die Sprache zur syntaktischen Beschreibung des Mythos der Gruppentheorie entlehnt, doch dies nur, wenn sie nicht vergißt (oder in Vergessenheit geraten läßt), daß diese Sprache, sobald sie sich nicht mehr bloß als bequeme Übersetzung darstellt, die Wahrheit zerstört, die mit ihr erfaßt werden kann. Daß Gymnastik Geometrie ist, läßt sich durchaus sagen, sofern man darunter nicht versteht, daß der Gymnastiker Geometer ist. Man geriete weniger in die Versuchung, die Handelnden implizit oder explizit wie Logiker zu behandeln, wenn man vom mythischen Logos der Praxis auf die rituelle Praxis zurückginge, die in Form von real ausgeführten Handlungen, d. h. von Körperbewegungen, die Operationen inszeniert, die der wissenschaftliche Analytiker im mythischen Diskurs entdeckt, das *opus operatum,* welches das Moment, das die »mythopoetische« Praxis ausmacht, mit seinen verdinglichten Bedeutungen überlagert. Solange der mythisch-rituelle Raum als *opus operatum* erfaßt wird, d. h. als Ordnung koexistierender Dinge, bleibt er immer nur ein durch die Markierungen der Begriffe für Gegensatzbeziehungen (oben/unten, Osten/Westen usw.) abgesteckter theoretischer Raum, in welchem nur theoretische Operationen, d. h. logische Verschiebungen und Transformationen vorgenommen werden können, die den real vollführten Bewegungen und Transformationen wie Steigen oder Fallen so fernstehen wie der Hund im Sternbild dem bellenden Hund auf Erden. Da wir zum Beispiel festgestellt haben, daß der Innenraum des kabylischen Hauses eine umgekehrte Bedeutung erlangt, wenn man ihn wieder in den Gesamtraum einordnet, kann man nur dann begründet feststellen, daß jeder

der beiden Räume, der innere und der äußere, durch eine Halbdrehung aus dem anderen abgeleitet werden kann, wenn man die Sprache, in der die Mathematik ihre Operationen ausdrückt, wieder auf den ursprünglichen Boden der Praxis herunterholt, indem man Begriffen wie Verschiebung und Drehung ihren praktischen Sinn von *Körperbewegungen* gibt, wie Vorwärts- oder Rückwärtsgehen oder Sichumdrehen; und wenn man beachtet, daß diese »Geometrie der Sinnenwelt«, wie sie Jean Nicod beschreibt, als praktische Geometrie oder besser geometrische Praxis sicher nur deswegen einen solchen Gebrauch von der *Umkehrung* macht, weil der Leib nach Art eines die Paradoxe der doppelseitigen Symmetrie sichtbar machenden Spiegels wie ein praktischer Operator fungiert, der die zu schüttelnde rechte Hand links sucht, mit dem linken Arm in den Ärmel der Jacke fährt, der beim Hineinhelfen rechts war, oder rechts und links, Osten und Westen schon dadurch verkehrt, daß er sich umdreht, »das Gesicht zuwendet« oder »den Rücken kehrt«, oder auch linksherum wendet, was vorher »rechtsherum« war, alles Bewegungen, die von der mythischen Weltsicht mit sozialen Bedeutungen belegt und vom Ritus intensiv genutzt werden.

> Ich ertappe mich dabei, die Schwelle
> Als den geometrischen Ort
> Des Kommens und Gehens im Hause
> Des Vaters zu definieren.[1]

Der Dichter findet hier auf Anhieb das Prinzip der Beziehungen zwischen dem Raum des Hauses und der Außenwelt in den Bewegungen gegenläufigen Sinnes wie Kommen und Gehen: als später Kleinproduzent privater Mythologien kann er unschwer durch die toten Metaphern hindurch zur Grundlage der mythopoetischen Praxis vorstoßen, d. h. zu den Bewegungen und Gesten, die wie in dem von René Char zitierten Ausspruch von Albertus Magnus die Dualität unter der scheinbaren Einheit des Objekts enthüllen: »Es gab in Deutschland Zwillingskinder, von denen eines die Türen mit dem rechten Arm öffnete, das andere sie aber mit dem linken Arm schloß«.[2]

1 Zitiert nach G. Bachelard, *Poetik des Raumes,* Übers. Kurt Leonhard, Frankfurt/Berlin/Wien, Ullstein 1975, S. 254.

2 Ebd., S. 255.

So muß man nach dem Gegensatzpaar Wilhelm von Humboldts vom *ergon* zur *energeia* übergehen, von den Gegenständen oder Verhaltensweisen zur Grundlage ihrer Hervorbringung, oder genauer von der angewandten Analogie oder Metapher als vollendeter Tatsache und totem Buchstaben (a:b::c:d), wie sie die objektivistische Hermeneutik im Blick hat, zur analogen Praxis als *Übertragung von Schemata,* die der Habitus aufgrund erworbener Äquivalenzen bewirkt, womit er die Ersetzbarkeit einer Reaktion durch eine andere fördert und ermöglicht, alle in neuen Situationen möglicherweise auftauchenden gleichförmigen Probleme durch eine Art praktische Verallgemeinerung zu bewältigen. Über den Mythos als konstituierte Realität den mythopoetischen Akt als konstituierendes Moment wiedererfassen bedeutet nicht, wie der Idealismus meint, die Universalkategorien der von Cassirer so bezeichneten »mythopoetischen Subjektivität« oder, in den Worten von Lévi-Strauss, »die Grundstrukturen des menschlichen Geistes«, die angeblich unabhängig von den gesellschaftlichen Bedingungen alle empirisch realisierten Konstellationen regieren, im Bewußtsein zu suchen. Vielmehr läuft dies darauf hinaus, das gesellschaftlich konstituierte System der untrennbar zugleich kognitiven und wertenden Strukturen zu rekonstruieren, das die Wahrnehmung der Welt und das Handeln in der Welt im Einklang mit den objektiven Strukturen eines bestimmten Zustands der Sozialwelt ordnet. Wenn Praktiken und rituelle Vorstellungen praktisch schlüssig sind, so deswegen, weil sie vom kombinatorischen Ineinandergreifen einer kleinen Zahl von Erzeugungsschemata hervorgebracht werden, die durch Beziehungen *praktischer Substituierbarkeit* miteinander zusammenhängen, d. h. Ergebnisse erbringen können, die von den »logischen« Erfordernissen der Praxis her gleichwertig sind. Daß diese Systematik verschwommen und näherungsweise bleibt, liegt daran, daß diese Schemata nur deswegen zu ihrer fast universalen Anwendung gelangen, weil sie *im Zustand des Praktischen* fungieren, d. h. jenseits der Erklärung und folglich außerhalb jeder logischen Kontrolle und unter Bezug auf *praktische Zwecke,* die ihnen eine andere Notwendigkeit auferlegen und verleihen können als die der Logik.

Die unter den Ethnologen (Ethnologie) zum einen und unter den Soziologen (Ethnomethodologie) zum anderen um Klassifizierungssysteme entbrannten Diskussionen haben miteinander gemein zu vergessen, daß diese Erkenntniswerkzeuge als solche Funktionen erfüllen, die nicht der reinen Erkenntnis dienen. Hervorgebracht von der Praxis aufeinanderfolgender Generationen unter einem bestimmten Typ von Existenzbedingungen, fungieren diese Wahrnehmungsschemata, die durch die Praxis erworben und im Zustand des Praktischen angewendet werden, ohne je auf die Vorstellungsebene zu gelangen, wie praktische Operatoren, durch die die objektiven Strukturen, deren Produkt sie sind, sich in den Praktiken zu reproduzieren trachten. Die praktischen Taxonomien als Werkzeuge von Erkenntnis und Kommunikation, ohne die Sinn und Konsens über den Sinn nicht gebildet werden können, wirken nur insoweit *strukturierend,* als sie selber *strukturiert* sind. Was nicht heißen soll, daß sie dem Urteil einer strikt *internen* (»Struktur-« oder »Komponenten-«) Analyse unterworfen wären, die sich, indem sie sie künstlich aus ihren Hervorbringungs- und Anwendungsbedingungen herausreißt, um das Verständnis ihrer gesellschaftlichen Funktionen bringt.[1] Die Schlüssigkeit, die in allen Produkten der Anwendung desselben Habitus zu beobachten ist, beruht auf nichts anderem als auf der Schlüssigkeit, die die für diesen Habitus konstitutiven Erzeugungsprinzipien den gesellschaftlichen Strukturen (Struktur der Beziehungen zwischen Gruppen, Geschlechtern oder Altersklassen, oder zwischen gesellschaftlichen Klassen) verdanken, deren Produkt sie sind und die sie gern in *verwandelter* und unkenntlicher *Form* reproduzieren, indem sie

1 Das antigenetische Vorurteil, das zur unbewußten oder offenen Ablehnung des Versuchs führt, die Genese der objektiven und der verinnerlichten Strukturen in der Untersuchung der individuellen und kollektiven Geschichte zu suchen, wirkt mit dem antifunktionalistischen Vorurteil zusammen und verstärkt die Neigung der strukturalistischen Anthropologie, den Symbolsystemen mehr Schlüssigkeit zuzuschreiben, als diese haben und zum Funktionieren brauchen, wo sie doch Produkte der Geschichte sind und wie die Kultur bei Lowie auch dann »Stück- und Flickwerk« *(things of shreds and patches)* bleiben, wenn die Stückchen, die infolge der Notwendigkeiten der Praxis benutzt werden müssen, ständig Umstrukturierungen und unbewußten und absichtlichen Handhabungen unterworfen sind, die sie in das System integrieren sollen.

diese gesellschaftlichen Strukturen in die Struktur eines Systems symbolischer Beziehungen einfügen.[1]

Wenn man sich wie Lévi-Strauss gegen äußerliche Lesarten wendet, die den Mythos in den Bereich der »Urdummheit« verweisen, indem sie die Strukturen der Symbolsysteme unmittelbar auf die gesellschaftlichen Strukturen beziehen[2], darf man darüber nicht vergessen, daß magische oder religiöse Handlungen, wie Weber sagt, im Grunde »diesseitig« und als völlig vom Bemühen um die Sicherung von Produktion und Reproduktion, kurz, des Fortbestands, beherrschte auf die allerpraktischsten, lebenswichtigsten und dringlichsten Zwecke ausgerichtet sind: Ihre außergewöhnliche Zwiespältigkeit rührt daher, daß sie eine jenseits jeder bewußten Absicht von einem strukturierten und strukturierenden Leib und einer ebensolchen Sprache als automatischen Erzeugern symbolischer Akte hervorgebrachte praktische Logik in den Dienst von auf tragische Weise zugleich realen und völlig irrealen Zwecken stellen, die in Situationen der Trauer (vornehmlich der kollektiven) entstehen, wie bei dem Wunsch, über Leid und Tod zu triumphieren. Die rituellen Praktiken sind wie Wünsche oder Fürbitten der Kollektivtrauer, die in einer (definitionsgemäß) kollektiven Sprache geäußert werden (was eine enge Beziehung zur Musik herstellt), sinnlose Versuche, auf die Dingwelt einzuwirken wie auf die Sozialwelt, auf die Dingwelt Strategien anzuwenden, wie sie unter bestimmten Bedingungen auf andere Menschen angewandt werden, d. h. Strategien der Autorität oder des Gebens und Nehmens, der

1 Panofskys Geschichte der Perspektive (E. Panofsky, »Die Perspektive als ›Symbolische Form‹, *Vorträge der Bibliothek Warburg*, Leipzig, Berlin 1924–25, S. 258–330; 1976 ins Französische übersetzt) stellt einen exemplarischen Beitrag zu einer Sozialgeschichte der konventionellen Erkenntnis- und Ausdrucksweisen dar: dies, sofern man radikal mit der idealistischen Tradition der »symbolischen Formen« bricht und sich bemüht, die historischen Wahrnehmungs- und Vorstellungsformen (durch eine ausdrückliche oder diffuse Bildung) systematisch auf die gesellschaftlichen Bedingungen ihrer Produktion und Reproduktion zu beziehen, d. h. auf die Struktur der sie produzierenden und reproduzierenden Gruppen und auf deren Stellung in der Gesellschaftsstruktur.

2 C. Lévi-Strauss, *Strukturale Anthropologie*, Übers. Hans Naumann, Frankfurt, Suhrkamp 1971, S. 228.

Dingwelt Absichten, Wünsche oder Befehle durch Worte oder darstellende Akte zu *bedeuten*, die jenseits jeder Verständigungsabsicht einen Sinn machen.[1] Das noch passendste »Verstehen« dieser Praxis ließe sich erreichen, wenn man sie mit jenen privaten Riten in Verbindung bringt, die in Situationen äußerster Seelennot, beim Tod eines geliebten Menschen, der bangen Erwartung eines heftig herbeigesehnten Ereignisses erfunden werden und die unweigerlich die sogar und vor allem *im Leerlauf Alltagssinn* erzeugende Logik einer Sprache und eines Leibes entlehnen, um zugleich sinnvolle und sinnlose Worte oder Gebärden hervorzubringen, obgleich diese Riten keine andere Rechtfertigung haben als die, daß man in Situationen, wo nichts mehr gesagt oder getan werden kann, lieber irgend etwas sagt oder tut als gar nichts.

Man sieht hier zugleich die üblichen Fehler und ihren Grund in einem Gegenstand, der sich wie der Mythos oder der Ritus durch die ihm innewohnende Zwiespältigkeit zu den widersprüchlichsten Lesarten hergibt: einerseits für die hochfahrende Distanz, die die objektivistische Hermeneutik gegenüber den Elementarformen des Denkens gewahrt sehen will, die als Vorwand für interpretatorisch virtuose Übungen behandelt werden, wobei das eine Extrem in der Tat die ästhetische Enttäuschung oder gar der ästhetische Abscheu wie in *Phantom Afrika*[2] ist und das andere die exaltierte Teilhabe und entwirklichende Verzückung der großen Gnostiker, die den Alltagsverstand als *erlebten Sinn* fungieren lassen und sich selber zu von einem objektiven Sinn geleiteten Subjekten machen.[3] Mit der objektivistischen Reduk-

1 Die Neigung, die magische Ökonomie nach dem Modell der politischen Ökonomie zu denken, ist beispielsweise überall da zu erkennen, wo das Prinzip der Wechselseitigkeit auftritt, um das *Opfer* als Tausch von Leben gegen Leben festzulegen. Typischer Fall ist das Lammopfer, das am Ende des Dreschens im Namen der Vorstellung gebracht wird, daß eine gute Ernte mit dem Untergang eines Familienmitglieds bezahlt werden muß, wobei das Lamm als Stellvertreter herhalten muß.

2 M. Leiris, *Phantom Afrika*, Frankfurt, Syndikat 1980/1984.

3 Ebenso führt die Schwierigkeit, die rechte Distanz zwischen Klassenrassismus und Populismus zu gewinnen, zwischen dem negativen Vorurteil und dem positiven, das auch eine Form der Herablassung ist, dazu, das Verhältnis zu den beherrschten Klassen nach der alten platonischen Alternative von Bruch *(chorismos)* und Teilhabe *(methexis)* zu denken.

tion können die angeblich objektiven Funktionen aufgedeckt werden, die Mythen oder Riten erfüllen (Funktionen der moralischen Integration wie bei Durkheim, Funktionen der logischen Integration wie bei Lévi-Strauss); doch indem sie den von ihr ans Licht gezerrten objektiven Sinn von den Handelnden, die ihn zum Funktionieren bringen, und somit von den objektiven Bedingungen und den praktischen Zwecken trennt, auf die bezogen deren Praxis definiert ist, verbaut diese Reduktion ein Verständnis dessen, wie diese Funktionen erfüllt werden.[1] Die »teilhabende« Anthropologie wiederum beruft sich auf anthropologische Konstanten und auf die Gemeinsamkeit letzter Erfahrungen – wenn nicht schlicht auf die Sehnsucht nach dem bäuerlichen Paradies, die Grundlage aller konservativen Ideologien –, um Antworten von Ewigkeitswert auf die ewigen Fragen der Kosmologien und Kosmogenien in den praktischen Antworten zu suchen, die die Bauern in der Kabylei oder anderswo auf praktisch und historisch lokalisierte Fragen gegeben haben, die ihnen bei einem bestimmten Entwicklungsstand ihrer Werkzeuge zur materiellen und symbolischen Aneignung der Welt zwingend gestellt wurden.[2] Indem sie die Praktiken von ihren realen Existenzbedingungen abschneidet, um ihnen in falscher Großmut unter Hervorhebung der Stileffekte fremde Absichten zu unterstellen, beraubt die Verherrlichung verlorengegangener Weishei-

1 So muß man zum Beispiel, um verstehen zu können, wie die *Verfluchung* als Extrem des performativen Wortes funktionieren kann, durch das die Vorfahren ihre Macht weiterhin ausüben, sich die gesellschaftlichen Verhältnisse vergegenwärtigen, die gegeben sein müssen, damit die performative Magie wirksam werden kann: insbesondere tiefes moralisches und materielles Elend (und in erster Linie das, welches der Glaube an die Magie produziert, die Angst vor den anderen, ihrer Rede, ihrer Meinung, von denen der Glaube an den bösen Blick sicher nur ein Extremfall ist) und außerdem die Macht, die dem Wort des gesunden Menschenverstands und seinem Sprecher dadurch zuteil wird, daß er die ganze Gesellschaftsordnung, die gesamte frühere Erfahrung auf seiner Seite hat, und dies in einer Situation tiefster Ungewißheit, in der man es wie in Katastrophensituationen vermeidet, das Schicksal herauszufordern.

2 Griaules mystische Lesart der Mythen der Dogon und Heideggers einfallsreiche Exegese der Vorsokratiker sind zwei paradigmatische Varianten desselben Effekts, die sich nur in der »Erhabenheit« ihres Vorwands und in ihren *Bezugspunkten* unterscheiden.

ten diese Praktiken um alles, was ihre Begründung und ihren Daseinsgrund ausmacht, und vereinnahmt sie für die ewiggültige Wesenheit einer »Mentalität«.[1] Die Kabylenfrau, die ihren Webstuhl bespannt, vollzieht keinen welterklärenden Akt: sie richtet lediglich ihren Webstuhl ein, um ein bestimmtes Gewebe für einen sachlichen Gebrauchszweck herzustellen; zufällig kann sie in Anbetracht ihrer symbolischen Ausrüstung, über die sie verfügt, um ihre Praxis praktisch denken zu können – besonders ihre Sprache, die sie immer wieder auf die Logik des Pflügens verweist –, das, was sie tut, nur in der entrückten, d. h. mystifizierten Gestalt denken, über die der nach ewigen Mysterien dürstende Spiritualismus in Verzückung gerät.

Riten gibt es, und zwar weil sie ihren Daseinsgrund in den Existenzbedingungen und in den Dispositionen der Handelnden finden, die sich den Luxus der logischen Spekulation, der mystischen Schwärmerei oder der metaphysischen Umtriebe nicht leisten können. Wenn man die naivsten Formen des Funktionalismus der Lächerlichkeit preisgibt, hat man die Frage nach den praktischen Funktionen der Praktiken damit noch nicht erledigt. Offensichtlich wäre das Ritual der kabylischen Hochzeit vom Standpunkt einer allgemeingültigen Definition der Funktionen der Eheschließung als einer Operation zur Sicherung der biologischen Fortpflanzung der Gruppe in Übereinstimmung mit anerkannten Gruppennormen überhaupt nicht verstehbar. Kaum verständlicher jedoch würde dieses Ritual entgegen dem Anschein durch eine Strukturanalyse, die die spezifischen Funktionen der rituellen Praktiken ignorieren und nicht nach den ökonomischen und sozialen Bedingungen für die Hervorbringung sowohl dieser erzeugenden Dispositionen als auch dieser Praktiken sowie der kollektiven Definition der praktischen Funktionen fragen würde, denen sie dienen. Der kabylische Bauer rea-

1 Es braucht kaum noch gesagt zu werden, daß die »Primitiven« (wie sonst das Volk) nur ein Vorwand für ideologische Schlachten sind, bei denen es in Wirklichkeit um die Gegenwartsinteressen der Ideologen geht; und das wäre sicher auch nicht schwerer an den lautstarken und leichtfertigen Denunziationen der Kolonialethnologie nachzuweisen, die heutzutage Mode sind, als an der entrückten Sicht archaischer oder bäuerlicher Gesellschaften, die früher mit der literarischen Klage über die »Entzauberung der Welt« einherging.

giert nicht auf »objektive Bedingungen«, sondern auf die Bedingungen, die er durch die gesellschaftlich konstituierten Schemata erfaßt, die seine Wahrnehmung ordnen. Die rituelle Praxis zu verstehen, ihr nicht nur ihre Begründung, sondern auch ihren Daseinsgrund wiederzugeben, ohne sie in eine logische Konstruktion oder ein Exerzitium zu verwandeln, erfordert nicht nur eine Wiederherstellung ihrer inneren Logik; es bedeutet vielmehr, daß man ihr ihre praktische Notwendigkeit zurückerstatten muß, indem man sie wieder zu den wirklichen Bedingungen ihrer Entstehung in Beziehung setzt, d. h. zu den Bedingungen, unter denen sowohl die von ihr erfüllten Funktionen als auch die Mittel definiert sind, die sie anwendet, um diese Funktionen zu erfüllen[1]; es bedeutet, die rohen materiellen Grundlagen der *Investition* in die Magie, z. B. die Schwäche der Produktiv- und Reproduktivkräfte, zu beschreiben, die aus einem richtigen, von einer aus der Ungewißheit über die lebenswichtigsten Dinge erwachsenden Stimmung der Not beherrschten Leben einen zufälligen Kampf gegen den Zufall macht; es bedeutet, jene *kollektive* Erfahrung der Machtlosigkeit wenn schon nicht *dingfest*, so doch wenigstens namhaft zu machen, die jeder Welt- und Zukunftsbetrachtung zugrunde liegt (und sich ebenso in dem Verhältnis zu der als bedingungslose Tributleistung verstandenen Arbeit wie in der rituellen Praxis äußert) und die die praktische Vermittlung darstellt, über welche die Beziehung zwischen ökonomischen Grundlagen und rituellen Handlungen oder Vorstellungen hergestellt wird. Tatsächlich wird die Beziehung zwi-

1 Hier muß man Arnold von Gennep zitieren, der daran errinnert, daß die alten Erzählungen in einer Art totalem Drama *ausagiert* und nicht lediglich rezitiert wurden: »Die sogenannte volkstümliche literarische Hervorbringung ist eine nützliche Tätigkeit, die infolge ihrer Verbindung mit anderen, materiellen Tätigkeiten für die Erhaltung und das Funktionieren der Gesellschaftsorganisation notwendig ist. Vor allem in ihren Anfängen ist sie ein organischer Bestandteil und nicht, wie man früher glaubte, eine überflüssige ästhetische Betätigung, ein Luxus« (A. van Gennep, *La formation des légendes*, Paris, Flammarion 1913, S. 8). In derselben Logik weist Mouloud Mammeri die *praktischen Funktionen* der kabylischen Weisheit und der Dichter nach, die ihre Hüter sind (vgl. M. Mammeri und P. Bourdieu, »Dialogue sur la poésie orale en Kabylie«, *Actes de la recherche en sciences sociales*, 19, 1978, S. 67–76).

schen den ökonomischen Bedingungen und den symbolischen Praktiken durch die Funktion, die in der komplexen Beziehung zwischen einer Produktionsweise und einer relativ unabhängigen Wahrnehmungsweise der untrennbar zugleich sachlichen und rituellen Praxis zugewiesen ist, und durch die zu ihrer Erfüllung angewandten operativen Schemata in jeder Praxis und nicht etwa über eine x-beliebige »Verknüpfung« zwischen Systemen hergestellt.[1] Um eine Vorstellung von der Komplexität dieses Netzes von Kausalitätskreisen zu vermitteln, die z. B. bewirken, daß sachliche oder rituelle Praktiken durch die materiellen Existenzbedingungen determiniert werden, wie sie von den Handelnden erfaßt werden, welche wiederum mit von diesen Bedingungen zumindest negativ determinierten Wahrnehmungsschemata ausgestattet sind (wobei diese Bedingungen in eine besondere Form von Produktionsverhältnissen umgesetzt sind), braucht man nur darauf zu verweisen, daß eine der Funktionen der Riten – besonders bei der Hochzeit und der Feldbestellung oder auch der Ernte – darin besteht, den eigentlich rituellen Widerspruch praktisch zu überwinden, den die rituelle Taxonomie aufreißt, indem sie die Welt in gegensätzliche Prinzipien aufteilt und die für den Fortbestand der Gruppe unentbehrlichsten Akte als frevelhafte Gewalttaten erscheinen läßt.

1 Wir werden zu zeigen versuchen, daß das Ritual auf der Ebene der Produktivkräfte, die es negativ vermittels der Ungewißheit und Unsicherheit in Gestalt einer ungeheueren Anstrengung bestimmen, dem unablässig in Gefahr schwebenden Leben von Natur und Mensch zur *Dauer* zu verhelfen, während es auf der Ebene der Strukturen im Gegensatz zwischen den zwei Typen von Riten, den Beschwichtigungs- und Erlaubnisriten von Pflügen oder Ernte, den beschwörenden Riten der Warte- und Keimungszeiten, den Gegensatz ausdrückt, der das ganze Bauernleben zwischen Arbeitszeit (d. h. dem, was vom *Menschen* abhängt) und Produktionszeit (d. h. dem, was allein von der Natur abhängt) beherrscht und der in denselben Begriffen gedacht wird wie die Arbeitsteilung zwischen den Geschlechtern, mit den kurzen, heftigen, diskreten und naturwidrigen Eingriffen des Mannes in der Produktion (Pflügen oder Ernte) einerseits, und andererseits der langsamen und langwierigen Reifung, der Verwahrung, Erhaltung und Verteidigung des Lebens, für die die Frau zuständig ist.

6. Kapitel
Die Wirkung der Zeit

Wenn man sich nur an Praktiken hielte, die wie die rituellen manche ihrer wichtigsten Eigenschaften der Tatsache verdanken, daß sie durch ihre Aufeinanderfolge im Zeitablauf »enttotalisiert« sind, ließe man sich womöglich gerade die Eigenschaften der Praxis entgehen, die von einer entzeitlichenden Wissenschaft am allerwenigsten wiederhergestellt werden können. Es sind die Eigenschaften, welche die Praxis der Tatsache verdankt, daß sie in der Zeit konstruiert wird, daß sie ihre *Form* als Ordnung einer Aufeinanderfolge und damit ihren Sinn (und ihre Richtung) erst von der Zeit erhält. Dies gilt für alle Praktiken, die wie Gabentausch oder Ehrenhandel zumindest aus der Sicht der Handelnden als unumkehrbare und gerichtete Abfolgen relativ unvorhersehbarer Handlungen definiert sind. Erinnern wir uns, daß Lévi-Strauss im Widerspruch zur üblichen Vorstellung und zur berühmten Analyse Mauss' (dem er vorwirft, sich auf das Niveau einer »Phänomenologie« des Gabentauschs begeben zu haben) der Ansicht ist, die Wissenschaft müsse mit der eingeborenen Erfahrung und der eingeborenen Theorie dieser Erfahrung brechen und postulieren, daß der Tausch »das ursprüngliche Phänomen darstellt und nicht etwa die diskreten Operationen, in welche das soziale Leben zerfällt«[1], oder, anders gesagt, daß die »mechanischen Gesetze« des Zyklus der Wechselseitigkeit unbewußte Grundlage der Verpflichtung zum Schenken, der Verpflichtung zum Gegengeschenk und der Verpflichtung zur Annahme sind.[2] Indem der Wissenschaftler postuliert, daß das objektive Modell, wie man es durch Reduzieren des Polythetischen aufs Monothetische, der enttotalisierten und unumkehrbaren Aufeinanderfolge auf die völlig reversible Totalität erlangt, das immanente Gesetz der Praxis, die unsichtbare Grundlage der beobachteten Bewegungen sei, reduziert er die Handelnden auf den Status von Automaten oder trägen Körpern, die von obsku-

1 Vgl. C. Lévi-Strauss, »Introduction à l'œuvre de Marcel Mauss«, in: M. Mauss, *Sociologie et anthropologie*, Paris, P. U. F. 1950, S. XXXVIII.

2 Vgl. C. Lévi-Strauss, *a. a. O.*, S. XXXVI.

ren Mechanismen auf Ziele hinbewegt werden, von denen sie selbst nichts wissen. Die »Zyklen der Wechselseitigkeit« als mechanisches Räderwerk von Praktiken der Pflichtschuldigkeit gibt es nur in der Sicht des allwissenden und allgegenwärtigen Betrachters, der sich mit seiner Wissenschaft der *Sozialmechanik* in die verschiedenen Zeitpunkte des »Zyklus« hineinversetzen kann: in Wirklichkeit kann aber das Geschenk durchaus ohne Gegengeschenk bleiben, wenn man einen Undankbaren beschenkt, es kann als Beleidigung zurückgewiesen werden, sofern es die Möglichkeit der Wechselseitigkeit, also die Dankbarkeit unterstreicht oder gar einfordert.[1] Wenn man die Spielverderber einmal außer acht läßt, die den hübschen Scheinautomatismus des Spiels gefährden (die Kabylen nennen sie *amahbul*), herrscht selbst dann, wenn die Dispositionen der Handelnden so perfekt wie möglich aufeinander abgestimmt sind und die Verkettung von Aktionen und Reaktionen *von außen* völlig vorhersehbar erscheint, so lange Ungewißheit über den Ausgang der Interaktion, wie die Handlungsfolge unabgeschlossen ist: der scheinbar gewöhnlichste, ja routinemäßigste Gabentausch des Alltags nach dem Motto: »kleine Geschenke erhalten die Freundschaft« setzt Improvisation und folglich permanente Ungewißheit voraus, worin, wie es heißt, sein ganzer *Reiz* und damit seine ganze *soziale Wirksamkeit* besteht.

Genau zwischen den »Gratisgaben« (*elmaâtar*, dem »Geschenk ohne Gegengeschenk, das der Muttermilch gleicht«, oder *thikchi*, der ohne Gegenleistung hingegebenen Sache) und den strengsten Pflichtgeschenken (*elahdya* oder *lehna*) gelegen, dürfen kleine Geschenke nur von geringem Wert sein, müssen also leichtfallen und damit auch leicht erwiderbar sein[2]; doch müssen sie *oft* und sozusagen ständig gemacht werden, woraus folgt, daß sie mehr der Logik von kleinen »Überraschungen« oder »Aufmerksamkeiten« folgen als der Mechanik des Rituals. Weil sie die hergebrachte Ordnung der Fami-

1 »Ärgern Sie sich nicht über dieses Angebot meinerseits (...) ich bin ja doch so durchdrungen von dem Bewußtsein, daß ich vor Ihnen eine Null bin – das heißt, in Ihren Augen –, daß Sie sogar Geld von mir annehmen können. Sie können sich durch ein Geschenk von mir nicht beleidigt fühlen.« (Dostojewski, *Der Spieler*, Übers. F. K. Rahsin, Darmstadt 1974, S. 49.

2 Wir sprechen von »Kleinigkeiten« und reagieren auf ein Dankeschön mit: »Das war doch gar nichts« oder »nicht der Rede wert«.

lienverhältnisse pflegen sollen, bestehen sie fast stets aus einem Teller mit Gekochtem, Kuskus (mit einem Stückchen Käse, wenn der Anlaß die erste Milch einer Kuh ist), und richten sich nach den kleinen Familienfreuden am dritten oder siebten Tag nach der Geburt, beim ersten Zahn oder Gehversuch des Kleinkinds, beim ersten Haareschneiden, Marktgang oder Fasten der Knaben. Mit Zeitpunkten im Lebenszyklus des Menschen oder des Ackerbodens assoziiert, beziehen diese kleinen Geschenke sowohl die, die an ihrer Freude teilhaben lassen wollen, als auch die, die an dieser Freude teilnehmen, in einen echten Fruchtbarkeitsritus ein: das Gefäß, in welchem das Geschenk dargebracht wurde, wird nie zurückgebracht, ohne das bisweilen als *thririth* (von *er*, zurückgeben) Bezeichnete »als gutes Omen« *(el fal)* hineinzutun, also ein bißchen Weizen, Gries (niemals Gerste, da diese eine weibliche Pflanze und ein Symbol der Zartheit ist), oder besser Hülsenfrüchte, Kichererbsen, Linsen usw., die als *ajedjig* bezeichnet und verschenkt werden, damit »der Knabe (der Anlaß zu diesem Gabentausch) wachse und gedeihe«. Man unterscheidet diese Alltagsgaben (zu denen auch noch manch andere zu zählen wären, die als *tharzefth* bezeichnet und bei Besuchen gemacht werden) ganz eindeutig von den Sondergeschenken *elkhir, elahdya* oder *lehna,* die bei den als *thimeghriwin* (Singular *thamegra*) bezeichneten großen Festen, bei Hochzeit, Geburt oder Beschneidung dargebracht werden, und erst recht von *lwâada,* dem Pflichtgeschenk an einen Heiligen. Und faktisch besteht zwischen den kleinen Geschenken zwischen Verwandten und Nachbarn und dem Geschenk an Geld und Eiern, das von geographisch wie genealogisch entfernten Schwiegerverwandten dargebracht wird, die auch zeitlich fernstehen – weil man sie nur ab und an, also diskontinuierlich zu »besonderen Anlässen« trifft –, und das wegen seiner Bedeutung und seiner feierlichen Überreichung immer auch eine Art *gedämpfte Herausforderung* bedeutet, ein Verhältnis wie zwischen den Heiraten in Abstammungsgruppe oder Nachbarschaft, die so häufig vorkommen und so eng ins Geflecht der alltäglichen Tauschvorgänge verwoben sind, daß sie völlig unbemerkt bleiben, und den außergewöhnlichen Heiraten zwischen verschiedenen Dörfern oder Stämmen, die bisweilen Bündnisse oder Versöhnungen besiegeln sollen und die, stets von feierlichen Zeremonien gekennzeichnet, viel glanzvoller, aber auch unendlich gefahrenträchtiger sind.

Schon wenn die Möglichkeit besteht, daß etwas anderes herauskommt, als die »mechanischen Gesetze« des »Zyklus der Wechselseitigkeit« vorsehen, wird die gesamte Erfahrung der Praxis und zugleich ihre Logik verändert. Der Übergang von höchster Wahrscheinlichkeit zu absoluter Gewißheit bedeutet einen qualitativen Sprung, der in keinem Verhältnis zum zahlenmäßigen Unterschied steht. Schon die in der Logik der Wahrscheinlichkeitstheorie objektiv begründete Ungewißheit sozialer Gesetzmäßigkeiten kann nicht nur das Erleben der Praxis, sondern auch die Praxis selbst verändern, indem sie zum Beispiel Strategien fördert, die den wahrscheinlichsten Ausgang vermeiden sollen. Die Ungewißheit wieder einführen, bedeutet die Wiedereinführung der Zeit mit ihrem Rhythmus, ihrer Gerichtetheit, ihrer Unumkehrbarkeit, wobei die Mechanik des *Modells* ersetzt wird durch die Dialektik von *Strategien,* ohne jedoch in die imaginäre Anthropologie der Theorien des »rational Handelnden« zurückzufallen.

Die *ars inveniendi* ist eine *ars combinatoria.* Und es läßt sich ein relativ einfaches *Erzeugungsmodell* konstruieren, mit dem die Logik der Praxis theoretisch erklärt werden kann, d. h. *auf dem Papier* die Welt der real beobachteten oder potentiell beobachtbaren Praktiken (Ehrverhalten, Tauschhandlungen) erzeugen, die durch ihre zugleich unerschöpfliche Vielseitigkeit und offenbare Zwangsläufigkeit verblüffen, ohne auf den unmöglichen »Zettelkasten vorgefertigter Vorstellungen« zurückgreifen zu müssen, von dem Jakobson[1] spricht und aus dem angeblich das passende Verhalten für jede Situation gezogen werden kann. Um alle beobachtbaren Formen des Ehrverhaltens und nur diese zu erklären, braucht man also nur ein Grundprinzip anzugeben, nämlich die Gleichheit der Ehre, die zwar nie explizit als Axiom aller ethischen Operationen formuliert wird, aber die Praktiken zu orientieren scheint, weil das Ehrgefühl dazu verhilft, die Operationen praktisch zu meistern. In der Tat ist der Tausch von Ehrbezeugungen wie jeder andere Tausch (von Gaben, Worten) als Tausch definiert – im Gegensatz zur einseitigen Gewalttätigkeit des Angriffs. Mitenthalten ist in diesem Tauschakt also die *Möglichkeit* einer *Folge,* einer *Zurückweisung, Parade, Gegengabe, schlagfertigen Erwiderung* insofern, als die Anerkennung des Partners dazugehört (dem hier Ehrengleichheit zuerkannt wird[2]). Die Herausforderung als solche muß pariert werden und

1 R. Jakobson, *Aufsätze zur Linguistik und Poetik,* München, Nymphenburger 1974, S. 119 (Übersetzung korrigiert).

2 Die Gabe enthält immer eine mehr oder weniger verneinte Herausforderung. »Er hat ihn beschämt«, sagten Marcy zufolge die marokkanischen Berber über die Gabe in Form der Herausforderung *(thawsa),* die für große

wird daher an einen Mann gerichtet, von dem angenommen wird, daß er das Spiel der Ehre spielen kann, und zwar wie es sich gehört; herausgefordert werden ist also zugleich eine Ehrung. Umgekehrt folgt aus diesem Postulat auch, daß nur eine Herausforderung eines Mannes von gleicher Ehre angenommen werden kann: der Ehrenhandel kommt erst zustande durch die Entgegnung. Erforderlich für diese ist, daß die Ehrengleichheit, d. h. die Herausforderung als Ehrenhandel und der Herausforderer als Ehrenmann anerkannt werden. Das Grundprinzip und sein Umkehrsatz bedeuten wiederum, daß sich entehrt, wer einen Ehrenhandel mit einem nicht Ehrengleichen anfängt (durch Herausfordern oder Annahme einer Herausforderung); wer einen Ranghöheren herausfordert, setzt sich der Verachtung aus, und die Unehre fällt auf ihn zurück; wer einen Rangniederen herausfordert oder dessen Herausforderung annimmt, entehrt sich selbst. So verfällt der äußersten Entehrung *elbahadla,* wer seinen Vorteil ausnutzt, um seinen Gegner im Übermaß zu demütigen, anstatt ihn »sich selber mit Schande bedecken« zu lassen. Umgekehrt verfällt der *elbahadla,* wer sich hinreißen ließe, eine verrückte Herausforderung anzunehmen: indem er überhaupt nicht reagiert, lädt er dem Anmaßenden die ganze Last seiner willkürlichen Handlung auf.[1] Es liegt also ein sehr einfaches Schema vor:

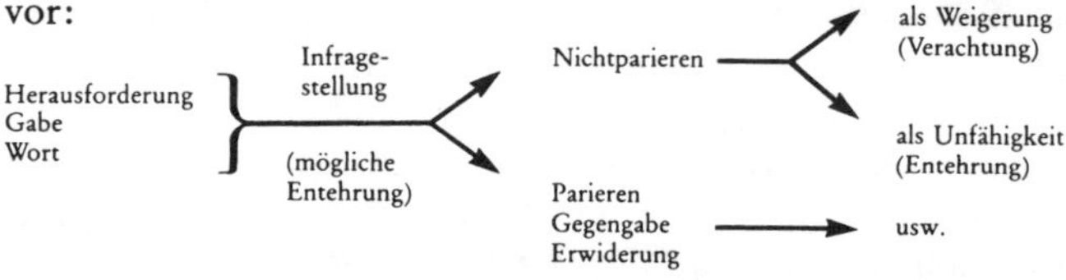

Anlässe typisch war (G. Marcy, »Les vestiges de la parenté maternelle en droit coutumier berbère et le régime des successions touareques«, *Revue africaine* Nr. 85, 1941, S. 187–211). Hieran wird deutlich, daß die Logik von Herausfordern und Parieren das Extrem ist, auf das sich der Gabentausch zubewegt, wenn der großzügige Tausch zur *aggressiven Großzügigkeit* tendiert.

1 Auch wenn sie hier deduktiv dargelegt werden, sind diese Thesen nicht durch Deduktion entstanden, wie die aufeinanderfolgenden Fassungen der Analyse belegen (die erste von 1965 war noch sehr nahe an der eingeborenen, d. h. offiziellen Vorstellung; die zweite von 1972 stützte sich auf eine *Reihe von Fallstudien* und stellte das hier dargestellte Modell vor, jedoch nicht in dieser Sparsamkeit.

Dieses Erzeugungsmodell, das den Austausch auf eine Reihe aufeinanderfolgender Entscheidungen zurückführt, die dank einer sehr einfachen Kombinatorik aufgrund ganz weniger Grundsätze gefällt werden, und mit dem eine Unzahl einzelner phänomenologisch so verschiedener Tauschvorgänge wie Gabentausch, Wortwechsel oder Herausforderung sehr sparsam erklärt werden können, reproduziert *in seiner Ordnung*, wie der Habitus und die Logik der Praxis funktionieren. Diese Logik der Praxis geht in aufeinanderfolgenden unumstößlichen Entscheidungen vor, welche unter Zeitdruck und hohem Risiko (bisweilen geht es, wie bei Ehrenhändeln oder Magie, um Leben und Tod) und in Reaktion auf andere Entscheidungen gefällt werden, die derselben Logik gehorchen.[1]

Desgleichen braucht man sich nur einige durch Kombination der Grundschemata der mythisch-rituellen Weltsicht (Tag/Nacht, männlich/weiblich, außen/innen usw.) erhältliche, sehr allgemein anwendbare Grundsätze zu geben, aus denen sich das Geheiligte *(h'aram)* und die Logik der gesellschaftlichen Tauschvorgänge (das Prinzip der Isotomie und seine Folgesätze) zusammensetzen, und schon kann man alle Artikel des gesamten Gewohnheitsrechts der ethnographischen Überlieferung erklären und damit sogar den möglichen Korpus von Rechtsprechungsakten erstellen, der dem »Gerechtigkeitssinn« in seiner kabylischen Ausformung entspricht.[2] Es sind die in der Praxis fast nie als solche formulierten Schemata[3], die z. B. bei der Bewertung, wie

1 Die Riten von Besessenheit und Exorzismus und alle magischen Kämpfe zeigen als Extrem, daß die magischen Handlungen »logische« Operationen sind, die in Situationen ausgeführt werden, in denen es um Leben und Tod geht, wobei die »magische Stereotypisierung«, von der Weber spricht, gewiß zum Teil daraus folgt, daß Fehler große Tragweite haben.

2 Die Aussagen im Gewohnheitsrecht eines bestimmten Klans oder eines bestimmten Dorfs stellen nur einen sehr geringen Teil der Gesamtheit der möglichen Rechtsprechungsakte dar, von denen eine Zusammenstellung der von der gleichen Basis aus hervorgebrachten Aussagen und Vorschriften in den Büchern des Gewohnheitsrechts verschiedener Gruppen nur eine schwache Vorstellung vermittelt.

3 Der *qanun* jedes Klans (oder Dorfs) besteht im wesentlichen aus einer Auf-

schwer ein Diebstahl ist, dazu führen, daß nach der Logik des *h'aram* alle näheren Umstände (Ort und Zeit) seiner Ausführung berücksichtigt werden. Dabei wird das Haus (oder die Moschee) als geheiligter Ort allen anderen Orten, die Nacht dem Tage, werden die Festtage dem Alltag gegenübergestellt, damit – bei Gleichbehandlung übrigens aller anderen Faktoren – jeweils die härteste Strafe verhängt werden kann (mit dem Diebstahl nachts aus einem Haus als frevelhaftem Angriff auf das *h'aram* und Verstoß gegen die Ehre am einen Ende, und dem Diebstahl tagsüber von einem entlegenen Feld am anderen Ende der Skala). Diese praktischen Grundsätze werden nur ausnahmsweise formuliert, wenn ihre Geltung wegen der *Natur des gestohlenen Gegenstands* aufgehoben werden muß: so schreibt beispielsweise der von Hanoteau und Letourneux berichtete *qanun* (Kanon) von Ighil Imoula vor, daß »jeder, der mit List oder Gewalt ein Maultier, einen Ochsen oder eine Kuh stiehlt, 50 Reales an die *djemâa* und an den Eigentümer den Wert des Tieres entrichten muß, *gleichviel, ob der Diebstahl nachts oder tags, in einem Haus oder außerhalb begangen wurde und ob die Tiere dem Hausherrn gehören oder einem anderen*«.[1] Es sind genau diese grundlegenden, übrigens stets implizit fungierenden Schemata, mit denen zutreffend beurteilt werden kann, wie ernst ein Streit ist: auch hier finden sich die Gegensätze zwischen dem Haus und sonstigen Orten (wobei die Tötung eines im Hause in flagranti Überraschten als gerechtfertigte Abwehr eines Angriffs auf die *h'urma* völlig straffrei ist), zwischen Nacht und Tag, zwischen Festtagen und Alltagen, zu denen noch je nach dem sozialen Rang von Missetäter und Opfer (Mann/Frau, Erwachsener/Kind), nach Tatwerkzeug und Ausführung (heimtückisch – z. B. im Schlafe – oder Mann gegen Mann) und nach dem Ausmaß der Aggression

zählung von Verstößen mit der jeweils entsprechenden Buße dafür, wobei die Grundsätze implizit bleiben, von denen aus diese geheiligten Rechtsprechungsakte produziert werden. So umfaßte zum Beispiel der *qanun* von Agouni-n-Tesellent, einem Dorf des Stammes Ath Akbil, bei insgesamt 249 Artikeln 219 oder 88 Prozent »repressive« (im Sinne Durkheims) Gesetze und nur 25 oder 10 Prozent »restitutive« sowie bloße 5 Artikel über die Grundlagen der politischen Ordnung.

1 A. Hanoteau und A. Letourneux, *a. a. O.*, Bd. III, S. 338.

(bloße Drohung oder Tat) noch Variationen hinzukommen. Doch der spezifische Charakter der praktischen Logik, der, ausgehend von Schemata, deren Anwendung so allgemein und automatisch erfolgt, daß sie nur in Ausnahmefällen zu expliziten Grundsätzen werden, eine Unzahl von auf immer andere Situationen passenden Praktiken erzeugt, zeigt sich darin, daß es im Gewohnheitsrecht verschiedener Gruppen (Dörfer oder Stämme) verschieden harte Strafen für denselben Verstoß gibt: solche Ungewißheiten und Verschwommenheiten, als praktische Umsetzungen derselben *impliziten Schemata* verständlich, könnte es in Urteilen einer Rechtsprechung nach ein- und demselben, bewußt durch rechtssetzende Arbeit entstandenen *expliziten Kodex* nicht geben, der alle Möglichkeiten von Rechtsbruch und Strafe voraussehen und Grundlage für einheitliche und beständige, d. h. vorhersehbare und berechenbare Akte der Rechtsprechung sein will. Die Logik der Praxis, die auf einem System von objektiv schlüssigen Erzeugungs- und Ordnungsschemata beruht und in praxi als häufig ungenaues, aber systematisches Auswahlprinzip dient, weist weder die *Strenge* noch die *Beständigkeit* auf, wie sie für die logische Logik typisch sind, die rationales Handeln aus expliziten und explizit beherrschten und systematisierten Grundsätzen einer Axiomatik *ableiten* kann (die auch die der Logik wären, wenn sie aus dem Modell abgeleitet wäre, um es zu erklären). Daher zeigt sich die Logik der Praxis in einer Art *Einheitlichkeit des Stils*, die zwar unmittelbar wahrnehmbar ist, aber nichts von der strikten und überraschungslosen Schlüssigkeit aufeinander abgestimmter Erzeugnisse eines Plans hat.

Indem sie das, was die Praktiken von innen steuert, außerhalb, in der Objektivität, in Form beherrschbarer Grundsätze erzeugt, ermöglicht die wissenschaftliche Analyse eine echte *Bewußtwerdung*, eine (im Schema verdinglichte) Umsetzung des Schemas in die *Vorstellung*, mit der man die praktischen Grundsätze symbolisch meistern kann, die der praktische Sinn ausagiert, ohne sich eine Vorstellung davon zu machen oder indem er sich nur halbe und unzulängliche Vorstellungen davon macht. Genau wie der Tennis-, Geigen-, Schach-, Tanz- oder Boxunterricht Praktiken, in denen alle künstlich herausgegriffenen elementaren Verhaltensbestandteile in der Einheit einer geordneten und gerichteten

Praxis zusammengefaßt sind, in einzelne Züge, Schritte oder Hiebe zerlegt, geben Gewährsleute gern entweder allgemeine (stets mit Ausnahmen garnierte) Normen oder aber auffällige »Züge« an[1], weil sie sich die Beherrschung der praktischen Matrix, mit der diese Züge erzeugbar sind, über die sie nur in praxi verfügen, »soweit sie sind, was sie sind«, wie Plato sagt, nicht theoretisch aneignen können. Die tückischste Falle ist gewiß, daß Handelnde gern auf die mehrdeutige Sprache der *Regel,* also der Grammatik, der Moral und des Rechts ausweichen, um eine gesellschaftliche Praxis zu erklären, die sich nach ganz anderen Grundsätzen richtet, und damit die Augen vor der Wahrheit verschließen, daß sie diese in praxi meistern, indem sie sie verschleiern als *docta ignorantia,* d. h. als praktische Erkenntnisweise auffassen, die keine Erkenntnis ihrer eigenen Grundlagen enthält. Das Schlimme an eingeborenen Theorien ist nämlich weniger, daß sie die Forschung auf illusorische Erklärungen orientieren, sondern eher, daß sie die der objektivistischen Sicht der Praktiken innewohnende Theorie der Praxis unnötig bekräftigen und daß sie, nachdem sie dem *opus operatum* seine angeblichen Erzeugungsgrundlagen entlockt haben (mit Sätzen wie »die Ehre *verlangt,* daß ...«, »der Anstand *erfordert,* daß ...«, »der Brauch *gebietet,* daß ...« usw.), diese zu Normen der Praktiken erheben.

Die pädagogische Arbeit des Einprägens ist zusammen mit der Institutionalisierung, die stets von einem Mindestmaß an Objektivierung im Diskurs (besonders beim *Recht,* das einem Scheitern der Sozialisierung vorbeugen oder dieses bestrafen soll) oder dieses oder jenes sonstigen Symbolträgers (rituelle Symbole oder Instrumente usw.) begleitet ist, eine der hervorragendsten Gelegenheiten, praktische Schemata zu formulieren und zu ausdrücklichen Normen zu erheben. Es ist gewiß kein Zufall, daß die Frage nach den Verhältnissen zwischen Habitus und »Regel« auftaucht, sobald es historisch zu einem ausdrücklichen und expliziten Unterrichtshandeln kommt. Wie die Lektüre von Platons *Menon* vermuten läßt, steht das Aufkommen eines institutionalisierten Unterrichtswesens in Wechselbeziehung zu einer Krise der diffusen Bildung, die ohne den Umweg über den Diskurs direkt von Praxis

1 Dafür sind in den Analysen weiter unten zahlreiche Beispiele zu finden, ob es sich nun um die übertriebene Demütigung *elbalhadla* in Ehrenhändeln oder die Heirat mit der Parallelkusine im Ehehandel handelt.

zu Praxis vermittelt wird. Hervorragendes (d. h. praktische Meisterschaft in höchster Vollendung) gibt es nicht mehr, sobald man sich fragt, ob es beigebracht werden kann, sobald man die entsprechende Praxis wie in allen *Spielarten des Akademismus* auf *Regeln* gründen will, die aus der Praxis früherer Epochen oder aus ihren Produkten zu Unterrichtszwecken herausgelöst werden. Während die neuen Meister sich gefahrlos der Herausforderung durch die *kaloi kagathoi* stellen können, die das, was sie auf unbekannte Weise *apo ton automaton* erworben haben und nur besitzen, »soweit sie sind, was sie sind«, nicht auf die Ebene des Diskurses bringen können, schätzen die Anhänger der klassischen Bildung ohne weiteres ein Wissen gering, welches wie das der *mathonthes*, der Männer von Wissen, noch die Spuren des Lernens trägt. Und dies sicher, weil die mit dem Begriff Akademismus denunzierte »Abweichung« in jedem Versuch der Explizierung und Kodifizierung einer Praxis mitenthalten ist, der sich nicht auf eine Kenntnis der realen Grundlagen dieser Praxis stützt ... So zum Beispiel ergibt sich aus den Forschungen mancher Pädagogen (z. B. René Deleplaces) in dem Bemühen, das Erlernen sportlicher oder künstlerischer Praktiken zu rationalisieren, indem man die in diesen Praktiken tatsächlich wirksamen Mechanismen *möglichst bewußt macht*, daß der Unterricht in diesen Praktiken des Sports, weil er nicht auf einem *formalen Modell* beruht, das die vom praktischen Sinn (oder genauer vom »Sinn für das Spiel« oder taktischen Verstand) im praktischen Zustand gemeisterten und in praxi durch *Nachahmung* erworbenen Grundlagen explizit machen könnte, auf Regeln oder gar Rezepte zurückgreifen, das Lernen auf typische Phasen (Spielzüge) konzentrieren muß und damit Gefahr läuft, allzuoft dysfunktionale Dispositionen zu erzeugen. Dieser Unterricht kann nämlich keine adäquate Sicht der Praxis *in ihrer Gesamtheit* bieten (so z. B. wenn sich das Rugbytraining darauf konzentriert, wie Fühlung mit den Mannschaftskameraden zu halten ist, anstatt den Schwerpunkt auf das Verhältnis zu den Gegnern zu legen, aus dem sich erst das richtige Verhältnis der Mannschaftskameraden untereinander ergibt).

Es wird jetzt verständlicher, warum die Regel, diese vorwissenschaftliche Hervorbringung, zum Haupthindernis für die Konstruktion einer adäquaten Theorie der Praxis wird. Sie besetzt unrechtmäßig den Platz der zwei Grundbegriffe, den der theoretischen Matrix und der praktischen Matrix, des theoretischen Modells und des praktischen Sinns, und verhindert so, daß die Frage nach deren Verhältnis gestellt wird. Das abstrakte Modell, das man (zur Erklärung beispielsweise der Praktiken der Ehre) konstruieren muß, gilt nur dann uneingeschränkt, wenn man es als das ausgibt, was es ist, nämlich als gänzlich praxisfremdes Artefakt – auch wenn eine rationale Pädagogik dieses für praktische Funktionen nutzen kann, indem sie jedem, der über das praktische Äquivalent dieses Modells verfügt, ermöglicht, sich die Grundlage seiner Praxis real anzueignen, um sie zur Vollendung zu treiben oder sich von ihr zu befreien. Angetrieben wird die ganze Dialektik von Herausforderung und Parade, von Gabe und Gegengabe nicht von einer abstrakten Axiomatik, sondern vom Sinn für Ehre, einer Disposition, die mit der Ersterziehung eingeprägt und von der Gruppe ständig abgefordert und verstärkt wird, die in Körperhaltungen und -verbeugungen (in der Art, wie man sich hält oder dreinblickt, wie man spricht, ißt oder geht) ebenso enthalten ist wie in den Automatismen von Sprache und Denken, mit denen der Mann sich selbst bestätigt, daß er Mann, d. h. männlich ist.[1] Genau mit diesem praktischen Sinn, der sich weder mit Regeln noch mit Grundsätzen belastet (außer im Falle des Scheiterns oder Versagens), und noch weniger mit Berechnungen oder Schlußfolgerungen, die durch den Zeitdruck des Handelns, das »keinerlei Aufschub duldet«, ohnehin ausgeschlossen sind, kann der Sinn der Situation auf der Stelle, mit einem Blick und in der Hitze des Gefechts, eingeschätzt und sogleich die passende Antwort gefunden werden.[2] Nur diese Art

1 Das Verb *quabel*, das von zahlreichen Gewährsleuten als eine Art Sammelausdruck für alle Werte der Ehre angegeben wird, faßt faktisch alle diese Ebenen zusammen, da es Körperhaltungen (das Gesicht zuwenden, ins Angesicht sehen, die Stirn bieten), die anerkannten Tugenden (wie die Kunst zu wissen, wie man als Gastgeber einen Gast empfängt und ihm Ehre erweist oder anderen im Guten wie im Bösen entgegentritt, indem man ihnen ins Gesicht blickt) und zugleich mythisch-rituelle Kategorien (gen Osten, zum Licht, in die Zukunft blicken) bezeichnet.

2 Daß sich die Praxis mit einer partiellen und diskontinuierlichen Logik und einer »hinreichenden oder begrenzten Rationalität« (*satisfying or limited rationality*) zufriedengibt, liegt nicht bloß daran, daß der Rückgriff auf bereits bewährte empirische Verfahren oder Entscheidungsprinzipien den Aufwand für das Sammeln und Analysieren von Informationen, wie bereits bemerkt, ersparen kann (vgl. H. Simon, »A Behavioral Theory of Rational Choice«, *Quarterly Journal of Economics*, 69, 1954, S. 99–118). Es liegt vor allem daran, daß die *Ökonomie der Logik*, welche es rechtfertigt, *»nach Nase«*, *»nach Faustregel«* zu entscheiden, eine *Zeitersparnis* bedeutet, die selbst bei ökonomischen Entscheidungen keineswegs gering ist, wenn man weiß, daß sich Praxis nun einmal unter Zeitdruck abspielt und die beste Entscheidung der Welt nichts wert ist, wenn sie Schnee von ge-

erworbener Meisterschaft, die mit der automatischen Sicherheit eines Instinkts funktioniert, gestattet es, augenblicklich auf alle möglichen ungewissen Situationen und Mehrdeutigkeiten der Praxis zu reagieren: man stelle sich beispielsweise vor, welche Beherrschung der Taxonomien und der Kunst, sich ihrer zu bedienen, erforderlich ist, um durchzusetzen, daß ein Verzicht auf das Parieren einer Herausforderung als Zeichen der Verachtung gilt, obwohl der Rangunterschied zwischen den Gegnern nicht sehr ausgeprägt ist und diese Verachtung als Kneifen ausgelegt werden könnte; hier geht es, wie aus den Regelverstößen der »Weisen« *(imusnawen)* ersichtlich, die die offizielle Regel unter Berufung auf ein höheres Recht[1] verletzen, nicht bloß darum, etwas zu tun, sondern auch darum, etwas *glaubhaft zu machen*, und zwar auf der Stelle, indem man einer Antwort und zugleich einer Definition der Situation Geltung verschafft, die dafür sorgt, daß diese Antwort als einzig legitime anerkannt wird. Dies geht nur bei sehr genauer Kenntnis des eigenen symbolischen Werts und des sozial anerkannten Wertes des Gegners sowie des wahrscheinlichen Sinns eines Verhaltens, der in erster Linie von dem Urteil abhängt, das die anderen über dieses Verhalten und den sich so Verhaltenden fällen.

Alles zusammen zeigt: wenn man das Modell richtig einsetzen will, was einen Bruch voraussetzt, muß man die rituelle Alternative zwischen Bruch und Teilhabe überwinden und die Theorie dessen aufstellen, was im Grunde die Logik der Praxis als praktische Beteiligung am Spiel, *illusio* ist, und zugleich die Theorie des theoretischen Bruchs, der Distanz, die sie voraussetzt und schafft. Mit dieser Theorie, die nichts mit einer Teilhabe an der praktischen Erfahrung der Praxis zu tun hat, lassen sich die theoretischen Fehler vermeiden, die den Beschreibungen der Praxis gewöhnlich unterlaufen. Um überzeugend klarzumachen, daß es notwendig ist, in dieser Theorie der Praxis (und der Theorie) das Prinzip einer methodischen Kontrolle jeder wissenschaft-

stern betrifft, wenn Chance oder ritueller Moment längst vorbei sind (was Analytiker und Experimentator vergessen, wenn sie so tun, als könne der in den Schlagabtausch Verwickelte sich Zeit zur Entzifferung nehmen, ohne für sein Zaudern sofort praktisch abgestraft zu werden).

1 Vgl. M. Mammeri und P. Bourdieu, *a.a.O.*

lichen Praxis zu finden, muß man auf das kanonische Beispiel des Gabentauschs zurückgreifen, bei dem die objektivistische Betrachtung, die das objektive Modell des Zyklus der Wechselseitigkeit an die Stelle der erlebten Aufeinanderfolge von Gaben setzt, besonders eindeutig im Gegensatz zur subjektivistischen Betrachtung steht. Die objektivistische Betrachtung gibt nämlich der Praxis, wie sie von außen und augenblicksbezogen erscheint, den Vorzug vor der Art und Weise, wie Praxis gelebt und ausagiert wird, und reduziert das Erleben kurzerhand auf bloßen Schein. Wenn man bei der objektivistischen Wahrheit der Gabe stehenbleibt, drückt man sich um die Frage nach dem Verhältnis zwischen der als objektiv bezeichneten Wahrheit des Betrachters und der anderen, die schwerlich als subjektive Wahrheit bezeichnet werden kann, da sie die kollektive und sogar offizielle Definition des subjektiven Erlebnisses des Gabentauschs darstellt, die Tatsache nämlich, daß die Handelnden eine Abfolge von Handlungen als unumkehrbar praktizieren, die der Betrachter zu einer umkehrbaren macht. Die Erkenntnis, daß die »objektive« Betrachtung entzeitlichend wirkt, Praxis aber in einem Verhältnis zur Zeit steht, wirft zwingend die Frage auf, ob man überhaupt die Wahl hat zwischen dem von der äußerlichen und totalisierenden Wahrnehmung des Betrachters erzeugten, objektiv umkehrbaren und sozusagen mechanischen Zyklus und der nicht weniger objektiv unumkehrbaren und relativ unvorhersehbaren Abfolge, wie sie die Handelnden durch ihre Praxis, d. h. durch eine Reihe unumstößlicher Entscheidungen erzeugen, in denen und durch die sie sich *in die Zeit einbinden*. Eine Analyse des Austauschs von Gaben, Worten oder Herausforderungen, die wirklich objektiv sein will, muß berücksichtigen, daß die Reihe von Akten, die sich von außen und nachträglich als Zyklus der Wechselseitigkeit darstellt, durchaus nicht wie eine mechanische Verkettung abläuft, sondern wirklich kontinuierlich geschaffen werden muß und jeden Augenblick unterbrochen werden kann; und daß jede Eröffnungshandlung zur Bildung einer solchen Reihe ins Leere gehen, ohne Antwort bleiben kann und damit Gefahr läuft, rückwirkend ihres beabsichtigten Sinns entkleidet zu werden (da sich die subjektive Wahrheit der Gabe, wie wir gesehen haben, nur in der Gegengabe erfüllen kann, die sie erst zur Gabe macht). Somit ist Wechselseitigkeit zwar die »objektive« Wahrheit der diskreten und als solche erlebten Handlungen, wie sie die allgemeine Erfahrung mit der Idee der Gabe assoziiert, aber es darf bezweifelt werden, ob sie die ganze Wahrheit einer Praxis ist, die es nicht gäbe, wenn ihre subjektive Wahrheit völlig deckungsgleich mit dieser »objektiven« Wahrheit wäre. Tatsächlich kann man in jeder Gesellschaft beobachten, daß die Gegengabe, wenn sie nicht zur Beleidigung werden soll, *zeitlich verschoben* und *verschieden* sein muß, weil die sofortige Rückgabe eines genau identischen Gegenstands ganz offenbar einer Ablehnung gleichkommt: der Gabentausch steht also im Gegensatz zum »ich gebe dir, du gibst mir«, wo wie im theoretischen Modell der Struktur der Wechselseitigkeit Gabe und Gegengabe in denselben Augenblick zusammengepreßt werden; auch im Gegensatz zur Leihgabe, deren durch Rechtsakt ausdrücklich garantierte Rückgabe im selben Augenblick *so gut wie vollzogen* ist, wo ein Vertrag geschlossen wird, der Vorhersehbarkeit und Berechenbarkeit der vorgeschriebenen Handlungen gewährleisten soll. In das Modell muß dieser doppelte Unterschied und besonders die zeitliche Verschiebung, die vom »monothetischen« Modell aufgehoben wird, nicht deswegen aufgenommen werden, wie Lévi-Strauss meint, weil dem »phänomenologischen« Bemühen um Rekonstruktion der erlebten Erfahrung der Tauschpraxis Genüge getan werden muß, sondern weil der Gabentausch nur funktioniert, wenn die Wahrheit des objektiven Tausch»mechanismus« individuell und kollektiv *verkannt* wird, die Wahrheit also, der die sofortige Rückgabe brutal den Schleier wegreißen würde, und außerdem die individuelle und kollektive Arbeit verkannt wird, die dafür aufgewendet wird. Erst durch die *Zeitspanne* zwischen Gabe und Gegengabe kann ein Tauschverhältnis, das stets Gefahr läuft, sich selbst und nach außen als umkehrbar, d. h. als zugleich *pflichtschuldig und eigennützig* zu erscheinen, als *unumkehrbar* wahrgenommen werden. »Zu große Eilfertigkeit, sich einer Dankesschuld zu entledigen«, meint La Rochefoucauld, »ist eine Art Undank.« Wer durchblicken läßt, wie eilig er es hat, nicht mehr verpflichtet zu sein, und damit deutlich zeigt, daß er erwiesene Dienste oder empfangene Gaben zurückzahlen, quitt sein, nichts schulden will, denunziert das ursprüngliche Geschenk als geleitet von dem Wunsche zu verpflichten. Alles hängt hier von der Wahl des rechten Augenblicks ab, ist eine Frage des *wie*. Dieselbe Aussage, Geste oder Handlung, ob man schenkt oder gegenschenkt, herausfordert oder pariert, einlädt oder annimmt, kann je nach dem Zeitpunkt, also je nachdem, ob sie zur rechten Zeit oder zur Unzeit erfolgt, gelegen oder ungelegen kommt, völlig verschiedenen Sinn haben. Das liegt daran, daß die Zeit, die, wie es heißt, *zwischen* Gabe und Gegengabe *liegt,* den von der Gemeinschaft geförderten und gebilligten Selbstbetrug ermöglicht, der Voraussetzung dafür ist, daß der Austausch klappt. Der Gabentausch ist eines jener sozialen Spiele, die nur gespielt werden können, wenn die Spieler sich weigern, die objektive Wahrheit des Spiels zu erkennen und vor allem anzuerkennen, also genau die Wahrheit, die das objektivistische Modell ans Licht zerrt, und wenn sie von vornherein bereitwillig eigene Anstrengung, Mühe, Sorgfalt und *Zeit* aufwenden, um die kollektive falsche Erkenntnis zu erzeugen. Alles spielt sich so ab, als ob die Strategien, und vor allem solche, bei denen mit dem *Tempo* des Handelns oder, in der Interaktion, mit der *Pause* zwischen Handlungen gespielt wird, darauf ausgerichtet wären, für sich selbst und den anderen einen Schleier über die Wahrheit der Praxis zu breiten, den der Ethnologe schon dadurch brutal wegreißt, daß er Praktiken, die nur zur rechten Zeit und in der Zeit ausgeführt werden können, durch gegeneinander auswechselbare Bestandteile einer umkehrbaren Folge ersetzt.

Die Pause dazwischen aufheben heißt die Strategie aufheben. Diese Zeit dazwischen, die nicht zu kurz sein darf (wie beim Gabentausch gut zu sehen ist), aber auch nicht zu lang (besonders nicht bei Morden der Blutrache), ist das genaue Gegenteil der toten Zeit, der nutzlosen Zeit, zu der sie im objektivistischen Modell wird. Solange er sich nicht revanchiert hat, ist der Empfänger der Gabe *verpflichtet* und gehalten, seinem Wohltäter Dankbarkeit zu bezeugen oder wenigstens Rücksicht auf ihn zu nehmen, ihn zu schonen, gegen ihn nicht alle seine Waffen zu gebrauchen, wenn er nicht des Undanks bezichtigt und vom »Gerede der Leute« verurteilt werden will, das den Sinn seiner Handlungen verbindlich interpretiert. Wer den Mord nicht gerächt, seinen von einer rivalisierenden Familie aufgekauften Grund und Boden nicht zurückerworben, seine Töchter nicht rechtzeitig verheiratet hat, muß erleben, wie sein Kapital jeden

Tag durch Zeitablauf weiter aufgezehrt wird, sofern er die *Verzögerung* nicht in ein strategisches Hinausschieben verwandeln kann: die Gegengabe hinauszögern kann eine Methode sein, Ungewißheit über die eigenen Absichten fortwähren zu lassen, wobei unmöglich festgelegt werden kann, wann der kritische Punkt erreicht ist, wie der wirklich unheilvolle Augenblick in den Trauerzeiten des rituellen Kalenders, wo die Kurve ihren Wendepunkt erreicht und die ausbleibende Reaktion kein bloßes Versehen mehr ist, sondern zur verächtlichen Weigerung wird. Hinausschieben ist auch eine Methode, zu ehrerbietigem Verhalten zu veranlassen, das so lange angebracht ist, wie die Beziehungen nicht abgebrochen werden. Nach dieser Logik wird verständlich, daß jemand, bei dem um die Hand der Tochter angehalten wird, so schnell wie möglich antworten muß, wenn er das Ansinnen abschlagen will, weil er sonst seinen Vorteil mißbrauchen und den Bewerber beleidigen könnte, während er im umgekehrten Falle die Antwort so lange wie möglich hinausschieben kann, um den konjunkturellen Vorteil seiner Position als Umworbener zu wahren, den er mit seiner endgültigen Zustimmung schlagartig einbüßt. Alles spielt sich so ab, als ob die Ritualisierung der Interaktion den paradoxen Effekt hätte, der Zeit ihre ganze gesellschaftliche Wirkung zu verschaffen, die nie stärker ist als dann, wenn nichts abläuft außer der Zeit: »Die Zeit arbeitet für ihn«, heißt es; sie kann auch gegen jemand arbeiten. Die Wirkung der Zeit geht also auf den Strukturzustand der Verhältnisse zurück, den sie verändert; was nicht bedeutet, daß das Modell dieser Struktur von der Zeit abstrahieren kann. Selbst dort, wo der Handlungsablauf sehr stark ritualisiert ist, wie in der Dialektik von Beleidigung (Anschlag auf den *h'aram*) und Rache, wo jede Art Kneifen, sogar das Strafen mit Verachtung, ausgeschlossen ist, bleibt noch Raum für Strategien, die auf ein Spiel mit der Zeit oder besser noch mit dem *Tempo* des Handelns hinauslaufen. Zum Beispiel kann man die Rache verschleppen, um so aus einem Kapital erlittener Provokationen oder schwebender Auseinandersetzungen und aus dem darin enthaltenen Potential von Rache oder Streit ein Machtinstrument zu machen, das auf der Fähigkeit beruht, initiativ zu werden, um Feindseligkeiten wiederaufzunehmen oder einzustellen. Und dasselbe gilt um so mehr für alle weniger streng reglementierten Gelegenheiten, bei denen Strategien freie Bahn haben, mit denen alle Möglichkeiten der Manipulation des Handlungstempos durch Verzögern, Stunden, Vertagen oder Hinausschieben, Wartenlassen und Hoffnungmachen oder umgekehrt durch Brüskieren, Überstürzen, Vorwegnehmen, Abkürzen, Überraschen, Zuvorkommen genutzt werden sollen, ganz zu schweigen von der Kunst, ostentativ Zeit zu schenken (»jemand seine Zeit widmen«) oder aber zu verweigern (jemand fühlen lassen, daß er einem »kostbare Zeit« stiehlt). Bekannt ist zum Beispiel, welchen Nutzen der Inhaber eines übertragbaren Besitztitels aus dem Hinausschieben der Übertragung und der anhaltenden Unbestimmtheit und Ungewißheit über seine letztendlichen Absichten ziehen kann. Nicht zu vergessen die Strategien, die lediglich die Wirkung der Zeit neutralisieren und die Kontinuität der zwischenmenschlichen Beziehungen gewährleisten und allesamt aus Diskretem Kontinuierliches erzeugen sollen, indem sie wie die Mathematiker zum Unendlichen unendlich Kleines hinzufügen, zum Beispiel in Form von Aufmerksamkeiten, Rücksichtnahmen, Zuvorkommenheit oder jenen »kleinen Geschenken«, die angeblich »die Freundschaft erhalten« (»O Gabe – *thunticht* -, Du machst mich nicht reicher, doch stiftest Du Freundschaft«).

Das ist weit entfernt vom objektivistischen Modell und von der mechanischen Verkettung von Handlungen, wie sie gemeinhin mit dem Begriff des Rituals assoziiert werden: nur der Virtuose, der seine Kunst perfekt beherrscht, kann alle von den Mehrdeutigkeiten und Unbestimmtheiten der Verhaltensweisen und Situationen gebotenen Möglichkeiten ausschöpfen, um die Handlungen hervorzubringen, die in jedem Falle zupaß kommen, um also just zur rechten Zeit genau das zu tun, von dem es heißen wird, daß »nichts anderes zu machen war«, und dieses so zu tun, wie es sich gehört. Auch ist es weit entfernt von Normen und Regeln: sicher sind hier wie anderswo Versprecher, Ungeschicklichkeiten und Schnitzer bekannt; und auch Grammatiker der Konvention, die ganz genau sagen können, was eigentlich getan und gesagt werden muß, aber nicht für sich in Anspruch nehmen, die »Kunst« der *notwendigen Improvisation,* an der sich wahre Meisterschaft erkennen läßt, in einem Katalog wiederkehrender Situationen und passender Verhaltensweisen aufzählen zu können. Die zeitliche Struktur der Praxis fungiert hier wie ein

Filter, der eine Totalisierung verhindert: als Instrument der *Verneinung* macht es eben die Zeitspanne, die zwischen Gabe und Gegengabe eingeschoben wird, in der Erfahrung des einzelnen wie im Urteil des Gemeinwesens möglich, einer subjektiven und einer objektiven Wahrheit, obwohl völlig antinomisch, zur Koexistenz zu verhelfen.[1] Es ist der Fluch des Objektivismus, daß er hier wie in allen Fällen, wo er gegen den Kollektivglauben antritt, allenfalls Wahrheiten feststellen kann, die nicht so sehr unbekannt als vielmehr *verdrängt*[2] sind; und daß er in das Modell, das er zur Erklärung der Praxis produziert, die individuelle oder kollektive, private oder offizielle *subjektive Illusion,* gegen die er seine Wahrheit erobern mußte, d. h. faktisch die *illusio,* den Glauben und die Bedingungen, unter denen diese kollektive Verneinung hervorgebracht wird und funktioniert, nicht einbeziehen kann. Das Verhältnis zwischen objektivistischem Modell und Habitus, zwischem theoretischem Schema und Schema des praktischen Sinns (das durch praktische Regeln als partielle und unvollkommene Erklärungen der Grundsätze verstärkt wird)

1 Sinnsprüche zur Verherrlichung der Freigiebigkeit als höchster menschlicher Tugend koexistieren neben Sprichwörtern, die erkennen lassen, welche Versuchung die Berechnung ist: »Die Gabe ist ein Unheil«, heißt es in einem, und in einem andern: »Ein Huhn zum Geschenk, als Gegengeschenk ein Kamel«; und in einem Wortspiel mit dem Wort *lehna,* das zugleich Geschenk und Frieden bedeutet und dem Wort *elahdya,* das Geschenk bedeutet, heißt es: »Oh Ihr, die Ihr uns den Frieden (das Geschenk) bringt, laßt uns in Frieden«, oder »Laßt uns in Frieden (*lahna*) mit Eurem Geschenk (*elahdya*)« oder »Das beste Geschenk ist, in Frieden gelassen zu werden«.

2 Das ist zum Beispiel in allen Forschungen über den Kult von Kunst und Kultur der Fall: die Soziologie, die die »objektive« Wahrheit ans Licht bringt, muß darauf gefaßt sein, daß die Beweise, die sie zitiert (ich denke z. B. an die Relation zwischen Bildungsniveau und Museumsbesuch, wie in *L'Amour de l'art* festgestellt), bestritten werden, wobei dieses (Freudsche) *Dementi* nichts anderes ist als die Abwehrform der gewöhnlichen *Verneinung* und dazu führen muß, die Illusion, d. h. den Glauben, in die theoretische Konstruktion einzuführen, die sie doch bekämpfen sollte, und sowohl die Bedingungen der Hervorbringung dieser Illusion als auch ihr Funktionieren *zu objektivieren* (das ist der Sinn der Forschungen seit *L'Amour de l'art* über die Bedingungen, unter denen der Glaube an den Wert der Kunst erzeugt wird).

kompliziert sich folglich um einen dritten Ausdruck, um die offizielle Norm und eingeborene Theorie, welche die *Verdrängung* der »objektiven« (d. h. objektivistischen) Wahrheit, die eben in der Struktur der Praxis enthalten und deswegen Teil der vollständigen Wahrheit der Praxis ist, auf der Ebene des Diskurses verstärken. Das Einprägen funktioniert nie besser, als wenn man sich jede Erläuterung sparen kann, und dies selbst in Fällen wie in der Kabylei, wo die Objektivierung der Erzeugungsschemata in einer Grammatik der Praktiken, einem schriftlichen Verhaltenskodex minimal ist. Offizielle Vorstellungen, zu denen außer Regeln des Gewohnheitsrechts auch Sinnsprüche, Merksätze oder Sprichwörter als Formen der Objektivierung der Wahrnehmungs- und Handlungsschemata.in Worten, Dingen oder Praktiken (d. h. sowohl der Wortschatz der Ehre oder Verwandtschaft mitsamt dem in ihm mitenthaltenen Heiratsmodell als auch rituelle Gegenstände oder Handlungen) gerechnet werden müssen, stehen in einem dialektischen Verhältnis zu den Dispositionen, die sich in ihnen ausdrücken und die sie mit hervorbringen und verstärken. Habitusformen *anerkennen* spontan Ausdrucksformen, in denen sie sich wiederfinden, weil sie sie spontan hervorbringen, und das gilt besonders für die exemplarischen Produkte der konformsten Habitusformen, die von den Habitusformen aufeinanderfolgender Generationen selegiert und bewahrt worden und mit der intrinsischen Objektivierungskraft und Autorität ausgestattet sind, wie sie jede öffentlich gebilligte Ausprägung des Habitus beanspruchen kann.

Das Eigentümliche offizieller Vorstellungen liegt darin, daß sie die Grundlagen eines praktischen Verhältnisses zur Natur- und Sozialwelt in Worten, Gegenständen, Praktiken und vor allem in kollektiven und öffentlichen Manifestationen wie Großritualen, feierlichen Abordnungen und Prozessionen (die Griechen nannten sie *Theorien*) schaffen, deren verweltlichte Form unsere Umzüge, Versammlungen, Demonstrationen sind, wo sich die Gruppe in ihrem Umfang und ihrer Struktur zur Schau stellt. Diese rituellen Demonstrationen sind gleichfalls Vorstellungen – im Sinne des Theaters –, Schauspiele, die die gesamte Gruppe ins Spiel bringen und in Szene setzen, indem sie zum Publikum einer augenfälligen Vorstellung dessen gemacht wird, was nicht etwa, wie gern behauptet, eine Vorstellung der Natur- und Sozialwelt, eine »Weltanschauung« ist, sondern ein praktisches und stillschweigendes Verhältnis zu den Dingen der Welt. Die *Offizialisierung* ist der Prozeß, durch welchen die Gruppe (oder ihre Herrschenden) sich ihre eigene Wahrheit beibringt und verschleiert, indem sie sich im öffentlichen Bekenntnis zusammenfindet, mit dem ihre Aussage legitimiert und durchgesetzt wird, wobei sie stillschweigend die Grenzen zwischen dem Denkbaren und dem Undenkbaren definiert und so zur Erhaltung der Gesellschaftsordnung beiträgt, aus der sie ihre Macht ableitet.[1] Hieraus ergibt sich, daß die Schwierigkeit, die jeder Erläuterung der Logik der Praxis ohnehin innewohnt, noch vergrößert wird durch das Hindernis der Gesamtheit der allgemein gebilligten Vorstellungen, in denen sich die Gruppe wiedererkennen will.[2]

1 Der Effekt der symbolischen Durchsetzung, den die offizielle Vorstellung schon durch sich selbst hat, wird verstärkt durch einen tiefergreifenden Effekt, wenn die vorwissenschaftliche Grammatik, die normative Beschreibung, zum Gegenstand eines (auf unterschiedliche Weise) aufgezwungenen Unterrichts durch eine spezifische Anstalt und so zur Grundlage eines *kultivierten Habitus* wird: so setzt in einer Gesellschaft mit Klassenspaltung der legitime sprachliche Habitus die von Familie und Bildungssystem bewirkte Objektivierung (genauer noch Thesaurierung und Formalisierung durch das Korps der Grammatiker) und die Einprägung des *Systems von Regeln* (der Grammatik) voraus, des Produkts dieser Objektivierung. In diesem Falle wie im Bereich der Kunst und, allgemeiner noch, der wissenschaftlichen Kultur ist es die halbwissenschaftliche Norm (Grammatik, schulische Kategorien der Wahrnehmung, Bewertung und Äußerung usw.), welche (in Form von »Bildung« verinnerlicht) zur Grundlage der Erzeugung und des Verstehens von Praktiken und Diskursen wird. Hieraus folgt, daß die Beziehungen zur wissenschaftlichen Kultur (und Sprache) objektiv durch das Ausmaß der Verinnerlichung der legitimen Norm definiert werden: die Leichtigkeit, mit der diejenigen, welche die wissenschaftliche Grammatik der Praktiken und Diskurse früh und gründlich beherrschen, so hohe Übereinstimmung mit ihr erreichen, daß sie sich Spiele mit der Regel erlauben können, wie sie für wahre Meisterschaft typisch sind, steht im Gegensatz zu der Steifheit und dem Dünkel jener, die durch ihre strikte Einhaltung der Regel ständig erkennbar werden lassen, daß ihnen viel an der *Durchsetzung* der Regel liegt, ganz zu schweigen von denen, die sich, was immer sie auch tun mögen, nicht an Regeln halten können, die *gegen sie* erlassen sind.

2 Die erwählt sind, im Namen der Gruppe über die Gruppe zu sprechen, also die autorisierten Sprecher, auf die sich der Ethnologe zunächst beruft

Mit Recht stellt die objektivistische Kritik die offizielle Definition der Praktiken in Frage und enthüllt damit die wirklichen Bestimmungsfaktoren, die sich hinter den offen erklärten Beweggründen verbergen. Die kraß materialistische Reduktion, welche Werte als kollektiv verkannte Interessen beschreibt und mit Weber darauf verweist, daß die offizielle Regel nur dann die Praxis bestimmt, wenn das Interesse an ihrer Einhaltung stärker ist als das Interesse, sie zu mißachten, wirkt sich dennoch im Sinne einer heilsamen Entmystifizierung aus. Doch darf darüber nicht in Vergessenheit geraten, daß die offizielle Definition der Wirklichkeit ein Teil der vollständigen Definition der gesellschaftlichen Wirklichkeit ist und daß diese imaginäre Anthropologie durchaus reale Wirkungen zeitigt: man kann der *Regel* die Wirksamkeit absprechen, die ihr der Juridismus zuschreibt, und dabei durchaus einräumen, daß es ein Interesse gibt, *sich vorschriftsmäßig zu verhalten,* welches Grundlage aller Strategien sein kann, sich Regeln zu beugen oder, wie es so schön heißt, das Recht auf seiner Seite zu haben, gewissermaßen die Gruppe beim Wort zu nehmen, indem man die eigenen Interessen unter dem unkenntlichen Schein von Werten präsentiert, die von der Gruppe anerkannt werden. Unmittelbar auf imaginären Gewinn (z. B. auf das gesellschaftliche Kapital einer vorteilhaften Heirat) ausgerichtete Strategien werden häufig durch Strategien zweiter Ordnung verstärkt, die darauf abzielen, den Erfordernissen der offiziellen Regel dem Scheine nach zu genügen und so seine eigenen Interessen zu befriedigen und zugleich das Ansehen oder die Achtung einzuheimsen, die fast allüberall Handlungen entgegengebracht werden, mit denen scheinbar kein anderer Zweck verfolgt wird als die Einhaltung der Regel. Tatsächlich gibt es nichts, was Gruppen hartnäckiger einfordern und großzügiger belohnen als diese äußerliche Verbeugung vor dem, was sie zu verehren belieben.[1]

(mehr Männer als Frauen, mehr alte oder gereifte Männer als junge und mehr Respekts- als Randpersonen), tragen einen Diskurs vor, der mit der Anschauung übereinstimmt, die die Gruppe von sich verbreiten und selber haben will, wobei die Betonung (vor allem in Gegenwart eines Fremden) mehr auf Werte (z. B. die Werte der Ehre) als auf Interessen, mehr auf Regeln als auf Strategien gelegt wird usw.

1 Zwischen dem, der durch meisterliche Beherrschung einer »selbstver-

Strategien, mit denen vorschriftsmäßige Praktiken hervorgebracht werden sollen, sind ein Sonderfall aller Strategien der Offizialisierung, deren Ziel es ist, »selbstsüchtige«, private, partikuläre Interessen (Begriffe, die sich nur im Spannungsverhältnis zwischen einer sozialen Einheit und der größeren Einheit auf höherer Ebene definieren lassen) in *selbstlose*, kollektive, öffentlich vertretbare, legitime *Interessen* zu verwandeln. Wo es keine politisch verfaßten Instanzen mit faktischem Gewaltmonopol gibt, kann eigentlich politisches Handeln nur über den Effekt der Offizialisierung erfolgen. Dieses Handeln setzt daher die besonders in Krisenzeiten, in denen das kollektive Urteil schwankt, unerläßliche Kompetenz (im Sinne der einer Autorität sozial zuerkannten Fähigkeit) voraus, die kollektive Definition der Situation zu manipulieren und die größtmögliche Gruppe zu mobilisieren, indem sie einem privaten Vorgang die höheren Weihen allgemeiner Bedeutung verleiht (zum Beispiel die Beleidigung einer bestimmten Frau als Anschlag auf die *h'urma* der gesamten Gruppe darstellt), oder umgekehrt die Gruppe zu demobilisieren, indem sie das betroffene Individuum im Regen stehen läßt und zum schlichten Einzelgänger macht (griechisch *idiotes* und kabylisch *ahmabul*), der so wenig Verstand hat, alle mit seinem privaten Anliegen zu behelligen.

Wo es wie in der früheren Kabylei keinen mit physischem oder auch nur symbolischem Gewaltmonopol ausgestatteten Justizapparat gibt, haben die Vorschriften des Gewohnheitsrechts nur insoweit eine gewisse Wirksamkeit, wie sie, von den Autoritätsfiguren der Klans (den Ältesten oder »Weisen«) geschickt gehandhabt, die Dispositionen »reaktivieren«, mit denen sie reproduziert werden können. Die Dorfversammlung funktioniert nämlich nicht wie ein Gericht, welches nach Maßgabe eines bereits vorhandenen Kodex Urteile fällt, sondern wie ein Schieds- oder Familiengericht, das sich bemüht,

[Fortsetzung der Fußnote 1 von Seite 200]
ständlich« mit der offiziellen Regel konformen Praxis ausersehen ist, die Funktionen des Delegierten und Sprechers wahrzunehmen, und dem, der nicht nur nichts tut, um seine Mängel zu kaschieren oder abzumildern, sondern auch noch die Spielregeln bricht, gibt es noch einen Dritten, der zur ganz offiziellen Existenz der Regel, die er weder einhalten noch verwerfen kann, dadurch beiträgt, daß er so tut, als wolle er sie beherzigen, also die Regel *anerkennt*.

die Standpunkte der Gegner miteinander zu versöhnen und sie zum Einlenken zu bewegen: das System kann also nur funktionieren, wenn die Habitusformen *aufeinander abgestimmt* sind, da die Entscheidung des Schiedsrichters nur bei Zustimmung der »verurteilten« Partei (bei deren Versagung dem Kläger nur noch Gewaltanwendung bleibt) Rechtskraft erlangt und nur dann eine Chance hat, anerkannt zu werden, wenn sie mit dem »Gerechtigkeitssinn« übereinstimmt und entsprechend den vom »Ehrgefühl« anerkannten Formen auferlegt wird. Und wie könnte man übersehen, daß symbolische Zwangsmittel wie *Verfluchung* (»Wer Dung von Marktständen nimmt, wird mit 50 Duros bestraft und mit einem Fluch belegt, der ihn zu einem *amengur* macht – er stirbt ohne Erben –«, Artikel XC des *qanun* von Adni, erwähnt von Boulifa 1913, S. 15–27) oder *Bann* ihre Wirksamkeit nur dem objektiven Einverständnis (dem Glauben) derer verdanken, gegen die sie ausgesprochen werden?

Die Politik bietet das bevorzugte Terrain für Strategien der Offizialisierung: in ihrem Bemühen, das Vertretungsrecht für die Gruppe für sich zu vereinnahmen, es ihren Konkurrenten zu entziehen, können die um die politische Macht konkurrierenden Handelnden gegeneinander nur rituelle Strategien und strategische Rituale einsetzen, mit denen entweder private Interessen symbolisch zu solchen der Allgemeinheit erhoben oder aber offiziell anerkannte allgemeine Interessen symbolisch privat vereinnahmt werden sollen.[1]

1 Die Konkurrenz um die offizielle Macht ist auf die Männer beschränkt, da die Frauen nur um eine *offiziös* bleibende Macht konkurrieren können. Männer haben die gesamte Gesellschaftsordnung und jede offizielle Institution auf ihrer Seite, angefangen mit den mythisch-rituellen und genealogischen Strukturen, welche durch Zurückführen des Gegensatzes zwischen dem Offiziellen und dem Privaten auf den Gegensatz zwischen Draußen und Drinnen und somit zwischen männlich und weiblich eine systematische Hierarchisierung aufbauen, in der Frauen zwangsläufig nur verschämt, heimlich oder bestenfalls nichtöffentlich Einfluß nehmen können; selbst wenn sie reale Macht innehaben, wie häufig zumindest in Ehen, können die Frauen diese nur dann voll ausüben, wenn sie dem Manne den Schein; d. h. die öffentliche Manifestation überlassen; sie können nur dann irgendwelche Macht haben, wenn sie sich darauf einlassen, sich mit der nichtöffentlichen Macht der Grauen Eminenz zufriedenzugeben, einer *Macht von Unterdrückten,* die nur als stellvertretende, unter dem Mantel einer öffentlichen Autorität ausgeübt werden kann und so noch die Autorität stärkt, die sie sich zunutze macht.

Das bedeutet, daß alle Arten offizieller Vorstellungen, und vor allem die in der Sprache in Form von Merksätzen, Sprichwörtern, Reimen objektivierten, die in diesen Kämpfen am heftigsten umstrittenen Streitobjekte sind. Sich die »Worte des Stammes« zu eigen machen heißt sich die Macht der Einwirkung auf die Gruppe aneignen, indem man sich eben die Macht aneignet, welche die Gruppe mittels ihrer offiziellen Sprache über sich selbst ausübt: die magische Wirkung dieser performativen Sprache, die dem zur Existenz verhilft, was sie ausspricht, die ihre Aussage magisch in konstituierende Feststellungen einsetzt, beruht nämlich nicht auf der Sprache selbst, wie manche glauben, sondern auf der Gruppe, die sie billigt, sich selbst damit billigend, die sie anerkennt und sich in ihr wiedererkennt.

So verfehlt der Objektivismus die Objektivität, indem er versäumt, in seine Zusammenfassung des Wirklichen die Vorstellung des Wirklichen einzubeziehen, gegen das er seine »objektive« Vorstellung konstruieren mußte, die aber, wenn sie die Einstimmigkeit der Gruppe für sich hat, zur unbestreitbarsten Form der Objektivität wird. Der Gabentausch ist das Paradigma aller Operationen, dank deren die symbolische Alchimie diese die Wirklichkeit verneinende Wirklichkeit erzeugt, auf die das kollektive Bewußtsein als kollektiv produzierte, vertretene und bewahrte Verkennung der »objektiven« Wahrheit hinauswill. Die von der kollektiven Arbeit der Beschönigung erzeugte offizielle Wahrheit als Grundform der Objektivierungsarbeit, die zur juristischen Definition schicklicher Praktiken führt, ermöglicht der Gruppe nicht nur die »geistige Ehrenrettung«; sie hat auch reale Wirkung, weil sie selbst dann, wenn sie von allen Praktiken in Abrede gestellt wird wie eine Grammatikregel mit lauter Ausnahmen, die Wahrheit der für schicklich gehaltenen Praktiken bleibt. Die Ehrenmoral lastet auf jedem mit dem Gewicht aller anderen Gruppenmitglieder, und die Entzauberung, die zur fortschreitenden Entschleierung verdrängter Bedeutungen und Funktionen führt, kann sich nur aus einem Zusammenbruch der gesellschaftlichen Bedingungen *gegenseitiger Mißbilligung*[1] ergeben, die jeder gerade eben aushält, indem er alle andern ständig

1 Die Verstädterung, die Gruppen unterschiedlicher Tradition miteinander zusammenbringt und die gegenseitige Kontrolle schwächt, oder die simple

damit überzieht, und aus der Krise der kollektiven Selbsttäuschung, die aus diesem Zusammenbruch entsteht.

»Landflucht«, wie sie allgemein durch das Aufkommen der Geldwirtschaft und der Lohnabhängigkeit entsteht, führen zum Zusammenbruch der kollektiv gepflegten und damit durchaus realen kollektiven Fiktion der Ehrenreligion (so z. B. tritt an die Stelle des *Vertrauens* der *Kredit – talq* -, der früher verflucht oder verachtet wurde, wie das Schimpfwort *»o face de crédit«* für das Gesicht dessen, der als ständig Gedemütigter die Ehrlosigkeit schon nicht mehr fühlt, oder die Tatsache, daß die Zurückweisung ohne Wiedergutmachung als schlimmste Beleidigung *herru natalq* genannt wird). Das doxische Verhältnis zur Welt ist die sichtbarste Manifestation des Effekts, der immer dann auftritt, wenn die Praktiken einer Gruppe eine sehr schwache Verteilung aufweisen (Kurve in J-Gestalt) und jedes ihrer Mitglieder dazu beiträgt, daß die anderen nolens volens demselben Zwang unterworfen sind, dem sie ihn unterwerfen: tatsächlich ist auch nur der Gedanke daran, mit dieser Art geschlossener Kontrolle zu brechen, die nur durch ein kollektives Bewußtwerden und Vertragschließen denunziert werden könnte, schon durch die Logik des *Effekts der Einstimmigkeit* ausgeschlossen – die ganz und gar nicht auf einen Nachahmungs- oder Modeeffekt reduziert werden kann (im Gegensatz zu dem, was die Theorien des Urvertrags glaubten, kann nur der Vertrag vom vertragslosen Zwang der gesellschaftlichen Mechanismen befreien, wie er vom Laisser-faire gesetzt wird). Daß der Urglaube von Gemeinschaften mit starkem Zusammenhalt das Produkt reihenweisen Zwangs ist, den die Gruppe gegen sich selbst ausübt (der als *sehr unangenehm empfunden* werden kann, wie die religiöse Kontrolle in den Dörfern auf dem Land, ohne je eine Revolte auszulösen, die ihn abschütteln könnte), ermöglicht zu verstehen, daß die Brüche (z. B. bei religiösen Praktiken) recht häufig eine kraß kollektive Form annehmen, wobei die geschlossene Kontrolle sofort unwirksam wird, sobald sich die *reale Chance* auftut, sie abzuschütteln.

7. Kapitel
Das symbolische Kapital

Eine theoretische Konstruktion, die rückblickend die Gegengabe in die Gebensabsicht hineinverlegt, verwandelt nicht nur die zugleich riskante und unvermeidliche Improvisation der Strategien des Alltags, die deswegen so unendlich komplex sind, weil die stille Berechnung des Schenkers mit der stillen Berechnung des Beschenkten rechnen, also dessen Ansprüche erfüllen und dabei so tun muß, als kenne sie diese nicht, in mechanische Verkettungen von Pflichthandlungen. Gleich mitverschwinden läßt sie auch noch die Bedingungen der Möglichkeit *institutionell organisierter und garantierter Verkennung*, die dem Gabentausch, wenn nicht gar jeder symbolischen Arbeit zugrunde liegt, welche die durch Verwandtschaft, Nachbarschaft oder Arbeit aufgenötigten unvermeidlichen und unvermeidlich eigennützigen Verhältnisse durch die ehrlich gemeinte Fiktion eines uneigennützigen Tauschs in freiwillige Verhältnisse auf Gegenseitigkeit verwandeln will, und tiefer noch die Willkürverhältnisse der Ausbeutung (der Frau durch den Mann, des jüngeren durch den älteren Bruder oder der Jugend durch das Alter) in *dauerhafte, weil in der Natur begründete*. Bei dieser *Arbeit der Reproduktion bestehender Verhältnisse* – Feste, Feiern, Austausch von Gaben, Besuche, Höflichkeiten und Heiraten –, die für den Fortbestand der Gruppe nicht weniger unerläßlich ist als die Reproduktion ihrer ökonomischen Existenzgrundlagen, ist die Arbeit zur Verschleierung der Funktionen des Tauschs nicht weniger umfangreich als die, mit der die Funktion des Tausches erfüllt wird.[1] Wenn es zutrifft, daß die zwischen ihnen liegende Pause ermög-

1 *Um sich davon zu überzeugen*, braucht man sich nur an den Medizinerbrauch zu erinnern, wonach Ärzte ein »kollegiales« Verhältnis zueinander haben und deswegen zur Vermeidung einer Honorarzahlung jedesmal für einen Kollegen, dessen Geschmack und Bedarf sie nicht kennen, ein Geschenk aussuchen müssen, das weder zu weit über noch zu weit unter dem Honorar für die Konsultation liegen, aber diesem auch nicht genau gleich sein darf, weil sonst der Preis für diese Dienstleistung genannt und zugleich die eigennützige Fiktion der Unentgeltlichkeit entlarvt würde.

licht, Gabe oder Gegengabe als jeweils einleitende Akte der Großzügigkeit erscheinen zu lassen und wahrzunehmen, die ohne Vergangenheit und Zukunft, d. h. bar jeder *Berechnung* sind, wird sichtbar, daß der Objektivismus, indem er Polythetisches auf Monothetisches reduziert, die Wahrheit aller praktischen Handlungen unterdrückt, die wie der Gabentausch das Gesetz des Eigennutzes aufheben wollen oder dies wenigstens behaupten. Weil er die Transaktion, die der rationale Vertrag in einen Moment rafft, durch Zerdehnung in die Zeit verschleiert, ist der Gabentausch die einzige Art der Warenzirkulation, die in Gesellschaften, welche nach Lukács »ihre wahre Lebensgrundlage« leugnen, wenn schon nicht uneingeschränkt praktiziert, so doch zumindest uneingeschränkt akzeptiert werden kann, und zugleich das einzige Mittel, dauerhafte Verhältnisse auf Gegenseitigkeit, aber auch Herrschaftsverhältnisse zu errichten, wobei die Pause den Ausgangspunkt für die Institutionalisierung von Zwang darstellt.

Der Ökonomismus ist eine Form des Ethnozentrismus: indem er die vorkapitalistischen Wirtschaften nach Marxens Worten so behandelt, »wie (die) Kirchenväter die vorchristlichen Religionen«, wendet er Kategorien, Methoden (z. B. der volkswirtschaftlichen Gesamtrechnung) oder Begriffe wie (z. B. Verzinsung, Investition, Kapital usw.) auf sie an, die als historische Produkte des Kapitalismus ihren Gegenstand einer Verwandlung unterwerfen, die ähnlich radikal ist wie die, aus der sie selbst hervorgegangen sind. So kann der Ökonomismus, weil er keine andere Art von Interessen kennt als die, welche der Kapitalismus hervorgebracht hat, indem er in einer Art Realabstraktion eine Welt von Verhältnissen schuf, die »auf der gefühllose(n) bare(n) Zahlung« fußen, und allgemeiner noch, indem er Felder entstehen ließ, die relativ selbständig sind, d. h. ihre eigene Axiomatik festlegen können (durch die ursprüngliche Tautologie »Geschäft ist Geschäft«, auf der die Wirtschaft beruht), keinerlei »nichtökonomische« Formen des Interesses in seine Analysen und noch weniger in seine Berechnungen einbeziehen, ganz als ob das ökonomische Kalkül sich dieses Terrains, das objektiv der unerbittlichen Logik des »nackten Interesses« ausgeliefert ist, wie Marx schreibt, nur hätte bemächtigen können, indem sie die »vom eiskalten Wasser egoistischer Berechnung« wunderbarerweise nicht ertränkte Insel des Geheiligten preisgab, die Zuflucht alles dessen, was ohne Preis ist, weil im Übermaß oder gar nicht vorhanden. Doch vor allem kann der Ökonomismus nichts begreifen von Welten, die diese Trennung nicht vollzogen haben und daher sozusagen nur eine Ökonomie an sich besitzen, aber keine Ökonomie für sich.

So erliegt jede Teil- oder Gesamtobjektivierung der archaischen Wirtschaftsform, der es an einer Theorie des subjektiven Verhältnisses der Verkennung gebricht, das die für diese Wirtschaftsform, d. h. die von ihr und für sie geschaffenen Wirtschaftssubjekte zur »objektiven« d. h. objektivistischen Wahrheit haben, der subtilsten und einwandfreiesten Form des Ethnozentrismus. Es ist die, auf die hereinfällt, wer vernachlässigt, daß zur Entstehung der Kunst als Kunst auch die Schaffung eines relativ selbständigen Feldes der Kunst gehört, und sich bestimmte »primitive« oder »volkstümliche« Praktiken als ästhetische denkt, die nicht als solche gedacht werden dürfen.

Alles spielt sich so ab, als liege das Eigentümliche der »archaischen« Wirtschaftsform darin, daß das ökonomische Handeln die ökonomischen Zwecke, auf die es objektiv ausgerichtet ist, nicht ausdrücklich anerkennen könnte: »die Vergötzung der Natur«, welche verbietet, die Natur als Rohmaterial und zugleich das menschliche Handeln als *Arbeit,* d. h. als Kampf des Menschen gegen die Natur zu setzen, verbündet sich mit der systematischen Überbetonung des symbolischen Aspekts von Handlungen und Produktionsverhältnissen, um zu verhindern, daß die Ökonomie als Ökonomie, d. h. als ein von den Gesetzen egoistischer Berechnung, von Konkurrenz und Ausbeutung regiertes System herausgebildet wird. Indem er diese Wirtschaftsform auf ihre »objektive« Wahrheit reduziert, hebt der Ökonomismus ihr Spezifisches auf, nämlich die von der Gesellschaft aufrechterhaltene Kluft zwischen der »objektiven« Wahrheit und der sozialen Vorstellung von Produktion und Warentausch. Nicht zufällig besteht die Lexik der archaischen Wirtschaftsform ganz und gar aus solchen janusköpfigen Begriffen, denen in der Geschichte der Ökonomie vorbestimmt ist, gespalten zu werden, da die mit ihnen bezeichneten gesellschaftlichen Verhältnisse wegen ihres Doppelcharakters alles labile Strukturen sind, die sich auflösen müssen, sobald die sie stützenden gesellschaftlichen Mechanismen schwächer werden.[1] So liegen, um ein extremes Beispiel zu nennen, zwischen dem Vertrag über das Nutzpfandrecht *(rahnia)*, bei dem der Darlehensnehmer dem Darlehensgeber den Nießbrauch eines Ackers bis zur Rückzahlung abtritt und der, wenn er zur Enteignung führt, als widerlichste Form des Wuchers gilt, und einer Hilfe, wie sie einem in Not geratenen Verwandten gewährt wird, damit er nicht ein Stück Land verkaufen muß, das hier ebenfalls zu einer Art Pfand wird, dessen Nutzung allerdings beim Eigentümer bleibt, nur soziale Besonderheiten des Verhältnisses zwischen den Vertragspartnern und zugleich Vertragsbedingungen.[2] »Es waren gerade die Römer und Griechen«, schreibt Marcel Mauss, »die, möglicherweise nach den Semiten des Nordens und Westens, die Unterscheidung zwischen Personenrecht und Sachenrecht erfunden, den Verkauf vom Geschenk und Tausch getrennt, moralische Verpflichtung und Vertrag voneinander geschieden und vor allem den Unterschied zwischen Riten, Rechten und Interessen ausformuliert haben. Sie sind es, die durch eine echte, große und respektheischende Revolution jene veraltete Moral und die allzu riskante, kostspielige und verschwenderische Gabenwirtschaft überwanden, die mit persönlichen Rücksichten belastet, mit dem Entwicklungsstand von Markt, Handel und Produktion unvereinbar und bereits damals im Grunde wirtschaftsfeindlich war.«[3] An den historischen Situationen, in denen es im Zusammenhang mit der Verallgemeinerung des geldbezogenen Warentauschs zu dieser Trennung kommt, die von den künstlich aufrechterhaltenen Strukturen einer Wirtschaft auf Treu und Glauben überleitet zu den klaren und sparsamen (eben nicht so verschwenderischen) Strukturen der Wirtschaftsform des unver-

1 Vgl. É. Benveniste, *Le vocabulaire des institutions indo-européennes*, Paris, Editions de Minuit 1969 (bes. Bd. I, »Economie, parenté, société«).

2 »Du hast mich vor dem Verkaufen bewahrt«, sagt man in einem solchen Falle zu dem, der die Kaution stellt und der durch eine Art vorgetäuschten Kauf (er gibt das Geld, läßt aber dem Eigentümer die Nutzung) verhindert, daß Grund und Boden einem Fremden in die Hände fallen.

3 Vgl. M. Mauss, *Die Gabe. Form und Funktion des Austauschs in archaischen Gesellschaften*, Frankfurt, Suhrkamp 1968, S. 133f.; hier neu übersetzt nach dem franz. Original »Essai sur le don«, in: *Sociologie et anthropologie*, Paris, P. U. F. 1950, S. 239.

hüllten Eigennutzes, wird sichtbar, welcher Aufwand getrieben werden muß, damit eine Wirtschaftsform funktioniert, die wegen ihrer Weigerung, sich selbst zu erkennen und sich zu sich selbst zu bekennen, zwangsläufig fast ebensoviel Kraft und Einfallsreichtum auf die Verschleierung der ökonomischen Handlungen verwenden muß wie auf deren Ausführung. So verursachte z.B. um 1955 ein angesehener kabylischer Maurer, der sein Handwerk in Frankreich gelernt hatte, nach seiner Rückkehr einen Skandal, als er nach getaner Arbeit das traditionell gewährte Richtmahl ausschlug und außer der Entlohnung pro Arbeitstag (1 000 Francs) eine Prämie von 200 Francs statt des Festessens forderte: den Geldwert des Mahles verlangen lief auf eine frevelhafte Umkehrung der Formel hinaus, mit der die Alchimie der Gesellschaft die Arbeit ebenso wie ihren Lohn in Liebesgaben verwandeln sollte, und zerrte so den Schleier vom üblichen Verfahren, den schönen Schein durch aufeinander abgestimmtes So-tun-als-ob zu wahren. Als Tauschakt, mit dem Bündnisse besiegelt werden (»ich lege Fladen und Salz zwischen uns«), war dem gemeinsamen Mahl *thiwizi* nach der Ernte oder zum Richtfest die Rolle eines Bündnisritus zugedacht, der ein eigennütziges Geschäft rückblickend in einen großzügigen Tausch verwandeln sollte (nach Art der Draufgabe, mit der der Verkäufer oft das erbittertste Feilschen krönt). Wo man die größte Nachsicht mit den Schlichen mancher Leute hatte, die den Aufwand für das Erntemahl *thiwizi* so gering wie möglich halten wollten (indem sie z.B. nur die »Notablen« jeder Gruppe oder nur einen Mann pro Familie einluden), also gegen Grundsätze in einer Form verstießen, bei der wenigstens noch deren Berechtigung anerkannt wurde, konnte die Unverfrorenheit eines Mannes, der die Konvertierbarkeit des Mahles in schnöden Mammon erklärte, damit das zugleich am besten und am schlechtesten, weil von allen zugleich gehütete Geheimnis lüftend und das Gesetz des Schweigens brechend, das der Wirtschaft »von Treu und Glauben« die Komplizenschaft des kollektiven Hintersinns sichert, nur als Skandal oder Provokation empfunden werden.

Auf einer Gesamtheit von Mechanismen beruhend, die den Spielraum des (im engeren Sinne) »ökonomischen« Eigennutzes und Kalküls einschränken und verschleiern sollen, bezeichnet die *Wirtschaft auf Treu und Glauben* die merkwürdige Abart des *homo oeconomicus*, als *buniya* (oder *bab niya*), als treuherzigen Menschen (*niya* oder *thiâggants*, von *aâgun*, dem Kind, das noch nicht sprechen kann, im Gegensatz zu *à thah'raymith*, dem berechnenden Verstand), dem es nie einfiele, einem anderen Bauern bestimmte Produkte für den unmittelbaren Verzehr wie Milch, Butter und Käse, Gemüse und Obst zu verkaufen, die stets an Freunde oder Nachbarn verschenkt werden, und der keinen Warentausch gegen Geld praktiziert, Beziehungen nur nach Vertrauen knüpft und im Unterschied zum Roßtäuscher die Garantien nicht kennt, wie sie in Form von Zeugen, Pfändern, Schriftstücken bei Händlergeschäften üblich sind. Abschlüsse sind um so leichter zu erzielen (also um so häufiger) und um so vollkommener Sache von Treu und Glauben, je näher die durch sie verbundenen Einzelpersonen oder Gruppen miteinander verwandt sind. Umgekehrt wird das Zustandekommen des Geschäfts um so unwahrscheinlicher, je unpersönlicher das Verhältnis wird, d. h. je weiter man sich von einer Beziehung zwischen Brüdern in Richtung auf ein Verhältnis zwischen gleichsam Fremden wie etwa den Bewohnern zweier verschiedener Dörfer entfernt. Doch wird und ist das Verhältnis zugleich in immer stärkerem Maße rein »ökonomisch«, d. h. immer deckungsgleicher mit seiner ökonomischen Wahrheit, und die eigennützige Berechnung, die auch beim großzügigsten Tausch als einem Geschäft, bei dem beide Parteien auf ihre Rechnung kommen, also berechnen, immer vorhanden ist, tritt immer unverhüllter hervor.[1] Die freundschaftlichen Geschäfte zwischen Verwandten und Schwiegerverwandten verhalten sich zu den Geschäften des Markts wie der rituelle Krieg zum totalen: Schon traditionell werden »Produkte oder Tiere vom Bauern« den »Produkten oder Tieren vom Markt« gegenübergestellt, und ältere Gewährsleute finden kein Ende bei der Aufzählung der Listen und Betrügereien, die auf

1 Die Zurückhaltung bei der Verwendung formaler Garantien ist um so größer, je geringer die soziale Distanz zwischen den Vertragspartnern und je feierlicher die angesprochenen Garantien sind. Ebenso kann der Teil des Schadens, den die Partner jeweils übernehmen wollen, wenn einem Stück Vieh ein Unfall geschieht, je nach der Einschätzung der Verantwortung, die sie entsprechend ihrer Beziehung haben, stark schwanken, wobei die Verantwortung seines Partners auf ein Minimum beschränken muß, wer einem sehr nahen Verwandten ein Tier anvertraut.

den »großen Märkten«, also beim Handel mit Fremden, im Schwange sind. Lauter Geschichten von Maultieren, die, vom Käufer kaum nach Hause getrieben, wieder ausreißen, von Ochsen, die mit einem Nesselkraut (*adhris*) eingerieben, Schwellungen bekommen und so fetter erscheinen, von Bietern, die untereinander ein niedriges Gebot absprechen und dem Verkäufer so den Preis diktieren. Die Verkörperung des ökonomischen Kriegs ist der Roßtäuscher, der Mann ohne Treu und Glauben. Man hütet sich, von ihm oder einem anderen Wildfremden Vieh zu kaufen: wie ein Gewährsmann erzählte, wählt man bei unbeweglichen Sachen wie Grundstücken mit der Sache zugleich den Verkäufer, und bei beweglichen Sachen wie Lasttieren, besonders Mauleseln, mit dem Verkäufer zugleich die Sache und ist zumindest bestrebt, ein ganz unpersönliches und anonymes Verhältnis zu einem persönlicheren zu machen. Man findet alle Übergangsformen zwischen dem von totalem Mißtrauen gekennzeichneten Geschäft zwischen Bauer und Roßtäuscher, der keine Gewähr verlangen und bieten, weil er nicht für die Qualität seiner Ware haften oder Bürgen beibringen kann, und dem ehrsamen Handel, der Konditionen ignoriert und sich allein auf Treu und Glauben der »Vertragspartner« verläßt. Doch bei den allermeisten Geschäften lösen sich Begriffe wie Käufer und Verkäufer sacht in dem Geflecht von Vermittlern und Bürgen auf, welche das rein ökonomische Verhältnis von Angebot und Nachfrage in ein verwandtschaftlich begründetes und verbürgtes verwandeln sollen. Auch die Heirat als echte Absicherung eines Abkommens, das fast immer zwischen Familien geschlossen wird, die bereits durch ein ganzes Netz früherer Tauschbeziehungen verbunden sind, macht hier keine Ausnahme. Es ist bezeichnend, daß beide Familien im ersten Stadium der äußerst komplizierten Verhandlungen, die zur Eheschließung führen sollen, Verwandte oder Schwiegerverwandte von hohem Ansehen als eine Art Garanten einschalten, wobei das so zur Schau gestellte *symbolische Kapital* gleichermaßen Verhandlungswaffe ist und Bestandsgarantie nach geschlossenem Vertrag.

Die Wahrheit der Produktion wird genauso verdrängt wie die Wahrheit der Zirkulation. Zornreden über das ketzerische Verhalten der vom bäuerlichen Brauchtum Abgefallenen machen auf die Mechanismen aufmerksam, die den Bauern in ein Weiheverhältnis zum Boden setzten und ihm die Entdeckung vorenthielten, daß seine *Mühsal Arbeit* ist: »Frevel ist das, sie haben den Boden entweiht; sie haben die Furcht *(elhiba)* abgelegt. Nichts schreckt sie mehr, nichts gebietet ihnen Einhalt, sie machen alles verquer. Ich glaube, am Ende pflügen sie schon zur Feigenernte *(lakhrif)*, wenn sie's zu eilig haben, und wollen das *lah'lal* (die vorgeschriebene Zeit zum Pflügen) für andere Beschäftigung nutzen, oder sie pflügen erst im *rbiâ* (Frühjahr), wenn sie im *lah'lal* zu faul dazu gewesen sind. Denen ist alles egal.« Die ganze Praxis des Bauern aktualisiert sich so in abgewandelter Form in der objektiven Absicht, die das Ritual enthüllt: nie als auszubeutendes Rohmaterial behandelt, wird der Boden mit einer Mischung aus Furcht *(elhiba)* und Achtung betrachtet; er kann, so heißt es, »Rechenschaft fordern« und für schlechte Behandlung durch einen voreiligen oder ungeschickten Bauern Wiedergutmachung verlangen. Der ideale Bauer »stellt sich« dem Boden wie von Mann zu Mann, also von Angesicht zu Angesicht, und dies in einer Haltung sicherer Vertrautheit wie zu einem geachteten Verwandten. Er darf die Führung des Gespanns beim Pflügen an niemand abgeben und überläßt das Zerkleinern der Schollen nach dem Pflügen nur »Klienten« *(ichikran)*: »Die Alten sagten immer, man muß des Bodens Herr und Meister sein, um zu pflügen, wie es sich gehört. Die Jüngeren durften das nicht: es wäre auf eine Beleidigung des Bodens hinausgelaufen, ihm Männer ›vorzustellen‹ *(qabel)*, die man anderen Männern nicht vorzustellen wagen würde.« »Wer sich den Männern stellt«, heißt es im Sprichwort, »soll sich auch dem Boden stellen.« Der Bauer arbeitet im eigentlichen Sinne nicht, vielmehr müht er sich ab, wie bereits Hesiod mit der Gegenüberstellung der Begriffe *ponos* und *ergon* deutlich machte. »Gib dem Boden, und er wird Dir geben«, lautet das Sprichwort. Hier klingt durch, daß die Natur, den Gesetzen des Gabentauschs gehorchend, ihre Wohltaten nur denen erweist, die ihr mit Mühsal Tribut zollen. Und das Verhalten jener, die es den Jungen überlassen, »den Boden aufzubrechen und darin die Frucht des neuen Jahrs zu säen«, veranlaßt die Alten, den Grundsatz des Verhältnisses zwischen Mensch und Boden zu formulieren, der so lange unerwähnt bleiben konnte, wie er selbstverständlich war: »Der Boden gibt nichts, weil man ihm nichts gegeben hat. Offen spottet man seiner, und es ist nur gerecht, wenn er es uns mit Lug und Trug heimzahlt.« Ein Mensch mit Selbstachtung muß stets beschäftigt sein: wenn er nichts zu tun findet, soll er »sich wenigstens einen Löffel schnitzen«. Ganz wie ein ökonomischer Imperativ ist das Tätigsein eine Pflicht des Lebens in der Gemeinschaft. Die Wertschätzung gilt, unabhängig von ihrer eigentlich ökonomischen Funktion, der Tätigkeit als solcher, sofern sie zur Funktion dessen zu passen scheint, der sie ausübt.[1]

Noch unbekannt ist die Unterscheidung zwischen produktiver und unproduktiver, zwischen einträglicher und uneinträglicher Arbeit, welche die Unzahl der vielen Kleinarbeiten ihres Sinns entkleiden würde, die der Arbeit der Natur nachhelfen sollen, jene untrennbar zugleich sachlichen und rituellen Handlungen, deren sachliche Wirkung oder wirtschaftlichen Ertrag niemand zu schätzen in den Sinn käme und die für den Bauern sozusagen beiläufige Meisterschaft sind: Felder umzäunen, Bäume schneiden, die junge Saat vor Tierfraß oder »Heimsuchung« *(asafqadh)* schützen und Feldhüten, ganz zu schweigen von den Praktiken, die üblicherweise unter die Riten eingeordnet werden, wie das Austreiben des Bösen *(as'ifedh)* oder das Feiern des Frühlingsanfangs, oder die bei Anwendung milieufremder Kategorien als unproduktiv zu beurteilenden Handlungen schlechthin, also z. B. die, welche dem Familienoberhaupt als Repräsentant und Verantwortlichem der Gruppe zufallen, wie Anordnen der Ar-

1 Allgemein verurteilt werden Personen, die für ihre Familie oder Gruppe ohne Nutzen sind, jene »Toten, aus denen Gott Lebende gemacht hat«, wie es in einem hierzu vielzitierten Koranvers heißt, und die »weder Regen noch gut Wetter machen können«. Im Müßiggang leben, vor allem, wenn man einer großen Familie angehört, heißt sich den Pflichten und Arbeiten entziehen, die mit der Gruppenzugehörigkeit untrennbar verbunden sind. Daher ist man allenthalben bestrebt, jeden schleunigst wieder in den Arbeitszyklus und den Kreislauf des Tauschs von Dienstleistungen einzubeziehen, der wie der Genesende oder Rückwanderer eine Zeitlang abseits der bäuerlichen Tätigkeit gestanden hat. Befugt, von jedem zu verlangen, daß er sich beschäftigt, und sei es noch so unproduktiv, muß die Gruppe jedem eine Beschäftigung bieten, und sei sie nur symbolisch: der Bauer, der Müßiggängern Gelegenheit schafft, auf seinen Feldern zu arbeiten, wird allgemein gelobt, gibt er doch diesen Randexistenzen die Chance, sich durch Erfüllung ihrer Mannespflicht in die Gruppe einzugliedern.

beiten, Palavern in der Männerversammlung, Marktgespräche, Vorlesen in der Moschee.[1] »Wenn der Bauer rechnen würde«, heißt es im Sprichwort, »würde er nicht säen.« Vielleicht muß man das so verstehen, daß das Verhältnis zwischen der Arbeit und ihrem Produkt nicht wirklich unbekannt ist, aber *von der Gesellschaft verdrängt* wird, weil die Arbeitsproduktivität so niedrig ist, daß der Bauer vermeiden muß, seine Zeit wie Marx, der hier als objektivistischer Agronom argumentiert, zu zählen und zu messen, will sagen die Kluft zwischen Arbeitszeit und Produktionszeit, die zugleich Konsumptionszeit ist, wenn er seiner Arbeit nicht jeden Sinn nehmen will; oder, nur dem Scheine nach im Widerspruch dazu, daß er in einer Welt, in der es ihm *an Zeit durchaus nicht fehlt, an Gütern aber sehr,* nichts Besseres weiß, als seine Zeit, das einzige, was er im Überfluß hat, ohne Nachrechnen zu verausgaben, zu vertun.[2]

Kurzum, die »Mühsal« verhält sich zur *Arbeit* wie die Gabe zum Handeltreiben, jener Tätigkeit, für die die indogermanischen

1 Dieser Unterschied (wie die entsprechende Unterscheidung bei Marx zwischen der Arbeitszeit, d.h. hier der Arbeit bei Feldbestellung und Ernte, und der Produktionszeit, die außer der Arbeitszeit auch noch die neun Monate umfaßt, die zwischen Aussaat und Ernte liegen) wurde durch die mit der Kolonisierung verbundene ökonomische Fremdbestimmung und besonders durch die Verallgemeinerung des geldbezogenen Warentauschs erzwungen: so schwankt das Bewußtsein der Arbeitslosigkeit, gemessen am Unterschied zwischen der Aussage, man habe Arbeit, und der realen Tätigkeit in den Tagen vor der Befragung je nachdem, wie weit die kapitalistische Ökonomie und die damit zusammenhängenden Dispositionen vorgedrungen sind (vgl. P. Bourdieu, *Travail et travailleurs en Algérie,* Paris, Mouton 1962, S. 303–304).

2 Da der Preis der Arbeitszeit in dem Maße steigt, wie die Produktivität (zugleich mit dem Angebot an Konsumgütern und der Kaufkraft, also mit dem Konsum, der ebenfalls Zeit erfordert) zunimmt, wird die Zeit knapper, während die Warenknappheit zurückgeht: es kann sogar soweit kommen, daß die Vergeudung von Gütern zur einzigen Möglichkeit wird, Zeit zu sparen, die nunmehr teurer kommt als die Produkte, an denen mit mehr Zeitaufwand gespart werden könnte – Wartung und Reparatur lohnen sich nicht mehr (vgl. G.S. Becker, »A Theory of the Allocation of Time«, in: *The Economic Journal* 75 (1965), Nr. 299, S. 493–517). Das ist sicher einer der objektiven Gründe für den häufig beschriebenen Gegensatz in den Einstellungen zur Zeit.

Sprachen, wie Émile Benveniste bemerkt, keinen Namen hatten: die Entdeckung der Arbeit setzt voraus, daß der gemeinsame Boden der Produktion entsteht, also eine Naturwelt entzaubert wird, die fortan allein auf ihre ökonomische Dimension reduziert wird; nicht länger Tribut an eine notwendige Ordnung, kann die Tätigkeit auf einen ausschließlich ökonomischen Zweck ausgerichtet werden, und zwar auf den, der vom Geld, fortan Maß aller Dinge, ganz eindeutig bezeichnet wird. Nun ist Schluß mit der ursprünglichen Undifferenziertheit, die noch Spielraum für individuelle und kollektive Verkennung ließ: an der unzweideutigen Elle des Geldprofits gemessen, werden die geheiligtsten Tätigkeiten auf einmal negativ als *symbolische* gesetzt, sind also plötzlich im Wortsinne *umsonst,* konkreter und materieller Wirkung wie entkleidet, d. h. uneigennützig, aber auch unnütz.
In einer Wirtschaftsform, die dadurch definiert ist, daß sie sich weigert, die »objektive« Wahrheit der »ökonomischen« Praktiken anzuerkennen, d. h. das Gesetz des »nackten Interesses« und der »egoistischen Berechnung«, kann das »ökonomische« Kapital selbst nur wirken, wenn es auch um den Preis einer Rückverwandlung, die sein wahres Wirkungsprinzip unkenntlich zu machen geeignet ist, Anerkennung findet: das symbolische Kapital ist jenes *verneinte,* als legitim anerkannte, also als solches verkannte *Kapital* (wobei Anerkennung im Sinne von Dankbarkeit für Wohltaten eine der Grundlagen dieser Anerkennung sein kann), das gewiß zusammen mit dem religiösen Kapital[1] dort die *einzig mögliche Form der Akkumulation* darstellt, wo das ökonomische Kapital nicht anerkannt wird.
So umfangreich die bewußten oder unbewußten Anstrengungen auch sein mögen, den üblichen Gang der normalen Ordnung durch rituelle Stereotypisierung zu regeln und die Krise durch ihre symbolische Hervorbringung oder durch Ritualisierung sofort nach ihrem Ausbruch zu dämpfen, kennt die archaische Wirtschaftsform dennoch durchaus den Gegensatz zwischen gewöhnlichen und außergewöhnlichen Anlässen, zwischen dem üblichen, von der Hausgemeinschaft stillbaren Bedarf und dem materiellen wie symbolischen Sonderbedarf an Gütern oder

1 Vgl. P. Bourdieu, »Genèse et structure du champ religieux«, *Revue française de sociologie* 12 (1971) 3.

Dienstleistungen, der in Ausnahmezuständen durch Wirtschaftskrise oder politischen Konflikt oder schlicht durch die dringende Notwendigkeit der Feldarbeit geweckt wird und bereitwillige Unterstützung durch eine größere Gruppe erfordert. Außerdem liefert die Strategie der Akkumulation von Ehrenkapital und Ansehen, die eine Klientel ebensosehr hervorbringt, wie sie deren Produkt ist, die optimale Lösung für das Problem des ständigen Unterhalts der Arbeitskraft (deren Saison wegen des widrigen Klimas und der geringen Mechanisierung zwangsläufig sehr kurz ist: *lerzaq am lebraq*, »Die Ernte geht wie der Blitz«, heißt es; »In einem schlechten Jahr gibt es immer zu viele Mäuler; in einem guten Jahr nie genug Hände«): sie ermöglicht nämlich den Großfamilien, das für die Saison nötige maximale Arbeitspotential bereitzuhalten und zugleich den Konsum auf ein Minimum zu beschränken; die Gegenleistung für diese zeitlich genau umrissene Saisonhilfe, z. B. in der Erntezeit, ist um so leichter zu verkraften, als sie entweder in Form von Arbeit außerhalb der Saison oder anders durch Protektion oder Verleih von Tieren erfolgt. Mit Recht kann man hierin eine verkappte Form des Kaufs der Arbeitskraft oder eine hinterrücks erzwungene Fron sehen. Dies jedoch nur dann, wenn man in der Analyse *beisammen läßt*, was im Objekt beisammen ist, nämlich die *doppelte Wahrheit* der in sich *zweideutigen und zwieschlächtigen* Praktiken, eine Falle, in die jeder tappt, der von einer naiv dualistischen Vorstellung der Verhältnisse zwischen der »eingeborenen« Wirtschaftsform und der »eingeborenen« Vorstellung über diese Wirtschaftsform zwangsläufig zu einer selbstmystifizierenden Entmystifizierung eines reduzierten und reduktiven Materialismus kommen muß: die volle Wahrheit dieser Aneignung von Arbeitsleistungen liegt darin, daß sie *nur* unter der Verkleidung der *thiwizi* erfolgen kann, der freiwilligen Hilfe, die zugleich Fron ist, freiwillige Fron und erpreßte Hilfe, und darin, daß sie, wenn eine geometrische Metapher gestattet ist, eine doppelte Halbdrehung voraussetzt, die zum Ausgangspunkt zurückführt, d. h. eine Konvertierung materiellen Kapitals in symbolisches, das wieder in materielles Kapital rekonvertierbar ist.[1]

1 Faktisch nützt *thiwizi* vor allem den Reichsten und außerdem dem *t'aleb* (der Allmende, die gemeinsam bestellt und abgeerntet wird): die Armen

Über die Arbeitsreserve für die Zeiten der landwirtschaftlichen Stoßarbeit hinaus sorgt das symbolische Kapital für alles, was unter *nesba* verstanden wird, d. h. für das Netz von Schwiegerverwandten und Beziehungen, das durch die Gesamtheit von Verpflichtungen und Ehrenschulden, von im Laufe mehrerer Generationen akkumulierten Rechten und Pflichten unterhalten (und hochgehalten) wird und in Ausnahmesituationen in Anspruch genommen werden kann. Ökonomisches und symbolisches Kapital sind so unauflöslich miteinander vermengt, daß allein schon die Zurschaustellung der von geachteten Schwiegerverwandten verkörperten materiellen und symbolischen Stärke in einer Wirtschaft auf Treu und Glauben, wo ein guter Ruf die beste, wenn nicht die einzige ökonomische Bürgschaft[1] ist, materiellen Gewinn bringen kann. Verständlich, daß Großfamilien keine Gelegenheit auslassen, dieses symbolische Kapital vorzuführen, bei Prozessionen der Verwandten und Versippten zur Feier der Ausfahrt oder Heimkehr des Mekkapilgers, beim Ehrengeleit für die Braut, dessen Wert sich nach der Zahl der »Flinten« und nach dem Umfang der Salutsalven zu Ehren des Brautpaars richtet, in großartigen Geschenken wie den Lämmern zur Hochzeit, durch Zeugen und Bürgen, die man überall und zu

brauchen keine Hilfe bei der Ernte; doch kann *thiwizi* auch einem Armen beim Hausbau von Nutzen sein (beim Transport der Steine und Balken). Ein Ausschluß ist eine schreckliche und keineswegs symbolische Strafe: wegen der unterentwickelten Technik wären viele Tätigkeiten ohne die Hilfe der Gruppe unmöglich; das gilt für den Transport der Steine beim Hausbau oder für den Transport von Mühlsteinen, für den vierzig Männer nötig sind, die sich mehrere Tage lang ständig ablösen; außerdem stellt ein Kapital von erwiesenen Diensten und aufgenötigten Gaben die beste und einzige Versicherung gegen die »tausend Zufälligkeiten« dar, die nach Marx darüber bestimmen, ob die Arbeitsbedingungen erhalten bleiben oder verlorengehen, vom Verunglücken eines Tieres bis zu furchtbaren, erntevernichtenden Unwettern.

1 Man muß sich nämlich vergegenwärtigen, daß die Unterscheidung zwischen ökonomischem und symbolischem Kapital nur durch Anwendung eines Differenzierungsprinzips zustande kommt, welches in der Welt, auf die es angewandt wird, unbekannt ist, und daß diese Unterscheidung die mangelnde Differenziertheit dieser beiden Kapitalzustände voneinander nur in Gestalt ihrer vollkommenen Konvertierbarkeit erfassen kann.

jeder Gelegenheit aufbieten kann, sei es, um die Redlichkeit eines Markthandels zu beglaubigen oder um die Position der Abstammungsgruppe in Heiratsverhandlungen zu stärken und den Vertragsabschluß feierlich zu bekräftigen.

Symbolisches Kapital gilt sogar auf dem Markt: genau wie man sich rühmen kann, etwas für einen schwindelerregenden Preis erstanden zu haben, als Ehrensache, um zu zeigen, daß »man sich's leisten kann«, kann man damit protzen, ein Geschäft ohne einen Pfennig Bargeld abgeschlossen zu haben, entweder durch Aufbietung einer gewissen Zahl von Bürgen oder noch besser durch *Kredit* und *Vertrauens*kapital aus einem Ruf von Ehrbarkeit und Wohlstand. Dank des Vertrauens, das sie genießen, und des akkumulierten Beziehungskapitals können die, von denen es heißt: »er bringt es fertig und kommt mit dem ganzen Markt zurück, obwohl er mit leeren Händen hingegangen ist«, es sich leisten, »als Geld bloß ihr Gesicht, ihren Namen, ihre Ehre auf den Markt mitzunehmen« und sogar »zu steigern, ob sie Geld dabeihaben oder nicht«. Das Urteil der Gemeinschaft, das den »Mann des Marktes« *(argaz nasuq)* ausmacht, ist ein Gesamturteil über den ganzen Menschen, das sich wie alle derartigen Urteile in allen Gesellschaften auf höchste Werte bezieht und das *streng personengebundene* Eigenschaften, von denen es heißt, daß sie »weder verliehen noch geborgt werden können«[1], mindestens ebenso berücksichtigt wie Wohlstand und Solvenz.

Wenn man weiß, daß symbolisches Kapital *Kredit* ist, und dies im weitesten Sinne des Worts, d. h. eine Art Vorschuß, Diskont, Akkreditiv, allein vom *Glauben* der Gruppe jenen eingeräumt, die die meisten materiellen und symbolischen *Garantien* bieten, wird ersichtlich, daß die (ökonomisch stets sehr aufwendige) Zurschaustellung des symbolischen Kapitals einer der Mechanismen ist, die (sicher überall) dafür sorgen, daß Kapital zu Kapital kommt.

Erst wenn man also die symbolischen Gewinne *bilanziert* und dabei stets bedenkt, daß zwischen symbolischen und materiellen Bestandteilen des Familienvermögens nicht differenziert wird, kann man die ökonomische Vernünftigkeit von Verhaltenswei-

1 Dem, der sich nicht als »Hausmann« definieren lassen will (*argaz ukhamis* – im Gegensatz zu »Mann des Markts«), wird hingeworfen: »Weil du nur ein Mann des *thakwath* bist, bleib' ein Mann des *thakwath*« (wobei *thakwath* die kleine Nische in der Hauswand bezeichnet, in der die typisch weiblichen, minderwertigen Gegenstände verborgen werden, die nicht ans Tageslicht dürfen, wie Teelöffel, Binden, Webgeräte usw.).

sen begreifen, die der Ökonomismus als absurd abtut: so zum Beispiel kann die Entscheidung, nach der Ernte ein zweites Ochsengespann unter dem Vorwand zu kaufen, man brauche es zum Dreschen – womit man durchblicken läßt, die Ernte sei reichlich ausgefallen –, bloß um es gezwungenermaßen wegen Futtermangels vor dem Pflügen im Herbst, wo es wirklich gebraucht würde, wieder abzustoßen, nur dann ökonomisch widersinnig erscheinen, wenn man alle materiellen und symbolischen Gewinne vernachlässigt, die mit einer derartigen, wenn auch vorgespiegelten und schwindelhaften Vermehrung des symbolischen Familienkapitals zu einer Jahreszeit wie am Sommerende erzielt werden können, wo die Heiraten ausgehandelt werden. Daß diese Strategie des Bluffens durchaus rational ist, liegt daran, daß die Hochzeit zugleich Anlaß für eine (im Wortsinne) ökonomische Zirkulation ist, von der nur eine sehr unvollkommene Vorstellung gewinnt, wer nur materielle Güter berücksichtigt: die Zirkulation unmittelbar wahrnehmbarer materieller Güter wie der Witwenversorgung verschleiert die tatsächliche oder mögliche Gesamtzirkulation von untrennbar zugleich materiellen und symbolischen Gütern, deren lediglich sichtbarer Ausdruck sie in den Augen des *homo oeconomicus* sind; die Höhe des Wittums würde das zähe Feilschen nicht rechtfertigen, wenn es nicht einen symbolischen Wert von höchster Bedeutung gewönne, indem es unzweideutig den Wert der Zeugungsprodukte einer bestimmten Familie auf dem Heiratsmarkt ebenso bezeichnen würde wie die Fähigkeit ihrer Sprecher, durch Verhandlungsgeschick den höchsten Erlös für diese Produkte herauszuschlagen.[1] Es liegt auch daran, daß die Gewinne, die eine Gruppe aus diesem Gesamtgeschäft schlagen kann, um so größer sind, je größer ihr materielles und vor allem ihr symbolisches Familienvermögen oder das ist, was man in der Bankensprache als den »Vertrauenskredit« bezeichnet, über den sie verfügt. Dieser Kredit, der von

1 Den Beweis, daß man das, worum es bei den Eheverhandlungsstrategien geht, nicht auf die Witwenversorgung allein reduzieren kann, liefert die Geschichte, die hier noch zwischen den symbolischen Aspekten und den materiellen Aspekten von Geschäften unterscheidet: auf seinen reinen Geldwert reduziert, verliert das Wittum selbst in den Augen der Handelnden seine symbolische Bedeutung, und die Debatten darüber, die dann in Feilschen ausarten, werden als unehrenhaft empfunden.

der Fähigkeit des Ehrgefühls abhängt, die Unantastbarkeit der Ehre zu gewährleisten, stellt ein unteilbares Ganzes dar, in das Quantität und Qualität der Güter ebenso eingehen wie Quantität und Qualität der Männer, die diesen Gütern zu ihrem Wert verhelfen: genau dies ermöglicht, vor allem durch Heirat angesehene Schwiegerverwandte zu gewinnen, d. h. jenen Reichtum an »Flinten«, der sich nicht nur nach der Zahl der Männer bemißt, sondern auch nach ihrer Beschaffenheit, ihrem Ehrgefühl, und nach der Fähigkeit der Gruppe definiert, ihren Boden und ihre Ehre zu schützen, besonders die Frauenehre, kurz das Kapital an materieller wie symbolischer Stärke, das für Markthandel, Ehrenhändel oder für die Bearbeitung des Bodens effektiv aufgeboten werden kann.

Das Ehrverhalten beruht also auf einem Interesse, das der Ökonomismus nicht benennen kann und das somit als symbolisch bezeichnet werden muß, auch wenn es seinem Charakter nach bestimmend für sehr handfeste materielle Handlungen ist; wie Vertreter bestimmter freier Berufe wie Notare oder Ärzte angeblich »über jeden Verdacht erhaben« sein müssen, hat eine Familie hier ein lebhaftes Interesse daran, ihr Ehrenkapital, d. h. ihren Kredit an Ehrbarkeit, vor jedem Verdacht zu hüten. Die Überempfindlichkeit für geringste Andeutungen, kleinste Anspielungen *(thasalqubth)* erklärt sich genau wie die Fülle an Verneinungs- und Abwehrstrategien gegen solche Anspielungen dadurch, daß symbolisches Kapital nicht so leicht zu zählen und zu messen ist wie Boden oder Vieh und daß die Gruppe, die dieses Kapital letzten Endes allein zuerkennen kann, stets geneigt ist, ihr Vertrauen, ihren Glauben zu entziehen, indem sie mißtrauisch gegen die Größten wird, ganz als könne sich in Ehrensachen wie in Grundstücksgeschäften der eine nur auf Kosten des anderen bereichern.

Die Verteidigung des »symbolischen« Kapitals kann so zu »ökonomisch« ruinösem Verhalten führen. Dieses tritt ein, wenn ein Acker infolge einer sozial anerkannten Definition des symbolischen Familienvermögens einen Symbolwert erlangt, der im Mißverhältnis zu seinen eigentlich sachlichen und »ökonomischen« Eigenschaften steht, die dafür sorgen, daß den nächstgelegenen, bestgepflegten, also »produktivsten«, für die Frauen am leichtesten (über Privatwege, *thikhuradjiyn*) erreichbaren Feldern von einem *beliebigen Käufer* ein höherer Wert zuerkannt wird. Wenn ein Stück Land, das schon von alters her im Eigentum der Familie war und daher stark mit ihrem Namen verknüpft ist, in fremde Hände fällt, wird der Rückkauf zu einer Ehrenpflicht, ähnlich der Rache für eine Beleidigung, und sein Preis kann schwindelnde Höhen erreichen. Meist allerdings nur theoretisch, da der symbolische Gewinn der Herausforderung nach dieser Logik größer ist als der materielle, der sich durch zynische (also verurteilenswerte) Ausnutzung der Situation erzielen ließe. Die neuen Eigentümer sind also ebenso verbissen bemüht, das Stück Land zu behalten, wie die früheren, es zurückzukaufen und sich für den Angriff auf die *h'urma* ihres Grund und Bodens zu rächen. Und es kann sein, daß sich eine dritte Gruppe einmischt, den Preis noch höher treibt und damit nicht den Verkäufer herausfordert, der auf seine Rechnung kommt, sondern die früheren, »legitimen« Eigentümer.

Nur ein inkonsequenter, weil partieller und reduktionistischer Materialismus kann ignorieren, daß die Strategien, bei denen es um die Wahrung oder Mehrung des symbolischen Kapitals der Gruppe (wie bei Blutrache und Hochzeit) geht, nicht minder lebhaften Interessen gehorchen wie die Erbfolge- oder Fruchtbarkeitsstrategien. Das Interesse, das die Verteidigung des symbolischen Kapitals leitet, ist nicht zu trennen von der stillschweigenden, mit der Ersterziehung eingeprägten und durch alle späteren Erfahrungen verstärkten Einhaltung der objektiv in den Gesetzmäßigkeiten der Wirtschaftsordnung (im weiteren Sinne) angelegten Axiomatik als einer ursprünglichen Investition, die einen bestimmten Typ von Gütern zu erstrebens- und bewahrenswerten macht. Die objektive Übereinstimmung zwischen den Dispositionen der Handelnden (hier: Hang und Geschick zum Ehrenspiel) und den objektiven Gesetzmäßigkeiten, deren Produkt sie sind, bewirkt, daß mit der Zugehörigkeit zu diesem ökonomischen Kosmos die von ihm durch seine bloße Existenz als selbstverständlich hingestellten Werte bedingungslos anerkannt werden, also verkannt wird, wie willkürlich seine Wertzuweisungen sind. Dieser ursprüngliche Glaube liegt den Investitionen und Überinvestitionen (im ökonomischen wie psychologischen Sinne) zugrunde, die durch den so erzeugten Effekt von Konkurrenz und Verknappung die wohlbegründete Illusion nur noch ständig verstärken können, der Wert der Güter, die so erstrebenswert sind, gehöre ebenso zur Natur der Dinge wie das Interesse an diesen Gütern zur Natur des Menschen.

8. Kapitel
Die Herrschaftsweisen

Die Theorie der eigentlich ökonomischen Praktiken ist ein Sonderfall einer allgemeinen Theorie der Ökonomie der Praktiken. Auch dann, wenn sich diese allen Anschein von Uneigennützigkeit geben, weil sie sich der Logik des (im engeren Sinne) »ökonomischen« Eigennutzes entziehen und auf immaterielle und schwer quantifizierbare Gewinne ausgerichtet sind, wie in »vorkapitalistischen« Gesellschaften oder im Kulturbereich der kapitalistischen, gehorchen diese Praktiken nichtsdestoweniger einer ökonomischen Logik. Die Entsprechungen zwischen der Zirkulation von verkauften und rückgekauften Grundstücken, »geschuldeten« und »erstatteten« Rachepflichten oder vergebenen und empfangenen Frauen, d. h. zwischen verschiedenen Kapitalarten und den entsprechenden Zirkulationsweisen, zwingen dazu, die Dichotomie von Ökonomischem und Nichtökonomischem über Bord zu werfen. Diese hindert uns nämlich, die Wissenschaft von den »ökonomischen« Praktiken als Sonderfall einer Wissenschaft aufzufassen, mit der alle Praktiken einschließlich derer, die als uneigennützig oder zweckfrei und somit als »von ökonomischen Rücksichten freie« ausgegeben werden, als ökonomische behandelt werden können, also als auf materielle oder symbolische Profitmaximierung ausgerichtet. Das von den Gruppen akkumulierte Kapital, diese Energie der Sozialphysik[1],

1 Obzwar er keine echte Konsequenz daraus zieht, hat Bertrand Russell recht gut die Anschauung der Analogie zwischen Energie und Macht formuliert, die die Grundlage einer Vereinheitlichung der Sozialwissenschaft abgeben könnte: »Wie die Energie hat die Macht viele Formen, wie Reichtum, Rüstung, zivile Autorität, Einfluß auf die Meinung. Keine dieser Formen kann als einer anderen untergeordnet betrachtet werden, und aus keiner sind die anderen ableitbar. Dem Versuch, eine Form der Macht, etwa Reichtum, isoliert zu betrachten, kann nur ein Teilerfolg beschieden sein, genau wie die Untersuchung der Energie an gewissen Stellen mangelhaft ist, wenn nicht auch andere Formen berücksichtigt werden. Reichtum kann sich aus militärischer Macht ergeben oder aus dem Einfluß auf die Meinung, genau wie beide sich wiederum aus Reichtum ergeben können« (B. Russell, *A New Social Analysis,* London 1938, S. 12f.). Und er legt

kann in *verschiedenen Arten* auftreten (im einzelnen als Kapital an Kampfkraft zusammen mit Mobilisierungsfähigkeit, also mit der Zahl der Kämpfer und ihrer Kampfentschlossenheit, als »ökonomisches« Kapital in Gestalt von Feldern, Vieh, Arbeitskraft, ebenfalls zusammen mit der Fähigkeit zur Mobilisierung, und als symbolisches Kapital, das durch entsprechende Verwendung der anderen Kapitalarten geschaffen wird). Alle diese Kapitalarten entfalten, obwohl strengen Äquivalenzgesetzen unterworfen und daher ineinander konvertierbar, ihre spezifische Wirkung nur unter spezifischen Bedingungen. Ohne deswegen die Analogie zwischen Kapital und Energie zu entwerten, erinnert dennoch schon die bloße Tatsache, daß es symbolisches Kapital gibt, also »materielles« als anerkanntes und verkanntes, daran, daß die Sozialwissenschaft keine Sozialphysik ist; daß zur gesellschaftlichen Wirklichkeit *Akte der Erkenntnis* gehören, die Verkennung und Anerkennung mitenthalten, und daß die gesellschaftlich verfaßte Subjektivität, die solche Akte erzeugt, zum Objektiven gehört.

Der Übergang von der Symmetrie des Gabentauschs zur Asymmetrie der ostentativen Rückverteilung, der Entstehensgrundlage politischer Autorität, erfolgt allmählich: je mehr man sich von der vollkommenen Wechselseitigkeit entfernt, die es nur bei relativer Gleichheit der wirtschaftlichen Lage gibt, nimmt zwangsläufig der Anteil von Gegenleistungen in Form typisch symbolischer Dankesbezeugungen, Widmungen, Achtungserweise, moralischer Verpflichtungen oder Schulden zu. Wenn sie sich dieses kontinuierlichen Verlaufs bewußt gewesen wären, wäre Autoren, die wie Polanyi und Sahlins die bestimmende Funktion der Rückverteilung für die Errichtung politischer Autorität und das Funktionieren der Stammeswirtschaft (wo der Kreislauf von Anhäufung und Rückverteilung ähnliche Funktionen erfüllt wie Staat und Öffentliche Hand) durchaus sahen, bestimmt nicht der zentrale Vorgang dieses Prozesses entgangen, nämlich die Rück-

auch das Programm einer Wissenschaft der Umwandlung der verschiedenen Formen der sozialen Energie ineinander fest: »Macht muß wie Energie als ständig von einer in eine andere Form übergehend betrachtet werden, und es sollte die Aufgabe der Sozialwissenschaft sein, die Gesetze dieser Transformationen zu suchen« (S. 13 f.; übersetzt nach dem englischen Original).

verwandlung von ökonomischem Kapital in symbolisches, mit der ökonomisch begründete, aber mit einem moralischen Schleier verhüllte Abhängigkeitsverhältnisse geschaffen werden. Wer lediglich den Sonderfall der Tauschvorgänge betrachtet, welche die Symmetrie der Verhältnisse *weihevoll bestätigen* sollen, oder nur an den ökonomischen Effekt asymmetrischer Tauschgeschäfte denkt, vernachlässigt leicht, welchen Effekt die zirkuläre Zirkulation hat, in der der symbolische Mehrwert erzeugt wird, nämlich Willkür zu legitimieren, indem sie ein asymmetrisches Kräfteverhältnis verdeckt.

Wichtig ist, mit Marshall Sahlins in Erweiterung einer Analyse Marx'[1] festzustellen, daß die vorkapitalistische Ökonomie nicht die Bedingungen für indirekte und unpersönliche Herrschaft bietet, wie sie durch die Logik des Arbeitsmarktes fast automatisch hergestellt werden.[2] Reichtum kann faktisch erst dann als Kapital fungieren, wenn er auf einem regelrecht ökonomischen Feld eingesetzt wird, das eine Reihe von ökonomischen Institutionen und ein Korps spezialisierter Wirtschaftssubjekte mit spezifischen Interessen und Denkweisen erfordert. So weist Moses Finlay recht überzeugend nach, daß es der antiken Wirtschaft nicht etwa an Ressourcen gebrach, sondern an institutionellen Mitteln, die »Grenzen der Ressourcen des einzelnen« durch Mobilisierung privater Kapitalien zu überwinden, d. h. an der gesamten Organisation und Finanzierung der Produktion, und speziell an Instrumenten des Kredits.[3] Diese Analyse gilt *um so mehr* für die frühere Kabylei, in der ökonomische Instrumente nicht einmal ansatzweise institutionalisiert waren. Der Grundbesitz war von der Zirkulation so gut wie ausgenommen –

1 K. Marx, *Grundrisse der Kritik der politischen Ökonomie (Rohentwurf)*, Berlin, Dietz Verlag 1974, S. 75.

2 Vgl. M. D. Sahlins, »Political Power and the Economy in Primitive Society«, in: G. E. Dole und R. L. Carneiro (Hrsg.), *Essays in the Science of Culture*, New York, Thomas Y. Crowell Company 1960, S. 390–415; »Poor Man, Rich Man, Big Man, Chief: Political Types in Melanesia and Polynesia«, in *Comparative Studies in Society and History* 5 (1962/63), S. 285–303; »On the sociology of primitive exchange«, in M. Banton (Hrsg.), *The Relevance of Models for Social Anthropology*, London, Tavistock Publications 1965, S. 139–236.

3 M. I. Finley, »Technical Innovation and Economic Progress in the Ancient World«, *The Economic History Review* 18 (1965) 1, S. 29–45, insbesondere S. 37; vgl. auch M. I. Finley, »Land Debt, and the Man of Property in Classical Athens«, *Political Science Quarterly* 67 (1953), S. 249–268.

obwohl er bei gelegentlicher Verpfändung von einer Gruppe auf die andere übergehen konnte. Die Dorf- oder Stammesmärkte blieben für sich und konnten in keiner Weise zu einem einheitlichen Mechanismus zusammenwachsen. Der durch die räumliche Trennung zwischen dem Dorf als Ort des Wohnens und dem Markt als Ort der Geschäfte bezeichnete Gegensatz zwischen »frevelhafter Täuschungsabsicht«, bei Marktgeschäften durchaus üblich, und Treu und Glauben beim Handel zwischen Verwandten und Bekannten hatte vor allem die Funktion, den vom Markt geförderten Hang zur Berechnung aus der Welt der Verhältnisse der Wechselseitigkeit fernzuhalten, und verhinderte keineswegs, daß der kleine Lokalmarkt, wie Polanyi schreibt, in »soziale Beziehungen eingebettet blieb«[1].

Allgemein wurden Güter nie als Kapital behandelt. Zu ersehen ist das schon aus einem Vertrag wie der *charka* des Ochsen, dem ganzen äußeren Scheine nach ein verzinsliches Darlehen. Bei diesem Geschäft, das nur zwischen einander fremdesten vertragsfähigen Personen denkbar ist, also vor allem zwischen Bewohnern verschiedener Dörfer, und das beide Vertragspartner über-

1 K. Polanyi, *Primitive Archaic and Modern Economics,* hrsg. von George Dalton, New York, Doubleday and Co 1968, und *The Great Transformation,* Übers. Heinrich Jelinek, Frankfurt, Suhrkamp 1978. Paradox ist, daß Franciso Benet in seinem Beitrag zu einem von Karl Polanyi herausgegebenen Sammelband beim Hervorheben des Gegensatzes zwischen Markt und Dorf fast gänzlich übergeht, was alles dafür sorgt, daß der lokale *Suk* immer noch von den Werten der Wirtschaft auf Treu und Glauben beherrscht bleibt (vgl. F. Benet, »Explosive Markets: The Berber Highlands«, in K. Polanyi, C. M. Arensberg und H. W. Pearson (Hrsg.), *Trade and Markets in the Early Empires,* New York, The Free Press 1957). Tatsächlich stellte der *Suk,* ob kleiner Stammesmarkt oder großer Regionalmarkt, eine Art Zwischenglied zwischen den beiden extremen Transaktionen dar, die nie völlig realisiert waren: einerseits dem Handel in der vertrauten Welt, der auf Vertrauen und Gutgläubigkeit beruht, welche sich daraus ergeben, daß man über die verhandelten Produkte und die Verkäuferstrategien fast vollständig Bescheid weiß und die Beziehung zwischen den Geschäftspartnern bereits vor dem Geschäft besteht und auch danach noch halten muß; andererseits der rationalen Strategien des *selbstregulierten Markts,* die durch die Standardisierung der Produkte und die sozusagen mechanische Zwangsläufigkeit der Prozesse möglich werden. Der *Suk* bietet nicht mehr das ganze traditionelle Bescheidwissen und noch nicht die Bedingungen rationaler Information: deshalb trachten alle Bauern, die mit der Unvorhersehbarkeit zusammenhängende Ungewißheit zu begrenzen, indem sie die unpersönlichen, vergangenheits- und zukunftslosen Augenblicksbeziehungen des Handelsgeschäfts durch Einschaltung von Bürgen, Zeugen, Vermittlern in dauerhafte Beziehungen auf Gegenseitigkeit verwandeln.

einstimmend verschleiern wollen (wobei der Entleiher gern seine Mittellosigkeit verbirgt und glauben macht, der Ochse gehöre ihm, und der Verleiher ihm dabei hilft, weil er genauso daran interessiert ist, ein Geschäft im dunkeln zu lassen, das als unbillig empfunden wird), wird ein Ochse von seinem Eigentümer gegen soundso viel Maß Gerste oder Weizen einem Bauern überlassen, der nicht die Mittel zum Kauf hat. Oder ein armer Bauer verständigt sich mit jemand, daß dieser für ihn ein Gespann Ochsen kauft und ihm jeweils ein, zwei oder drei Jahre lang überläßt, wobei der Erlös nach Verkauf der Ochsen unter beiden aufgeteilt wird.[1] Hierin dürfte der Leser ein schlichtes Darlehen sehen, bei dem der stille Teilhaber einen Ochsen ausleiht und Zinsen in Form von einigen Maß Weizen einstreicht, die Handelnden sehen aber darin ein Geschäft der Billigkeit, bei dem jede Abschöpfung von Mehrwert ausgeschlossen ist: der Verleiher liefert die Arbeitskraft des Ochsen, doch der Billigkeit wird Genüge getan, weil der Entleiher den Ochsen füttert und pflegt, was er in jedem Falle tun müßte, und die Maß Weizen sind nur ein Ausgleich für den Wertverlust des Ochsen durch Alterung. Die verschiedenen Varianten des Vertragschlusses über Ziegen haben ebenfalls miteinander gemein, daß einer der beiden Parteien den Wertverlust des Anfangskapitals durch Alterung tragen muß. Der Eigentümer, eine Frau, die so ihre Spargroschen anlegt, vertraut ihre Ziegen für drei Jahre einem entfernten ärmeren Vetter an, von dem sie weiß, daß er sie gut füttern und pflegen wird. Man schätzt die Tiere und kommt überein, die Produkte (Milch, Schurwolle, Butter) zu teilen. Jede Woche schickt der Hüter ein Kind mit einer Kalebasse Milch. Dieses Kind darf nicht mit leeren Händen zurückgeschickt werden (der Glücksbringer oder Talisman *elfal* gegen das Böse hat insofern magische Bedeutung, als mit der Rückgabe eines *leeren* Gefäßes, also der Leere, Wohlstand und Fruchtbarkeit des Hauses gefährdet würden): je nachdem gibt man ihm Obst, Öl, Oliven, Eier mit. Am Ende der Vertragsfrist erstattet der Hüter die Tiere zurück, und die Produkte werden geteilt. Varianten: nachdem die Herde von sechs Ziegen mit 30000 Francs bewertet ist, gibt der Hüter 15000 Francs und die Hälfte der Herde, also drei alte Ziegen zurück; oder der Hüter gibt die ganze Herde zurück, behält aber alle Schurwolle.

Genau wie ökonomischer Reichtum erst als Kapital fungieren kann, wenn er auf einem ökonomischen Feld eingesetzt wird, werden kulturelle Fähigkeiten in allen ihren Formen zu kulturellem Kapital erst in den objektiven Ver-

1 Weil es unzählige dieser freundschaftlichen Konventionen gibt, die sich aus den stillschweigenden Grundsätzen für Geschäfte zwischen Bekannten ergeben dürften, werden in den eingeborenen Taxonomien äußerst detailverschiedene Verfahren unter demselben »Begriff« eingeordnet: so kann man so viele Varianten der *charka* des Ochsen aufzeichnen, wie man Gewährsleute befragt.

hältnissen, die zwischen dem ökonomischen Produktionssystem und dem System hergestellt werden, das die Produzenten produziert (und das wiederum aus der Beziehung zwischen Schulsystem und Familie entsteht). Gesellschaften, die keine Schrift haben, mit der die aus der Vergangenheit ererbten Kulturgüter in objektivierter Form akkumuliert und aufbewahrt werden können, und kein Schulsystem, welches die Subjekte mit den Fähigkeiten und Dispositionen ausstattet, die für die erneute symbolische Aneignung unerläßlich sind, können ihr Kulturerbe nur *in einverleibtem Zustand* bewahren.[1] Folglich können sie die Weitergabe des Kulturerbes, das sonst zwangsläufig mit seinen Trägern unterginge, nur um den Preis einer mühsamen Einprägungsarbeit gewährleisten, die z. B. bei Barden ebenso viel Lebenszeit erfordern kann, wie diese auf die Darbietung verwenden. Weitgehend erforscht sind inzwischen die Transformationen, die durch ein Werkzeug wie die Schrift möglich werden[2]: indem sie Kulturgüter von der Person löst, ermöglicht die Schrift das Überwinden anthropologischer Grenzen – besonders des Einzelgedächtnisses – und hebt die Zwänge auf, die von Merkhilfen wie der Dichtkunst gesetzt werden, der bevorzugten Bewahrtechnik in Gesellschaften ohne Schrift.[3] Sie ermöglicht die Akkumulation der vordem nur einverleibt bewahrten Kultur und entsprechend die *ursprüngliche*

1 Der in Initiationsreligionen häufig beobachtete Glaube, Wissen könnte durch verschiedene Formen magischer Berührung weitergegeben werden – unter denen der Kuß die häufigste ist –, stellt das Bemühen dar, über die Grenzen dieser Aufbewahrungsform hinauszugelangen: »Was der Spezialist auch lernt, er lernt es von einem anderen *dukun,* seinem *guru* (Meister); und alles, was er lernt, nennt er sein *ilmu* (Wissenschaft). Unter *ilmu* wird allgemein eine Art abstrakte Erkenntnis und übersinnliche Fähigkeit verstanden, doch konkreter eingestellte und etwas ›altmodische‹ Leute erblikken darin bisweilen eine Art durchaus reale magische Macht, die direkter als durch Unterricht übertragen werden kann« (C. Geertz, *The Religion of Java,* New York, The Free Press of Glencoe, London, Collier-Mac Millan Ltd. 1960, S. 88, hier nach dem engl. Original übersetzt).

2 Vgl. insbesondere J. Goody und I. Watt, »Konsequenzen der Literarität«, in: J. Goody (Hrsg.), *Literarität in traditionalen Gesellschaften,* Frankfurt, Suhrkamp 1981, sowie die übrigen Aufsätze dieses Bandes.

3 »Der Dichter ist das leibliche Buch bei Völkern mit mündlicher Überlieferung« (J. A. Notopoulos, »Mnemosyne in Oral Literature«, *Transactions*

Akkumulation des kulturellen Kapitals als totale oder teilweise Monopolisierung der symbolischen Mittel Religion, Philosophie, Kunst, Wissenschaft durch Monopolisierung der Werkzeuge (wie Schreiben, Lesen und sonstige Entzifferungsverfahren) zur Aneignung dieser Mittel, die fortan nicht mehr im Gedächtnis, sondern in Texten bewahrt werden. Doch dieses kulturelle Kapital findet die Bedingungen seiner Realisierung erst mit dem Aufkommen des *Bildungssystems,* welches *Titel* vergibt, mit denen die jeweilige Position in der Verteilungsstruktur des kulturellen Kapitals dauerhaft sanktioniert wird.

Auch wenn es tausendmal gerechtfertigt ist, an diese *negativen Bedingungen* zu erinnern, unter denen bevorzugt oder ausschließlich auf symbolische Formen der Macht zurückgegriffen wird, muß man sich davor hüten, außer acht zu lassen, daß die spezifische Logik der symbolischen Gewalt durch sie genausowenig erklärt wird wie Jupiter und Hermes in der Logik der griechischen Mythologie dadurch, daß es noch keinen Blitzableiter oder elektrischen Telegraphen gab, wie Marx in der *Einleitung zur Kritik der politischen Ökonomie* schreibt.[1] Um weiterzukommen, muß man die Vorstellung ernst nehmen, die die Han-

and Proceedings of the American Philological Association 69 (1938), S. 465–493). In einem hervorragenden Artikel legt William C. Greene dar, wie ein Wandel einer Akkumulations-, Zirkulations- und Reproduktionsweise der Kultur zu einem Wandel der von ihr ausgefüllten Funktion und zugleich der Struktur der Werke führen kann (W. C. Greene, »The Spoken and the Written Word«, *Harvard Studies in Classical Philology* 9 (1951), S. 24–58). Eric A. Havelock weist gleichermaßen nach, daß kulturelle Mittel sogar in ihrem Inhalt durch den Wandel der Bewahrtechnik und der Kulturübertragung *(the technology of preserved communication)* und insbesondere durch den Übergang von der Mimesis als praktischer Reaktivierung, die alle Mittel eines »Musters geordneten Handelns« *(pattern of organized action)* mit mnemotechnischer Funktion musischer, rhythmischer, sprachlicher Art in einem affektiven Identifikationsakt aufbietet, zu einem Diskurs verändert wird, der geschrieben, also wiederhol- und umkehrbar, von der Situation gelöst und durch seine Haltbarkeit geeignet ist, zum Gegenstand der Analyse, der Überprüfung, der Gegenüberstellung und des Nachdenkens zu werden (E. A. Havelock, *Preface to Plato,* Cambridge, Mass., Harvard University Press 1963).

1 MEW, Bd. 13, Berlin, Dietz 1961, S. 641.

delnden dort über die Ökonomie ihrer eigenen Praxis äußern, wo sie im stärksten Gegensatz zu ihrer »ökonomischen« Wahrheit steht. Der Häuptling ist durchaus, wie Malinowski bemerkt, »ein Stammesbankier«, der Nahrungsmittel nur akkumuliert, um sie zu vergeben und so ein Kapital an Verpflichtungen und Guthaben anzuhäufen, die in Form von Ehrenerweisen, Achtung, Treue und notfalls auch durch Arbeit und Dienste zurückerstattet werden, welche wiederum zur Grundlage einer erneuten Akkumulation materieller Güter werden können. Doch Analogie kann täuschen, und Prozesse zirkulärer Zirkulation wie das Einsammeln eines Tributs, dem eine Rückverteilung folgt, die scheinbar zum Ausgangspunkt zurückführt, wären völlig absurd, wenn sie nicht die Wirkung hätten, den Charakter des gesellschaftlichen Verhältnisses zwischen den betroffenen Individuen oder Gruppen zu verwandeln. Wo immer sie festzustellen sind, haben *solche Weihezyklen* die Funktion, die grundlegende Reaktion der sozialen Alchimie herbeizuführen, Willkürverhältnisse in legitime, De-facto-Unterschiede in offiziell anerkannte Rangunterschiede umzuwandeln.

Man ist »reich, um den Armen geben zu können«.[1] Ein exemplarischer Ausdruck der *praktischen Verneinung* des Eigennutzes, mit der man wie bei der Freudschen *Verneinung* trotzdem dem Eigennutz frönen kann, allerdings in einer (uneigennützigen) Form, die beweisen soll, daß man ihm eben nicht frönt (*Aufhebung* der Verdrängung bedeutet noch keine »Anerkennung des Verdrängten«). Man besitzt, um zu geben. Doch besitzt man auch, indem man gibt. Die nicht zurückerstattete Gabe kann zur Schuld werden, zur dauerhaften Verpflichtung; und die einzig anerkannte Macht, in Form von Dankbarkeit, persönlicher Treue oder Prestige, verschafft man sich gebend. In einer solchen Welt gibt es nur zwei Möglichkeiten, jemand auf Dauer

1 Der Reichtum als Gabe Gottes an den Menschen, damit er das Elend seiner Mitmenschen lindern möge, zieht vor allem Pflichten nach sich. Sicher trägt der Glaube an die diesseitige Gerechtigkeit, der eine Vielzahl von Praktiken (wie den gemeinsamen Eid) steuert, dazu bei, aus der Freigebigkeit ein Opfer zu machen, mit dem man sich wiederum den Wohlstand als Segen verdienen will. »Der Freigebige«, heißt es, »ist Gottes Freund« (»ihm gehören beide Welten«); »Oh Herr, gib mir, damit ich geben kann« (Nur der Heilige kann geben, ohne zu besitzen).

bei der Stange zu halten: die Gabe oder die Schuld, die unverhüllt ökonomischen Verbindlichkeiten, wie sie der Wucherer auferlegt[1], oder die moralischen Verpflichtungen und affektiven Bindungen, die vom großzügigen Geschenk geschaffen und erhalten werden, kurz, entweder nackte Gewalt oder symbolische, also *der Zensur unterworfene und beschönigte*, d.h. unkenntliche und anerkannte Gewalt. »Wie gegeben wird«, die Manier, die Form des Gebens trennt die Gabe vom »eine Hand wäscht die andere«, die moralische Verpflichtung von der ökonomischen Verbindlichkeit: *Formen setzen* heißt Handlungsweise und äußerliche Handlungsform zur praktischen Verneinung des Handlungsinhalts und der in ihm möglicherweise verborgenen Gewalt zu machen.[2] Klar ist das Verhältnis zwischen diesen beiden Formen der Gewalt, die in derselben Gesellschaftsformation und bisweilen sogar im selben Verhältnis nebeneinander bestehen: das liegt daran, daß Herrschaft nur in ihrer *Elementarform* ausgeübt werden kann, d.h. von Person zu Person, daß sie nicht offen vollzogen werden kann und mit dem Schleier verzauberter Beziehungen verhüllt werden muß, deren offizielles Modell Verwandtschaftsverhältnisse sind, kurz gesagt, dafür sorgen muß, verkannt zu werden, damit sie anerkannt werden kann. Die vorkapitalistische Ökonomie ist deswegen der bevorzugte Ort symbolischer Gewalt, weil Herrschaftsverhältnisse nur um den Preis von Strategien errichtet, aufrechterhalten oder wiederhergestellt werden können, die, wenn sie nicht durch offenes Eingeständnis ihrer Wahrheit von selbst zunichte werden wollen, verlarvt, verklärt, mit einem Wort *beschönigt* werden müssen; dies deswe-

1 Wucherer fallen der Verachtung anheim, und manche lassen sich aus Angst, von der Gruppe in Acht und Bann getan zu werden, lieber auf neue Fristen (z.B. bis zur Olivenernte) für ihre Schuldner ein, damit diese nicht zur Begleichung ihrer Schuld Grund und Boden verkaufen müssen.

2 Es genügt die Feststellung, daß der Aufwand an Zeit und Arbeit, um *Formen zu setzen,* weil die Weigerung, Offensichtlichkeiten wie »Geschäft ist Geschäft« oder »Zeit ist Geld« anzuerkennen, auf denen die wenig raffinierte Lebenskunst der *harried leisure class* in den sogenannten hochentwickelten Gesellschaften beruht, eine stärkere Zensur der direkten Äußerung des Eigennutzes auferlegt, um zu verstehen, warum archaische Gesellschaften für Liebhaber schöner Formen den Zauber einer Lebenskunst bieten, die mit beiläufiger Meisterschaft gepflegt wird.

gen, weil die *Zensur*, die in dieser Wirtschaftsform gegenüber offener, besonders kraß ökonomischer Gewalt waltet, dafür sorgt, daß Eigennutz nur dann befriedigt werden kann, wenn er in und von genau den Strategien verhüllt wird, mit denen er befriedigt werden soll.

Daß die Gewalt hier zugleich gegenwärtiger und verschleierter ist[1], darf nicht als Widerspruch gesehen werden. Da diese Wirtschaftsform nicht über die unerbittliche und verborgene Gewalt objektiver Mechanismen verfügt, die den Herrschenden gestatten, sich mit vielfach rein negativen Reproduktionsstrategien zu begnügen, greift diese Ökonomie *gleichzeitig* zu Herrschaftsformen, die vom Standpunkt des heutigen Betrachters aus brutaler, primitiver, barbarischer und zugleich sanfter, humaner und persönlich rücksichtsvoller erscheinen mögen.[2] Dieses Nebeneinander von nackter physischer oder ökonomischer und raffinierter symbolischer Gewalt findet sich in allen für diese Wirtschaftsform typischen Institutionen und sogar im Kern jeder

1 Die Geschichte des Wortschatzes der indoeuropäischen Institutionen von Émile Benveniste erfaßt die linguistischen Wahrzeichen des Prozesses der *Entschleierung* und *Entzauberung*, der von der physischen oder symbolischen Gewalt zum »Wirtschafts«recht, vom Loskauf (des Gefangenen) zum Kauf, vom Ehrenpreis (für eine Großtat) zum Lohn, und außerdem von der moralischen Erkenntlichkeit zum Schuldanerkenntnis, vom Glauben zum Gläubiger, oder auch von der moralischen Verpflichtung zum gerichtlich vollstreckbaren Titel führt (É. Benveniste, *a. a.* O, S. 123–202).

2 Die Frage nach dem relativen *Wert* der Herrschaftsweisen – die von den Rousseauschen Anspielungen auf Urparadiese oder den amerikanozentrischen Abhandlungen über die »Modernisierung« zumindest implizit gestellt wird – ist völlig ohne jeden Sinn und kann nur zu definitionsgemäß endlosen Debatten über die *Vorzüge und Nachteile des Vorher und des Nachher* führen, die höchstens insofern von Interesse sind, als sie die *Gesellschaftsphantasien* des Autors enthüllen, d.h. sein nicht analysiertes Verhältnis zu seiner eigenen Gesellschaft. Wie in allen Fällen, wo es darum geht, ein System mit einem anderen zu vergleichen, kann man ohne Ende Teilvorstellungen der beiden Systeme einander gegenüberstellen (z. B. Verzauberung vs. Entzauberung), deren affektive Färbung und ethische Konnotationen unterschiedlich sind, je nachdem, ob sie vom Standpunkt des einen oder des anderen Systems aus entwickelt werden. Einzig legitimer Vergleichsgegenstand sind die Systeme als solche, was jede andere Wertung als die in der Logik der Entwicklung *faktisch* mitenthaltene untersagt.

sozialen Beziehung: es ist bei der Schuld ebenso vorhanden wie bei der Gabe, die beide trotz ihres Gegensatzes die Fähigkeit miteinander gemein haben, Abhängigkeiten und, je nach den Strategien, in deren Dienst sie stehen, sogar sowohl Knechtschaft als auch Solidarität zu schaffen.[1] Dieses zwiespältige Wesen aller Institutionen, die in heutigen Taxonomien gern als »ökonomische« behandelt werden, belegt, daß entgegengesetzte Strategien, die wie in der Beziehung zwischen dem Grundherrn und seinem *khammes* nebeneinander bestehen können, *austauschbare* Mittel zur Erfüllung derselben Funktion sind, wobei es vom Stand des Kräfteverhältnisses zwischen den beiden Parteien und von der Integration und ethischen Integrität der schlichtenden Gruppe abhängt, ob nackte oder ob sanfte und unsichtbare Gewalt »gewählt« wird. Solange die nackte Gewalt des Wucherers oder unbarmherzigen Grundherrn auf kollektive Mißbilligung stößt und folglich riskiert, das Opfer zur gewaltsamen Gegenwehr oder Flucht zu treiben, also dort, wo es wie in diesen beiden Fällen *keine Schlichtungsmöglichkeit* gibt, ist Aufhebung genau der Situation, die ausgebeutet werden sollte, und symbolische Gewalt, also sanfte, unsichtbare, als solche verkannte, gleichermaßen erwählte wie erlittene Gewalt des Vertrauens, der Verpflichtung, der persönlichen Treue, der Gastfreundschaft, Gabe, Schuld, Dankbarkeit, Frömmigkeit, mit einem Wort, die Gewalt all der Tugenden, an die sich die Ehrenmoral hält, als die sparsamste, weil der Ökonomie des Systems angemessenste Herrschaftsweise zwingend geboten.

So konnte eine nach äußerem Anschein dem einfachen Verhältnis zwischen Kapital und Arbeit so verwandte soziale Beziehung wie die zwischen dem Grundherrn und seinem *khammes* (eine Art Fünftpächter, der nur einen sehr kleinen Teil der Ernte erhielt, üblicherweise ein Fünftel, mit lokalen Abweichungen) nur durch gleichzeitig oder abwechselnd angewandte materielle und symbolische Gewalt Bestand haben, direkt auf die Person ausgeübt, die bei der Stange gehalten werden sollte. Der Grundherr konnte seinen *kham-*

1 Moses L. Finley weist nach, daß die Schuld, die bisweilen gestundet wurde, um eine Situation der Knechtschaft zu schaffen, auch dazu dienen konnte, solidarische Verhältnisse zwischen Gleichen zu stiften (M.-L. Finley, »La servitude pour dettes«, *Revue d'histoire du droit français et étranger*, 4. Reihe, 43 (1965) 2, S. 159–184).

mes durch eine Schuld an sich binden, die diesen dazu zwang, so lange auf Verlängerungen seines Pachtvertrags einzugehen, wie er bei keinem anderen Grundherrn die Bereitschaft fand, dem früheren Dienstherrn die Schuldsumme auszuzahlen, also zeitlich unbegrenzt. Er konnte auch zu brutalen Methoden wie der Beschlagnahmung der ganzen Ernte greifen, um seinen Vorschuß einzutreiben. Doch jede einzelne Beziehung war das Ergebnis komplexer Strategien, deren Wirksamkeit nicht nur von der materiellen und symbolischen Stärke der beteiligten Parteien abhing, sondern auch von ihrem Geschick, durch Wecken von Mitleid oder Entrüstung die Gruppe hinter sich zu bringen. Damit er nicht verlor, was häufig sein ganzer Nutzen aus der Beziehung war, d. h. für viele Grundherrn, die kaum vermögender als ihre *khammes* und durchaus interessiert waren, ihren Boden selber zu bestellen, seinen Status als Herr und Meister (oder Nicht-*khammes*), mußte dem Verpächter daran gelegen sein, die Tugenden seines Rangs zu demonstrieren, indem er in der »ökonomischen« Beziehung jede andere Gewähr außer der von der Ehre gebotenen Treue ausschloß und den *khammes* wie einen Partner behandelte, der seinerseits nur zu gern bereit war, im stillschweigenden Einverständnis mit der gesamten Gruppe auf diese Fiktion einzugehen, die zwar eigennützig war, ihm aber eine ehrenvolle Vorstellung seiner Lage gestattete. Wo es keinen richtigen Arbeitsmarkt gibt und Geld selten (und folglich teuer) ist, konnte der Grundherr seine Interessen nicht besser wahren, als wenn er tagtäglich mit ständiger Sorgfalt und Aufmerksamkeit ein Netz von ebenso ethischen und gefühlsmäßigen wie »ökonomischen« Banden zwischen sich und seinem *khammes* knüpfte: um ihn an sich zu fesseln, stiftete er häufig die Ehe seines *khammes* (oder dessen Sohnes) und nahm ihn mit Familie in das eigene Haus auf; die Kinder, zusammen in der Gütergemeinschaft (Herden, Felder usw.) aufgezogen, wurden sich häufig erst sehr spät über ihre wahre Lage klar. Nicht selten ging einer der Söhne des *khammes* gleichzeitig mit dem Sohn des Grundbesitzers zur Lohnarbeit in die Stadt und schickte ihm wie dieser dann die Spargroschen. Kurz, daß der *khammes* auf Dauer seinen Interessen diente, konnte der Herr nur erreichen, indem er ihn völlig zum Partner seiner Interessen machte und dabei so weit ging, die Asymmetrie ihrer Beziehung in seinem gesamten Verhalten durch symbolische Verneinung zu verschleiern: dem *khammes* vertraut man sein Hab und Gut, sein Haus, seine Ehre an (wie aus der Formel hervorgeht »Ich verlasse mich auf dich, Partner, ich gehe fort und suche mir was«, die der Herr ausspricht, wenn er in die Stadt oder nach Frankreich arbeiten geht); er ist es, der »wie der Eigentümer mit dem Stück Land umgeht«, da nichts im Verhalten seines Herrn ihm verbietet, sich Rechte an dem Boden zu nehmen, den er bearbeitet, und nicht selten kann man hören, wie ein *khammes* lange, nachdem er seinen »Herrn« verlassen hat, aus dem vergossenen Schweiß das Recht ableitet, Obst zu pflücken oder das Grundstück zu betreten. Und wie er sich seiner Pflichten gegenüber seinem früheren Herrn nie ganz ledig fühlen wird, mag er diesem auch nach dem »Umschwung«, wie er es nennt, als »Gemeinheit« vorwerfen, ihn erst »angenommen« und dann verstoßen zu haben.

Die sanften und verkappten Formen der Gewalt können sich um so eher als einzige Art der Ausübung von Herrschaft und Ausbeutung durchsetzen, als die direkte und krasse Ausbeutung schwieriger ist und auf größere Mißbilligung stößt. Es wäre genauso falsch, diese unerläßlich doppelbödige Ökonomie auf ihre offizielle Wahrheit zu reduzieren wie auf ihre »objektive« Wahrheit und dabei in der Nachbarschaftshilfe eine Fron, im *khammes* eine Art Sklaven zu sehen, und so fort. Das »ökonomische« Kapital wirkt nur in der beschönigten Form des symbolischen Kapitals. An dieser Rückverwandlung des Kapitals, Bedingung seiner Wirksamkeit, ist nichts Automatisches: sie erfordert neben einer perfekten Kenntnis der Logik der Ökonomie der Verneinung ständige Mühe und regelrechte *Arbeit*, die zur Herstellung und Pflege der Beziehungen unerläßlich ist, und außerdem beträchtliche *Investitionen* materieller wie symbolischer Art – etwa politischen Beistand gegen Angriffe, Diebstahl, Beleidigung oder Verunglimpfung, oder ökonomischen Beistand, der häufig recht teuer kommt, vor allem in Zeiten der Knappheit; und zudem die (aufrichtige) Bereitschaft, auch etwas Persönlicheres zu verschenken, was kostbarer ist als Geld und Gut, weil es, wie es heißt, »nicht geborgt oder verliehen« werden kann, zum Beispiel *Zeit*.[1] Diese muß man sich nehmen für das, was »unvergeßlich« werden soll, weil so ausgeführt, wie es sich gehört und wann es sich gehört, also »Aufmerksamkeiten«, »Gesten«, »Freundlichkeiten«. Daß Autorität stets als Eigenschaft der Person wahrgenommen wird, liegt daran, daß die sanfte Gewalt vom Ausübenden *persönlichen Einsatz* erheischt.[2]

1 Dem, der »jemand nicht so viel Zeit widmen kann, wie er sollte«, werden Vorwürfe gemacht wie: »Kaum bist du gekommen, schon gehst du wieder«. »Du gehst schon? Wir haben uns doch kaum gesetzt ... Wir haben ja noch gar nichts miteinander geredet.«

2 Die *fides* ist, wie Beneviste erinnert, nicht das »Vertrauen«, sondern die »Eigenschaft einer Person, die ihr Vertrauen zuwachsen läßt und die in Gestalt einer schützenden Autorität gegenüber dem tätig wird, der sich ihrer Obhut anvertraut« (É. Benveniste, *a. a. O.*, Bd. I, S. 117f).

Sanfte Herrschaft wird sehr teuer für den, der sie ausübt. Zunächst ökonomisch. Weil ihre Wirkung noch zu den objektiven, mit dem niedrigen Entwicklungsstand der Produktionsmittel und dem Fehlen »ökonomischer« Institutionen zusammenhängenden Hindernissen hinzukam, konnten schon die gesellschaftlichen Mechanismen durch den von ihnen ausgehenden Zwang zum Verdrängen des ökonomischen Eigennutzes die Konzentration des materiellen Kapitals hemmen, ja sogar verhindern.[1] Die Wohlhabendsten mußten Rücksicht auf das kollektive Urteil nehmen, weil sich aus diesem ihre Autorität und besonders ihre Fähigkeit ableitete, die Gruppe für oder gegen einzelne oder andere Gruppen zu mobilisieren; auch mußten sie die offizielle Moral achten, die sie nicht nur zwang, sich am intensivsten an den zeremoniellen Tauschvorgängen zu beteiligen, sondern auch den größten Beitrag zum Unterhalt der Armen, zur Beherbergung von Fremden oder zum Ausrichten von Festen zu leisten. Belastungen wie die des *t'amen,* des »Verantwortlichen« oder »Gewährsmanns«, der seine Gruppe in der Männerversammlung oder bei allen feierlichen Anlässen vertrat (und beispielsweise beim gemeinsamen Opfer den Anteil seiner Gruppe übernehmen mußte), waren schwerlich Gegenstand von Zank oder Neid, und nicht selten lehnten die einflußreichsten und bedeutendsten Persönlichkeiten einer Gruppe diese Funktion ab oder wollten rasch davon entbunden werden: die Repräsentations- und Vermittlerpflichten des *t'amen* kosteten nämlich viel Zeit und Mühe. Personen, denen die Gruppe den Beinamen »der Weise« oder »der Große« gibt und denen die Autorität der Gruppe auch ohne offizielles Mandat sozusagen stillschweigend übertragen wird, *sind es sich schuldig* (die Formulierung soll den Anspruch an die eigene Person beschreiben, der sich aus einer hohen Meinung von sich selber ergibt), die Gruppe durch mustergültiges Verhalten wie durch bewußtes Einschreiten ständig an die Werte zu erinnern, die sie offiziell vertritt: sie mußten zwei Weiber, die sich in die Haare geraten waren, trennen, ja, sogar züchtigen (wenn es Witwen waren oder ihre sorgepflichtigen Männer sich nicht durchsetzen konnten), oder ihnen eine Buße auferlegen; sie mußten bei einem schweren Konflikt zwischen Mitgliedern ihrer Sippe die einen wie die anderen zur Vernunft mahnen, was nie ohne Schwierigkeiten und bisweilen nicht ohne Gefahren abging; sie mußten sich in allen Situationen, die von der Sache her zu einem Konflikt zwischen Klans führen konnten (z. B. nach einem Verbrechen), mit dem Marabut versammeln und die feindlichen Parteien miteinander versöhnen; ihnen schließlich oblag es, die Belange der Armen und der Klienten zu wahren, ihnen bei den

1 Und es war sicher außergewöhnlich, daß die Versammlung ausdrücklich eingreifen mußte, wie in dem von Maunier berichteten Fall, um jemand zu mahnen, »aufzuhören, sich zu bereichern« (R. Maunier, *Mélanges de sociologie nord-africaine,* Paris, Alcan 1930, S. 68).

traditionellen Kollekten Geschenke zu machen und an den Feiertagen Lebensmittel zu schicken, die Witwen zu unterstützen und die Waisen zu verheiraten usw.

Kurz, da die persönliche Autorität nicht durch offiziell verkündete und institutionell gewährleistete Übertragung gesichert ist, kann sie auf Dauer nur durch Handlungen bestehen, die sich nach den von der Gruppe anerkannten Werten richten und diese Autorität so immer wieder bestätigen[1]: die »Großen« können sich also noch weniger als sonst jemand Freiheiten gegenüber den offiziellen Normen herausnehmen und müssen ihren erhöhten Rang mit erhöhter Anpassung an die Werte der Gruppe bezahlen. Solange das System der Mechanismen, die durch ihren Selbstlauf die Reproduktion der herkömmlichen Ordnung gewährleisten, noch nicht entstanden ist, reicht es für die Herrschenden nicht aus, das von ihnen beherrschte *System laufen zu lassen,* um ihre Herrschaft auf Dauer auszuüben; sie müssen täglich und persönlich daran arbeiten, die stets unsichere Herrschaftslage zu produzieren und zu reproduzieren. Da sie sich nicht damit begnügen können, sich die Gewinne aus einem gesellschaftlichen Apparat anzueignen, der aus sich heraus noch nicht die Kraft zur Selbsterhaltung hat, sind sie dazu verurteilt, *nur die Grundformen der Herrschaft auszuüben,* d. h. die direkte Herrschaft des Menschen über den Menschen, dessen Extrem die Aneignung der Person, d. h. die Sklavenhaltung ist; sie können sich die Arbeit, die Dienste, die Güter, die Ehrenerweise, die

1 Die Marabuts sind insofern in einer anderen Situation, als sie als Angehörige einer geachteten Körperschaft von »Beamten des Kultus« institutionell abgeordnet sind und sich einen gesonderten Status bewahren – insbesondere durch ziemlich rigorose Einheirat und durch eine ganze Reihe von eigenen Traditionen, wie die Abgeschiedenheit ihrer Frauen. Es bleibt, daß jene, die »wie der reißende Bach bei Gewitter anschwellen«, wie es im Sprichwort heißt, ihre sozusagen institutionalisierte *Mittlerfunktion* nur dann nutzen können, wenn sie in ihrer Kenntnis der Traditionen und Personen das Mittel finden, eine symbolische Autorität auszuüben, die nur kraft direkter Übertragung durch die Gruppe vorhanden ist: die Marabuts sind meistens nur das objektive Alibi, die »Tür«, wie es heißt, die den streitenden Gruppen ermöglicht, sich zu einigen, ohne das Gesicht zu verlieren.

Achtung der anderen nicht aneignen, ohne diese für sich persönlich zu »gewinnen«, ohne sie an sich zu binden, kurz, nicht ohne ein persönliches Band von Mensch zu Mensch zu knüpfen. Als grundlegende Operation der sozialen Alchimie, deren Paradigma der Gabentausch ist, erfordert die Umwandlung irgendeiner Art Kapital in symbolisches Kapital, also in legitimen Besitz, der im Charakter seines Besitzers begründet ist, immer eine Art Arbeit, einen sichtbaren (wenn auch nicht unbedingt vorgezeigten) Aufwand an Zeit, Geld und Energie, eine *Rückverteilung*, die notwendig ist, um die Anerkennung der Verteilung in Gestalt von Erkenntlichkeit des Empfangenden gegenüber dem zu erreichen, der in der Verteilung bessergestellt ist und daher geben kann, also ein Schuldanerkenntnis, das außerdem Anerkennung des Ranges ist.

Es wird ersichtlich, daß diese sozialen Mechanismen, die für das Entstehen des jeweils konformen Habitus sorgen, entgegen simplifizierenden Verweisen auf den Unterschied zwischen Basis und Überbau[1] hier wie anderswo untrennbarer Bestandteil der Bedingungen der Reproduktion von Gesellschaftsordnung und Produktionsapparat selbst sind, die nicht ohne die Dispositionen vonstatten gehen könnte, die von der Gruppe eingeprägt und ständig verstärkt werden und Praktiken *undenkbar* machen, wie sie die entzauberte Ökonomie des »nackten Interesses« eigentlich als legitim oder gar selbstverständlich ausgeben müßte. Doch das besondere Gewicht, das den Habitusformen und ihren Strategien beim Errichten und Fortleben dauerhafter Herrschaftsbeziehungen zukommt, ist auch noch eine Auswirkung der *Struktur des Felds*: da sie die institutionellen Voraussetzungen für die Akkumulation ökonomischen oder kulturellen Kapitals nicht bietet (ja diese sogar ausdrücklich hemmt, indem sie durch *Zensur* offener Gewalt den Rückgriff auf beschönigte For-

1 Das Denken in »Instanzen« verdankt seinen fast unvermeidlichen gesellschaftlichen Erfolg der Tatsache, daß es, wie die einfachste Analyse seiner Anwendungen zeigt, die ganze beruhigende Symbolik der *Architektur*, natürlich einer *Struktur*, also *Basis und Überbau*, aber auch *Grund, Fundament, Grundriß, Basis* zu klassifikatorischen und scheinbar erklärenden Zwecken mobilisieren kann, ganz zu schweigen von den unnachahmlichen *Tiefenschichten* Gurvitchs.

men von Machtausübung und Gewalt erzwingt), bewirkt diese Wirtschaftsordnung, daß die in allen Gesellschaftsformationen feststellbaren Strategien zur Akkumulation symbolischen Kapitals in diesem Fall die *rationalsten* sind, weil in den Grenzen der Zwänge dieser Welt die wirksamsten. Auf dem Umfang der Objektivierung des Kapitals beruhen alle relevanten Unterschiede zwischen den Herrschaftsweisen: Sozialwelten, in denen die Herrschaftsverhältnisse in der Interaktion der Personen und durch sie hergestellt, aufgelöst und wiederhergestellt werden, stehen im Gegensatz zu Gesellschaftsformationen, in denen sie, vermittelt durch objektivierte und institutionalisierte Mechanismen wie den »selbstgesteuerten Markt« *(self-regulating market)* im Sinne Karl Polanyis, das Bildungssystem oder den Justizapparat so undurchsichtig und dauerhaft wie Sachen werden lassen und sich dem Zugriff des Bewußtseins und der Macht des einzelnen entziehen.

Der Gegensatz zwischen den Welten sozialer Verhältnisse, die ihre Reproduktionsgrundlage nicht in sich selber haben und nur um den Preis einer ständigen Neuschöpfung bestehen können, und den Sozialwelten, welche, von ihrem eigenen *Fortleben* mitgerissen, die Subjekte von dieser unaufhörlichen und unbegrenzten Arbeit des Erschaffens oder Wiedererschaffens befreit, wird in der Geschichte oder Vorgeschichte des sozialen Denkens unmittelbar ausgesprochen: »Für Hobbes«, schreibt Durkheim, »ist es ein Willensakt, der die gesellschaftliche Ordnung entstehen läßt, und ist ein stets erneuerter Willensakt deren Stütze.«[1] Und alles gestattet die Annahme, daß

1 E. Durkheim, *Montesquieu et Rousseau précurseurs de la sociologie*, Paris, Rivière et Cie 1953, S. 195–197). Die Entsprechung zu Descartes' Theorie der fortwährenden Schöpfung ist vollkommen. Und wenn Leibniz, den Gott kritisierend, der dazu verurteilt ist, die Welt so zu bewegen, »wie der Zimmermann seine Axt schwingt oder wie der Müller seine Mühle treibt, indem er Wasser ableitet oder seinem Mühlrad zuführt« (G. W. Leibniz, *De Ipsa Natura. Opuscula philosophica selecta*, Paris, Boivin 1939, S. 92), der Welt Descartes', die ohne ständige Unterstützung nicht weiterbestehen könnte, eine physische Welt mit *Eigenleben* gegenüberstellt, wird er damit zum Vorläufer der Kritik aller Formen der Weigerung, der Sozialwelt eine »Natur« zuzuerkennen, d. h. eine immanente Notwendigkeit, die ihren Ausdruck erst viel später finden sollte (genauer: in Hegels *Grundzügen der Philosophie des Rechts*).

der Bruch mit dieser artifiziellen Sicht, Vorbedingung eines wissenschaftlichen Begreifens, nicht vollzogen werden konnte, bevor sich in der Wirklichkeit nicht objektive Mechanismen wie der *self-regulating market* herausgebildet hatten, der, wie Polanyi bemerkt, gerade recht kam, um dem Glauben an den Determinismus zum Durchbruch zu verhelfen.[1]

Die Objektivierung in Institutionen garantiert den Bestand und kumulativen Charakter der materiellen wie symbolischen Errungenschaften, die fortbestehen können, ohne daß die Subjekte sie ständig und vollständig durch bewußtes Handeln wiedererschaffen müßten; doch weil die durch diese Institutionen gesicherten Gewinne unterschiedlich angeeignet werden, dürfte diese Objektivierung auch untrennbar zugleich die Reproduktion der Verteilungsstruktur des Kapitals gewährleisten, die in ihren verschiedenen Formen Voraussetzung dieser Aneignung ist und zugleich die Herrschafts- und Abhängigkeitsverhältnisse reproduziert.

Paradoxerweise bewirkt gerade das Vorhandensein relativ autonomer Felder, die nach strengen Mechanismen funktionieren und den Handlungssubjekten ihre Notwendigkeit aufzwingen können, daß die Besitzer der Mittel zur Beherrschung dieser Mechanismen und zur Aneignung der durch ihr Funktionieren erzeugten materiellen und symbolischen Gewinne sich *ersparen* können, unmittelbar und ausdrücklich auf die Herrschaft über Menschen gerichtete Strategien anzuwenden. Es handelt sich hier durchaus um eine Einsparung, weil die Strategien, mit denen dauerhafte Abhängigkeitsverhältnisse zwischen Menschen errichtet und aufrechterhalten werden sollen, wie bereits bemerkt, äußerst aufwendig sind, wodurch das Mittel den Zweck auf-

1 Das Vorhandensein von Mechanismen, die die Reproduktion der politischen Ordnung ohne jedes ausdrückliche Eingreifen gewährleisten können, macht wiederum geneigt, eine zu enge Definition der Politik oder der auf Machterwerb oder Machterhaltung gerichteten praktischen Handlungen hinzunehmen, bei der die Konkurrenz um die Beherrschung der Reproduktionsmechanismen stillschweigend ausgeschlossen bleibt. Das ist dann der Fall, wenn sich die Sozialwissenschaft – wie heutzutage die sogenannte »Politikwissenschaft« – den Bereich der legitimen Politik zu ihrem Hauptgegenstand macht und so den vorgefertigten Gegenstand aufnimmt, den ihr die Realität vorsetzt.

zehrt und Handlungen, die zur Erhaltung der Macht nötig sind, zu ihrer Schwächung beitragen. Um Recht zu schaffen, muß Kraft verausgabt werden, und es kommt vor, daß ein großer Teil der Kraft dafür draufgeht.[1]

Ehrverhalten ist reine Politik. Es verleitet zur Akkumulation materieller Reichtümer, die nicht »an sich«, d. h. aus ihrer »ökonomischen« oder »sachlichen« Funktion heraus, gerechtfertigt sind und im Extremfall völlig nutzlos sein können wie Gegenstände, die in vielen archaischen Wirtschaften getauscht werden, aber einen Wert als *Instrumente der Machtdemonstration durch Vorzeigen* haben – durch das, was Pascal »la montre« nennt –, als symbolisches Kapital, das geeignet ist, seine eigene Reproduktion zu fördern. Die Akkumulation materieller Reichtümer ist in einem solchen Kontext nur ein Mittel unter anderen, symbolische Macht zu akkumulieren als *Macht zur Durchsetzung der Anerkennung der Macht*: der im Gegensatz zum produktiven als demonstrativ zu bezeichnende Aufwand (deswegen auch »unentgeltlich« oder »symbolisch« geheißen) stellt, wie jeder andere *sichtbare* Aufwand an anerkannten Zeichen des Wohlstands in der jeweiligen Gesellschaftsformation, eine Art legitimatorische Selbstbestätigung dar, mit der die Macht dafür sorgt, daß sie bekannt und anerkannt wird. Indem sie sich sichtbar und öffentlich bestätigt und sich in Gegensatz zu allen okkulten, verborgenen, geheimen, offiziösen, schmählichen, uneingestehbaren (wie jenen der schwarzen Magie) und folglich *mißbilligten* Machtformen als mit dem Recht auf Sichtbarkeit ausgestattet anerkennen läßt, verlangt die Macht nach Offizialisierung als Urform der Institutionalisierung. Doch nur die volle Institutionalisierung ermöglicht, daß man sich auf das »Vorzeigen«, wenn es schon nicht ganz eingespart werden kann, wenigstens nicht allein verlassen muß, um zu erreichen, daß die anderen glauben und gehorchen und ihre Arbeitskraft zur Verfügung stellen. Alles läßt

1 Es ist vielfach darauf hingewiesen worden, daß die Logik, die die Rückverteilung der Güter zur Bedingung des Fortbestands der Macht erhebt, die ursprüngliche Akkumulation des ökonomischen Kapitals und das Eintreten der Klassenspaltung zu hemmen oder verhindern sucht (vgl. z. B. E. Wolf, *Sons of the Shaking Earth*, Chicago, Chicago University Press 1959, S. 216).

die Vermutung zu, daß die Akkumulation »ökonomischen« Kapitals nach Georges Duby im Feudalismus erst dann möglich wird, wenn sich die Möglichkeit eröffnet, die Reproduktion des symbolischen Kapitals dauerhaft und zu geringsten Kosten zu gewährleisten und den eigentlich politischen Krieg um Rang, Auszeichnung, Überlegenheit mit anderen, »sparsameren« Mitteln weiterzuführen. An die Stelle von Beziehungen zwischen Handelnden, die von den Funktionen unablösbar sind, die sie wahrnehmen und nur durch unablässigen persönlichen Einsatz halten können, setzt die Institutionalisierung streng festgelegte und juristisch abgesicherte Verhältnisse zwischen anerkannten Positionen, die in einem relativ selbständigen Raum von Positionen nach ihrem *Rang* festgelegt sind und durch ihre Eigenleben gesondert und unabhängig von den Personen existieren, die diese Positionen derzeit oder künftig einnehmen und selber durch *Titel* definiert sind, die sie wie Adelstitel, Eigentumstitel oder akademische Titel *autorisieren*, solche Positionen zu besetzen.[1] Im Gegensatz zur persönlichen Autorität, die weder abgetreten noch vererbt werden kann, ermöglicht der Titel als *Maß des Rangs oder der Rangfolge*, d.h. als Instrument zur formalen Bewertung der Position von Subjekten in einer *Verteilung*, Verhältnisse fast vollkommener Gleichwertigkeit (oder Vergleichbarkeit) zwischen solchen Subjekten herzustellen, die als Aneignungsberechtigte einer bestimmten Klasse von Gütern, Grundbesitz, Würden, Ämtern, Vorrechten definiert sind, wobei durch diese selbst wiederum klassifizierten Güter auf diese Weise dauerhaft die Verhältnisse zwischen diesen Subjekten im Hinblick auf ihre legitime Reihenfolge des Zugangs zu diesen

1 Eine Sozialgeschichte des Begriffs des Titels, von dem der Adelstitel oder der akademische Titel nur Sonderfälle sind, müßte die gesellschaftlichen Bedingungen und die Wirkungen des Übergangs von der persönlichen Autorität (bei den Römern z.B. *gratia*, Ansehen, Einfluß) zum *Titel*, oder, wenn man so will, von der Ehre zum *jus honorum* untersuchen: so wurde in Rom die Verwendung von Titeln (z.B. *eques romanus*), die eine *dignitas* als offiziell im Staate anerkannte Stellung (im Gegensatz zu einer schlichten persönlichen Eigenschaft) bezeichneten – ebenso wie das Tragen der Insignien – der genauesten Kontrolle durch Brauchtum oder Recht unterworfen (vgl. Cl. Nicolet, *L'ordre équestre à l'époque républicaine*, I, »Définitions juridiques et structures sociales«, Paris, 1966, S. 236–241).

Gütern und zu den Gruppen bestätigt werden, die über den Alleinbesitz solcher Güter definiert sind. So zum Beispiel baut das Bildungswesen, indem es allen Inhabern desselben Titels denselben Wert zuweist und sie dadurch austauschbar macht, die Hindernisse für die Zirkulation des kulturellen Kapitals weitgehend ab, die sich daraus ergeben, daß dieses Kapital einer besonderen Person einverleibt ist (ohne deswegen den Vorteil der Charisma-Ideologie von der einmaligen Persönlichkeit aufzuheben[1]); es ermöglicht, die Gesamtheit der Titelhalter (und umgekehrt auch die Gesamtheit aller Titellosen) an einer Elle zu messen und so einen *einheitlichen Markt* für alle kulturellen Fähigkeiten zu schaffen, der die Konvertierbarkeit des um den Preis eines bestimmten Aufwands an Zeit und Arbeit erworbenen kulturellen Kapitals in Geld gewährleistet. Der schulische oder Bildungstitel besitzt wie das Geld einen durch Übereinkunft festgelegten, formaljuristisch garantierten und folglich (im Gegensatz zum schulisch nicht beglaubigten kulturellen Kapital) von lokalen Beschränkungen und vorübergehenden Schwankungen freien Wert: das kulturelle Kapital, das er sozusagen ein für allemal bescheinigt, muß nicht ständig nachgewiesen werden. Die vom Titel und überhaupt von allen Formen von »Dokumenten« *(credentials)* im Sinne »schriftlicher Befähigungsnachweise, die Glaubwürdigkeit oder Autorität verleihen«, bewirkte Objektivierung ist untrennbar mit der verknüpft, die das Recht garantiert, indem es *Dauerpositionen* definiert, die von ihren jeweiligen biologischen Inhabern unabhängig sind und mit biologisch ganz anderen Subjekten besetzt werden können, die, auf den erforderlichen Titel bezogen, jedoch auswechselbar sind. Fortan werden die Macht- und Abhängigkeitsverhältnisse nicht mehr unmittelbar zwischen Menschen hergestellt; sie werden in der Objektivität selbst, zwischen Institutionen, d. h. zwischen gesellschaftlich garantierten Titeln und gesellschaftlich definierten Posten, gesetzt und durch diese zwischen den gesellschaftlichen Mechanismen, die den gesellschaftlichen Wert der Titel und

1 Als Rangabzeichen, das die Stellung eines Subjekts in der Verteilungsstruktur des kulturellen Kapitals bezeichnet, wird der akademische Titel gesellschaftlich als Garantie dafür wahrgenommen, daß der Betreffende eine bestimmte Menge an kulturellem Kapital besitzt.

Posten und die Verteilung dieser sozialen Attribute auf die biologischen Individuen erzeugen und absichern.

Das Recht gibt diesem Stand des Kräfteverhältnisses zwischen Gruppen und Klassen, der vom Funktionieren dieser Mechanismen hervorgebracht und praktisch abgesichert wird, durch verewigende und verallgemeinernde *Registrierung* nur noch die höheren Weihen. So zum Beispiel registriert und legitimiert es die Unterscheidung zwischen Funktion und Person, zwischen der Macht und ihrem Inhaber zusammen mit dem Verhältnis, das zu einem bestimmten Zeitpunkt (kraft der jeweiligen Verhandlungsmacht *[bargaining power]* von Käufern und Verkäufern ausgebildeter, d. h. mit Bildungsnachweis ausgestatteter Arbeitskraft) zwischen Titel und Posten hergestellt wird und das sich materiell in einer bestimmten Verteilung der materiellen und symbolischen Gewinne auf die Inhaber (und Nichtinhaber) von Titeln äußert. Mit der ihm eigenen, genaugenommen symbolischen (Rechts-)Kraft trägt es so zur Wirkung der Gesamtheit von Mechanismen bei, die es ermöglichen, die ständige Wiederbestätigung des Kräfteverhältnisses durch offenen Gebrauch der Stärke zu ersparen.

Wie man sieht, kommt der Effekt der Legitimierung der bestehenden Ordnung nicht allein durch Mechanismen zustande, die wie das Recht traditionell als zur ideologischen Ordnung gehörig betrachtet werden. Das System der Produktion von Kulturgütern oder das System, das die Produzenten produziert, erfüllen obendrein, d. h. genau durch die Logik, nach der sie funktionieren, auch ideologische Funktionen, weil nämlich die Mechanismen verborgen bleiben, durch die sie zur Reproduktion der Gesellschaftsordnung und zur Fortdauer der Herrschaftsverhältnisse beitragen. Wie anderweitig dargelegt, stellt das Bildungssystem der herrschenden Klasse weniger durch die Ideologien, die es erzeugt oder einprägt, eine »Theodizee ihres eigenen Privilegs« zur Verfügung als durch die praktische Rechtfertigung der bestehenden Ordnung, die das Bildungssystem liefert, indem es mit der von ihm garantierten sichtbaren Beziehung zwischen Titeln und Posten die von ihm *unterschwellig registrierte* Beziehung zwischen erlangten Titeln und ererbtem kulturellem Kapital verschleiert, anders gesagt, mit der Legitimation, die es so der Übertragung dieser Form des Erbes verschafft. Am zuverlässigsten sind die ideologischen Wirkungen, zu deren Entfaltung es keiner Worte, sondern nur der Duldung und des stillschweigenden Einvernehmens bedarf.[1]

Wenn die symbolische Gewalt wirklich die sanfte und verschleierte Form ist, welche die Gewalt dort annimmt, wo nackte Gewalt unmöglich ist, wird verständlich, warum symbolische Formen der Herrschaft immer mehr abnahmen in dem Maße, wie sich die objektiven Mechanismen herausbildeten, welche die für ihre eigene Entstehung erforderlichen »entzauberten« Dispositionen zu erzeugen suchten, indem sie die Beschönigungsarbeit überflüssig machten.[2] Ebenso verständlich wird, warum das Entstehen der von den krassesten Formen der »ökonomischen« Ausbeutung geweckten Kräfte von Zersetzung und Kritik und die Enthüllung der ideologischen und praktischen Wirkungen der Mechanismen zur Gewährleistung der Reproduktion der Herrschaftsverhältnisse eine *Rückkehr* zu den Akkumulationsweisen bedeuten, die auf der Umwandlung von ökonomischem

1 Das läuft nebenbei darauf hinaus, daß jede Analyse von Ideologien in ihrem engeren Sinne als Legitimationsdiskurse, die keine Analyse der entsprechenden institutionellen Mechanismen umfaßt, sich der Gefahr aussetzt, nur ein weiterer Beitrag zur Wirksamkeit dieser Ideologien zu werden: das ist in allen internen (semiologischen) Analysen der politischen, schulischen, religiösen oder künstlerischen Ideologien der Fall, die vergessen, daß die politische Funktion dieser Ideologien in gewissen Fällen auf den Effekt von Verschiebung und Ablenkung, Verschleierung und Legitimierung reduziert sein kann, daß sie mit der Reproduktion durch Auslassen oder Unterlassen, in ihrem gewollt oder unfreiwillig komplizenhaften Verschweigen die Effekte dieser objektiven Mechanismen produzieren. Das ist z. B. bei der Ideologie des Charismas (oder der Meritokratie) der Fall, Sonderform der Gabe der »Begabung«, die mit der Ungleichheit der natürlichen Gaben die unterschiedlichen Chancen des Zugangs zu Titeln erklärt und so die Mechanismen verstärkt, die die Beziehung zwischen den erlangten Titeln und dem ererbten kulturellen Kapital verschleiern.

2 Im ideologischen Kampf zwischen Gruppen (z. B. Alters- oder Geschlechtsklassen) oder gesellschaftlichen Klassen um die Definition der Wirklichkeit wird der symbolischen Gewalt als verkannter und anerkannter, also legitimer Gewalt das Bewußtmachen der Willkür gegenübergestellt, das den Herrschenden einen Teil ihrer symbolischen Stärke nimmt, indem es Verkennung beseitigt.

Kapital in symbolisches beruhen, wie alle Formen der legitimatorischen Rückverteilung staatlicher (»Sozial«politik) oder privater Art (Finanzierung »gemeinnütziger« Stiftungen, Spenden an Kliniken, Bildungs- und Kultureinrichtungen usw.), durch die sich die Herrschenden ein Kapital an »Glaubwürdigkeit« verschaffen, das mit der Logik der Ausbeutung nichts mehr zu tun zu haben scheint[1], oder auch die Anhäufung von Luxusgütern, die ihrem Besitzer guten Geschmack und hohen Rang bescheinigen. Die Verneinung von Ökonomie und ökonomischem Eigennutz, die sich in den vorkapitalistischen Gesellschaften zunächst noch genau auf dem Boden der »ökonomischen« Geschäfte abspielte und dort ausquartiert werden mußte, damit die »Ökonomie« als solche entstehen konnte, findet so ihre bevorzugte Zuflucht auf dem Gebiet von Kunst und »Kultur« als einem Ort der reinen Konsumption, von Geld natürlich, aber auch von Zeit, einem geheiligten Inselchen, das sich ostentativ von der profanen und alltäglichen Welt der Produktion distanziert, einem Hort der Unentgeltlichkeit und Uneigennützigkeit, der wie früher die Theologie eine imaginäre Anthropologie verbreitet, entstanden aus der Verneinung aller Negationen, die die »Ökonomie« real zustande bringt.

1 Es war kein Soziologe, sondern eine Gruppe von amerikanischen Industriellen, die zur Erklärung der Wirkung von »public relations« die »Bankkontentheorie« entwickelten, welche »erfordert, daß man *regelmäßige und häufige* Einzahlungen bei der Bank der öffentlichen Meinung *(Bank of Public Good-Will)* leistet, um Schecks auf dieses Konto ausstellen zu können, wenn es nötig wird« (zitiert nach Dayton Mac Kean, *Party and Pressure Politics,* New York, Houghton Mifflin Company 1944). Nachschlagen könnte man dies auch bei Richard W. Gable, »N. A. M.: Influential Lobby or Kiss of Death?«, *The Journal of Politics* 15 (1953) 2, S. 262 (über die verschiedenen Wirkungsweisen der N. A. M., Wirkung auf die allgemeine Öffentlichkeit, auf Pädagogen, auf Geistliche, auf Führungspersönlichkeiten der Frauenvereine, der Landwirtschaft usw.), oder bei H. A. Turner, »How Pressure Groups Operate«, *The Annals of the American Academy of Political and Social Science* 319 (1958), S. 63–72 (über die Art und Weise, wie die Organisation beim Publikum im Ansehen steigt und Einstellungen so konditioniert, daß sie einen Zustand der öffentlichen Meinung schafft, in dem die Öffentlichkeit die von der Gruppe geforderten Programme freudig begrüßt).

9. Kapitel
Die Objektivität des Subjektiven

Die bestehende Ordnung und ihre Grundlage, die Kapitalverteilung, tragen zu ihrem eigenen Fortbestand schon durch ihre bloße Existenz bei, d. h. durch die Symbolwirkung, die sie von dem Moment an entfalten, wo sie öffentlich und offiziell bestätigt und eben dadurch verkannt und anerkannt werden. Folglich kann die Sozialwissenschaft nur dann im Durkheimschen Sinne »soziale Fakten wie Dinge behandeln«, wenn sie alles dahinfahren läßt, was diese der Tatsache verdanken, daß sie genau in der Objektivität ihrer sozialen Existenz Gegenstand der Erkenntnis sind (auch wenn es sich um Verkennung handelt). Und sie muß in ihre vollständige Definition des Gegenstands die ursprünglichen Vorstellungen über den Gegenstand wieder einfügen, die sie zunächst aufheben mußte, um zur »objektiven« Definition zu gelangen. Weil Individuen oder Gruppen objektiv nicht nur durch ihr Sein definiert sind, sondern auch durch das, was sie angeblich sind, also durch ein *wahrgenommenes Sein*, das zwar eng von ihrem Sein abhängig ist, doch nie völlig darauf zurückgeführt werden kann, muß die Sozialwissenschaft die beiden Arten von Eigenschaften berücksichtigen, die objektiv mit jenen Seinsarten verknüpft sind: einerseits die materiellen, die sich, wie schon der Leib, wie Beliebiges aus der physischen Welt zählen und messen lassen, und andererseits die symbolischen Eigenschaften, die nichts anderes als in ihren Wechselbeziehungen, d. h. als Unterscheidungsmerkmale aufgefaßte materielle Eigenschaften sind.[1]

1 Es versteht sich von selbst, daß diese unerläßliche Unterscheidung etwas Fiktives hat: die Wissenschaft kann nämlich die Wirklichkeit nur erkennen, indem sie logische Einordnungsinstrumente anwendet und etwas den Einordnungsoperationen der üblichen Praxis Gleichwertiges vornimmt. Sicher können diejenigen, welche die Kritik der individuellen Vorstellungen zur Bedingung des Zugangs zu einer »objektiven« und der gewöhnlichen Erfahrung überhaupt nicht zugänglichen Wirklichkeit machen (Durkheim meint: »Wir halten die Idee für fruchtbar, daß das soziale Leben nicht durch die Auffassung derer erklärt werden muß, die daran beteiligt sind, sondern durch tiefe Ursachen, die sich dem Bewußtsein entzie-

Eine derartige, *in sich doppelte Realität* erfordert, die Alternative zwischen Sozialphysik und Sozialphänomenologie zu überwinden, in der die Sozialwissenschaft gemeinhin gefangen ist. Die *Sozialphysik*, die sich häufig in einem objektivistischen Ökonomismus erschöpft, will unbedingt eine der allgemeinen Erfahrung absolut unzugängliche »objektive Realität« durch Analyse statistischer Beziehungen der Verteilungsstruktur der materiellen Eigenschaften erfassen, die quantifizierter Ausdruck der Verteilung des Kapitals (verschiedener Kapitalarten) auf die um seine Aneignung konkurrierenden Individuen ist. Die *Sozialphänomenologie* hingegen, die Bedeutungen verzeichnet und entschlüsselt, welche die Handelnden als solche durch eine unterschiedliche Wahrnehmung *derselben Eigenschaften* erzeugen, die so zu Unterscheidungsmerkmalen werden, kann ihre Vollendung und ihr Extrem nur in einer Art *sozialer Grenznutzentheorie* finden: die »Gesellschaftsordnung« wird so auf eine kollektive Einordnung reduziert, die man durch Zusammenzählen der einordnenden und eingeordneten Urteile erhält, mit denen die Handelnden sich und andere einordnen, oder, wenn man so will, durch Zusammenfassung der (geistigen) Vorstellungen, die sich die einen von den (Theater-)Vorstellungen, die ihnen andere darbieten, und von den (geistigen) Vorstellungen machen, die diese wiederum von ihnen haben.

Der Gegensatz zwischen einer Mechanik der Kräfteverhältnisse und einer Phänomenologie oder Kybernetik der Sinnverhältnisse ist nirgends so offenkundig und so offenkundig steril wie in der Theorie der gesellschaftlichen Klassen. Auf der einen Seite streng objektivistische Definitionen, wie die des ökonomistischen Zweigs der marxistischen Theorie, der die Grundlage der Klassenzugehörigkeit in Eigenschaften sucht, die mit der Wahrnehmung oder der Tätigkeit der Handelnden nichts zu tun haben (ganz zu schweigen von Autoren, die solche Klassen gleichsetzen mit aufzählbaren und durch

[Fortsetzung der Fußnote 1 von Seite 246]
hen«), wie Durkheim einräumen, daß man diese »Realität« nur erkennen kann, indem man logische Instrumente anwendet. Dabei läßt sich nicht leugnen, daß es eine besondere Affinität zwischen dem Physikalismus und der positivistischen Neigung gibt, Einordnungen entweder als willkürliche und »operative« Einschnitte zu sehen (wie Alters- oder Einkommensklassen) oder als bloße Verzeichnung »objektiver« Brüche, die in Gestalt von Diskontinuitäten der Verteilung oder Kurvenknicken erfaßt werden.

Grenzen im Realen voneinander geschiedene Populationen[1]); auf der anderen Seite subjektivistische oder nominalistische Definitionen, seien es nun die Webersche Theorie der »Statusgruppe«, die den für den Lebensstil konstitutiven symbolischen Eigenschaften Vorrang gibt, oder empirische Analysen, die ermitteln wollen, ob und wie Klassen in der Vorstellung der Subjekte vorhanden sind, oder schließlich alle Formen der sozialen Grenznutzentheorien, welche Akte von Autorität und Unterwerfung zur Grundlage von Herrschafts- und Abhängigkeitsstrukturen machen, somit die Sozialwelt wie idealistische Philosophen als »Vorstellung und Wille« auffassen und hierin dem *politischen Spontaneismus* nahestehen, der die gesellschaftliche Klasse (und besonders das Proletariat) mit einer Art plötzlicher Massenerhebung gleichsetzt.[2]

Die objektivistische Anschauung kann die »objektive« Wahrheit der Verhältnisse zwischen den Klassen als Kräfteverhältnisse nur erringen, indem sie alles vernichtet, was Herrschaft den Schein von Legitimität zu verschaffen geeignet ist; doch erreicht sie keine Objektivität, weil sie aus der Theorie der gesellschaftlichen Klassen die Urwahrheit ausgrenzt, gegen die sie entwickelt worden ist, nämlich den Schleier der symbolischen Verhältnisse, oh-

1 Wenn man existentielle Fragen, wie sie bürgerliche Jugendliche quälen (Gehöre ich zum Kleinbürgertum oder zum Großbürgertum? Wo hört das Kleinbürgertum auf, und wo fängt das Großbürgertum an?), und die strategischen Fragen jener beiseite läßt, die gern Freunde und Gegner zählen wollen, um zu sehen, »wieviel sie selbst zählen«, bzw. um sich einzuordnen, ist die Frage der »realen« Grenzen zwischen den Gruppen in der sozialen Praxis fast stets eine verwaltungspolitische: Behörden wissen (genauer als Soziologen), daß die Zugehörigkeit zu einer Klasse, und sei es nur zu einer formalsten statistischen Kategorie wie Altersklasse, mit »Vorteilen« oder Pflichten wie Rentenanspruch oder Wehrpflicht belegt ist; und daß daher die so gezogenen Grenzen zwischen den Gruppen Streitobjekt von Kämpfen sind (z. B. des Kampfes um Rente mit 60 Jahren oder um die Gleichstellung von Wehr- und Ersatzdienstleistenden) und die Einordnungen, mit denen solche Grenzen gezogen werden, Machtinstrumente.

2 Es muß ein gesonderter Platz für die eingeräumt werden, die sich um der Sache willen auf den Standpunkt der Sozialphysik stellen und sich so auf die objektive Kontinuierlichkeit der meisten Verteilungsstrukturen stützen, um den gesellschaftlichen Klassen jede andere Realität als die heuristischer Begriffe oder statistischer Kategorien zu bestreiten, vom Forscher willkürlich gebildet, der ihrer Ansicht nach allein an den Brüchen schuld ist, die in eine kontinuierliche Realität hineingeraten sind.

ne den die Klassenverhältnisse in ihrer »objektiven« Wahrheit als Ausbeutungsverhältnisse vielfach nicht Wirklichkeit werden könnten. In anderen Worten vergißt sie, daß die Verkennung der Wahrheit der Klassenverhältnisse untrennbar zur Wahrheit dieser Verhältnisse gehört. Wenn sie erst einmal nach einem objektiv an die objektiven Strukturen angepaßten System von Wahrnehmungs- und Beurteilungsschemata erfaßt worden sind, werden die willkürlichen Unterschiede, wie sie in der statistischen Verteilung von Eigenschaften verzeichnet sind, zu Zeichen (selbstverständlicher) Unterscheidung, die wie ein symbolisches Kapital fungieren, das eine um so höhere *Rendite an Hervorhebung* abwirft, je seltener sie sind (oder anders gesagt, je weniger zugänglich, »allgemein«, verbreitet, »gewöhnlich«). Der Wert der Eigenschaften, die als symbolisches Kapital fungieren können, liegt nämlich nicht, obwohl alles scheinbar aufs Gegenteil hinausläuft, in diesem oder jenem unveräußerlichen Merkmal der jeweiligen Praktiken oder Güter, sondern in ihrem *Grenzwert*, der sich nach ihrer Anzahl richtet und zwangsläufig sinkt, je häufiger sie werden und je verbreiteter sie werden.[1] Als Ergebnis eines Kampfes, bei dem jeder Handelnde gleichzeitig unerbittlicher Konkurrent und Oberster Richter ist (also in der klassischen Alternative *lupus* und *deus* zugleich), können das symbolische Kapital oder die Titel, die es garantieren, vor allem bei Inflation nur durch einen ständigen Kampf verteidigt werden, bei dem es darum geht, sich mit der nächsthöheren Gruppe gleichzusetzen oder zu identifizieren (real, etwa durch Heirat oder sonstige Formen der öffentlichen Allianz und offiziellen Anerkennung, oder auch nur symbolisch) und sich von der nächstniederen abzuheben.

Die Welt der Salons und des Snobismus bei Proust bietet eine treffende Schilderung dieser Kämpfe, in denen einzelne oder Gruppen bemüht sind, die Gesamtanordnung der Präferenzen als Resultante aus allen Urteilen, die auf dem Markt der symbolischen Werte ständig kumuliert und konfrontiert werden, zu ihrem Vorteil zu verändern. Das Ansehen eines Salons (oder Clubs) hängt davon ab, wie streng die Aufnahmeregeln (man kann gering Angesehe-

1 Über die Kämpfe um Adels- oder akademische Titel vgl. Bourdieu, *Die feinen Unterschiede*, a. a. O., S. 266–276.

ne nicht aufnehmen, ohne selbst an Ansehen zu verlieren) und der »Anspruch« an die Aufgenommenen sind, die selbst wieder zum Maßstab für den »Anspruch« des Salons werden, zu dem sie zugelassen werden: Kursgewinne und Verluste an der Börse der Eleganten Welt, wie in den Klatschspalten registriert, werden an diesen beiden Kriterien gemessen, d. h. an einer Summe winziger Nuancen, die ein geschultes Auge verlangen. In einer Welt, in der alles eingeordnet ist und folglich wiederum einordnende Wirkung hat, wie die Orte, wo man sich sehen lassen muß, also elegante Restaurants, Pferderennen, Vorträge, Ausstellungen, wie Monumente und Inszenierungen, die man gesehen haben muß, also Venedig, Florenz, Bayreuth, das Russische Ballett, wie schließlich die Reservate, zu denen man Zutritt haben muß, also vornehme Clubs und Salons, kann man nur dann die höchste Rendite für seine Investitionen in die Bessere Gesellschaft erzielen oder wenigstens vermeiden, mit wenig gefragten Gruppen identifiziert zu werden, wenn man die Einordnungen (die von Geschmacksrichtern der Eleganz schleunigst für »außer Mode« erklärt und »herabgestuft« werden, sobald sie zu bekannt geworden sind) perfekt beherrscht.[1]

Die Kämpfe, die sich selbst in Räumen abspielen, die zumindest für den außenstehenden Beobachter so homogen sind, daß sie den Unterschied *ex nihilo* zu schaffen scheinen, widerlegen absolut die konservative Geschichtsphilosophie, in welcher Ordnung mit Unterschied, mit Gefälle gleichgesetzt wird, das angeblich Energie (nach dem liberalen Credo schöpferische Energie, Unternehmergeist usw.) erzeugt, und in der alles, was die Unterschiede gefährdet, als *Entropie* angeklagt und bedauert wird, als Rückfall in die Homogenität, in die Undifferenziert-

1 Man könnte als Beispiel genausogut irgendeinen Unterbereich des Felds der Kulturproduktion nehmen, wie die Welt der Malerei, in welcher die Geltung jedes Malers in einem ähnlichen Spiel von unbestimmt klugen Urteilen bestimmt wird: die vollkommene Kenntnis des »Spiels« (das »Regeln« nur für die hat, die daran nicht teilnehmen dürfen, und gerade deswegen), der Verhaltensweisen, die gegenüber Kritikern, Kunsthändlern, Malerkollegen angebracht sind, der Äußerungen, die man ihnen gegenüber tun muß, der Personen, mit denen man Umgang pflegen oder die man meiden muß, der Orte (besonders der Ausstellungsorte), wo man gewesen sein muß oder nicht sein darf, der immer kleineren Gruppen, die man nacheinander durchlaufen muß, ist hier ebenfalls Teil der absolutesten Bedingungen der Akkumulation von Geltung, aus der sich Berühmtheit ergibt.

heit, in das Indifferente. Diese »thermodynamische« Weltanschauung, die eine krankhafte Angst vor »Gleichmacherei«, Zufallsverteilung, Aufgehen im »Durchschnitt«, in der »Masse« erzeugt, geht Hand in Hand mit dem Traum von einer Bourgeoisie ohne Proletariat, heute verkörpert in der Theorie von der »Verbürgerlichung der Arbeiterklasse« oder von der Erweiterung der Mittelschichten bis an den Rand der Sozialwelt. Dieser Traum wird von dem Gedanken genährt, das gesellschaftliche Energiepotential (hier: der Klassenkampf) nehme ab, wenn der Unterschied geringer wird. In Wirklichkeit, und entgegen dem physikalistischen Augenschein, der den Unterschied zwischen den Punkten einer kontinuierlichen Verteilung für um so geringer hält, je näher sie beieinander liegen, sind wahrgenommene Unterschiede keine objektiven, und die *soziale Nachbarschaft* als Ort des *letzten Unterschieds* kann durchaus auch zugleich der Punkt der größten Spannungen sein.

Die objektiv geringste Distanz im sozialen Raum kann mit der subjektiv größten Distanz zusammenfallen: dies unter anderem deshalb, weil der »Nächststehende« genau der ist, der die soziale Identität, d. h. den Unterschied, am stärksten bedroht (und außerdem, weil subjektive Ansprüche durch die Anpassung von Hoffnungen an Chancen eher auf die unmittelbare Nachbarschaft beschränkt bleiben). Das Eigentümliche der Logik des Symbolismus liegt darin, daß sie winzig kleine Unterschiede zu absoluten Unterschieden zwischen alles oder nichts aufbauscht: zum Beispiel wird durch den Effekt der *juristischen Ausgrenzung* oder des *Numerus clausus* (besonders sichtbar bei der Studienzulassung) zwischen *zwei nicht Unterscheidbaren* (legitimer Erbe und unehelicher Sohn, älterer und jüngerer Bruder usw.) eine absolute und dauerhafte Unterscheidung an die Stelle einer kontinuierlichen Skala gesetzt, die unter anderen Verhältnissen andere Brüche aufweist. Der Kampf um den spezifischen Unterschied, um den letzten Unterschied, verschleiert die gattungsmäßigen Eigenschaften, die gemeinsame Gattung, die »objektiven Gemeinsamkeiten«, die Klassenzugehörigkeit, wie sie nur aus der Sicht des außenstehenden Beobachters existieren und welche die Arbeit der »Politisierung« bewußt machen will, indem sie die Konkurrenzkämpfe überwindet. Konkurrenzkämpfe wollen nämlich durchaus nicht nur die Klassenteilung abschaffen oder deren Grundlagen reformieren, sondern nur die eigene Lage verändern, was eine stillschweigende Anerkennung der Klassenordnung voraussetzt, sie sind auch dadurch, daß sie die Nächsten, Nachbarn, Gleichen spalten, die vollkommenste Antithese und wirksamste Verneinung des Kampfes gegen eine andere (herrschende) Klasse, in dem die Klasse erst zu einer solchen wird. Daß der symbolische Kampf eher auf die unmittelbare Nachbarschaft beschränkt bleibt und nie mehr als Teilumwälzungen bewirken kann, liegt auch daran, daß er höchstens bis zur Institutionalisierung von Weihezeichen und charismatischen Urkunden wie Adelstiteln oder akademischen Titeln geht, die als objektivierte Bezeugungen von Achtung Achtungsbezeugungen erheischen, als Instrument und Zierat nicht nur die gesellschaftliche Stellung bekunden, sondern auch die kollektive Anerkennung, die dieser Stellung allein schon dadurch zuteil wird, daß sie ihre Bedeutung derart zur Schau stellen darf. Diese offizielle Anerkennung schließt das Recht und die Pflicht (»Adel verpflichtet«) ein, die Unterscheidung mit den offiziell verfaßten und garantierten Unterscheidungsmerkmalen (Ehrenzeichen) amtlich und öffentlich herauszustellen, den zugewiesenen Rang einzunehmen, indem man die damit zusammenhängenden Attribute und Praktiken übernimmt. »Statusgruppen« verleihen den Unterscheidungsstrategien lediglich eine institutionelle oder gar kodifizierte Form, indem sie die beiden grundlegenden Operationen der sozialen Logik, nämlich *Vereinigung und Trennung*, mit denen allein Seltenheit, also die symbolische Geltung der Gruppe, gesteigert oder vermindert werden kann, streng überwachen; und dies sowohl auf eigentlich symbolischem Gebiet, indem sie die Verwendung der symbolischen Attribute regeln, mit denen Unterschiede sichtbar gemacht und Ränge kundgetan werden können, d. h. Unterscheidungsmerkmale symbolischen Reichtums wie Kleider oder Wohnung oder Embleme sozialer Anerkennung wie alle Attribute legitimer Autorität, als auch auf dem Gebiet realer Tauschvorgänge, die eine Art Gleichsetzung oder wenigstens gegenseitiger Anerkennung bedeuten können, wie Hochzeit, Gabentausch, gegenseitige Einladung zum Mahl oder schlichter Kommerz. Institutionalisierte Unterscheidungsstrategien, mit denen »Statusgruppen« faktische Unterschiede zu dauerhaften und legitimen, also sozusagen natürlichen machen

wollen, indem sie den Effekt der Hervorhebung verstärken, der mit einer seltenen Stellung in der Gesellschaftsstruktur zusammenhängt, sind das Selbstbewußtsein der herrschenden Klasse.
Es gibt keine Sozialwelt, in der nicht jeder Handelnde zu jedem Zeitpunkt auf die Geltung bauen müßte, die ihm zusteht, und festlegt, wieviel er sich leisten kann, d. h. unter anderem, welche Güter er sich aneignen kann, die ebenfalls eine Hierarchie bilden. Oder welche Strategien er einschlagen kann, die weder zu hoch noch zu tief ansetzen dürfen, sondern genau die richtige Ebene treffen müssen, wenn sie anerkannt werden, also Symbolwirkung entfalten sollen. Wichtige Unterschiede in den symbolischen Praktiken richten sich aber danach, wieweit sie sich nicht bloß in simplen statistischen Extremwerten kundtun, sondern in Statusbarrieren objektiviert und durch juristische Abgrenzungen sanktioniert sind, die jedem Streben echte Grenzen setzen: alles scheint darauf hinzudeuten, daß der Raum sowohl für symbolische Strategien wie für deren objektive Wirkungsmöglichkeiten nur wachsen kann, wenn man sich von Gesellschaften, in denen die Grenzen zwischen Gruppen die Form juristischer Abgrenzungen annehmen und sogar das Zurschaustellen des Unterschieds von regelrechten Luxusgesetzen (Kleiderordnungen usw.) geregelt wird, in Richtung auf Sozialwelten bewegt, in denen – wie in den amerikanischen Mittelschichten – die objektive Unbestimmtheit der Geltung das Protzen (d. h. die Kluft zwischen der Selbstgeltung des einzelnen und der Geltung, die ihm offiziell oder stillschweigend zuerkannt wird) und Strategien des Bluffens erlaubt und fördert, durch die dieses Protzen zum Ziel gelangen will.[1]
Tatsächlich muß die Unterscheidung, um institutionalisiert zu werden, d. h zur harten und dauerhaften Wirklichkeit von Dingen oder Institutionen zu gehören, auch *einverleibt* werden, da

1 Die vom Interaktionismus vertretene Sicht der Sozialwelt entspricht einem sozialen Universum mit sehr geringer Institutionalisierung des symbolischen Kapitals, der Welt der städtischen Mittelschichten mit ihren vielfältigen, ineinander übergehenden (bei den mittleren Schulabschlüssen) und wechselhaften Hierarchien, deren objektive Ungewißheit im allgemeinen Bewußtsein durch geringe wechselseitige Bekanntheit und entsprechendes Fehlen einer minimalen Kenntnis der »objektivsten« ökonomischen und sozialen Merkmale verstärkt wird.

dies der sicherste Weg ist, sie selbstverständlich zu machen: wenn sie von Kindesbeinen an als selbstverständlich anerkannt und erworben werden, erlangen die Dispositionen des Unterscheidens allen Anschein einer selbstverständlich ranggestuften Natur, eines in sich selbst begründeten Unterschieds. Die Rendite an Hervorhebung wird dadurch gesteigert, daß zu der Vorstellung höchster Vornehmheit (also zum Maximalprofit) auch gehört, daß vornehmes Verhalten leichtfällt und selbstverständlich ist, die Gestehungskosten also minimal sind. So erstreckt sich mit der Unterscheidung, die als natürlich bezeichnet wird, obwohl sie nur in und durch Hervorhebung gegenüber den »gewöhnlicheren« Dispositionen existiert, die legitimierende Theatralisierung, wie sie mit Machtausübung stets einhergeht, auf alle Praktiken und besonders auf die des Konsums, die nicht vom Streben nach Hervorhebung geleitet sein müssen, um hervorhebend zu wirken. Sogar die Lebensart der Machthaber, die ihnen von der Macht erst ermöglicht wird, trägt zur Macht bei, weil die wahren Bedingungen ihrer Möglichkeit unbekannt bleiben und weil sie nicht nur bloß als legitime Kundgebung der Macht wahrgenommen werden kann, sondern auch als Grundlage von deren Legitimität. »Statusgruppen«, die auf »Lebensstil« und »Stilisierung des Lebens« beruhen, sind nicht, wie Max Weber meinte, etwas anderes als Klassen, sondern herrschende Klassen, die *verneint* oder, wenn man so will, sublimiert und damit legitimiert werden.

Zwar muß gegen den mechanistischen Objektivismus bekräftigt werden, daß symbolische Formen eine Eigenlogik und Eigenwirkung haben, die ihnen eine relative Selbständigkeit gegenüber den in der Verteilungsstruktur erfaßten objektiven Bedingungen verleiht, doch muß auch gegen den grenznutzentheoretischen Subjektivismus in Erinnerung gerufen werden, daß die Gesellschaftsordnung nicht wie ein Wahlergebnis oder Marktpreis durch einfaches mechanisches Aufsummieren einzelner Stimmen oder Kauforders entsteht. Bei der Festlegung der kollektiven Einordnung und Hierarchie der Geltungen, die Gruppen und einzelnen zugewiesen sind, haben nicht alle Urteile dasselbe Gewicht, und die Herrschenden können die für ihre Produkte vorteilhafteste Präferenzenskala durchsetzen (besonders weil sie ein faktisches Monopol auf Institutionen haben, die wie das

Schulsystem offiziell Rangplätze festlegen und garantieren). Außerdem ergibt sich die Vorstellung, die sich die Handelnden von ihrer eigenen Stellung und von der Stellung der anderen im sozialen Raum machen (übrigens auch die Vorstellung hierüber, die sie bewußt oder unbewußt durch ihre Praktiken oder Eigenschaften vermitteln), aus einem System von Wahrnehmungs- und Beurteilungsschemata, das selbst wiederum einverleibtes Produkt einer Bedingung (d. h. einer festgelegten Stellung in der Verteilungsstruktur materieller Eigenschaften und symbolischen Kapitals) ist und sich nicht nur auf die Indizien des kollektiven Urteils, sondern auch auf die objektiven Indikatoren der realen Stellung in der Verteilungsstruktur stützt, die das kollektive Urteil bereits berücksichtigt hat. Selbst im Extremfall der »Eleganten Welt«, dem bevorzugten Ort symbolischer Börsenspiele, hängt die Geltung von einzelnen und Gruppen nicht ausschließlich von mondänen Strategien ab, wie Proust meint, wenn er schreibt: »Unsere Persönlichkeit innerhalb der Gesellschaft ist eine geistige Schöpfung der anderen.«[1] Das symbolische Kapital der Romangestalten, die die »Elegante Welt« beherrschen, Charlus, Bergotte oder die Herzogin von Guermantes, erfordert etwas anderes als Mißachtung oder Ablehnung, Lauheit oder Eifer, Zeichen von Anerkennung oder Mißfallenskundgebungen, Zeigen von Achtung oder Verachtung, kurz: als das ganze Spiel der schwankenden Urteile. Dieses symbolische Kapital ist die verherrlichte Form so platt objektiver Realitäten, wie sie die von der Sozialphysik registrierten, also Schlösser oder Ländereien, Eigentums-, Adels- oder akademische Titel annehmen, wenn sie durch die verzauberte, mystifizierte und einvernehmliche Wahrnehmung verwandelt werden, die das Wesen des Snobismus (oder, auf anderer Stufe des Dünkels, der Kleinbürger) ausmacht.

Die Alternative zwischen Sozialphysik und Sozialphänomenologie kann nur überwunden werden, wenn man das dialektische Verhältnis zur Grundlage nimmt, das zwischen den Gesetzmäßigkeiten der materiellen Welt der Eigenschaften und der Ein-

1 M. Proust, *Auf der Suche nach der verlorenen Zeit,* Frankfurt, Suhrkamp 1964, Bd. 1, S. 29 (vgl. auch Goffmann: »der einzelne muß sich auf die anderen stützen, um sein Selbstbild zu realisieren«).

ordnungsschemata des Habitus entsteht, dieses Produkts der Gesetzmäßigkeiten der Sozialwelt, für das und durch das es eine Sozialwelt gibt. In der Dialektik zwischen Klassenlage und »Klassensinn«, zwischen den »objektiven«, in den Verteilungsstrukturen verzeichneten Bedingungen und den strukturierenden Dispositionen, die wiederum durch diese Bedingungen, d.h. entsprechend der Verteilung, strukturiert werden, entsteht die kontinuierliche Struktur der Verteilung in verzerrter und unkenntlicher Form in der diskontinuierlichen Struktur der hierarchisierten Lebensstile und in den Vorstellungen und Praktiken der Anerkennung, die die Verkennung ihrer Wahrheit erzeugt.[1] Als Äußerungen des Habitus, die nach den Kategorien des Habitus wahrgenommen werden, symbolisieren die Eigenschaften die unterschiedliche Fähigkeit zur Aneignung, d.h. Kapital und gesellschaftliche Macht, und fungieren als symbolisches Kapital, das einen Gewinn an positiver oder negativer Hervorhebung gewährleistet. Der Gegensatz zwischen der materiellen Logik der Seltenheit und der symbolischen Logik der Hervorhebung (die im Saussureschen Gebrauch des Wortes Wert, ›valeur‹, vereint sind) ist zugleich die Grundlage des Gegensatzes zwischen einer Sozialdynamik, die nur Kräfteverhältnisse kennt, und einer Sozialkybernetik, die nur auf Sinnverhältnisse achtet, sowie Grundlage für seine eigene Überwindung.
Symbolische Kämpfe sind stets viel effektiver (also realistischer), als der ökonomische Objektivismus glaubt, und viel ineffektiver, als es die Theorien des sozialen Grenznutzens gerne hätten:

1 Die individuelle und kollektive Wahrnehmung, oder genauer, die an kollektiven Vorstellungen ausgerichtete individuelle Wahrnehmung erzeugt eher gegensätzliche Vorstellungen, weil jede Gruppe dazu neigt, die Werte, mit der sie ihre Geltung im Gegensatz zur Geltung anderer Gruppen, höherstehender und vor allem tieferstehender oder als solche geltender, assoziiert: die (geistigen) Vorstellungen, die sich Gruppen jeweils von den (Theater-)Vorstellungen machen, die ihnen andere Gruppen (absichtlich oder unabsichtlich) darbieten, stellen sich der Beobachtung wie Systeme von Gegensätzen dar, die die realen Unterschiede zwischen den Lebensstilen reproduzieren, indem sie sie hervorheben und (bisweilen bis zur Karikatur) vereinfachen, und die zugleich dazu beitragen, Gespaltenheit zu erzeugen und zu legitimieren, indem sie sie als in der Natur begründet erscheinen lassen.

das Verhältnis zwischen Verteilungsstruktur und Vorstellungen ist zugleich Produkt und Siegespreis eines unaufhörlichen Kampfes zwischen denen, die aufgrund ihrer Stellung in der Verteilungsstrukur daran interessiert sind, die Verteilungsstruktur zu untergraben, indem sie die Einordnungen verändern, in denen diese sich äußert oder mit denen sie legitimiert wird, und den anderen, die daran interessiert sind, die Verkennung als entfremdetes Bewußtsein zu verewigen, das die Sozialwelt als selbstverständlich auffaßt, indem es die von der Welt aufgezwungenen Kategorien auf diese anwendet. Ein Bewußtsein, das keine Ahnung davon hat, daß es das, was es erkennt, selbst hervorbringt, und deshalb gar nicht wissen will, daß der tiefinnerste Reiz seines Bezugsobjekts, nämlich dessen Charisma, lediglich das Produkt unzähliger Kreditübertragungen ist, mit denen die Subjekte dem Objekt Kräfte zuschreiben, denen sie sich dann unterwerfen. Die spezifische Wirksamkeit der Wühlarbeit liegt gerade darin, daß sie durch Bewußtmachung die Denkkategorien verändern kann, die zur Orientierung der individuellen und kollektiven Praktiken beitragen, und besonders die Kategorien der Wahrnehmung und Beurteilung der Verteilungsstruktur.

Die Bezeichnung symbolisches Kapital wäre nur ein anderes Wort für das, was Max Weber Charisma nennt, wenn dieser, der sicher am besten erkannte, daß die Religionssoziologie nur ein Kapitel der Soziologie der Macht ist, und nicht eben das unbedeutendste, als Gefangener der Logik realistischer Typologien das Charisma nicht zu einer Sonderform der Macht gemacht hätte, anstatt darin eine Dimension jedweder Macht zu sehen, d. h. eine andere Bezeichnung für Legitimität als Produkt der Anerkennung und Verkennung, des Glaubens, »kraft dessen die Personen, die Autorität ausüben, mit Ansehen ausgestattet sind«. Snobismus oder Dünkel sind Dispositionen von Gläubigen, die in ständiger Furcht leben, zu versagen, gegen den guten Ton zu verstoßen oder sich am guten Geschmack zu versündigen, und unvermeidlich von transzendentalen Mächten beherrscht werden, weil sie sich diesen ausliefern, indem sie sie anerkennen, also Kunst, Kultur, Literatur, Haute Couture oder anderer Fetische. Beherrscht auch von den Bewahrern dieser Mächte, den willkürlichen Richtern über den guten Geschmack, Modepäpsten, Malern, Schriftstellern oder Kritikern, alles Geschöpfe des sozialen Glaubens, die reale Macht über die Gläubigen haben, sei es nun die Macht, materiellen Dingen höhere Weihen zu geben, indem sie das kollektiv Heilige auf sie übertragen, oder die Macht, die Vorstellungen jener zu verwandeln, die die Macht auf sie übertragen.

Jeder dieser Zustände der Sozialwelt stellt daher nur ein vorläufiges Gleichgewicht dar, ein Moment der Dynamik, die ständig die Anpassung der Verteilungsstruktur an die einverleibten oder institutionalisierten Einordnungen stört und wiederherstellt. Der Kampf, aus dem die Verteilungsstruktur selbst entsteht, ist untrennbar zugleich ein Kampf um Aneignung knapper Güter und ein Kampf darum, die legitime Wahrnehmung des in der Verteilungsstruktur zutage tretenden Kräfteverhältnisses durchzusetzen, also eine Vorstellung, die durch ihre Eigenwirkung zur Erhaltung oder Untergrabung dieses Kräfteverhältnisses beiträgt. Einordnungen und gar der Begriff der gesellschaftlichen Klasse wären keine so entscheidenden Streitobjekte des (Klassen-)Kampfs, wenn sie nicht zur Existenz gesellschaftlicher Klassen beitrügen, indem sie die Wirkung der objektiven Mechanismen verstärken, die die Verteilungsstruktur bestimmen und deren Reproduktion und Verstärkung durch die Billigung der von ihnen beeinflußten Gemüter gewährleisten. Gegenstand der Sozialwissenschaft ist eine Wirklichkeit, die alle individuellen und kollektiven Kämpfe umfaßt, welche die Wirklichkeit bewahren oder verändern wollen, und besonders die, bei denen es um Durchsetzung der legitimen Definition der Wirklichkeit geht und deren symbolische Wirkung dazu beitragen kann, die bestehende Ordnung, d. h. die Wirklichkeit, zu erhalten oder zu untergraben.

Zweites Buch
Praktische Logikformen

Die eindeutigste Veränderung der wissenschaftlichen Praxis, die auf das gewandelte Verhältnis zum Objekt oder, genauer, auf die Objektivierung dieses Verhältnisses zurückzuführen sind, ist sicher die, die zu einem Bruch mit dem erklärten oder verschleierten Juridismus und mit der Sprache der Regel und des Rituals führt, welche fast nichts anderes ausdrückt als die mit der Position des außenstehenden Beobachters zusammenhängenden Extreme, und vor allem die Unkenntnis dieser Extreme. In Wirklichkeit sind die gewöhnlichen Praktiken gesellschaftlich um so erfolgreicher, also unbewußter, je geringer die Entfernung zwischen den Bedingungen der Erzeugung der Dispositionen, die diese Praktiken wiederum erzeugen, und den Bedingungen ist, unter denen diese Praktiken fungieren: die objektive Anpassung zwischen Dispositionen und Strukturen gewährleistet eine Übereinstimmung mit den Geboten und objektiven Dringlichkeiten, die nichts mit der Regel und deren bewußter Einhaltung zu tun hat, und einen Anschein von Zweckgerichtetheit, der keineswegs bedeutet, daß die objektiv erreichten Zwecke bewußt angestrebt wurden. So spricht die Sozialwissenschaft paradoxerweise nie stärker die Sprache der Regel als dort, wo sie am allerunzulänglichsten ist, d. h. bei der Analyse derjenigen Gesellschaftsformationen, in denen infolge der objektiven Bedingungen, die im Zeitverlauf gleichbleiben, der Anteil der Regel bei der tatsächlichen Festlegung der Praktiken besonders gering ist, da das Entscheidende den Automatismen des Habitus überlassen bleibt. Was beweisen dürfte, daß der Diskurs über den Gegenstand zumindest in diesem Fall weniger über den Gegenstand aussagt als über das Verhältnis zu diesem. Der Schritt von der Regel zur Strategie ist derselbe wie vom »vorlogischen« oder »wilden« Denken zum vermessenen, überleitenden Leib, der voll und ganz von der Zwangsläufigkeit der Sozialwelt durchdrungen ist, also von dem, durch das man sich selbst auf die Grundlage der Praxis stellt, um sie, wie Marx sagt, »als sinnlich menschliche Tätigkeit, Praxis, subjektiv« erfassen zu können. Man kann darunter verstehen, daß diese Denkweise in dem Maße, wie sie die ferne Distanz überwindet, die die Praxis zu einem

Objekt macht, das dem Betrachter wie ein fremder Leib vorgesetzt wird, gestattet, sich selbst zum *theoretischen Subjekt* der Praxis der anderen oder der eigenen zu machen, doch ganz anders, als die Barden des »Erlebens« glauben. Diese *Aneignung* setzt so viel Arbeit voraus, wie nötig ist, um zunächst die objektiven oder einverleibten Strukturen zu objektivieren, um sodann die mit der Objektivierung verbundene Distanz zu überwinden und sich zum Subjekt alles dessen zu machen, was an einem selbst und an den anderen anders ist. Das heißt, daß wissenschaftliche Arbeit in diesem Falle eine fremde Erfahrung ist, die den Fremden näherholt, ohne ihm etwas von seiner Fremdheit zu nehmen, indem sie innigste Vertrautheit mit dem gestattet, was beim Fremden am fremdesten ist, und zugleich zu einer Distanz zwingt, die bei dem, was vom Eigenen am fremdesten ist, Voraussetzung einer echten Aneignung ist.

Die Ethnologie ist mithin keine reine Kunst mehr, die durch distanzschaffende Exotisierung von jedem Ruch des Vulgären, wie er der Politik anhaftet, völlig frei ist, um zu einer besonders aussagekräftigen Form der Sozioanalyse zu werden. Indem sie die Objektivierung der Subjektivität und die Subjektivierung der Objektivität so weit wie möglich treibt, zwingt sie zum Beispiel dazu, in der hyperbolischen Realisierung aller Männerphantasien, wie sie die Welt der Kabylen bietet, die Wahrheit des kollektiven Unbewußten zu entdecken, das auch in den Hirnen der Anthropologen und ihrer Leser spukt, zumindest der männlichen. Die klammheimliche oder entsetzte Fasziniertheit, die diese Beschreibung wecken kann, darf nämlich nicht verschleiern, daß dieselben Diskriminierungen, mit denen die Frauen zu stetigen, minderwertigen und unscheinbaren Verrichtungen verdammt sind, vor unseren Augen (und um so eindeutiger, je weiter man in der sozialen Hierarchie absteigt) in den Sachen wie in den Hirnen sitzen und daß man im Status des Homosexuellen (und allgemeiner noch vielleicht des Intellektuellen) ohne weiteres das Äquivalent des Bildes finden kann, das die Kabylen sich vom »Witwensohn« oder »weibischen Jungen« machen, dem die weiblichsten unter den Männerarbeiten zugewiesen werden.

Als Ergebnis der Teilung der geschlechtlichen Arbeit in ihrer Verwandlung zu einer Sonderform der geschlechtlichen Arbeitsteilung ist die *geteilte Weltsicht* die bestverankerte der kollektiven und damit objektiven Illusionen: auf biologischen Unterschieden fußend, besonders auf solchen, die mit der Arbeitsteilung beim Zeugen und Gebären zu tun haben, fußt sie außerdem auf ökonomischen, besonders auf solchen, die vom Gegensatz zwischen Arbeitszeit und Produktionszeit herrühren und Grundlage der Arbeitsteilung zwischen den Geschlechtern sind. Allgemeiner gesprochen, gibt es keine Gesellschaftsordnung, die nicht symbolisch auf ihren eigenen Fortbestand hinzuwirken trachtet, indem sie die Handelnden real mit den Dispositionen und damit auch mit den Praktiken und Eigenschaften ausstattet, angefangen mit den sichtbaren Eigenschaften des Leibes, in denen die Grundlage der geteilten Weltsicht gesehen wird. Der gesellschaftlichen Wirklichkeit entsprungen, gestalten diese Prinzipien die Wirklichkeit der Gesellschaftsordnung mit, indem sie in den Leibern in Gestalt von Dispositionen realisiert werden, die als Ergebnis von Rangordnungen den Anschein einer objektiven Grundlage für einordnende Urteile – wie z. B. den angeblichen Hang der Frauen zu »niederen und leichten« Arbeiten oder zum nachgiebigen oder unterwürfigen Denken – abgeben und immer noch in allen Praktiken wirksam sind, die wie die Magie und so viele scheinbar freiere Formen der Auflehnung die bestehende Ordnung in Praktiken oder Aussagen untergraben sollen, die nach den aus dieser Ordnung hervorgegangenen Prinzipien geordnet sind.

1. Kapitel
Boden und Heiratsstrategien

> »Ebenso gehört der Majoratsherr, der erstgeborene Sohn, der Erde. Sie erbt ihn.«
>
> Karl Marx, *Ökonomisch-philosophische Manuskripte aus dem Jahre 1844*, MEW, Ergänzungsband 1, Berlin 1968, S. 505

Die meisten Analytiker bezeichnen das System der Erbfolge im französischen Béarn als »droit d'aînesse intégral« (unteilbares Recht des erstgeborenen Kindes), das der Tochter zustehen könne wie dem Sohn, weil sie durch die Brille ihrer juridischen Kultur darin, daß Frauen nicht nur ein Erbteil, sondern auch Erbenstatus eingeräumt wird, das hervorstechende Merkmal dieses Systems erblicken müssen.[1] In Wirklichkeit wird vom Prinzip des Vorrangs der Männer als wichtigstem Instrument zur Wahrung der Interessen der Abstammungsgruppe oder, was auf dasselbe hinausläuft, des Erbhofs nur im äußersten Notfall abgewichen, wenn das Interesse von Abstammungsgruppe und Erbhof anders nicht mehr gewahrt werden kann.[2] Nur bei höherer Gewalt, wenn kein männlicher Erbe vorhanden ist, kann die Notwendigkeit, den Erbhof unbedingt der Abstammungsgruppe zu erhalten, zu der Notlösung führen, einer Frau die Aufgabe zu übertragen, den Erbhof als Grundlage des Fortbestands der Abstammungsgruppe weiterzugeben (bekanntlich fällt der Status des Erben nicht dem erstgeborenen Kinde, sondern dem ersten

1 Dieser Text ist eine gründlich überarbeitete Version eines Artikels, der erstmals in *Annales*, 4–5, Juli-Oktober 1972, S. 1105–1125, erschienen ist.

2 Die unvermeidlichen Fehler des Juridismus sind nie auffälliger als in den Arbeiten der Historiker des Rechts und Gewohnheitsrechts, die sich durch ihre ganze Ausbildung und auch durch den Charakter der von ihnen verwendeten Urkunden (wie z. B. Notariatsakte als Kombination der von professionellen Notaren und Hütern einer wissenschaftlichen Tradition eingebrachten juristischen Kautelen mit den von ihrer Klientel effektiv gewünschten Verfahren) veranlaßt sehen, Erbfolge- und Heiratsstrategien in Gestalt formaler Regeln festzuschreiben.

Knaben zu, auch wenn dieser letztgeboren ist). Die Heirat jedes Kindes, des ältesten oder des jüngsten Sohnes, eines Jungen oder Mädchens, stellt jede Familie vor ein besonderes Problem, das sie nur lösen kann, wenn sie alle Möglichkeiten ausschöpft, die die Tradition der Erbfolge oder der Heirat bietet, um den Fortbestand des Erbhofs zu sichern. Jedes Mittel ist recht, um diese vorrangige Funktion zu erfüllen, und bisweilen verlegt man sich auch auf Strategien, die nach den Taxonomien des anthropologischen Juridismus eigentlich unzulässig wären, ob nun gegen das »Prinzip der Prädominanz der Abstammungsgruppe« verstoßen wird, das Meyer Fortes so teuer ist, damit man die Bewahrung des Erbhofs Frauen anvertrauen kann, oder ob die unheilvollen Folgen von Zugeständnissen an die zweiseitige Erbfolge gar durch Advokatenkniffe minimiert oder sogar aufgehoben werden sollen, oder ob an den objektiv im Stammbaum festgehaltenen Verhältnissen alle Manipulationen vorgenommen werden, die nötig sind, um *ex ante* oder *ex post* die Annäherungen oder Ehebünde zu rechtfertigen, die sich am ehesten mit dem Interesse der Abstammungsgruppe decken, d. h. ihr materielles oder symbolisches Kapital am besten erhalten oder mehren.

Wenn man einräumt, daß die Heirat jedes Kindes für eine Familie einem Stich in einem Kartenspiel gleichkommt, sieht man ein, daß der Wert dieses Stichs (an den Kriterien des Systems gemessen) im doppelten Sinne davon abhängt, wie gut das Spiel ist, also von den Karten auf der Hand, deren Spielwert in den Regeln festgelegt ist, und davon, wie geschickt sie ausgespielt werden. In anderen Worten, und weil mit den Heiratsstrategien stets, zumindest in betuchten Familien, eine »gute Partie« und nicht bloß eine Ehe angestrebt wird, d. h. eine Maximierung von ökonomischen und symbolischen Profiten im Zusammenhang mit einer neu gestifteten Verbindung, werden diese Strategien in jedem Falle vom Wert des materiellen und symbolischen Familienerbes beherrscht, der in den Ehehandel eingebracht werden kann, und von der Art und Weise der Übertragung, welche die Interessensysteme für die verschiedenen Erbberechtigten festlegt, indem sie ihnen je nach Geschlecht und Stellung in der Reihenfolge der Geburten unterschiedliche Ansprüche an das Familienerbe zuerkennt. Kurz, die Art und Weise der Erbfolge gibt nach Geschlecht und Stellung in der Reihenfolge der Geburten die Hei-

ratschancen an, welche die Nachkommen generisch entsprechend der sozialen Stellung einer Familie haben, wobei sich diese soziale Stellung in erster Linie, aber nicht ausschließlich, nach dem ökonomischen Wert ihres Familienerbes richtet.
Zwar haben Heiratsstrategien in der Hauptsache die unmittelbare Funktion, die Mittel für die gesicherte Reproduktion der Abstammungsgruppe, also die Reproduktion der Arbeitskraft, zu beschaffen, doch müssen sie auch die Unantastbarkeit des Familienerbes gewährleisten, und dies in einer ökonomischen Welt, in der Geldknappheit herrscht. Weil der traditionell ererbte Teil des Familienerbes und die zum Zeitpunkt der Eheschließung ausbezahlte Abfindung ein Ganzes bilden, bestimmt der Wert des Besitzes die Höhe der Mitgift, des *adot* (von *adoutà*, Schenkung, schenken), wobei wiederum diese Mitgift für die Heiratsbestrebungen der damit Ausgestatteten ebenso ausschlaggebend ist, wie sich die Höhe des der Familie des künftigen Ehepartners abgeforderten *adot* nach deren Vermögen richtet. Hieraus folgt, daß die Ökonomie über das *adot* für Heiratsgeschäfte bestimmend wird und dazu führt, daß Familien gleichen ökonomischen Ranges untereinander zu heiraten trachten.
Der Gegensatz, der aus der Masse der Bauern eine »Aristokratie« heraushebt, die sich nicht nur nach ihrem materiellen, sondern auch nach ihrem sozialen Kapital unterscheidet, welches sich nach der Geltung der Verwandten in beiden Abstammungsgruppen und, über mehrere Generationen[1] hinweg, nach ihrem Lebensstil, der ihre Achtung vor Werten der Ehre bekunden muß, sowie nach der gesellschaftlichen Rücksichtnahme bemißt, die sie umgibt, führt zur (rechtlichen) Unmöglichkeit gewisser Heiraten, die als Mißheiraten gelten. Welchen Status reiche Familien haben, ist nie ganz abhängig und nie ganz unabhängig von

1 Da die Handelnden über das ganze Heiratsgebiet in Abstammungsfragen (aufgrund ständiger Inanspruchnahme und Aktualisierung ihrer Sachkunde) *absolut* Bescheid wissen, ist Bluffen so gut wie unmöglich (»Ba. ist ziemlich reich, aber in seiner Familie, drüben bei Au., geht es recht bescheiden zu«). Jedes Individuum kann nämlich jederzeit an seine objektive Wahrheit erinnert werden, d. h. an die soziale Geltung (nach bodenständigen Kriterien) seiner Verwandten über mehrere Generationen hinweg. Das gilt nicht für eine Heirat in die Ferne: »Wer sich weit weg verheiratet, heißt es, betrügt oder wird betrogen (über den Wert des Produkts).«

ihrer ökonomischen Basis, und eine Mißheirat wird zwar immer auch aus Rücksicht auf das ökonomische Interesse abgelehnt, doch kann sich ein »kleiner Hof« bis zum Weißbluten verausgaben, um eine seiner Töchter an einen »reichen Ältesten« zu verheiraten, während der Älteste eines »reichen Hofs« eine einträglichere Partie ausschlagen kann, um nach seinem eigenen Stand zu heiraten. Doch die Bandbreite der zulässigen Ungleichheit bleibt stets gering, und jenseits einer gewissen Schwelle werden Ehen in der Tat durch ökonomische Unterschiede verhindert. Kurz, die Ungleichheiten des Vermögens bestimmen besondere Abschnitte des Bereichs möglicher Partner, der jedem einzelnen objektiv durch die Stellung seiner Familie in der gesellschaftlichen Hierarchie vorgegeben ist.

Der juristische Diskurs, den Gewährsleute gern zur Beschreibung der Idealnorm oder eines vom Notar behandelten und uminterpretierten Sonderfalles gebrauchen, reduziert die komplexen und subtilen Strategien der Familien, die in diesen Dingen (im doppelten Wortsinne) kompetent sind, auf formale Regeln: jedes der jüngeren Geschwister hat ein Recht auf einen bestimmten Teil des Familienerbes, auf das *adot*. Weil es im allgemeinen bei der Eheschließung ausgezahlt wird, fast immer in Geld, damit der Grundbesitz nicht zersplittert wird, und nur ausnahmsweise in Form einer Bodenparzelle (als einfaches Pfand, das stets durch Bezahlen einer vorab festgesetzten Summe abgelöst werden kann), wird das *adot* oft fälschlicherweise mit einer Mitgift gleichgesetzt, obwohl es nichts anderes ist als die Gegenleistung an die jüngeren Geschwister für ihren Verzicht auf den Boden. Wenn eine Familie nur zwei Kinder hat, wird der Teil des jüngeren auf ein Drittel vom Wert des Besitzes festgelegt. In den anderen Fällen wird ein Viertel von der Teilung ausgenommen und für den Ältesten reserviert, und alle Geschwister erhalten einen gleichen Anteil von den restlichen drei Vierteln (der Älteste also sein Viertel und einen Anteil dazu).[1]

1 Man nahm eine möglichst genaue Schätzung des Besitzes vor, wobei man sich in Streitfällen auf lokale Experten verließ, die von den Parteien ausgewählt wurden. Man einigte sich über den Preis eines »Morgens« Feld, Wald oder Farnlichtung, wobei der erzielte Verkaufspreis eines Besitzes im Dorf oder Nachbardorf Grundlage war. Diese Berechnungen waren recht genau und wurden daher von allen anerkannt. »Zum Beispiel wurde der Besitz

In Wirklichkeit ist die Teilung immer nur eine Notlösung. Weil Bargeld äußerst rar ist (zum Teil deswegen, weil Reichtum und sozialer Status in erster Linie an der Größe des Grundbesitzes gemessen wurden), war trotz der Möglichkeit, die Zahlungen über mehrere Jahre und bisweilen bis zum Tod der Eltern zu strecken, eine Abfindung vielfach unmöglich: dann mußte der Besitz bei der Heirat eines jüngeren Geschwisters oder beim Tode der Eltern aufgeteilt werden, um die *adots* auszahlen oder mit Grundstücken begleichen zu können, wobei man die Hoffnung hegte, die Einheit des Familienerbes eines Tages wiederherstellen zu können, sobald das nötige Geld für den Rückkauf der verkauften Grundstücke wieder zusammengebracht war.[1]

Obwohl zum Zeitpunkt der damaligen Untersuchung niemand daran dachte, die Häufigkeit von Teilungen über einen gewissen Zeitraum systematisch festzustellen, scheint es, als seien Beispiele dafür selten, ja sogar die Ausnahme, und würden zugleich vom kollektiven Gedächtnis am besten bewahrt. So wurde erzählt, um 1830 seien Gut und Hof der Familie Bo. (ein großes zweistöckiges Haus) unter den Erben aufgeteilt worden, die sich nicht gütlich hatten einigen können: seit damals gebe es »dort überall Gräben und Hecken«. »Nach solchen Teilungen leben bisweilen zwei oder drei Haushalte unter einem Dach, wobei jeder seinen Bereich und seine Felder hat. Der Hausteil mit dem Kamin fiel in solchen Fällen immer dem Ältesten zu. Das

[Fortsetzung der Fußnote 1 von Seite 267]
der Tr. (im Jahre 1900) auf 30000 Francs geschätzt. Da waren der Vater, die Mutter und sechs Kinder, ein Junge und fünf Mädchen. Dem Ältesten wurde ein Viertel zugestanden, also 7500 Francs. Verblieben 22500 Francs, die durch sechs geteilt werden mußten. Der Anteil der jüngeren Töchter war jeweils 3750 Francs, zu 3000 Francs in bar und für 750 Francs Wäsche und Aussteuer, Bettücher, Küchentücher, Handtücher, Hemden, Deckbetten, da *lou cabinet* (der Wäscheschrank) immer von der Braut gestellt wurde«. (J.-P. A.)

1 In Anwendung des Prinzips, nach dem der Boden weniger dem einzelnen als der Abstammungsgruppe gehörte, räumte das Vorkaufsrecht der Abstammungsgruppe jedem ihrer Mitglieder die Möglichkeit ein, früher veräußerten Besitz wieder zu erwerben. »Das ›Mutterhaus‹ *(la mayson mayrane)* behielt das ›Vorkaufsrecht‹ *(lous drets de retour)* auf das als Mitgift überlassene oder verkaufte Land. Wenn jemand also Flurstücke verkaufte, wußte er, daß bestimmte Häuser Rechte daran hatten, und bot sie ihnen an.« (J.-P. A.)

war so bei den Höfen Hi., Qu., Di. Bei An. gibt es Flurstücke, die nie wieder zum Hof gekommen sind. Ein paar konnten später zurückgekauft werden, aber nicht alle. Die Teilung brachte große Schwierigkeiten. Beim Hofe Qu., der unter drei Kinder aufgeteilt wurde, hat einer der Jüngeren ums halbe Dorf fahren müssen, um mit seinen Gäulen auf ein entferntes Flurstück zu gelangen, das ihm zugefallen war.« (P. L.)

Doch der Familienbesitz wäre schlecht geschützt gewesen, wenn die Formel, nach der der Betrag des *adot* festgelegt wurde, und damit auch die Heirat strikt wie eine juristische Regel durchgesetzt worden wäre und man kein Mittel gewußt hätte, die Gefahr einer Teilung abzuwenden, die einhellig als Unheil angesehen wurde. Tatsächlich bestimmten die Eltern, wie es heißt, »wieviel der Älteste kriegt«, und verschiedene Gewährsleute behaupteten, einst habe der Vater nach Belieben über die Abfindung der jüngeren Geschwister entscheiden können, da die Anteile durch keine Regel festgelegt gewesen seien. Jedenfalls kann man angesichts der Tatsache, daß in zahlreichen Familien die Kinder und besonders der Haushalt der Jungen bis zum Tod der »Alten« überhaupt keine Kenntnisse und erst recht keine Verfügungsgewalt über die Familienfinanzen hatten (die Erträge aus allen größeren Geschäften wie dem Viehverkauf wurden der alten Hausfrau anvertraut und im Schrank »weggeschlossen«), bezweifeln, daß jemals juristische Vorschriften zur Geltung kamen, außer wenn Rechtspflege und Notare befaßt waren, also in pathologischen Fällen oder solchen, die der juristische Pessimismus vorausschauend konstruiert und die zwar in Verträgen *immer* vorgesehen, statistisch aber Ausnahmen sind.[1] In Wirklichkeit kann das Familienoberhaupt stets die »Regeln« (angefangen mit denen des Bürgerlichen Gesetzbuchs) abwandeln, um mehr oder minder heimlich eines seiner Kinder durch Bargeldzuwendungen oder fiktive Verkäufe zu bevorzugen. Nichts wäre naiver, als

1 Alles fördert die Annahme, daß die zahllosen Schutzmechanismen, mit denen die Heiratskontrakte das *adot* umgeben und dessen »Unveräußerlichkeit, Unverjährbarkeit und Unpfändbarkeit« (Klauseln, Forderungsrang usw.) gewährleisten sollen, das Produkt der Juristenphantasie sind. So ist die Trennung der Ehegatten, ein Fall der Auflösung der ehelichen Gemeinschaft, für den die Eheverträge die Rückzahlung der Mitgift vorsehen, in der bäuerlichen Gesellschaft praktisch unbekannt.

wenn man sich von dem Wort »Erbteil« täuschen ließe, wie es manchmal bei familiären »Regelungen« wie der gütlichen »Einsetzung eines Erben« vorkam, die meist anläßlich der Heirat eines der Kinder, bisweilen auch durch Testament erfolgte (viele taten dies 1914 bei der Mobilmachung). Aufgrund einer Schätzung des Besitzes legte das Familienoberhaupt hierbei fest, welches Anrecht jedes Kind hatte: der Erbe, der nicht unbedingt der Älteste sein mußte, und die jüngeren Geschwister, die häufig freiwillig Regelungen zugunsten des Erben unterschrieben, die für diesen günstiger waren, als von Gesetz oder Gewohnheitsrecht vorgesehen, wobei das Kind, dessen Heirat Anlaß des Verfahrens war, sofort abgefunden wurde und man die anderen bei ihrer eigenen Heirat oder beim Tode der Eltern gleichwertig ausbezahlte.

Das Familienoberhaupt konnte dem Interesse des Familienerbes die Tradition opfern, derzufolge der erstgeborene Knabe normalerweise den Titel Erbe erhielt: das wurde gemacht, wenn der Erstgeborene seines Ranges unwürdig war oder ein realer Vorteil winkte, wenn ein anderes Kind erbte (z. B. wenn sich aus der Heirat eines jüngeren Sohnes die Zusammenlegung zweier benachbarter Höfe ergeben konnte). Der Vater hatte eine so große und von der gesamten Gruppe so eindeutig anerkannte Autorität, daß sich der Erbe unter Einhaltung der Sitten einer von der Sorge um den Fortbestand des Hofes diktierten Entscheidung nur beugen und sie in die günstigste Richtung lenken konnte. Der Älteste ging automatisch seines Titels verlustig, wenn es ihm in den Sinn kam, den Hof zu verlassen, denn Erbe ist stets, wie auch heute noch zu sehen ist, das Kind, das dem Boden bleibt.

Doch man würde wieder in die Falle des Juridismus tappen, wollte man weitere Beispiele für die gesetzwidrige oder geregelte Übertretung angeblicher Erbfolgeregeln aufzählen: auch wenn die Ausnahme nicht mit Sicherheit »die Regel bestätigt«, macht sie jedenfalls die Existenz der Regel glaubhaft. Tatsächlich ist jedes Mittel heilig, den Erbhof unversehrt zu bewahren und die Gefahren der Teilung von Besitz und Familie abzuwenden, die jede Heirat mit sich brachte.

Die Prinzipien, die vermittels des *adot* Heiraten zwischen Familien eher ausschließen, die im Sinne der stillschweigenden Optimierungsrechnung, die den mit dem Ehehandel bei Wahrung der ökonomischen Unabhängigkeit der Familie erzielbaren *materiellen und symbolischen Gewinn maximieren* soll, zu ungleich sind, werden ergänzt durch solche, die den Männern Vorrang und dem Ältesten das Primat einräumen, und legen so die Heiratsstrategien fest. Das Primat der Männer über die Frauen sorgt dafür, daß Eigentumsrechte zwar gelegentlich auf dem Wege über Frauen übertragen werden können und die Familie (»der Hof«) zwar als eine durch Aneigung einer bestimmten Gütergesamtheit definierte Monopolgruppe ohne geschlechtsspezifische Rücksichten mit der Gesamtheit aller Anspruchsberechtigten am Familienerbe gleichgesetzt werden kann, doch kann der Erbenstatus einer Frau, wie wir gesehen haben, nur in höchster Not zufallen, d. h. wenn überhaupt kein männlicher Nachkomme da ist. Denn schon bei einem einzigen Sohne, und sei er das jüngste Kind, werden Mädchen auf den Status jüngerer Geschwister verwiesen; verständlich, wenn man weiß, daß der Status des »Hofherrn« *(capmaysouè)* als des Trägers und Bewahrers des Namens, des guten Rufs und der Gruppeninteressen nicht nur den Rechtsanspruch auf den Besitz bedeutet, sondern auch das politische Recht, Autorität in der Gruppe auszuüben und vor allem die Familie in Beziehungen zu anderen Gruppen zu vertreten und in ihrem Namen Verpflichtungen einzugehen.[1] Nach der Logik des Systems kann dieses Recht nur einem Mann zufallen, ob nun dem ältesten Blutsverwandten väterlicherseits oder, wenn kein solcher da ist, dem Gatten der Erbin, welcher, über seine Frau zum Erben geworden, zum Sachwalter der Abstammungsgruppe wird und in bestimmten Fällen sogar seinen Familiennamen dem »Hof« opfern muß, da er durch die Besitzübertragung nunmehr selber vom Hofe besessen wird.[2]

1 Nur der Haushaltsvorstand durfte Beziehungen nach außen knüpfen, insbesondere wichtige Geschäfte auf dem Markt tätigen, und hatte die Verfügungsgewalt über die Geldmittel und über die ganze Wirtschaft der Familie; der jüngere Sohn, meist ans Haus gebunden (was seine Heiratschancen minderte), konnte nur dann eine gewisse wirtschaftliche Unabhängigkeit erlangen, wenn er (z. B. mit einer Kriegsversehrtenrente) ein kleines Vermögen ersparte, das Neid und Achtung weckte.

2 Um sich davon zu überzeugen, daß politische Rechte *relativ unabhängig* von Eigentumsrechten sind, braucht man nur die Formen der Verwaltung des *adot* zu betrachten. Obwohl die Frau theoretisch Eigentümerin des *adot* blieb (dessen Rückerstattung nach Wert und Menge immer noch fällig

Das zweite Prinzip, das Primat des Ältesten vor den jüngeren Söhnen, dürfte das Familienerbe zum wahren Thema der ökonomischen und politischen Entscheidungen der Familie machen. Indem man die Interessen des designierten Familienoberhaupts mit den Interessen des Erbhofs gleichsetzt, läßt sich erreichen, daß dieses sich viel eher mit dem Familienerbe identifiziert als mit irgendeiner erklärten oder expliziten Norm. Die Unteilbarkeit der Verfügungsgewalt über den Boden bekräftigen heißt die Unteilbarkeit des Bodens bekräftigen und dem Ältesten die Bestimmung zuweisen, dessen Verteidiger und Bewahrer zu sein. (Zum Beweis, daß das »Recht des Ältesten« nichts weiter ist als die verklärte Bekräftigung des Rechts des Erbhofs auf den Ältesten, braucht man nur anzuführen, daß der Gegensatz zwischen dem Ältesten und den Jüngeren nur in Familien relevant wird, wo es etwas zu erben gibt, und bei Armen, Kleinbauern und Landarbeitern oder Knechten jede Bedeutung verliert: »Einen Ältesten oder Jüngeren gibt es nicht, sagt ein Gewährsmann, wo es nichts zu beißen gibt.«) Das Willkürliche des Akts, durch den das älteste Kind als Erbe *eingesetzt* wird, wobei eine *soziale Unterscheidung* mit einem biologischen Unterschied verknüpft wird, häufig verdeutlicht durch sichtbare Zeichen der natürlichen Erscheinung wie Körpergröße, wird nicht als willkürlich wahrgenommen: es ist dem Scheine nach die Natur, die durch die Geburtenfolge von vornherein entscheidet, wem der Boden und wer dem Boden gehören soll; und der institutionelle Unterschied verwandelt sich deswegen bis auf wenige Ausnahmen tendenziell in eine selbstverständliche Unterscheidung, da die Gruppe die Macht hat, jene auf einen objektiven, also subjektiven Unterschied festzulegen, die sie anders behandelt, also den

werden konnte), hatte der Ehemann die Verfügungsgewalt darüber und durfte, sobald ein Stammhalter geboren war, seine jüngeren Geschwister damit abfinden (enger waren die Grenzen seiner Verfügungsgewalt offenbar gezogen, wenn es sich nicht um Geld, sondern um Immobilien und besonders um Grund und Boden handelte). Da die Erbin wiederum auf die von ihrem Mann eingebrachten Hochzeitsgüter die gleichen Rechte hatte wie ein Mann auf die Mitgift seiner Frau, verfügten ihre Eltern über die Erträge der von ihrem Schwiegersohn eingebrachten Werte und verwalteten sie zu ihren Lebzeiten.

Ältesten und den Jüngeren, wie anderweitig Mann und Frau oder Adlige und Bürgerliche. Die Einsetzung des Erben, die wie jeder Einsetzungsakt auf die Logik der Magie hinausläuft, wird nur durch *Einverleibung* voll wirksam: daß die Erde, wie Marx sagt, von ihrem Besitzer Besitz ergreift, der Boden also den erbt, der ihn erbt, liegt daran, daß der Erbe, der Älteste, zum vermenschlichten Boden (oder Unternehmen) wird, zur Verkörperung einer Struktur, die Praktiken erzeugt, die mit dem grundlegenden Imperativ der unversehrten Erhaltung des Familienerbes konform sind.

Das Vorrecht des Ältesten, eine schlichte genealogische Rückübersetzung des absoluten Primats der unversehrten Bewahrung des Familienerbes, und der den männlichen Mitgliedern der Abstammungsgruppe zuerkannte Vorrang wirken zusammen und fördern strikte Homogamie, indem sie den Männern ein »Heiraten über ihren Stand« verbieten, zu dem das Streben nach Maximierung materiellen und symbolischen Gewinns führen könnte: der Älteste darf nicht zu hoch über seinen Stand heiraten, nicht nur aus Furcht, eines Tages das *adot* zurückerstatten zu müssen, sondern auch und vor allem weil seine Stellung in der Struktur der häuslichen Machtverhältnisse dadurch gefährdet würde; er darf nicht zu weit unter seinen Stand heiraten aus Furcht, sich durch die Mißheirat zu entehren und außerstande zu setzen, die jüngeren Geschwister auszuzahlen. Der jüngere Sohn, der sich mehr noch als der Älteste vor den Risiken und den materiellen und symbolischen Kosten einer Mißheirat hüten muß, darf noch weniger der Versuchung nachgeben, allzu hoch über seinen Stand zu heiraten, wenn er nicht in eine Situation der Unterdrücktheit und Demütigung geraten will.[1]

Trotz der Einprägungsarbeit seitens der Familie und trotz der ständigen Verstärkung durch die ganze Gruppe, die den Älte-

1 Insofern, als sie für die Bauernfamilien eine der wichtigsten Gelegenheiten bot, Geldgeschäfte mit symbolischen Geschäften zu verbinden, welche die Stellung der schwiegerverwandten Familien in der sozialen Hierarchie festigen und damit zugleich diese Hierarchie bekräftigen konnten, war die Heirat, welche auf Mehrung, Bewahrung oder Vergeudung materiellen und symbolischen Kapitals hinauslaufen konnte, sicher Grundlage von Statik und Dynamik der gesamten Gesellschaftsstruktur, selbstverständlich nur, solange die Produktionsweise Bestand hatte.

sten, vor allem von reichem Hofe, ständig an die Rechte und Pflichten seines Ranges mahnt, geht die Identifikation des Erben mit dem Erbe durchaus nicht ohne Konflikte und Dramen ab und verhindert weder Widersprüche zwischen Dispositionen und Strukturen, die unter Umständen als Konflikte zwischen Pflicht und Neigung erlebt werden, noch Schliche zur Befriedigung der individuellen Interessen im Rahmen des sozial Schicklichen. So fühlten sich die Eltern, die in anderen Fällen selbst den Brauch beliebig ändern konnten, um ihren Vorlieben zu folgen (indem sie ihr Lieblingskind z. B. einen kleinen Spargroschen horten ließen[1]), aufgefordert, Mißheiraten zu verbieten und ohne Rücksicht auf Gefühle die Heiraten zu erzwingen, mit denen die Struktur der Gesellschaft unter Wahrung der Stellung der eigenen Abstammungsgruppe in letzterer am besten bewahrt werden konnte, kurzum, den Ältesten dazu zu bringen, den Tribut für sein Vorrecht zu zollen, indem er seine eigenen Interessen unter die der Abstammungsgruppe stellte: »Ich habe erlebt, wie wegen 100 Francs auf eine Heirat verzichtet wurde. Der Sohn wollte heiraten. ›Wie willst du deine jüngeren Geschwister auszahlen? Wenn du dich (mit der da) verheiraten willst, dann geh deiner Wege!‹ Bei den Tr. waren es fünf jüngere Geschwister; die Eltern haben den Ältesten immer bevorzugt. Er hat das beste Stück Rauchfleisch bekommen, und so weiter. Der Älteste wird oft so lange von der Mutter verwöhnt, bis er vom Heiraten anfängt ... Für die Jüngeren gab es kein Fleisch, nichts. Als es dann Zeit war, den Ältesten zu verheiraten, waren drei jüngere Schwestern bereits unter der Haube. Der Junge hatte ein Mädchen gern, das keinen Pfennig besaß. Da sagte ihm sein Vater: ›Du willst heiraten? Ich habe für die jüngeren Schwestern bezahlt, du mußt schon ein paar Möpse mitbringen, damit die zwei anderen ausbezahlt werden können. Die Frau da paßt nicht in unseren

1 Einer der häufigsten Kniffe, eines der Kinder zu bevorzugen, bestand darin, ihm lange vor seiner Heirat zwei oder drei Haupt Vieh zuzubilligen, die als *gasalhes* (Gefälligkeitsvertrag, mit dem man einem zuverlässigen Freund ein oder mehrere Haupt Vieh anvertraut, nachdem deren Wert geschätzt worden ist, wobei die Produkte zwischen den Vertragspartnern ebenso geteilt werden wie Gewinne oder Verluste bei der Schlachtung) gute Erträge abwarfen.

Geschirrschrank (d. h. ist nicht zum Vorzeigen). Sie hat nichts; was kann sie da mitbringen?‹ Der Junge heiratete ein anderes Mädchen und bekam eine Mitgift von 5 000 Francs. Die Ehe ging nicht gut. Er fing an zu saufen und wurde krank. Er ist kinderlos gestorben.«[1] Wer sich gegen den Willen der Eltern verheiraten wollte, konnte nur den Hof verlassen, auf die Gefahr hin, zugunsten eines Bruders oder einer Schwester enterbt zu werden. Gehalten, auf der Höhe seines Rangs zu bleiben, konnte der Älteste von reichem Hofe diesen äußersten Schritt noch weniger als jeder andere tun: »Der Älteste bei den Ba. konnte nicht weg. Er war der erste im Weiler, der eine Weste trug. Das war ein Mann von Gewicht, ein Gemeinderat. Er konnte nicht weg. Und dann konnte er auch seinen Lebensunterhalt nicht verdienen. Er war zu sehr ein Herr geworden (*trop ›enmonsieuré‹*, von *Monsieur*).« Außerdem blieben die Rechte des Erben in der Schwebe, solange seine Eltern noch am Leben waren, so daß er mangels Mitteln nicht immer seinen Rang wahren konnte und unfreier war als jüngere oder ältere Geschwister minderen Ranges: »›Du wirst einmal alles haben‹ *(qu'at aberas tout)*, sprachen die Eltern und gaben derweil nichts aus der Hand.« Diese Formel, die häufig ironisch ausgesprochen wird, weil sie wie ein Symbol für die Willkür und Tyrannei der »Alten« erscheint, macht die Ursache der Spannungen deutlich, wie sie jede *Reproduktionsweise* erzeugt, bei der jemand wie oben übergangslos aus der Klasse der mittellosen Erben in die Klasse der rechtmäßigen Besitzer versetzt wird: die Erben müssen nämlich dazu gebracht werden, Knechtsein und Entsagung einer hinausgezogenen Unmündig-

1 Der Rest der Geschichte ist nicht weniger erbaulich: »Nach den Streitigkeiten mußte man der Witwe, die ins Elternhaus zurückkehrte, die ganze Mitgift zurückerstatten. Kurz nach der Hochzeit des Ältesten um 1910 war auch eine der jüngeren Töchter ebenfalls mit einer Mitgift von 2 000 Francs verheiratet worden. Als der Krieg ausbrach, ließen sie die jüngste Tochter zurückkommen, die bei den S. (im Nachbarhof) verheiratet war, damit sie den Platz des Ältesten einnahm. Die anderen jüngeren Schwestern, die weiter weg lebten, waren mit dieser Entscheidung sehr unzufrieden. Doch der Vater hatte eine Tochter ausgewählt, die mit einem Nachbarn verheiratet war, um so seinen Erbhof zu vergrößern« (J.-P. A., 1960 85 Jahre alt).

keit um der fernen Belohnung willen zu ertragen, die mit dem Vorrecht des Ältesten auf das Erbe (das Majorat) verbunden ist. Und die elterliche Autorität als Hauptmittel zur Erhaltung der Abstammungsgruppe konnte ihr legitimes Ziel zunichte machen und einen Ältesten, der sich weder gegen die elterliche Gewalt auflehnen noch gegen seine Gefühle handeln konnte, zur Ehelosigkeit als dem einzigen Protest gegen eine verweigerte Liebesheirat verdammen.

Wie kann man das, was man schon vom Erben als Privilegierten des Systems nur mit Mühe erlangen kann, erst bei den jüngeren Geschwistern erreichen, die das Gesetz des Bodens zum Verzicht zwingt? Gewiß muß man sich hüten zu vergessen, wozu eine Betrachtung der Heiratsstrategien für sich allein verleitet, daß nämlich Geburtenstrategien ebenfalls zur Lösung dieser Schwierigkeit beitragen können, wenn die Erbfolge unter Mitwirkung des biologischen Zufalls, der das erste Kind einen Jungen sein läßt, aufgehoben und auf ein Einzelkind übertragen werden kann. Von daher rührt die kapitale Bedeutung des biologischen Zufalls, ob das Erstgeborene Junge oder Mädchen ist. Im ersten Fall kann man es mit dieser Kinderzahl bewenden lassen, im zweiten Falle nicht. Begeisterung bricht nie aus, wenn ein Mädchen auf die Welt kommt (der Volksmund sagt: »wenn auf dem Hof ein Mädchen geboren wird, bricht ein Firstbalken«), weil eine weibliche Karte eben keinen Stich bringt, auch wenn Mädchen beim Heiratshandel nicht auf dieselben gesellschaftlichen Hindernisse stoßen wie Jungen und über ihren Stand heiraten dürfen: als Erbin, d. h. als einziges Mädchen (ein sehr seltener Fall, da immer auf einen »Erben« gehofft wird) oder als Älteste von mehreren Töchtern kann eine Tochter die Bewahrung und Weitergabe des Familienerbes nur gewährleisten, wenn sie die Abstammungsgruppe aufs Spiel setzt. Wenn sie nämlich einen »Ältesten« heiratet, fällt der »Hof« plötzlich an eine andere Abstammungsgruppe, und wenn sie einen jüngeren Sohn heiratet, geht die häusliche Gewalt (zumindest nach dem Tode der Elten) an einen Fremden; ist das Mädchen jüngere Tochter, kommt nur die Verheiratung, d. h. die Ausstattung mit einer Mitgift, in Frage, weil bei ihr im Gegensatz zu einem Jungen unerwünscht ist, daß sie in die Ferne zieht, und ebenso, daß sie als alte Jungfer auf dem Hofe bleibt, da die von ihr erbrachte

Arbeitsleistung in keinem Verhältnis zu der Belastung steht, die sie für den Hof bedeutet.[1]

Nehmen wir einmal den Fall, daß unter der Nachkommenschaft wenigstens ein Junge ist, was auch immer sein Rang sein möge: der Erbe ist entweder Einzelkind oder nicht; wenn nicht, hat er entweder einen Bruder (oder mehrere) oder eine Schwester (oder mehrere), oder er hat nur einen Bruder und eine Schwester (oder männliche und weibliche Geschwister in unterschiedlicher Anzahl). Jede dieser Spielvarianten bietet bei gleicher Strategie sehr ungleiche Erfolgschancen und gestattet verschiedene Strategien mit verschiedenen Schwierigkeitsgraden und Gewinnaussichten. Ist der Erbe der einzige Sohn[2], würde es bei seiner Heiratsstrategie nur darum gehen, durch Heirat mit einer reichen jüngeren Tochter ein möglichst hohes *adot*, also einen Geldzufluß ohne Gegenleistung zu erzielen, wenn das Streben nach Maximierung des materiellen oder symbolischen Gewinns, der mit der Heirat erzielt werden soll, und sei es durch Strategien des Bluffs (die in einem Gemeinwesen mit fast vollständiger Transparenz immer schwierig und riskant sind), nicht eine Grenze in den ökonomischen und politischen Risiken finden würde, die eine ungleiche Heirat bzw. ein »Heiraten über den eigenen Stand« mit sich bringt. Das ökonomische Risiko liegt in der Pflicht zur Rückerstattung der Mitgift *(tournadot)*, die fällig werden kann, wenn Gatte oder Gattin vor der Geburt eines Kindes sterben, und deren Wahrscheinlichkeit übertriebene Ängste weckt: »Nehmen wir einmal an, ein Mann heiratet eine Tochter aus reicher Familie. Sie bringt eine Mitgift von 20000 Francs ein. Seine Eltern sagen zu ihm: ›Du hast jetzt 20000 Francs und glaubst, du hast ein gutes Geschäft gemacht. In Wirklichkeit hast du dich übernommen. Die Mitgift hast du per Vertrag. Du gibst einen Teil davon aus. Es passiert dir ein Unglück. Wie willst du sie zurück-

1 In manchen reichen Familien, die sich diese zusätzliche Belastung leisten konnten, kam es vor, daß man eine der Töchter im Hause behielt. »Bei den L. von D. war Marie die Älteste, sie hätte heiraten können. Sie ist jüngere Schwester geworden und wie alle jüngeren Schwestern ihr ganzes Leben lang Magd ohne Lohn. Man hat sie dumm gemacht. So blieb die Mitgift da, alles blieb da. Sie hat die Eltern gepflegt.«

2 Das Risiko, daß die Abstammungsgruppe durch Ehelosigkeit des Ältesten ausstirbt, ist in der organischen Phase des Systems fast null.

erstatten, wenn es sein muß? Das geht dann nicht mehr.‹« Allgemein wurde vermieden, die Mitgift anzugreifen.[1] Das Risiko hingegen, das man als politisches bezeichnen könnte, wird in den Strategien sicher viel direkter berücksichtigt, weil es eines der Grundprinzipien jeder Praxis berührt: von ökonomischen Hindernissen einmal abgesehen, bewirkt die von der kulturellen Überlieferung erzeugte Asymmetrie zugunsten des Mannes, wegen der eine Heirat aus der Sicht des Mannes beurteilt werden muß (weil »unter den eigenen Stand heiraten« stets implizit eine Heirat eines Mannes von höherem Stande mit einer Frau niederen Standes meint), daß nichts gegen eine Heirat einer Ältesten aus armer Familie mit einem jüngeren Sohn aus reicher Familie spricht, aber ein Ältester aus einer armer Familie keine jüngere Tochter aus reicher Familie heiraten darf. Von allen Heiraten, die die ökonomische Notwendigkeit erheischt, werden also nur die voll anerkannt, bei denen die Asymmetrie, die das kulturell Willkürliche zugunsten des Mannes erzeugt, durch eine Asymmetrie gleicher Richtung zwischen der ökonomischen und gesellschaftlichen Situation der Gatten verstärkt wird. Je höher das *adot*, desto stärker die Stellung des einheiratenden Ehepartners. Auch wenn die häusliche Gewalt, wie bemerkt, relativ unabhängig von der ökonomischen Macht ist, bleibt die Höhe des *adot* eine der Grundlagen für die Verteilung der Autorität in der Familie und besonders für das Kräfteverhältnis zwischen Schwiegermutter und Schwiegertochter in deren strukturellem Konflikt.

Von einer herrschsüchtigen Schwiegermutter pflegte man zu sagen: »Sie will die Suppenkelle nicht abgeben«, das Symbol der Autorität über den Haus-

1 Normalerweise an den Vater oder die Mutter des Ehepartners und nur ausnahmsweise, d. h. wenn er keine Eltern mehr hatte, an den Erben selbst ausbezahlt, mußte das *adot* zum Familienvermögen der aus der Heirat hervorgegangenen Familie geschlagen werden; bei Auflösung der Ehe oder beim Tode eines Gatten ging es auf die Kinder über, wenn welche da waren, wobei der überlebende Ehepartner den Nießbrauch behielt; andernfalls aber fiel es an die Familie des Ehepartners zurück, der es eingebracht hatte. Manche Eheverträge sahen vor, daß der Schwiegervater im Falle einer Trennung lediglich die Zinsen für das von seinem Schwiegersohn eingebrachte *adot* zahlen mußte, da diesem die Hoffnung blieb, nach einer Versöhnung wieder in sein Haus aufgenommen zu werden.

halt. Die Suppenkelle handhaben gehört zum Bereich der Hausherrin: wenn man zu Tisch geht und die Suppe im Topf noch kocht, brockt sie das Brot als »Einlage« in die Suppenterrine und gießt dann Suppe und Gemüse darüber; sobald alle sitzen, trägt sie die Terrine auf, rührt mit der Kelle um, damit das Brot eingeweicht wird, und dreht dann den Griff zum Familienoberhaupt (Großvater, Vater oder Onkel) hin, das sich zuerst bedient. Derweil beschäftigt sich die Schwiegertochter anderweitig. Um die Schwiegertochter an ihre Stellung zu erinnern, sagt die Schwiegermutter zu ihr: »Die Suppenkelle kriegst du von mir noch nicht.«

So war die Mutter, die als Herrin des Innenbereichs sonst alle Register zog, um eine Heirat »unter dem eigenen Stand« zu hintertreiben, die erste, die gegen eine Heirat ihres Sohnes mit einer Frau von (vergleichsweise) zu hohem Stande Front machte, weil sie genau wußte, daß sie eine junge Frau niederer Herkunft viel leichter unter ihre Fuchtel bringen konnte als eine jener jungen Frauen aus angesehener Familie, von denen man sagt, sie träten »als Hausherrinnen *(daune)*« in ihre neue Familie ein (an die Aussteuer erinnern ist das schlagende Argument im Streit um die Macht im Hause, in welchem sich die ansonsten verneinte »ökonomische« Wahrheit verrät: »Du bist doch auf der Brennsuppe dahergeschwommen!«; das Ungleichgewicht ist bisweilen so groß, daß man von der jungen Schwiegertochter erst beim Tode der Schwiegermutter sagen kann: »jetzt ist sie *daune*«). Am größten ist die Asymmetrie dann, wenn der Erbe eine jüngere Tochter aus einer kinderreichen Familie heiratet: in Anbetracht der ungefähren Gleichwertigkeit (die sich schon in der Zweideutigkeit des Wortes *adot* zeigt) zwischen dem bei der Heirat ausgezahlten *adot* und dem Anteil am Familienerbe und folglich, wenn sonst alles gleich ist, zwischen den Erbhöfen, die zueinander finden können, ist das *adot* einer jungen Frau aus einer reichen, aber auch kinderreichen Familie unter Umständen nicht höher als das der einzigen jüngeren Tochter aus einer Familie von bescheidenem Wohlstand. Das Gleichgewicht, das sich dann dem Scheine nach zwischen dem Wert des eingebrachten *adot* und dem Wert des Familienerbes einstellt, kann insofern eine konfliktträchtige Nichtübereinstimmung verschleiern, als Autorität und Autoritätsanspruch vom materiellen und symbolischen Kapital der Herkunftsfamilie ebenso abhängig sind wie von der Höhe der Mitgift.

So verteidigt die Mutter, indem sie ihre Autorität, d. h. ihre Interessen als Hausherrin, mit einer Autorität vertritt, die ihrerseits von dem abhängt, was sie selber ursprünglich eingebracht hat (was dazu führt, daß bei jeder Heirat die ganze Geschichte der Heiraten einer Abstammungsgruppe ins Spiel gebracht wird), lediglich die Interessen der Abstammungsgruppe gegen Usurpation von außen. Tatsächlich gefährdet die »Heirat über den eigenen Stand« den Vorrang, den die Gruppe den männlichen Mitgliedern sowohl im gesellschaftlichen Leben als auch bei der Arbeit und in häuslichen Dingen einräumt.[1]

Die Heirat des Erben mit einer ältesten Tochter wirft die Frage der politischen Autorität in der Familie mit äußerster Schärfe auf, vor allem wenn eine Asymmetrie zugunsten der Erbin besteht. Außer wenn durch Heirat unter Nachbarn zwei Höfe zusammengelegt werden, dürfte dieser Typ von Heirat die Gatten zum Pendeln zwischen zwei Haushalten, wenn nicht gar zum getrennten Wohnsitz zwingen. (Daher wird er auch einhellig mißbilligt: »Das ist so bei Tr., der die Tochter von Da. geheiratet hat. Er saust wie ein Weberschiffchen zwischen den beiden Höfen hin und her. Er ist immer unterwegs, er ist überall, und nie zu Hause. Der Hofherr muß daheim sein.«) In diesem verkappten oder offenen Konflikt über den Wohnsitz geht es wie anderswo darum, welche Abstammungsgruppe vorherrschen, welches der beiden »Häuser« und welcher der mit ihnen verbundenen Familiennamen untergehen soll. (Bezeichnenderweise werden in allen verbürgten Fällen die vorübergehend zusammengelegten Höfe häufig schon in der nächsten Generation wieder getrennt, da jedes der Kinder einen davon zum Erbe erhält.)

Vielleicht weil die Frage der ökonomischen Grundlagen der Macht im Hause hier realistischer angesprochen werden wird als an anderer Stelle (so wird auch verbreitet, der Bräutigam müsse, um seine Autorität im Haushalt zu sichern, möglichst bei der Erteilung des Segens den Fuß auf das Brautkleid stellen, während die Braut den Finger so krumm machen solle, daß er den Ehering

1 Die Mutter kann den mit ihrer eigenen Heirat eingeschlagenen Weg um so besser fortsetzen, d. h. ihren Sohn in ihr Heimatdorf oder ihre Gegend verheiraten und dadurch ihre Stellung in der Familie stärken, je größer die Mitgift ist, die sie eingebracht hat.

nicht ganz überstreifen kann), vielleicht weil die Vorstellungen und Strategien hier zugleich näher an der objektiven Wahrheit sind, läßt sich aus der Gesellschaft des französischen Béarn schließen, daß die Soziologie der Familie, die so oft mit Gefühlsduseleien belastet wird, nur ein Sonderfall der politischen Soziologie sein könnte: die Stellung der Gatten in den häuslichen Kräfteverhältnissen und ihre Erfolgsaussichten in der Konkurrenz um Autorität in der Familie, d. h. um das Monopol der legitimen Gewaltanwendung in häuslichen Dingen, können nie unabhängig sein vom materiellen und symbolischen Kapital, das sie inne oder eingebracht haben (und dessen Natur je nach Zeit und Gesellschaft verschieden sein kann).

Aber der Alleinerbe ist trotz alledem relativ selten. In den anderen Fällen hängen die Höhe der Mitgift, die den jüngeren Geschwistern gewährt werden kann, und folglich ihre Heiratsaussichten, wenn überhaupt, zum großen Teil davon ab, wie der Älteste heiratet: die richtige Strategie ist dann, von der Familie der Braut ein genügend hohes *adot* zu erlangen, um damit das *adot* der jüngeren Brüder oder Schwestern zahlen zu können, ohne den Besitz teilen oder mit einer Hypothek belasten zu müssen, aber auch ohne deswegen den Erbhof dem Risiko einer übermäßigen oder unmöglichen Mitgiftrückerstattung auszusetzen. Damit wird ganz nebenbei, entgegen der anthropologischen Tradition, die jede Heirat als selbständige Einheit behandelt, ausgesagt, daß jedes Heiratsgeschäft nur als *Bestandteil einer ganzen Reihe* von Tauschvorgängen begriffen werden kann, wobei das materielle und symbolische Kapital, das die Familie für die Heirat eines ihrer Kinder aufbieten kann, zu einem Gutteil davon abhängt, welchen Rang dieses Tauschgeschäft in der Gesamtheit der Heiraten der Kinder der Familie hat und wie die Bilanz dieser Geschäfte aussieht. Dies wird deutlich, wenn das zuerst heiratende Kind alle Finanzmittel der Familie erschöpft. Oder aber, wenn die jüngere Tochter vor der Älteren heiratet, die danach auf dem Heiratsmarkt schwieriger »unterzubringen« ist, weil bei ihr irgendein verborgener Mangel vermutet wird (über den Vater sagte man in diesem Fall: »er hat die junge Färse – *anouille* – vor der älteren Färse – *bîme* – unters Joch genommen«). Entgegen dem Anschein ist jeweils eine ganz andere Situation gegeben, wenn der Älteste eine Schwester (oder mehrere) oder einen Bruder (oder mehrere) hat: Das *adot* der Mädchen ist, wie alle Gewährsleute spontan äußern, so gut wie stets höher als das der Jungen und verbessert ihre Heiratschancen, und zwar weil es, wie bereits bemerkt, keinen anderen Ausweg gibt, als die unnützen Esser zu verheiraten, und das so schnell wie möglich. Bei den jüngeren Söhnen besteht mehr Freiheit. Zunächst führen die reichlich, ja sogar überreichlich vorhandenen Arbeitskräfte zu einem Bodenhunger, der dem Familienerbe nur zuträglich sein kann. Deswegen hat man es nicht so eilig, den jüngeren Sohn (außer den Zweitältesten in reichen Familien) zu verheiraten, wie bei der jüngeren oder gar ältesten Tochter. Man kann ihn, und das ist der üblichste, mit seinen Interessen und mit denen der Abstammungsgruppe konformste Fall, mit einer Erbin verheiraten. Wenn er in eine Familie desselben Rangs hineinheiratet (der häufigste Fall), kurz, wenn er ein gutes *adot* einbringt und sich durch seine Arbeits- und Zeugungskraft durchsetzt (das Sprichwort sagt sehr drastisch: »Ist er ein Kapaun, fressen wir ihn, ist er ein Hahn, lassen wir ihn leben«), wird er geachtet und als der wahre Herr behandelt; im anderen Falle, d. h. wenn er »über seinen Stand heiratet«, muß er in einem äußerst streng beurteilten Verstoß gegen das Prinzip des Vorrangs der Männer, dessen Extrem die Heirat zwischen Knecht und Bäuerin ist, dem neuen Hof sein *adot*, seine Arbeit und bisweilen seinen Namen opfern (wobei aus Jean Casenave zum Beispiel »Yan dou Tinou«, Jean vom Hofe Tinou wird). Da einerseits nur wenige nicht vor den Risiken einer Heirat mit einer jüngeren Tochter zurückschreckten, die bisweilen als »unfruchtbare« *(esterlou)* oder als »Hochzeit von Hunger und Durst« bezeichnet wurde (denen die Ärmsten nur entgehen konnten, indem sie sich mit ihren Frauen als »Gesinde gegen Kost und Logis« verdingten), und andererseits nur der Älteste das Recht auf Gründung eines eigenen Hausstands unter dem elterlichen Dache hatte, hatten die jüngeren Söhne, die mit ihrem bisweilen durch einen mühselig zusammengekratzten Spargroschen *(lou cabau)* ergänzten *adot* keine Erbin ergattern konnten, nur die Wahl, entweder mit der Hoffnung auf ein Handwerk oder Gewerbe in die Stadt oder nach Amerika auszuwandern oder als eheloser Knecht beim Bruder oder bei Fremden (das Los der Armen) in Stellung zu gehen.

Daß man es nicht eilig hat, die jüngeren Söhne zu verheiraten, sagt nicht alles; man kümmert sich kaum darum, und in einer Welt der angebahnten Ehen vermindert schon dieses Unterlassen ihre Heiratschancen ganz beträchtlich. Unter Umständen geht man so weit, die Auszahlung des *adot* an die Bedingung zu knüpfen, daß der jüngere Sohn bereit ist, ein paar Jahre lang beim Ältesten zu arbeiten oder mit ihm regelrechte Arbeitskontrakte abzuschließen, oder man macht ihm Hoffnung auf eine Erhöhung seines Erbteils. Doch konnte ein jüngerer Sohn auch durch viele andere Dinge zum ewigen Junggesellen werden, angefangen mit der verpaßten Heirat bis zur unmerklichen Gewöhnung, mit der er über das »Heiratsalter« hinauskam, stumm belauert von der Familie, die diesen »Knecht ohne Lohn« bewußt oder unbewußt wenigstens eine Zeitlang auf dem Hofe halten wollte. Jeweils auf ihre Weise trugen der, welcher hinauszog, seinen Lebensunterhalt in der Stadt oder in Amerika zu verdienen, und der, welcher zu Hause blieb und seine Arbeitskraft spendete, ohne dadurch den Haushalt zu belasten oder den Besitz anzutasten, zur Erhaltung des Erbhofs bei. (Der jüngere Sohn hatte im Prinzip den Nießbrauch seines Erbteils, das bei seinem Tode an den Erben zurückfiel, wenn er Junggeselle blieb.)

So ist der jüngere Sohn, wenn der Ausdruck gestattet ist, das *strukturelle*, d. h. gesellschaftlich designierte und folglich resignierte *Opfer* eines Systems, das den »Hof« als kollektive Wesenheit und ökonomische Einheit, als durch ihre ökonomische Einheit definierte Wesenheit mit einem ganzen Zaun von Schutzmechanismen umgibt. Die von Kindesbeinen an eingeprägte Beachtung der überlieferten Werte und die vom Gewohnheitsrecht bestimmte Aufteilung von Arbeiten und Vollmachten auf die Brüder, die Bindung an den Erbhof, an das Haus, an den Boden, an die Familie und vor allem womöglich an die Kinder des Ältesten konnte viele jüngere Söhne geneigt machen, dieses Leben zu akzeptieren, das in der unschlagbar funktionalistischen Formulierung le Plays »die Beschaulichkeit des Unbeweibtseins mit den Freuden der Familie vereint«. Weil alles sie verleitet, in eine Familie und in einen Erbhof zu investieren und sogar zu überinvestieren, die sie durchaus nicht unbegründet für die eigenen halten, sind die dagebliebenen jüngeren Brüder (aus der Sicht des »Hofes«, d. h. des Systems) der ideale Grenzfall eines Knechts, der häufig als »Familienmitglied« behandelt wird und hinnimmt, wie das Familienleben seines Chefs in sein Privatleben einbricht und es sozusagen vereinnahmt, sich bewußt oder unbewußt aufgefordert fühlt, einen großen Teil seiner privaten Zeit und seiner privaten Gefühle in diesen Familienersatz und besonders in die Neffen und Nichten zu investieren, und der die ökonomische und affektive Geborgenheit der Teilhabe am Familienleben meist mit Ehelosigkeit bezahlen muß.

Es wird erzählt, daß in Fällen, wo der Älteste keine Kinder hatte oder ohne Nachkommen gestorben war, ein ehelos gebliebener und alter jüngerer Bruder zum Heiraten aufgefordert wurde, um den Fortbestand der Abstammungsgruppe zu sichern. Daß der Jüngere die Witwe des Ältesten heiratete, den er beerbte (Levirat), war zwar keine ausgeprägte Institution, doch relativ häufig. Nach dem Ersten Weltkrieg waren Heiraten dieses Typs recht zahlreich: »Das wurde arrangiert. Allgemein machten die Eltern Druck in diese Richtung, im Interesse der Familie und um der Kinder willen. Und die Jungen ließen sich darauf ein. Gefühlsduseleien gab es nicht« (A. B.).

Die verschleierten oder besser *verneinten* Formen der Ausbeutung, und besonders die, die einen Teil ihrer Wirksamkeit der spezifischen Logik der Verwandtschaftsverhältnisse verdanken, d. h. der Erfahrung und Sprache von Pflicht und Gefühl, müssen in ihrer wesensmäßigen Zwiespältigkeit erfaßt werden: die entzauberte Betrachtung, die diese Verhältnisse brutal auf ihre »objektive« Wahrheit reduziert, ist strenggenommen nicht weniger falsch als die, die wie bei Play nur auf die subjektive, d. h. mystifizierte Vorstellung der Beziehung abhebt; daß die »objektive« Wahrheit des Ausbeutungsverhältnisses verkannt wird, gehört zur vollständigen Wahrheit dieses Verhältnisses, das als solches nur *insoweit* zur Geltung gelangen kann, wie es falsch erkannt wird. Die Ökonomie der Tauschvorgänge zwischen Gatten oder zwischen Eltern und Nachkommen, die sich nur verneint und sublimiert äußert und von daher für alle Formen der sanften (paternalistischen) Ausbeutung anbietet, darf durchaus nicht auf das theoretische Modell der »objektiven« Beziehung zwischen den Besitzern von Produktionsmitteln und den Verkäufern von Arbeitskraft reduziert werden, sondern führt zwingend zu der Feststellung, daß die »objektive« Wahrheit dieses Verhältnisses nicht so schwer zu erobern und durchzusetzen wäre, wenn sie in allen Fällen die Wahrheit des subjektiven Verhältnisses zur Arbeit mit allen ihren Formen der subjektiven *Investition* in die Tätigkeit selbst, mit ihren materiellen und symbolischen Belohnungen, mit den besondern Risiken und Chancen von Profession und professionellen Beziehungen, vielfach sogar mit der Bindung an Unternehmen oder Eigentümer wäre.

Man versteht, wie künstlich und schlichtweg äußerlich die Befragung zu den Verhältnissen zwischen Strukturen und Gefühlen ist: einzelne Gewährsleute und sogar Familien können nur ganz offen eingestehbare Kriterien wie Tugend, Gesundheit und Schönheit der Töchter, Würde und Arbeitseifer der Söhne nennen und erfassen in diesen Verkleidungen immer noch die wirklich relevanten Kriterien, d. h. den Wert des Familienerbes und den Betrag des *adot*. Daß das System in der überwältigenden Mehrzahl der Fälle aufgrund der Kriterien funktioniert, die bei Betrachtung seiner wirklichen Funktionsprinzipien am wenigsten relevant sind, liegt zunächst daran, daß die Erziehung in der Familie eine sehr enge Korrelation zwischen den vom Standpunkt des Systems aus grundlegenden Kriterien und den in den Augen der Handelnden vorrangigen Merkmalen gewährleisten dürfte: genau wie der Älteste eines großen Hofes mehr als jeder andere zu den Tugenden neigt, die einen »Ehrenmann« und »guten Bauer« ausmachen, darf sich auch die »reiche Erbin« oder »anständige jüngere Tochter« nicht die weniger strenge Tugend gestatten, die den Töchtern aus armer Familie eigen ist. Außerdem liegt es daran, daß mit der Ersterziehung, die durch alle sozialen Erfahrungen verstärkt wird, Wahrnehmungs- und Beurteilungsschemata durchgesetzt werden dürften, in einem Wort *Vorlieben*, die unter anderem auch für potentielle Partner gelten und sogar ganz ohne jede eigentlich ökonomische oder soziale Berechnung Mißheiraten zu verhindern trachten: die sozial gebilligte, daher erfolgsträchtige Liebe ist nichts anderes als jene Liebe zur eigenen gesellschaftlichen Bestimmung, welche gesellschaftlich vorbestimmte Partner auf den scheinbar zufälligen und willkürlichen Wegen der freien Gattenwahl zusammenführt. Und über den pathologischen Fällen, die immer Ausnahme bleiben, in denen die Autorität offen durchgesetzt werden muß, um individuelle Gefühle zu unterdrücken, darf man nicht alle die Fälle vergessen, in denen die Norm stumm bleiben kann, weil die Dispositionen der Handelnden objektiv den objektiven Strukturen angepaßt sind, jenem spontanen »Standesbewußtsein«, das jede Mahnung an das Standesbewußtsein überflüssig macht.

Man darf sich von der Sprache der Analyse nicht täuschen lassen, nicht einmal von den wegen ihrer besonderen Klarheit ausgewählten Aussagen von Gewährsleuten, die eben durch die Befragung zu dieser Klarheit veranlaßt wurden. Hier wie anderswo gehorchen die Handelnden mehr Gefühlsregungen und Pflichtbewußtsein als dem Interessenkalkül, selbst wenn sie sich dabei an das System von Zwängen und Geboten halten, dessen Ergebnis ihre ethischen und affektiven Dispositionen sind. Die verneinte Wahrheit der Ökonomie der Tauschakte zwischen Verwandten wird nur in Krisenfällen offen ausgesprochen, die eben genau die Berechnung hochkommen lassen, die in der blinden Großzügigkeit des Sentiments ständig verdrängt oder sublimiert wird. Diese objektive (oder objektivistische) Wahrheit bleibt Teilwahrheit, nicht mehr und nicht weniger wahr als die verzauberte Erfahrung der gewöhnlichen Tauschvorgänge. Handlungen, mit denen der *spezifische Widerspruch* dieses Systems und genauer noch die Gefahren überwunden werden sollen, in die der Besitz und damit die Abstammungsgruppe bei jeder Heirat geraten, weil die den jüngeren Geschwistern geschuldeten Abfindungen in sich bergen, daß der Erbhof zerstückelt wird, also genau die Gefahr, die durch das Vorrecht des Ältesten beseitigt werden soll, gehören nicht, wie die zu ihrer Beschreibung unweigerlich verwendete Sprache glauben machen könnte, zu den Verfahren, wie sie die juristische Phantasie erfindet, um das Recht zu verdrehen, und nicht einmal zu den wie »Schachzüge« oder »Fechterstöße« sachkundig berechneten Strategien. Weil der Habitus das Produkt von Strukturen ist, die er zu reproduzieren sucht, und weil er, genauer noch, die »spontane« Unterwerfung unter die herrschende Ordnung und unter die Befehle der Wächter über diese Ordnung, d.h. der Alten, impliziert, enthält er das Prinzip phänomenologisch sehr verschiedener Lösungen wie Geburtenbeschränkung, Auswanderung oder Ehelosigkeit der jüngeren Söhne usw., das die verschiedenen Handelnden kraft ihrer Stellung in der gesellschaftlichen Hierarchie, ihres Rangs in der Familie, ihres Geschlechts auf die von den

Systemen nicht ohne weiteres miteinander vereinbarer Gebote erzeugten praktischen Antinomien anwenden. Da sie von den Erbfolgestrategien, Geburtsstrategien oder auch den Erziehungsstrategien, d. h. von der Gesamtheit der biologischen, kulturellen und gesellschaftlichen *Reproduktionsstrategien*, die die Gruppe anwendet, um ererbte Vollmachten und Vorrechte unversehrt oder gestärkt auf die Folgegeneration zu übertragen, nicht zu trennen sind, beruhen die Heiratsstrategien weder auf dem berechnenden Verstand noch auf den mechanischen Zwängen wirtschaftlicher Notwendigkeit, sondern auf den durch die Daseinsbedingungen eingeprägten Dispositionen als einer Art gesellschaftlich gebildetem Instinkt, der bewirkt, daß die objektiv berechenbaren Erfordernisse einer bestimmten Wirtschaftsform als unvermeidliche Pflichtnotwendigkeit oder unwiderstehliche Gefühlsregung erlebt werden.

2. Kapitel
Sozialer Nutzen der Verwandtschaft

»Es gibt die gewöhnlichen Antworten der kodifizierten Routine, das Brevier der Sitten und Gebräuche, der anerkannten Werte, das eine Art träges Wissen darstellt. Darüber hinaus gibt es die Ebene der Erfindung, den Bereich des *amusnaw* (des Weisen), der nicht nur den anerkannten Kodex in die Praxis umsetzen, sondern ihn anpassen, abwandeln, ja sogar revolutionieren kann.«

Mouloud Mammeri, *Dialogue sur la poésie orale en Kabylie*

Als sozusagen legitimer Inzest kann die Heirat mit der Parallelbase väterlicherseits (*bent âam*, die Tochter des Vaterbruders)[1], wie Claude Lévi-Strauss meint, nur dann »als eine Art Skandal«[2] erscheinen, wenn man sich auf die Taxonomien der ethnologischen Tradition bezieht: indem diese Heirat den Begriff der *Exogamie* in Frage stellt, die Voraussetzung dafür, daß sich Abstammungsgruppen getrennt reproduzieren können und aufeinanderfolgende Einheiten bestehen bleiben und leicht identifiziert werden können, ist sie eine Herausforderung sowohl für die Theorie der Gruppen einheitlicher Abstammung als auch für die Theorie der Allianz (Schwiegerverwandtschaft) durch Heirat, bei der die Heirat als Tausch einer Frau gegen eine andere konstruiert und dabei das Inzesttabu als Imperativ unterstellt wird. Während die Exogamieregel sauber zwischen Gruppen von Schwiegerverwandten und Abstammungsgruppen unterschei-

1 Dieser Text bietet eine neue Analyse einiger Daten, die ursprünglich detailliert in einem Artikel vorliegen, den ich zusammen mit Abdelmalek Sayad für das von John Peristiany herausgegebene Werk *Mediterranean Family Structures*, Cambridge U. P. 1972, verfaßt habe.

2 Vgl. C. Lévi-Strauss, »Le problème des relations de parenté«, in: J. Berque (Hrsg.), *Systèmes de parenté*, Beitrag zu interdisziplinären Gesprächen über moslemische Gesellschaften, Paris, Ecole pratique des hautes études 1959, S. 13–14.

det, die per Definition nie zusammenfallen dürfen, wobei die genealogische Abstammungsgruppe zugleich eindeutig definiert wird, da Vollmachten, Vorrechte und Pflichten entweder in mütterlicher oder in väterlicher Linie weitergegeben werden, wirkt sich die Endogamie so aus, daß die Unterscheidung zwischen den Abstammungsgruppen eingeebnet wird: so wäre im Extremfall eines Systems, das wirklich auf der Heirat mit der Parallelbase beruhen würde, ein bestimmtes Individuum mit dem Großvater väterlicherseits über Vater und Mutter zugleich verwandt. Andererseits jedoch würde sich die Gruppe, indem sie die Parallelbase, diese Fastschwester, innerhalb der Abstammungsgruppe behält, zugleich um die Chance bringen, Frauen von außen aufzunehmen und so Schwiegerverwandtschaften (Allianzen) einzugehen. Man muß sich also fragen, ob es genügt, in diesem Typ von Heirat die Ausnahme (oder »Abweichung«) zu sehen, die die Regel bestätigt, oder die Wahrnehmungskategorien, die sie entstehen ließen, so zu verändern, daß diese Heirat einen Platz, d. h. einen Namen erhält, oder ob ganz im Gegenteil die Denkkategorien, die dieses *Undenkbare* hervorbringen, radikal in Zweifel gezogen werden müssen. Reicht also zum Beispiel die Bemerkung, daß die Verwendung des Begriffs »Heiratspräferenz«, der in einer Gesellschaft mit exogamen Gruppen, die streng zwischen Parallel- und Kreuzverwandten unterscheidet, durchaus legitim ist, bei einer Gesellschaft ohne exogame Gruppen nicht mehr zu rechtfertigen ist? Oder muß man gar noch weiter gehen und in dieser Ausnahme einen Grund dafür sehen, nicht nur den Begriff der Präskription oder Präferenz und allgemeiner den Begriff der *Regel* und des *von Regeln beherrschten Verhaltens* (im doppelten Sinne einer objektiven Regelbeachtung und einer Festlegung durch Einhaltung von Regeln) in Frage zu stellen, sondern auch den Begriff der genealogisch definierten Gruppe als einer Wesenheit, deren soziale Identität angeblich ebenso unwandelbar und eindeutig ist wie die Kriterien ihrer Abgrenzung und die jedem ihrer Mitglieder eine ebenso eindeutige und ein für allemal festgelegte Identität verleiht?

Die Unzulänglichkeit der Sprache von Vorschrift und Regel ist bei der patrilateralen Heirat so offensichtlich, daß man unweigerlich auf die Fragen Rodney Needhams zu den vielleicht nie erfüllten Geltungsbedingungen einer solchen Sprache gestoßen wird, die keine andere ist als die des Rechts.[1] Doch dieses Hinterfragen des wissenschaftstheoretischen Status von derart geläufigen Begriffen wie Regel, Vorschrift oder Präferenz muß zwangsläufig auf die von ihnen vorausgesetzte *Theorie der Praxis* stoßen: darf man auch nur implizit die »Algebra der Verwandtschaft,« wie bei Malinowski, als Theorie der Praktiken der Verwandtschaft und der »praktischen« Verwandtschaft ausgeben, ohne stillschweigend zu postulieren, daß ein deduktives Verhältnis zwischen Bezeichnungen und »Einstellungen« der Verwandtschaft vorliegt? Darf man diesem Verhältnis anthropologische Bedeutung beimessen, ohne zu postulieren, daß geregelte und regelmäßige Beziehungen zwischen Verwandten Ergebnis der Einhaltung von Regeln sind, die zwar mit einem letzten Durkheimschen Skrupel nicht als juristische oder legale, sondern als »jurale« *(jural)* bezeichnet werden, aber die Praxis angeblich wie Rechtsvorschriften beherrschen?[2] Darf man schließlich die genealogische Definition von Gruppen zur einzigen Grundlage dafür machen, soziale Einheiten voneinander zu scheiden, Handelnde solchen Gruppen zuzuweisen und auf diese Weise implizit zu postulieren, daß Handelnde unter allen Verhältnissen und ein für allemal durch ihre Zugehörigkeit zur Gruppe definiert seien und *die Gruppe* kurzweg die Handelnden und deren Interessen stärker festlege, als die Handelnden *Gruppen* auf ihre Interessen festlegten?

1 R. Needham, »The formal analysis of prescriptive patrilateral cross-cousin marriage«, *Southwestern Journal of Anthropology*, Bd. 14, 1958, S. 199–219.

2 Zur deduktiven Beziehung, die die Verwandtschaftsnamen oder das System der Rufnamen mit den Einstellungen der Verwandtschaft verbindet, vgl. A. R. Radcliffe-Brown, *Structure and Function in Primitive Society*, London 1952, S. 62; *African Systems of Kinship and Marriage*, 1960, Einleitung, S. 25; C. Lévi-Strauss, *Strukturale Anthropologie*, Übers. Eva Moldenhauer, Frankfurt, Suhrkamp 1967, S. 51f.; zum Begriff *jural* und seiner Verwendung bei Radcliffe-Brown vgl. L. Dumont, *Introduction à deux théories d'anthropologie sociale*, Paris, Mouton 1971, S. 41: »jural« sind Verhältnisse, welche »Gegenstand präziser, formaler Vorschriften sind, gleichviel, ob es um Personen oder Sachen geht«.

Die neueren Theorien über die Heirat mit der Parallelbase von Fredrik Barth und von Robert Murphy und Léonard Kasdan sind einander zwar diametral entgegengesetzt, haben aber gemeinsam, *Funktionen* einzubeziehen, die die strukturalistische Theorie ignoriert oder ausklammert, seien es nun ökonomische wie die Erhaltung des Familienerbes für die Abstammungsgruppe oder politische wie die Stärkung ihrer Geschlossenheit.[1] Und es ist nicht ersichtlich, wie sie anders könnten, ohne eine Heirat absurd werden zu lassen, die nicht offensichtlich die Funktion von Austausch oder Allianz erfüllt, wie sie der Heirat mit der Kreuzbase allgemein zuerkannt wird.[2] Barth behauptet, die endogame Heirat trage »entscheidend dazu bei«, die minimale Abstammungsgruppe in Fraktionskämpfen zu stärken, sie zu einer geschlossenen Gruppe zu machen. Dagegen werfen Murphy und Kasdan Barth vor, er erkläre die Institution durch »bewußt von den einzelnen Akteuren angestrebte Ziele«, d. h. genauer durch das Interesse des Haupts der Abstammungsgruppe, seine an virtuellen Schnittpunkten befindlichen Neffen an sich zu binden, und bringen diese Heirat in Verbindung mit deren »struktureller Funktion«, zur »äußersten Aufspaltung der blutsverwandten Abstammungsgruppen und durch Endogamie zur Isolierung

1 F. Barth, »Principles of Social Organization in Southern Kurdistan«, *Universitets Ethnografiske Museum Bulletin,* Nr. 7, Oslo 1953; R. F. Murphy und L. Kasdan, »The Structure of Parallel Cousin Marriage«, *American Anthropologist* 61 (1959), Februar, S. 17–19.

2 Die meisten früheren Analytiker übernahmen die Eingeborenenerklärung, die endogame Heirat habe die Funktion, das Eigentum in der Familie zu halten, womit sie zu Recht die Beziehung zwischen der Heirat und dem Gewohnheitsrecht der Erbfolge hervorhoben. Gegen diese Interpretation wandten Murphy und Kasdan sehr zu Recht ein, daß das Gesetz des Korans, das der Frau die Hälfte des Anteils eines Knaben zugesteht, nur selten eingehalten wird und daß die Familie in jedem Falle mit dem eingebrachten Erbe der hereingenommenen Töchter rechnen könnte. H. Granqvist, »Marriage Conditions in a Palestinian Village«, *Commentationes Humanarum Societas Scientiarium Fennica* 3 (1931); Rosenfield, »An Analysis of Marriage Statistics for a Moslem and Christian Arab Village«, *International Archives of Ethnography* 48 (1957), S. 32–62.

und Selbstabschottung der Abstammungsgruppen beizutragen«. Claude Lévi-Strauss bemerkt völlig zu Recht, daß diese beiden entgegengesetzten Standpunkte auf dasselbe hinauslaufen: in Wirklichkeit gehen die Theorie Barths, der aus dieser Heirat ein Mittel macht, die Einheit der Abstammungsgruppe zu stärken und ihre Aufspaltungstendenzen zu hemmen, und die Theorie Murphys, der in dieser Heirat die Grundlage eines Strebens nach Einordnung in größere Einheiten sieht, die sich im Extremfall auf alle Araber insgesamt erstrecken und darauf beruhen, daß die gemeinsame Abstammung beschworen wird, einig in der Behauptung, die Heirat mit der Parallelbase lasse sich allein durch die Logik des Systems des Heiratsaustauschs nicht erklären und verweise unbedingt auf äußere, ökonomische oder politische Funktionen.[1]

Jean Cuisenier zieht lediglich die Schlußfolgerung aus dieser Feststellung mit einer Konstruktion, welche die von allen Beob-

1 Gemeinsam ist diesen beiden Theorien vor allem, daß sie eine undifferenzierte Definition der Funktion der Heirat akzeptieren, die so auf ihre Funktion *für die Gruppe insgesamt* reduziert wird. So schreiben Murphy und Kasdan zum Beispiel: »Die meisten Erklärungen der Heirat zwischen parallelen Vettern und Basen sind Erklärungen durch Ursachen und Motive, denen zufolge die Institution unter Bezug auf die bewußten Ziele der einzelnen Protagonisten verstanden werden muß. Wir haben nicht versucht, den Ursprung des Brauches zu erklären, doch da wir diesen als faktische Gegebenheit genommen haben, waren wir bemüht, seine Funktion zu analysieren, d. h. seine Rolle innerhalb der Sozialstruktur der Beduinen, und es ergab sich, daß die Heirat paralleler Vettern und Basen zur extremen Aufspaltung der Abstammungsgruppen von Blutsverwandten in der arabischen Gesellschaft beiträgt, und durch Endogamie die patrilinearen Segmente einkapselt.« (F. Murphy und L. Kasdan, *a. a. O.*, S. 27) Wer die Heiratsstrategien durch ihre Wirkungen erklärt – z. B. sind Spaltung und Verschmelzung bei Murphy und Kasdan Wirkungen, die als Funktionen zu bezeichnen überhaupt nichts einbringt –, ist nicht weniger weit von der Wirklichkeit der Praktiken entfernt als jene, die sich auf die Wirksamkeit der Regel beziehen. Wer sagt, die Heirat unter parallelen Vettern und Basen habe eine Funktion der Spaltung oder Verschmelzung, ohne zu fragen, *warum und für wen*, und in welchem Umfang (der gemessen werden müßte) und unter welchen Bedingungen, verfällt peinlicherweise auf eine Erklärung durch *Zweckursachen*, anstatt sich zu fragen, wie die typischen

achtern bereits festgestellten Unstimmigkeiten zwischen »Modell« und Praktiken zugleich mit den äußeren Funktionen des Heiratsaustauschs, zumindest den ökonomischen, erklären will: »Es ist das eingeborene Denken selbst, das auf das Gleis eines Erklärungsmodells führt. Es repräsentiert nämlich die Schwiegerverwandtschaften (Allianzen), die in einer Gruppe, ausgehend vom grundlegenden Gegensatz zwischen zwei Brüdern, entstehen, deren einer sich endogamisch verheiraten muß, um den Zusammenhalt der Gruppe zu wahren, und der andere exogamisch, um der Gruppe Schwiegerverwandte zu verschaffen. Dieser Gegensatz zwischen zwei Brüdern findet sich auf allen Ebenen der Gruppe der Blutsverwandten väterlicherseits; in ihm äußert sich in der im arabischen Denken üblichen Abstammungsterminologie eine Alternative, die nach dem Schema einer ›Teilordnung‹ dargestellt werden kann, in der die Zahlenwerte von *a* und *b* jeweils 1/3 und 2/3 betragen. Wenn *a* die endogame Gattenwahl und *b* die exogame ist und wenn man die Verästelungen des dichotomischen Stammbaums von den Wurzeln an verfolgt, fällt die Wahl *a* auf der oberflächlichsten Ebene der Abstammungskreise auf die Parallelbase (ein Drittel der Fälle).«[1] Man könnte diesem Modell zugute halten wollen, daß es statistische Daten zu erklären sucht, im Unterschied zu traditionellen Theorien der »präferentiellen Heirat«, die bloß die Divergenz zwischen »Norm« (oder »Regel«) und Praxis konstatieren, die zweitrangigen, z. B. demographischen Faktoren zugeschrieben wird.[2] Sobald man jedoch feststellt, daß man die mit der Heirat

ökonomischen und sozialen Bedingungen einer Gesellschaftsformation das Streben nach Befriedigung eines bestimmten Typs von Interessen erzwingen, das selbst wiederum dazu führt, daß ein bestimmter Typ kollektiver Wirkungen hervorgebracht wird.

1 J. Cuisenier, »Endogamie et exogamie dans le mariage arabe«, *L'Homme*, 2 (1962) 2, S. 80–105.

2 »Seit langem ist uns bekannt – und die Computer-Simulationen von Kundstadter und seinem Team haben es endgültig nachgewiesen –, daß es Gesellschaften, welche die Heirat zwischen bestimmten Typen von Verwandten empfehlen, nur in einer sehr geringen Zahl von Fällen gelingt, der Norm Folge zu leisten. Die Fruchtbarkeits- und Reproduktionsraten, das demographische Gleichgewicht der Geschlechter und die Alterspyramide weisen niemals die Harmonie und Regelmäßigkeit auf, die erforderlich sind,

der Parallelbase vergleichbaren Heiraten nur mehr oder minder restriktiv zu definieren braucht, um von der verblüffenden Prozentzahl (36% = 1/3?) wegzukommen, die zusammen mit einer eingeborenen Aussage ein »theoretisches« Modell erzeugt, merkt man sofort, daß das Modell nur deswegen so hervorragend auf die Fakten paßt, weil es durch *Anpassung* an die Fakten konstruiert, d. h. *ad hoc* erfunden wurde, um ein statistisches Artefakt zu erklären, und nicht etwa aus einer Theorie der Erzeugungsgrundlagen von Praktiken entwickelt worden ist. Wie schon Leibniz meinte, gibt es eine Kurvengleichung für jedes Gesicht. Und irgendwann findet sich auch ein Mathematiker, der beweist, daß zwei Basen, die zu einer dritten parallel sind, es auch zueinander sind.

Doch hat die Absicht, Stammbäume statistisch zu analysieren, wenigstens den Vorzug, daß sie die grundlegendsten Eigenschaften des Stammbaums enthüllt, dieses selbst nie analysierten Analyseinstruments. Man sieht von vornherein, was an diesem Unterfangen, Exogamiequoten zu berechnen, spätestens dann seltsam wird, wenn es eben um den Begriff der *endogamen Gruppe* und folglich um die Berechnungsgrundlage geht.

Jean Cuisenier, hierin Claude Lévi-Strauss folgend, der bemerkt hatte, »vom strukturalistischen Standpunkt aus kann man die Heirat mit der Vaterbruderstochter und die Heirat mit der Vatersohnestochter als gleichwertig behandeln«[1], schreibt: »Es kommt im Gegenteil vor, daß *Ego* die Onkelenkelin väterlicherseits oder die Großonkelstochter väterlicherseits heiratet. Vom strukturalistischen Standpunkt sind diese Ehebünde jeweils vergleichbar mit der Heirat der Onkeltochter väterlicherseits und mit der Großonkelsenkelin väterlicherseits.« (J. Cuisenier, *a. a. O.*, S. 84) Wenn bei einem Ethnologen zu dem Nominalismus, die Schlüssigkeit des Systems der Bezeichnungen für die praktische Logik von Dispositionen und Praktiken zu halten, auch noch

[Fortsetzung der Fußnote 2 von Seite 293]
damit jedes Individuum zum Zeitpunkt der Heirat mit Sicherheit einen geeigneten Gatten in der vorgeschriebenen Klasse findet, auch wenn die Verwandtschaftsnomenklatur weit genug ist, um Grade desselben Typs zu vermengen, die jedoch oft so weit entfernt sind, daß der Begriff einer gemeinsamen Abstammung nur noch theoretische Bedeutung hat.« C. Lévi-Strauss, *Die elementaren Strukturen der Verwandtschaft*, Übers. Eva Moldenhauer, Frankfurt, Suhrkamp 1981, S. 25 f.

1 C. Lévi-Strauss, »Le problème des relations de parenté«, a. a. O., S. 55.

der Formalismus einer Statistik aufgrund abstrakter Unterteilungen kommt, läßt er sich gern verleiten, genealogische Manipulationen vorzunehmen, die praktisch gleichwertig den Verfahren sind, wie sie die Handelnden zum Vertuschen von Ungereimtheiten zwischen ihren realen Heiratspraktiken und der Idealvorstellung oder dem offiziellen Bild gebrauchen, das sie davon vermitteln wollen (so können sie nötigenfalls unter der Bezeichnung Parallelbase nicht nur die Onkeltochter väterlicherseits subsumieren, sondern auch die Basen zweiten oder gar dritten Grades väterlicherseits, wie zum Beispiel die Tochter des Brudersohnes oder die Tochter des Großvaterbruders, oder auch die Tochter des Großonkelsohns väterlicherseits und so fort; bekannt ist auch, wie sie das Vokabular der Verwandtschaft manipulieren, z. B. mit der höflichen Anrede *âamm* für jeden älteren Verwandten väterlicherseits). Die Berechnung von »Endogamiequoten« nach Stammbaumebenen, also irrealen Schnittstellen abstrakter »Kategorien«, verleitet dazu, Individuen in einer zweiten Abstraktion als gleich zu behandeln, die zwar zur selben Stammbaumebene gehören, aber sehr verschiedenen Alters sein können und deren Ehen genau deswegen je nach Gunst oder Ungunst der Umstände und der jeweiligen Lage auf dem Heiratsmarkt geschlossen worden sein können; oder umgekehrt genealogisch getrennte, aber zeitgleiche Heiraten als verschiedene zu behandeln – ein Mann kann zum Beispiel zur selben Zeit heiraten wie einer seiner Onkel.

Muß man sich mit abstrakten Unterteilungen *auf dem Papier*, d. h. anhand von Stammbäumen begnügen, die so weit reichen wie das Gedächtnis der Gruppe, das sich in seiner Struktur und Reichweite wiederum nach den *Funktionen* richtet, die die Gruppe denen zuweist, an die sie sich erinnert und die sie vergißt? Da er im Schema der Abstammungsgruppe eine ideologische Vorstellung erblickt, auf die die Beduinen zurückgreifen, um ein »Erstverständnis« ihrer gegebenen Beziehungen zu entwickeln, bemerkt E. L. Peters[1], dieses Schema ignoriere die realen Kräfteverhältnisse zwischen genealogisch äquivalenten Abschnitten, es unterschlage die Frauen und behandle die grundlegendsten ökologischen, demographischen und politischen Fak-

1 E. L. Peters, »Some structural aspects of the feud among the camel-herding Bedouin of Cyrenaica«, *Africa* 37 (1967) 3, S. 261–282. Murphy sagte nichts anderes, doch ohne die Schlußfolgerungen daraus zu ziehen, als er bemerkte, daß die Hauptfunktion der Stammbäume und der Manipulation der Stammbäume die Förderung der vertikalen Geschlossenheit sozialer Einheiten sei, welche durch die Heirat mit der Parallelbase eher gespalten und auf sich verwiesen werden.

toren als lediglich »zufällige Ereignisse«.[1] Oder muß man die Unterteilungen übernehmen, die die Handelnden selber nach nicht unbedingt genealogischen Kriterien vornehmen? Doch dabei entdeckt man nur, daß die Wahrscheinlichkeit, daß ein Individuum eine Ehe schließt, die von der Gesellschaft einer Heirat mit der *bent âamm* vergleichbar erachtet wird, um so größer ist, je größer die »praktische,« d. h. in praxi mobilisierbare Abstammungsgruppe (und mit ihr die Zahl potentieller Partner) und je größer der Druck ist, und je wahrscheinlicher die Dringlichkeiten sind, die ihn geneigt machen oder zwingen können, in die Abstammungsgruppe einzuheiraten. Wenn die Wirtschaftsgemeinschaft aufgelöst ist und nichts mehr an das Abstammungsverhältnis gemahnt und dieses pflegt, kann auch die Tochter des Vaterbruders im praktisch wahrgenommenen sozialen Raum nicht näherstehen als irgendeine andere patrilaterale (oder sogar matrilaterale) Base; im Gegenteil kann eine genealogisch fernerstehende Base praktisches Äquivalent einer *bent âamm* sein, wenn Vetter und Base zum selben, sehr geschlossenen »Haus« gehören, das unter Führung eines Ältesten in vollkommener Wirschaftsgemeinschaft lebt. Und wenn Gewährsleute eindringlich wiederholen, daß man heute viel weniger innerhalb der Abstammungsgruppe heirate als früher, erliegen sie dabei vielleicht

1 Tatsächlich weisen die am strengsten überwachten Stammbäume systematische Lücken auf: weil Erinnerungsstärke proportional dem Wert ist, den die Gruppe jedem Individuum zum Zeitpunkt der Erinnerung beimißt, sind in den Stammbäumen Männer (und folglich ihre Heiraten), vor allem wenn sie eine zahlreiche männliche Nachkommenschaft hervorgebracht haben, besser festgehalten als Frauen (außer, natürlich, wenn diese innerhalb der Abstammungsgruppe geheiratet haben); sie verzeichnen nahe Heiraten besser als solche in die Ferne, einzigartige Heiraten besser als die vollständige Reihe aller Heiraten eines einzigen Individuums (Vielehe, mehrfache Wiederverheiratung nach Scheidung oder Verwitwung). Und alles läßt vermuten, daß ganze Abstammungsgruppen von den Gewährsleuten verschwiegen werden können, wenn deren letzter Vertreter ohne männliche Nachkommen gestorben ist (derart der eingeborenen Theorie Recht gebend, die aus jeder Geburt eine *Wiedergeburt* macht und aus dem Individuum ohne männliche Nachkommen jemand, der von niemand mehr – wie ein Geist – »heraufbeschworen« und »auferweckt« werden wird).

nur einer Illusion, weil es immer weniger gemeinschaftlich lebende Großfamilien gibt.

Funktionen von Beziehungen und Grundlagen von Gruppen

Es genügt nicht, wie mancher kluge Beobachter unmerklich vom Begriff der präferenziellen Heirat mit der Parallelbase zum Begriff der »Endogamie der Linie« überzugehen und sich mit einer derart unbestimmten und gewählten Ausdrucksweise den Problemen zu entziehen, die der Begriff der Endogamie aufwirft, denselben, wie sie im sattsam bekannten Begriff der *Gruppe* verborgen sind. Man muß sich zunächst fragen, was unterstellt wird, wenn man eine Gruppe durch die genealogischen Beziehungen zwischen ihren Mitgliedern und nur durch diese definiert, also Verwandtschaft (implizit) als notwendige und hinreichende Bedingung der Einheit einer Gruppe behandelt. Tatsächlich stellt man, wenn man wirklich nachfragt, welche *Funktionen* Verwandtschaft hat, oder noch drastischer, wozu Verwandte nütze sind, alsbald fest, daß die als genealogisch bezeichenbaren Nutzungsmöglichkeiten von Verwandtschaft auf offizielle Situationen beschränkt sind, in denen sie eine Funktion erfüllen, die diese Sozialwelt ordnet und die Ordnung legitimiert. Womit sie in Gegensatz zu anderen praktischen Nutzungsmöglichkeiten von Verwandtschaft geraten, die selbst wiederum ein Sonderfall der Nutzung von *Beziehungen* sind. Das genealogische Schema der Verwandtschaftsverhältnisse, wie es der Ethnologe konstruiert, reproduziert lediglich die *offizielle* Vorstellung der gesellschaftlichen Strukturen, eine Vorstellung, die durch Anwendung eines Strukturierungsprinzips zustande kommt, das nur *unter einem bestimmten Verhältnis dominant* ist, d. h. in bestimmten Situationen und im Hinblick auf bestimmte Funktionen.
Daran zu erinnern, daß Verwandtschaftsverhältnisse eine Sache sind, die man macht und aus der man etwas macht, heißt nicht nur, wie die herrschenden Taxonomien glauben machen wollen, eine »funktionalistische« Interpretation durch eine »strukturalistische« ersetzen; es heißt die implizite Theorie der Praxis radikal in Frage stellen, durch die die ethnologische Tradition verleitet wird, Verwandtschaftsverhältnisse »nur unter der Form des *Ob-*

jekts oder der *Anschauung*« zu erfassen, wie Marx sagt, anstatt in Gestalt der Praktiken, die sie produzieren, reproduzieren oder im Hinblick auf notwendig praktische Funktionen nutzen. Wenn sich nicht um alles, was mit Familie zu tun hat, Verneinungen ranken würden, brauchte man nicht in Erinnerung zu rufen, daß Beziehungen zwischen Vorfahren und Nachkommen selbst nur durch unablässige Pflege Bestand haben können und daß es eine *Ökonomie der materiellen und symbolischen Tauschvorgänge zwischen den Generationen* gibt. Bei den Verhältnissen der Schwiegerverwandtschaft hingegen kann man nur dann, wenn man sie wie der Ethnologe beim Aufstellen eines Stammbaums als *vollendete Tatsache* registriert, vergessen, daß sie das Produkt von auf die Befriedigung materieller und symbolischer Interessen gerichteten und auf einen bestimmten Typ von ökonomischen und sozialen Bedingungen bezogenen Strategien sind.

Wer von Endogamie spricht und sogar noch deren Grad in lobenswerter Exaktheit messen will, tut so, als gäbe es eine rein genealogische Definition der Abstammungsgruppe, wo doch jeder männliche Erwachsene, gleichviel, auf welcher Ebene des Stammbaums er sich befindet, einen potentiellen Schnittpunkt darstellt, der für einen besonderen sozialen Nutzen aktualisiert werden kann. Je weiter man den Ursprung zeitlich und im genealogischen *Raum* zurückverlegt – und nichts verbietet in diesem abstrakten Raum die Regression bis ins Unendliche –, desto weiter verlegt man die *Grenzen* der Abstammungsgruppe zurück und desto größer wird die *assimilatorische* Kraft der Abstammungsideologie, jedoch zu Lasten ihrer *Unterscheidungskraft*, die hingegen zunimmt, je mehr man sich dem gemeinsamen Ursprung nähert. So gehorcht auch der Gebrauch des Ausdrucks *ath* (die Nachkommen von, die von ...) einer Logik der Position ganz ähnlich der, die Evans-Pritchard zufolge für die Verwendungen des Wortes *cieng* typisch ist. Dasselbe Individuum kann sich dabei je nach Umständen, Situation, Gesprächspartner, d. h. je nach der assimilatorischen und unterscheidenden *Funktion*, als Mitglied der Ath Abba, d. h. eines »Hauses« *(akham)* als der kleinsten Einheit bezeichnen oder im anderen Extrem als Mitglied der *Ath Yahia*, eines Stammes *(âarch)* als der größten Gruppe. Absoluter Relativismus, der den Handelnden die Fähigkeit zuschreiben würde, ihre eigene soziale Identität oder die ihrer Gegner oder Partner durch Verschieben der Grenzen der Klassen, denen sie jeweils angehören, völlig unbegrenzt zu manipulieren, hätte zumindest den Vorzug, mit dem naiven Realismus zu brechen, der eine Gruppe nur als eine durch unmittelbar sichtbare *Grenzen* definierte Population charakterisieren kann. In Wirklichkeit hängt die Struktur einer Gruppe (und folglich auch die soziale Identität der Individuen, aus denen sie sich zusammensetzt) von der Funktion ab, für die sie sich gebildet und organisiert hat. Genau das vergessen eben jene, die unbedingt der genealogischen Abstraktion ausweichen wollen, indem sie die Deszendenzlinie *(descent line)* der lokalen Linie *(local line)* oder der lokalen Deszendenzlinie *(local descent group)* als Teil einer Gesamtheit einheitlicher Deszendenz gegenüberstellen, die durch einheitlichen Wohnsitz in den Stand gesetzt wird, kollektiv als Gruppe zu handeln.[1] Wie die räumliche Entfernung wirkt, hängt ebenfalls von der Funktion ab, für die die soziale Beziehung hergestellt wird: zwar läßt sich beispielsweise behaupten, daß der potentielle Nutzen eines Partners mit wachsender Entfernung eher abnimmt, doch gilt das immer dann nicht, wenn wie bei der Prestigeheirat der symbolische Gewinn um so höher ist, je ferner die Personen einander sind, zwischen denen die Beziehung hergestellt wird. Desgleichen trägt dann, wenn die Einheit des Wohnsitzes die Geschlossenheit der Gruppe stärkt, die Einheit der Gruppe infolge ihrer Mobilisierung für eine gemeinsame Funktion dazu bei, die Wirkung der Entfernung zu minimieren. Kurz, obwohl man theoretisch davon ausgehen kann, daß es ebenso viele mögliche Gruppen wie Funktionen gibt, bleibt doch die Tatsache, daß man nicht bei jedem beliebigen Anlaß jeden Beliebigen zu Hilfe rufen kann, genau wie man seine Dienste nicht jedem Beliebigen für jeden beliebigen Zweck anbieten kann. Um dem Relativismus zu entgehen, ohne in den Realismus zu verfallen, kann man daher postulieren, daß die Konstanten im Bereich der zugleich wegen ihrer räumlichen Nähe wirklich nutzbaren und wegen ihres sozialen Einflusses nützlichen Partner dafür sorgen, daß jede Gruppe von Handelnden durch ständige Pflegearbeit ein bevorzugtes Netz praktischer Beziehungen zu unterhalten trachtet, das nicht nur die Ge-

1 L. Dumont, *a. a. O.*, S. 122–123.

samtheit der hier als *praktische Verwandtschaft* bezeichneten, gängig gehaltenen genealogischen Beziehungen umfaßt, sondern auch die Gesamtheit der nichtgenealogischen Beziehungen, die für gewöhnliche Daseinsbedürfnisse mobilisiert werden können und hier als *praktische Beziehungen* bezeichnet werden.

Heiratsverhandlungen und Hochzeitsfeier bieten eine gute Gelegenheit, alles zu beobachten, was in der Praxis die eine und unwandelbare offizielle Verwandtschaft, die ein für allemal durch die protokollarischen Normen der Genealogie festgelegt ist, von der praktischen Verwandtschaft trennt, deren Grenzen und Definitionen so zahlreich und vielfältig sind wie ihre Anwender und die Gelegenheiten ihrer Anwendung. Ehen werden von der praktischen Verwandtschaft angebahnt; Hochzeiten werden von der offiziellen Verwandtschaft gefeiert. Bei gewöhnlichen Heiraten wird das Vorfühlen vor dem offiziellen Heiratsantrag *(akht'ab)* und die Verhandlung, zu der man sich kaum bekennen kann, weil es bei ihr um etwas geht, was die offizielle Ideologie ignorieren will – etwa die ökonomischen Bedingungen der Heirat, der Status der Frau im Hause ihres künftigen Mannes, das Verhältnis zur Mutter des Ehemannes –, Personen überlassen, die die Gruppe am wenigsten vertreten und verpflichten, folglich stets desavouiert werden können, also entweder einem alten Weib, das derlei geheime Kontakte meist gewerbsmäßig betreibt, einer Hebamme oder irgendeiner anderen Frau, die üblicherweise von Dorf zu Dorf unterwegs ist. Bei schwierigen Verhandlungen zwischen weit voneinander entfernten Gruppen fällt die Absichtserklärung *(assiwat' wawal)* einem bekannten und angesehenen Manne zu, der einer Einheit angehört, die von der Nehmergruppe weit genug entfernt und genügend abgehoben ist, um *neutral* zu erscheinen und als Gegenüber einer anderen Persönlichkeit fungieren zu können, die zur Gebergruppe etwa genauso steht (eher Freund oder Schwiegerverwandter als Verwandter). Die derart beauftragte Persönlichkeit meidet überstürztes Vorgehen und sucht einen scheinbar zufälligen Anlaß (wobei der Zufall eine Verneinung von Absicht, also Berechnung bedeutet) zur Begegnung mit einer Person »auf seiten des Mädchens«, um ihr die Absichten der interessierten Familie zu eröffnen. Der offizielle Heiratsantrag *(akht'ab)* wiederum wird von dem gemacht, der unter den für die Heirat Zuständigen die geringste Verantwortung trägt, d. h. nicht vom Vater, sondern vom ältesten Bruder, nicht vom Großvater, sondern vom Onkel väterlicherseits. Dieser kann dabei, vor allem wenn er noch jung ist, von einem Verwandten aus einer anderen Abstammungsgruppe begleitet werden. Dem Bräutigam immer näherstehende und immer angesehenere Männer (z. B. anfangs der älteste Bruder und der Onkel mütterlicherseits, später dann der Onkel väterlicherseits und einer der Notabeln der Gruppe, dann dieselben in Begleitung mehrerer Notabeln der Gruppe und des Dorfes ebenso wie des *t'aleb*, zu denen noch später noch die Marabuts des Dorfes kommen, dann der Vater in Begleitung der Notabeln der Nachbardörfer und selbst des Nachbarstammes usw.) tragen ihr Anliegen *(ah'allal)* räumlich und abstammungsmäßig immer fernerstehenden Männern aus der Familie der Braut vor. Am Ende sind es die wichtigsten und entferntesten Verwandten des Mädchens, die im Auftrag der nächsten und angesehensten Verwandten des jungen Mannes, die sie selbst darum gebeten haben, gegenüber Vater und Mutter des Mädchens auftreten. Die Annahme des Antrags *(aqbal)* schließlich wird vom Angesehensten unter den um Unterstützung des Antrags angegangenen Verwandten des Mädchens vor der größten Zahl der Männer verkündet und dem angesehensten Verwandten des jungen Mannes zur Kenntnis gegeben. Daß praktische Verwandtschaft in dem Maße, wie die Verhandlungen fortschreiten und die Erfolgsaussichten steigen, durch offizielle Verwandtschaft ersetzt werden kann, wobei die Hierarchie der *Nützlichkeit* fast das genaue Gegenteil der Hierarchie der genealogischen Legitimität ist, liegt erstens daran, daß niemand ein Interesse daran hat, von vornherein Verwandte einzuschalten, die ihre Mandanten infolge ihrer genealogischen und gesellschaftlichen Stellung zu stark kompromittieren würden – und dies um so weniger, als die mit der Position des Bittstellers verbundene situative Unterlegenheit häufig mit einer strukturellen Überlegenheit verbunden ist, weil der Mann eher unter seinen Stand heiratet. Zweitens liegt es daran, daß man nicht von jedermann verlangen kann, als Bittsteller aufzutreten und einen Korb zu riskieren, und noch weniger, sich auf wenig ruhmvolle, häufig mühsame und bisweilen für beide Parteien entehrende Verhandlungen einzulassen (wie z. B. auf die *thajâalts* genannte Praxis, sich für Geld Verwandte des begehrten Mädchens geneigt zu machen, damit sie bei den für die Entscheidung zuständigen Eltern fürsprechen). Es liegt drittens daran, daß das Streben nach maximaler Effizienz in der *wirksamen* Phase der Verhandlungen die Wahl auf Personen lenkt, deren Verhandlungsgeschick oder besondere Autorität über die Brautfamilie oder gute Beziehungen zu einer Person mit Einfluß auf die Entscheidung bekannt sind. Selbstverständlich ist, daß jene, die die Ehe wirklich »angebahnt« haben, sich in der offiziellen Phase mit dem Platz begnügen müssen, der ihnen nicht aufgrund ihrer Nützlichkeit, sondern aufgrund ihrer Stellung in der Genealogie zugewiesen wird, womit sie wie beim Theater dazu verdammt sind, mit ihren »Nebenrollen« die Hauptbesetzung ins Rampenlicht zu bringen.

Wenn man es schematisch sehen will, verhält sich also die Vorzeigeverwandtschaft zur praktischen Verwandtschaft wie das Offizielle zum Nichtoffiziellen (welches das Offiziöse und das Skandalöse umfaßt); wie das Kollektive zum Einzelnen; wie das in einem magischen oder fast juristischen Formalismus kodifizierte

Öffentliche zum Privaten, das implizit oder gar verborgen bleibt; wie das kollektive Ritual als Praxis ohne Subjekt, das von austauschbaren, weil kollektiv beauftragten Handlungsträgern vollzogen werden kann, zur Strategie, die auf Befriedigung der praktischen Interessen eines Handelnden oder einer Gruppe bestimmter Handelnder abzielt. Die abstrakten Einheiten, die als Produkt einer einfachen theoretischen Unterteilung wie hier der Linie der Deszendenz (oder anderswo der Altersklasse) für alle Funktionen, d. h. für keine bestimmte, verfügbar sind, existieren nur durch und für die *offiziellsten* Nutzanwendungen der Verwandtschaft: die *Vorzeigeverwandtschaft* ist nichts anderes als die Vorstellung, die sich die Gruppe von sich selber macht, und ihre sozusagen theatermäßige Selbstdarbietung, die sie übereinstimmend mit der Vorstellung liefert, die sie von sich selber hat. Im Gegensatz dazu existieren praktische Gruppen nur durch und für die besonderen Funktionen, für die sie *wirklich aufgeboten* werden, und sie haben nur Bestand, weil sie genau durch ihre Nutzung und durch eine regelrechte Wartungsarbeit (zu der auch der von ihnen ermöglichte Austausch von Heiraten gehört) gängig gehalten werden, und weil sie auf einer Gemeinsamkeit von Dispositionen (Habitusformen) und Interessen beruhen wie der, auf der die Gemeinschaftlichkeit des materiellen und symbolischen Erbes beruht.

Wenn die offizielle Gesamtheit der Individuen, die sich durch dieselbe Beziehung zum selben Vorfahren auf der gleichen (beliebigen) Stammbaumebene befinden, gelegentlich eine praktische Gruppe bildet, liegt dies daran, daß hier die genealogisch begründeten Unterteilungen mit anderen ökologischen (Nachbarschaft), ökonomischen (Hausgemeinschaft) und politischen Einheiten deckungsgleich sind. Daß der *deskriptive* Wert des genealogischen Kriteriums um so größer ist, je näher die gemeinsame Herkunft liegt und je kleiner die soziale Einheit ist, bedeutet nicht unbedingt, daß seine *Einigungswirkung* entsprechend zunimmt. In Wirklichkeit ist die genealogisch engste Beziehung, die zwischen Brüdern, wie man noch sehen wird, zugleich auch der Ort der stärksten Spannungen, und Solidarität kann nur durch ständige, unablässige Arbeit gewahrt werden. Kurz, das Verhältnis zwischen Individuen, die durch eine genealogische Beziehung vereint sind, wird durch diese nie vollständig vorbestimmt. Wie weit praktische Verwandtschaft reicht, hängt von der Fähigkeit der Mitglieder der offiziellen Einheit ab, Spannungen zu überwinden, die von der Interessenkonkurrenz innerhalb der Produktions- und Konsumtionsgemeinschaft erzeugt werden. Außerdem von ihrer Fähigkeit, praktische Beziehungen zu pflegen, die mit der von der praktischen Vorstellung verschiedenen Idealvorstellung von Verwandtschaft übereinstimmen, wie sie sich jede Gruppe macht, die sich selbst als einheitliche denkt, also von der Fähigkeit, die Vorteile aus jeder praktischen Beziehung und die symbolischen Gewinne zu kumulieren, die sich aus der sozialen Anerkennung jeder Praxis ergeben, die mit der offiziellen Vorstellung der Praktiken, d. h. mit dem gesellschaftlichen Ideal von Verwandtschaft, übereinstimmt.

Alle Strategien, mit denen Handelnde sich *vorschriftsmäßig verhalten* und so die Regel auf ihre Seite bringen wollen, sollen daran erinnern, daß Vorstellungen, und besonders Taxonomien der Verwandtschaft, eine Wirkung haben, die zwar rein symbolisch, aber darum nicht weniger real ist. Als Instrument der Erkenntnis und der Konstruktion der Sozialwelt erfüllen Verwandtschaftsstrukturen nämlich eine politische Funktion (wie eine Religion oder jede andere offizielle Vorstellung). Die Termini von Anrede und Referenz sind vor allem *Verwandtschaftskategorien* im Sinne kollektiver und öffentlicher, kollektiv anerkannter und als evident und notwendig bekundeter Unterstellungen (*kathegoreisthai* bedeutet ursprünglich öffentlich anklagen, jemand vor allen anderen etwas unterstellen). In dieser Hinsicht enthalten sie die magische Kraft der *Grenzziehung* und *Gruppenbildung* durch *performative* Erklärungen (man braucht nur daran zu denken, was eine Äußerung wie »es ist schließlich deine Schwester« als einzige praktische Formulierung des Inzesttabus alles enthält), denen die ganze Kraft der Gruppen eigen ist, zu deren Schaffung sie beitragen.

Die symbolische Kraft von Kategoremen ist nirgends sichtbarer als in *Eigennamen,* die als Embleme, in denen sich das gesamte symbolische Kapital einer angesehenen Gruppe konzentriert, Gegenstand einer heftigen Konkurrenz sind: sich diese Anzeiger der genealogischen Stellung aneignen (der Soundso, Sohn des Soundso ...) heißt sich sozusagen eines *Titels* bemächtigen, der Vorrechte auf das Erbe der Gruppe einräumt. Einem Neugeborenen den Namen eines großen Vorfahren geben ist nicht bloß ein Akt der Pietät, sondern prädestiniert das so benannte Kind sozusagen, den Namensgeber unter den Vorfahren »auferstehen« zu lassen, in seine Rechte und Pflichten einzutreten. (Hier wie anderswo bestimmt der aktuelle Stand des Kräfte- und Autoritätsverhältnisses, wie die kollektive Vorstellung über die Vergangenheit aussehen soll: diese symbolische Projektion der Kräfteverhältnisse zwischen konkurrierenden Personen oder Gruppen stärkt noch diese Kräfteverhältnisse, indem sie den Herrschenden das Recht einräumt, der Vergangenheit so zu gedenken, daß ihre Gegenwartsinteressen damit am besten legitimiert werden.)

Man vermeidet es, einem Neugeborenen den Namen eines noch lebenden Verwandten zu geben: das hieße diesen »auferstehen lassen,« bevor er gestorben ist, ihn beleidigend herausfordern und, schlimmer noch, ihn verwünschen; dies selbst dann, wenn die Auflösung der Gemeinschaft durch feierliche Aufteilung des Familienerbes bekräftigt wird oder nachdem die Familie durch Auswanderung in die Stadt oder nach Frankreich zersprengt wurde. Ein Vater darf seinem Sohn nicht seinen Vornamen geben, und wenn ein Sohn den Namen seines Vaters trägt, dann weil dieser gestorben ist und »ihn im Mutterleib zurückgelassen« hat. Doch auch in diesem Bereich fehlt es wie in vielen anderen nicht an Ausflüchten und Vorwänden. Es kommt vor, daß der ursprüngliche Vorname des Kindes geändert wird, um ihm einen Namen zu geben, der durch den Tod seines Vaters oder Großvaters frei geworden ist (wobei der erste Name, den die Mutter und die Frauen der Familien weiterhin gebrauchen, von da an nur noch privat ist). Es kommt vor, daß derselbe Vorname in leicht veränderter Form mehreren Kindern gegeben wird, indem man Silben hinzufügt oder wegläßt (Mohand Ourabah statt Rabah oder umgekehrt) oder indem man ihn leicht abwandelt (Beza statt Mohand Ameziane, Hamimi oder Dahmane statt Ahmed). Ebenso beliebt sind, wenn man vermeiden will, ein Kind mit demselben Namen wie seinen ältesten Bruder zu benennen, bestimmte nahe Namensassoziationen oder Ableitungen vom selben Namen (Ahcène und Elhocine, Ahmed und Mohammed, Meziane und Moqrane usw.), vor allem, wenn einer dieser Namen von einem Vorfahren stammt.

Die berühmtesten Vornamen sind wie die besten Ländereien Gegenstand geregelter Konkurrenz, und das »Recht« auf den Vornamen, der am begehrtesten ist, weil er ständig die genealogische Beziehung zu dem Vorfahren kundtut, dessen Gedenken durch die Gruppe und außerhalb bewahrt wird, wird nach einer ähnlichen Hierarchie verteilt wie die Ehrenpflichten bei der Rache oder die Rechte auf das Familienerbe bei einem Verkauf. So kann der Vater einem Kind den Namen seines eigenen *âamm* oder seines eigenen Bruders (des *âamm* des Kindes) dann nicht geben, wenn letztere Söhne hinterlassen haben, die bereits verheiratet sind, also die Namen ihres Vaters an einen ihrer Söhne oder Enkel vergeben können. Hier wie anderswo darf man sich von der bequemen Sprache von Norm und Pflicht (muß, darf nicht usw.) nicht täuschen lassen. So konnte es vorkommen, daß ein jüngerer Bruder sich ein günstiges Kräfteverhältnis zunutze machte, um seinen Kindern den Vornamen eines angesehenen Bruders zu geben, der bei seinem Tode noch sehr kleine Kinder hinterlassen hatte. Diese setzten später ihre ganze Ehre darein, sich den Vornamen, als dessen legitime Träger sie sich betrachteten, auch auf Gefahr von Verwechslungen wieder zuzulegen. Besonders offenbar ist die Konkurrenz, wenn mehrere Brüder den Vornamen ihres Vaters für ihre Kinder haben wollen: während die Sorge, einen Namen nicht verfallen zu lassen, erheischt, ihn dem ersten nach dem Tode seines Trägers geborenen Knaben zu geben, kann der Älteste von dieser Namenszuweisung abweichen, um ihn einem seiner Enkel zu geben, statt ihn dem Sohn eines seiner jüngeren Brüder zu überlassen, und so eine Ebene des Stammbaums überspringen. Doch kommt es umgekehrt auch vor, daß ein Name mangels männlicher Nachkommen erbenlos bleibt und der Auftrag, ihn »auferstehen zu lassen«, den Seitenverwandten und, allgemeiner noch, der Gruppe insgesamt zufällt, die damit zeigt, daß sie durch ihre Geschlossenheit und ihren Männerreichtum die Namen aller direkten Vorfahren wiederaufnehmen und darüber hinaus noch das Versagen anderer ausgleichen kann.[1]

Die Kategorien der Verwandtschaft setzen Realität. Was gemeinhin als Konformismus bezeichnet wird, ist eine Art Gespür für das Reale (oder, wenn man so will, eine Auswirkung dessen, was Durkheim als »logischen Konformismus« bezeichnete). Die Existenz einer offiziellen Wahrheit, die in einer wenig differenzierten Gesellschaft die ganze Gruppe für sich und daher die Objektivität des kollektiv Anerkannten hat, definiert eine spezifische Form des Interesses, die mit Konformität mit dem Offiziellen zusammenhängt. Die Heirat mit der Parallelbase hat die ganze Realität des Ideals für sich. Wenn man den eingeborenen Diskurs zu ernst nimmt, läuft man Gefahr, die offizielle Wahrheit für die Norm der Praxis auszugeben. Wenn man ihm zu sehr mißtraut, riskiert man, die spezifische Wirkung des Offiziellen zu unterschätzen und sich ein Verständnis von Zweitstra-

1 So ist es, wenn eine der Funktionen der Heirat mit der Tochter des *âamm*, falls dieser ohne männliche Nachkommen stirbt, darin besteht, die Tochter darüber wachen zu lassen, daß der Name ihres Vaters nicht untergeht.

tegien zu verbauen, mit denen zum Beispiel die Gewinne aus Konformität gesichert werden sollen, indem Strategien und Interessen durch scheinbares Befolgen der Regel verschleiert werden.[1]

Der wahre Status von Taxonomien der Verwandtschaft als Grundlagen der Strukturierung der Sozialwelt, die als solche stets eine politische Funktion erfüllen, ist nie sichtbarer als darin, daß Männer und Frauen denselben Bereich genealogischer Verhältnisse verschieden nutzen können, besonders bei ihren unterschiedlichen »Lesarten« und »Nutzungen« genealogisch zwiespältiger Verwandtschaftsverhältnisse (die deswegen recht häufig sind, weil das Heiratsgebiet klein ist). In allen Fällen genealogisch zwiespältiger Beziehungen kann man stets den entferntesten Verwandten näher heranholen oder sich ihm nähern, indem man das Verbindende betont, während man den nächsten Verwandten auf Distanz halten kann, indem man das Trennende in den Vordergrund stellt. Bei diesen Manipulationen, die man nur naiverweise unter dem Vorwand für fiktiv halten kann, niemand lasse sich davon täuschen, geht es um nichts weniger als die *Definition der praktischen Grenzen der Gruppe*, die damit nach Belieben so gezogen werden können, daß jemand einbezogen oder ausgeschlossen wird. Man kann sich eine Vorstellung von diesen Fertigkeiten machen, wenn man den verschiedenen Gebrauch des Begriffes *khal* (im strengen Sinne Mutterbruder) betrachtet: von einem Marabut gegenüber einem einfachen bäuerlichen Laien ausgesprochen, drückt er den Wunsch aus, sich abzuheben und dabei in den Grenzen der Höflichkeit klarzustellen,

1 So stellen die scheinbar ritualisiertesten Akte der Heiratsverhandlungen und die zeremoniellen Kundgebungen, die die Hochzeitsfeier begleiten und die durch ihre ausgeprägtere oder geringere Feierlichkeit die sekundäre Funktion haben, die soziale Bedeutung der Heirat zu verkünden (wobei die Zeremonie, grob gesprochen, um so feierlicher ist, je höher die vereinten Familien in der sozialen Hierarchie stehen und je weiter sie abstammungsmäßig voneinander entfernt sind), ebenso viele Gelegenheiten dar, Strategien zur Manipulation des objektiven Sinns einer niemals völlig einseitigen Beziehung anzuwenden, sei es, indem man sich in das Unvermeidliche schickt und die Konventionen peinlich genau einhält, sei es, indem man die objektive Bedeutung der Heirat unter dem Ritual ihrer Feier verbirgt.

daß keinerlei legitimes Verwandtschaftsverhältnis besteht; unter Bauern hingegen bekundet diese Anrede die Absicht, ein Minimum an Vertrautheit herzustellen, indem man sich auf ein entferntes und hypothetisches Verhältnis der Schwiegerverwandtschaft beruft.
Die offizielle Lesart akzeptiert der Ethnologe, wenn er eine Heirat zwischen parallelen Vettern und Basen mit der Beziehung zwischen parallelen Vettern und Basen zweiten Grades väterlicherseits vergleicht, von denen der eine – oder sogar beide, wenn es einen Austausch von Frauen zwischen den Söhnen der beiden Väter gegeben hat – selbst aus einer Heirat mit der Parallelbase hervorgegangen ist. Die männliche, d.h. herrschende Lesart, die in allen öffentlichen, offiziellen Situationen, kurz, in allen Ehrverhältnissen besonders zwingend erforderlich ist, bei denen Ehrenmann mit Ehrenmann spricht, bevorzugt bei einem mehrseitigen Verhältnis den vornehmsten, der öffentlichen Bekundung würdigsten Aspekt: sie verknüpft jeden der Einzuordnenden mit seinen patrilinearen Vorfahren und über diese mit den gemeinsamen patrilinearen Ahnen. Sie verdrängt die andere, bisweilen direktere und häufig bequemere Verbindung, die über die Frauen hergestellt werden kann: so verlangt der genealogische Anstand, es so zu betrachten, daß Zoubir in Aldja die Tochter des Sohns Salah des Bruders Fatah des Vaters Chetif seines eigenen Vaters Ali oder die Tochter der Tochter Nfissa des Bruders Moussa seines Vaters Ali geheiratet hat, aber nicht etwa die Tochter des Bruders Salah ihrer Mutter Zina, obwohl dieses Verhältnis der Heirat zugrunde liegt *(Fall 1)*. Oder sie verlangt, um einen anderen Fall aus demselben Stammbaum zu zitieren, daß man in Khedoujy die Tochter des Sohnes Athman des Bruders Ardjab des Vaters Ahcène des Vaters Mohand ihres Ehemanns Ahmed sehe, anstatt sie als eine Kreuzbase (Tochter der Vaterschwester) Ahmeds zu behandeln, die sie ebenfalls ist *(Fall 2)*.
Die ketzerische Lesart, die Verhältnisse lieber über die vom offiziellen Diskurs ausgeschlossenen Frauen herstellt, ist privaten Situationen vorbehalten, wenn nicht der Magie, bei der wie bei der Beleidigung der mit Verwünschungen bedachte Mann als »Muttersohn« bezeichnet wird: außer in Fällen, wo Frauen über Verwandtschaftsverhältnisse einer Frau zu anderen Frauen reden und wo die Sprache der Frauenverwandtschaft sich selbstver-

ständlich durchsetzt, kann diese Sprache auch im intimsten Kreis der Familie im Schwange sein, d. h. in den Gesprächen einer Frau mit ihrem Vater und ihren Brüdern oder mit ihrem Ehemann, mit ihren Söhnen oder höchstens noch mit dem Bruder ihres Mannes, und erhält dann den Wert einer Bekräftigung des intimen Umgangs der Gruppe der Gesprächspartner miteinander.

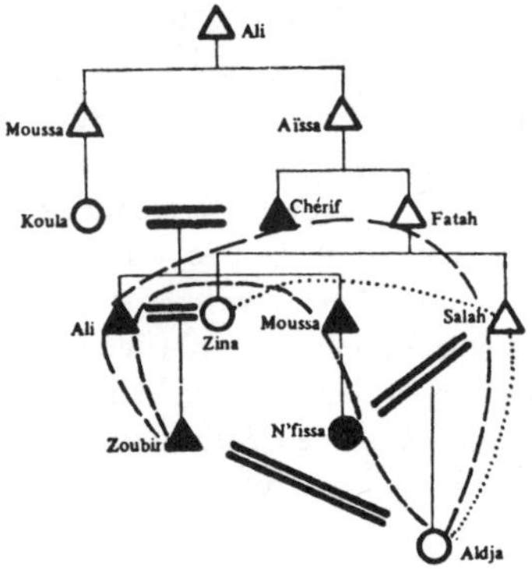

Fall 1

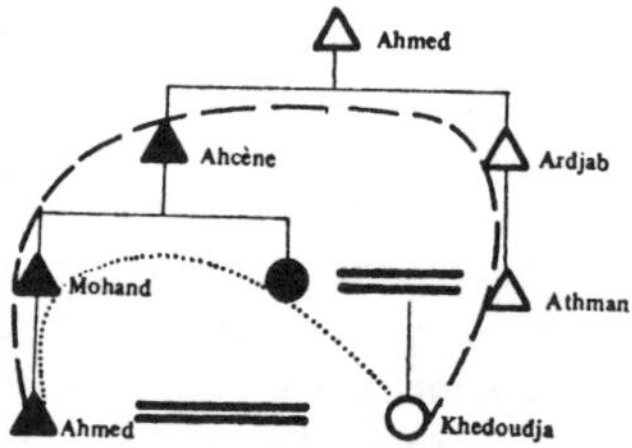

Fall 2

Doch ist die Vielfalt der Lesarten objektiv darin begründet, daß nur genealogisch identische Heiraten verschiedene, ja sogar gegensätzliche Bedeutungen und Funktionen haben können, je nach den Strategien, in die sie sich einfügen und die man nur erfassen kann, wenn man sich die Mühe macht, das gesamte System der Tauschvorgänge zwischen den beiden heiratsverwandten Gruppen und den Zustand dieser Beziehungen zu einem bestimmten Zeitpunkt zu rekonstruieren. Sobald man sich nicht mehr nur an die genealogischen Eigenschaften von Heiraten hält und sich für die Strategien und objektiven Bedingungen interessiert, die diese Heiraten möglich und notwendig gemacht haben, d. h. für die individuellen und kollektiven Funktionen, die sie erfüllen, stellt man fest, daß zwei Heiraten zwischen parallelen Vettern und Basen womöglich nichts miteinander gemein haben, je nachdem, ob sie zu Lebzeiten des gemeinsamen Großvaters väterlicherseits und eventuell auch von ihm (mit Zustimmung beider Väter oder »über ihren Kopf hinweg«) vereinbart worden sind, oder aber durch direkte Vereinbarung zwischen den beiden Brüdern. Im letzteren Falle können sie ganz verschieden sein, je nachdem ob sie ausgehandelt wurden, als die künftigen Gatten noch Kinder oder bereits im ehefähigen Alter waren (ganz zu schweigen von dem Fall, wo das Mädchen schon über das Heiratsalter hinaus ist). Sie können ganz verschieden sein, je nachdem ob die beiden Brüder getrennt arbeiten und leben oder ob sie eine vollkommene Wirtschaftsgemeinschaft (bei Boden, Herden und anderen Gütern) und Hauswirtschaftsgemeinschaft (»gemeinschaftlicher Kochtopf«) beibehalten haben, ganz zu schweigen von dem Fall, wo sie nur den Schein der Gemeinschaft wahren. Sie können ganz verschieden sein, je nachdem ob der Älteste *(dadda)* seine Tochter einem jüngeren Bruder gibt oder im Gegenteil dessen Tochter entgegennimmt, wobei der Unterschied des Alters und vor allem des Geburtenrangs mit Unterschieden des sozialen Rangs und Prestiges einhergehen. Sie können verschieden sein, je nachdem ob der Bruder, der seine Tochter gibt, einen männlichen Erben hat oder ob er ohne männliche Nachkommen *(amengur)* ist. Und schließlich können sie verschieden sein, je nachdem ob die beiden Brüder zum Zeitpunkt der Eheschließung noch beide am Leben sind oder nur einer von ihnen, genauer, ob der Überlebende der Vater des Jungen und künftige Beschützer des Mädchens ist, das er für seinen Sohn nimmt (vor allem wenn dieses keinen älteren Bruder hat), oder ob es im Gegenteil der Vater des Mädchens ist, der seine dominante Stellung ausnutzen kann, um sich so einen Schwiegersohn zu angeln. Und wie um diese Heirat noch zwiespältiger zu machen, ist es nicht selten, daß die Pflicht, sich zu opfern, sich zum »Schleier der Schande« zu machen und ein ins Gerede gekommenes oder entehrtes Mädchen zu schützen, einem Manne aus dem ärmsten Zweig der Abstammungsgruppe zufällt, dessen Eifer, eine Ehrenpflicht gegenüber der Tochter seines *âamm* oder auch nur sein »Recht« als männliches Mitglied der Abstammungsgruppe wahrzunehmen, einfach, nützlich und löblich ist.[1]

1 Die körperlichen und geistigen Gebrechen sind ein äußerst schwieriges Problem für eine Gruppe, die einer Frau ohne Mann und sogar einem Mann

Absolut notwendig ist die Heirat mit der Parallelbase in der Praxis nur bei höherer Gewalt, wie bei der Tochter des *amengur*, der »versagt hat« und ohne männlichen Erben geblieben ist. In diesem Fall fließen Interesse und Pflicht zusammen: der Bruder des *amengur* und seine Kinder erben jedenfalls nicht nur den Boden und das Haus des »Versagers«, sondern auch dessen Pflichten gegenüber seinen Töchtern (besonders wenn diese verwitwen oder verstoßen werden). Andererseits ist diese Heirat die einzige Möglichkeit, die Gefahr abzuwehren, die eine Heirat mit einem Fremden *(awrith)* für die Ehre der Gruppe und vielleicht auch für das Familienerbe bedeutet. Die Pflicht, die Parallelbase zu heiraten, ist auch dann zwingend, wenn ein Mädchen keinen Mann oder auch nur keinen der Familie würdigen Mann gefunden hat. »Wer eine Tochter hat und sie nicht verheiratet, muß die Schande tragen.« Das Verhältnis zwischen Brüdern schließt aus, die Tochter zu verweigern, wenn sie von einem Bruder für dessen Sohn begehrt wird, vor allem dann, wenn es ein älterer Bruder ist: in diesem Grenzfall, wo der Nehmer als Äquivalent und Substitut des Vaters zugleich Geber ist, ist Kneifen kaum denkbar, genau wie wenn der Onkel seine Nichte für jemand anderen verlangt, bei dem er im Wort ist. Außerdem würde seine Brüder zutiefst beleidigen, wer seine Tochter verheiraten würde, ohne die Brüder zu informieren und zu befragen, und die Nichtzustimmung des Bruders, mit der ein Korb für einen Freier häufig begründet wird, ist nicht immer bloß ritueller Vorwand. Der Imperativ der Solidarität ist noch strenger und eine Weigerung noch undenkbarer, wenn der Vater des Mädchens sich über alle Gebräuche hinwegsetzt (eine Heirat muß immer vom Manne »angetragen« werden) und seine Tochter durch möglichst diskretes Vorfühlen für seinen Neffen in Vorschlag bringt, wozu er, um eine solche Übertretung wagen zu können, durch ein besonders gutes Verhältnis zwischen einander sehr eng verbundenen Brüdern ermächtigt sein muß. Da sie Ehre und Schande zusammen tragen müssen, haben die beiden Brüder dasselbe Interesse, die Gefahr zu beseitigen, die eine spät verheiratete Frau darstellt, indem sie »die Schande bedecken, bevor sie enthüllt wird«, oder, symbolisch gesprochen, bevor das symbolische Ka-

[Fortsetzung der Fußnote 1 von Seite 309]
ohne Frau keinerlei Status zuerkennt (sogar der Witwer muß sich beeilen, eine neue Ehe zu schließen). Und dies um so mehr, als diese Gebrechen in mythisch-rituellen Kategorien wahrgenommen und interpretiert werden: begreiflich, was es für ein Opfer ist, in einer Welt, in der eine Frau verstoßen werden kann, weil sie angeblich Unglück bringt, wenn jemand eine linkshändige, schielende, hinkende oder bucklige (wobei letztere Verunstaltung die Umkehrung der Schwangerschaft bedeutet) oder auch nur eine kränkliche und zänkische, also möglicherweise unfruchtbare oder bösartige Frau heiratet.

pital der Familie entwertet wird, weil sie es nicht geschafft hat, ihre Töchter auf dem Heiratsmarkt unterzubringen.[1] Das heißt, daß man selbst in dieser Grenzsituation, wo die Wahl unbedingt auf die Parallelbase fallen muß, keine moralischen oder juristischen Regeln braucht, um Praktiken zu erklären, die das Ergebnis von Strategien sind, die bewußt oder unbewußt auf die Befriedigung eines bestimmten Typs von materiellen oder symbolischen Interessen ausgerichtet sind.

Unlogik und Widersprüche in den Aussagen von Gewährsleuten erinnern ständig daran, daß eine Heirat nie vollkommen genealogisch definiert werden und je nach den Bedingungen, die für sie bestimmend sind, unterschiedliche und sogar entgegengesetzte Bedeutungen und Funktionen annehmen kann; daß die Heirat mit der Parallelbase das Beste oder Schlechteste sein kann, je nachdem ob sie als freiwillig oder erzwungen empfunden wird, d. h. zunächst je nach der jeweiligen Stellung der Familien in der Sozialstruktur. Sie kann das Beste sein (»Wer die Tochter des *âamm* heiratet, hat den Mund voll Honig«), und dies nicht nur aus einer mythischen Sicht, sondern auf der Ebene der praktischen Befriedigung, da sie die geringsten ökonomischen und sozialen Kosten verursacht – weil Verhandlungen, Geschäfte und

1 Aber auch hier sind alle möglichen gütlichen Regelungen und natürlich auch Ausweichstrategien bekannt. Zwar kann sich beim Grund und Boden der bestplazierte Verwandte von weitläufigeren Verwandten hart bedrängt fühlen, die sich den mit einem so verdienstvollen Kauf zusammenhängenden materiellen und symbolischen Gewinn sichern wollen, oder bei der Ehrenrache von jemand, der seinen Platz einnehmen und die Rache und die damit verbundene Ehre übernehmen will, doch gilt dies nicht bei der Heirat, und man nimmt Zuflucht zu allerhand Schlichen, um sich einer solchen Pflicht zu entziehen: es ist vorgekommen, daß der Sohn mit stillschweigendem Einverständnis seiner Eltern die Flucht ergriff und diesen so die einzige Entschuldigung angesichts einer Forderung eines Bruders verschaffte; wenn nicht zu diesem extremen Mittel gegriffen wird, fällt die Pflicht, die sitzengebliebenen Mädchen zu heiraten, häufig auf die »armen Verwandten«, die in alle möglichen Verpflichtungen eingebunden sind und alle Pflichten übernehmen müssen. Und es gibt keinen besseren Beweis für die *ideologische Funktion* der Heirat mit der Parallelbase (oder mit jeder Base der väterlichen Abstammungsgruppe, so weitläufig verwandt sie auch sein mag) als den Nutzen, den man in solchen Fällen aus der verherrlichten Darstellung dieser Idealheirat ziehen kann.

materieller und symbolischer Aufwand auf ein Minimum reduziert sind – und zugleich das Sicherste; zur Gegenüberstellung der nahen Heirat und der fernen Heirat wird sogar dieselbe Sprache gebraucht, mit der der Bauernhandel dem Markthandel gegenübergestellt wird.[1] Sie kann auch die schlechteste aller Ehen sein (»einen ›Onkel väterlicherseits‹ – *azwaj el laâmum* – heiraten, wird meinem Herzen bitter; ich flehe Dich an, lieber Gott, behüte mich vor diesem Unheil«[2]) und außerdem das geringste Ansehen einbringen, wenn sie als Notbehelf zwingend erforderlich wird. Kurz, die Unlogik im Diskurs von Gewährsleuten macht in Wirklichkeit auf die praktische Zwiespältigkeit einer *genealogisch gleichnamigen Heirat* und zugleich auf die Manipulationen des objektiven Sinns der Praxis und ihres Ergebnisses aufmerksam, die durch diese Kombination von Zwiespältigkeit und Gleichnamigkeit erlaubt und begünstigt wird.

Ein Beispiel genügt, um eine Vorstellung von den ökonomischen und symbolischen Ungleichheiten zu vermitteln, die unter dem genealogischen Verhältnis zwischen klassifikatorisch parallelen Vettern und Basen verborgen sein können, und um zugleich die eigentlich *politischen* Strategien bloßzulegen, die die Legitimität dieses Verhältnisses zum Deckmantel haben. Beide

1 »Man gibt Weizen hin und bringt Gerste zurück.« »Man gibt Weizen in schlechte Zähne.« »Mach deinen Nachwuchs aus eigenem Lehm, wenn dir kein Kochtopf gelingt, dann wenigstens ein Kuskusdämpfer.« Von den Lobeshymnen auf die Ehe mit der Parallelbase, die gesammelt werden konnten, merke man sich folgende besonders typische: »Sie wird von dir nicht viel für sich verlangen, und für die Hochzeit sind keine großen Ausgaben fällig.« »Er kann mit der Tochter seines Bruders machen, was er will, und es wird von ihr nichts Böses über ihn kommen. Schließlich wird die Einigkeit mit seinem Bruder gestärkt, wie es ihnen ihr Vater schon für die Brüderlichkeit *(thaymats)* nahegelegt hatte: ›Hört nicht auf eure Frauen!‹« »Die Fremde wird dich verachten, sie wird eine Beleidigung für deine Vorfahren sein, wenn man bedenkt, daß ihre vornehmer sind als deine. Bei der Tochter deines *âamm* aber sind dein Großvater und ihrer derselbe, sie kann zu dir nie sagen: ›Verflucht sei der Vater deines Vaters!‹.« »Die Tochter deines *âamm* wird dich nie im Stich lassen. Wenn du keinen Tee hast, wird sie dir's nicht vorwerfen, und wenn sie bei dir am Verhungern ist, wird sie's ertragen und sich nie über dich beklagen.«

2 A. Hanoteau, *Poésies populaires de la Kabylie du Djurdjura,* Paris, Imprimerie Impériale 1867, S. 475.

Gatten gehören »zum Hause Belaïd«, einer Familie, die sowohl wegen ihrer Größe (etwa zehn arbeitsfähige Männer und etwa vierzig Personen) als auch wegen ihres ökonomischen Kapitals bedeutend ist. Da das gemeinsame Wirtschaften immer nur bedeutet, daß das Aufteilen abgelehnt wird, werden Ungleichheiten zwischen den jeweiligen »Anteilen« und den jeweiligen Arbeitsbeiträgen der Abstammungsgruppen stark empfunden: so ist die Linie der Nachkommen Ahmeds, die den Knaben hervorgebracht hat, unendlich reicher an Männern als die Linie Youcefs mit ihrem Mädchen, die dafür entsprechend reicher an Boden ist. Dem Reichtum an Männern, die als Reproduktionskraft betrachtet werden, also als Verheißung noch größeren Männerreichtums, entspricht, sofern man dieses Kapital verwerten kann, eine ganze Reihe von Vorteilen, deren bedeutendster die Autorität in der Führung der inneren und äußeren Angelegenheiten von Haus und Hof ist: »Ein Hof mit vielen Männern«, heißt es, »ist mehr als ein Hof mit vielen Ochsen.« Die herausragende Stellung dieser Linie kommt darin zum Ausdruck, daß sie die Vornamen der entfernten Ahnen der Familie wiederaufnehmen konnte und Ahcène zu ihr gehört, der die Gruppe bei allen großen Begegnungen, Konflikten oder Feiern vertritt, und Ahmed der »Weise«, der durch seine Vermittlungen und Ratschläge den Zusammenhalt der Gruppe gewährleistet. Youcef, der Vater des Mädchens, ist von der Macht völlig ausgeschlossen, weniger wegen des Altersunterschieds zwischen ihm und seinen Onkeln (Ahcène und Ahmed) oder weil die Söhne Ahmeds, obwohl viel jünger als er, an den Entscheidungen beteiligt werden, sondern vor allem weil er sich selber von der Konkurrenz zwischen den Männern, von allen außergewöhnlichen Beiträgen und sogar in gewissem Umfang von der Landarbeit ausgenommen hat (als einziger Sohn und dazu noch »Witwensohn«, der als letzte Hoffnung der Linie von einem ganzen Hofstaat von Frauen verhätschelt und den Spielen und Arbeiten der anderen Kinder zugunsten der Schule entzogen wurde, hat er sein ganzes Leben lang eine Randposition eingenommen: zunächst in der Armee, dann als Landarbeiter im Ausland, nutzt er nun seine bessere Position aufgrund seines größeren Anteils am Familienerbe im Vergleich zur geringen Zahl hungriger Münder seiner Familie und widmet sich nach seiner Rückkehr ins Dorf Arbeiten der Aufsicht, der Gärtnerei und des Feldhütens, die von allen Arbeiten die geringste Initiative und Verantwortung erfordern, kurz, den unmännlichsten Männerarbeiten). Hier haben wir einige Elemente, die man berücksichtigen muß, um zu verstehen, welche politische Funktion nach innen und außen die Heirat Belaïds, des letzten Sohnes Amars, der wiederum Sohn von Youcefs Onkel Ahmed ist, mit dieses Youcefs Tochter Yamina hat, von der Einordnung her seiner Parallelbase (Tochter des Sohns des Bruders vom Vater des Vaters): durch diese Heirat, die die Machthaber Ahmed der Weise und Ahcène der Diplomat dem Brauche folgend eingefädelt haben, ohne Youcef zu fragen, dessen Frau vergebens gegen diese wenig einträgliche Ehe meuterte, baut die dominante Linie ihre

Stellung aus, indem sie sich enger mit der bodenreichen Linie verbindet, ohne ihrem Prestige in den Augen der Außenwelt zu schaden, da die Struktur der Macht im Hause nach außen nie offenbart wird. Die vollständige Wahrheit dieser Ehe liegt also darin, daß ihre Wahrheit doppelt ist. Das offizielle Bild einer Heirat zwischen parallelen Vettern und Basen einer bedeutenden Familie, die ihre Geschlossenheit durch eine Ehe demonstrieren will, die sie zugleich zu stärken und ihre Anhänglichkeit an die heiligste unter den Traditionen der Ahnen zu bekunden geeignet ist, koexistiert selbst für Gruppenfremde, die dennoch in dieser Welt des gegenseitigen Sichkennens genügend im Bilde sind, um sich von Darstellungen nie täuschen zu lassen, widerspruchslos mit der Kenntnis der objektiven Wahrheit einer Ehe als einer erzwungenen *Schwiegerverwandtschaft* zwischen zwei Einheiten, die negativ, im Guten wie im Bösen, also genealogisch derart aneinanderhängen, daß sie ihre komplementären materiellen Güter zusammenführen müssen. Man könnte bis ins Uferlose Beispiele für dieses doppelte Spiel kollektiver Unaufrichtigkeit anführen.

Es gibt keinen Fall, in dem der objektive Sinn einer Heirat so stark ausgeprägt wäre, daß er keinen Platz für symbolische Parodie ließe. So wird die Heirat des sogenannten *mechrut* (»Gedungenen«), bei der ein Mann ohne männliche Nachkommen seine Tochter einem »Erben« (*awrith*) zur Frau gibt und sich dabei ausbedingt, daß dieser in seinem Hause Wohnung nimmt, nur in Märchen und ethnographischen Werken zum Kauf eines Schwiegersohns um seiner Arbeits- und Zeugungskraft willen, den man bei mechanischer Anwendung der Prinzipien der offiziellen Weltsicht in ihr erblicken könnte.[1] Wer dazu Aussagen macht, gleichviel, in welcher Gegend, sagt mit Recht, diese Form der Heirat sei hierzulande unbekannt und nur in anderen Landstrichen anzutreffen. In der Tat entdeckt man auch bei genauester Untersuchung von Stammbäumen und Familiengeschichten keinen einzigen Fall, der genau auf die Definition (»ich gebe dir

1 Die Leidenschaft der Juristen für *Überbleibsel* der matrilinearen Verwandtschaft hat sie veranlaßt, sich für den Fall des *awrith* zu interessieren, den sie, um in ihrer Sprache zu bleiben, als »Vertrag über die Adoption eines männlichen Erwachsenen« wahrnahmen (vgl. für Algerien G.H. Bousquet, »Note sur le mariage mechrouth dans la région de Gouraya«, *Revue algérienne*, Januar-Februar 1934, S. 9–11, und L. Lefèvre, *Recherches sur la condition de la femme kabyle*, Algier, Carbonel 1939; für Marokko G. Marcy, »Le mariage en droit coutumier zemmour«, *Revue*

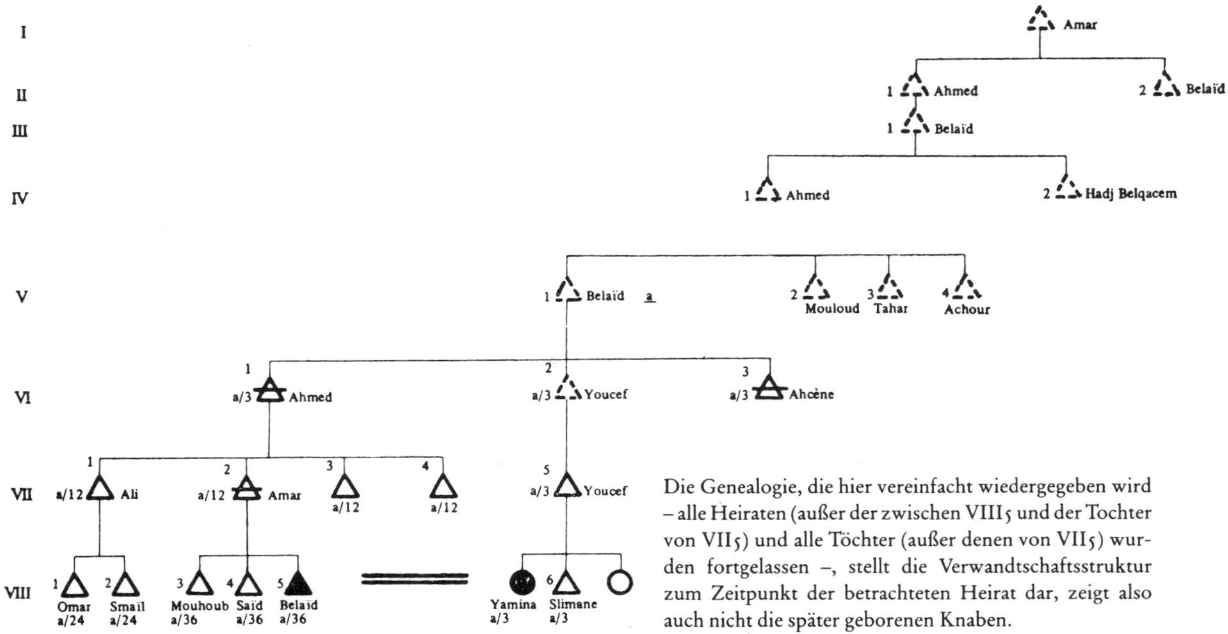

Die Genealogie, die hier vereinfacht wiedergegeben wird – alle Heiraten (außer der zwischen VIII5 und der Tochter von VII5) und alle Töchter (außer denen von VII5) wurden fortgelassen –, stellt die Verwandtschaftsstruktur zum Zeitpunkt der betrachteten Heirat dar, zeigt also auch nicht die später geborenen Knaben.

meine Tochter, aber du mußt zu mir kommen«) paßt. Nichtsdestoweniger kann man mit demselben Recht behaupten, es gebe keine Familie ohne mindestens einen *awrith,* allerdings verborgen unter dem offiziellen Bild des »Partners« oder »Adoptivsohns«. Denn ist das Wort *awrith,* »Erbe«, nicht etwa nur ein offizieller Euphemismus, um Unaussprechliches, einen Mann, der in dem Haus, das ihn aufnimmt, nur als Mann seiner Frau bezeichnet werden kann, anständig zu benennen? Selbstverständlich ist, daß der Ehrenmann, der sich in den Bräuchen auskennt, auf die wohlwollende Komplizenschaft seiner eigenen Gruppe zählen kann, wenn er bemüht ist, eine Ehe als Adoption zu verkleiden, die in der zynischen Form des Vertrags die Umkehrung aller ehrenhaften Heiratsformen darstellt und daher für den *awrith* (»er macht die Braut«, heißt es) ebenso entehrend ist wie für die Eltern, die so eigennützig sind, ihre Tochter einem solchen Knecht ohne Lohn zu geben. Und wie könnte die Gruppe nicht darauf bedacht sein, sich auf dieses Spiel eigennütziger Lügen einzulassen, die zu vertuschen suchen, daß sie keine ehrenhaften Mittel und Wege gefunden hat, dem *amengur* zu ersparen, zu einem solchen Mittel greifen zu müssen, damit seine Familie diesen »Offenbarungseid« vermeiden kann?
Die Strategien zweiter Ordnung, die allesamt nützliche Verhältnisse in offizielle zu verwandeln, also zu bewirken trachten, daß Praktiken, die in Wirklichkeit anderen Prinzipien gehorchen, aus der genealogischen Definition *hergeleitet* erscheinen, haben dazu noch das unvorhergesehene Ergebnis, eine Vorstellung der Praxis zu liefern, die wie geschaffen scheint, die spontane Vorstellung des »ritualfixierten« Ethnologen von der Praxis zu bekräftigen. Mit dem Rekurs auf die *Regel,* die Zuflucht der Ignoranz, kann man sich die Bilanzierung von materiellen und vor allem symbolischen Aufwendungen und Erträgen ersparen, die Grund und Daseinsgrund der Praktiken in sich birgt.

algérienne, tunisienne et marocaine de législation et jurisprudence, Juli 1930; »Les vestiges de la parenté maternelle en droit coutumier berbère«, *Revue africaine,* Nr. 85, 1941, S. 187–211; Capitaine Bendaoud, »L'adoption des adultes par contrat mixte de mariage et de travail chez les Beni Mguild«, *Revue marocaine de législation, doctrine, jurisprudence chérifiennes,* Nr. 2, 1935, S. 34–40; Capitaine Turbet, »L'adoption des adultes chez les Ighezrane«, *a. a.* O., S. 40 und Nr. 3, 1935, S. 41).

Welche Ehe geschlossen wird, richtet sich durchaus nicht nach einer Norm, die der offiziellen Verwandtschaft insgesamt diesen oder jenen Pflichtpartner bezeichnen würde, sondern hängt unmittelbar davon ab, wie die praktischen Verwandtschaftsverhältnisse beschaffen sind, die Verhältnisse über die Männer, die den Männern nützlich sind, und die Verhältnisse über die Frauen, die den Frauen nützen. Es hängt auch davon ab, wie die Kräfteverhältnisse im »Hause«, d.h. zwischen den durch Heiraten der vorigen Generation zusammengefügten Abstammungsgruppen, aussehen, die die Pflege dieses oder jenes Bereichs von Verwandtschaftsverhältnissen gestatten oder fördern.

Wenn man einräumt, daß eine der Hauptfunktionen der Heirat darin besteht, die sozialen Verhältnisse zu reproduzieren, die sie hervorgebracht haben, wird sogleich verständlich, daß die verschiedenen Heiratsarten, die man sowohl nach den Kriterien der objektiven Merkmale der zusammengefügten Gruppen (Stellung in der sozialen Hierarchie, räumliche Entfernung voneinander usw.) als auch den Merkmalen der Hochzeitsfeier und besonders ihrer Feierlichkeit voneinander unterscheiden kann, ziemlich genau den Merkmalen der sozialen Verhältnisse entsprechen, die sie ermöglichen und die sie zu reproduzieren trachten. Die offizielle, öffentlich benannte und sozial anerkannte Verwandtschaft nämlich macht die offiziellen Hochzeiten möglich und notwendig, ihre einzige Gelegenheit, als Gruppe praktisch aufgeboten zu werden und ihre Einheit zu demonstrieren, die von ebenso feierlichem und zugleich künstlichem Charakter ist wie die Anlässe, bei denen sie zelebriert wird. In der praktischen, d.h. auf dem Gebiet der *unablässig* benutzten und derart für neue Nutzungen reaktivierten Verwandtschaft hingegen werden die gewöhnlichen Heiraten abgemacht, die schon durch ihre Häufigkeit der Bedeutungslosigkeit des nicht weiter Bemerkenswerten und der Banalität des Alltags anheimfallen. Das allgemeine Tauschgesetz erheischt, daß eine Gruppe einen Teil ihrer Reproduktionsarbeit der Reproduktion der offiziellen Verhältnisse widmet. Dieser Teil ist um so größer, je höher diese Gruppe in der gesellschaftlichen Hierarchie steht, je reicher sie also an solchen Verhältnissen ist. Folglich geben sich die Armen, die für

Feierlichkeiten wenig aufbringen können, eher mit gewöhnlichen Heiraten zufrieden, die von der praktischen Verwandtschaft gestiftet werden, während die Reichen, d. h. die an Verwandten reichsten, mehr wollen und den mehr oder minder institutionalisierten Strategien, mit denen das soziale Kapital gepflegt werden soll und deren bedeutendste zweifellos die außergewöhnliche Heirat mit »Fremden« von hohem Ansehen ist, größere Opfer bringen.

Von den Entstellungen, die nun einmal zur spontanen Ethnologie von Gewährsleuten gehören, liegt die tückischste sicher darin, daß diese den außergewöhnlichen Heiraten, die sich von den gewöhnlichen durch ein positives oder negatives Merkmal unterscheiden, weitaus übertriebene Bedeutung beimessen. Neben *Kuriositäten*, die dem Ethnologen gern von bereitwilligen Gewährsleuten geboten werden, wie der Tauschheirat (*abdal*, bei der zwei Männer ihre Schwestern untereinander »tauschen«), der »Zugabeheirat« (*thirni*, bei der zwei Brüder zwei Schwestern heiraten und die zweite »Zugabe« zur ersten ist, oder der Sohn die Schwester oder sogar die Tochter der zweiten Frau seines Vaters heiratet) oder aber dem Levirat als Sonderfall der »Erstattungs«heirat (*thiririth*, von *err*, zurückerstatten oder zurücknehmen), bevorzugt der eingeborene Diskurs Extremfälle: die Heirat zwischen parallelen Vettern und Basen als mythisch idealisierte und die Heirat, bei der sich die bedeutendsten Familien zweier verschiedener Stämme oder Klans vereinen, als politisch idealisierte.

So kommen auch im Märchen als halbritualisiertem Diskurs mit belehrender Funktion, bei dem die Lehre am Ende einfach mit einem Gleichnis oder Sprichwort paraphrasiert wird, nur hervorgehobene oder hervorhebende Heiraten vor. Zunächst die verschiedenen Formen der Heirat mit der Parallelbase, ob damit nun ein politisches Erbe bewahrt oder das Aussterben einer Abstammungsgruppe verhindert werden soll (wenn das einzige Kind eine Tochter ist). Und dann die krassesten Mißheiraten, wie die Hochzeit des Waldkauzes mit der Tochter des Adlers, Musterbild einer unstandesgemäßen Heirat von oben nach unten (im gesellschaftlichen, aber auch im mythischen Sinne, wo das Obere zum Unteren im Gegensatz steht wie Tag, Licht, Heil, Reinheit, Ehre zu Nacht, Dunkelheit, Unheil, Unreinheit und Schande) zwischen einem Mann vom unteren Ende der sozialen Leiter, einem *awrith*, und einer Frau aus höherer Familie, in der das traditionelle Verhältnis der

Hilfe und Unterstützung wegen des Mißverhältnisses zwischen der jeweiligen Stellung der Gatten in der gesellschaftlichen und geschlechtlichen Hierarchie auf den Kopf gestellt ist. Der Geber, hier der Höchste, muß nämlich dem Nehmer, hier dem Niedersten, zu Hilfe kommen: der Aar muß seinen Schwiegersohn, den Waldkauz, huckepack nehmen, um ihm eine demütigende Niederlage im Wettflug mit den Jungadlern zu ersparen; eine entehrende Situation, die mit dem Sprichwort »einem die Tochter geben und Weizen noch dazu« umschrieben wird.

Im Gegensatz zu diesen offiziellen Vorstellungen stellen Beobachtung und Statistik fest, daß die häufigsten Ehen in allen beobachteten Gruppen die gewöhnlichen sind, häufig auf Initiative der Frauen im Bereich der Verwandtschaft vereinbart, wo die praktischen Beziehungen gelten, die sie möglich machen und zu deren Verstärkung sie beitragen.

So wurden zum Beispiel in einer Großfamilie des Dorfes Aghbala in der Kleinen Kabylei von 218 Ehen von Männern (bei jedem die erste Ehe) 34 % mit Familien außerhalb der Stammesgrenzen geschlossen. Doch nur 8 %, die mit den zugleich räumlich und sozial entferntesten Gruppen geschlossen wurden, weisen alle Merkmale von Prestigeheiraten auf: sie wurden von einer einzigen Familie eingegangen, die sich durch originelle Heiratspraktiken von den anderen Abstammungsgruppen unterscheiden will. Die anderen Heiraten in die Ferne (26 %) erneuern nur bereits hergestellte Beziehungen (Beziehungen »über Frauen« oder über »Onkel mütterlicherseits«, die bei Heiraten, bei Abreise und Rückkehr, bei Trauerfällen und bisweilen sogar bei großen Gemeinschaftsarbeiten ständig gepflegt werden). Zwei Drittel aller Ehen (66 %) werden im Stammesgebiet geschlossen (das neun Dörfer umfaßt): wenn man einmal von den sehr seltenen (4 %) Heiraten mit dem gegnerischen Klan absieht, die infolge der traditionellen Gegnerschaft zwischen den beiden Gruppen immer politische Bedeutung haben (vor allem für die ältere Generation), fallen alle anderen Ehen unter die gewöhnlichen Heiraten. Während man also 17 % an Heiraten in andere Abstammungsgruppen und 39 % innerhalb der praktischen Verwandtschaftsverhältnisse zählt, werden nur 6 % der Ehen innerhalb der Abstammungsgruppe geschlossen, d. h. 4 % *mit der Parallelbase* und 2 % mit einer anderen Base (bei zwei Dritteln der untersuchten Familien wird zudem davon ausgegangen, daß sie nicht mehr gemeinsam wirtschaften).[1]

Da sie zwischen Familien vereinbart werden, die durch häufigen und schon lange praktizierten Austausch miteinander verbunden

1 Im Ergebnis einer neueren Forschungsarbeit fanden Ramon Bassagana und Ali Sayad (*a.a.O.*, 1974) bei den Ath Yenni einen sehr geringen Anteil

sind, gehören diese gewöhnlichen Heiraten zu denen, über die Gewährsleute nichts zu berichten wissen, wie bei allem, was schon immer so war. Es sind Heiraten, die neben der biologischen nur die Funktion haben, die sozialen Verhältnisse zu reproduzieren, die sie ermöglichen.[1] Diese Ehen, die gewöhnlich ohne Feier geschlossen werden, verhalten sich zu den außergewöhnlichen Heiraten, die von Männern zwischen verschiedenen Dörfern oder Stämmen oder auch nur außerhalb der üblichen Verwandtschaft vereinbart und daher stets durch feierliche Zeremonien besiegelt werden, wie die Tauschgeschäfte des Alltags zu den außergewöhnlichen Tauschgeschäften bei außergewöhnlichen Anlässen, für die die Vorzeigeverwandtschaft zuständig ist.

Außergewöhnliche Heiraten haben miteinander gemein, daß Frauen nichts mit ihnen zu tun haben. Doch im Unterschied zur Heirat zwischen parallelen Vettern und Basen, die mit dem Segen des Patriarchen zwischen Brüdern oder Männern derselben Abstammungsgruppe abgesprochen wird und sich hierin, und nur hierin, von den gewöhnlichen Heiraten unterscheidet[2], die ohne

(2:610) von Heiraten mit der Parallelbase oder mit einer nachen Blutsverwandten (6:610), und einen beträchtlich höheren Anteil von Heiraten mit der Tochter des Onkels mütterlicherseits (14:610) oder einem nahen Schwiegerverwandten (58:610).

1 Hierfür ein bezeichnendes Zeugnis: »Sobald sie ihren ersten Sohn bekam, bemühte sich Fatima schon, ihm seine künftige Braut zu suchen; sie versuchte mehrere Möglichkeiten, hielt das Auge bei allen Gelegenheiten offen, bei den Nachbarn, in ihrer nahen Verwandtschaft, im Dorf, bei Freunden, bei Hochzeiten, Pilgerfahrten, am Brunnen, in der Fremde und sogar bei Kondolenzbesuchen, die sie machen muß: auf diese Weise hat sie alle ihre Kinder ohne Schwierigkeiten und wie nebenbei verheiratet« (Yamina Aït Amar Ou Saïd, 1960).

2 Wenn man die mythische Idealisierung (Blut, Reinheit, das Innere usw.) und die Verherrlichung (Ehre, Tugend usw.), mit denen die Heirat unter reinen Blutsverwandten umwoben ist, einmal beiseite läßt, wird über gewöhnliche Heiraten nichts anderes gesagt als über die Heirat mit der Parallelbase. So wird zum Beispiel davon ausgegangen, daß die Heirat mit der Tochter der Vaterschwester genau wie die Heirat mit der Parallelbase die Eintracht unter den Frauen und die Achtung der Ehefrau gegenüber den Eltern ihres Mannes (ihrem *khal* und ihrer *khalt*) gewährleisten kann; und zwar mit dem geringsten Aufwand, da die Spannung, die durch die mit

Mitwirkung der Frauen undenkbar sind, gibt sich die Heirat in die Ferne offiziell politisch: außerhalb des Bereichs der üblichen Beziehungen geschlossen und mit Feierlichkeiten begangen, für die große Gruppen aufgeboten werden, ist sie ausschließlich politisch begründet, wie im Extremfall die Heiraten, mit denen ein Friedensschluß oder eine Allianz zwischen den »Häuptern« zweier Stämme besiegelt werden soll.[1] Allgemeiner noch ist sie die Heirat des Marktes, jenes neutralen Orts, wo sich Klans und Stämme begegnen und dabei stets auf der Hut sind. Im Gegensatz zu den gewöhnlichen Hochzeiten, bei denen nur Verwandte zusammenkommen und feierliche Einladungen ausgeschlossen sind, wird sie auf dem Markt vom Ausrufer »verkündet«. Sie behandelt die Frau als politisches Instrument, als eine Art Pfand oder Wechselgeld, mit dem symbolische Gewinne erzielt werden können. Als Gelegenheit zur öffentlichen und offiziellen, also völlig legitimen Zurschaustellung des symbolischen Kapitals der Familie, also sozusagen zum *Vorzeigen* ihrer Verwandtschaft und zugleich zur Mehrung des symbolischen Kapitals um den Preis sehr hoher Ausgaben, gehorcht sie in allen Bestandteilen dem Streben nach Akkumulation symbolischen Kapitals (während die Heirat mit einem von seiner Gruppe abgeschnittenen Flüchtling im Dorf überhaupt nicht geschätzt wird, verschafft die Heirat mit einem Fremden in der Ferne großes Ansehen, weil sie die Ausstrahlung der Abstammungsgruppe bezeugt; desgleichen können politische Heiraten im Gegensatz zu gewöhnli-

jeder Heirat implizit erzeugte Rivalität zwischen fremden Gruppen im Hinblick auf den Status und die Existenzbedingungen, die der jungen Ehefrau geboten werden, bei diesem Ausmaß von Vertrautheit gar nicht erst entstehen kann.

1 Diese außergewöhnlichen Heiraten entziehen sich den Zwängen und Konventionen, die die gewöhnlichen Heiraten belasten (besonders sofern sie keine »Fortsetzung« haben). Neben den Fällen, in denen die besiegte Gruppe (Klan oder Stamm) der siegreichen Gruppe eine Frau abgab, oder beide Gruppen – um klarzumachen, daß es weder Sieger noch Besiegte gebe – einen Austausch von Frauen vornahmen, konnte es auch vorkommen, daß die siegreiche Gruppe der anderen eine Frau gab, ohne etwas im Gegenzug dafür zu nehmen, wobei die Heirat dann nicht die mächtigsten Familien verband, sondern eine unbedeutende Familie der siegreichen Gruppe mit einer bedeutenden Familie der unterlegenen.

chen, die in den gewohnten »Gleisen« bleiben, nicht wiederholt werden, weil Alltäglichkeit die Allianz entwerten würde). Auch hierin ist die Heirat in die Ferne im Grunde männlich und bringt häufig den Brautvater in Gegensatz zur Brautmutter, die für den möglichen symbolischen Gewinn weniger empfänglich ist und mehr auf die Nachteile für die Tochter sieht, die sich sozusagen ins Exil schicken lassen muß (*thaghribth*, die Exilierte, die im Westen Verirrte).[1] Soweit sie durch die unmittelbar betroffenen Familien und Abstammungsgruppen umfangreiche Gruppen zueinander in Beziehung bringt, ist sie durchweg offiziell und gibt es bei der Feier nichts, was nicht streng ritualisiert und magisch stereotypiert wäre: dies sicher deswegen, weil es um allerhand geht und die Gefahren eines Bruchs so vielfältig und so groß sind, daß man sich nicht völlig auf die geregelte Improvisation aufeinander abgestimmter Habitusformen verlassen kann.

Intensität und Feierlichkeit ritueller Akte nehmen zu, wenn man von Heiraten in einer Großfamilie oder in der praktischen Verwandtschaft zu außergewöhnlichen übergeht, den Gelegenheiten, ein Zeremoniell in vollendeter Form zu erfassen, das bei einer Heirat in der gewöhnlichen Welt des Alltags auf seine einfachste Ausdrucksform reduziert ist. Heiraten, die auf dem bevorzugten stillen Markt (des *akham*) vereinbart werden, der von der Autorität des Hergebrachten und der Solidarität der Blutsverwandten zur Freizone gemacht wird, wo jede Teuerung und Konkurrenz von vornherein ausgeschlossen ist, zeichnen sich durch ihre im Vergleich zu außergewöhnlichen Heiraten sehr viel geringeren Kosten aus. Meist drängt sich die Heirat als selbstverständlich auf, und wenn dem nicht so ist, genügt das diskrete Eingreifen der Frauen der Familie, um sie zu realisieren. Die Hochzeitsfeier wird auf das strikt Notwendige beschränkt. Vor allem werden die Ausgaben *(thaqufats)* für den Empfang des Brautgefolges in der Familie des Mädchens sehr eingeschränkt; bei der Feier des *imensi*, in der das Wittum übergeben werden soll, sind nur die wichtigsten Vertreter der beiden Familien anwesend (etwa zwanzig Männer); die Aussteuer der Braut *(ladjaz)* beschränkt sich auf drei

1 »In die Ferne heiraten bedeutet Exil«; »Heirat nach draußen, Heirat ins Exil« *(azwaij ibarra, azwaj elghurba)*, sagen häufig die Mütter, deren Tochter einer fremden Gruppe gegeben wurde, in der sie keine Bekannten *(thamusni)* und noch weniger auch nur weitläufige Verwandtschaft hat, und die im Exil Verheiratete singt: »O Berg, öffne dich für die Verstoßene. Damit sie das Land ihrer Geburt erblickt. Die fremde Erde ist die Schwester des Todes. Für den Mann wie für die Frau.«

Kleider, zwei Schals und einige weitere Gegenstände von geringem Wert (ein paar Sandalen, einen *haïk*); der Betrag des Wittums, der vorweg ausgehandelt wird, je nachdem was die Brauteltern auf dem Markt als Aussteuer für ihre Tochter kaufen müssen (Matratze, Kopfkissen, Truhe, wozu noch die im Haushalt hergestellten und von der Mutter auf die Tochter weitergegebenen Decken kommen), wird ohne große Feier und ohne Bluff oder Täuschung übergeben; die Kosten der Hochzeitsfeier wiederum werden einvernehmlich gering gehalten, indem man sie auf den Tag des Aïd legt: der traditionell an diesem Tag geopferte Hammel deckt den Bedarf der Hochzeitsfeier, und es bleiben mehr Gäste fern, weil sie an diesem Feiertag zu Hause gebraucht werden. Diese von der alten bäuerlichen Moral hochgelobten (anders als Heiraten von »Witwentöchtern«, bei denen die jeder Familie sozial zugewiesenen Grenzen überschritten werden) gewöhnlichen Heiraten stehen zu den außergewöhnlichen in allen Aspekten im Gegensatz. Um den Ehrgeiz zu haben, sich seine Braut in der Ferne zu suchen, muß man gewohnheitsmäßig dazu neigen, unübliche Beziehungen zu unterhalten, also Fähigkeiten haben, besonders sprachliche, die für solche Gelegenheiten unerläßlich sind. Außerdem muß man über ein beträchtliches Kapital an Fernverbindungen verfügen, die besonders teuer kommen und allein die sicheren und für die Durchführung des Vorhabens nötigen Informationen liefern und die Vermittler beschaffen können. Kurz, um dieses Kapital zur rechten Zeit einsetzen zu können, muß man lange und viel investiert haben. So zum Beispiel, um nur einen Fall zu zitieren, werden die Chefs der Marabutfamilie, die um ihre Fürsprache gebeten werden, auf tausenderlei Weise dafür entschädigt: der *taleb* des Dorfes und noch mehr der Geistliche höheren Rangs, der am Hochzeitszug *(iqafafen)* teilnimmt, wird vom »Herrn der Hochzeit« neu eingekleidet und beschuht, und die Geschenke, die ihm traditionell gemacht werden, in Geld an religiösen Feiertagen und in Nahrungsmitteln bei der Ernte, sind dem geleisteten Dienst sozusagen proportional; das Aïd-Schaf, das man ihm in diesem Jahr schenkt, ist nur eine der Entschädigungen für die »Schande«, die er auf sich genommen hat, indem er als Bittsteller zu einem Laien ging (der, so mächtig er auch sein mag, die Koranwissenschaft nicht »im Herzen« trägt) und indem er der Ehe durch seinen Glauben und seine Wissenschaft die Weihe gegeben hat. Wenn Einigkeit erzielt wurde, ist allein schon die Feier der »Verlobung« (*asarus,* die Hinterlegung des Brautpfands *thimristh*), die die Funktion eines Zustimmungsritus hat (*aâayam,* die Bezeichnung, oder auch *aâallam,* die Markierung, ähnlich wie beim ersten gepflügten Acker oder, besser noch, *amlak,* die Besitznahme wie beim Boden), fast eine Hochzeit. Man kommt mit Geschenken beladen, die nicht nur für die Braut sind (welche das ihr zustehende »Brautpfand« – *thizri* – erhält, ein wertvolles Schmuckstück und Geld von allen Männern, die sie an diesem Tag erblicken), sondern auch für alle anderen Frauen des Hauses; man fügt auch noch Lebensmittel hinzu (Grieß, Honig, Butter usw.), mehrere Haupt Vieh, die abgestochen und entweder von den Gästen verspeist werden oder ein Kapital für die Braut bilden. Man erscheint in großer Zahl, wobei die Männer der Familie ihre Stärke mit Flintenschüssen vorführen, die sie wie bei der Hochzeit abfeuern. Alle Feste, die zwischen diese Verlobungsfeier und die Hochzeit fallen, sind ebenso viele Gelegenheiten, der Braut *(thislith)* ihren »Anteil« zu bringen: durch weite Entfernung voneinander getrennte bedeutende Familien können sich nicht damit begnügen, ein paar Teller Kuskus auszutauschen; man fügt Geschenke hinzu, die dem Stand der Verlobten angemessen sind. Angenommen, also »gegeben«, »angeeignet« und durch die zahlreichen »Anteile«, die man für es reserviert hat, »vorgemerkt«, ist das junge Mädchen deswegen noch nicht erworben: man setzt seine Ehre darein, der Familie so viel Zeit zu lassen, wie sie zum Warten und Wartenlassen braucht. Die Hochzeitsfeier stellt eindeutig den Höhepunkt der symbolischen Konfrontation der beiden Gruppen und zugleich den Zeitpunkt der höchsten Ausgaben dar. Man schickt der Familie des Mädchens *thaqufats,* d. h. mindestens zwei Zentner Gries und einen halben Zentner Mehl, Fleisch (ungeschlachtet) im Überfluß – von dem man weiß, daß es nicht alles verbraucht werden wird – Honig (20 Liter) und Butter (10 Liter). Berichtet wird von einer Heirat, bei der der Familie der Braut ein Kalb, fünf lebende Hammel und ein geschlachteter *(ameslukh)* zugeführt wurden. Die Abordnung der *iqafafen* bestand sogar aus vierzig Männern mit Flinten, zu denen noch alle Verwandten und alle Notabeln kommen, die durch ihr Alter vom Schießen befreit sind, also etwa fünfzig Männer. Die Aussteuer der Braut, die in diesem Fall etwa dreißig Wäschestücke umfassen kann, verdoppelt sich um ebenso viele Stücke, die den verschiedenen anderen Frauen der Familie geschenkt werden. Und wenn man häufig sagen hört, daß es zwischen Wohlhabenden kein *chrut* gibt (Bedingungen, die der Vater stellt, bevor er die Hand seiner Tochter gewährt), dann deswegen, weil der Status dieser Familien an sich schon eine Garantie dafür ist, daß diese sonst genau festgelegten »Bedingungen« in jedem Falle übertroffen werden. Das Ritual der Feier der Rückgabe des Wittums ist Anlaß zu einer totalen Konfrontation der beiden Gruppen, bei der der ökonomische Streitwert auch Hinweis auf das symbolische Kapital und somit Vorwand ist. Ein überhöhtes Wittum für seine Tochter verlangen oder ein überhöhtes Wittum zahlen, um seinen Sohn zu verheiraten, bedeutet in beiden Fällen, den eigenen Ruhm zu mehren und so Ansehen zu erwerben: beide Parteien wollen beweisen, was sie »wert sind«, indem sie vorführen, auf welchen Preis Männer von Ehre, die sich auskennen, eine Schwiegerverwandtschaft (Allianz) mit ihnen schätzen, oder um über den Preis, den sie zu zahlen bereit sind, um Partner zu finden, die ihrer würdig sind, glanzvoll zu demonstrieren, wie hoch ihre Selbsteinschätzung ist. In einer Art umgekehrten Feilschens, das den äußeren Schein eines gewöhnlichen Feilschens hat, kommen beide Gruppen stillschweigend überein, den Preis des Wittums hochzutreiben, weil sie gleichermaßen daran interessiert sind, dieses unbestreitbare Indiz des symbolischen Werts ihrer Produkte auf dem Heiratsmarkt zu steigern. Keine Geschicklichkeit, die höher gepriesen wird als die eines Brautvaters, der am Ende eines erbitterten Feilschens feierlich einen großen Teil der empfangenen Summe zurückgibt. Je größer der zurückerstattete Teil, desto mehr Ehre konnte man damit einlegen, ganz als wollte man ein Feilschen in einen Ehrenhandel verwandeln, der nur deswegen mit solcher Erbitterung geführt werden durfte, weil das Streben nach materiellem Gewinn darin unter dem Deckmantel der Ehre und hinter dem Streben nach Maximierung symbolischen Gewinns verborgen war.[1]

Die hervorragende Bedeutung der Heirat mit der Parallelbase im Diskurs der Eingeborenen und folglich auch der Ethnologen hingegen geht darauf zurück, daß sie mit der mythisch-rituellen Vorstellung der Arbeitsteilung zwischen den Geschlechtern am ehesten übereinstimmt, besonders mit der Funktion von Mann und Frau in den Verhältnissen zwischen Gruppen. Zunächst, weil sie am radikalsten die Weigerung bekräftigt, das Verhältnis der Affinität als solches anzuerkennen, d. h. wenn sie sich nicht als einfache *Verstärkung* des Abstammungsverhältnisses darstellt: es heißt, die Frau könne »weder trennen noch vereinen« (bekannt ist, daß der Ehemann – theoretisch – die Freiheit hat, seine Ehefrau zu verstoßen, und daß diese, wenn von außerhalb stammend, sozusagen Fremde bleibt, bis sie einen männlichen Erben geboren hat, und bisweilen noch länger, und schließlich

1 Als Produkte verwickelter Strategien zur Förderung von Allianzen stellen Heiraten in die Ferne eine Art kurzfristiger und langfristiger Investition dar, mit der man das soziale Kapital erhalten oder mehren will, besonders über die gesellschaftliche Qualität der »Onkel mütterlicherseits«, die sie einbringen: verständlich, daß man meidet, sie leichtfertig aufzulösen, da die ältesten und prestigeträchtigsten Beziehungen offenbar vor einem unüberlegten Bruch am besten geschützt sind. Im Falle einer unabwendbaren Verstoßung der Frau wird auf alle möglichen Kniffe zurückgegriffen, um eine Schädigung des Kapitals an Allianzen zu vermeiden. Es kommt vor, daß man zu den Verwandten der verstoßenen Frau geht und sie »anfleht«, sie zurückzugeben, und dies mit der Jugend, dem Leichtsinn, der verbalen Brutalität, der Verantwortungslosigkeit des Gatten begründet, der zu jung sei, den Wert von Schwiegerverwandtschaften schätzen zu können, oder indem man sich darauf beruft, die Eheformel sei leichtfertigerweise nicht dreimal, sondern nur einmal, ohne Zeugen ausgesprochen worden. Die Scheidung wird zu einem schlichten Zerwürfnis *(thutchh'a)*. Man geht so-

das zwiespältige Verhältnis zwischen Neffen und Onkel mütterlicherseits). Gern wird die besondere Wirkung der Heirat zwischen parallelen Vettern und Basen gepriesen, bei der alle daraus hervorgehenden Kinder (»von makelloser Abstammung und reinem Blute«) sowohl über den Vater als auch über die Mutter auf dieselbe Linie zurückverfolgt werden können (»wo er seine Wurzeln hatte, hat er sich seine Onkel mütterlicherseits gesucht« – *ichathel, ikhawel* –; oder auch, auf arabisch, »sein Onkel mütterlicherseits ist sein Onkel väterlicherseits« – *khalu âammnu*). Wenn man außerdem weiß, daß durch die Frau Unreinheit und Unehre über die Abstammungsgruppe kommen können (»die Schande«, heißt es, »ist das junge Mädchen«, und der Schwiegersohn wird bisweilen als »Schleier der Schande« bezeichnet[1]), wird auch ersichtlich, warum die beste oder am wenigsten schlechte Frau von den Blutsverwandten abstammt, die patrilineare Parallelbase, männlichste der Frauen – ihr Extrem als unmögliches Produkt einer patriarchalischen Phantasie ist die dem *Haupte* des Zeus entsprungene Athene. »Heirate die Tochter deines *âamm*: zwar kaut sie dich, doch schluckt sie dich wenigstens nicht.« Die patrilineare Parallelbase steht als kultivierte und stolze Frau zur matrilateralen Parallelbase als naturbelassener, krummer, bösartiger und unreiner Frau im selben Gegensatz wie das *Weiblich-Männliche* zum *Weiblich-Weiblichen*, d. h. nach der Struktur (vom Typ a : b :: b1 : b2), die auch den mythi-

gar so weit, eine neue Hochzeitsfeier anzubieten (mit *imensi* und Brauttruhe). Wenn die Verstoßung sich als endgültig erweist, gibt es mehrere Arten »auseinanderzukommen«: je bedeutender, feierlicher die Heirat war, desto mehr wurde »investiert«, desto größer also ist das Interesse, die Beziehung zu denen zu wahren, von denen man sich trennt, und desto diskreter erfolgt der Bruch; man verlangt die Mitgift nicht sofort zurück, wie man auch die Rückgabe nicht verweigert (weil die Verstoßung »ohne Sachwerte« eine schwere Beleidigung ist), man wartet sogar, bis die Frau wiederverheiratet ist; man meidet allzu genaue Aufrechnung und die Heranziehung von Zeugen, vor allem fremden, zur Scheidung.

1 Die Frühehe erklärt sich zum Teil damit: das junge Mädchen ist die Verkörperung der Verletzlichkeit der Gruppe. Daher hat der Vater keine andere Sorge, als sich so früh wie möglich von dieser Gefahr zu befreien, indem er sie unter den Schutz eines anderen Mannes stellt.

schen Raum des Hauses oder den Bauernkalender ordnet.[1] Man versteht, daß die Heirat mit der Tochter des Vaterbruders gedeihlich und imstande ist, das Gedeihen der Gruppe zu fördern. Man ließ diese Heirat die Rolle eines Eröffnungsritus für die Hochzeitssaison spielen, der wie der homologe Ritus bei der Eröffnung des Pflügens dazu diente, die Gefahr zu bannen, die entsteht, wenn Männliches und Weibliches, Feuer und Wasser, Himmel und Erde, Pflugschar und Furche in unvermeidlichem Frevel zusammengebracht werden.[2]

Es gibt keinen Gewährsmann oder Ethnologen, der nicht einräumte, daß in den Ländern der Araber und Berber jeder Junge ein »Anrecht« auf seine Parallelbase habe: »Wenn der Junge die Tochter seines Vaterbruders will, hat er ein *Recht* auf sie. Wenn er sie aber nicht will, wird er nicht gefragt. Es ist wie mit dem Boden.« Obwohl diese Aussage eines Gewährsmanns der Wirklichkeit der Praktiken unendlich näher kommt als der ethnologische Juridismus, der von der Homologie zwischen dem Verhältnis zu den Frauen und

1 J. Chelhod, welcher berichtet, daß »Prostituierte in der Umgangssprache von Aleppo ›Töchter der Tante mütterlicherseits‹ geheißen werden«, zitiert außerdem ein syrisches Sprichwort, in welchem sich dieselbe Geringschätzung der Heirat mit der Tochter der Schwester der Mutter ausdrückt: »Aus schlechtem Charakter hat er die Tochter seiner Tante mütterlicherseits geheiratet« (J. Chelhod, »Le mariage avec la cousine parallèle dans le système arabe«, *L'homme*, Juli-Dezember 1965, Nr. 3 und 4, S. 113–173). Ebenso heißt es in der Kabylei als Ausdruck des völligen Fehlens jeder genealogischen Beziehung: »Was bist du für mich? Nicht einmal der Sohn der Tochter der Schwester meiner Mutter – *mis illis khalti*.«

2 Eine indirekte Bestätigung der Bedeutung, die der Heirat zwischen parallelen Vettern und Basen beigemessen wird, kann man darin sehen, daß die Persönlichkeit, die mit der feierlichen Eröffnung des Pflügens, einer der zur ersten Hochzeit der Saison homologen Handlungen, beauftragt wurde, *keinerlei politische Rolle* spielte und ihr Dienst ein reines *Ehrenamt* oder, wenn man so will, *symbolisch* war, d. h. geringfügig und achtunggebietend zugleich. Diese Persönlichkeit wird bezeichnet als *amezwar* (der Erste), *aneflus* (Vertrauensmann) oder auch als *aqdhim* (der Uralte), als *amghar* (der Alte), *amasâud* (der Glückliche), oder genauer als *amezwar, aneflus, amghar nat-yuga* (der Erste, der Vertrauensmann, der Alte mit dem Ochsenpaar oder dem Karren); die signifikanteste, weil die Homologie zwischen Pflügen und Heirat explizit darstellende Bezeichnung ist, *bulâaras*, der Hochzeiter (vgl. E. Laoust, *Mots et choses berbères. Notes de linguistique et d'ethnographie*, Paris, Challamel 1920).

dem Verhältnis zum Boden keine Ahnung hat, verdeckt sie dennoch die reale, unendlich komplexere Beziehung zwischen einem Individuum und seiner Parallelbase. Tatsächlich kann das angebliche Recht auf die Tochter des Vaterbruders eine *Pflicht* sein, die sich aus denselben Grundsätzen ergibt wie die Verpflichtung, einen Verwandten zu rächen oder einen von Fremden begehrten Acker der Familie zurückzukaufen, und die nur in außergewöhnlichen Umständen in aller Strenge angewandt wird. Daß das Vorkaufsrecht *(achfaâ)* beim Boden in einer (mit institutioneller Autorität ausgestatteten und durch Gerichte gewährleisteten) Rechtsgelehrtentradition ebenso wie im »Gewohnheitsrecht« *(qanun)* formuliert und kodifiziert ist, heißt noch keineswegs, daß man die juristische oder gewohnheitsrechtliche Regel zum Prinzip der tatsächlich bei der Zirkulation des Bodens beobachteten Praktiken erheben darf: da der Verkauf eines Ackers aus dem Familienerbe vor allem eine innere Angelegenheit der Abstammungsgruppe ist, ist es fast unerhört, Autoritäten (gleichviel, ob Klan- oder Dorfversammlung) anzurufen, die die Ehrenpflicht in eine Rechtspflicht verwandeln, und die Berufung auf das Recht oder Gewohnheitsrecht des *chafaâ* (oder *achfaâ*) fußt fast stets auf Grundsätzen, die mit Gesetzesgrundlagen nichts zu tun haben, aber die meisten Praktiken beim Kauf und Verkauf von Boden beherrschen, wie z. B. die Absicht, den Erwerber *herauszufordern,* indem man von ihm verlangt, einen als unrechtmäßig erachteten Bodenverkauf für ungültig zu erklären. Die Pflicht, eine Frau zu ehelichen, die in einer ähnlichen Situation ist wie das Brachfeld, das ungenutzt liegen bleibt *(athbur,* das junge Mädchen, und *bur,* die Brache) ist lediglich nicht ganz so bindend wie die Pflicht, einen von einem Gruppenmitglied feilgebotenen Acker zu kaufen oder einen in fremde Hände gefallenen Acker als schlecht verteidigten und schlecht verwalteten Boden zurückzukaufen, und hat lange nicht die Durchschlagskraft wie der Imperativ, den Mord an einem Gruppenmitglied nicht ungerächt zu lassen. Wie stark der Imperativ der Pflicht ist, richtet sich jeweils danach, wo die Handelnden im Stammbaum stehen, und außerdem natürlich nach *ihren Dispositionen:* so kann bei der Blutrache die Ehrenpflicht in den Augen mancher zum Ehrenrecht werden (wobei derselbe Mord bisweilen doppelt gerächt wird), während andere sich dieser Pflicht entziehen oder sie nur unter Druck erfüllen; beim Boden wird die Hierarchie der Ehrenrechte und Rückkaufpflichten, weil das materielle Interesse auf der Hand liegt, zugleich sichtbarer und häufiger mißachtet, was nicht ohne Konflikte und sehr komplexe Transaktionen zwischen Familienmitgliedern abgeht, die sich zum Kauf verpflichtet fühlen, aber nicht kaufen können, und solchen, die weniger Vorkaufsrechte und -pflichten haben, aber die Mittel dazu.

In der Tat muß man gegen die ganze ethnologische Tradition, die sich lediglich die offizielle (d. h. mit den Männerinteressen konforme) Theorie aneignet, derzufolge jeder Mann eine Art Vorrecht auf seine Parallelbase hat (in Übereinstimmung mit der offiziellen Vorstellung, die dem Mann in allen Beziehungen zwischen den Geschlechtern Überlegenheit und damit die Initiative zuerkennt), daran erinnern, daß sich die Heirat mit der Parallelbase in bestimmten Fällen mit einer Notwendigkeit aufdrängen kann, die deswegen noch lange nicht die der genealogischen Regel ist.

In der Praxis nämlich ist diese Idealheirat häufig eine *erzwungene* Wahl, die bisweilen als ideale hingestellt werden soll, so aus der Not eine Tugend machend, und häufig in den ärmsten Abstammungsgruppen oder den ärmsten Linien der dominanten Abstammungsgruppen anzutreffen (bei Klienten). Sie ist jedenfalls Sache von Gruppen mit einem starken Willen zur Betonung ihrer *Besonderheit,* da diese Heirat immer die objektive Wirkung hat, den Zusammenhalt der kleinsten Einheit zu stärken und sie damit gegenüber anderen Gruppen hervorzuheben. Durch ihre Zweideutigkeit für die Rolle der Edelhochzeit für Arme wie geschaffen, bietet sie einen eleganten Ausweg für alle, die wie der verarmte Adlige, der seine Würde nur noch auf der symbolischen Ebene wahren kann, in demonstrativer Sittenstrenge das Mittel suchen, ihre Besonderheit zu betonen, wie z. B. die von ihrer Herkunftsgruppe versprengte und um die Erhaltung ihrer Ursprünglichkeit bemühte Abstammungsgruppe, wie die Familie, die die Merkmale der Besonderheit ihrer Abstammungsgruppe durch zwanghaftes Überbieten bekräftigen will (was fast für alle Einzelfamilien in den Marabutgemeinden zutrifft), wie der Klan, der seinen Unterschied vom gegnerischen Klan durch strengere Beachtung der Überlieferungen hervorheben will (wie die Aït Mahdi in Aït Hichem) usw. Eben weil diese Heirat als die heiligste und unter gewissen Umständen als die »vornehmste« erscheinen kann, ist sie die außergewöhnlichste Heiratsform, die man sich mit dem geringsten Aufwand leisten kann, ohne sich für die Feier verausgaben, riskante Geschäfte machen und eine zu hohe Mitgift zahlen zu müssen: es gibt daher keine bessere Art, aus der Not eine Tugend zu machen und sich vorschriftsmäßig zu verhalten.

Doch eine beliebige Heirat bezieht ihren Sinn nur aus dem Verhältnis zur Gesamtheit gleichmöglicher Heiraten (d. h. konkreter aus ihrem Verhältnis zum Bereich möglicher Partner). Anders gesagt, sie liegt auf einer kontinuierlichen Skala, die von der Heirat zwischen parallelen Vettern und Basen bis zur Heirat zwischen Mitgliedern verschiedener Stämme reicht: diese beiden Heiraten bezeichnen die Punkte maximaler Intensität der beiden Werte, die jede Heirat maximieren soll, Geschlossenheit und Sicherheit der kleinsten Einheit einerseits und Allianz und Prestige, d.h. Öffnung nach außen, zu Fremden, andererseits. Die Wahl zwischen Verschmelzung und Spaltung, zwischen Drinnen und Draußen, zwischen Sicherheit und Wagnis, muß bei jeder Heirat getroffen werden. Die Heirat mit der Parallelbase gewährleistet zwar für die kleinste Gruppe ein Maximum an Geschlossenheit, doch wird bei ihr nur das Abstammungsverhältnis durch eines der Schwiegerverwandtschaft verstärkt. Damit wird die Kraft der Heirat, neue Allianzen zu stiften, im Grunde vergeudet. Die Heirat in die Ferne hingegen kann prestigeträchtige Schwiegerverwandte nur verschaffen, indem sie die Geschlossenheit der Abstammungsgruppe und das Verhältnis zwischen den Brüdern preisgibt, die Grundlage des Zusammenhalts der Blutsverwandten. Dies jedenfalls wird im Diskurs der Eingeborenen beharrlich wiederholt. Die zentripetale Bewegung, d.h. die Verherrlichung des Drinnen, der Sicherheit, der Autarkie, der Vortrefflichkeit des Blutes, der Solidarität der Blutsverwandten, gemahnt stets auch, und sei es nur aus Opposition, an die zentrifugale Bewegung, die Verherrlichung der ruhmvollen Schwiegerverwandtschaft (Allianz). Unter den Äußerlichkeiten des kategorischen Imperativs verbirgt sich stets die Minimum-Maximum-Rechnung, das Streben nach dem Maximum an Allianz, das mit der Erhaltung oder Bekräftigung der Geschlossenheit zwischen Brüdern gerade noch vereinbar ist. Das wird bereits in der Syntax des Diskurses sichtbar, die stets auf *Präferenz* abhebt: »Besser, man schützt *sein Ehrgefühl (nif),* als es den anderen preiszugeben.« »Das *adhrum* (die Abstammungsgruppe) gebe ich nicht für einen *aghrum* (Fladen) her.« »Drinnen ist besser als Draußen.« »Erste Narrheit (kühn, zu riskant): die Tochter des *âam* andern Männern geben; zweite Narrheit: mittellos auf den Markt gehen; dritte Narrheit: sich mit den Löwen auf dem Kamm der Berge messen wollen.« Letzteres Sprichwort sagt am meisten aus, da es bei scheinbarer Verurteilung der Heirat in die Ferne ausdrücklich die Logik anerkennt, die darin waltet, nämlich die Logik der Großtat, der Heldentat, des Ruhms. Es bedarf eines ungeheuren Ansehens und wahnwitziger Kühnheit, ohne Geld auf den Markt zu gehen, um etwas zu kaufen, ganz wie es irren Mutes bedarf, Löwen zu reizen, mutige Fremde, denen Stadtgründer in vielen Ursprungslegenden ihre Braut entreißen mußten.

Heiratsstrategien und soziale Reproduktion

Die Merkmale einer Heirat, und besonders ihre Position an einem bestimmten Punkt der kontinuierlichen Skala, die von der politischen Heirat bis zur Heirat mit der Parallelbase reicht, hängen von den Zielen und Mitteln der kollektiven Strategien der interessierten Gruppen ab. Das Ergebnis jeder dieser Partien des Heiratsspiels hängt einerseits vom materiellen und symbolischen Kapital der beteiligten Familien ab, von ihrem Reichtum an Produktionsmitteln und Männern, die zugleich als Produktivkraft und als Reproduktivkraft und, unter früheren Verhältnissen, als Kampfkraft und damit als Symbolkraft betrachtet werden, und andererseits von dem Geschick, mit der die für diese Strategien Zuständigen dieses Kapital zu nutzen wissen, wobei die praktische Beherrschung der ökonomischen Logik (im weitesten Sinne) Bedingung der Hervorbringung von Praktiken ist, die in der Gruppe für »vernünftig« gehalten und durch objektive Gesetze des Markts für materielle und symbolische Güter positiv sanktioniert werden.

Die kollektive Strategie, die (bei der Heirat oder auf jedem anderen Gebiet der Praxis) zu diesem oder jenem »Schachzug« führt, ist nichts anderes als das Produkt einer Kombination von Strategien eigennützig Handelnder, die ihren jeweiligen Interessen das Gewicht beizumessen suchen, das zum jeweiligen Zeitpunkt ihrer Position im Gefüge der Kräfteverhältnisse innerhalb der Einheit von Haus und Hof entspricht. Es ist nämlich bemerkenswert, daß Heiratsverhandlungen wirklich Sache der gesamten Gruppe sind, wobei jeder zu seiner Zeit seine Rolle spielt und so zum Erfolg oder zum Fehlschlagen des Heiratsprojekts beitragen kann. Zunächst Sache der Frauen, die mit der offiziösen und widerruflichen Fühlungnahme betraut sind und die Aufnahme halboffizieller Verhandlungen ohne das Risiko einer demütigenden Abfuhr ermöglichen; dann Sache der vorzeigbarsten Notabeln der Vorzeigeverwandtschaft, die als ausdrücklich *beauftragte* Gewährsträger des Willens ihrer Gruppe und als explizit *bevollmächtigte* Sprecher mit ihrer Vermittlung und Fürsprache zugleich eine glänzende Zurschaustellung des symbolischen Kapitals der Familie bedeuten, die so angesehene Männer aufbieten kann; schließlich Sache der beiden Gruppen insgesamt, die die Heiratsprojekte, die Berichte über die Aufnahme der Vorschläge der Abgesandten und die Vorgaben für die Fortsetzung der Verhandlungen leidenschaftlich erörtern. Das heißt, an die Adresse der Ethnologen, die schon zufrieden sind, wenn sie eine Heirat allein durch ihre genealogische Determiniertheit charakterisiert haben, daß die beiden Gruppen durch die »Theatervorstellung«, die jede Gruppe aus Anlaß der Hochzeit von sich selber gibt, eine *systematische Ermittlung* betreiben, mit der der Gesamtkatalog der typischen Variablen nicht nur der beiden Gatten (Alter und vor allem Altersunterschied, frühere Heiratsgeschichte, Geburtsrang, theoretische und praktische Verwandtschaftsbeziehungen zur Autoritätsfigur in der Familie usw.), sondern auch ihrer beider Abstammungsgruppen festgestellt werden soll. Die vielfältigen Verhandlungen und Geschäfte, wie sie für große Heiraten in die Ferne erforderlich sind, bieten Gelegenheit zum Vorführen und Messen des Ehrenkapitals und der Zahl der Ehrenmänner, über die die beiden Abstammungsgruppen verfügen, der Qualität des Geflechts von Schwiegerverwandtschaften, auf die sie sich stützen können, und der Gruppen, die ihre traditionellen Gegner sind, der Stellung der Familie in ihrer Gruppe – alles besonders wichtige Informationen, da man mit dem Vorzeigen angesehener Verwandter seinen minderen Rang in einer bedeutenden Gruppe vertuschen kann – und des Stands der Beziehungen zu anderen Gruppenmitgliedern, d. h. des Zusammenhalts der Familie (Geschlossenheit usw.), der Struktur der Kräfte- und Autoritätsverhältnisse in der häuslichen Einheit (und, besonders wenn es um eine Frau geht, in der Frauenwelt) usw.

In einer Gesellschaftsformation, die auf einfache Reproduktion, d. h. auf die biologische Reproduktion der Gruppe und auf die Produktion der für den Lebensunterhalt notwendigen Güter ausgerichtet ist und untrennbar zugleich auch auf die Reproduktion der Struktur der sozialen und ideologischen Verhältnisse, in denen und durch die sich die Produktionstätigkeit vollzieht und legitimiert, fußen die Strategien der verschiedenen Kategorien von Handelnden, die innerhalb der häuslichen Einheit (unter anderem bei der Heirat) entgegengesetzte Interessen verfolgen, auf Interessensystemen, die ihnen durch das System der für eine bestimmte *Reproduktionsweise* typischen Dispositionen zugewiesen sind. Diese Dispositionen, die im Hinblick auf die Funktion der biologischen und sozialen Reproduktion der Gruppe, für Fruchtbarkeit, Abstammung, Wohnsitz, Erbe und Heirat richtungsweisend sind, werden objektiv aufeinander abgestimmt.[1] In einer Ökonomie mit relativ gleichmäßiger Verteilung der Produktionsmittel (häufig unteilbar im Besitz der Abstammungsgruppe) und mit schwach entwickelten und beharrenden Produktivkräften, die die Produktion und Akkumulation größerer Mehrwerte und somit die Entstehung einer ökonomisch eindeutig ausgeprägten Differenzierung ausschließen, hat die Ausbeutung in der Familie das Ziel, die Familie zu erhalten und zu reproduzieren, nicht Wert zu produzieren. Unter solchen Verhältnissen würde der Männerüberschuß gewiß eine Mehrbelastung bedeuten, wenn man darin von einem rein ökonomischen Standpunkt aus nur »Hände« und zugleich »Mägen« erblicken würde (dies um so mehr, als die Kabylei immer die Wanderarbeit von Armen kannte, die in der Saison als Mannschaften von Dorf zu Dorf zogen). Tatsächlich war die politische Unsicherheit, die sich selbst erhielt, indem sie die für die Reaktion auf Krieg, Scharmützel, Raub oder Rache erforderlichen Dispositionen erzeugte, Grundlage der Wertschätzung der Männer als »Flintenträger«, d. h. nicht nur als Arbeitskraft, sondern auch als Kampfkraft: der Boden erhält seinen Wert nur durch die Männer, die ihn bearbeiten, aber auch verteidigen. Daß das Erbe der Abstammungsgruppe, dessen Symbol der Name ist, nicht nur durch den Besitz von Haus und Grund, also kostbarer und angreifbarer Güter, sondern durch den Besitz der Mittel zu ihrem Schutze,

1 In einem solchen System sind Fehlfunktionen des Reproduktionsmechanismus, d. h. Mißheirat, *Unfruchtbarkeit*, die zum Untergang der Abstammungsgruppe führt, *Auflösung der Gemeinschaft* gewiß die Hauptfaktoren der Veränderungen der ökonomischen und sozialen Hierarchie.

d. h. der Männer, definiert ist, liegt daran, daß der Boden und die Frauen nie auf den Status eines einfachen Produktions- oder Reproduktionsmittels und noch weniger auf den von Waren oder »Besitztümern« reduziert werden: Angriffe auf diese untrennbar zugleich materiellen und symbolischen Güter sind Angriffe auf ihren Herrn, auf sein *nif*, d. h. auf seine »Macht«, auf sein *Sein*, wie es die Gruppe definiert. Boden in fremden Händen, ungerächte Vergewaltigung oder Mordtat stellen verschiedene Formen derselben Beleidigung dar, die in allen Fällen dieselbe Reaktion des Ehrgefühls erheischen: ebenso, wie der Mord »zurückgekauft« wird, allerdings nach der Logik der symbolischen Steigerung möglichst durch einen Anschlag auf die dem Mörder nächste Person oder den angesehensten Notabeln der Gruppe, wird ein Acker der Ahnen, auch wenn er karg ist, *um jeden Preis* »zurückgekauft«, um diese ständige Herausforderung des Ehrgefühls der Gruppe zu beseitigen. Nach der Logik der Herausforderung ist nämlich der am längsten zum Familienerbe gehörige Boden der sachlich und symbolisch fetteste, genau wie die Gruppe am feierlichsten, also am grausamsten in der Person ihres repräsentativsten Vertreters getroffen werden kann. Die Ehrenmoral ist übertragener Ausdruck dieser ökonomischen Logik; allgemeiner noch ist sie die Interessenmoral der Gesellschaftsformationen, der Gruppen oder Klassen, in deren Erbe, wie hier, das symbolische Kapital einen wichtigen Platz einnimmt.

Ein einschneidender Unterschied wird zwischen *nif*, dem Ehrgefühl, und *h'urma*, der Ehre, gemacht, der Gesamtheit dessen, was *h'aram*, d. h. verboten ist, was die Verletzlichkeit der Gruppe ausmacht, was ihr am heiligsten ist (und zugleich zwischen der Herausforderung, die nur das Ehrgefühl trifft, und dem frevelhaften Schimpf). Die einfache Herausforderung des Ehrgefühls (*thirzi nennif*, daß schlicht provoziert wird, *sennif*, durch das *nif*, ätsch! du traust dich nicht!) unterscheidet sich von der Beleidigung, die an die Ehre geht. Gespottet wird über die Haltung des Neureichen, welcher in dem Versuch, einen Anschlag auf die *h'urma* zu parieren, seinen Beleidiger herausfordert, ihn im Wettlauf zu schlagen oder auf den Boden um sich herum ebenso viele Tausendfrancscheine auszubreiten, und dabei die Ebenen von Herausforderung und Beleidigung verwechselt. Bei einem Angriff auf die *h'urma* ist es ausgeschlossen, sich zu drücken oder die Sache gütlich zu regeln, z. B. mit der *diya*, bei der die Familie des Mörders der Familie des Opfers Entschädigung zahlt. Von einem, der eine solche Entschädigung annimmt, heißt es: »Der gibt sich dazu her, das Blut seines Bruders zu essen; bei dem zählt nur der Bauch.« Bei einer Beleidigung, auch einer indirekten oder unabsichtlichen, herrscht ein derartiger Meinungsdruck, daß es keine andere Möglichkeit gibt als Rache oder Entehrung und Exil.

Nur die reizbare und aktive Wachsamkeit des *Ehrgefühls (nif)* bietet Gewähr, daß die *Ehre (h'urma)* – die als Heiliges selbstverständlich frevelhaftem Schimpf ausgesetzt ist – unantastbar bleibt, und verschafft die *Rücksichtnahme und Achtbarkeit,* die dem entgegengebracht werden, der genug Ehrgefühl hat, seine Ehre vor Beleidigungen zu schützen. Die *h'urma* im Sinne des Geheiligten (*h'aram*), der *nif* als *h'urma* im Sinne der Achtbarkeit, sind untrennbar miteinander verbunden. Je verletzlicher eine Familie ist, desto mehr *nif* muß sie haben, um ihre geheiligten Werte zu verteidigen, und desto größer sind die Verdienste und die Achtung, die die öffentliche Meinung ihr zollen; so ist Armut kein Hindernis für Achtbarkeit und spricht nicht gegen sie, sondern steigert nur noch das Verdienst dessen, der Achtung gebieten kann, obwohl er der Schmach besonders ausgesetzt ist. Umgekehrt hat das Ehrgefühl nur bei einem Mann Bedeutung und Funktion, für den es Dinge gibt, die der Verteidigung wert sind. Ein Mensch, der nichts Heiliges hat (wie der Junggeselle), könnte ohne Ehrgefühl auskommen, weil er in gewissem Sinne unangreifbar ist. *H'aram* (d. h. eben tabu) ist im wesentlichen das heilige Linke, die *h'urma,* also das Drinnen und genauer noch die Frauenwelt, die Welt des Geheimen, der geschlossene Raum des Hauses, im Gegensatz zum Draußen, zur offenen Welt des Marktplatzes, die den Männern vorbehalten ist. Das heilige Rechte sind im wesentlichen die »Gewehrträger«, d. h. alle Blutsverwandten, »Söhne des Onkels väterlicherseits«, deren Mord mit Blut gerächt werden muß, und alle potentiellen Vollstrecker der Blutrache. Das Gewehr ist die symbolische Verkörperung des *nif* der Gruppe der Blutsverwandten, des *nif* als etwas, das herausfordern und herausgefordert werden kann. So steht die Passivität der *h'urma* weiblichen Charakters im Gegensatz zur aktiven Erregbarkeit des *nif* als Männertugend schlechthin. Vom *nif* als (körperlicher oder symbolischer Kampfesfähigkeit) hängt letztendlich die Verteidigung des materiellen und symbolischen Gruppenerbes ab, er macht zugleich ihre Macht und Verletzbarkeit aus.

Männer sind eine politische und symbolische Kraft, die Bedingung für Schutz und Mehrung des Familienerbes, für die Verteidigung der Gruppe und ihres Vermögens gegen gewaltsame Übergriffe, und zugleich Bedingung der Durchsetzung ihres Herrschaftsanspruchs und der Befriedigung ihrer Interessen; daher ist die einzige Gefährdung der Gruppenmacht außer der Unfruchtbarkeit der Frauen die Aufsplitterung des materiellen und symbolischen Familienerbes aufgrund von Zwietracht unter den

Männern. Daher Fruchtbarkeitsstrategien, mit denen möglichst viele Männer möglichst schnell (durch Frühehen) erzeugt werden sollen, und Erziehungsstrategien im Sinne einer Einprägung übersteigerter Anhänglichkeit gegenüber der Abstammungsgruppe und der Werte der Ehre als des übertragenen Ausdrucks des objektiven Verhältnisses zwischen den Handelnden und ihrem stets gefährdeten materiellen und symbolischen Familienerbe, die beide zusammenwirken, die Geschlossenheit der Abstammungsgruppe zu stärken und aggressive Neigungen nach außen zu lenken. »Boden ist Kupfer *(neh'as);* Arme sind Silber.« Schon die Zwiespältigkeit dieses Sprichworts – *neh'as* bedeutet auch Neid – deutet den Grundwiderspruch des Erbrechts an, das alle verfügbaren Männer durch *gleiche Erbteile* an das Familienerbe *bindet,* doch zugleich den Grund und Boden der Ahnen bei gleichmäßiger Aufteilung auf viele Erben mit Zerstückelung bedroht, und vor allem, indem es das Prinzip einer Konkurrenz um die Macht über Ökonomie und Politik in Haus und Hof in den Mittelpunkt des Systems rückt: Konkurrenz und Konflikt zwischen Vater und Söhnen, die durch diese Art der Machtübertragung unmündig gehalten werden, solange der Patriarch lebt (wobei viele Ehen zwischen parallelen Vettern und Basen vom »Alten« gestiftet werden, ohne die Väter zu fragen); Konkurrenz und Konflikt zwischen den Brüdern oder Vettern, welche spätestens, wenn sie selbst Väter werden, Interessengegensätze entdecken müssen.[1] Beherrscht werden die Strategien der Blutsverwandten vom Antagonismus zwischen dem symbolischen Gewinn aus politischer Einheit und aus der diese garantierenden Wirtschaftsgemeinschaft einerseits und dem potentiellen materiellen Gewinn bei Auflösung letzterer, der dem berechnenden Verstand ständig gegenwärtig ist und von den Männern zwar verdrängt wird, doch bei den Frauen, die strukturell nicht so empfänglich für symbolischen Gewinn aus politischer Einheit sind

1 Tatsächlich bezeugen die Bücher des Gewohnheitsrechts, die ausnahmslos Sanktionen gegen den Mörder seines Erblassers vorsehen, daß offene Konflikte häufig waren: »Wenn einer einen Verwandten (dessen Erbe er ist) zu Unrecht tötet, und um ihn zu beerben, fällt das gesamte Gut des Mörders an die *djemâa.*« (Qanun des Stamms der Iouadhien, berichtet von A. Hanoteau und A. Letourneux, *La Kabylie et les coutumes kabyles,* Paris, Imprimerie nationale 1873, Bd. III, S. 432; vgl. auch S. 356, 358, 368 usw.).

und sich unbefangener auf ökonomischen Gewinn orientieren können, um so offener zum Ausdruck kommt.

Das Darlehen unter Frauen wird als Antithese des Ehrenhandels betrachtet; es kommt daher der ökonomischen Wahrheit des Tauschs näher als das Geschäft unter Männern. Von einem, der im Gegensatz zum Mann von Ehre, der sein »Kapital« an Kreditmöglichkeiten nicht nutzlos vertun will, leichtfertig borgt, vor allem Geld, und »gelb im Gesicht« ist, weil er jedesmal vor Scham blaß wird, wenn er um ein Darlehen bittet, sagt man: »der borgt wie eine Frau«. Der Gegensatz zwischen den beiden »Ökonomien« ist so ausgeprägt, daß der Ausdruck *err arrt'al,* mit dem auch der Vollzug der Rache bezeichnet wird, in der Männersprache *Rückgabe des Geschenks*, also Tausch bedeutet, in der Frauensprache hingegen »Rückgabe des Darlehens«. Darlehensformen sind tatsächlich bei Frauen häufiger und selbstverständlicher, die alles mögliche für jeden möglichen Zweck verleihen und borgen. Hieraus folgt, daß die ökonomische Wahrheit hinter Geben und Nehmen in den Tauschbeziehungen der Frauen viel klarer zutage tritt, bei denen genaue Fälligkeitstermine (»bis zur Niederkunft meiner Tochter«) und genaue Berechnung der verborgten Mengen üblich sind.

Kurz, die symbolischen und politischen Interessen, die mit der Einheit des Grundbesitzes, mit der Ausdehnung der Schwiegerverwandtschaften, mit der *materiellen und symbolischen* Kraft der Gruppe der Blutsverwandten und mit den Werten von Ruhm und Ehre, wie sie ein bedeutendes Haus *(akham amoqrane)* hat, zu tun haben, wirken im Sinne einer Verstärkung der Gemeinschaftsbande; dagegen drängen die *ökonomischen* Interessen (im engen Sinne), vor allem die der Konsumtion, zur Auflösung der Wirtschaftsgemeinschaft, was schon dadurch belegt wird, daß diese Auflösung und Zersplitterung mit der Verallgemeinerung der Geldwirtschaft und dem (entsprechenden) Vordringen des Geists der Berechnung immer häufiger wird.[1] Selbst in Fällen,

1 Die Schwächung der Kohäsionskräfte, die dem Kurssturz der symbolischen Werte entspricht, und die Stärkung der Kräfte der Spaltung, die mit dem Aufkommen von Geldeinkommensquellen und der daraus folgenden Krise der bäuerlichen Wirtschaft zusammenhängt, führen zur Ablehnung der Autorität der Alten und des Sparsamen und Genügsamen am bäuerlichen Leben, sowie zu dem Anspruch, über den Ertrag aus eigener Arbeit verfügen zu können, um ihn für Konsumgüter anstatt für symbolische Güter zu verwenden, mit denen das Ansehen oder die Ausstrahlung der Familie vermehrt werden könnte.

in denen der häusliche Machthaber seine Nachfolge durch Manipulation von Wünschen, Orientierung der Brüder auf ein zu ihnen passendes »Spezialgebiet« in der häuslichen Arbeitsteilung von langer Hand vorbereitet hat, ist die Konkurrenz um die innere Macht fast unvermeidlich und kann nur um den Preis einer ständigen Selbstbeherrschung der Männer und Kontrolle der Gruppe über diese zum Ehrenwettstreit sublimiert werden; allerdings stoßen die Kräfte der Kohäsion, die Unteilbarkeit des Bodens und der Zusammenhalt der Familie – als Institutionen, die sich gegenseitig stärken –, ständig auf Kräfte der Spaltung wie »Neid« infolge ungleicher Verteilung der Machtbefugnisse oder der Ungleichheit der jeweiligen Beiträge zu Produktion und Konsumtion (»die Arbeit des Emsigen wird von dem verzehrt, der müßig an der Wand lehnt«[1]). Allgemein steht die Entscheidungsgewalt über die Einteilung zur Arbeit, die Verfügung über die Ausgaben und die Verwaltung des Familienvermögens oder der Außenbeziehungen der Familie (Allianzen usw.) *de facto* oder *de jure* einem einzigen zu, der sich so die symbolischen Gewinne aneignet, die durch den Gang auf den Markt, die Präsenz in der Versammlung des Klans oder bei den außergewöhnlicheren Zusammenkünften der Notabeln des Stammes usw. anfallen. Ganz zu schweigen davon, daß diese Aufgaben den, der sie übernimmt, auch von den *ständigen* Arbeiten freistellen, die keinen Aufschub oder keine Unterbrechung dulden, d.h. von den niedersten.

Im Bösen wie im Guten objektiv vereint, sind Brüder bis in die Solidarität hinein subjektiv gespalten: »Mein Bruder«, sagte ein Gewährsmann, »ist der, der meine Ehre verteidigen würde, wenn mein Ehrgefühl dazu nicht reichen würde. Er würde mich also vor Schimpf und Schande bewahren, mich aber damit beschämen.« »Mein Bruder«, so gab ein Gewährsmann die Aussa-

1 Ohne hier zum Sinn der Beziehung zwischen diesen Fakten Stellung zu nehmen, läßt sich doch feststellen, daß »Krankheiten bitteren Neids« Gegenstand starker Aufmerksamkeit der Verwandten und besonders der Mütter sind, die über ein ganzes Arsenal an heilenden und vorbeugenden Mitteln verfügen (um einen unstillbaren Haß zu bezeichnen, zitiert man das Gefühl des kleinen Jungen, dem durch ein Neugeborenes brutal die Zuwendung seiner Mutter entzogen wird und der blaß und mager ist wie ein Todkranker oder »Verstopfter«).

gen eines Bekannten wieder, »ist der, der meine Frau heiraten könnte, wenn ich stürbe, und dafür gepriesen würde.« Die Homogenität der Produktionsweise der Habitusformen (d. h. der materiellen Bedingungen der Existenz und des pädagogischen Handelns) homogenisiert Dispositionen und Interessen, was Konkurrenz durchaus nicht ausschließt, sondern in manchen Fällen sogar erst erzeugt, indem sie diejenigen, die Produkt derselben Produktionsbedingungen sind, dazu bringt, dieselben Güter zu schätzen und zu erstreben, deren Knappheit eben von dieser Konkurrenz herrühren kann. Als Monopolgruppe, die wie bei Max Weber durch exklusive Aneignung eines bestimmten Typs von Gütern (Grund und Boden, Namen) definiert ist, ist die Einheit von Haus und Hof Ort einer Konkurrenz um dieses Kapital, oder besser um die Macht darüber, die dieses Kapital ständig zu vernichten droht, indem sie die Grundbedingung seines Fortbestands, d. h. den Zusammenhalt der häuslichen Gruppe, zerstört.

Als Eckpfeiler der Familienstruktur ist das Verhältnis zwischen den Brüdern zugleich auch der Schwachpunkt, der durch eine ganze Reihe von Mechanismen abgestützt und verstärkt werden soll[1], angefangen mit der Heirat zwischen parallelen Vettern und Basen, die den *für diese Reproduktionsweise spezifischen Widerspruch* ideologisch und bisweilen auch praktisch auflöst. Wenn die Heirat mit der Parallelbase Männersache[2] ist, die den Interessen der Männer, also den vorrangigen Interessen der Abstam-

1 Es ist bezeichnend, daß die Gewohnheitsrechte, die nur ausnahmsweise in das häusliche Leben eingreifen, die Gemeinschaft *(thidukli bukham* oder *zeddi)* ausdrücklich fördern: »Menschen, die im Familienverband leben, zahlen keine Strafe, wenn sie sich untereinander schlagen. Wenn sie sich trennen, zahlen sie wie die anderen.« (A. Hanoteau und A. Letourneux, *a. a. O.*, III, S. 423)

2 Nachstehend eine typische Beschreibung, wie eine solche Heirat zustande kommt: »Er konnte noch nicht laufen, als ihn sein Vater schon verheiratete. Eines Abends nach dem Abendessen begab sich Arab zu seinem ältesten Bruder *(dadda)*. Sie plauderten. Die Frau seines Bruders hatte ihre Tochter auf den Knien; das kleine Mädchen streckte die Arme nach seinem Onkel aus, der es nahm und sagte: »Möge Gott sie die Frau Idirs werden lassen! Nicht wahr, *dadda*, Du wirst sie mir nicht verweigern?« Sein Bruder antwortete ihm: »Was willst du, Blinder? Das Licht! Wenn du mir die Sorgen

mungsgruppe entspricht und häufig ohne Wissen der Frauen und *gegen deren Willen* vereinbart wird (wenn die Frauen der beiden Brüder sich schlecht verstehen und die eine die Tochter der anderen nicht zu sich holen, die andere sie nicht unter die Fuchtel ihrer Schwägerin geraten lassen will), liegt das daran, daß diese Heirat die Grundlagen der Spaltung unter den Männer in praxi neutralisieren will. Dies ist so selbstverständlich, daß unter der rituellen Empfehlung des Vaters an seine Söhne: »Hört nicht auf eure Frauen, bleibt euch einig!« wie von selbst verstanden wird: »Verheiratet eure Kinder miteinander.« Alles spielt sich nämlich so ab, als hätte diese Gesellschaftsformation sich diese von den meisten Gesellschaften als blutschänderisch abgelehnte Möglichkeit gestatten müssen, um die Spannung in ihrem Mittelpunkt ideologisch abzubauen. Die Verherrlichung der Heirat mit der *bent aâm* (der Parallelbase) wäre besser verstanden worden, wenn jemand gemerkt hätte, daß mit *bent aâam* letztendlich der Feind oder zumindest der Intimfeind bezeichnet wird und Feindseligkeit *thabenâammts* heißt, »die der Kinder des Onkels väterlicherseits«. Man sollte den Beitrag nicht unterschätzen, den das System der Werte und der Schemata des mythisch-rituellen Denkens zum symbolischen Abbau von Spannungen leistet, vor allem solcher, die sich durch die Einheit der Blutsverwandten ziehen, seien es nun Spannungen zwischen Brüdern oder zwischen Generationen.

Zwar braucht die Funktion, die die Arbeitsteilung und die Aufteilung der Macht zwischen den Geschlechtern, die ein gänzlich von männlichen Werten beherrschtes mythisch-rituelles System erfüllt, nicht besonders hervorgehoben zu werden, doch ist sicher nicht so augenfällig, daß die gesellschaftliche Strukturierung der Zeitlichkeit, die die Vorstellungen und Praktiken ordnet und deren feierlichste Bekräftigung die Übergangsriten sind, eine politische Funktion erfüllt, indem sie *Altersgrenzen* symbolisch manipuliert, d. h. Grenzen zwischen den Altersgruppen, aber auch Grenzen, die verschiedenen Altersgruppen gezogen sind. Der mythisch-rituelle Bruch führt in den kontinuierlichen

abnimmst, die sie mir macht, möge Gott dir deine Sorgen nehmen. Ich gebe sie dir mit ihrem Korn und ihrem Strohsack, umsonst!« (Yamina Aït Ou Saïd, *a. a.* O.)

Ablauf des Alters absolute, sozial und nichtbiologisch (wie etwa körperliche Merkmale des Alterns) entstandene Diskontinuitäten ein, die vom Symbolismus der kosmetischen oder bekleidungsmäßigen Attribute, Orden, Schmuck oder Abzeichen gekennzeichnet sind und in denen sich die Vorstellung über den Gebrauch des Körpers äußert und in Erinnerung ruft, die für jedes gesellschaftliche Alter passend sind oder aber unpassend, weil sie das System der Gegensätze zwischen den Generationen umstoßen (wie Verjüngungsriten als perfekte Umkehrung der Übergangsriten). Die sozialen Vorstellungen der verschiedenen Lebensalter und der definitionsgemäß an sie gebundenen Eigenschaften sind in ihrer Eigenlogik Ausdruck der Kräfteverhältnisse, die zwischen Altersklassen hergestellt werden und deren Einheit und Spaltung zu reproduzieren sie zugleich beitragen, und zwar durch zeitliche Unterteilungen, die gleichzeitig Kontinuität und Bruch hervorzubringen geeignet sind. In dieser Hinsicht gehören sie zu den institutionalisierten Instrumenten zur Aufrechterhaltung der symbolischen Ordnung und damit der Mechanismen für die Reproduktion der Gesellschaftsordnung, deren bloßes Funktionieren schon den Interessen derer dient, die in der Sozialstruktur dominant sind, nämlich der Männer reifen Alters.[1]

Tatsächlich verkörpern sich die sachlichen und symbolischen Kohäsionskräfte in der Person des Alten *(djedd)*, dessen Autorität auf der Macht der Enterbung und auf der Drohung mit Verfluchung fußt, und vor allem auf der Respektierung der symbolischen Werte durch *thadjadith* (abgeleitet von *djedd*, Vater des Vaters, der Gesamtheit der gemeinsamen Nachkommen derer,

1 Ob vermittels ihres Rechts über das Erbe, das für alle möglichen strategischen Anwendungen gut ist, von der Drohung mit Enterbung bis zur einfachen Hinauszögerung der effektiven Übertragung der Vollmachten, oder vermittels ihrer offiziell anerkannten Alleinzuständigkeit für Heiratsverhandlungen, die ebenfalls zu allen möglichen Strategien ermächtigt, die Alten verfügen über Mittel, ihre Spiele mit den gesellschaftlich anerkannten Grenzen der Jugend zu treiben. (Eine Analyse dieser Strategien, mit denen die Familienoberhäupter vornehmer Häuser ihren Erben »jung« und damit Fährnissen fern vom Vaterhaus ausgesetzt halten, findet man in G. Duby, *Hommes et structures du Moyen Age*, Paris-Den Haag, Mouton 1973, S. 213–225 und besonders S. 219.)

die einen realen und mythischen gemeinsamen Vorfahren für sich beanspruchen), die Gemeinschaft nach Herkunft und Geschichte, auf der die offiziellen Einheiten fußen. Der Patriarch gewährleistet schon durch sein Vorhandensein das Gleichgewicht zwischen den Brüdern, da in ihm alle Vollmachten und das gesamte Prestige konzentriert sind, und außerdem natürlich, indem er unter ihnen (und ihren Ehefrauen) für strikteste Gleichheit sowohl in der Arbeit (wobei die Frauen beispielsweise umschichtig die Hausarbeit, die Zubereitung der Mahlzeiten, das Wasserholen usw. übernehmen) wie in der Konsumtion sorgt. Nicht zufällig kommt es häufig zu einer Krise, wenn der Vater stirbt, wenn alle seine Söhne im Mannesalter sind und keiner von ihnen über eine gefestigte Autorität (kraft Altersunterschieds oder einer beliebigen anderen Basis) verfügt. Doch sowohl auf der Ebene einer häuslichen Einheit wie bei den größeren Einheiten wie Klan oder Stamm hängt das äußerst variable Kräfteverhältnis zwischen Verschmelzungs- und Spaltungstendenzen zuallererst von dem Verhältnis ab, das sich zwischen der Gruppe und den Einheiten außerhalb entwickelt, wobei die Unsicherheit für eine negative Grundlage des Zusammenhalts sorgt, die den Mangel an positiven Grundlagen kompensieren kann.[1] »Ich hasse meinen Bruder, aber ich hasse den, der ihn haßt.«

Wenn es zutrifft, daß die Heirat eine der Hauptgelegenheiten ist, das Kapital an Autorität, das sich aus einem starken Gruppenzusammenhalt ergibt, und das Kapital an Prestige, das mit einem ausgedehnten Netz von Schwiegerverwandten *(nesba)* verknüpft ist, zu bewahren, zu mehren oder zu mindern (durch Mißheirat), bleibt doch die Tatsache, daß nicht alle Mitglieder der häuslichen Einheit, die mit der Vereinbarung über die Heirat zu tun haben, ihre Partikularinteressen im selben Maße im kollektiven Inter-

1 J. Chelhod erinnert zu Recht daran, daß alle Beobachtungen darin übereinstimmen, daß die Neigung zur endogamen Heirat, die bei den in ständigem Kriegszustand befindlichen Nomadenstämmen ausgeprägter ist als bei den seßhaft gemachten, bei einem drohenden Krieg oder Konflikt wieder auftritt oder stärker wird (J. Chelhod, *a. a. O.*). Ebenso weisen in der Kabylei jene, die die Gemeinschaft – oder ihren Schein – aufrechterhalten wollen, häufig auf die Gefahr hin, die sich aus der Trennung ergäbe, solange rivalisierende Familien beisammen bleiben.

esse der Abstammungsgruppe wiedererkennen. Die Erbfolgetradition, die die Frau vom Erbe ausschließt, die mythische Weltsicht, die ihr nur eine mindere Existenz und niemals volle Beteiligung am symbolischen Kapital der aufnehmenden Abstammungsgruppe zubilligt, die Arbeitsteilung zwischen den Geschlechtern, die sie für die häuslichen Arbeiten bestimmt und dem Mann die Repräsentationsfunktionen überläßt, das alles wirkt dahin zusammen, daß die Interessen der Männer mit den materiellen und vor allem symbolischen Interessen der Abstammungsgruppe gleichgesetzt werden, und dies um so vollständiger, je größer ihre Autorität innerhalb der Gruppe der Blutsverwandten ist. Und daher bezeugen die Männerheiraten, also die Heirat mit der Parallelbase und die politische Heirat, absolut eindeutig, daß die Interessen der Männer viel direkter mit den offiziellen Interessen der Abstammungsgruppe gleichgesetzt werden und daß ihre Strategien direkter von dem Bestreben geleitet sind, den Zusammenhalt der häuslichen Einheit oder das Netz der Allianzen der Familie zu verstärken. Bei den Frauen wiederum ist es kein Zufall, daß die Heiraten, für die sie zuständig sind, zu den gewöhnlichen gehören, oder genauer, daß man ihnen nur für diese die Zuständigkeit überläßt.[1] Weil sie nicht zur Vorzeigeverwandtschaft gehören, bleiben sie auf die praktische Verwandtschaft und auf die praktischen Nutzungsmöglichkeiten von Verwandtschaft beschränkt, wobei sie bei der Suche nach einer Partie für ihren Sohn oder ihre Tochter mehr ökonomischen Realismus (im engeren Sinne) zeigen als die Männer.[2] Wenn eine Tochter verheiratet werden soll, klaffen die weiblichen und männlichen Interessen am ehesten auseinander: nicht

1 Es kommt vor, daß die »Alte« (*thamgharth*), nachdem es ihr gelungen ist, sich durch Geheimverhandlungen in eine von den Männern bereits völlig geregelte Heirat einzumischen, der *thislith* mit der Drohung, sonst die Heirat zu verhindern, das Versprechen abnimmt, ihr die Autorität im Hause zu lassen. Söhne haben ihre Mütter nicht ohne Grund häufig im Verdacht, ihnen Mädchen zur Frau zu geben, die sie leicht unter ihrer Fuchtel halten können.

2 Heiraten der (vor allem an symbolischem Kapital) Armen verhalten sich zu Heiraten der Reichen *mutatis mutandis* wie Frauenheiraten zu Männerheiraten. Arme dürfen bekanntlich in Ehrensachen nicht so pingelig sein. »Dem Armen bleibt nur, neidisch zu sein.« Das heißt, daß sie wie die Frau-

nur ist die Mutter für die »Familienräson«, derzufolge die Tochter als *Instrument* zur Verstärkung des Zusammenhalts der Gruppe der Blutsverwandten oder als symbolisches Wechselgeld zur Herstellung von prestigeträchtigen Schwiegerverwandtschaften (Allianzen) mit fremden Gruppen behandelt werden soll, weniger empfänglich, sie will auch ihre Stellung in der häuslichen Einheit ausbauen, indem sie ihre Tochter in ihre eigene Abstammungsgruppe verheiratet und so den Austausch zwischen beiden Gruppen intensiviert. Die Heirat des Sohnes wirft für die alte Hausherrin vor allem die Frage ihrer Herrschaft über die häusliche Wirtschaft auf, so daß sich ihr Interesse nur negativ mit dem der Abstammungsgruppe abstimmen läßt, soweit sie durch Auswahl einer Schwiegertochter dort, wo sie selber ausgewählt wurde, den von der Abstammungsgruppe eingeschlagenen Pfad einhält und soweit der Konflikt zwischen den Frauen infolge einer falschen Auswahl letztendlich die Einheit der Gruppe der Blutsverwandten gefährden würde.

Die Heirat des Sohns ist häufig Anlaß für eine Konfrontation zwischen Mutter und Vater, die zwangsläufig verdeckt bleibt, da die Frau keine offizielle Strategie haben darf. Der Vater bevorzugt dabei die Heirat innerhalb der Abstammungsgruppe, also die, welche die mythische Vorstellung als ideologische Rechtfertigung der Vorherrschaft des Mannes als beste darstellt, und die Mutter macht insgeheim Vorstöße in Richtung ihrer eigenen Abstammungsgruppe, deren Ergebnisse offiziell zu billigen ihr Mann zu gegebener Zeit aufgefordert wird. Frauen würden nicht so viel Mühe und Einfallsreichtum auf das Auskundschaften von Heiratschancen verwenden, das ihnen in der Arbeitsteilung zwischen den Geschlechtern meist überlassen bleibt, zumindest bis das offizielle Gespräch zwischen den Männern aufgenommen werden kann, wenn die Heirat ihres Sohnes nicht die praktische Möglichkeit enthielte, daß ihre Macht untergraben wird. Die hereingeholte Frau hat nämlich, je nachdem ob sie mit dem Vater ihres Bräutigams verwandt ist – dies entweder über ihren Vater oder, allgemeiner, über einen Mann, oder über ihre Mutter – oder aber mit der Mutter des Bräutigams, auch hier entweder

[Fortsetzung der Fußnote 2 von Seite 343]
en die symbolischen und politischen Funktionen der Heirat weniger berücksichtigen als die *praktischen*, indem sie den persönlichen Eigenschaften des Gatten oder der Gattin viel größere Aufmerksamkeit widmen.

über den Vater oder die Mutter, verschiedenes Gewicht im Kräfteverhältnis zwischen ihr selbst und ihrer Schwiegermutter *(tamgarth)*, wobei sich dieses Verhältnis offenbar auch nach dem Grad der Blutsverwandtschaft der »Alten« mit den Männern der Abstammungsgruppe (d. h. mit dem Schwiegervater) richtet. So hat die patrilineare Parallelbase von vornherein eine bessere Position, wenn sie mit einer genealogisch fremden »Alten« zu tun hat, während im gegenteiligen Falle die Stellung der »Alten« in ihrem Verhältnis zur Schwiegertochter *(thislith)* gestärkt wird, aber auch indirekt, in ihrem Verhältnis zu ihrem eigenen Mann, wenn die *thislith* Tochter ihrer eigenen Schwester oder besser noch ihres eigenen Bruders ist. Tatsächlich stehen die Interessen »des Alten« nicht unbedingt in einem antagonistischen Verhältnis zu denen »der Alten«: des Interesses bewußt, das er an der Wahl einer Sohnesbraut hat, die der »Alten« völlig botmäßig ist, welche selbst wiederum nur an die Abstammungsgruppe denkt, wird er sie beauftragen, in seiner eigenen Abstammungsgruppe ein sanftmütiges Mädchen zu suchen. Außerdem kann er sich, da die gesamte praktische Struktur der Verhältnisse zwischen den Verwandten in jedem einzelnen Verhältnis gegenwärtig ist, bewußt für seinen Sohn die Tochter seiner eigenen Schwester (die patrilineare Kreuzbase) auswählen, oder seine Frau, ohne selbst offen aufzutreten, auffordern, den Sohn lieber mit der Tochter ihres Bruders (matrilineare Kreuzbase) zu verheiraten, als den Einfluß eines bereits (kraft Alters oder Prestiges) dominanten eigenen Bruders zu verstärken, indem er zuläßt, daß dessen Tochter (die patrilineare Parallelbase) genommen wird.

Das Interesse der Männer setzt sich um so vollständiger durch, je stärker der Zusammenhalt der Gruppe der Blutsverwandten ist (was indirekt bekräftigt wird, wenn zugunsten der Geschlossenheit auch damit argumentiert wird, daß sie eine bessere Überwachung der Frauen gewährleistet) und je ungleicher in der gesellschaftlichen Hierarchie die Abstammungsgruppe des Vaters der Mutter ist. Es ist nämlich kaum übertrieben zu behaupten, die ganze Heiratsgeschichte der Gruppe sei in den internen Erörterungen jedes Heiratsprojekts gegenwärtig: das Interesse der Abstammungsgruppe, d. h. das männliche Interesse, welches verlangt, unbedingt zu vermeiden, einen Mann in der Familie in eine untergeordnete Position zu bringen, indem man ihn mit einem Mädchen eindeutig über seinem Stand verheiratet – der Mann, heißt es, kann die Frau zu sich erheben, aber nicht umgekehrt; man gibt (eine Tochter) einem Überlegenen oder Gleichen, man nimmt (ein Mädchen) bei einem Unterlegenen – setzt sich also um so eher durch, wenn der, der für die Heirat (zumindest offiziell) zuständig ist, selber nicht unter seinen Stand verheiratet worden ist. Tatsächlich schließt eine ganze Reihe von Mechanismen, darunter auch die Summe der Mitgift und der Hochzeitskosten, die um so höher sind, je prestigeträchtiger die Heirat ist, Ehebünde zwischen Gruppen, die hinsichtlich ihres ökonomischen und symbolischen Kapitals zu ungleich sind, eher aus: die häufigen Fälle, wo die Familie eines der Gatten reich an einer Kapitalart ist – zum Beispiel an Männern –, während die andere mehr die andere Art Kapital besitzt – zum Beispiel Grund und Boden –, sind keine Ausnahmen, ganz im Gegenteil. Auch dort heißt es: »Gleich zu gleich gesellt sich gern.«

Kurz, die Struktur der objektiven Verhältnisse zwischen den für die Heiratsentscheidung als Mann oder Frau und als Mitglied dieser oder jener Abstammungsgruppe zuständigen Verwandten trägt dazu bei, die Struktur der Verhältnisse zwischen den durch die geplante Heirat vereinten Abstammungsgruppen zu definieren.[1] In Wirklichkeit wäre die Aussage angebrachter, daß das bestimmende Verhältnis zwischen der Abstammungsgruppe des Individuums, das verheiratet werden soll, und der Abstammungsgruppe, die einen möglichen Partner / eine Partnerin bietet, stets über die Struktur der häuslichen Machtverhältnisse vermittelt wird. Um nämlich die multidimensionale und multifunktionale Beziehung zwischen den beiden Gruppen vollständig zu charakterisieren, reicht es nicht aus, die räumliche Distanz und die ökonomische und soziale Distanz zu berücksichtigen, die zwischen ihnen zum Zeitpunkt der Heirat entsprechend dem Verhältnis von ökonomischem und symbolischem Kapital (gemessen an der Zahl der Männer und Ehrenmänner, am Grad der Geschlossenheit der Familie usw.) hergestellt wird; man muß dazu noch die Zwischenbilanz ihrer materiellen und symbolischen Tauschgeschäfte einbeziehen, d. h. die gesamte Geschichte der

1 Der Wert des Mädchens auf dem Heiratsmarkt ist irgendwie eine direkte Projektion des Werts, der den beiden Abstammungsgruppen, die es hervorgebracht haben, sozial zugeschrieben wird. Das wird deutlich sichtbar, wenn der Vater Kinder aus mehreren Ehen hat: während der Wert der Knaben vom Wert ihrer Mutter unabhängig ist, ist der Wert der Mädchen um so größer, je hochstehender die Abstammungsgruppe ihrer Mutter ist und je stärker deren Stellung in der Familie.

offiziellen und außergewöhnlichen Tauschgeschäfte, die wie die Heiraten von den Männern vereinbart oder zumindest bestätigt werden, aber auch der offiziösen und gewöhnlichen, wie sie die Frauen ständig im stillen Einvernehmen mit den Männern und bisweilen ohne ihr Wissen abschließen, über deren Vermittlung die objektiven Beziehungen vorbereitet und realisiert werden, die beide Gruppen geneigt machen, die Paarbildung zu gestatten.

Ökonomisches Kapital ist zwar relativ stabil, doch symbolisches Kapital ist labiler: das Hinscheiden eines angesehenen Familienoberhaupts, ganz zu schweigen vom Zerfall der Gemeinschaft, genügt in manchen Fällen, es stark zu schädigen. Entsprechend richten sich die ganze Vorstellung, die die Familie von sich selbst vermitteln will, und die Ziele, die sie mit ihren Heiraten verfolgt – innere Geschlossenheit oder Schwiegerverwandtschaft nach außen –, nach dem Auf und Ab des symbolischen Besitzstands der Familie. So ging z. B. eine Familie, deren wirtschaftliche Lage sich immerhin besserte, in einer Spanne von zwei Generationen von männlichen Heiraten, also Ehebünden in der engen Verwandtschaft männlicherseits oder außergewöhnlichen Heiraten nach draußen, zu gewöhnlichen Heiraten über, die häufig von den Frauen in ihrem eigenen Beziehungsnetz eingefädelt wurden: dieser Wandel der Heiratspolitik fiel mit dem Tod der beiden ältesten Brüder, der längeren Abwesenheit der (nach Frankreich gegangenen) ältesten Männer und dem Autoritätsverfall der »Alten« einher, die erblindet war. Da zudem die Nachfolge der »Alten«, die für Ruhe und Ordnung sorgt (»der Alten gehorsam sein heißt schweigen«), nicht gesichert war, widerspiegelt die Struktur der Verhältnisse zwischen den Gattinnen die Struktur der Verhältnisse zwischen den Gatten und läßt die Position der Hausherrin unbesetzt: Heiraten gehen unter diesen Bedingungen in Richtung der jeweiligen Abstammungsgruppen der verschiedenen Frauen.

Die Strukturmerkmale, die allgemein den Wert der Produkte einer Abstammungsgruppe auf dem Markt der Heiratsgeschäfte festlegen, werden offenbar von Sekundärmerkmalen wie dem Familienstand der zu verheiratenden Person, ihrem Alter, Geschlecht usw. näher bestimmt. So variieren die Heiratsstrategien der Gruppe und die Heirat, die sich daraus ergeben kann, entscheidend, je nachdem ob der zu verheiratende Mann Junggeselle »im Heiratsalter« oder im Gegenteil bereits »darüber hinaus« ist, oder ob er ein bereits verheirateter Mann ist, der eine Nebenfrau sucht, oder aber Witwer oder Geschiedener, der sich wiederverheiraten will (wobei die Situation auch noch davon abhängt, ob er Kinder aus erster Ehe hat oder nicht). Für ein Mädchen sind die Prinzipien der Variation dieselben, mit dem Unterschied, daß der *Wertverlust* durch frühere Heiraten unendlich größer ist (wegen des Wertes, der auf Jungfräulichkeit gelegt wird, und obwohl der Ruf eines »Mannes, der verstößt« im Grunde mindestens ebenso schädlich ist wie der Ruf »einer zu verstoßenden Frau«).

Dies ist nur einer der Aspekte der Asymmetrie zwischen der Situation der Frau und der des Mannes vor der Heirat: »Mann«, heißt es, »bleibt immer Mann, gleichviel, wie er beschaffen ist; er hat die Wahl.« Da er die strategische Initiative hat, kann er warten: er ist sicher, eine Frau zu finden, selbst wenn er für diese Verzögerung zahlen muß, indem er eine Frau ehelicht, die schon verheiratet war oder von niedrigerem Stand ist, oder irgendeine Krankheit hat. Da um das Mädchen traditionell »angehalten« und es zur Heirat »vergeben« wird, wäre es für einen Vater der Gipfel der Lächerlichkeit, würde er nach einer Partie für seine Tochter suchen. Ein weiterer Unterschied: »Der Mann kann auf die Frau warten (bis sie im Heiratsalter ist), die Frau kann nicht auf den Mann warten.« Wer Töchter unterbringen muß, kann auf Zeit spielen, um den Vorteil der Konstellation, den ihm seine Stellung als Gebetener einbringt, länger zu genießen, doch dies in engen Grenzen und bei Strafe, zu erleben, wie sein Produkt durch den Verdacht der »Unverkäuflichkeit« oder allein schon durch Älterwerden an Wert verliert. Einer der wichtigsten Zwänge ist die Dringlichkeit der Heirat, die offenbar den Spielraum verengt. Zu den Gründen, auf Heirat zu drängen, gehört auch das hohe Alter der Eltern, die die Heirat ihres Sohnes noch erleben und eine Schwiegertochter bekommen wollen, die sie versorgt, oder die Furcht, zu erleben, wie die begehrte Braut einem anderen gegeben wird (um dies zu vermeiden, schenken die Eltern »einen Schuh« und lassen sich damit das Mädchen schon im zartesten Alter »vormerken«, bisweilen sogar die *fatiha* verkünden). Auch der einzige Sohn wird früh verheiratet, damit er das Geschlecht so bald wie möglich fortpflanzt. Der symbolische Gewinn, der dadurch zu erzielen ist, daß man sich nach einer Scheidung früher wieder verheiratet als der ehemalige Ehepartner, verleitet häufig beide, überstürzt eine neue Ehe einzugehen, wobei die so geschlossenen Ehen wenig Aussicht auf Bestand haben. Dies erklärt, warum manche Männer oder Frauen zum wiederholten Heiraten »verdammt« sind. Doch ist die Asymmetrie an diesem Punkt noch viel größer zwischen dem Mann, der als Geschiedener oder Witwer gehalten ist, sich wieder zu verheiraten, während die geschiedene Frau durch das Scheitern ihrer Ehe an Wert einbüßt und die Witwe, auch wenn sie noch sehr jung ist, vom Heiratsmarkt durch ihren Status als Mutter ausgeschlossen wird, die das Kind ihres Ehemannes aufziehen muß, vor allem einen Jungen. »Eine Frau darf nicht wegen einer anderen Frau Witwe bleiben«, heißt es von der Witwe, die nur Töchter hat und zur Wiederheirat ermuntert wird, während sie als Mutter von Söhnen für ihr Opfer gepriesen wird, das um so verdienstvoller ist, je jünger sie ist und je länger sie daher die Situation der Fremden unter den Schwestern ihres Mannes und den Frauen der Brüder ihres Mannes aushalten muß. Doch ihre Lage variiert noch weiter, je nachdem ob sie beim Verlassen der Familie ihres Mannes die Kinder zurückgelassen hat oder ob sie mit ihren Kindern in ihre eigene Familie zurückgekehrt ist (in welchem Falle sie nicht so frei ist, also nicht so leicht wieder heiraten kann). Als interessante Alternative kann sie entweder von der Familie ihres Mannes wieder geheiratet werden (das *offizielle* Verhalten, besonders empfohlen, wenn sie männliche Kinder hat) oder von der Familie ihres Vaters (häufigste Praxis, wenn sie kinderlos ist), oder aber von der Familie ihres Ehemannes wieder verheiratet werden. Es ist schwierig festzustellen, wie viele solcher Variablen (zu denen sicher auch lokale Traditionen gehören) es gibt, die bestimmen, welche dieser Strategien man »wählt«.

Doch muß man, entgegen der Tradition, die jede Heirat als isolierte Einheit betrachtet, im Sinn behalten, daß die Unterbringung jedes einzelnen Kindes derselben Familieneinheit auf dem Heiratsmarkt (d. h. entweder der Kinder desselben Vaters oder der Enkel desselben Großvaters) von der Heirat aller anderen abhängig ist und sich folglich nach der (hauptsächlich durch die Geburtenfolge, das Geschlecht und die Beziehung zum Familienoberhaupt definierten) *Stellung* jedes der Kinder innerhalb der besonderen *Konfiguration* der Gesamtheit der zu verheiratenden Kinder richtet, die wiederum durch ihren Umfang und ihre Geschlechtsstruktur charakterisiert wird. So ist, wenn es um einen Mann geht, dessen Situation um so günstiger, je enger die Beziehung ist, die ihn mit dem statutenmäßigen Inhaber der Autorität über die Heirat verbindet (sie kann von der Beziehung zwischen Vater und Sohn über die zwischen älterem und jüngerem Bruder bis zur Beziehung zwischen entfernten Vettern reichen). Außerdem wirkt, obwohl offiziell kein Vorrecht des Erstgeborenen (Knaben) anerkannt wird, alles dahin, daß er gegenüber den jüngeren Brüdern bevorzugt, als erster und bestmöglich, d. h. eher nach außen, verheiratet wird, da die jüngeren Brüder mehr für die *Produktion* als für die *Tauschgeschäfte* des Markts oder der Versammlung, mehr für die Bodenbearbeitung als für die Außenpolitik des Hauses bestimmt sind.[1] Seine Lage ist indessen ganz verschieden, je nachdem ob er der älteste von mehreren Knaben ist oder als einziger bzw. als Sohn mit mehreren nachgeborenen Schwestern alleiniger Hoffnungsträger der Familie.

Die »spontane Psychologie« beschreibt hervorragend »den Mädchenknaben« *(aqchich bu thaqchichin),* der von den Frauen der Familie gehätschelt und verzärtelt wird, die ihn stets länger als die anderen Jungen bei sich behalten wollen, und sich schließlich mit seiner sozialen Bestimmung identifiziert und ein schwächliches und kränkliches Kind wird, das »von seinen vielen langhaarigen Schwestern aufgezehrt wird«. Dieselben Gründe, die dazu führen, dieses Produkt, das zu kostbar und selten ist, als daß man es der kleinsten Gefahr aussetzen könnte, auf tausenderlei Weise zu schonen und zu schützen, ihm die Feldarbeit zu ersparen und einen längeren Schulbesuch zu gestatten, es solcherart durch gehobenere Sprache, feinere Kleidung, bessere Ernährung von seinen Altersgenossen abhebend, führen auch dazu, daß ihm eine Frühheirat gesichert wird. Im Gegensatz dazu ist der Preis eines Mädchens um so höher, je mehr Brüder es hat, Wächter ihrer Tugend (besonders ihrer Jungfräulichkeit) und potentielle Verbündete ihres künftigen Gatten. Daher wird in den Märchen auch berichtet, welchen Neid ein Mädchen mit sieben Brüdern weckt, das siebenmal geschützt ist wie »eine Feige zwischen Blättern«: »Ein Mädchen mit dem Glück, sieben Brüder zu haben, konnte stolz sein, und *an Freiern fehlte es ihr nicht.* Sie war *sicher, gefragt und geschätzt zu sein.* Wenn sie verheiratet war, wurde sie von ihrem Mann, von seinen Eltern, seiner ganzen Familie und sogar von den Nachbarn und Nachbarinnen *geachtet:* hatte sie nicht sieben Männer auf ihrer Seite, ist sie nicht die Schwester von sieben Brüdern, sieben *Beschützern*? Beim kleinsten Streit würden sie kommen und Ordnung schaffen und ihre Schwester, wenn sie *gefehlt* hatte oder *verschmäht* worden war, *zu sich zurückholen, wo sie von Achtung umgeben ist. Keine Schande konnte sie erreichen.* Niemand würde sich in *die Höhle der Löwen* wagen.«

Während die Familie, die viele Mädchen hat, vor allem (von Brüdern) unzureichend beschützte und daher wenig gefragte, weil sie wenig Verbündete einbringen und angreifbar sind, in einer schlechten Lage und gezwungen ist, bei den Familien, die ihre Frauen aufnehmen, Schulden zu machen, hat die an Männern

1 Ebenso wird, wenn zwei Schwestern dicht aufeinander folgen, außer bei höherer Gewalt (Gebrechen, Krankheit), vermieden, die jüngere wegzugeben, bevor die ältere verheiratet oder zumindest verlobt ist.

reiche Familie einen sehr großen Spielraum: sie kann sich dafür entscheiden, jeden der Jungen je nach Konstellation verschieden unterzubringen, mit dem einen Allianzen mehren, mit dem anderen den Zusammenhalt stärken, und sich sogar einen Vetter verpflichten, der nur Töchter hat, indem sie ihm für den dritten Sohn eine Tochter abnimmt. In diesem Fall kann der Verantwortliche sein ganzes Geschick entfalten und wie spielerisch Unvereinbares unter einen Hut bringen, den Zusammenhalt stärken und die Allianzen erweitern. Im Gegensatz dazu ist der, welcher nur Töchter oder zu viele hat, auf *Negativ*strategien angewiesen und muß sein ganzes Geschick darauf richten, den Markt offenzuhalten, indem er die Relation zwischen dem Bereich der möglichen Partner und dem Bereich der möglichen Konkurrenten manipuliert, wobei er das Nahe und das Ferne, die Nachfrage des Nahen gegen die des Fernen ausspielt (um die Tochter ohne Beleidigung zu verweigern oder um warten zu lassen), um sich vorzubehalten, den Vornehmsten zu wählen.
Wie man sieht, ist dies weit entfernt von der reinen, weil unendlich verarmten Welt der »Heiratsregeln« und der »elementaren Strukturen der Verwandtschaft«. Nachdem das System der Prinzipien definiert ist, aufgrund deren die Handelnden geregelte und gesetzmäßige Heiratspraktiken hervorbringen (und verstehen) können, könnte man von einer statistischen Analyse der relevanten Angaben verlangen, daß sie das jeweilige Gewicht der strukturellen oder individuellen Variablen feststellt, das diesen objektiv zukommt. Wichtig ist nämlich, daß die Praxis der Handelnden dann verstehbar wird, wenn man das System der Grundsätze konstruieren kann, das sie in die Praxis umsetzen, wenn sie die bei einem gegebenen Stand des Heiratsmarkts sozio-logisch verpaarbaren Individuen unmittelbar wahrnehmen; oder genauer noch, wenn sie für einen bestimmten Mann beispielsweise die wenigen Frauen angeben, die ihm innerhalb der praktischen Verwandtschaft sozusagen *versprochen*, und die, die ihm äußerstenfalls *gestattet* sind – und dies so klar und unbestreitbar, daß jede Abweichung von der wahrscheinlichsten Laufbahn, zum Beispiel eine Heirat in einen anderen Stamm, als Herausforderung gegenüber der betroffenen Familie oder aber der ganzen Gruppe empfunden wird.

3. Kapitel
Der Dämon der Analogie

»Durch seine Bestimmung und Form bietet sich der Löffel zur Veranschaulichung der Gebärde dar, die den Wunsch ausdrückt, Regen fallen zu sehen. Die umgekehrte Gebärde, also das Umdrehen des Löffels, muß sozusagen mechanisch die gegenteilige Wirkung haben. Sie wird von der Frau eines *fquih* bei den Mtougga gemacht, um einen drohenden Regen abzuwenden.«

E. Laoust, *Mots et choses berbères*

»Ich glaube, ich habe eine theologische Entdekkung gemacht ...
– Was für eine?
– Wenn man die Hände umgedreht *(upside down)* hält, kriegt man das Gegenteil von dem, wofür man betet.«

Ch. M. Schulz, *There is no one like you, Snoopy*

Die Schemata des Habitus in den kodifizierten und so weitergegebenen Kenntnissen sind je nach Praxisgebiet ungleich weit objektiviert: die relative Häufigkeit von stark reglementierten Spruchweisheiten, Verboten, Sprichwörtern und Riten nimmt ab, wenn man sich von Praktiken, die mit der bäuerlichen Tätigkeit verknüpft sind oder unmittelbar mit ihr zusammenhängen, wie Weben, Töpfern, Kochen, in Richtung auf Unterteilungen des Tages oder Augenblicke des Menschenlebens bewegt, ganz zu schweigen von den scheinbaren Bereichen der Beliebigkeit wie innere Ordnung des Hauses, Körperteile, Farben oder Tiere. Obwohl sie zu den am weitesten kodifizierten Aspekten der kulturellen Überlieferung gehören, schwanken die Vorschriften des Brauchtums, welche bestimmen, wie die Tätigkeiten in der Zeit verteilt werden, beträchtlich je nach Ort und innerhalb desselben Orts je nach Gewährsmann.[1] Und wiederum stößt man auf den Gegensatz zwischen den offiziellen Kenntnissen, die übrigens am stärksten von Interferenzen mit der islamischen Tradition geprägt sind (in ethnographischen Sammlungen am häufigsten vertreten, ein Beleg für die stillschweigende Übereinstimmung zwischen der Ethnologie und allen Formen des Juridismus), und allen möglichen (offiziösen oder heimlichen, ja sogar unerlaubten) Arten von Wissen oder Praktiken, die zwar das Produkt derselben Erzeugungsschemata sind, aber einer anderen Logik gehorchen. Was als »Berechnung des Zeitpunkts« *(lawquat lah'sab)* bezeichnet wird und insbesondere den Notabeln übertragen ist, d. h. den ältesten Männern der angesehensten Familien, nämlich die Pflicht, an das Datum der großen Gemeinschaftszeremonien zu erinnern, der offiziellen und zwingenden Riten, die wie die Ackerbauriten die gesamte Gruppe einbeziehen, da sie für alle ihre Mitglieder ein und dieselbe Funktion erfüllen, oder den Erntebeginn festzulegen und durchzusetzen (»Wenn die Ähren reif sind«, berichtet ein Gewährsmann aus Aïn Aghbel, »kommen die Notabeln zusammen und legen den Tag der Ernte fest. Das wird ein Festtag; sie *einigen* sich. Alle fangen am selben Tag an«). Dagegen trifft man bei alten Weibern (und Schmieden) meist die größte Kompetenz in der privaten Magie, den niederen Riten, mit denen private Zwecke erreicht werden sollen, wie bei der schwarzen Magie, der Heilbeschwörung oder dem Liebeszauber, bei denen meist ein recht durchsichtiger Symbolismus und recht simple rituelle Strategien wie die Übertragung des Bösen auf eine Person oder einen Gegenstand angewandt werden.

1 Zahlreiche Beobachter (Lévi-Provençal 1918; Laoust 1920; Hassler 1942; Galand-Pernet 1958) haben die Ungewißheiten aller Kalenderbezüge herausgestellt, die sich daraus ergeben, daß viele bäuerliche Riten und Praktiken oberflächlich islamisiert worden sind, da die Marabuts häufig als Experten angerufen werden und an vielen bäuerlichen Riten wie z. B. den Bittgebeten um Regen beteiligt sind. Hassler hat meiner Kenntnis nach als einziger festgehalten, daß es Variationen je nach Orten und Gewährsleuten gibt: »Der Kalender, wie wir ihn vorlegen, bietet eine Gesamtschau des kabylischen Jahrs, doch *sind je nach den befragten Stämmen und häufig auch den befragten Personen* im selben Stamme Einzelheiten anders oder unbekannt« (Hassler 1942).

Sobald man einen synoptischen »Kalender« aufzustellen versucht, der die am häufigsten berichteten Merkmale kumuliert und die wichtigsten Varianten hervortreten läßt (anstatt die Aufzeichnung dessen zu präsentieren, was man von einem bestimmten Gewährsmann gehört hat), merkt man, daß identische »Perioden« mit verschiedenen Namen belegt werden und daß noch häufiger identische Namen »Perioden« sehr unterschiedlicher Länge und je nach Region, Stamm, Dorf und sogar Gewährsleuten verschiedenen Datums bezeichnen.[1] Man muß sich also hüten, etwas anderes als ein *theoretisches Artefakt* in dem *Schema* zu erblicken, das in gedrängter und synoptischer Form die Angaben zusammenfaßt, die durch eine Arbeit der Datenerhebung gesammelt wurden, die ursprünglich auf die halbbewußte Absicht ausgerichtet war, alle aufgezeichneten Hervorbringungen zu kumulieren, um jene Art *ungeschriebener Aufteilung* zu konstruieren, deren lediglich unvollständige und abgemagerte Versionen die gesammelten Kalender wären. Obwohl theoretisch völlig unzureichend, sind das synoptische Schema[2] und die lineare Darstellung, die seinen Inhalt erklärt, indem sie »Augenblikke« und »Perioden« nacheinander abspult (und konkurrierende »Lektionen« als »Varianten« behandelt), in zweierlei Hinsicht von Nutzen: erstens bieten sie ein ökonomisches Mittel, dem Leser auf relevante Merkmale reduzierte und nach einem zugleich vertrauten und sofort sichtbaren Ordnungsprinzip geordnete Angaben zu machen; zweitens kann man mit ihnen gewisse Schwierigkeiten aufzeigen, die sich aus dem Bemühen ergeben, die verfügbaren Angaben zu kumulieren und linear darzustellen, und den künstlichen Charakter des »Gegenstands Kalender«

1 Hier wurde durchgängig das erzählende Präsens zur Beschreibung der Praktiken gewählt, die zu einem bestimmten Zeitpunkt im Gedächtnis der Gewährsleute vorhanden waren, aber vor kurzer oder längerer Zeit mehr oder minder vollständig aus der Praxis verschwunden sind.

2 Das Sinusschema drängte sich auf, weil es gestattet, die Wendepunkte oder, wenn man so will, *Schwellen* (Frühling, Herbst) hervorzuheben und dabei zugleich die markierten Zeitpunkte des Bauernjahrs als geordnete Punkte einer linearen und gerichteten (vom Herbst zum Sommer, d. h. von Westen nach Osten, vom Abend zum Morgen usw.) Folge oder als Punkte auf einem Kreis darzustellen, den man erhält, wenn man die Figur um die Y-Achse umschlägt.

sichtbar machen, an dessen als selbstverständlich vorausgesetzter Idee sich alle Sammlungen von Riten, Sprichwörtern oder Praxisformen orientierten, angefangen mit meinen eigenen.[1]

Eine scheinbar harmlose Frage wie »und dann?«, mit der man einen Gewährsmann auffordert, zwei »Perioden« in eine fortlaufende Dauer einzuordnen, und die nur ausspricht, was das chronologische Schema stillschweigend tut, hat die Wirkung, ein Verhältnis zur Zeitlichkeit herzustellen, das dem Verhältnis ganz und gar entgegengesetzt ist, das in praxi bei der üblichen Verwendung von Zeitbezeichnungen und Begriffen eingesetzt wird, die wie der Begriff »Periode« durchaus nicht selbstverständlich sind. Zum Beweis, daß der von allen Gewährsleuten genannte *eliali* keine »Periode von vierzig Tagen« ist (man sagt nur »wir treten in den *eliali* ein«), sondern ein schlichtes Zerstückeln der Dauer: verschiedene Gewährsleute schreiben ihm verschie-

1 In Anbetracht der Intention dieser Darlegung schien es nicht sinnvoll, für jeden Ritus, jede Sage, jedes Symbol, jeden Sinnspruch oder jedes Sprichwort die (im übrigen zwangsläufig unvollständige) Liste der Verweise auf Autoren anzugeben, die sie erwähnt haben, einer Art philologischer Kritik zu unterziehen, die eigentlich nötig wäre, um festzustellen, wie weit die verschiedenen Beobachtungen sich ganz oder teilweise decken (durch erklärte oder nichterklärte Übernahme, durch gesonderte Erinnerung am selben Ort oder an verschiedenen Orten usw.), worin sie sich ergänzen, widersprechen usw. Wir werden uns hier damit begnügen, die Werke oder Artikel aufzulisten, in denen sich manche der (auf das kabylische Gebiet beschränkten) Angaben finden oder wiederfinden (bei natürlich enormer Redundanz), die zu dieser Rekonstruktion verwendet wurden (unter Hinzufügung derjenigen Werke oder Artikel, die aufgrund der Hypothese einer kulturellen Einheit zu Vergleichszwecken herangezogen wurden und nützliche Angaben oder Interpretationen enthalten): Anonym, *B.E.I.* 1934; Anonym, *F.D.B.* 1954; Balfet 1955; Boulifa 1913; Calvet 1957; Chantréaux 1941; Dallet 1953; Devulder 1951 und 1957; Genevois 1955, 1962, 1967, 1969, 1972; Hassler 1942; Hénine 1942; Lanfry 1947; Laoust 1918, 1920, 1921; Sr Louis de Vincennes 1953; Marchand 1939; Maury 1939; Ouakli 1933; Picard 1958; Rahmani 1933, 1935, 1936, 1938, 1939–1, 1939–2; Rolland 1912; Servier 1962, 1964; Schoen 1960; Yamina (Aït Amar oder Saïd) 1952. Zu Vergleichszwecken wurden insbesondere konsultiert: Basset 1922; Ben Cheneb 1905; Biarnay 1909, 1924; Bourrilly 1932; Destaing 1907, 1911; Galand-Pernet 1958, 1969; Gaudry 1929; Laoust 1912, 1918; Lévi-Provençal 1918; Marçais und Guiga 1925; Menouillard 1910; Monchicourt 1915; Tillion 1938; Westermarck 1911, 1926 (diese Angaben verweisen auf die Bibliographie am Ende dieses Bandes).

dene Dauer und Daten zu; einer verlegt sogar den ersten Tag des *ennayer* zugleich mitten in den Winter und mitten in den *eliali*, obwohl er *eliali* nicht in die (geometrische) Mitte des Winters legt, und belegt damit, daß die praktische Erfassung der Struktur, die ihn *eliali* als Winterwinter denken läßt, die Oberhand über den berechnenden Verstand gewonnen hat. (Diese Logik findet sich auch in dem Glauben, manche »Perioden« enthielten, obwohl im großen und ganzen günstig, einen unheilvollen Augenblick, der nicht genau bekannt sei und während dessen man bestimmte Handlungen besser unterlasse, womit die »Periode« also zu einem Bereich der Ungewißheit zwischen zwei Zeitmarken wird.)[1]

Neben der Form, die die Befragung annehmen muß, um eine geordnete Abfolge von Antworten zu erhalten, verrät sich im ganzen Verhältnis der Untersuchung die theoretische Einstellung des Befragers, womit der Gewährsmann gewissermaßen aufgefordert wird, ebenfalls eine sozusagen theoretische Haltung einzunehmen: da sie jeden Bezug auf die Verwendung und die Bedingungen des Gebrauchs von Zeitmarken ausschließt, ersetzt die Befragung stillschweigend die für praktische Zwecke verwendeten diskontinuierlichen Zeitmarken durch den Kalender als einen Gegenstand, der wie geschaffen ist, als eine außerhalb ihrer »Anwendungen« und unabhängig von den Bedürfnissen und Interessen ihrer Anwender existierende Totalität abgespult zu werden. So erklärt sich, warum Gewährsleute, außer bei grundlegenden Gegensätzen wie zwischen *eliali* und *es'maïm*, auf die Aufforderung, den Kalender aufzusagen, häufig vorwie-

1 Das ist der Fall einer »Periode« starker Kälte, *laâdidal*, von der man nicht weiß, auf welchen Zeitpunkt sie fällt (von einem Gewährsmann des Djurdjura zitiert, wird sie auch in einem Lied erwähnt, das die Frauen bei der Arbeit mit der Mehlmühle singen: »Wenn für mich *laâdidal* wie die Nächte des *h'ayan* wäre, würdet ihr die Schäfer heißen, ins Dorf zu flüchten«). Nach Aussage verschiedener Gewährsleute des Djurdjura verwandelt sich das Wasser in einer Nacht im *djember*, die man nicht weiß, in Blut: wenn man davon trinkt, kann man sterben oder den ganzen Tag Durst haben. Desgleichen enthält der wohltätige Monat *nisan* eine unheilvolle Zeit *(eddbagh)*, die niemand kennt (oder nur einige Bauern, die das Geheimnis eifersüchtig hüten) und während der jeder berührte Baum oder jedes (bis aufs Blut) gestochene Tier sofort stirbt. Hier haben wir eine exemplarische Veranschaulichung der Dialektik von Elend und Unsicherheit, die das magische Ritual erzeugt, das sie bekämpfen soll, sie aber in Wirklichkeit nur noch verstärkt.

gend wiedergeben, was sie an gelehrten Reihen wie *mwalah'*, *swalah'* und *fwatah'* oder *izegzawen*, *iwraghen*, *imellalen* und *iquranen* abrufen können. Kurz, indem man stillschweigend jeden Bezug auf ein praktisches Interesse ausschließt, das eine bestimmte Person – ein Mann, eine Frau, ein Erwachsener oder ein Schäfer, Bauer oder Schmied usw. – jeweils haben kann, das Jahr so und nicht anders zu zerlegen und diese oder jene Zeitmarke zu verwenden, konstruiert man unwissentlich einen *Gegenstand*, der nur infolge dieser unbewußten Konstruktion und ihrer Operationen überhaupt existiert.[1]

Genau diesen unvermeidlichen Effekt der grafischen Konstruktion muß man immer im Sinn haben, wenn man das unten wiedergegebene Schema und den zugehörigen Kommentar »liest«, einfache *stenografische Beschreibungen*, die dem Leser gestatten sollen, sich mit dem geringsten Aufwand einen Überblick über die Gesamtheit der Praktiken zu verschaffen, die das Erzeugungsmuster reproduzieren soll.

1 Allgemeiner noch ergibt sich die Komplizenschaft, die dem Ethnologen im Grunde so leicht eingeräumt wird, wenn er sich für die grundlegendsten kulturellen Themen interessiert, daraus, daß die geistige Tätigkeit, die seine Fragen bei seinen Gewährsleuten auslösen, sie als identisch mit der Tätigkeit erscheinen läßt, der sie sich spontan hingeben und aus der bereits der größte Teil der kulturellen Hervorbringungen entstanden ist, die sie ihm darbieten: Sprichwörter, Spruchweisheiten, Rätsel, Merksätze, gnomische Reime usw.

Der Kalender und die synoptische Illusion

Die meisten Gewährsleute lassen das Jahr spontan im Herbst *(lakhrif)* beginnen. Manche legen den Beginn dieser Jahreszeit auf einen Termin um den 1. September, andere in die Nähe des 15. August des Julianischen Kalenders, auf den als »Tor des Jahres« *(thabburth usugas)* genannten Tag, der nach den Hundstagen des *esmaïm* den Eintritt in die feuchte Jahreszeit bezeichnet. An diesem Tag opfert jede Familie einen Hahn, und man erneuert Verträge und Partnerschaften. Tatsächlich legen andere Gewährsleute das »Tor des Jahres« auf die Eröffnung des Pflügens *(lah'lal natsh'arats* oder *lah'lal n thagersa),* den entscheidendsten Wendepunkt der Übergangszeit.

Die »Periode« des Pflügens (häufig als *lah'lal,* aber auch als *h'artadem* bezeichnet, beginnt mit der Eröffnung des Pflügens *(awdjeb),* der die Opferung eines gemeinsam gekauften Ochsen *(timechreth)* vorhergeht, dessen Fleisch unter alle Mitglieder des Klans *(adhrum)* oder Dorfes aufgeteilt wird. Pflügen und Aussaat, sofort nach der Eröffnungszeremonie begonnen (die zugleich Regenritus ist) und sobald die Erde feucht genug ist, können sich bis Mitte Dezember hinziehen oder sogar noch länger, je nach Region oder Jahr.

In Wirklichkeit ist es sicher unangebracht, bezüglich *lah'lal* von einer Periode zu reden: dieserTerminus (und die entsprechende Zeiteinheit) ist in der Welt der feuchten Jahreszeit praktisch im Gegensatz zu *lakhrif* definiert (wobei Pflügen und Aussaat dem Pflücken und Dörren der Feigen, den Gartenarbeiten im *thabh'irth,* dem Sommergarten, und *laâlaf* gegenübergestellt werden, der besonderen Pflege der vom Dreschen geschwächten Ochsen, um sie aufs Pflügen vorzubereiten); doch kann er in derselben Welt auch im Gegensatz zu *eliali* definiert werden, der leeren Zeit des Winters; in einer ganz anderen Logik kann er auch allen anderen Perioden gegenübergestellt werden, in denen ein bestimmter Typ von Arbeiten erlaubt ist, die außerhalb dieser Zeiten *h'aram* (verboten) wären: zum Beispiel *lah'lal lafth,* an dem

1. Der abstrakte Kalender

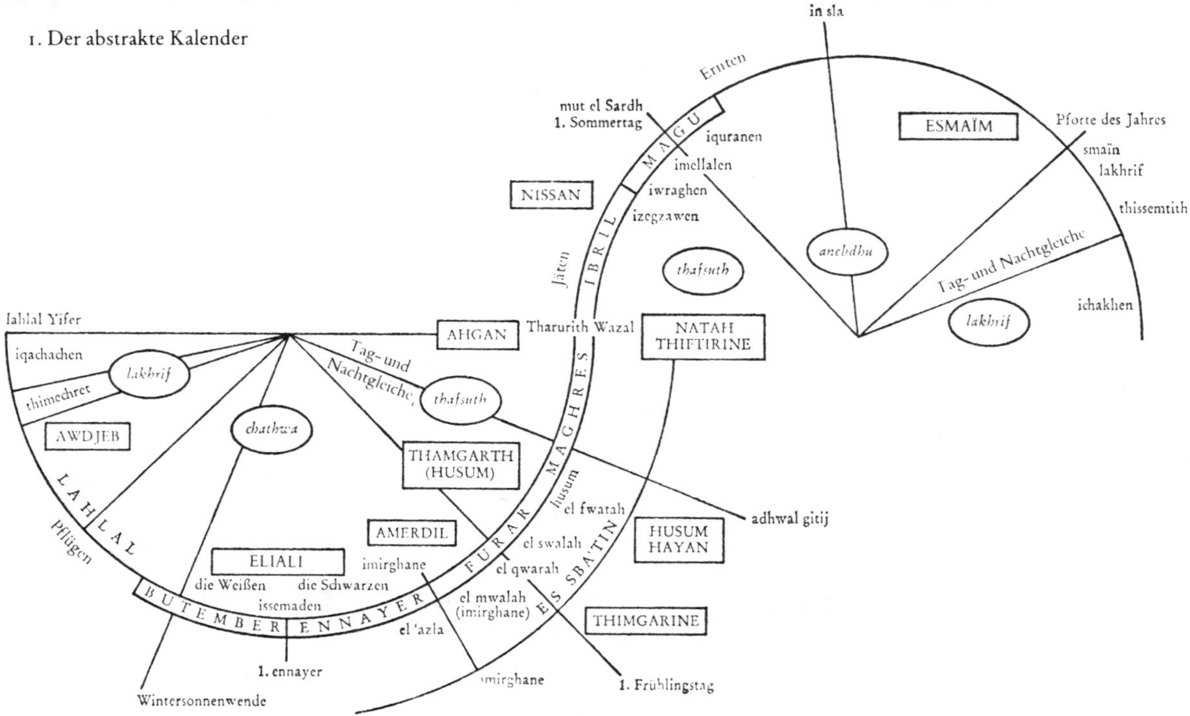

die Aussaat von Rüben erlaubt ist (vom 17. Tag des Herbstes an, dem 3. September im Julianischen Kalender); *lah'lal yifer*, der erlaubten Zeit für das Entlauben der Feigenbäume (Ende September) usw.

Der Winter *(chathwa)* beginnt nach Angabe der Gewährsleute am 15. November oder 1. Dezember, und ohne besonderen Ritus (was beweisen dürfte, daß der Gegensatz zwischen Sommer und Winter nicht sehr ausgeprägt ist); andere Gewährsleute sagten sogar, man könne den ersten Wintertag nicht wissen. Das Herz des Winters wird *eliali* genannt, die Nächte, eine Zeit von vierzig Tagen, in der fast alle Gewährsleute zwei gleiche Teile unterscheiden, *eliali thimellaline*, die weißen Nächte, und *eliali thiberkanine*, die schwarzen Nächte, eine Unterscheidung, die, wie ihre umfangreiche Verwendung belegt, das Produkt eines völlig abstrakten und formalen Teilungsprinzips ist, obwohl die Gewährsleute hierfür Begründungen in den klimatischen Schwankungen finden. Wenn die Herbstarbeiten abgeschlossen sind, beginnt die tote Jahreszeit, die als solche dem *esmaïm* gegenübergestellt wird, der toten Zeit in der trockenen Jahreszeit, oder aber, wie bereits bemerkt, dem *lah'lal*, der Zeit der vollen Tätigkeit, die aber auch in einem anderen Verhältnis dem Übergang vom Winter zum Frühling (*es-sbaât* oder *essubuaâ*, den »Siebenern«) gegenübergestellt wird; eine noch andere Sicht sind die »großen Nächte« *(eliali kbira)* im Gegensatz zu den »kleinen Nächten« *(eliali esghira)* des Februar oder März, zu den »Nächten des Schäfers« und zu den »Nächten des H'ayan«. Im Herzen des Winters gelegen, ist der erste Tag des *ennayer* (Januar) von einer ganzen Reihe von Erneuerungsriten und Verboten (besonders des Kehrens oder Webens) gekennzeichnet, die von manchen Gewährsleuten auf die gesamte Periode des *issemaden* (der Fröste) ausgedehnt wird, die den Übergang vom Dezember zum Januar bezeichnet.

Das Ende des *eliali* wird von der rituellen Feier des *el âazla gennayer* bezeichnet, der Trennung vom *ennayer:* das Leben bricht durch die Erdkrume, die Bäume treiben aus, alles öffnet sich *(el ftuth')*. Der Bauer geht auf den Feldern Zweige vom Rosenlorbeer in den Boden stecken, die die Kraft haben, *maras* zu vertreiben, den weißen Wurm, und spricht dabei: »Raus mit dir, du weißer Wurm! Der *khammes* wird dir die Beine brechen!« (Nach Angaben anderer Gewährsleute – aus Collo – wird dieser Ritus am ersten Frühlingstag vollzogen.) Am selben Tag, heißt es, geht man in den Stall und schreit den Ochsen ins Ohr: »Gute Nachricht, der *ennayer* ist vorbei!« Manche Gewährsleute sagen *âazri*, Junggeselle, statt *âazla*, Trennung (»weil von diesem Datum an der Frühling näherkommt und das Hochzeitmachen anfängt«), in einer Art Wortspiel, das mit Sicherheit ein Spiel mit mythischen Wurzeln überlagert. Es ist der Beginn einer langen Übergangs- und Wartezeit, die von einer ebenso vielfältigen wie unklaren Terminologie überlagert wird: wenn der Herbst, wie einer der Gewährsmänner meinte, »ein Ganzes ist«, ist der Übergang zum Winter ein Mosaik schlecht definierter und fast stets ungünstiger Augenblicke mit je nach Ort verschiedenen Namen.

Auf diese Weise kann mit dem Namen *thimgharine*, die Alten, oder *thamghart*, die Alte (Bezeichnungen, die auf die Legende von den geborgten Tagen anspielen, in der erzählt wird, wie der Winter – oder der Januar, Februar usw. –, indem er von der Folgeperiode ein paar Tage borgt, eine alte Frau – oder eine Ziege, oder einen Neger – züchtigen kann, die ihn herausgefordert haben), oder mit dem Namen *amerdil*, Darlehen, entweder der Augenblick des Übergangs von einem Monat auf den anderen (vom Dezember zum Januar oder vom Januar zum Februar oder vom Februar zum März oder in Aïn Aghbel gar vom März zum April) oder der Augenblick des Übergangs vom Winter auf den Frühling bezeichnet werden. *H'usum*, ein gelehrter Name arabischen Ursprungs, der sich auf eine Sure des Korans bezieht, wird neben *h'ayan* (oder *ah'gan*) gebraucht, um den Übergang von *furar* zu *maghres* zu bezeichnen. (Ohne zu vergessen, daß allein die Zusammenfassung einer Gesamtheit von Merkmalen aus einer Region in Form einer Reihe eine ganz und gar künstliche Operation darstellt, haben wir uns auf das Schema der drei Hauptreihen bezogen: 1) *imirghane, amerdil, thamghart, ah'gan* oder *thiftirine, nisan;* 2) *thimgharine, ha'yan, nisan;* 3) *el mwalah', el qwarah', el swalah', el fwatah', h'usum, natah', nisan,* die stark vereinfacht jeweils ungefähr 1) der Kabylei des Djurdjura, 2) der kleinen Kabylei und schließlich 3) den am stärksten islamisierten Regionen oder den gebildeten Gewährsleuten entsprechen.)

Doch die Logik der Magie, welche verlangt, daß der ungünstigste Augenblick einer insgesamt ungewissen Periode nie genau festgelegt werden kann, bewirkt, daß Begriffe wie *thimgharine* oder *h'usum,* äußerst ungünstige Zeiten, bisweilen zur Bezeichnung der gesamten Übergangszeit von Ende Januar bis Ende März gebraucht werden: in diesem Fall läßt man sie für die vier »Wochen« gelten, in die der Monat Februar zerfällt und deren Gesamtheit *es-sbaât* (die Sieben) genannt wird: *el mwalah'* (bisweilen *imirghane,* die Salzigen genannt, *el qwarah',* die Scharfen, *el swalah',* die Günstigen, *el fwathah',* die Offenen; diese halbgelehrte Reihe wird bisweilen in einem Merkspruch der Marabuts, in welchem jede dieser Benennungen mit ihrem Anfangsbuchstaben enthalten ist, *ma, qa, sa, fin* genannt; und ebenfalls aus mnemotechnischen Gründen können die Gewährsleute fast stets nicht umhin, die Reihe der Unterteilungen zu Sommerbeginn – *izegzawen, iwraghen, imellalen, iquranen* – bisweilen auch mit den ersten radikalen Konsonanten ihrer Berbernamen *zar, ra, ma, qin* zu zitieren. Wir stehen hier vor einer jener halbgelehrten Dichotomien, die analog zu denen der Januarnächte sind und nicht ohne einen Rationalisierungsversuch auskommen: die ersten zwei Perioden liegen als unheilvolle am Winterende, die letzteren zwei als günstige im Frühling. Ebenso unterscheiden die Gewährsleute, die *h'usum* auf die zwei Wochen Ende Januar und Anfang Februar legen, indem sie darauf alle typischen Merkmale der Periode insgesamt konzentrieren, zwischen einer ersten unheildrohenden Woche und einer zweiten, die

günstig ist. Und gleichfalls unterscheidet eine Anzahl Gewährsleute (vor allem in der Kabylei des Djurdjura) zweierlei *ah'gan: h'ayan bu akli, h'ayan* der Schwärze, sieben Tagen strengen Frosts, während deren alle Arbeiten eingestellt werden, und *ah'gan u hari, h'ayan* des freien Mannes, sieben Tage, während deren »alles auf Erden auflebt«.
Während der »Woche des *h'ayan*« (erste Märzwoche) vollbringt das Leben sein Werk. Man darf seine Arbeit nicht stören, indem man Felder oder Obstgärten betritt. Des weiteren sind im *h'ayan* und im *h'usum* verboten: Pflügen, Heiraten, sexuelle Beziehungen; Nachtarbeit; Töpfern und Brennen; Wollbearbeitung, Weben. In Aïn Aghbel ist es während der Zeit des *h'usum* streng verboten, den Boden zu bearbeiten, das bedeutet *el faragh* (das Leere); es ist unheilvoll, »einen Bau zu beginnen, eine Hochzeit zu feiern, ein Fest zu geben, ein Tier zu kaufen«. Allgemein enthält man sich jeder Tätigkeit, die in die Zukunft gerichtet ist. Auch bei den Tieren scheint das Wachsen abgeschlossen: am Ende der *h'ayan*-Woche setzt man die Tiere vom Säugen ab *(el h'iyaz),* zur Tag- und Nachtgleiche des Frühlings (*adwahl gitij,* des Längerwerdens der Sonne). Man schlägt auf ein Becken, um Lärm zu machen und zu verhindern, daß die Ochsen, die an diesem Tag die Sprache der Menschen hören und verstehen, mitbekommen, was über das »Längerwerden der Tage« geredet wird, denn »sonst bekämen sie Angst, noch mehr arbeiten zu müssen«. Infolge seiner Position wird *h'usum* (oder auch *h'ayam*) mit einem Eröffnungs- und Vorbedeutungscharakter ausgestattet, der dem sehr ähnlich ist, der beim Tag dem Morgen zufällt: wenn es zum Beispiel nicht regnet, werden die Zisternen das ganze Jahr nicht voll; wenn es regnet, ist das ein Zeichen kommenden Überflusses; wenn es zu Beginn schneit, wird es viele Wachteleier geben; *h'usum* ist deswegen Anlaß für Beschwichtigungshandlungen (Verteilung von Almosen) und Wahrsagereien.
Sobald die Tage der Alten und *h'usum* vorbei sind, geht man davon aus, daß die Herde gerettet ist: nun ist *el fwatah,* die

Zeit des Austreibens und des Werfens, auf dem bestellten Acker wie in der Herde, wo die Jungen die Härten des Winters nicht mehr zu fürchten brauchen. Man hat bereits den ersten Frühlingstag *(thafsuth)* gefeiert, das Fest des Grünen und der Kindheit. Das gesamte Ritual dieses Eröffnungstags einer Periode mit Vorbedeutung steht unter dem Zeichen der *Freude* und der Gegenstände, die Glück und Wohlstand bringen. Die Kinder gehen auf die Felder hinaus, um dem Frühling zu begegnen. Draußen verzehren sie gerösteten Getreidegries mit Butter. Der Kuskus, der an diesem Tag gereicht wird *(seksu wadhris)*, wird im Dampf einer Brühe gegart, die *adhris* enthält, Thapsia, eine Pflanze, die Schwellungen verursacht und auch für Zugpflaster verwendet wird. Die Frauen heben die Verbote des Pflügens auf und färben sich die Hände mit Henna. Sie gehen gruppenweise hinaus, um Heidekraut für Besen zu holen, deren beschönigender Name *thafarah'th* lautet, von *farah'*, die Freude, und die, voller Freude gebunden, Freude bringen werden.

Die Tage werden länger. Es gibt nicht viel zu arbeiten (abgesehen vom Pflügen der Feigenhaine); man muß abwarten, bis das Leben sein Werk getan hat: »Im März«, heißt es in der Großen Kabylei, »mußt du deine Ernten betrachten und genau hinsehen«; und andernorts: »die Sonne der Blüte« (der Hülsenfrüchte, vor allem der Bohnen, die so sehnsüchtig erwartet werden) »leert das Douar«. Die Nahrungsmittelvorräte sind erschöpft, das Längerwerden der Tage wird um so härter empfunden, als man die Äcker nicht betreten darf (*natah'* ist noch nicht vorbei) und sich noch weniger von Bohnen und eßbaren Wildpflanzen nähren kann. Daher die Sprichwörter: »Der März *(maghres)* ist wie Seitenstechen«; und »Die Märztage sind Tage mit siebenmal Imbiß«.

Mit *natah'* oder *thiftirine* hat die Übergangszeit ein Ende. Diese Begriffe, beide aus dem Arabischen stammend, die bis auf einige Tage dieselbe Periode bezeichnen, sind bei den Bauern der Kabylei des Djurdjura selten bekannt (wo *h'ayan*, oder im lokalen Dialekt eher *ah'gan*, sich in Richtung auf diese Zeit verschoben hat). Während des *natah'* »bewegen sich die Bäume und stoßen aneinander«; man fürchtet zuviel Regen, und es wird so kalt, »daß das Wildschwein zittert«. Wie im *h'usum* darf man die bestellten Äkker und die Haine nicht betreten (weil man sonst den Tod eines Menschen oder Tieres riskiert). *Natah'* ist außerdem die Jahreszeit des Erwachens der Natur, des Aufblühens der Kulturen, des Lebens und der Hochzeiten. Es ist (zusammen mit dem Herbst) die Zeit des Heiratens (nach einer Überlieferung aus der Schrift »heiraten alle Lebewesen auf der Erde«; unfruchtbaren Frauen wird empfohlen, einen Brei von während des *natah'* gepflückten Kräutern zu essen) und die Zeit der ländlichen Feste. Nach einem bekannten Verfahren unterteilen bestimmte Gewährsleute *thiftirine* oder *natah'* in eine ungünstige Periode im März (»die Schwierigen«) und eine günstige (»die Leichten«) im April.

Im *natah'*, auf einem Tag gelegen, der als Rückkehr des *azal* bezeichnet wird und dessen Datum infolge des unterschiedlichen Klimas je nach Region schwankt (im März, nach dem Absetzen der Jungtiere, oder ein wenig später im April zur Zeit der Schafschur oder kurz danach, wobei der Mai die äußerste Grenze bildet), ist der Übergang von der feuchten zur trockenen Jahreszeit durch eine Veränderung des Rhythmus der Tagesaktivität gekennzeichnet: Von diesem Tage an zieht die Herde, die bis dahin spät am Morgen aufbrach und abends relativ früh heimkehrte, frühmorgens hinaus und kommt am Ende des Vormittags zurück, um die *azal* genannte Zeit im Dorf zu verbringen (ein Wort, das im Gegensatz zur Nacht und zum Morgen den hellen, hohen Mittag bezeichnet, genauer noch: die heißeste Tageszeit, die der Ruhe vorbehalten ist), zieht dann zu Beginn des Nachmittags wieder hinaus und kehrt am Abend bei Sonnenuntergang wieder heim.

Die Schlechtwetterzeit ist endgültig vorbei; von nun an sind die *grünen* Felder und Gärten bereit, die Sonnenstrahlen zu empfangen. Es folgt der Eintritt in den Zyklus der Trockenheit und des Reifens; mit dem *ibril,* einem besonders günstigen Monat (der April, so heißt es, »ist ein sanfter Abhang«), beginnt eine Zeit des leichten Lebens und relativen Überflusses. Überall wird die Arbeit wiederaufgenommen: auf den Feldern, wo nach der kritischen Wuchszeit mit dem Jäten begonnen werden kann, der einzigen wichtigen Tätigkeit, und in den Gärten, wo die ersten Bohnen gepflückt werden. Während der Zeit des *nisan,* dessen wohltätiger Regen, der allem Lebenden Fruchtbarkeit und Wohlstand bringt, mit allen möglichen Riten herbeibeschworen wird, schert man die Mutterschafe und brennt den Lämmern des Jahres das Zeichen ein. Daß der *nisan* wie alle Übergangszeiten, z. B. auch der *natah',* eine zwiespältige Zeit ist, die im Verhältnis zum Gegensatz zwischen feucht und trocken schlecht definiert ist, kommt hier nicht in der Unterteilung in zwei Perioden, eine nützliche und eine schädliche, zum Ausdruck, sondern durch das Vorhandensein von schädlichen Augenblicken (wie z. B. *eddbagh,* von denen keiner weiß, wo sie liegen, und während deren man vermeiden muß, Bäume zu schneiden oder zu stutzen, Hochzeiten zu feiern, Häuser zu tünchen, den Webrahmen einzurichten, Eier zum Brüten unterzulegen usw.

Wenn die als *izegzawen,* »die Grünen«, bezeichnete Zeit zu Ende geht, verschwinden die letzten Spuren von Grün nach und nach aus der Landschaft; das Getreide, bislang »zart« *(thalequaqth)* wie das Neugeborene, wird gelb. Die Namen der Dekaden oder Wochen, in die der Monat *magu* (oder *mayu*) unterteilt ist, bezeichnen das jeweilige Erscheinungsbild der Getreidefelder: nach *izegzawen* kommen *iwraghen,* die Gelben, *imellalen,* die Weißen, *iquranen,* die Trockenen. Der Sommer *(anebdhu)* hat nun angefangen. Die für die feuchte Jahreszeit typischen Arbeiten, das Pflügen (der Feigenhaine) und die Aussaat, während »der Grünen« noch geduldet, sind in der als »die Gelben« bezeichneten Zeit absolut verboten. Man ist nur bemüht, die reifende Ernte vor den Gefahren, die ihr drohen (Hagel, Vögel,

Heuschrecken usw.) durch Steinwürfe, Schreie *(ah'ah'i)* oder Vogelscheuchen zu schützen. Die kollektiven Austreibungsriten *(as'ifedh)*, auf die man auch zurückgreift, um die bösen Kräfte aus dem zu schützenden Gebiet in eine Grotte, einen Busch oder einen Steinhaufen zu übertragen, nachdem man sie auf zur Opferung vorgesehene Gegenstände (Puppen) oder Tiere (zum Beispiel ein Vogelpaar) »gebannt« hat, sind nichts weiter als die Anwendung des Schemas der »Übertragung des Bösen«, wie es beim Heilen einer großen Zahl von Krankheiten – Fieber, Tobsucht als »Besessenheit« von einem Dschinn oder Unfruchtbarkeit – oder in manchen Dörfern in Riten mit festem Datum angewandt wird.
Nach Aussagen der meisten Gewährsleute liegt der erste Sommertag auf dem 17. Tag des *magu*. Ebenso, wie Befruchtungsakte im Monat Mai ausgeschlossen sind, ist der Schlaf vom ersten Sommertag verbannt: man hütet sich davor, untertags zu schlafen, weil man sonst krank werden, den Mut oder das Ehrgefühl verlieren könnte (das in der Leber sitzt). Sicher aus dem gleichen Grund wird Erde, die an diesem Tag entnommen wurde, in magischen Riten benutzt, mit denen Schwächung oder Verlust des Ehrgefühls *(nif)* von Männern oder der Widerspenstigkeit von Tieren gegen die Zähmung bestimmt werden sollen. Am letzten Tag des *iquranen* mit dem Namen »eine glühende Kohle ist ins Wasser gefallen«, ein Ausdruck, der an Eisenhärten als Arbeit des Schmieds erinnert, muß jedermann mit der Ernte *(essaïf)* begonnen haben, die etwa am *insla* beendet ist, dem Tag der Sommersonnenwende (24. Juni), wo überall Feuer entzündet werden. Dem Rauch als Vereinigung des Trockenen und Feuchten, die beim Verbrennen des Feuchten (grüne Pflanzen, Geäst und Kraut, an feuchten Stellen ausgerissen, wie Pappel oder Rosenlorbeer) bewirkt wird, wird die Kraft zugeschrieben, die Feigenbäume »zu befruchten«, womit Räuchern und Verholzung gleichgesetzt werden. Am Ende des Dreschens und Worfelns fangen die vierzig Tage des *es'maïm*, die Hundstage an, eine Zeit, in der die

Arbeit ruht, wie während dem *eliali*, zu dem sie immer in Gegensatz gestellt wird (so heißt es zum Beispiel oft, daß es Schnee und Kälte im *eliali* geben wird, wenn im *es'maïm* viel Schirokko blies).

Im Gegensatz zur Ernte und zum Dreschen erscheint lakhrif wie eine tote Zeit des Bauernjahrs oder eher des Getreidezyklus. Es ist auch eine Zeit, die dem Ausruhen und der Freude gewidmet ist, zu der der Überfluß berechtigt: zum soeben geernteten Getreide kommen Feigen, Trauben und verschiedene frische Gemüse wie Tomaten, Paprika, Kürbisse, Melonen usw. Bisweilen läßt man *lakhrif* schon Mitte August beginnen, zu *thissemtith* (von *semti*, zu reifen beginnen), dem Zeitpunkt, an dem es die ersten reifen Feigen gibt und wo das Verbot *(el h'aq)* des Feigenpflückens ausgesprochen wird, auf dessen Übertretung eine Buße steht. Wenn der *ichakhen* kommt (*ichakh lakhrif, lakhrif* ist jetzt überall da), ist die Ernte in vollem Gange und mobilisiert Männer, Frauen und Kinder; auf den ersten Oktober legt man *lah'lal yifer*, den Zeitpunkt, ab dem es gestattet ist, den Feigenbäumen das Laub zu nehmen (*achraw*, von *chrew*, entlauben), um die Ochsen damit zu füttern. Dieses Datum wird zum Signal für den »Rückzug des Lebens«, dem man sich während der *iquachachen* (den »Letzten«) widmet, die der gründlichen Reinigung der Kochtöpfe, der Obstgärten und Felder dienen, mit *thaqachath lakhrif* (man schüttelt das letzte Obst herunter und pflückt die Blätter von den Bäumen) und dem »Jäten des Gartens«. Nachdem alle Spuren von Leben, die sich nach der Ernte noch auf den Feldern hielten, nun verschwunden sind, ist der Boden bereit zum Pflügen.

Der Wert des Diagramms und seiner Kommentierung liegt nicht nur in den Annehmlichkeiten einer schnelleren und ökonomischeren Darstellung: sie würden sich von den umfangreichsten früheren Sammlungen nur durch die *Menge* und *Dichte* der in ihnen zusammengefaßten *relevanten* Angaben unterscheiden, wenn ihr synthetischer und synoptischer Vorzug nicht darin läge, daß sie die logische Überprüfung und damit die gleichzeitige Aufdeckung der Schlüssigkeiten und Nichtschlüssigkeiten weitertreiben. Die eigentlich »strukturalistische« Absicht, das Netz der für das System der Praktiken und rituellen Gegenstände konstitutiven Verhältnisse als »System von Unterschieden« zu entwickeln, hat, wenn man sie auf die Spitze treibt, die *paradoxe Wirkung*, das darin enthaltene Bestreben zunichte zu machen: den Gültigkeitsnachweis für diese Art Selbstinterpretation des Wirklichen in der Schlüssigkeit und im systematischen Charakter der Interpretation und der interpretierten Wirklichkeit zu finden. Die genaueste Analyse kann die *insgesamt mögliche Schlüssigkeit* der Hervorbringungen des praktischen Sinns nur erfassen, wenn sie zugleich die *Grenzen* dieser Schlüssigkeit sichtbar macht und so die Frage nach dem Funktionieren dieser Art analogen Sinns erzwingt, der Praktiken und Werke hervorbringt, die nicht so logisch sind, wie der strukturalistische Panlogismus meint, und logischer, als das inchoative (auf Werden und Vergehen anspielende) und ungewisse Bemühen des Intuitionismus glaubt.

Die rituelle Praxis findet ihre Grundlage in der Notwendigkeit, die Gegensätze, die die Sozio-Logik auseinandergerissen hat (zum Beispiel die Riten des Pflügens oder der Hochzeit), soziologisch, d. h. auf die in Anbetracht eines kulturell Willkürlichen einzige Art, die zugleich logisch und legitim ist, wieder zusammenzufügen oder das Produkt dieser Wiederzusammenfügung sozio-logisch aufzuteilen (wie in den Ernteriten). Die Weltsicht ist eine Unterteilung der Welt, die auf einem grundlegenden Teilungsprinzip fußt, das alle Dinge dieser Welt in zwei komplementäre Klassen einteilt. Ordnung einführen heißt Unterscheidung einführen, heißt die Welt in entgegengesetzte Wesenheiten aufteilen, in jene, die in den ursprünglichen Gedankenspielen der Pythagoräer bereits in Form von »Säulen von Gegensätzen« *(sustiochiai)* vorgestellt wurden. Die Grenze läßt den Unterschied und die unterschiedlichen Dinge hervortreten, »durch eine willkürliche Setzung«, wie Leibniz in Übersetzung des *ex instituto* der Scholastik schrieb, einen regelrecht magischen Akt, der den kollektiven Glauben, d. h. das Nichtwissen um seine eigene Beliebigkeit, voraussetzt und hervorbringt; dieser Glaube setzt getrennte Dinge als getrennt, und zwar durch eine absolute Unterscheidung, die nur durch einen anderen magischen Akt durchbrochen werden kann, durch die rituelle Übertretung. *Natura non facit saltus:* es ist die Magie der *Setzung (institutio),* die im natürlichen Kontinuum, dem Netz der biologischen Verwandtschaft oder der natürlichen Welt, den Bruch einführt, die Teilung, *nomos,* die Grenze, die die Gruppe und ihr einzigartiges Brauchtum ausmacht (»Wahrheit auf dieser Seite der Pyrenäen, Irrtum auf der anderen«), die willkürliche Notwendigkeit *(nomô),* durch die die Gruppe sich als solche bildet, indem sie setzt, was sie eint und absondert. Der kulturelle Akt überhaupt besteht darin, die Linie nachzuzeichnen, die einen gesonderten und begrenzten Raum schafft, wie *nemus,* das geweihte Holz, das mit den Göttern geteilt wird, *templum,* die begrenzte Umfriedung für die Götter, oder schlicht das Haus, das mit seiner Schwelle, *limen,* dem gefährlichen Ort, wo sich die Welt umkehrt oder sich das Zeichen jeder Sache in sein Gegenteil verkehrt, das praktische Modell für jeden Übergangsritus abgibt.[1] Wenn alle Übergangsriten, wie Arnold Van Gennep richtig bemerkt hat, etwas miteinander gemein haben, dann dies, daß sie die Übertretung

1 Durch *Euphemismen* werden, besonders in Gegenwart von verwundbaren Personen, deren Leben bedroht ist, weil sie an einer *Schwelle* zwischen zwei Zuständen stehen, also Jungvermählten, Neugeborenen, frisch Beschnittenen (Genevois 1955), alle Worte ersetzt, die eine Idee des *Bruchs,* der Endlichkeit, der Vollendung enthalten: beenden wird durch »glücklich sein« oder »reich werden« ersetzt, beendet sein, wenn es um die Ernte, um Vorräte, um Milch geht, durch einen Ausdruck, der »es herrscht Überfluß« bedeutet, und sterben, auslöschen, weggehen, zerbrechen, ausbreiten, schließen (vgl. die rituelle Formel, die die Hausfrau zu ihrem Gatten spricht, wenn er zum Markt aufbricht: »Schneide, es wächst wieder, möge Gott die Dinge leicht und offen machen«, Genevois 1968, I, S. 81). Desgleichen vermeidet man alle Worte, die eine Gewalttat gegen das Leben

einer magischen Grenze magisch regeln sollen, wo sich wie auf der Schwelle die Welt »in den Angeln dreht«.[1]

Der Sinn der trennenden Grenze und des abgetrennten *Geheiligten* ist unauflöslich mit dem Sinn der geregelten, also legitimen Übertretung der Grenze verbunden, einem Musterfall des Rituals: Das Prinzip des Ordnens der Welt liegt noch den rituellen Handlungen zugrunde, welche die notwendigen oder unvermeidlichen Übertretungen der Grenzen durch die Verneinung erlaubt machen sollen. Alle Handlungen, die die ursprüngliche *diacrisis* herausfordern, sind Akte der Kritik, die die ganze Gruppe einer Gefahr aussetzen, und zuallererst den, der sie *für* die Gruppe ausführt, d. h. stellvertretend, in ihrem Namen und zu ihren Gunsten. Übertretungen der Grenze *(thalasth)* bedrohen die Ordnung der natürlichen und der sozialen Welt: »jeder für sich«, heißt es, »das Huhn kräht (wie ein Hahn) zu laut für seine Verhältnisse«, d. h. auf eigenes Risiko und eigene Gefahr (ihm wird der Hals umgedreht). Der Regenbogen oder die Mischung von Graupelschauern, Regen und Sonnenschein, die als »Hochzeit des Schakals« bezeichnet wird, ist ein anderer Fall einer widernatürlichen, d. h. einteilungswidrigen Vereinigung, wie die Hochzeit von Schakal und Kamelstute, in einem Märchen als Musterbeispiel der Mißheirat zitiert. Die Grenze überhaupt, nämlich die zwischen den Geschlechtern, darf nicht überschritten werden. So wird, wer aus dem Kampfe flieht, einem regelrechten Degradierungsritual unterzogen: *von den Frauen* gefesselt – verkehrte Welt –, die ihm als typisch weibliches Kleidungsstück ein *Kopftuch* umbinden, ihn mit *Ruß* beschmieren, ihm die Bart- und *Schnurrbarthaare*, Symbol des *nif*, ausreißen, »damit morgen sichtbar ist, daß eine Frau mehr taugt als er«,

bezeichnen, wie das Wort Blut, das in den vierzig Tagen nach dem Kalben oder der Geburt des Kindes durch das Wort Wasser ersetzt wird. Weil sie eine Grenzziehung, einen Bruch (Brot wird gebrochen, nicht mit dem Messer geschnitten) enthält, ist die Operation des Messens von allen möglichen Euphemismen und magischen Vorkehrungen umrankt: der Hausherr meidet es, selbst die Ernte zu messen, und überträgt dies einem *khammes* oder Nachbarn (der es in seiner Abwesenheit tut); man verwendet euphemistische Ausdrücke, um bestimmte Zahlen zu vermeiden; rituelle Formeln wie »Möge Gott uns seine Geschenke nicht zumessen!«

1 A. Van Gennep, *Les rites de passage*, Paris, Emile Nourry 1909, S. 17.

wird er der Versammlung vorgeführt, die ihn feierlich aus der Welt der Männer verstößt (Boulifa 1913, S. 278–279). Als *Ikhunta,* d. h. als Neutrum, Zwitter, Geschlechtsloser betrachtet, kurz, aus der Welt des Denkbaren und Aussprechbaren ausgeschlossen, wird er auf ein Nichts reduziert, nach Art jener Gegenstände, die man, um sie ein für allemal loszuwerden, auf das Grab eines Fremden oder auf den Grenzrain zwischen zwei Äckern wirft.[1]

Daran, daß jede Operation der Vereinigung von Gegensätzen furchterregend ist, gemahnt vor allem das Härten des glühenden Eisens durch Eintauchen in kaltes Wasser *asqi,* das auch Brühe, Soße und Vergiftung bedeutet: *sequi,* begießen, das Trockene einweichen, bedeutet beim Begießen des Kuskus mit der Soße Heißes und Kaltes, Feuer und Wasser vereinigen, das Trockene und Feuchte beim Härten des Eisens *(sequi uzal)* heißt »gebranntes« – und verbrühendes Wasser – *(sequi essem)* ausgießen, Gift (und auch, wie bei Dallet zu lesen, magisches Feien gegen Gift). Das Härten des Eisens ist eine schreckliche Handlung von List und Gewalt, die von einem schrecklichen und arglistigen Wesen begangen wird, dem Schmied, dessen Vorfahr Sidi-Daud rotglühendes Eisen in die Hand nehmen und säumige Zahler strafen konnte, indem er ihnen mit harmloser Miene eines seiner Produkte reichte, das er zuvor zur Weißglut erhitzt hatte. Vom Ehehandel ausgeschlossen – »Schmied und Sohn eines Schmieds« ist eine Beleidigung – hat der Schmied, Hersteller aller Gewaltinstrumente, der Pflugscharen, aber auch der Messer, Sicheln, zweischneidigen Hacken und Zimmermannsbeile, keinen Sitz in der Männerversammlung, doch sein Rat ist gefragt, wenn es um Krieg oder Gewalt geht.

Es ist nicht ungefährlich, sich auf die Kreuzung antagonistischer Kräfte zu wagen. Von der Beschneidung (*khatna* oder *th'ara,* häufig durch Euphemismen ersetzt, die sich um das Wort *dher,*

1 In Aït Hichem wurde die Erde auf dem Teller, mit dem das Blut des beschnittenen Knaben aufgefangen wurde, *an der Grenze zwischen zwei Feldern* entnommen und an diesen Ort zurückgebracht (gleiche Beobachtung bei Rahmani 1949, der angibt, daß der Teller, mit dem das Blut aufgefangen wurde, als Zielscheibe dient). Bekannt ist die Rolle, die in vielen Riten zur Austreibung des Bösen Erde spielt, die *zwischen den Grenzen* entnommen wird, also einem Ort, der außerhalb des denkbaren Raums und außerhalb der durch die Teilungsprinzipien erzeugten Teilungen liegt und damit das *absolute Draußen* darstellt. Das »Grab des Fremden« oder des ohne Nachkommen gestorbenen Mannes, ein weiterer außerräumlicher Ort, an den

sauber, ranken) wird ein Schutz erwartet, der nach Durkheim[1] benötigt wird, um mit den furchtbaren Kräften im Geschlecht des Weibes[2], und vor allem im Akt der Vereinigung der Gegensätze fertig zu werden. Desgleichen setzt der Pflüger ein Käppchen aus weißer Wolle auf und zieht an die Füße *arkasen*, Ledersandalen, mit denen das Haus nicht betreten werden darf, als wollte er vermeiden, genau dann zum Ort der Begegnung von Himmel und Erde und ihrer antagonistischen Kräfte zu werden, wo er sie miteinander in Berührung bringt.[3] Der Schnitter hingegen legt einen Lederschurz um, der mit Recht mit dem des Schmieds verglichen werden kann (Servier 1962, S. 217) und dessen Sinn völlig klar wird, wenn man weiß, daß dieser Schurz Devaux zufolge auch in Kämpfen getragen wurde (Devaux 1859, S. 46–47).

Die grundlegendsten Ritualhandlungen sind in Wirklichkeit *verneinte Übertretungen*. Durch eine sozial gebilligte und kollektiv übernommene Operation, d. h. in Übereinstimmung mit der objektiven Intention genau der Taxonomie, die den Widerspruch erzeugt hat, soll der Ritus den spezifischen Widerspruch auflösen, den die ursprüngliche Dichotomie unvermeidlich macht, indem sie Prinzipien, die zur Gewährleistung der Reproduktion der Gruppe zusammengeführt werden müssen, als getrennte und antagonistische setzt: durch eine *praktische Verneinung*, keineswegs eine individuelle, wie von Freud beschrieben, sondern eine

das Böse verbannt wird, stellt eher den absoluten Tod ohne Rückkehr dar, wobei der Fremde *(aghrib)* nicht nur der sozusagen zweimal, weil im Westen, dem Ort des Sonnenuntergangs, Gestorbene ist, sondern auch der in der Fremde, im Exil *(elghorba)* Gestorbene, der niemand finden wird, der ihn auferweckt *(seker)*.

1 E. Durkheim, *Die elementaren Formen des religiösen Lebens*, Frankfurt, Suhrkamp 1981, S. 427.

2 Bekannt ist die Verwendung der Kaurimuschel, Symbol der Vulva, als homöopathische Vorbeugung gegen den bösen Blick: der Anblick der Vulva bringt angeblich Unglück (vgl. die Beleidigung unter Frauen, die darin besteht, den Rock zu heben, *chemmer*). Bekannt ist auch die zerstörende Kraft, die dem Menstruationsblut zugeschrieben wird. Hier haben wir eine der Grundlagen der Angst vor dem Weibe.

3 Im Gegensatz dazu gehen die Frauen, die zum Irdischen gehören, beim Jäten und Ährenlesen barfuß auf das Feld.

kollektive und öffentliche, soll er die gefährlichen Kräfte neutralisieren, die durch die Übertretung der heiligen Grenze entfesselt werden, durch den Verstoß gegen das *h'aram* der Frau oder der Erde, das diese Grenze erst geschaffen hat.

Unter den magischen Schutzmechanismen, die bei allen Gelegenheiten angewandt werden, wo die Reproduktion der Lebensordnung das Übertreten von Grenzen erheischt, die selbst die Grundlage dieser Ordnung sind, und besonders überall, wo geschnitten, getötet, kurz, der normale Lauf des Lebens unterbrochen werden muß, gibt es zunächst zwiespältige Persönlichkeiten, die alle zugleich verachtet und gefürchtet sind, Gewaltanwender, die wie die von ihnen benutzten Werkzeuge der Gewalt, Messer, Sichel usw. auch das Böse bannen und gegen Gewalt schützen können, Schwarze, Schmiede, Metzger, Getreideabmesser, alte Frauen, welche, da sie von Natur an den Kräften des Bösen teilhaben, die gebannt oder unschädlich gemacht werden sollen, auch geeignet sind, die Rolle magischer Abschirmungen zu übernehmen, indem sie sich zwischen die Gruppe und die von der widernatürlichen Teilung (Bruch) oder Zusammenführung (Kreuzung) erzeugten gefährlichen Kräfte stellen: fast immer ist es der Schmied, der mit den frevelhaften und heiligen Akten des Schneidens, dem Abstechen des Opferochsen oder der Beschneidung (oder auch dem Kastrieren der Maultiere) beauftragt wird, und es kommt sogar vor, daß man ihn mit der Eröffnung des Pflügens betraut; in einem bestimmten Dorf der Kleinen Kabylei wird die Person, die das Pflügen eröffnen muß, als letzter Nachkomme dessen, der in der Erde an der Stelle des Blitzeinschlags ein Eisenstück fand und es zu seiner Pflugschar machte, mit allen Gewaltakten mit Eisen und Feuer beauftragt (Beschneiden, Schröpfen, Tätowieren usw.). Allgemeiner noch handelt der, der mit der feierlichen Eröffnung des Pflügens betraut und bisweilen als »Mann der Hochzeitsnacht« bezeichnet wird, als Stellvertreter der Gruppe und als vorbestimmter Sündenbock, um die mit der Übertretung verbundenen Gefahren zu bannen.[1]

Und die erste Funktion des aus Anlaß der großen Übertretungen, beim Beginn des Pflügens oder Aufspannen des Webstuhls

1 Sicher muß man die rituelle Entjungferung, die in manchen Gesellschaften praktiziert wird, in dieselbe Logik einordnen.

öffentlich und kollektiv dargebrachten Opfers (wo man die Kette und den oberen Teil des Webrahmens mit dem Blut des Opfertiers besprengt – Anonym, *F.D.B.*, S. 64) ist immer noch, das in der Übertretung eingeschlossene Unglück zu bannen.[1] Doch, wie am Abstechen des Opferochsen oder am Mähen der letzten Garbe besonders gut sichtbar, ist es immer die Ritualisierung selbst, die den unvermeidlichen Mord tendenziell in ein Pflichtopfer verwandelt, indem sie den Frevel verneint, noch während er begangen wird.

Die magische Übertretung der von der magischen Logik gezogenen Grenze wäre nicht so zwingend erforderlich, wenn die vereinigten Gegensätze nicht *das Leben selbst* wären und ihre Trennung ein Mord als Voraussetzung des Lebens; wenn sie nicht Reproduktion, Substanz und Subsistenz bedeuten würden, befruchtete Erde und Frau, die so der tödlichen *Unfruchtbarkeit* entrissen sind, die dem weiblichen Prinzip eigen ist, wenn es sich selbst überlassen bleibt. In Wirklichkeit hebt die Vereinigung der Gegensätze die Gegensätzlichkeit nicht auf und bleiben die Gegensätze auch noch in ihrer Vereinigung gegensätzlich, jedoch ganz anders, indem sie die doppelte Wahrheit des sie vereinigenden Verhältnisses aufzeigen, das zugleich antagonistisch und komplementär, *neikos* und *philia* ist und als ihr Doppelcharakter erscheinen könnte, wenn man sie außerhalb dieses Verhältnisses denken würde. So wandelt sich der Sinn des Hauses, das alle negativen Merkmale der dunklen, nächtlichen Welt des Weiblichen aufweist und in dieser Beziehung Äquivalent des Grabes oder des jungen Mädchens ist, wenn es zu dem wird, was es daneben auch noch ist, nämlich zum bevorzugten Ort der Kohabitation und der Vereinigung der Gegensätze, der wie die Gattin die »Lampe des Drinnen« sein eigenes Licht enthält[2]: wenn das Dach eines neuen Hauses gedeckt ist, wird von der Brautlampe verlangt, daß sie das erste Licht hineinbringe. Jede Sache wird so

1 Die *qibla*, ein altes Weib, das mit dem Schmied gemein hat, den Gefahren beim Kreuzen von Gegensätzen begegnen zu können, setzt sich auf den unteren Webebaum des Webstuhls, um ihn festzuhalten, während die Fadenmatte auf den oberen Webebaum aufgewickelt wird.

2 Wie wir gesehen haben, zeigt sich die Dualität der Frau in der Logik der Verwandtschaftsverhältnisse in der Form des Gegensatzes zwischen der patrilateralen Parallelbase und der matrilateralen Parallelbase.

mit verschiedenen Eigenschaften belegt, je nachdem, ob sie im Zustand der Vereinigung oder der Trennung erfaßt wird, ohne daß einer dieser beiden Zustände als ihre Wahrheit betrachtet werden könnte und der andere als dessen lediglich verstümmelte oder verfälschte Form. So wird die kultivierte Natur, das linke Geheiligte, das Weiblich-Männliche oder vermännlichte Weibliche wie die befruchtete Frau oder Erde nicht nur dem Männlichen insgesamt – im Zustand der Vereinigung oder Trennung – gegenübergestellt, sondern auch und vor allem der natürlichen, noch wilden und ungezähmten Natur – dem jungen Mädchen und der Brache – oder der zum krummen und unheilvollen Naturzustand außerhalb der Ehe zurückgekehrten Natur – dem Stoppelacker oder der alten Zauberin mit ihren Listen und Tükken, vergleichbar dem Schakal.

Dieser Gegensatz zwischen einem Weiblich-Weiblichen und einem Männlich-Weiblichen ist auf tausenderlei Art belegt. Die weibliche Frau überhaupt ist die, die von keiner männlichen Autorität abhängt, die gattenlos und kinderlos keine Ehre *(h'urma)* hat; als Unfruchtbare gehört sie zur Brache (die unfruchtbare Frau darf weder im Garten pflanzen noch Saatgut transportieren) und zur Wildnis; sie steht mit der ungezähmten Natur, mit okkulten Kräften in Verbindung. Da sie auch mit allem Krummen (*aâwaj,* Verdrehten: »sie ist von schlechtem Holz«, »von krummem Holz«) und allem Linken und sich Krümmenden in Verbindung steht (man schreibt ihr *thiâwji* zu, die verdächtige Geschicklichkeit und Fähigkeit, die auch für den Schmied typisch ist), hat sie einen Hang zur Zauberei, speziell für die von linker Hand, der grausamen und tödlichen (ein »linkshändiger Stoß« ist ein Todesstoß), und wendet sich von *rechts nach links* (im Gegensatz zum Manne, der die rechte Hand gebraucht, die Schwurhand, und sich von links nach rechts wendet). Sie ist außerdem Expertin in der Kunst, tückisch »den Blick zu verdrehen« *(abran walan),* von der Person weg, der sie ihr Mißfallen oder ihre Unzufriedenheit bekunden will – *abran,* sich von rechts nach links wenden, spalten (die Zunge), sich rückwärts wenden, kurz, sich falsch herum drehen, steht *qeleb,* den Rücken kehren, als heimliche, verhohlene, passive Bewegung gegenüber, als weibisches Kneifen, als »krummer« Schlag, als magisches Verfahren im Gegensatz zu einem manifesten, offenen, geradlinigen männlichen Angriff. Als negatives Extrem der Frau hat das alte Weib, das alle negativen Eigenschaften der Frau in sich vereint (d. h. alles, was an der Frau der für »Männer«gesellschaften so typische Schrecken der Männer ist), wiederum als Extrem die alte Hexe *(stut),* die in den Märchen allgegenwärtig ist (Lacoste-Dujardin 1970, S. 333–336) und der man übernatürliche Kräfte nachsagt (»obwohl zahnlos, zerknackt sie trockene Bohnen, obwohl blind,

2. Synoptisches Schema der wesentlichen Gegensätze

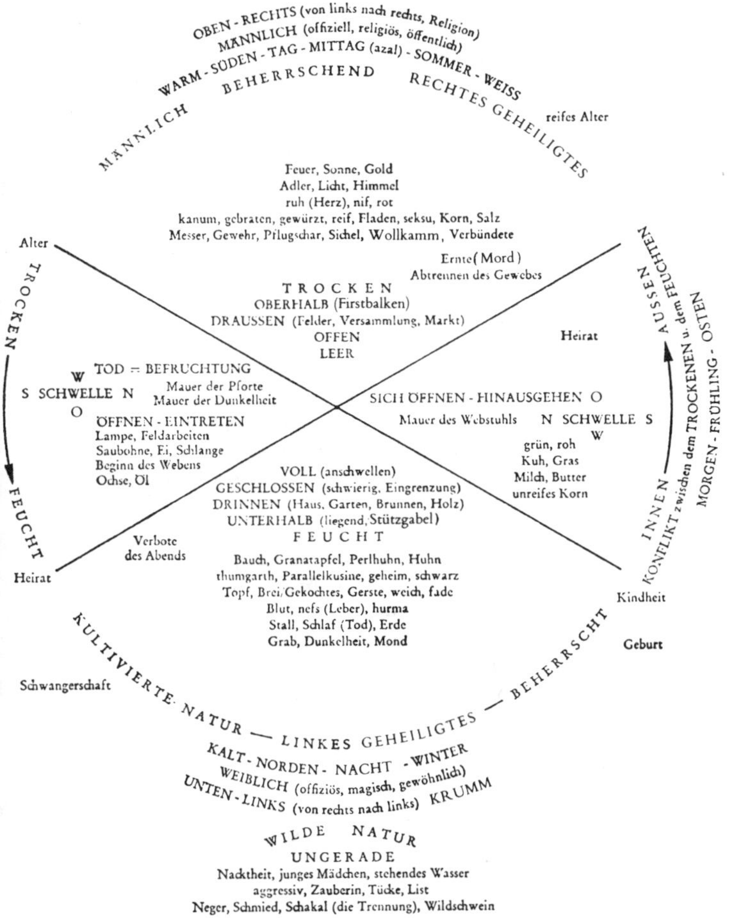

fädelt sie den Faden ein, obwohl taub, trägt sie überall Klatsch herum«). Während Männer mit dem Alter an Weisheit gewinnen, werden Weiber nur bösartiger. Und das, obwohl sie »mit dem Leben hienieden fertig sind« (weil sie mit der Sexualität nichts mehr zu schaffen haben) und täglich zum Gebet gehen können (Anonym, 1964). Die Zwietracht zwischen Frauen wird oft alten Weibern zugeschrieben, die der Familie fernstehen (man nennt sie »den Untergang des Hauses«). Der Mann, der über die Harmonie seines Hausstands wacht, hält sie fern; und sie hüten sich, in Familien zu verkehren, wo Autorität *(elhiba)* herrscht.

Im aller Bindungen ledigen und unfruchtbaren alten Weib, das sich keine »Zurückhaltung« mehr auferlegen muß, kommen die in jeder Frau angelegten Möglichkeiten voll zur Geltung. Wie der junge Trieb, der, sich selbst überlassen, nach links strebt und nur um den Preis einer Verwachsung, eines »Knorrens« (»das Weib ist ein Knorren im Holz«) nach rechts (oder zum Rechten) zurückgeholt werden kann, ist in jeder Frau etwas von der teuflischen Natur der weiblichen Frau enthalten, besonders während der Menstruation, wo sie weder Mahlzeiten zubereiten noch im Garten arbeiten, noch pflanzen, beten oder fasten darf. »Das Weib, heißt es, ist wie das Meer« (wo sich der Unrat sammelt). Die Sammelbezeichnung *Elkhalath* für das »Weibervolk« gilt auch für die Leere, das Nichts, die Wüste, den Verfall.

Der Vorrang, der dem männlichen Prinzip eingeräumt wird und der dafür sorgt, daß es seine Wirkung in jeder Verbindung zur Geltung bringen kann, macht, daß das Männlich-Männliche im Gegensatz zum Weiblich-Weiblichen nie offen verurteilt wird, trotz der Mißbilligung, die bestimmten Formen übertriebener männlicher Tugenden im Reinzustand entgegengebracht wird, wie dem »Ehrverhalten *(nif)* des Teufels« (dessen eine Verkörperung der Rotschopf[1] ist, der überall Zwietracht sät, der keinen Schnurrbart hat, den man nicht als Partner auf dem Markt haben will und der beim Jüngsten Gericht, wo jeder jedem böse Taten vergibt, jedes Einlenken verweigert usw., oder, ganz anders gesehen, der *amengur*, der Mann ohne männliche Nachkommen).

Die grundlegende Kluft durchschneidet die Sozialwelt vom einen Ende zum anderen, von der Arbeitsteilung zwischen den Geschlechtern und der davon abgeleiteten Teilung des Agrarzyklus in Arbeitszeiten und Produktionszeiten über rituelle Prakti-

1 Bekanntlich werden Rothaarigkeit und Rot – besonders in der Form von Henna – mit Männlichkeit assoziiert (man denke an das Bemalen mit Henna am Vorabend der großen Männlichkeitszeremonien wie Hochzeit und Beschneidung); der Opferochse (der den Regen bringen soll) darf nie rot sein.

ken bis zu Vorstellungen und Werten. Dieselben praktischen Schemata, die am tiefsten in die leiblichen Dispositionen eingegraben sind, liegen der Arbeitsteilung und den Riten oder Vorstellungen zugrunde, die sie bekräftigen oder rechtfertigen sollen.[1] Mit der empirischen Arbeit, in der die »Säulen von Gegensätzen« aufgestellt werden, auf denen jedes kulturelle System in seiner willkürlichen, d. h. historischen Einzigartigkeit ruht, kann das Prinzip der grundlegenden Trennung wiedererfaßt werden, der ursprüngliche *nomos*, den man sich gern am Ursprung gelegen denkt, in einer Art Initialakt der *Bildung*, Gründung, Einsetzung, der in der Tat in jeder gewöhnlichen Handlung der gewöhnlichen Praxis gestiftet wird, so auch in denen, die von der Arbeitsteilung zwischen den Geschlechtern geregelt werden, wobei diese Art fortwährender, zugleich unbewußter und kollektiver Schöpfung Grundlage seiner Dauer und Transzendenz gegenüber dem Bewußtsein des einzelnen ist.

Man kann die Verteilung der Tätigkeiten auf die Geschlechter (wie auf den synoptischen Tabellen S. 380/381 dargestellt) erklären, indem man drei Hauptgegensätze zusammenfaßt: den Gegensatz zwischen der Bewegung nach drinnen (und, in zweiter Linie, nach unten) und der Bewegung nach draußen (oder nach oben); den Gegensatz zwischen dem Feuchten und dem Trockenen; den Gegensatz zwischen den stetigen Handlungen, welche die wiedervereinten Gegensätze andauern lassen und gestalten sollen, und den kurzen und unstetigen Handlungen, die Gegensätze vereinen oder wiedervereinte Gegensätze trennen sollen. Es ist nicht nötig, auf den Gegensatz zwischen dem Drinnen,

1 »Alle Tage gehen sie spazieren, und sie kriegen den guten Kuskus. Die Frauen kriegen den groben Kuskus *(abelbul)*.« Picard 1968, S. 139) Die Lieder der Frauen, und besonders die Klagen, die das Getreidemahlen begleiten, sind voller solcher Erklärungen. Doch drückt sich der Widerstand der Frauen gegen die Unterdrückung durch die Männer vor allem in der Magie aus, der Waffe der Unterdrückten, die den dominanten Kategorien untergeordnet bleibt (»Die Frau ist der Feind des Mannes«; »Die Rivalität der Frauen hat ihn umgebracht, ohne daß er krank war«). So zum Beispiel verwenden die Frauen, um den Mann zum Esel zu machen (*aghiul*, ein tabuiertes Wort, das durch einen aus dem Arabischen entlehnten Euphemismus ersetzt wird), d. h. zum willenlosen Sklaven, als Zaubertrank ein getrocknetes, gesalzenes und gemahlenes Eselsherz.

Männliche Arbeiten	*Weibliche Arbeiten*
	Drinnen
Tiere nachts *füttern*	Vorräte *einbringen*, Wasser*holen*, Vorratshaltung
	Von der Weide zurückgekehrte Tiere *anbinden*
	Kochen (Küche, Feuer, Topf, Kuskus), Kinder und Tiere füttern (Kühe, Hühner), Kinder pflegen
Besentabu	Kehren (Sauberhalten)
	Weben (und Wolle spinnen)
	Mahlen
	Ton und Lehm *kneten* (Töpfern und Wandbewurf)
	Kuh *melken* (Buttern)

Fortsetzung von Tabelle 3

Männliche Arbeiten	*Weibliche Arbeiten*
Draußen	
Herde *ausführen* auf den Markt gehen	
Feld *bearbeiten* (fern, offen, gelb, Getreide)	Garten *bestellen* (nah, umfriedet, grün, Gemüse)
Pflügen (Pflugschar, Sandalen)	
Säen	
Ernten (Sichel, Schurz)	
Dreschen	(Tabu des Dreschflegels)
Worfeln	
Dachbalken *beischaffen und aufrichten* (Männer»fron«) und das Dach aufrichten Mist mit Tragtieren aufs Feld bringen	Saatgut *beischaffen*, Mist *fortschaffen* (auf dem eigenen Rücken), Wasser, Holz und Steine beischaffen (Frauen»fron« beim Hausbau)
Fällen (auf Bäume steigen und Oliven schütteln, Bäume fällen – für das Haus)	*Auflesen* (Pflücken) von Oliven (Tabu des Abschlagens), Feigen, Eicheln, Holz (Zweige, Reisig, Buschwerk) und Zusammenbinden (Bündel)
Holz *zersägen, diss* (Küchengerät aus Holz mit Beil oder Messer schnitzen)	Ähren lesen Jäten (barfuß, mit langem Kleid) Oliven mit Füßen *stampfen* (vgl. Kneten)
Abstechen	(Tabu des Abstechens)
	Lehm (für das Haus und für die Tenne – mit Mist) von Hand *kneten* (und ihn vorher ausheben)

dem Haus, der Küche oder der Bewegung nach drinnen (Bevorratung) und dem Draußen, dem Acker, dem Markt, der Männerversammlung oder der Bewegung nach draußen zurückzukommen, zwischen dem Unsichtbaren und dem Sichtbaren, dem Privaten und dem Öffentlichen usw. Der Gegensatz zwischen dem Feuchten und dem Trockenen, der sich teilweise mit dem vorstehenden deckt, weist der Frau alles zu, was mit Wasser zu tun hat, Grünes, Gras, Garten, Gemüse, Milch, Holz, Stein, Erde (sie jätet barfuß und knetet den Ton für die Töpferwaren und den Lehm für die Innenwände mit bloßen Händen). Doch der letztere Gegensatz, vom Standpunkt der rituellen Logik der wichtigste, unterscheidet männliches Tun, kurze und gefährliche Konfrontationen mit den Grenzkräften beim Pflügen, Ernten, Ochsenabstechen, wobei mit Feuer hergestellte Werkzeuge eingesetzt und prophylaktische Riten vorgenommen werden, vom weiblichen Tun der Schwangerschaft und Hauswirtschaft als ständigem Mühen um Stetigkeit, Kochen der Nahrungsmittel (der Schwangerschaft analog), Aufzucht der Kinder und der Tiere (was Säubern und Wegschaffen des Mists, dessen Gestank Vieh und Kinder dahinsiechen läßt, und Kehren bedeutet), Weben (in einem seiner Aspekte wie das Aufziehen eines Lebens aufgefaßt), Vorratshaltung oder einfaches Pflücken, alles Tätigkeiten, die von einfachen Beschwörungsriten begleitet sind. Persönlich äußerst gefährdet, d. h. in Leben und Fruchtbarkeit (»die Schwangere hat ein Bein in dieser Welt und eines im Jenseits«, »ihr Grab steht von der Empfängnis bis vierzig Tage nach der Geburt offen«) und auch in dem Leben in ihrer Obhut, dem Leben der Kinder, des Viehs, des Gartens, muß die Frau, Hüterin der vereinten Gegensätze, also des Lebens, das Leben zugleich sachlich und magisch verwalten und schützen.

Als Hüterinnen des Lebens unablässig selbst bedroht, sind die Frauen für alle magischen Praktiken zuständig, die das Leben schützen sollen (zum Beispiel alle Riten des *asfel* gegen den bösen Blick). Alle von ihnen praktizierten Riten haben zum Zweck, dem Leben, das ihnen anvertraut ist, und der Zeugungskraft, die sie in sich tragen, *Dauer zu geben* (wobei Unfruchtbarkeit immer ihre Schuld ist). Um den Tod des Kindes abzuwenden, das sie trägt, nimmt die Schwangere Waschungen neben einer Hündin vor, die man von ihren Welpen getrennt hat. Wenn eine Frau ein Kleinkind verloren hat, besprengt sie den Stall mit Wasser, und die Kleider des Kindes werden neben dem Grab

verscharrt, ebenso der Spaten, der dazu benutzt wurde (das ist »den Spaten verkaufen«; man wünscht der Mutter, die ein Kind verloren hat: »Möge dieser Spaten auf immer verkauft sein!«). Dagegen ist alles mit Fruchtbarkeit verbundene Tun (Pflanzen, die Hände des Bräutigams mit Henna einreiben, *isli,* die Braut kämmen, und *thislith,* berühren, was sich vermehren und wachsen soll) der unfruchtbaren Frau verboten. Auch fällt es der Frau zu, die Gefahren abzuwenden, die vom Reden kommen: Über das Kind wie über den Garten spricht man in Euphemismen bzw. in Antiphrasen (»was für ein kleiner Neger«, sagt man über ein Kind), damit man das Schicksal nicht herausfordert (durch eine Art Hybris oder Großsprecherei) und andere nicht neidisch macht und so nicht den bösen Blick anzieht, d. h. den gierigen und eifersüchtigen Blick des *neidischen Begehrens* vor allem von Frauen, der Unglück bringt und dem die Frauen als Trägerinnen und Hüterinnen des Lebens besonders ausgesetzt sind (wer eine Kuh sieht, sie schön findet und besitzen will, so heißt es, macht sie krank; Komplimente sind gefährlich: Neid äußert sich in Lobesworten). »Die Gärten«, sagt man, »lieben das Geheimnis *(esser)* und die Höflichkeit.« Der Euphemismus als *Segenswunsch* steht im Gegensatz zum Fluch, zur Schmähung.
Die Rede des Fluchenden ist gefährlich »wie die Frau, die den Webstuhl aufzieht« (der einzige Fall, wo die Frau eine *Kreuzung* vornimmt und ein ähnliches Risiko eingeht wie der Mann bei der Ernte oder beim Pflügen). Es ist gleichfalls die Frau, die alle magischen Gegenmittel anwendet, die alle aus der Ordnung des Feuers und des Trockenen hervorgehen, der feuchten Sinnenlust (der böse Blick *thit'* wird bisweilen auch als *nefs* bezeichnet) wie Ausräucherungen, Tätowierungen, Henna, Salz und alle Bitterstoffe, Asafoetida, Rosenlorbeer, Teer usw., die zum Trennen, Entfernen, Distanzieren benutzt werden (Devulder 1957, S. 343-347).

So findet sich der Gegensatz zwischen dem männlichen Unstetigen und dem weiblichen Stetigen in der Ordnung der Reproduktion – mit dem Gegensatz zwischen Empfängnis und Schwangerschaft – auch in der Ordnung der Produktion mit dem den Bauernzyklus strukturierenden Gegensatz zwischen *Arbeitszeit* und *Produktionszeit,* die der Vorbereitung und der Steuerung natürlicher Prozesse gewidmet sind. »Männersachen, ein Seufzer, und sie sind getan. Bei der Frau gehen sieben Tage dahin, und ihre Sachen sind noch nicht fertig« (Genevois, 1969). »Die Frau geht hinter dem Mann; sie beendet, was er liegenläßt«; »die Arbeit der Frau ist leicht *(fessus),* aber sie hat kein Ende«. Durch die Aufteilung einer untrennbar zugleich sachlichen und rituellen Arbeit auf die Geschlechter wird die Struktur der Praxis und der rituellen Vorstellungen mit der Struktur der Produktion verknüpft: die wichtigen Zeiten des Bauernjahrs, die Marx als *Arbeitszeit* bezeichnet[1] und in denen die Männer die Vereinigung der Gegensätze oder die Trennung der vereinten Gegensätze vollziehen, d. h. die *eigentlich bäuerlichen Akte* (im Gegensatz zu den Akten einfachen *Pflückens*, die eher den Frauen überlassen bleiben), sind durch gemeinsame Erlaubnisriten bezeichnet, die infolge ihres Ernsts, ihrer Feierlichkeit und ihres zwingenden Charakters etwas ganz anderes sind als die Vorbeuge- und Beschwörungsriten, die während der ganzen übrigen *Produktionszeit*, in der das Korn wie das zum Trocknen aufgestellte Tonzeug oder das Kind im Bauch der Mutter einen ganz natürlichen Wandlungsprozeß durchmacht, in erster Linie von den Frauen und Kindern (den Hirten) vollzogen werden und die Funktion haben, *der Natur bei ihrer Arbeit zu helfen* (vgl. Schema 4).

Es braucht hier nicht gezeigt werden, wie die Tabelle der männlichen und weiblichen Werte über die sachliche und rituelle Ar-

1 K. Marx, *Das Kapital*, Bd. 2, Zweiter Abschnitt, Kap. 12, 13, *MEW*, Bd. 24, S. 241 ff. Der Bauernkalender reproduziert in verwandelter Form die Rhythmen des bäuerlichen Jahres, d. h. genauer: die klimatischen Rhythmen, die selbst wiederum in den Wechsel von *Arbeitszeit* und *Produktionszeit* umgesetzt werden, der dem bäuerlichen Jahr seine Struktur gibt. Die Regenzeit ist durch den Gegensatz zwischen der kalten und regnerischen Jahreszeit von November bis April gekennzeichnet – wobei auf das Maximum der Niederschläge im November und Dezember eine Abnahme im Januar und eine erneute Zunahme im Februar oder März folgt, die auf sich warten lassen oder ganz ausfallen kann – und die heiße und trockene Jahreszeit von Mai bis Oktober – mit einem Minimum an Regenfällen im Juni, Juli und August und einer sehnlich erwarteten Zunahme im September. Die Abhängigkeit vom Klima war infolge der wenigen Zugtiere zum Pflügen und der Anfälligkeit der angewandten Techniken – Hakenpflug und Sichel – offensichtlich. Desgleichen hängt die symbolische Ausstattung, die für Riten genutzt werden kann, offensichtlich von den jeweiligen Produkten der Jahreszeit ab (obgleich in manchen Fällen Vorräte, zum Beispiel von Granatäpfeln, eigens für rituelle Zwecke angelegt werden); doch die Erzeugungsschemata gestatten es, Ersatz zu finden und die äußeren Notwendigkeiten und Zwänge in der Eigenlogik des Rituals voll auszunutzen (daher erklärt sich die vollkommene Übereinstimmung des sachlichen und des mythischen Grundes, die in vielen Fällen zu beobachten ist, wie z. B. bei der Ausrichtung des Hauses).

beitsteilung zwischen den Geschlechtern mit dem Grundgegensatz des Bauernjahrs verknüpft ist: der hohe Wert, der bei einem Knaben den Werten der Männlichkeit und dem Kampfesmut beigemessen wird, wird verständlich, wenn man weiß, daß es der Mann, besonders beim Pflügen, bei der Ernte und beim Geschlechtsakt ist, der durch eine Gewalt, die Gewalt entfesseln kann, die Vereinigung der Gegensätze oder die Trennung der vereinigten Gegensätze vornehmen muß, um Leben hervorzubringen und die lebenswichtigsten Bedürfnisse zu stillen; die Frau dagegen, der die stetigen Aufgaben der Schwangerschaft und der Hauswirtschaft übertragen sind, ist logisch zu den negativen Tugenden des Hütens, der Vorratshaltung, der Geheimhaltung aufgerufen, die die *h'urma* definieren.

Die magische Grenze ist also überall, in den Sachen und in Leibern zugleich, d. h. in der Ordnung der Dinge, in der Natur der Dinge, in der Routine und Banalität des Alltags. Das erklären heißt auch an das erinnern, was die blinde Wiedergabe, »a story, told by an idiot, full of sound and fury, signifying nothing« ebenso vergessen macht wie die mystische Heraufbeschwörung, die die etwas mechanische und manische Routine der Arbeiten und der Tage in eine Art vergeistigte Liturgie verwandelt, wobei stereotypierte Worthülsen vorgedachte Gedanken ausdrücken (deswegen die »man sagt«, »wie es heißt«, »wir sagen«, mit denen der Diskurs der Gewährsleute durchsetzt ist), die Gemeinplätze, bei denen man sich wohlfühlt, weil zugleich heimisch und mit allen anderen verbunden, die Reihen vorgeformter, mehr oder minder mechanisch ausgeführter Akte. Hier muß man sich bewußt werden, daß die schlichte Beschreibung alle sinnvollen Sprechakte oder Handlungen ohne Sinnabsicht, aus denen sich die übliche Ordnung zusammensetzt, dem Status nach verändert, wobei aus ihnen überlegte Aussagen und vorsätzliche Handlungen werden; und daß sich dieser Effekt ganz speziell auf alle Gesten des Rituals auswirkt, die durch »magische Stereotypierung«, wie Weber schreibt, die typischsten Operationen der rituellen Logik, nämlich vereinen, trennen, übertragen, umkehren, in gedankenlose Bewegungen umsetzen, wie sich nach rechts oder nach links wenden, das Unterste zuoberst kehren, hinein- oder hinausgehen, verknoten oder durchschneiden.

4. Das Landwirtschaftsjahr und das mythische Jahr

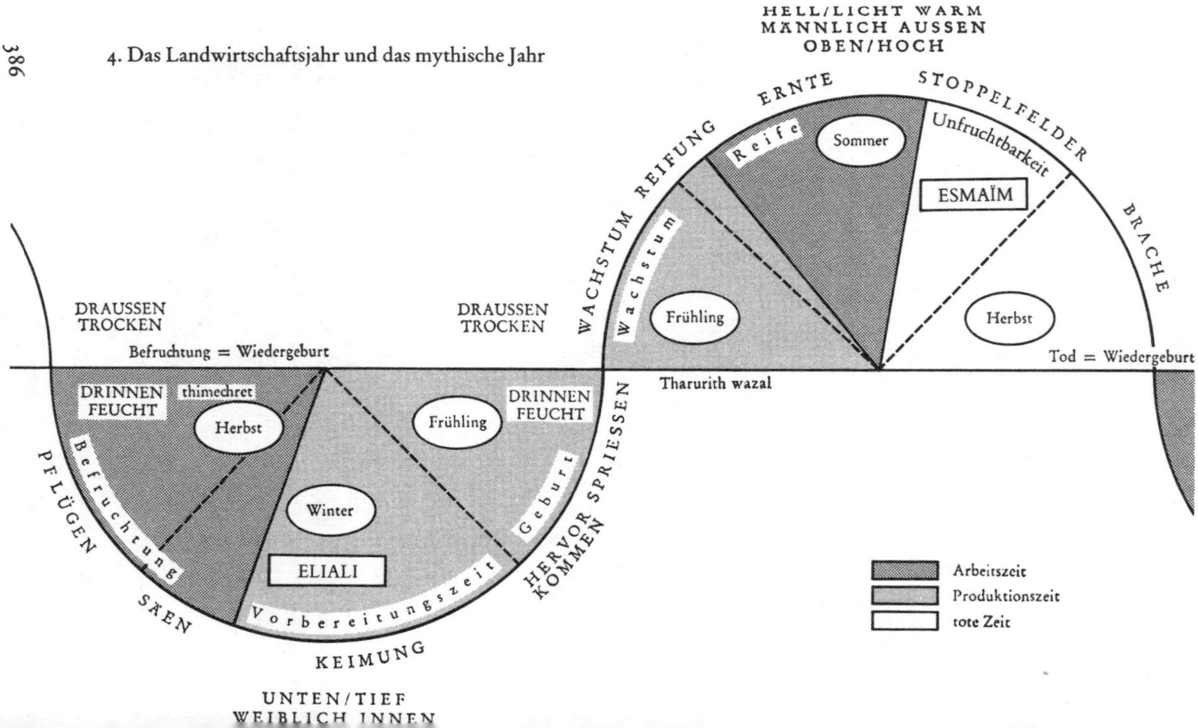

»An diesem Tag zieht der Hirte am frühen Morgen hinaus, um zum *azal* zurückzukehren. Er pflückt ein wenig von allem Gesträuch (...) Er windet daraus einen Strauß, der ebenfalls *azal* genannt wird und den man über der Schwelle aufhängt. Währenddessen hat die Hausfrau einen Milchpudding zubereitet ... (Hassler, 1942). Hinter jedem gewöhnlichen Satz einer üblichen Beschreibung wie dieser muß man nicht nur einen Sinn entdecken können, der von den Handelnden nicht bewußt beherrscht wird, sondern auch eine banale Szene des Alltags erblikken, einen alten Mann, der vor seiner Tür sitzt, während seine Schwiegertochter einen Milchpudding kocht, die heimkehrenden Tiere, die Frau, die sie festbindet, der Knabe, der mit einem Strauß Feldblumen ankommt, den er mit seiner Großmutter gepflückt hat, die Mutter, die sie entgegennimmt und gleich über der Tür aufhängt, und alles von gewöhnlichen Worten wie (»Zeig mal«, »Die sind aber schön«, »Ich hab' Hunger« usw.) und gewöhnlichen Gesten begleitet.

Gewiß könnte nichts besser verdeutlichen, wie die sozialen Prinzipien der Teilung fungieren und funktionieren, als eine zugleich realistische wie vielsagende Beschreibung der abrupten und totalen Wandlung des Alltagslebens, wie sie bei der »Rückkehr des *azal*« erfolgt. Ausnahmslos alles an den Tätigkeiten der Männer, Frauen, Kinder wird durch die Einführung eines neuen Zeitrhythmus plötzlich verändert: der Auszug der Herde natürlich, aber auch die Arbeit der Männer und die Hausarbeit der Frauen, der Ort, wo gekocht wird (das ist die Zeit, wo *das Feuer hinausgebracht wird,* um den *kanun* im Hof einzurichten), die Ruhestunden, der Eßplatz, selbst der Charakter der Nahrungsmittel, der Zeitpunkt und der Zeitplan der Gänge und Arbeiten der Frau außerhalb des Hauses, der Rhythmus der Zusammenkünfte und der Männerversammlung, die Zeremonien, die Gebete, die Zusammenkünfte außerhalb des Dorfes, der Märkte.

In der feuchten Jahreszeit sind am Morgen, vor der *doh'a*, alle Männer im Dorf: mit Ausnahme der Zusammenkunft, die bisweilen freitags nach dem gemeinsamen Gebet stattfindet, ist das immer die Zeit, zu der die Sippenversammlung und alle Schlichtungsausschüsse (zu Teilungen, Zurechtweisungen usw.) tagen; auch ist es die Zeit, wo vom Minarett die Rufe erschallen, die die Männer insgesamt angehen (wie die Aufforderung zur Gemeinschaftsarbeit). Um die *doh'a* zieht der Hirte mit seiner Herde aus und gehen die Männer aufs Feld oder in den Garten, sei es, um die großen Saisonarbeiten wie Pflügen oder Hacken zu verrichten, oder um sich den kleinen Beschäftigungen hinzugeben, die die »toten Zeiten« des Bauernjahres oder

-tags ausfüllen (Unkraut zusammenrechen, Gräben ziehen oder säubern, Holz sammeln oder Baumstümpfe roden usw.). Wenn Regen, Schnee oder Kälte jede Arbeit auf den Feldern untersagen oder wenn der zu nasse Boden nicht ohne Schaden für die künftige Ernte oder für das bevorstehende Pflügen betreten werden kann, wenn der schlechte Straßenzustand oder die Furcht, fern von zu Hause festgehalten zu werden, die traditionellen Beziehungen zur Außenwelt unterbrechen, führt der Zwang, der den Männern auferlegt, sich untertags eben wegen der Arbeitsteilung draußen aufzuhalten, sie im Gemeinschaftshaus zusammen. Zu dieser Jahreszeit fehlt nämlich kein Mann im Dorf, in das die Männer des *azib* – Vorwerks - bereits im *thaqachachth* (Ende Oktober) zurückgekehrt sind.

Das Abendessen *(imensi)* wird sehr früh aufgetragen, sobald die Männer sich nach Ablegen ihrer Fellschuhe und ihrer Arbeitskleidung kurz ausgeruht haben. Bei Einbruch der Nacht ist jeder bereits nach Hause zurückgekehrt, außer denen, die unbedingt das Abendgebet in der Moschee verrichten wollen, wo das letzte Gebet *(el âicha)* gemeinhin vorverlegt wird, damit man es zur selben Zeit sagen kann wie das des *maghreb*. Weil die Männer alle Mahlzeiten (außer der Vesper) im Hausinnern einnehmen, bemühen sich die Frauen, aus ihrem eigentlichen Raum vertrieben, sich wieder eine separate Welt zu schaffen, indem sie nachmittags an der beschatteten Hausmauer während der Abwesenheit der Männer das Essen vorbereiten und dabei vermeiden, bei ihrer Tätigkeit aufzufallen oder untätig angetroffen zu werden: der Webstuhl, der während der ganzen feuchten Jahreszeit bespannt bleibt, bietet ihnen eine Art Gardine, hinter der sie sich absondern können, und zugleich das Alibi einer ständig möglichen Arbeit. Dieselben Strategien bei der Nutzung des dörflichen Raums: die Anwesenheit der Männer verbietet den Frauen den ganzen Vormittag, zum Brunnen zu gehen, dies um so mehr, als die Gefahr eines Sturzes zu besonderen Vorsichtsmaßnahmen zwingt; folglich muß das »Altweib« morgens die Wasserversorgung sichern und, wenn kein Töchterchen da ist, Hühner oder Haustiere von der Matte wegscheuchen, auf der das Korn oder die Oliven ausgebreitet sind, bevor sie zur Mühle oder zur Presse gebracht werden.

Im Gegensatz zum Rückzug der Gruppe auf sich selbst und auch auf ihre eigene Vergangenheit, ihre Überlieferungen – durch die Erzählungen und Märchen der langen Abende in dem Zimmer für die Männer – steht die Öffnung nach außen in der trockenen Jahreszeit.[1] Das Erwachen des Dorfes, in der feuchten Jahreszeit äußerst still, geht mit viel Lärm und Bewegung ein-

1 Die feuchte Jahreszeit ist die Zeit des *mündlichen* Unterrichts, in der das Gruppengedächtnis gebildet wird. In der trockenen Jahreszeit wird dieses Gedächtnis durch die Teilnahme an Akten und Zeremonien ausagiert und bereichert, mit denen die Einheit der Gruppe besiegelt wird: im Sommer

her, sobald der *azal* wieder da ist: auf das Hufgeklapper der Maultiere, das vom Vorbeigehen der Marktgänger kündet, folgt das Getrappel der Herden, die in ununterbrochener Folge hinausziehen, dann das Klappern der Eselshufe, das den Auszug der Männer in Feld oder Wald vermeldet. Um die *doh'a* bringt der Schäferjunge seine Herde wieder herein, und ein Teil der Männer kommt zurück und hält im Dorf Mittagsruhe. Der Ruf des Muezzin zum *eddohor*-Gebet ist das Signal für den zweiten Auszug des Tages. In weniger als einer halben Stunde leert sich das Dorf, diesmal fast vollständig: am Vormittag waren die Frauen durch ihre häuslichen Pflichten ans Haus gebunden, und vor allem deswegen, weil es unpassend wäre, der Mittagsruhe *(lamqil)* nach Männerart draußen unter einem Baum zu pflegen oder sich auf dem Rückweg zu beeilen, um zu dieser der Häuslichkeit vorbehaltenen Zeit daheim zu sein, wie es sich für eine Frau gehört; nachmittags indes gibt es kaum Frauen, die nicht mit den Männern hinausgehen: zunächst die »Altweiber«, die erst der Schwiegertochter, die nun mit dem Kochen an der Reihe ist, ihre Anweisungen gegeben haben und nun ihren Beitrag zu den Arbeiten leisten und auf ihre Art ihre Autorität bekräftigen wollen, indem sie die Gärten inspizieren und die Nachlässigkeiten der Männer beheben – ein herumliegendes Stück Holz, eine heruntergefallene Handvoll Grünfutter am Wegesrand oder einen vergessenen Ast unter einem Baum aufheben – und indem sie abends außer dem Krug frischen Wassers aus der Quelle im Garten ein Büschel Unkraut, Wein- oder Maisblätter für die Haustiere mitbringen. Dann die jungen Ehefrauen, die vor allem zur Feigenernte ihrem Mann hinausfolgen, um die Früchte aufzusammeln, die er abgeschlagen hat, sie zu sortieren und auf die Trockengestelle zu legen, und die abends heimkehren, ein paar Schritte hinter ihrem Mann, allein oder begleitet vom »Altweib«.

So begrenzt der zweifache Auszug *azal,* eine Art tote Zeit im Wortsinne, die jeder beachten soll: alles ist still, gespannt, nüchtern; die Straßen sind »verlassen«. Die meisten Männer sind außerhalb des Dorfes verstreut, manche wohnen im *azib* (Vorwerk), andere sind ständig weit vom Haus gebunden, weil sie sich um den Garten oder um das Paar Mastochsen kümmern müssen, andere wachen am Trockengestell für die Feigen (jede Familie fürchtet zu dieser Jahreszeit, ihre Männer im Notfall nicht zusammenholen zu können). Es ist nicht klar, wem in dieser Zeit der Außenbereich gehört, Mann oder Frau. Beide hüten sich also, ihn zu besetzen. Wer sich zu dieser Stunde in die Straßen wagt, hat etwas Verdächtiges an sich. Die wenigen Männer, die nicht auf den Feldern geblieben sind, um unter einem Baum zu schlafen, liegen hier und dort und halten ihr Mittagsschläfchen, im Schatten eines Vorbaus oder einer Hecke, vor der Moschee, auf flachen Steinen oder drinnen, im Hof des

[Fortsetzung der Fußnote 1 von Seite 388]
erlernen die Knaben *praktisch* ihre künftigen Arbeiten als Bauern und ihre Pflichten als Männer von Ehre.

Hauses oder in einem freien Zimmer, wenn sie eines haben. Schatten huschen aus einem Haus über die Straße und verschwinden in einem anderen: die Frauen, die ebenfalls müßig sind und die sehr diskrete Gegenwart der Männer nutzen, um einander zu treffen oder zu besuchen. Nur die Schäferjungen, die mit ihrer Herde ins Dorf zurückgekehrt sind, beleben mit ihren Spielen, mit *thigar*, einem Fußkampf, *thighuladth*, Zielwerfen mit Steinen, *thimristh*, dem »Setzen«, einer Art Damespiel usw. die Plätze am Dorfrand und die zweitrangigen Versammlungsorte.

Die grundlegende Aufteilung

Nur mit einem Erzeugungsmodell, das zugleich sehr stark und sehr einfach ist, kann man sich der Alternative zwischen Intuitionismus und Positivismus entziehen, ohne in die endlose Interpretation zu verfallen, die sich der Strukturalismus leistet, wenn er, statt auf die Erzeugungsprinzipien zurückzugehen, nur endlos die logischen Operationen reproduzieren kann, die nur deren zufällige Aktualisierungen sind. Wenn man das grundlegende Teilungsprinzip kennt (dessen Paradigma der Gegensatz zwischen den Geschlechtern ist), kann man alle Praktiken und alle rituellen Symbole aufgrund zweier operativer Schemata wiedererzeugen, also *vollständig verstehen,* die als in und durch die rituelle Praxis kulturell gebildete natürliche Prozesse so unteilbar zugleich logisch und biologisch sind wie die natürlichen Prozesse, die sie (im doppelten Sinne) reproduzieren sollen, wenn sie in der magischen Logik gedacht werden: einerseits die *Wiedervereinigung der voneinander getrennten Gegensätze,* deren exemplarische Aktualisierungen die Heirat, das Pflügen oder das Härten des glühenden Stahls in Wasser sind und die als realisierte Wiedervereinigung der Gegensätze Leben zeugen, und andererseits die *Trennung der wiedervereinigten Gegensätze* als Vernichtung und Tötung, mit beispielsweise dem Opfern des Ochsen und der Ernte als verneinten Morden.[1] Diese beiden

1 Die grundlegenden Operatoren, Vereinen und Trennen, sind das praktische Äquivalent von Füllen und Leeren: Heiraten ist *âammar,* erfüllt sein. Als Ort des Zusammentreffens der vier Himmelsrichtungen und jener, die in die vier Richtungen gehen oder aus ihnen kommen, ist der Kreuzweg das Symbol der männlichen Fülle, die Geselligkeit *(elwans)*, die einerseits der

Operationen, also wiedervereinen, was durch die grundlegende Teilung – *nomos*, Teilung und Gesetz, Teilungsgesetz, Teilungsprinzip – getrennt ist, Männliches und Weibliches, Trockenes und Feuchtes, Himmel und Erde, Feuer (oder mit Feuer hergestellte Werkzeuge) und Wasser, und trennen, was durch rituelle Übertretung, Pflügen oder Heirat als Vorbedingung jeden Lebens, vereint worden ist, haben ihren Charakter als unvermeidlichen Frevel, als zugleich notwendige und widernatürliche Überschreitung einer zugleich willkürlichen und notwendigen Grenze miteinander gemein. Kurz, man braucht sich nur das grundlegende Teilungsprinzip und diese beiden Klassen von Operationen zu geben, um die Gesamtheit der relevanten Angaben in einer *konstruierten Beschreibung* zu re-produzieren, die durchaus nicht auf die unendliche und dennoch unvollständige Aufzählung der Riten und Varianten reduziert werden kann, die der Mehrzahl der älteren Analysen ihren mystischen oder zaubertrickhaften Anstrich gab.

Die ursprüngliche Aufteilung, die das Männliche dem Weiblichen, das Trockene dem Feuchten, das Heiße dem Kalten gegenüberstellt, liegt dem von den Gewährsleuten stets zitierten Gegensatz zwischen den beiden starken Zeiten zugrunde, *eliali*, den Nächten der Zeit des Feuchten und Weiblichen oder besser noch der vereinten Gegensätze, des Männlichem im Weiblichen, des gezähmten Weiblichen, des vollen Hauses, der befruchteten Frau oder Erde, und *esmaïm*, den Hundstagen, der Zeit des Trockenen und Männlichen im Reinzustand, im Ausnahmezustand, zwei Zeiten, die die Eigenschaften der trockenen und der feuchten Jahreszeit verdichten, indem sie sie zur höchsten Intensität treiben. Um diese beiden Pole werden die Riten dann in zwei Klassen geordnet: auf der einen Seite die Erlaubnisriten, mit denen die allen Akten, mit denen die Vereinigung der antagonistischen Prinzipien im Pflügen, in der Eisenhärtung, im Geschlechtsakt oder umgekehrt die Trennung der vereinten Gegensätze durch Mord, Ernte oder Abschneiden des Stoffs vom

Leere des Feldes und Waldes *(lakhla)*, der Einsamkeit, der Angst, dem »Wilden« *(elwah'ch)*, und andererseits der weiblichen Fülle *(laâmara)*, dem Dorf oder Haus entgegengesetzt ist; dies trägt ihm eine Rolle in gewissen Riten zur Gewährleistung der Fruchtbarkeit des Weibes ein.

Webstuhl betrieben wird, innewohnende Gewalt geleugnet oder beschönigt wird; auf der anderen Seite die Sühneriten, mit denen die unmerklichen und stets gefährdeten Übergänge zwischen den entgegengesetzten Prinzipien gesichert oder erleichtert, das Leben, also die vereinten Gegensätze, gestaltet werden und erreicht werden soll, daß die Elemente und Menschen die »Zeitordnung« *(chronou taxis)*, d.h. die Weltordnung einhalten: Verweiblichung des Männlichen im Herbst mit dem Pflügen, der Aussaat und den begleitenden Regenriten, Vermännlichung des Weiblichen im Frühjahr mit der fortschreitenden Trennung zwischen Korn und Boden, die mit der Ernte vollendet wird.

Daß die mit *eliali*, »die Nächte«, bezeichnete Zeit von allen Gewährsleuten genannt wird, und stets in Zusammenhang mit *esmaïm*, den Hundstagen, liegt zunächst daran, daß im Winterwinter und im Sommersommer sich sozusagen die Gegensätze konzentrieren, nach denen die Welt und das Bauernjahr strukturiert sind. Die Zeit von vierzig Tagen, welche die im Herbst in die Erde gelegte Saat nach allgemeiner Ansicht braucht, bis sie sprießt, ist das hervorragendste Beispiel für jene leeren Zeiten, in denen nichts passiert, in denen alle Arbeit ruht, und die (bis auf einige Riten der Wahrsage) von keinem wichtigen Ritus gekennzeichnet sind.

Vor allem am ersten Tag des *ennayer* (der mitten im *eliali* liegt, an der Schwelle zwischen den »schwarzen« und den »weißen« Nächten) und anläßlich der Erneuerungsriten, die den Beginn des Neuen Jahres bezeichnen (Ersatz der drei Herdsteine, Kalken der Häuser) und deren Zentrum das Haus – und der *kanun* – ist, sind die Weissagungspraktiken am häufigsten: zum Beispiel ruft man schon beim Morgenrot die Schafe und Ziegen, wobei man ein böses Omen darin erblickt, wenn eine Ziege als ein wie das Altweib mit dem Weiblich-Weiblichen assoziiertes Tier (die Altweibertage heißen auch »Ziegentage«) zuerst erscheint; man überstreicht die Herdsteine mit einer Paste aus nassem Lehm, in der Überzeugung, daß das Jahr feucht werden wird, wenn sie morgens feucht ist, und umgekehrt. Was nicht nur wegen der *eröffnenden Rolle* des ersten Tags des *ennayer* verständlich ist, sondern auch weil man sich in einer Zeit des *Abwartens* und der Unsicherheit befindet, in der man nichts tun kann, außer zu versuchen, die Zukunft zu erraten: Deswegen muß man die Riten der Wahrsage zum Familienleben und vor allem zur Ernte des laufenden Jahres ähnlich sehen wie die, bei denen es um die Schwangere geht.

Der fruchtbare Acker, wie die Frau[1] mit einer Einfriedung aus Stachelgestrüpp *(zerb)* als geheiligter Grenze, die das Geheiligte, das Tabu *(h'aram)* erzeugt, gebührend geschützt, ist der Ort einer geheimnisvollen und unvorhersehbaren Arbeit, von der nichts nach außen dringt, dem *Kochen* der Weizenkörner und Bohnen im Topf oder der Arbeit des Austragens im Bauch der Frau vergleichbar. Diese Zeit ist natürlich der Winterwinter, die Nacht der Nacht. Homolog zur Nacht ist der Winter die Zeit des Schlafs der Ochsen im *Stall*, nachts und im Norden des Hauses, und der sexuellen Beziehungen: wie das Wildschwein[2] paart sich auch das Rebhuhn, dessen Eier Fruchtbarkeitssymbole sind, im *eliali*. Das ist die Zeit, in der die Naturwelt den weiblichen Kräften der Fruchtbarkeit ausgeliefert ist, bei denen man nie sicher sein kann, daß sie vollständig und endgültig vermännlicht, d. h. kultiviert und gezähmt sind. Die offensive Wiederkehr des Winters, der Kälte und der Nacht soll an diese verborgene Gewalttätigkeit der weiblichen Natur erinnern, die stets droht, nach links, zur Brache, zur Unfruchtbarkeit der natürlichen Natur auszuarten. Im »Streit zwischen Winter und Mann« (ohne Autor, DB, 1947) wird der Winter als Weib dargestellt (wobei der Name der Jahreszeit *chathwa* wie ein Frauenname behandelt wird), und gewiß als *altes Weib*, als Verkörperung der bösen Kräfte von Vernichtung und Tod (»Dein Vieh werde ich töten, sagt das Winterweib. Wenn ich aufstehe, beginnen die Messer ihr Werk«), von Chaos und Spaltung, die nach ihrer Niederlage in ihrem Gefecht mit dem Mann auf ihre Gewaltgelüste verzichten und mehr Mäßigung und Sanftheit zeigen muß. Diese Art Ursprungsmythos erinnert daran, daß der Winter wie das Weib Doppelcharakter hat: es gibt in ihm eine rein weibliche, unvermischte, ungezähmte Frau, wie sie das alte, vertrocknete, unfruchtbare Weib verkörpert, d. h. das durch das Alter auf seine rein negative Wahrheit zurückgeführte weibliche Prinzip (Schlechtwettereinbrüche werden bisweilen explizit dem unheilvollen Treiben der

1 *Ehdjeb* heißt schützen, maskieren, verbergen, einsperren (der Frau): daher *leh'djubeya*, die Einsperrung der Frau (Genevois 1968, II, S. 73).

2 Zwar »paart sich der Eber im *eliali*«, doch heißt es, »im *ah'gan* zittert der Schenkel des Ebers«; oder im *en-natah*, bisweilen auch »die Tage, wenn der Eber zittert« genannt.

»alten Weiber« dieses oder jenes Dorfs des Stammes oder der Nachbarstämme zugeschrieben, also Hexen, von denen jede ihren Wochentag hat); doch gibt es auch die gebändigte und gezähmte Frau, die schwangere und rein frauliche Frau, und die Fruchtbarkeit, die Arbeit des Austragens und des Sprießens der Saat, die die vom Mann befruchtete Natur vollbringt. Die ganze *kultivierte Natur*, die Erde, in die die Saat gelegt ist, aber auch der Bauch des Weibes, ist der Ort eines Kampfes ähnlich dem, bei dem die Kälte und Finsternis des Winters gegen die lichten Kräfte des Frühlings, der Öffnung, des Hinausgehens (aus der Erde, aus dem Bauch, aus dem *Haus*) antreten, mit denen der Mann verbündet ist. In dieser Logik muß man die »Altweibertage« verstehen, den Augenblick des Übergangs und Bruchs zwischen Winter und Frühling (oder zwischen zwei Wintermonaten): ein altes Weib, das verschiedene Namen trägt, beleidigt einen Monat des Winters (Januar, Februar oder März) oder das Winterweib selbst und fordert es heraus, seinen Tieren Böses anzutun; der Monat (oder Winter) verlangt von seinem Nachbarn, ihm einen oder mehrere Tage abzutreten, damit er die Alte züchtigen kann (Galand-Pernet 1958, S. 44 und Bibliographie). In allen Sagen von den Borgetagen *(amerdil,* das Darlehen), die sicher nicht nur eine Art und Weise sind, unerwartete Kälteeinbrüche zu erklären, wird ein zur Natur, sogar zum Winter gehöriges Wesen, meist ein altes Weib (wie das Winterweib selbst), eine *Ziege* (Ouakli 1933, Hassler 1942) oder ein *Schwarzer* durch den Winter, oder sicher auch – nach der Logik des Sündenbocks – dem *Winter* geopfert: Dieses Opfer muß gebracht werden, damit die alte Hexe Winter eben dadurch, daß sie von der folgenden Periode ein paar Tage borgen will, die ihr gesetzten *Grenzen* anerkennt.

Diese Hypothese wird dadurch bestätigt, daß die Rolle des alten Weibs in einer in Aït Hichem gesammelten Sage von einem *Schwarzen* übernommen wird, also von einer verachteten und bösartigen Person. Um in der als *ah'ayan* genannten Zeit eine mit *ah'ayan u huri* (*ah'ayan* des freien Mannes, des Weißen) bezeichnete günstige Periode, während der man säen und pflanzen kann, von einer unheilvollen Periode mit Namen *ah'ayan bu akli* (*ah'ayan* des Schwarzen) zu unterscheiden, eine Woche von Kälte und Frost, in der alle Arbeiten zum Erliegen kommen, zitierte ein Gewährsmann eine Sage, welche mit der *Übertretung der Grenzen* zu tun hat, die für die Gesellschaftsordnung konstitutiv sind: ein Schwarzer wollte die Tochter eines weißen Mannes heiraten; der Vater, der diesen gottlosen Ehebund verhindern will, verlangt von dem Freier, sieben Tage unter einem Wasserfall auszuharren, um auszubleichen. Der Schwarze hält die Prüfung sechs Tage durch: am siebten Tag läßt Gott, der dieser Heirat feind ist, einen Regen mit Regenbogen (wie bei der Hochzeit des Schakals) und einen Frost los, in denen der Schwarze umkommt (eine Abwandlung dieser Sage findet man bei Bourilly, 1932). In der in Aïn Aghbel aufgezeichneten Variante ist es ein altes Weib, das unter Umkehrung der üblichen Rollenteilung und unter Übertretung der Grenzen für die jeweiligen Lebensalter von seinen Kindern verlangt, sie zu heiraten: diese erlegen ihm auf, sieben Nächte im Frost auszuharren, und das alte Weib krepiert daran. Eine weitere widernatürliche Heirat wird in dem Märchen mit dem Titel »Wie der Schakal heiratete« angeführt: dieses Tier, das wie die gottlose Alte oder die schamlose Ziege das natürliche Chaos, die ungezähmte Natur verkörpert (»er hat kein Haus«), heiratet außerhalb seiner Art, wider die Natur, nämlich eine Kamelstute, und feiert obendrein noch nicht einmal Hochzeit: auch hier schickt der Himmel Hagel und Sturm, als ob die Übertretung der zeitlichen Grenzen, die die natürliche Ordnung ausmachen, nur durch die Notwendigkeit gerechtfertigt werden könnte, eine Übertretung der sozialen Grenzen zu verhindern oder zu bestrafen. Bei den meisten dieser Varianten wird das alte Weib durch seine Unbeherrschtheit charakterisiert, von der es zum Aufreizen, Beleidigen und Schimpfen und zu jener Art *Hybris* verleitet wird, die darin besteht, die Zukunft vorwegzunehmen, die Grenze überhaupt zu übertreten, nämlich die zeitliche (»Adé, Onkel Ennayer, du bist vorbei, ohne mir etwas getan zu haben«). Doch vor allem ist das alte Weib, häßlich, boshaft, unfruchtbar, wild, die Schamgrenzen überschreitend (in einer bestimmten Sage bepißt sie die Kinder; kommt ihre Vertreterin, die Ziege, stets mit schamlos hocherhobenem Schwanz, eingefallenem und leerem Bauch, gierigen und zerstörerischen langen Zähnen daher), ist bestens geeignet, gegen die bösen Kräfte vorzugehen, zu denen es gehört und die, in den Eröffnungs- und Erlaubniszeiten in die Vergangenheit zurückgeschickt, gebannt werden müssen; kurz, hierin dem Schwarzen und dem Schmied verwandt, ist das alte Weib wie geschaffen, Böses mit Bösem zu bekämpfen (wie es das beim Bespannen des Webstuhls tut), um im Namen der Gruppe den Kampf gegen den Winter, sein *alter ego*, zu führen, in welchem es sich opfert oder geopfert wird.

Es'maïm, die Zeit der Hundstage, ist für die trockene Jahreszeit ziemlich genau das, was *eliali* für die feuchte ist: diese tote Zeit, die zu *essaïf*, der Ernte, genauso im Gegensatz steht wie innerhalb der feuchten Jahreszeit die ebenfalls tote Zeit *eliali* zu *lah'lal*, dem Pflügen, verkörpert in höchstem Maße die Eigenschaften der trockenen Jahreszeit. Der Eintritt in das *reine* und *unfruchtbare* Reich des Sommers (also des Feuers, des Trockenen, des Salzes) erfolgt mit dem Monat Mai, der als ungünstig für alle Fortpflanzungsakte gilt, also auch für die Heirat (Heiraten im Mai sind zum Bruch und zu allen Fährnissen verdammt; »der böse Maibesen« ist das genaue Gegenstück zum segensreichen Besen »der ersten Frühlingstage«: er bringt Ruin, Leere und Unfruchtbarkeit in das Haus oder den Stall, wo er benutzt wird). Bei den Riten zur Kennzeichnung des »ersten Sommertags«[1] und noch mehr bei der Sommersonnenwende *insla* zu Beginn des *es-'maïm* werden für Tätowierungen, das Ritzen zu Heil- oder Vorbeugezwecken mit einem Stöckchen aus Rosenlorbeer, Ausschneiden des *azal*-Straußes (wie die Meerzwiebel *thiberwaq*, mit der die Trennlinien zwischen den Feldern bezeichnet werden), vorbeugendes Drücken eines roten Eisens an den Kopf, Durchlöchern der Ohrläppchen bei den Mädchen, Aderlässe an Tieren und Männern, Eisen und Feuer angewandt sowie Werkzeuge, die mit Feuer gemacht oder zusammengebracht werden, Pflugschar, Sichel, Wollkamm und Dolch (und außerdem Schmiedekohle und Schürhaken), die zum Schneiden, Durchhauen (besonders der Gurgel von Opfertieren und Männern), Durchlöchern, Brandmarken, Aderlassen und außerdem zur Abwehr der bösen Mächte der Herrschaft des Feuchten wie z. B. der *djnun* dienen. Die Nacht *insla*, in der das unfruchtbare und reinigende Feuer im Hause, unter dem Herde, in den Obstgärten, bei den Bienenkörben, auf der Tenne usw. angezündet wird, ist zur Unfruchtbarkeit verurteilt: die Frau, so heißt es, kann nicht empfangen, und die an diesem Tag geborenen Kinder sind selbst zu Unfruchtbarkeit verdammt (wie die zu dieser Zeit geschlossenen Ehen).[2] Die Zeit des Trockenen ist auch die Zeit des

1 Nach Westermarck wird der 17. Mai *el mut-el ardh* genannt, der Tod der Erde. Er berichtet über eine ganze Reihe von Überlieferungen, die alle miteinander gemein haben, den ausdörrenden Charakter des Tages hervorzuheben (daß man zum Beispiel die Zuneigung zu seiner Frau verliert, wenn man während des Tages schläft). Er bemerkt auch, daß die an diesem Tage dargebrachten Opfer besonders wirksam sind.

2 Nach Destaing galt bei den Beni Snou die Sitte, zum Zeitpunkt des *insla* einen *umgestülpten* Topf (Symbol der Feuchte und der Schwärze des Win-

Salzes, des gebratenen und gewürzten Essens, das männlich ist und männlich macht wie die getrockneten Kräuter zum Würzen, des Kuchens und die Zeit des Öls (»die Sonne brennt wie Öl«), das für die Ernährung im Sommer soviel bedeutet wie die Butter für die Ernährung im Frühling.

Salz wird stark mit dem Trockenen und der Männlichkeit assoziiert: die Wörter, die Heißsein bedeuten, bedeuten auch Scharfgewürztes, Starksein, Virilität (»Ich bin der, der Gesalzenes ißt und Fades verschmäht«, heißt es in einem Kriegsgesang der Rifkabylen – Biarnay 1915), im Gegensatz zum Faden, Reizlosen, Verstandeslosen (Säuglinge werden gesalzen, um zu vermeiden, daß sie fade, reizlos, dumm werden). Das Gesalzene und scharf Gewürzte ist, weil Mut und Virilität erzeugend, den Männern vorbehalten (so gibt man eine Prise Salz in die Kleidung des kleinen Jungen, wenn ihn der Vater zum ersten Mal zum Markt mitnimmt). Männlich und trocken, dörrt und sterilisiert das Salz das Feuchte (z. B. wird die Kuh dadurch trocken). Deswegen ist es Symbol der *Unfruchtbarkeit.* In Beschwörungsriten, bei denen Salz verwendet wird, heißt es: »Wie das Salz nicht wächst, soll das Unglück nicht auf mir wachsen«; »Wie das Salz im Boden nicht Wurzel schlagen kann, sollen hier Sorge und Ärger nicht wachsen«. Von einem Leichtfertigen sagt man: »Er glaubt, Salz zu säen«, d. h. er glaubt, sein Handeln sei folgenlos.

[Fortsetzung der Fußnote 2 von Seite 396]
ters), dessen Boden mit Kalk geweißt war (Weißen der Schwärze), auf den Küchenherd zu stellen (Ort der weiblichen Kultur). Das Schema der Umkehrung und der Umstülpung wird in allen Riten angewandt, die eine radikale Veränderung bewirken sollen, insbesondere einen abrupten Übergang vom Trockenen zum Feuchten, und vor allem vom Feuchten zum Trockenen. Die Operationen der Umkehrung – deren verbales Äquivalent die absurde Lüge ist, die bisweilen benutzt wird, um den Lauf der Dinge umzukehren –, zum Beispiel der Lügen zur Herbeiführung eines Wechsels der Jahreszeiten, unterscheiden sich insofern von den Übertretungen, daß sie die umgekehrte Ordnung noch anerkennen. Sie haben immer zum Prinzip, ein Objekt oder Tier seinem *natürlichen Ort* und seiner *normalen Position* zu entreißen, um eine Spannung zu erzeugen, auf deren Lösung spekuliert wird (um Regen herbeizuführen, wird zum Beispiel eine Schildkröte mit den Füßen nach oben in einen Baum gelegt – Destaing 1907, S. 254). Die *Schwelle,* die an sich Umkehrung bedeutet, ist einer der bevorzugten Orte dieses Ritus; dasselbe gilt für den *Spiegel.* Außerdem ist dies das Schema, mit dem jede Umkehrung vom Für zum Gegen, jede Inversion gedacht werden kann; so sagt man über jemand, der herausfordernd lügt, »er verlegt Osten nach Westen«.

Es'maïm, der alle Merkmale des Sommers unvermischt und unabgeschwächt im Reinzustand aufweist, bedeutet für das Jahr das gleiche wie *azal* (die heißeste Tageszeit) und, genauer noch, die »Mitte von *azal*« für den Tag. Wie *azal* sind *es'maïm, lakhla*, die Verlassenheit der Stoppeläcker, die Zeit von Eisen und Feuer, von Gewalt und Tod (des Niedermetzelns *s'emm*) die männliche Zeit überhaupt.

Schwellen und Übergänge

Übergangsperioden haben alle Eigenschaften der *Schwelle* als Grenze zwischen zwei Räumen, wo die antagonistischen Prinzipien aufeinanderprallen und die Welt umgestürzt wird. Grenzen sind Kampfplätze: Flurgrenzen als Ort oder Anlaß für sehr reale Kämpfe (wie der allseits bekannte Refrain von den Greisen, welche »Grenzsteine ausgraben und versetzen«); Grenzen zwischen Jahreszeiten, z. B. mit dem Kampf zwischen Winter und Frühling; Schwelle des Hauses, wo die antagonistischen Kräfte aufeinandertreffen und alle mit dem Übergang vom Inneren zum Äußeren und vom Äußeren zum Inneren verbundenen *Zustandsveränderungen* erfolgen (darunter dem erstmaligen Eintritt der Jungvermählten, Verwandlung der Brache in Fruchtbarkeit, dem ersten Ausgang der Niedergekommenen, des Kindes, der Milch, des Kalbs usw.); Grenze zwischen Tag und Nacht (man spricht von der »Stunde, wo Tag und Nacht miteinander kämpfen«). Die mit diesen Momenten verbundenen Riten gehorchen auch dem Prinzip der Maximierung des magischen Nutzens: sie sollen die Übereinstimmung der mythischen Zeitrechnung mit der klimatischen mit allen ihren Sprüngen und Launen gewährleisten, indem sie bewirken, daß der Regen passend zur Pflügezeit kommt und den Übergang vom Trockenen zum Feuchten im Herbst oder vom Feuchten zum Trockenen im Frühling begleitet oder notfalls beschleunigt, kurz versuchen, die Ankunft der Wohltaten der beginnenden Jahreszeit vorzuverlegen und dabei zugleich das Einheimsen der Gewinne aus der endenden Jahreszeit, solange es geht, zu ermöglichen.

Der Herbst ist der Ort, an dem sich der Lauf der Welt umkehrt, wo alles drunter und drüber geht, das Männliche ins Weibliche, die Aussaat in den Bauch der Erde, die Männer und Tiere ins Haus, das Licht (mit der Lampe) ins Dunkel, das Trockene ins Feuchte kommt, bis zur neuen Wende im Frühling, bei der diese verkehrte Welt, die eine Zeitlang der Herrschaft des weiblichen Prinzips, dem Bauch, der Frau, des Hauses, der Nacht ausgeliefert war, wieder auf die Füße gestellt wird. Und der Konsum ahmt diese paradoxe Umkehrung sichtbar nach: nach dem Schema des Einweichens von Getrocknetem erzeugt, ernährt man sich im Herbst von getrockneten Nahrungsmitteln (Getreide, Trockengemüse, Dörrfleisch), die man ohne Gewürze im Topf mit Wasser kocht oder, was auf dasselbe hinausläuft, mit Dampf gart oder mit Hefe aufgehen läßt. Dieselbe objektive Absicht wohnt auch allen Riten inne, die im Herbst den Regen begünstigen sollen, d.h. das Herunterkommen des trockenen Männlichen, der befruchtenden Aussaat in die weibliche Feuchte des Bodens: das Opfer eines Ochsen *(thimechreth)*, der nicht rotbraun sein darf, da diese Farbe mit dem Trockenen assoziiert wird (»der rote Ochse läßt sein Teil brachliegen«, heißt es vom faulen Rotschopf), oder die Eröffnung des Pflügens *(awdjeb)*, die insofern, als sie rituell die fruchtbare Vereinigung der Gegensätze mimt, an sich schon eine Regenbeschwörung ist.

In Notlagen, in denen die Logik der Verzweiflung besonders stark zur Geltung kommt, nehmen Praktiken, mit denen unter Ausnutzung der Anziehungskraft des Trockenen auf das Feuchte (wie beim gemeinsamen Bittgang, bei dem die Alten eine als Puppe verkleidete Suppenkelle durchs Dorf tragen und um Mehl betteln – vgl. Picard, 1968, S. 302 f.) oder durch Umkehrungen und Umstülpungen (in der Gegend von Collo wird ein gemeinsames Gebet in linksgewendet getragener Kleidung abgehalten) der Übergang vom Trokkenen zum Feuchten heraufbeschworen werden soll, häufig die Form von Bitt- und Opferriten an, bei denen Elend und Leiden, ja sogar das Leben angeboten werden. So kommen in Sidi Aïch die *armen* Familien zusammen, um den Regen zu beschwören. Man wählt eine tugendhafte *Witwe*, setzt sie, mit einem *schmutzigen* Burnus bekleidet, auf einen *mageren* Esel, und schickt sie in Begleitung der *Kinder* und der Armen von Haus zu Haus *betteln* (Elendsgeste). Man besprengt sie mit Wasser. Man hält eine gemeinsame Mahlzeit, bei der ein *tatiyaft* genannter Kuskus mit zerstampften Bohnen gegessen wird (dieser Ritus ist in vereinfachten Formen an verschiedenen Orten zu finden: zum Beispiel werden die Gaben von drei Alten einer als marabutisch behandelten Familie eingesammelt). Der Bittritus, mit dem (zugleich mit dem Herbeilocken des Feuchten zum Trockenen und Unfruchtbaren, der alten Frau) *Mitleid erregt* werden soll, findet mit der »Bitte um Erbarmen« genannten Zeremonie seinen Abschluß: in Aïn Aghbel trat bei längerer Dürre die Versammlung zusammen; ein frommer Mann meldete sich; man vollzog an ihm die Sterberiten (Waschung, Leichentuch usw.) und bahrte ihn in der Moschee mit dem Gesicht gen Osten auf. Der Imam sprach das Gebet, man brachte ihn heim, und er starb (Genevois, 1962, berichtet gleichermaßen, Si Lhadj Azihan habe sein Leben für sein Dorf Tawrit n-At-Mangellat gegeben). Dieser Ritus stellt sicher das Extrem aller kollektiven Praktiken dar, von denen Ballspiele wie die *kura* als symbolische Konfrontationen von Trockenem und Feuchtem, von Osten und Westen, die Anlaß zu schrecklichen Gewalttaten geben, ein Sonderfall sind und die die Funktion zu haben scheinen, die *Leiden und Demütigungen,* die *vorbestimmten Leidensträgern,* in der Regel den Alten, zugefügt werden oder die man sich gegenseitig zufügt, als Opfer anzubieten. So zum Beispiel jene Art kollektive Prügelei, *awadjah* (öffentliche Demütigung) genannt, über die derselbe Gewährsmann aus Aïn Aghbel berichtete: nach einem vom *taleb* geleiteten Männergebet fordert die Versammlung insgeheim zwei oder drei Männer und zwei oder drei Frauen auf (wobei Ehepaare vermieden werden), das Spiel zu leiten; die Männer verkleiden sich als Frauen (Umkehrung), machen aus zwei Holzstücken eine Puppe, die sie mit einem Kopfschal als Frau zurechtmachen; die Frauen verkleiden sich als Männer und machen eine Männerpuppe. Sie verlassen ihre Häuser, zuerst die Frauen, und die Einwohner der *zeriba* (des Klans) versetzen ihnen Stockhiebe (bisweilen mit der Hacke) oder bewerfen sie mit Steinen; die Frauen zerkratzen diesen das Gesicht (daher kommt, so heißt es, der Name der Zeremonie *awadjah,* von *wadjh,* das Gesicht). Wenn das Spiel morgens beginnt, wird nichts zu Mittag gegessen. Wenn man einen Verkleideten trifft, muß man ihn mit Wasser begießen und ihm einen Schlag oder Tritt versetzen (mit Hand oder Fuß) oder, wenn kein Wasser da ist, einen Stein in den Ärmel schieben oder ihn zumindest schlagen. Die verkleideten Frauen hingegen warten, bis man ihnen etwas gibt. Dies alles schweigend. Die maskierten Männer (aber nicht die Frauen) dürfen die Schläge zurückgeben, aber immer, ohne dabei zu reden. Das artet aus in eine allgemeine Prügelei, die bis zum Einbruch der Nacht weitergeht.

Tatsächlich ist der Frühling, mehr noch als der Herbst, der von dem Bruch des Pflügens und der eigentümlichen Logik der Befruchtung beherrscht ist, die mit der rituellen Arbeit der Befeuchtung verwoben ist, ein unaufhörlicher, ständig unterbrochener und gefährdeter Übergang vom Feuchten zum Trockenen, der sofort nach *eliali* beginnt, oder besser noch ein von ständigen Umkehrungen zwischen den beiden Prinzipien gekennzeichneter ungewisser Kampf. Angesichts dieses Kampfes, den sich auch morgens Finsternis und Licht liefern, sind die Menschen zur Angst des machtlosen Zuschauers verdammt: daher vielleicht die Vielfalt an Kalenderbezeichnungen, die fast alle Zustände der Jahreszeit oder der Kulturpflanzen beschreiben. In diesen Wartezeiten, in denen das Sprießen der Saat von einer weiblichen und zwiespältigen Natur abhängt, in die der Mann nicht gefahrlos eingreifen kann, ist die Tätigkeit entsprechend der Macht der Menschen über Prozesse wie Keimen oder Austragen, die sich ihrem Zugriff entziehen, sehr eingeschränkt: es ist Aufgabe des *Weibes,* das die Hebammenrolle übernehmen muß, der arbeitenden Natur eine Art rituelle und technische Hilfe zu leisten, zum Beispiel mit dem Jäten, der einzigen landwirtschaftlichen Arbeit, die ausschließlich weiblich ist. Ähnlich der Arbeit im *Garten* steht diese *Ernte des Grünen* (man nennt das Grüne, das Rohe, das grüne und rohe Kraut *waghaz,* aus der Wortfamilie *azegzaw,* z. B. den Löwenzahn, der von den Frauen beim Jäten als Ackersalat gesammelt und roh gegessen wird), barfuß und mit der Hacke, den Leib zur Erde gebeugt, zum Pflügen ebenso im Gegensatz wie zur Ernte, Tätigkeiten der Defloration oder des Mordes, die einer Frau nicht zufallen können (und noch weniger einem Linkshänder).[1]

Der als »Trennung im ennayer« *(el âazla gennayer)* bezeichnete Zeitpunkt wird mit dem Gedanken des Bruchs assoziiert. Eine »Trennung« gibt es auf den Feldern: manche nehmen das Ritual der Austreibung des »Maras« vor, indem sie auf den Äckern Zweige vom Rosenlorbeer einpflanzen. »Trennung« gibt es im Leben mit dem ersten Haarschnitt der Knaben. Diese Zeit des Bruchs bedeutet für den Getreidezyklus dasselbe, was für den Lebenszyklus die Riten zur fortschreitenden Vermännlichung des ursprünglich weiblichen Knaben bedeuten, die mit der Ge-

1 Die Frau, die im Falle höherer Gewalt gezwungen ist, diese eigentlich männlichen Handlungen auszuführen, muß rituelle Vorkehrungen treffen: nach einer Beobachtung von Servier (1962, S. 24) steckt eine Frau, die zum Pflügen gezwungen ist, einen Dolch in den Gürtel und beschuht sich mit *arkasen,* und nach Biarnay (1924, S. 47) mußten Frauen, die in Marokko gezwungen waren, ein Tier zu opfern, ebenfalls eine für Frauen verbotene Tätigkeit, unter den Kleidern einen Löffel – Phallussymbol – zwischen die Schenkel stecken.

burt beginnt, und besonders alle Zeremonien, die die Phasen des *Übergangs* in die Männerwelt kennzeichnen, wie der erste Marktgang oder Haarschnitt, und die mit der Beschneidung ihren Höhepunkt finden.

Alle Trennungsriten weisen trotz der Variation im Detail offenkundige Analogien auf, weil sie dasselbe Schema anwenden, nämlich schneiden, trennen, sowie eine Reihe von Gegenständen, mit denen diese Operationen symbolisiert werden können (Messer, Dolch, Pflugschar, Geldstück usw.).[1] So wird das Kind nach der Geburt rechts von der Mutter hingelegt, die selbst auf der rechten Seite liegt, und zwischen beide legt man einen Wollkamm, ein großes Messer, eine Pflugschar, einen der Herdsteine und einen Topf voll Wasser (der Gewährsmann, der manchen dieser Gegenstände eindeutige Funktionen zuschrieb – das Messer, »damit er kämpferisch wird«, die Pflugschar, damit »er den Boden bearbeitet« –, wies darauf hin, daß nur das Vorhandensein von *Stahl* und nicht des einen oder anderen Gegenstands aus diesem Material als unerläßlich betrachtet wurde). Nach einer anderen Quelle wird Geld, ein Ziegel, Stahl, ein großer flacher Stein und eine Kalebasse voll Wasser niedergelegt (Genevois 1968). Bis zu seinem ersten Ausgang aus dem Haus steht der kleine Junge unter dem durch das Laufgitter symbolisierten weiblichen Schutz, welcher aufhört, sobald er die Schwelle übertreten hat. Für den ersten Ausgang wird daher eine günstige Zeit gewählt, entweder die Zeit des Pflügens, und das Kind, auf den Acker geführt, berührt die Handgriffe des *Pflugs*, oder der Frühling (vorzugsweise am Eröffnungstag der Jahreszeit).

Die Bedeutung des ersten Haarschnitts hängt damit zusammen, daß der Haarschopf als etwas Weibliches eines der symbolischen Bande ist, mit dem das Kind an die Welt der Mutter gebunden ist. Dem Vater kommt es zu, den ersten Haarschnitt (mit dem Rasiermesser, einem männlichen Instrument) am Tage der »Trennung im *ennayer*« *(el âazla gennayer)* vorzunehmen, ein Ritus, den er ausführt, bevor er den Knaben das erste Mal zum Markt mit-

1 Beim Auszug der Braut aus dem Elternhaus wird der Bruch mit der Familie (und besonders mit ihrem Vater) manifestiert, indem man ihr einen (von der Familie des Bräutigams gebrachten) Burnus überzieht, ihr (vom Vater des Bräutigams geschenktes) Silber in den Schuh steckt, an ihrem Hals ein (vom Vater des Bräutigams geborgtes) Messer befestigt und ihr empfiehlt, sich weder umzudrehen noch zu sprechen. Während ihr Vater sie Wasser aus seinen hohlen Händen trinken läßt, wird ein Lied gesungen, von dem eine Variante auch beim ersten Gang des Knaben zum Markt, bei der Beschneidung des Knaben, bei der Verschleierung der Braut und beim Einfärben ihrer Hände mit Henna gesungen wird, alles Übergänge und Brüche.

nimmt, d. h. in einem Alter zwischen sechs und zehn Jahren; kleineren Kindern rasiert der Vater nur die rechte Schläfe.[1] Wenn es Zeit war, daß der Knabe seinen Vater zum ersten Mal zum Markt begleitete, in einem Alter, das je nach Familie und Stellung des Knaben in der Familie verschieden war, kleidete man ihn neu ein, und der Vater wand ihm einen Seidenschal um die Stirn. Er erhielt einen *Dolch*, ein *Kästchen* und einen kleinen *Spiegel;* in die Kapuze seines Burnus legte ihm seine Mutter ein frisches Ei. Am Tor zum Markt zerschlug er das Ei (ein viriler Akt, der auch bei der Eröffnung des Pflügens vollzogen wird), machte das Kästchen auf und betrachtete sich im Spiegel, dem Operator der Umkehrung (»damit er, wie es hieß, alles sehen kann, was sich auf dem Markt abspielt«). Sein Vater geleitete ihn über den Markt, stellte ihn dem einen oder anderen vor und kaufte ihm allerhand Naschwerk. Auf dem Rückweg kauften sie einen Ochsenkopf, gewiß ein mit dem *nif* assoziiertes Phallussymbol (wie die Hörner) – »damit er ein ›Haupt‹ des Dorfes werde« – und hielten dann ein Festmahl mit der ganzen Verwandtschaft.

Alle typischen Merkmale dieses schwierigen Übergangs konzentrieren sich sozusagen in der Reihe *kritischer Augenblicke* wie *h'usum* und *natah,* Krisenzeiten, in denen alle bösen Mächte des Winters aufzuleben scheinen, um ein letztes Mal das Wachsen und Leben zu gefährden, der *nisan,* der als wohltätig, aber nicht gefahrlos gilt, zwiespältige Zeiten, bei denen die schlimmsten noch eine Hoffnung auf eine Wende zum Guten und die besten noch die Gefahr einer Wende zum Schlechten enthalten. Alles spielt sich so ab, als ob jede dieser Zeiten in sich den Konflikt trüge, der die ganze Jahreszeit über lauert. Und außerdem die Ungewißheit der Zukunft, welche bewirkt, daß diese Zeiten voller Vorzeichen, wie die Morgenfrühe (und besonders *h'usum* oder der erste Frühlingstag), den Wahrsageriten und Eröffnungspraktiken gewidmet sind.

Diese Zwiespältigkeit ist in der Jahreszeit selbst enthalten: der Frühling ist Wachstum und Kindheit, also wie der erste Tag der

1 Man tat die Haare des Kindes in eine Waagschale und dasselbe Gewicht in Silber in die andere: mit dieser Summe wurde Fleisch gekauft oder aber ein Spargroschen angelegt, den der Knabe bei seinem ersten Marktgang zum Kauf von Fleisch verwendete. Andernorts schnitt der Vater die Ohrspitze einer Ziege ab, die wie ihre Zicklein Eigentum des Knaben wurde. Die Frauen der Nachbarschaft brachten Eier, und die Mutter buk einen Eierkuchen. Das Fest hatte familiären Charakter, und jeder feierte es so groß, wie er Lust hatte.

Jahreszeit zur Freude bestimmt: *thafsuth*, der Frühling, hängt mit der Wurzel FS, *efsu*, ausbreiten (der Stapel von Trockengestellen für die Feigen), entknoten, kämmen (der Wolle) und mit dem Passiv, knospen, aufblühen (der Blumen), sich öffnen, in die Ähren schießen zusammen (Laoust 1920; Dallet 1953, Nr. 714; Servier 1962, 151). Doch ist er auch Empfindlichkeit und Verletzlichkeit, wie alles, was gerade anfängt. Er verhält sich zum Sommer wie das Grüne und Rohe *(azegzaw)*, das Zarte *(thalaqaqth)*, der milchreife Weizen oder der Säugling und die grünen Feldfrüchte, deren Genuß als vorzeitige *(aâdham)* Vernichtung betrachtet wird, zu den fertigen, gelben *(iwraghen)*, reifen, trockenen, hartgewordenen.[1] Als Mutter, Hüterin und Bewahrerin der vereinten Gegensätze, ist das Weib logisch für alle Aufgaben bestimmt, in denen es um den Schutz des »Sprießenden«, des Grünen und Zarten geht; ihr gebührt es, über das Gedeihen des Nachwuchses von Mensch und Tier, über den Morgen des Lebens, die gefährdete Hoffnung zu wachen. Bekanntlich fällt außer dem Jäten das Ernten von Kräutern und Gemüse im Garten und dazu die Pflege der Kuh, das Melken und Buttern in ihren Bereich, wobei die Butter als weibliches Produkt im selben Gegensatz zum Öl steht wie das Drinnen zum Draußen und das Feuchte zum Trockenen.

Der Frühling ist die Zeit des Gartens und der Hülsenfrüchte *(asafruri)* und besonders der Bohnen, von denen ein Teil grün verbraucht wird; die Zeit der Milch, die von einem mit Grünfutter im Stall oder in Hausnähe genährten Stück Vieh reichlich erzeugt und in allen Formen (Molke, Dickmilch, Butter, Käse, usw.) genossen wird. Und die Absicht, alles auf einmal zu haben, zugleich zu besitzen, wie die Kinder bei Platon das eine wie das andere, so lange wie möglich das lebensbestimmende *Gleichgewicht* zwischen den widerstrebenden Kräften zu halten, ins Trockene zu kommen, wie es die Trennungsriten wollten, und

1 *Azegzaw* bezeichnet blau, grün und grau; es kann zur näheren Bezeichnung von Früchten (grün), Fleisch (roh), Weizen (auf dem Halm), grauem Regenhimmel (häufig zur Bezeichnung des Himmels in den Anrufungen, die bei den Regenriten gesungen werden; Picard, S. 302), des grauen Ochsen des Herbstopfers (Servier 1962, S. 74, 368) dienen. *Azegzaw* bringt Glück: etwas Grünes anbieten, vor allem morgens, schafft gute Aussichten.

dabei das Feuchte zu bewahren und zu verhindern, daß das Trockene Milch und Butter versiegen läßt, wird ausdrücklich in dem am Tage des *azal* praktizierten Ritus bekräftigt, an dem die Frau vor dem Eingang zum Stall ein Kräutersäckchen mit Kümmel, Benzoe und Indigo vergräbt und dazu spricht: »O Grün, gib das *Gleichgewicht*, sie (die Butter) soll nicht schwinden und vergehn.« Diese Absicht ist auch sehr klar ersichtlich in allen Riten, die mit der Kuh und der Milch zusammenhängen, die unbedingt *gehalten werden muß*, indem man verhindert, daß die Kuh *trocken wird* (die Siesta des *azal*, des Tagtags, des Trockentrockenen, ist der günstigste Zeitpunkt, Milch zu stehlen). Daher nimmt die Hausherrin, die die Kuh, das Kalb und die Milch vor Leuten mit dem »schmutzigen«, d. h. dem trockenen und dörrenden (Salz ist Synonym der Unfruchtbarkeit, »Salz aussäen«) Blick schützen will, indem sie das Trockene mit dem Trokkenen bekämpft, eine Handvoll Erde von einem Fleck, auf den das Kalb beim Kalben gefallen ist, und macht daraus unter Vermischen mit Salz, Weizenmehl und sieben Dornen (stechend ist das Äquivalent von gewürzt, gesalzen) des Weißdorns oder der Berberfeige ein Päckchen, das sie an das Horn der Kuh und dann an das Butterfaß bindet; desgleichen meidet sie in den drei Tagen nach dem Kalben, *Feuer* aus dem Haus zu bringen; sie darf die Molke erst am vierten Tag hinausbringen, nachdem sie einige Tropfen auf den Rand des *Herdes* und auf die Schwelle geschüttet und eine *glühende Kohle* in das Gefäß geworfen hat, in welchem die Molke an die Nachbarn verteilt wird (Rahmani 1936). Desgleichen nimmt sie, um einer Kuh die Milch »zurückzugeben«, die ihr genommen wurde, unter anderem eine Sichel, eine Pflugschar, ein Salzkorn, ein Hufeisen, einen Stahlring und eine Spinnwirtel, die sie siebenmal über der Kuh schwenkt, wobei sie die Rückkehr von Milch und Butter verlangt (Genevois 1968, II, S. 77).

Von den Riten, welche die Frauen zum Schutze der Kinder vornehmen, sind die typischsten die sogenannten Riten der Monatsverbindung *(thucherka wayur)*, deren Zweck ist, das Kind vor den Riten der Übertragung des Bösen *(aqlab)* zu bewahren, die von der Mutter eines im selben Monat geborenen Kindes angewandt werden können: die Frauen, sagt ein Gewährsmann, halten jene im Auge, mit denen sie den Monat gemeinsam haben *(icherqen ayur).* Aus Furcht, die andere möge ihrem Kind alles Unheil schicken, spricht jede, indem sie versucht, als erste ihre Stirn zu entblößen: »Ich schikke dir die Übertragung zurück« (*aqlab,* die Veränderung). Von einem Kind, das so verflucht ist, sagt man: »Man hat es mir verwandelt, verdreht.« Um sich dagegen zu wappnen, können die beiden Frauen das Brot miteinander brechen und sich so verpflichten, einander nichts anzutun. Eine Frau, die Opfer des *aqlab* geworden ist und die Ursache ihres Unglücks erkannt hat, läßt Weizen auf der berußten Platte *(bufrah')* rösten, die umgedreht wird, also verkehrt herum liegt, und wirft ihn heimlich auf das Hausdach der anderen Frau, mit dem Spruch: »Da hast du zurück, was du mir gegeben hast.« Der Ritus mit der Bezeichnung *thuksa thucherka wayur,* der zur Löschung der Monatsverbindung dient, wird am 3., 7., 14., 30. und 40. Tag nach der Geburt praktiziert (an den sogenannten Tagen der »Monatsverbindung«). Ein Pulver aus Kümmel, Weihrauch, Salz, »Nüssen der Verbindung« *(ldjuz ech- cherk),* Zanjar, Henna wird bereitet; die ganze Nacht lang wird neben den Kopf des Kindes ein Ei in einer Schüssel Wasser gestellt. Am Morgen, zur Zeit der ersten Mahlzeit, wenn es ein Mädchen ist, und um die Tagesmitte, wenn es ein Junge ist (es heißt: »das Mädchen ist der Morgen«, es muß auf dem Feld Wohlgefallen wecken; »der Knabe ist der Abend«, man kann später mit ihm rechnen), vermischt die Hebamme das Pulver mit dem Wasser im Topf, wobei sie mit dem Ei umrührt, und zeichnet mit dem in die Flüssigkeit getauchten Ei einen Kreis um alle Gliedmaßen; außerdem zieht sie eine Linie auf der Stirn von einer Schläfe zur anderen und eine zweite von der Stirnmitte zum Kinn, wobei sie einen rituellen Spruch aufsagt. Derselbe Ritus wird in verschiedenen Spielarten an den anderen »Verbindungstagen« praktiziert (zum Beispiel drückt man am 14. Tag hundert Stechginsterdorne in ein Schilfrohr von Kindeslänge und wirft es in einen Bach; am 30. Tag drückt man hundert Weizenkörner in eine Zwiebel und pflanzt sie dann an der Grenze zwischen zwei Beeten ein). Die Hebamme verfährt am Tag des Aïd ebenso (mit einem mit dem Blut des Opferhammels besprengten Ei). Faktisch bezeichnet die *thucherka* alle Hemmnisse und Hindernisse, die dem Glück, der Heirat, dem Erfolg, dem Gelingen entgegenstehen. So »schneidet« die Hebamme für ein Mädchen, das es nicht schafft, sich zu verheiraten, die *thucherka;* sie macht auch die *thucherka* am Vorabend der Hochzeit weg, indem sie die Braut in einer großen flachen Schüssel wäscht.

Der genaue Ort der Schwelle, an der die Ordnung der Dinge umschlägt (»wie ein Pfannkuchen auf dem Teller«), ist mit der »Rückkehr des *azal*« *(tharurith wazal)* ausdrücklich gekennzeichnet, jenem Scheidepunkt zwischen der feuchten Jahreszeit und der trockenen, an dem das Jahr umkippt: der Rhythmus des Arbeitstags – durch den Auszug der Herde festgelegt – verändert sich und mit ihm, wie wir gesehen haben, das ganze Dasein der Gruppe. Das ist der Augenblick, wo *das Feuer hinausgebracht wird*, um den *kanun* im Hof aufzubauen. Die Herde und der Schäferjunge, die Hausfrau, die auf ihn wartet, die Schafe melkt und die Milch verarbeitet, führen in die Riten Bestandteile ein, die mehr zum Trockenen als zum Feuchten gehören. Die Herde wird nicht mehr mit dem zarten Grünfutter genährt, das auf den Anbauflächen ins Kraut geschossen ist, sondern weidet jetzt trockene Wildpflanzen ab. Die Kräuter, die Blumen, das Gezweig, das der Schäfer bei seinem ersten Einzug zur Stunde des *azal* mitbringt und die in den ebenfalls *azal* genannten und rituell über die Schwelle gehängten Strauß aus Farnkraut, Himbeer, Brombeer, Thymian, Mastix, Zweigen des männlichen Feigenbaums, Spargel, Ulme, Thapsia, Esche, Myrrhe, Rosmarin, Heidekraut, Ginster, kurz: »aus allem, was der Wind auf dem Land bewegt« (Rahmani 1936 und Yamina 1952), eingebunden werden, sind Wildfrucht der Brache – und nicht einmal Ackerunkraut wie die Pflanzen, die die Frauen beim Jäten sammeln. Die Veränderung ist in der Ernährung noch deutlicher: zu den besonderen Gerichten der »Rückkehr des *azal*« wird viel Milch verwendet, wie in der Vorperiode, doch wird sie gekocht oder aufgekocht genossen.

Die verneinte Übertretung

Die Zeiten der Getrenntheit, in denen die antagonistischen Prinzipien sozusagen im Reinzustand sind, wie die Hundstage, oder dahin zurückzukehren drohen, wie der Winter, und die Übergangszeiten, wo das Trockene wieder zum Feuchten wird, wie im Herbst, und das Feuchte wieder zum Trockenen, wie im Frühling, einander entgegengesetzte Prozesse, in denen jedoch Wiedervereinigung oder Trennung ohne jedes menschliche Einwirken vonstatten gehen, stehen ihrerseits wiederum, jedoch ganz anders, im Gegensatz zu den Zeiten, in denen die Vereinigung der Gegensätze und die Trennung der vereinten Gegensätze kritisch werden, weil sie vom Menschen selbst vorgenommen werden müssen. Der Gegensatz zwischen den fast ausschließlich weiblichen Beschwichtigungsriten der Übergangsperioden und den Erlebnisriten, die der ganzen Gruppe und vorzugsweise den Männern in den Zeiten des Eingreifens, also bei der Ernte und beim Pflügen auferlegt sind, vermittelt nämlich in der spezifischen Logik des Rituals der Gegenüberstellung, die dem Bauernjahr seine Struktur gibt, zwischen der Zeit der Arbeit und der Zeit der Keimung (d. h. dem restlichen Produktionszyklus), während der das Korn einem rein natürlichen Verwandlungsprozeß unterliegt.[1]

Die Riten, die das Pflügen oder die Heirat begleiten, haben die Funktion, durch Verschleierung die Kollision der beiden entgegengesetzten Prinzipien, *coïncidentia oppositorum,* erlaubt zu machen, die durch das Eingreifen des Bauern bewirkt wird, welcher die Natur zwingen, ihr Gewalt antun und sie vergewaltigen muß, indem er Werkzeuge verwendet, die an sich furchtbar sind, weil vom Schmied als Herrn des Feuers erzeugt, also Pflugschar, Messer, Sichel. Ihr Ziel ist, in gelehrt beschönigtes rituelles Tun zu verwandeln, was objektiv frevelhaftes Handeln ist, also Trennen, Schneiden, Zerteilen (bei Ernte, Abschneiden der Kettfäden des Gewebten, Abstechen des Opferochsen) dessen, was die Natur (d. h. der *nomos,* die Taxonomie) zusammengefügt hat[2], oder umgekehrt, Vereinen (beim Härten des glühenden Eisens in Wasser, bei der Heirat, beim Pflügen) dessen, was die Natur (d. h. die Taxonomie) getrennt hat. Frevelhafte Übertretungen können an ein niederes Wesen delegiert werden, das zugleich ge-

1 Einen *Beweis durch das Gegenteil* der Verbindung zwischen dem Ritual und der frevelhaften Übertretung kann man darin sehen, daß gewisse Tätigkeiten mit sehr geringer ritueller Begleitung ausgeführt werden: das sind alle Tätigkeiten des *Pflückens* (von Feigen, Oliven), zu denen man auch das Jäten und die Gartenbestellung, das Scheren der Schafe, das Pflanzen der Feigenbäume, das Pikieren oder das Buttern schlagen kann. So sind die Riten, die sich um Bäume ranken, zugleich recht selten, sehr variabel und sehr »durchsichtig« (wie alle »fakultativen« Riten): gegen die »Traurigkeit« der Olivenbäume bestreicht man beispielsweise die Stämme mit Henna, um »sie fröhlich zu machen«, befestigt man einen Eselskopf an ihren Zweigen usw.

2 Die Beschneidung, das Stutzen der Bäume gehörten wie Schmucknarben und Tätowierungen eher zur Logik der Reinigung, in der die mit Feuer hergestellten Werkzeuge wie die Feuer der *insla* eine wohltätige Funktion der Austreibung erfüllen, als zur Logik des Mordes.

fürchtet und verachtet wird und als Opfer und Sündenbock »das Unheil wegnimmt«[1]: so beim Härten des Stahls durch den Schmied oder beim Abstechen des Ochsens des gemeinsamen Opfers, das dem Schmied oder einem Schwarzen überlassen wird. Und wenn solche Handlungen von denen vollzogen werden müssen, die dafür zuständig sind und Nutzen davon haben, wie die Entjungferung der Braut, das Pflügen der ersten Furche oder das Abschneiden des letzten Gewebefadens oder das Ernten der letzten Garbe, werden sie durch eine kollektive Inszenierung verwandelt, mit der ihnen eine kollektiv verkündete Bedeutung gegeben wird, die Bedeutung eines Opfers, also des genauen Gegenteils der sozial anerkannten, folglich nicht weniger objektiven Bedeutung eines Mords. Die ganze Wahrheit der Magie und des Kollektivglaubens ist in diesem Spielraum der objektiven Doppelwahrheit enthalten, in diesem Doppelspiel mit der Wahrheit, mit dem die für jede Objektivität zuständige Gruppe sich sozusagen selbst belügt, indem sie eine Wahrheit erzeugt, deren Sinn und Funktion nur ist, die allen bekannte und von allen erkannte Wahrheit zu verneinen, eine Lüge, die niemand täuschen könnte, wenn nicht alle entschlossen wären, *sich selbst* zu täuschen.

Bei der Ernte ist die soziale Wahrheit, die kollektiv verneint werden soll, unzweideutig: die Ernte *(thamegra)* ist ein Mord (*thamgert'* bezeichnet die Gurgel, den gewaltsamen Tod, die Rache; und *amgar*, die Sichel), nach welchem die Erde, vom Pflügen befruchtet, der Feldfrüchte beraubt ist, die sie hat reifen lassen. Das Ritual der letzten Garbe, von dem es zahllose Beschreibungen gibt, sicher weil es für Analysen Frazerscher Art wie geschaffen war[2], also fast ebenso viele Varianten, besteht im Grunde immer darin, den unvermeidlichen Mord am Acker oder am »Korngeist« (oder »Ackergeist«), der Grundlage seiner Fruchtbarkeit, symbolisch zu verneinen, indem man ihn in ein Opfer verwandelt, das die Auferstehung des hingeopferten Le-

1 Die Familie, die mit der Eröffnung des Pflügens betraut wird, nimmt eine Stellung ein, die nicht weniger zwiespältig ist als die des Schmieds (man spricht bei ihm nie vom *elfal*), und ihre magische Abschirmfunktion sichert ihr keinen gehobenen Platz in der Hierarchie von Prestige und Ehre.

2 J. G. Frazer, *The Golden Bough*, Teil V, Bd. I (»The spirits of the corn and the wild«), Kap. VII, S. 214–269.

bens zu sichern geeignet ist, und indem man ihn ständig mit verschiedenen Wiedergutmachungstributen begleitet, die Ersatz für das Leben des »Herrn des Ackers« selbst zu sein scheinen. Wie beim Weben, wo man das Opfer beim Abschneiden rechtfertigt, indem man explizit das Prinzip »Leben um Leben« ausspricht, versetzt man sich faktisch in die Logik der Blutrache *(thamgert')*, »Gurgel um Gurgel«, und der »Herr des Ackers« wird so dargestellt, als müsse er mit seinem Leben das Leben bezahlen, das er dem Acker nimmt, wenn er die letzte Garbe *absticht,* ein Akt, der ihm immer zufällt (selbst wenn die offenbar ursprüngliche Form des Rituals verschollen ist – wie in der Großen Kabylei –, ist es immer noch der Herr des Ackers, der die letzte Garbe schneidet und sie zum Haus trägt, wo sie am Firstbalken aufgehängt wird). Daran erinnern auch die Mißhandlungen, die man häufig am »Herrn des Ackers« vornimmt, um von ihm das Äquivalent einer *diya* zu erhalten, eine Entschädigung, für die bisweilen die Kette der Blutrache unterbrochen wurde: so werfen sich in einem exemplarischen Fall die Schnitter in dem Augenblick auf ihn, wo er gerade die letzte Garbe abschneiden will, fesseln ihn, schleppen ihn zur Moschee, wo er über sein *Lösegeld* verhandelt, Honig, Butter, Hammel, die sofort für einen Festschmaus geopfert werden, zu welchem sich alle Schnitter versammeln (Bourrilly, S. 126).

Wegen der verschiedenen Namen, die der letzten Garbe gegeben werden, hat es den Anschein, als ob der »Ackergeist«, dessen Fortbestand unbedingt bekräftigt werden soll, praktisch je nach den Varianten einmal mit einem *Tier* (man spricht von der »Mähne des Felds« und vom »Schweif des Felds«), ein andermal mit einer *jungen Braut, thislith,* gleichgesetzt wird, die sterben muß, nachdem sie ihre Frucht hergegeben hat (man spricht von den »Löckchen des Felds« und vom »Zopf des Felds«). Diesen unterschiedlichen Vorstellungen entsprechen verschiedene Rituale: die einen, die das Abschneiden der letzten Garbe für eine Sünde halten, lassen sie mitten auf dem Feld für die Armen, Ochsen oder Vögel stehen, die andern sicheln sie ab (oder reißen sie mit der Hand aus, um ihr die Berührung mit der Sichel zu ersparen), doch dies stets nach einem bestimmten Ritual. Der rituelle Mord am Acker kann durch das Opfern (als magische Wiedergutmachung für das unvermeidliche Verbrechen) eines Tieres erfolgen, das es zugleich verkörpert und ersetzt (man eignet sich die Wundereigenschaften des Fleisches eines Opfertiers durch ein gemeinschaftliches Mahl an: in mehreren Fällen wird der

Schwanz des Opfertiers besonders behandelt – er wird in der Moschee aufgehängt –, als ob darin wie in der letzten Garbe, bisweilen als »Schweif des Feldes« bezeichnet, die Lebenskraft konzentriert wäre). Er kann auch an der letzten Garbe selbst vollbracht werden, die wie ein Opfertier behandelt wird: in einem solchen Fall (Servier 1962, S. 227–230) wendet der Herr des Feldes den Kopf der Garbe wie den eines Opferochsen gen Osten, legt die letzte Garbe auf die Erde nieder und ahmt das Abschneiden (Abstechen) der Ähren nach, indem er aus der linken Hand eine Handvoll Erde auf die Wunde rieseln läßt, wie um das Rinnen des Bluts nachzuahmen; anderswo schneidet der »Herr des Feldes« oder sein Sohn die letzte Garbe und spricht dabei das rituelle Sterbegebet *chahada* (vgl. Lévi-Provençal 1918, S. 97 und Bourrilly 1932, S. 126–128) zur Begleitung von Gesängen, die das Feld auffordern, den Tod hinzunehmen, während sie ihm die Auferstehung verkünden[1]; »Stirb, stirb, o Feld, unser Herr wird dich wieder erwecken!« Es kommt sogar vor, daß man den »Geist des Feldes« wie einen Toten behandelt und die letzte Garbe, in die er sich geflüchtet hat, in einem nach Osten ausgerichteten Grab beisetzt (Servier 1962, S. 227–230). Wie sich die Verneinung des Mordes und der Tausch von Leben gegen Leben überlagern, zeigt sich recht gut darin, daß dieselben Lieder auch dann gesungen wurden, wenn man die gewebte *Decke* vom Webstuhl abnahm: »Stirb, stirb, o unser Gerstenfeld; Preiset den, der nicht stirbt! Doch Unser Herr kann dir das Leben zurückgeben«, oder »Stirb, stirb, o Gerstenfeld; Preiset den, der nicht stirbt! Unser Herr wird dir das Leben nach dem Tode zurückgeben: Unsere Männer werden dich pflügen und unsere Ochsen werden dich dreschen« (Basset 1922, S. 158 und zahlreiche frühere Autoren wie z. B. Westermarck, über Erntegesänge).

Das Ritual der Verneinung des Mordes wird von Beschwichtigungshandlungen zur Förderung der Auferstehung verstärkt, welche mit der performativen Sprache der Lieder unter Anwendung des Schemas der Vereinigung der Gegensätze zugleich verkündet und herbeigerufen werden soll: die Auferstehung ist

1 Trotz des methodologischen Mißtrauens, das Vergleiche zwischen den Elementen wecken müssen, die von den historischen Systemen, aus denen sie ihren Wert herleiten, losgelöst sind, kann man nicht umhin, diese Beschwörungen, in denen vom Feld oder vom Getreide verlangt wird, zum Komplizen der eigenen Opferung zu werden, mit den rituellen Vorsichtsmaßnahmen zu vergleichen, mit denen die alten Griechen sich bemühten, vom Opferstier ein Zeichen der Zustimmung zu seiner eigenen Ermordung zu erlangen, die auf diese Weise verneint wurde (vgl. M. Détienne und J. P. Vernant, *La cuisine du sacrifice en pays grec*, Paris, Gallimard 1979, besonders S. 18).

nichts anderes als die Wiedervereinigung oder, wenn man so will, die Hochzeit der Prinzipien des Lebens, die der Mord zwangsläufig voneinander trennt, von Himmel und Erde, männlich und weiblich: darum greifen die Ernteriten die Logik der Regenriten dann auf, wenn der Regen nicht wegen seiner eigentlich inhaltlichen (nie verselbständigten) Funktion erwünscht ist und nur zum Zweck haben kann, das Korn oder das Feld wiederzubeleben. Man sieht hier den gesamten Apparat der Regenriten wieder auftauchen, mit den Personen (*Anzar,* der Mann *Ghonias,* von denen der eine den Regen und den Himmel verkörpert und die andere die junge und jungfräuliche Erde, die Braut usw.) und Requisiten (Puppen, Fahnen), die er benutzt.
Um das andere Ritual vollkommen zu verstehen, das die Wiedervereinigung der Gegensätze statthaft machen soll, nämlich die Zeremonie des Pflügens, muß man wissen, daß die Periode, die auf die Ernte und deren Riten folgt, welche den Fortbestand des befruchtenden Prinzips gewährleisten sollen, *eine Zeit der Trennung* ist, die den männlichen Tugenden, dem Ehrgefühl und den Kämpfen vorbehalten ist.[1] *Lakhrif,* vom arabischen Verb *kherref* abgeleitet (Dallet 1953, Nr. 1191), frische Feigen pflücken und essen, und außerdem scherzen (*akherraf,* der Spaßmacher), bisweilen auch faseln, abschweifen, ist eine *außergewöhnliche* Zeit der Fülle und der Ruhe, die weder wie beim Pflügen oder der Ernte als Zeit der Arbeit definiert werden kann, noch wie im Winter oder Frühling als Zeit der Keimung: sie ist die männliche Zeit überhaupt, in der sich die Gruppe nach außen öffnet und *Fremden* auf Festen und im Kriege begegnen muß, um Bündnisse anzuknüpfen, bei denen wie bei den außergewöhnlichen Heira-

1 Die Häufigkeit von Kämpfen mehr oder minder großen Umfangs zur Feigenzeit verleitete Beobachter, noch gefördert von einheimischen Spruchweisheiten (von einer übererregten Person sagt man, sie habe »zu viele Feigen gegessen«, oder von jemand, der sich unüberlegt gebärdet »er reibt sich Feigen auf den Kopf«), zu der Fragestellung, ob Feigen nicht Eigenschaften enthielten, mit denen die zu dieser Jahreszeit übliche Erregtheit zu erklären sei: »Es gibt eine Jahreszeit, wo es wahrlich scheint, als seien die Hirne erregter als zu jeder anderen Zeit: das ist die Zeit der Feigen (...) Wenn von der Feigenzeit die Rede ist, die sie *kherif,* Herbst nennen, scheint man davon auszugehen, daß man zu dieser Zeit aufgeregt ist, genau wie es üblich ist, zur Karnevalszeit übermütig zu sein« (Devaux 1859).

ten eine Herausforderung durchaus nicht ausgeschlossen ist.[1] Wie das für die Aussaat vorgesehene Korn, das gesondert aufbewahrt werden muß, wird der Knabe durch die Beschneidung symbolisch der mütterlichen und weiblichen Welt entrissen: diese Zeremonie, von der die Frauen strengstens ausgeschlossen sind, hat die Funktion, den Knaben durch eine Operation, die als zweite, diesmal rein männliche Geburt verstanden wird und die, wie es heißt, »zum Manne macht«, in die Gesellschaft der Männer aufzunehmen. Bei einer bestimmten Variante dieses Rituals werden die jungen Beschnittenen von zwei oder drei konzentrischen Kreisen von Männern umringt, die ihre Flinten dabeihaben und auf Pflugscharen sitzen: die Männer, die den Kreis bilden, sind alle Mitglieder des Klans und des Unterklans, zu denen noch die männlichen Verwandten der Mutter kommen, die *Schwiegerverwandten*, denen der Knabe vorgestellt wird, begleitet von einer Abordnung von Männern des Unterklans und Gewehrträgern, in der Woche vor der Zeremonie (ein Ritus, der auch vor der Hochzeit praktiziert und *aghrum* genannt wird, Fladen, die trockene und männliche Nahrung überhaupt).[2] Die Flur ist nach dem Entlauben der Bäume, nach dem Pflücken der letzten Früchte und dem Ausreißen der letzten Überbleibsel der Vegetation in den Feldern und Gärten jeder Spur von Leben bar. Der Zustand der Trennung wird für die Naturwelt mit dem *aw-*

1 Dieser rein männlichen Zeit der Gewalt und des Ehrgefühls entspricht in der räumlichen Ordnung die *Schmiede* als rein männliches Haus: »das Herdfeuer« *(elkanun)* als Podest mit der eigentlichen Esse auf der einen und den Blasebälgen auf der anderen Seite (getrennt von einem Mäuerchen, durch das die Rohre der Blasebälge gehen) steht dort im Gegensatz zum »Amboß«, dem minderen Bereich der Schmiede nächst der Tür, wo sich auch die Wasserbehälter befinden, in denen das Eisen nach dem Erhitzen und Schmieden abgeschreckt und gehärtet wird (Boulifa 1913, S. 225–226).

2 Von der mütterlichen Welt trennen heißt auch von den *Verwandten mütterlicherseits* trennen. Das heißt, daß diese alle Aussichten haben, je nach dem materiellen und symbolischen Kräfteverhältnis zwischen den beiden Sippen zu variieren, und daß man die verschiedenen Varianten des Rituals einer ähnlichen Analyse unterziehen müßte, wie sie hinsichtlich der Varianten des Hochzeitsrituals vorgenommen wurde (und sie besonders auf die Geschichte des Kräfteverhältnisses zwischen den beiden Gruppen beziehen müßte).

djeb beendet, der feierlichen Eröffnung des Pflügens, mit der die Hochzeit von Himmel und Erde, von Pflug und Scholle durch die kollektive Inszenierung einer Reihe von mimetischen Praktiken gefeiert wird, zu denen auch das Heiraten der Menschen gehört.

Die Rückkehr zur gewöhnlichen Ordnung wird auch durch den Primat bezeichnet, der der Bekräftigung der Einheit der Blutsverwandten zu Lasten des Strebens nach fernen Bündnissen eingeräumt wird, mit *thimechreth,* dem Opfer zum »Tor des Jahres«, dem Abstechen eines Ochsen, dessen Blut den Boden tränkt und den Regen herbeiruft und dessen Fleisch geweiht und unter allen Mitgliedern der Gemeinde aufgeteilt wird. Die Aufteilung zu gleichen Teilen, die den Opferochsen als eine Art praktisches Abbild des Gesellschaftskörpers behandelt, grenzt als Schema der Unterteilung in Familien die Gruppe ab, indem sie durch Zuweisung eines Anteils die Bande der realen oder offiziellen Blutsverwandtschaft feierlich bekräftigt, durch die alle lebenden Mitglieder *(thaymats)* des Klans *(adhrum)* in und durch die Herkunftsgemeinschaft *(thadjadith)* verbunden sind, und institutionalisiert zugleich das eigentlich politische Gesetz dieser Beteiligung, nämlich die *Gleichnamigkeit,* die stillschweigend damit anerkannt wird, daß man am gemeinsamen Mahl teilnimmt und den gleichen Anteil wie alle anderen entgegennimmt. Damit erhält diese Aufteilung ihren vollen Sinn als *nomothetischer Akt* der kollektiven und feierlichen Produktion und Reproduktion des Grundgesetzes von Aufteilung und Verteilung, der die Gruppe erst zu einer richtig menschlichen macht, im Gegensatz zum Schakal, der sozusagen außerhalb des Gesetzes lebt: als *gesetzloses Wesen* kennt er weder das durch das von der Tischgenossenschaft implizierte Gelöbnis stillschweigend anerkannte Gesetz (man schwört, Fladen und Salz zu teilen), nährt sich von rohem Fleisch und geht sogar so weit, die Leichen zu fressen, die er eingraben soll; er ist ohne »Haus« und zeigt in der Sexualordnung dieselbe Wildheit, indem er widernatürlich und jenseits seiner Gattung die Kamelstute freit.[1]

1 Der Schakal hat viele Eigenschaften mit dem Weibe gemein, oder vielmehr mit dem alten Weib. Er ist mit der Bürde des Wasserholens belastet. Er ist unheilbar *krumm:* »Man hat den Schakalschwanz vierzig Tage in den Flin-

Diese Geschichtsphilosophie, die implizit in jeder rituellen Praxis enthalten ist, drückt sich in einem Märchen in Gestalt eines Ursprungsmythos aus: »Es war einmal, da schworen die Tiere in ihrer *Versammlung, einander nicht mehr zu fressen* und auf Erden in Frieden zu leben. Sie ernannten den Löwen zum *König* (...), machten *Gesetze* und sahen *Strafen* vor (...). Sie hätten in Freuden leben können, hätte der Schakal als Ratgeber des Königs nicht alles zerstört. Jede Art von *Verrat* gewohnt (...), sehnte er sich nach den alten Zuständen, und bei der Erinnerung an *frisches Fleisch und warmes Blut*, die nun verboten waren, wurde er langsam verrückt (...). Er beschloß, eine *List* anzuwenden, und die Höflinge einen nach dem anderen insgeheim zum Ungehorsam zu verleiten, ein wahres Teufelswerk.« (Zellal 1964)

Das Opfer des Ochsen als verneinter Gewaltakt, der die in der Durchsetzung der menschlichen Ordnung gegen die fruchtbare, aber wilde, brachliegende oder jungfräuliche Natur enthaltene Gewalt verneinen soll, ist ein Bundesmahl, ein kollektives Gelöbnis, mit dem die Gruppe sich unter Verkündung der menschlichen, d. h. männlichen Ordnung gründet, gegen die ebenfalls vom Schakal verkörperte Sehnsucht nach dem Kampf aller gegen alle – oder gegen das Weib, das sowohl vom Darbringen des Opfers als auch von der Beteiligung an der dadurch eingeführten politischen Ordnung ausgeschlossen bleibt – und gegen dessen frevelhafte List *(thah'raymith)*. Wie die Naturwelt, deren gezähmte Fruchtbarkeit die kaum gezähmten Kräfte einer wilden Natur (wie sie die alte Hexe verkörpert und mobilisiert) in sich birgt, steht die Gesellschaftsordnung, die aus dem Gelöbnis entsteht, das die Versammlung der Männer aus dem Chaos der Einzelinteressen reißt, ständig unter der Drohung der unterdrückten Sehnsucht nach dem Naturzustand.

Das Ritual des Pflügens, das den Kulminationspunkt des Bau-

tenlauf gesteckt, und als man ihn herauszog, war er wie zuvor.« Er ist spontanen und unstillbaren Gelüsten ausgeliefert: »Sprach der Schakal, ich will, daß der Frühling zwei Jahre dauert.« Als Ratgeber und graue Eminenz droht er ständig, Chaos, Spaltung, Zwietracht wieder einzuführen (man spricht nur in Euphemismen von ihm: er ist »der Kurze« oder »der mit den *arkasen*«, weil er an Tierkadavern zerrt, die den Sandalen aus Rohleder von der Haut des Opferochsen ähnlich sind). Verglichen wird der Schakal auch mit dem Rotschopf ohne Bart und Schnurrbart, der bekanntlich Zwietracht sät, indem er beim Jüngsten Gericht dem nicht verzeiht, der ihm eine Hacke entwendet hat.

ernjahrs bildet, verdankt seine Komplexität der Tatsache, daß es nach der unabdingbar *multifunktionalen* Logik der magischen Praxis, die als Praxis die strenge Unterscheidung der Funktionen außer acht läßt und als magische Praxis alle Chancen auf ihre Seite bringen will, die verschiedenen Erzeugungsschemata anwendet, deren relatives Gewicht je nach den lokalen Überlieferungen schwanken kann, den »*lois municipales*«, wie Montaigne schrieb, die historisch häufig aus Sorge um die kleinen Unterschiede eingeführt und beibehalten wurden, und die zwar in letzter Analyse aufeinander zurückgeführt werden können, doch selbständig genug sind, um abweichende oder zumindest überdeterminierte, polysemische und multifunktionale Gesten oder Symbole hervorzubringen[1]: Man sieht so, daß wie bei einer Doppelbelichtung die Hervorbringungen mehrerer praktischer Schemata projiziert werden: zunächst das bereits bekannte Schema der Verneinung der Gewalt, die im Pflügen oder der Entjungferung, und in zweiter Linie in dem Mord-Opfer des Ochsen enthalten ist, in der Logik des Gabentausches *(do ut des)* ein Gegenstück zur Gewalt, die der Erde angetan wird; sodann in positiver Umkehrung das Schema der Vereinigung, mit allen Symbolen des Paars und der Paarung, des Ochsenpaars auf der Hochzeitslampe, und den Schemata, die von der Sorge um den Erfolg der Wiedervereinigung bemüht werden, der Virilisierung des

1 Die relative Autonomie der Logik des Rituals, die durch die trotz klimatischer und ökonomischer Unterschiede innerhalb des Maghreb beobachteten Konstanten belegt wird, schließt die Variationen nicht aus, denen sicher zunächst die Variationen der ökonomischen Bedingungen und insbesondere die Grenzen der Arbeitszeit zugrunde liegen, die mit dem jeweiligen Klima und Kulturtyp zusammenhängen, zum Beispiel mit dem Gegensatz zwischen den Obstbauern der Bergregionen und den Getreidebauern (in zahlreichen rituellen Scherzen machen sich die Bewohner der Ebenen über die Verspätung lustig, mit der die Bergbewohner säen oder ernten), und sodann mit der Einzelgeschichte jeder eng auf sich selbst bezogenen lokalen Einheit (so eng, daß, wie Germaine Tillion lehrte, sogar die Maße und Gewichte von Dorf zu Dorf verschieden sind), die wie bei den im *quanum* verzeichneten Gewohnheitsrechten oder den Mustern der Teppiche oder Töpferwaren verschiedene Produkte derselben Schemata fixiert und verewigt und häufig einen Grund findet, diese Unterschiede in dem Bestreben zu bewahren, sich abzuheben (von einem anderen Klan oder Dorf).

Männlichen (mit den Freudenschüssen und dem Zielschießen) und der Befruchtung des Weiblichen, mit allen Fruchtbarkeitsriten (die sich verselbständigen, wenn die unfruchtbare Frau die Hochzeitsriten wiederholt; vgl. Genevois 1968, II, S. 26–27); und schließlich, sehr sekundär, die Schemata der Trennung und der Umkehrung des Status (die vor allem auf die von ihrer Herkunftsfamilie getrennte und mit einem Übergangsritus im Sinne Van Genneps in die neue Familie aufgenommene Braut angewandt werden).

Die Ritualisierung, die die Übertretung offiziell und daraus einen zugleich geregelten und öffentlichen Akt macht, der vor allen vollzogen, kollektiv übernommen und gebilligt wird, auch dann, wenn er auf einen einzelnen übertragen wird, ist für sich eine Verneinung, die mächtigste von allen, da sie die ganze Gruppe für sich hat. Der Glaube, der stets kollektiv ist, erfüllt und legitimiert sich, indem er öffentlich und offiziell wird, indem er bekräftigt und verkündet wird, anstatt sich zu verbergen wie das illegitime (d.h. wie die unterdrückte weibliche Magie) Ritual, welches wie der Dieb bei Max Weber eben dadurch die Legitimität und seine eigene Illegitimität anerkennt. In dem Sonderfall, wo *Erlaubnis* für die Übertretung[1] angestrebt wird, ist es die Gruppe, welche sich durch die Arbeit der offiziellen Anerkennung, die darin besteht, die jeweilige Praktik *kollektiv zu machen*, indem sie *öffentlich gemacht, delegiert und synchronisiert* wird, sich ihr eigenes Tun *selbst gestattet*.

1 Es ist sicher kein Zufall, daß Erlaubnis *(lah'lal)* und Tabu *(h'aram)* beim Pflügen und bei der Hochzeit erwähnt werden. Wenn mit dem Pflügen vor dem erlaubten *(lah'lal)* Zeitpunkt angefangen wird, wird dies als ein *h'aram*-Akt betrachtet, der ein *h'aram*-Produkt erzeugen muß. Über einen *yum chendul* genannten Tag im Herbst, an dem der Wind Gegenstand verschiedener Wahrsageriten ist (Calvet 19), erzählte ein Gewährsmann, daß ein Weiser namens Chendul sich zu pflügen weigerte, obwohl der Regen reichlich fiel, weil die Vorzeichen, die erst an diesem dreiunddreißigsten Tag des Herbstes offenbar werden, zeigten, daß es ein schlechtes Jahr würde. Bei dem, was *el h'aq* genannt wird (z.B. *el h'aq lakrif*, das Verbot der Feigenernte), fehlt die magische Dimension genausowenig, da die Dorfversammlung, die es verkündet, jeden verflucht, der dagegen verstößt; dennoch erinnert die (ebenfalls *el h'aq* genannte) Buße bei einer Übertretung daran, daß das Verbot den Charakter einer sozialen Konvention hat. Ob-

Hieraus folgt, daß man das Ausmaß der Legitimität (und der sozialen Bedeutung) eines Ritus an der kollektiven Organisationsform messen kann, die er zwingend erfordert: so gibt es große Riten von öffentlichem Interesse, welche die gesamte Gruppe zur selben Zeit am selben Ort versammeln, wie das Opfern eines Ochsen (*thimechreth* »zum Tor des Jahres«, oder für einen Verstorbenen, oder um Regen zu erbitten); Riten, die zwar zugleich, aber gesondert in jeder Familie vollzogen werden, wie das Opfer des Hammels des Aïd; oder Riten, die zwar öffentlich vollzogen werden, aber von privatem Interesse sind, wie das Opfer für ein Haus, für die Tenne, oder für das Weben; Riten, die ohne Heimlichkeit und irgendwann vollzogen werden, wie der Ritus zur Heilung des Gerstenkorns; und schließlich private und geheime Riten, die nur heimlich und zu ungehöriger Stunde praktiziert werden können, wie die Riten der bösen Magie. Alles scheint darauf hinzuweisen, daß der verwendete Symbolismus (als Produkt einer vergessenen Geschichte) um so weniger bewußt ist, je offizieller und kollektiver die Riten sind, und um so bewußter, weil instrumentaler, je privater und zugleich geheimer die damit verfolgten Zwecke sind.

So beziehen sich die Riten der Übertragung des Bösen *(asfel)*, wie die Geburtsriten, die Wahrsageriten usw., deswegen auf sehr einfache und durchsichtige Gedankenassoziationen (wie etwa bei Märchen), weil ihre Logik sehr direkt von ihrer Funktion abgeleitet wird, die das Leitschema dafür abgibt: geht es zum Beispiel darum, ein Nagelgeschwür zu heilen, vergräbt die *qibla* das erkrankte Glied in die Erde (des Grabs des Fremden), vollführt den Kreiselritus mit einem Ei und begräbt es kurz; dann kocht sie das Ei, bis es platzt, und opfert anschließend eine Taube, die mit dem Ei im Loch vergraben wird. Nach Waschungen und Räuchern mit bitteren Kräutern läßt man die verwendeten Instrumente an Ort und Stelle und geht in dem Augenblick

[Fortsetzung der Fußnote 1 von Seite 417]
wohl man bei der Heirat nur von *lah'lal* spricht, um die Summe zu bezeichnen, die der Bräutigam der Braut (zusätzlich zur Mitgift und den Geschenken) vor dem Vollzug der Ehe schenkt, erinnern zahlreiche Merkmale (z. B. *imensi lah'lal*) an die Erlaubnisfunktion der Zeremonie: So wurde, wie wir gesehen haben, die Heiratssaison häufig durch eine Hochzeit zwischen parallelen Vettern und Basen eröffnet, die durch ihre Konformität mit den Grundsätzen der mythischen Weltsicht für diese Eröffnungsrolle besonders geeignet waren.

weg, wo die Sonne das Meer berührt. Platzen, Übertragung, Austreibung, Verschärfung des Bruchs (man überläßt die Gegenstände und das Übel der Nacht), der verwendete Symbolismus ist durchsichtig. Desgleichen in einem Ritus, mit dem das Zahnen herbeigeführt werden soll: man bedeckt den Kopf des Säuglings mit einem Tuch und macht Pfannkuchen *(thibuâjajin)* aus Grieß, der beim Backen sofort platzende Blasen wirft. Die Wahrsageriten sind noch eindeutiger, da sie geringere Anleihen am tieferen Symbolismus machen: so wird man Geld bekommen, wenn die rechte Handfläche juckt; man wird Geld hergeben müssen, wenn es die linke ist. Es kommt sehr häufig vor, daß die dem Ritus explizit zugedachte Bedeutung in der Praxis oder in der Antwort auf Fragen des Forschers den tiefen Sinn verdeckt: so zum Beispiel, wenn gesagt wird, daß der Ritus des Vorhängeschlosses beim ersten Marktgang des Knaben das Ziel habe, das Leben leichter zu machen; oder der Ritus, bei dem die Frau Kürbisblätter an einen Ort wirft, wo das Vieh vorüberkommt, dazu diene, daß der Kürbis seine Früchte nach allen Seiten ausdehne, wie auch das Vieh seinen Mist überall fallen lasse. Da nichts Ernstes auf dem Spiel steht, befindet man sich hier im Bereich des Beliebigen (es tun kann nichts Übles bewirken, es unterlassen kann Übles zur Folge haben), das der Improvisation des einzelnen überlassen bleibt.

Der Freiheitsgrad richtet sich in der Tat danach, wie weit der Ritus kollektiviert und wie weit er entsprechend ritualisiert, institutionalisiert, offiziell anerkannt ist; doch schwankt er auch je nach der Stellung der Individuen in der offiziellen Hierarchie, die stets eine Hierarchie in bezug auf das Offizielle ist. Die Herrschenden sind mit dem Offiziellen im Bunde (statuarisch anerkannte Kompetenz macht geeignet dafür, Kompetenz anzuerkennen und zu erwerben). Im Gegensatz dazu sind die Unterdrückten, hier die Frauen, auf das Offiziöse oder Geheime als Instrumente des Kampfes gegen das Offizielle angewiesen, das ihnen verweigert wird. Wie aus der Analyse der weiblichen Magie hervorgeht, ist der Symbolismus zugleich und widerspruchslos sowohl gemeinsamer Code als auch Kampfinstrument: in häuslichen Kämpfen zwischen den Frauen – besonders zwischen Schwiegermutter und Schwiegertochter – und in Kämpfen zwischen Frauen und Männern. Ebenso wie es eine offizielle Wahrheit der Heirat gibt, nämlich eine männliche, und eine praktische Wahrheit, die die Frauen nutzen, gibt es auch eine offizielle, öffentliche, feierliche, außergewöhnliche, also männliche Nutzung des Symbolismus und eine geheime, private, schändliche und alltägliche, also weibliche.

Die Einsetzung von *erlaubten (lah'lal)* Zeiten oder Momenten, die Bezeichnung von Sachwaltern/Schirmherrn (der Familie, die das Pflügen eröffnet oder die erste Hochzeit zwischen parallelen Vettern und Basen feiert) und das Organisieren großer gemeinsamer Feierlichkeiten, in denen sich die Gruppe ihre eigene Autorität verleiht, sind drei Aspekte der gleichen Operation, die für jedes *legitime Ritual* konstitutiv ist (man bringt alles durcheinander, wenn man den Unterschied zwischen legitimer und illegitimer Magie mit dem Unterschied zwischen Religion und Magie gleichsetzt, um den es doch bei sozialen Kämpfen geht). Auf dieser zirkulär autorisierten Autorität, die die Gruppe sich selbst als in ihrer Gesamtheit oder in der Person einer der Ihren als autorisiertem Beauftragten verleiht, beruht die illokutionäre Kraft, die in allen gesellschaftlichen Ritualen wirkt. Der eigentlich magische Charakter dieser durchweg sozialen Kraft wird so lange nicht faßbar, wie sie lediglich auf die Sozialwelt ausgeübt wird, indem sie einzelne oder Gruppen durch *Grenzen* oder *Bindungen* (Heirat) trennt oder vereint, die nicht weniger magisch sind als die vom Messer oder Knoten der Magie gezogenen oder geknüpften, wobei sie den sozialen Wert der Dinge (wie das Schneideretikett) oder der Personen (wie der akademische Titel) verändern. Es hat im Gegenteil ganz den Anschein, als versuchten Gruppen in einer durch äußerste Not oder Chaos erzwungenen Unschuld, Vertrauensseligkeit oder Selbstwiederherstellung, die Macht, die sie sich durch einen jener kreisförmigen Prozesse, wie sie der sehr real wirksamen Magie des Kollektivs zugrunde liegen, selbst aufoktroyiert haben, über deren Geltungsgrenzen, d. h. über das hinaus, was nicht von ihnen abhängt, auf die Naturwelt auszuüben, von der sie selbst abhängig sind; wenn sie den Kürbis zur Kutsche, den Königssohn zum König oder den Getauften zum Christen machen, wenn sie also in einem Wort bemüht sind, mit den Dingen Beziehungsformen einzuführen, die unter Menschen gültig sind, indem sie Befehle geben oder Geschenke machen, Wünsche oder Fürbitten äußern.

Beim Pflügen wie bei der Ernte wird der Frevel gerade dann symbolisch verneint, wenn er begangen wird: der mit der Eröffnung des Pflügens beauftragte »Hochzeiter«, wie er bisweilen genannt wird, handelt zu dem von der Gruppe bezeichneten Zeitpunkt als ihr Beauftragter, um die frevelhafte Vereinigung des Himmelsfeuers mit der feuchten Erde, der Pflugschar als Äquivalent des himmlischen Blitzes, dessen Namen *thagersa* sie trägt (gesegnet und gefürchtet zugleich, darf die Pflugschar zwischen zwei Pflügetagen weder gewaschen noch mit Wasser benetzt noch ins Haus gebracht werden), mit der Furche zu vollziehen.[1]

In Sidi Aïch kommt die Eröffnung des Pflügens (genauer »der Auszug zum ersten Pflügen«), d. h. die Sorge darum, die erste Furche rituell zu ziehen, einer Familie zu, die auch *abruâ,* Glücksbringer, genannt wird. *Abruâ* heißt auch der lange Schwanz des für das Herbstopfer ausgewählten Ochsen und das lange Schleppkleid der Frau, die das Saatgut trägt – man findet diesen Namen auch in den Anrufungen, die die mit der Gartenarbeit beschäftigte Frau ständig formuliert: »Gewähre dem ganzen Beet, das der Saum meines Kleides *abruâ* und meine Fußsohlen berührt haben, eine reiche Ernte« – Genevois 1969). »Die Leute, also alle Mitglieder des Klans, gehen durch das Haus von Yusef hinaus« (der, wie es auch heißt, »im Auftrag der anderen hinausgeht«). Um die Funktionen zu erklären, die dieser Familie übertragen werden, die auch das Monopol auf alle technischen Handlungen hat, die mit Feuer oder mit durch Feuer hergestellten Gegenständen zu tun haben (Brandmale gegen Krankheit, Tätowierungen, Schienen von Knochenbrüchen, Beschneidungen), heißt es, der Blitz sei ins Beet einer ihrer Vorfahren eingeschlagen und dieser habe das geschärfte und gehärtete Stück Eisen, das er an der Einschlagstelle entdeckt habe, auf seinen Pflug »gepfropft«, und außerdem habe an einem Gewittertag ein Mutterschaf in seinem Vlies eine kleine Sichel mitgebracht, die auf die für die Brandmale benutzte Sichel »aufgepfropft« worden sei.

1 Laoust (1920, S. 189) weist darauf hin, daß der Blitz bisweilen »die himmlische Pflugschar« genannt wird, daß das Wort *thagersa* im Aurès zugleich die Pflugschar und das himmlische Feuer bezeichnet, und daß »bei den Berbern der Glaube sehr verbreitet ist, daß der Blitz in Gestalt einer Pflugschar niederfährt« (wobei das Einschlagen des Blitzes in die Erde so mit dem Härten des Eisens im Wasser praktisch gleichgesetzt wird). Die Worte zur Bezeichnung des Pflugs, *thagersa,* aber auch *saâqua* oder *sihqa,* werden sicher als Euphemismen gebraucht, um den einschlagenden Blitz (im Gegensatz zum Wetterleuchten) zu bezeichnen. Der Pflug selbst wird häufig mit dem Wort *lmaun* bezeichnet, das wegen seiner Wurzel (gegenseitige Hilfe, sich gegenseitig helfen, mit einer Konnotation von Segnung, an die der Ausdruck *Allah iâaunik* erinnert, mit dem ein Arbeitender begrüßt wird) ebenfalls den Anschein eines Euphemismus hat. Wer vom Blitz getroffen wird, wird als Opfer einer Verwünschung betrachtet und opfert einen Ochsen, wenn er mit dem Leben davonkommt.

Die Riten des Pflügens müssen auch einen paradoxen Zustand der Vereinigung der Gegensätze fördern, in welchem das *Obere* vorübergehend wieder dem weiblichen Prinzip zufällt: das Saatgut, ein zur Dürre und Unfruchtbarkeit verdammtes Moment, kann nur durch Eintauchen in die fruchtbare Feuchte ins Leben zurückkehren. Es kann vorkommen, daß die Erde ähnlich wie das Mutterschaf nicht trächtig wird *(thamazgulth)*, sie kann zur Unfruchtbarkeit oder zur wilden Fruchtbarkeit der Brache zurückkehren, und die Zukunft des Saatguts ist den weiblichen Kräften ausgeliefert, die der Befruchtungsakt bezwingen mußte. Das »Tor zum Jahre« ist nicht der Zeitpunkt, an dem das Jahr beginnt, das im übrigen keinen Anfang hat, weil es ein ewiger Wiederanfang ist, sondern eine *Schwelle,* eine Zeit der Ungewißheit und der Hoffnung (man hört bei allen Reden »wenn es Gott gefällt«), in der alles erneuert wird, angefangen mit den *Verträgen* und Zusammenschlüssen (Maury 1939), ein Eröffnungsmonat, wo das Jahr, ähnlich dem Hause, das dem fruchtbringenden Sonnenlicht stets offenstehen muß, sich dem männlichen Prinzip öffnet, das es befruchtet und erfüllt. Pflügen und Aussaat bezeichnen den Beginn der Bewegung vom Draußen zum Drinnen, vom Leeren zum Vollen, vom Trockenen zum Feuchten, vom Sonnenlicht zum finsteren Erdenschoß, vom befruchtenden Männlichen zum fruchtbaren Weiblichen.

In diesem Zusammenhang läßt sich ein sehr bekanntes Märchen zitieren, die Geschichte von Heb-Heb-er-Remman, wo man um die Schlange, die häufig auf den eingemauerten Krügen dargestellt ist, in denen das Korn für den Verbrauch und die Aussaat aufbewahrt wird, die gesamte Fruchtbarkeitssymbolik angeordnet findet, die bei den Riten von Hochzeit und Pflügen angewandt wird. Ein junges Mädchen, das sieben Brüder hat und folglich siebenmal gesegnet ist, weil es sieben Beschützer hat, wird Opfer der Eifersucht seiner Schwägerinnen, die ihm, in Teigkügelchen verborgen, sieben Schlangeneier zu essen geben: sein Leib schwillt; man glaubt es schwanger; es wird davongejagt. Ein Weiser kommt dem Übel auf die Spur: um es loszuwerden, muß man einen Hammel schlachten, sein Fleisch mit viel Salz braten und dem jungen Mädchen zu essen geben, dann muß man es an den Füßen mit offenem Mund über einem Wasserbecken aufhängen. Die Schlangen kriechen heraus und werden totgemacht. Das junge Mädchen heiratet; es bekommt ein Kind, das es Heb-Heb-er-Remman nennt, »Granatapfelkerne«. Es kehrt zu seinen Brüdern zurück, die es wiedererkennen, als es ihnen die sieben Schlangen zeigt, die es eingesalzen und getrocknet hat. Man sieht sofort, daß es zur Hervorbringung dieses Märchens oder wenigstens zu seiner ungefähren Entzifferung genügt, wenn man über die Gesamtheit von Schemata verfügt, die bei jedem Fruchtbarkeitsritus wirksam werden. Befruchten heißt eindringen, etwas einbringen, das schwillt oder anschwellen läßt: die Aufnahme von Nahrung und von quellender Nahrung ist dem Geschlechtsakt oder dem Pflügen homolog. In einem anderen Märchen wird das Schlangenmännchen, das eine Frau wie ihren Sohn aufgezogen hat, von seinem ersten Weibchen verschmäht: es *richtet sich auf*, *schwillt* und *haucht einen giftigen Feuerodem* über das Weibchen, das verbrennt und zu Asche wird. Doch handelt es sich hier um eine falsche Befruchtung: Schlangen als Symbol des männlichen Lebensprinzips, des Saatguts, das sterben muß, um wiedergeboren zu werden, also des Trockenen, werden in Gestalt von Eiern, d.h. in weiblichem Zustand, aufgegessen und kehren im Leib des jungen Mädchens zur Unzeit zum männlichen Zustand zurück. (In einem von Westermark berichteten Fruchtbarkeitsritus wird das Herz gegessen – der männliche Teil der Schlangen). Die Schwellung, die aus dieser umgekehrten Zeugung hervorgeht, ist unfruchtbar und schädlich. Die Heilmethode drängt sich logisch auf. Man muß das Trockene veranlassen, eine umgekehrte Bewegung von oben nach unten zu machen – hierzu genügt ein schlichtes Vertauschen von oben und unten – und von drinnen und draußen, das durch eine einfache mechanische Operation bewerkstelligt werden kann: es geht darum, das Trockene noch trockener zu machen, ihm Durst zu machen, indem man das Trockenste überhaupt hinzufügt, nämlich Salz, und so den Drang zum Feuchten verstärkt, der es bei der normalen Befruchtung nach drinnen, in den feuchten Schoß des Weibes oder die von der Pflugschar aufgebrochene Erde streben läßt. Am Ende des Märchens wird die Fruchtbarkeit des jungen Mädchens durch die Geburt von Heb-Heb-er-Remman, »Granatapfelkernen« (dem Symbol der weiblichen Fruchtbarkeit überhaupt, das mit dem Leib der Frau gleichgesetzt wird) bestätigt, d.h. durch zahlreiche Knaben, die dem fruchtbaren Leib der Frau mit sieben Brüdern entsprungen sind (oder entspringen werden), welche selbst aus einem (an Männern) fruchtbaren Leibe stammt. Und die sieben Schlangen finden sich gesalzen und getrocknet wieder, d.h. in dem Zustand, der ihnen strukturell als Symbolen männlicher Fruchtbarkeit zukommt, die durch den Zyklus des Eintauchens ins Feuchte, dem das Hinausgehen ins Trockene folgt, wachsen und sich vermehren können.

Die Vereinigung des Männlichen und des Weiblichen, des Trokkenen und des Feuchten durch Pflügen oder Heirat, wird von dem ganzen performativen Symbolismus des Rituals heraufbeschworen, der die Vereinigung der Prinzipien, die so lange unfruchtbar bleiben müssen, wie sie getrennt, *ungerade*, *unvoll-*

kommen bleiben, *bezeichnen* im Sinne von mit *Autorität* aussprechen soll. Daher bei den Ritualen der Heirat oder der Feldarbeit die Heranziehung alles dessen, was das Paar, die Paarung bezeichnen kann, und zuallererst des Ochsenpaars (*thayuga* oder *thazwij*, von *ezwej*, heiraten, verheiratet sein), des Paares überhaupt, weil der Ochse an sich Symbol und Verkünder des Wohlstands, der Fülle ist. Der mit der Eröffnung des Pflügens Beauftragte und bisweilen »alter Hochzeiter« Genannte wird auch »der Alte mit dem Ochsengespann« *(amghar natyuga)* geheißen.

Der Ochse aber spricht: »Wo ich mich niederlege, gibt es keine Hungersnot«, und »Muh! Weiche von hinnen, Hunger, und Sattheit, tritt ein« (Genevois 1968, I, S. 29). Deswegen ist der Eintritt des neuen Ochsengespanns in das Haus ein Segen, der durch Riten gekennzeichnet ist, die der Hausherrin übertragen sind: wie beim Eintritt der Braut legt sie *alemsir* auf die Schwelle nieder, die Schafshaut, mit der man das gemahlene Korn auffängt und die auch als »Tür der Lebensmittel« *(bab-errazq)* bezeichnet wird, damit sie die *Fülle*, den Wohlstand mit sich bringen; sie heißt sie willkommen – »Seid willkommen, Glückliche!« -; sie bietet ihnen Wasser an, streichelt sie, bindet sie an und bindet sie los, kriecht unter ihnen durch. Die in Aït Hichem gesammelten Überlieferungen haben viele Merkmale gemein mit denen, die bei der Rückkehr der Herde beim *azal* zu beobachten sind (Rahmani 1936). In der Kleinen Kabylei tritt ein Bohnensieb an die Stelle der Schafshaut, und Wasser wird den Ochsen nicht gegeben. Andere gesegnete Paare sind: die Zweigähre (zwei Ähren auf demselben Halm), »Segensähre« genannt, zu Ehren derer ein Ziegenbock geschlachtet und die im Haus aufbewahrt wird; Zwillinge (nach Berichten mancher Gewährsleute hat die Mutter von Zwillingen das Vorrecht, Tieropfer darzubringen).[1] In den Weissagungen ist das, was paarweise auftritt, ein gutes Omen (selbst wenn es sich um Unheilkünder wie Raben handelt). In Gegensatz dazu ist das Ungerade, das Einzelne, das Alleinstehende, z. B. der Junggeselle als Symbol der Unfruchtbarkeit, voller Unheil (das unverheiratete Mädchen und der Ochse, der nicht unters Joch will, werden beide *afrid* genannt).

1 Auch hier ist der praktische Symbolismus nicht ohne Zwiespältigkeit. Die Mutter von Zwillingen ist zwar gesegnet, aber doch der Magie verdächtig: Zwillinge gemahnen nämlich an die Idee des Hasses; mehr noch als die *inulban*, Kinder mit sehr geringem Altersunterschied, die sich um die Mutterbrust streiten, sind Zwillinge *(akniwan)* eifersüchtig aufeinander und verabscheuen einander, wie die *thakniwin* (Einzahl *thakna*, Zwillinge) genannten Nebenfrauen.

Eine andere Art, den Erfolg der Paarung zu *bezeichnen*, ist die Behandlung, die das Saatgut erfährt. Nach Aussagen verschiedener Gewährsleute wird das für die Aussaat bestimmte Korn nie mit dem zum Verbrauch oder Verkauf vorgesehenen vermengt: das Saatgut, das stets die Körner der letztgeschnittenen Garbe, bisweilen auch der letztgedroschenen, oder Staub, der auf dem zuletzt abgeernteten Feldstück oder von der Tenne beim Drusch der letzten Garbe aufgenommen wurde, oder auch Staub vom Grabmal eines Heiligen (Servier 1962, 229, 253), Salz usw. enthält, wird im Hause selbst in Kasten oder kleinen Krügen – *thikufijin* – aufbewahrt, die auf der Trennmauer stehen und nach den Riten und Verboten gefüllt werden, die ihm seine Eigenschaften erhalten sollen. Anders gesagt, wird das Saatgut durch das lange Verweilen am Ort der Fortpflanzung, dem Ort überhaupt der Vereinigung von Männlichem und Weiblichem, *gezähmt*, den schon in der Architektur die Vereinigung der weiblichen Stützgabel und des Firstbalkens manifestiert, den die Stützgabel trägt wie die Erde den Himmel.[1] Doch das klarste Zeugnis der bezeichneten Vereinigung ist die brennende Lampe *(mes'bah')*, die vor dem Hochzeitszug hergetragen wird (Devulder 1957, Yamina 1953) und die die ganze Nacht in der Hochzeitskammer brennt, ebenso wie sie nach manchen Traditionen den Pflüger am ersten Tag der Feldarbeit bis aufs Feld begleitete, wo man sie am Brennen hielt, bis das erste abgegrenzte Feldstück *(thamtirth)* eingesät war.

Die gewöhnliche Lampe ist das Symbol des Mannes, mit dem das Licht kommt (»der Mann ist das Licht, heißt es, die Frau die Dunkelheit«, das Motiv der Lampe mit einer Art M darüber auf

1 Die Beziehung zwischen der Stützgabel und dem Firstbalken ist wie die zwischen Mann und Frau (Rätsel: »Die Frau stützt den Mann«; »Großmutter stützt Großvater« usw.), wie die zwischen Sklaven und Herrn (Rätsel: »Der Sklave würgt seinen Herrn«), wie die zwischen Erde und Himmel (Genevois 1955 und 1963, S. 21–22). Das Würgethema muß sicher mit dem Sprichwort assoziiert werden: »Der Feind des Mannes, das ist die Frau.« Der vierkantige Balken, der den Dachfirst bildet und auf den zwei Stützgabeln ruht, wird mit der Ehre des Hausherrn gleichgesetzt (der Transport des Firstbalkens ist Anlaß zu einem Zeremoniell, zu dem alle Männer des Dorfes zusammenkommen, wie beim Transport des Leichnams bei der Beerdigung).

Wandmalereien, dem Symbol der mit gespreizten Beinen daliegenden Frau – nach Art des Gabelpfeilers des Hauses –, ist ein Sinnbild der Paarung – Devulder 1951). Doch wie der Herd hat sie Teil am Zwiespältigen des Männlich-Weiblichen: sie ist das Licht des Drinnen, das Männliche im Weiblichen, das eben reproduziert werden soll.[1]

In die Hochzeitslampe, die in dem Hochzeitszug mitgetragen wird, der die Braut aus ihrem Hause zu dem des Bräutigams geleitet, legt die Alte, die sie zurechtmacht, Salz, Honig und ein Produkt, das auch in den »Verbindungsriten des Monats« vorkommt und »Nuß der Verbindung« genannt wird (Devulder 1957); ein schlechtes Vorzeichen – dem die Alte durch ihren Spruch vorbeugen will – wird darin gesehen, wenn die Lampe auf dem Weg ausgeht, und sie muß während der ganzen Hochzeitsnacht und an den Folgetagen brennen, bis das Öl verbraucht ist, ohne je gelöscht zu werden. Das als »Hochzeitslampe« bezeichnete Motiv von Wandmalereien enthält zugleich das M, den Kreuzweg, und *thanslith* (von der Wurzel NSL, beginnnen, zeugen), ein Motiv, das aus zwei mit der Spitze zusammengefügten Dreiecken besteht und am »Anfang allen Webens und Lebens« steht (Chantréaux 1942, S. 219–221; Servier 1962, S. 132). Das ebenfalls als Hochzeitslampe bezeichnete Motiv hingegen, bei dem über der Lampe zwei weiße, Eier darstellende Dreiecke stehen, bezeichnet eine andere Hochzeitslampe, die *mes'bah'* genannt wird, deren Beschreibung ich erhalten habe (von den Ouadhias) und für die typisch ist, daß der Docht ganz durch ein Ei mit zwei Löchern geht (das praktische Äquivalent des Granatapfels oder des Frauenleibs).

Als Symbol der Vereinigung ebenso wie des Lichts im Hausinnern ist die Lampe außerdem als Symbol des Mannes und seiner Manneskraft Prinzip der Virilisierung, wie die in gerader Anzahl zu Ehren der Braut abgefeuerten Flintenschüsse und vor allem die Schüsse, welche die *männlichen Verwandten des Bräutigams* als Wächter und Garanten seiner Manneskraft auf die Zielscheibe auf ihrem Weg abfeuern (ein Ritus, der auch bei der Geburt eines

1 Zu verwerfen ist (unter anderem, weil das Öl unzweideutig mit dem Trokkenen, dem Heißen, dem Männlichen assoziiert wird) die eingeborene Theorie, die sicher gelehrten Ursprungs ist (sie ist in anderen Überlieferungen anzutreffen), der Entsprechung zwischen der Dreiteilung der Lampe und der Dreiteilung des Menschen, wobei das Tongefäß den Leib, das Öl die körperliche Seele *nefs* und die Flamme die flüchtige Seele *ruh'* darstellt (Servier 1964, S. 71–72).

Knaben und bei der *Beschneidung* praktiziert wurde). Es wird sogar erzählt, daß die Kinder früher am Dorfausgang eine Art Hinterhalt für die Abordnung der Verwandten des Bräutigams legten, die die Braut in ihr neues Haus überführten: nachdem sie einen (weiblichen) *Stein* oder ein *rohes Ei* als Symbol des Frauenleibs und seiner Fruchtbarkeit in ein Loch einer Hecke oder eines Baumstamms gelegt haben, machen sie das Brautgeleit auf diese Zielscheibe aufmerksam und fordern es heraus, diese zu treffen. Der Brautzug mußte halten, bis die Zielscheibe getroffen war und am Boden lag. Wenn das nicht gelang, mußte die Abordnung unter dem *Packsattel eines Esels* durchkriechen (bekanntlich ein Unterwerfungssymbol, das häufig auch bei häuslichen Auseinandersetzungen, vor allem magischen, als Zauber beschworen wird). Tatsächlich paßten die Erwachsenen auf, daß den fremden Besuchern eine derartige (maßlose) Demütigung erspart blieb, und die Tradition des Zielschießens wurde – sicher wegen der in ihr enthaltenen Risiken – allmählich aufgegeben und in Form eines *Spiels*, allerdings ohne ihren Charakter als Ehrenwettstreit – wiederbelebt, das die Mitglieder des Brautgeleits am Tag nach der Ankunft der Braut beim Warten auf das Hochzeitsmahl *in ihrem eigenen Dorf* spielen, also innerhalb der Gruppe (wobei die Fremden bloß Gäste sind). Der eigentlich sexuelle Symbolismus des Zielschießens, für den es viele andere Hinweise gibt[1], zeigt sich besonders darin, daß man die Eier, die als Zielscheiben herhalten sollen, dreimal (von oben nach unten) unter dem Kleid eines jungen Mädchens durchreicht, damit sie »jungfräulich« bleiben (und bewirken, daß danebengeschossen wird, Rahmani 1949); und darin, daß jemand (ein Mann, der nicht zum Dorf und zum Brautgeleit gehörte) die Eier mit einer Nadel stechen mußte, um den Zauber zu brechen.
Schüsse, häufig bei Regenriten als Symbole des männlichen Besprengens, das das Verbundene entbinden kann, werden natürlich

1 In Liedern wird der Mann häufig als »die Flinte im Haus« bezeichnet. Zu einer Frau, die nur Töchter hat, sagt man: »Du Ärmste, du dauerst mich, ich wünsche dir, daß eine Flinte an die Wand gehängt wird, an der dein Webstuhl steht« *(tasga)*. *Thamazgulth*, die Bezeichnung für ein Tier, das unfruchtbar ist oder eine Fehlgeburt gehabt hat, kommt von der Wurzel *zgel*, die Zielscheibe verfehlen. Wenn die Ehe vollzogen ist, kommt der Ehemann aus dem Brautgemach und feuert die Flinte ab.

mit allen Verboten der Verbindungshandlung assoziiert, die zur männlichen Handlung des Öffnens ebenso im Gegensatz steht wie zur weiblichen des Offenseins, des Sich-Öffnens und des Anschwellens. Der Ritus, der stets dem Streben nach Maximierung symbolischen Gewinns gehorcht, trifft sozusagen zwei Fliegen mit einer Klappe, indem er mit der Koinzidenz – die von den Zustandsverben in ihrer ganzen Zweideutigkeit gut ausgedrückt wird – zwischen *Öffnen* und *Sich-Öffnen* spielt, um Handlungen zu verbieten, welche die in ihrer passiven Form weibliche und in ihrer aktiven Form männliche Handlung des *Öffnens* nachteilig beeinflussen können (ebenso wie umgekehrt die sogenannten Riten des Beschlagens, mit denen Mann oder Frau unfähig zu sexuellen Beziehungen gemacht werden sollen, das Schema des Schneidens anwenden). Die Jungverheiratete muß sieben Tage ungegürtet bleiben, und eine mit vielen Söhnen gesegnete Frau bindet ihr den Gürtel am siebten Tag um; desgleichen muß die Frau, die das Saatgut schleppt, vermeiden, ihren Gürtel zu eng zu binden, und sie muß außerdem ein langes Kleid anziehen, das hinter ihr eine Schleppe *(abruâ)* als Glücksbringer bildet. Das Haar der Jungverheirateten muß während der ersten sieben Tage unaufgesteckt bleiben; die Frau, die das Saatgut trägt, trägt ihre Haare offen.[1] Außer auf die Handlungen des Schließens erstrekken sich die Verbote, die sich um das Pflügen und um die Hochzeit ranken, auf alle Akte der *Reinigung* oder des *Abstoßens,* also Kehren, das Haus Weißen, Rasieren, Haareschneiden oder Nägelschneiden, und zudem auf jede Berührung mit trockenen oder mit dem Trockenen zusammenhängenden Objekten, wie das Schminken der Augen mit Koheul, das Färben der Hände mit Henna, oder bei der Ernährung der Verzehr von Gewürzen.

Als Zeugungsakte, d. h. als Akte der Wiedererschaffung, werden Heirat und Pflügen praktisch als männliche Akte des Öffnens und Einsäens behandelt[2], mit denen eine weibliche Handlung

1 Bekanntlich sind alle Formen des Verknotens (Arme oder Beine kreuzen, Knoten oder Gürtel, Ringe usw. tragen) oder des Schließens (von Türen, Truhen, Schlössern usw.) zum Zeitpunkt der Niederkunft verboten und die entgegengesetzten Handlungen empfohlen.

2 Ich sage »praktisch behandelt wie«, um zu vermeiden, die Vorstellung, die man zum Verständnis der objektiv am praktischen Schema ausgerichteten Handlungen konstruieren muß, in das Bewußtsein der Handlungssubjekte

des Schwellens hervorgerufen werden soll: die rituelle Inszenierung spielt um alle möglichen Zwiespältigkeiten der Gegenstände oder Praktiken, wobei sie einerseits alles Öffnende anspricht, Schlüssel, Nagel, und alles Offene, gelöste Haare und Gürtel, Schleppe, alles Süße, Leichte und Weiße, Zucker, Honig, Datteln, Milch, und andererseits alles Blähende, Schwellende, Aufgehende, also Pfannkuchen, Krapfen, Weizen, Kichererbsen, Bohnen *(ufthyen)*, alles Vielzählige und Zusammengedrängte *(seksu)* bzw. Kuskuskörner, oder *berkukes* Grobkuskus, Granatapfelkerne oder Feigenkörnchen), alles Volle (Ei, Nuß, Mandel, Granatapfel, Feige), wobei Gegenstände oder Handlungen, in denen mehrere dieser Eigenschaften zusammenkommen, den höchsten Ertrag bringen. So zum Beispiel das Ei, das Symbol überhaupt für alles Lebensvolle und Lebensträchtige, oder der Granatapfel, der erfüllt, geschwollen und vielzählig zugleich ist und über den es in einem Rätsel heißt: »Was ist das: Speicher an Speicher mit rotem Weizen darin?«; und in einem anderen: »Was ist nicht dicker als ein Stein zum Kornstampfen und hat doch mehr als hundert Kinder?« (Genevois 1963, S. 73) Und ein ganzer Aspekt des multifunktionalen Handelns bei Pflügen und Heirat ist in der Geste des Pflügers zusammengefaßt, wenn er auf der Pflugschar seines Pfluges einen Granatapfel oder ein Ei zerschlägt *(felleq*, platzen lassen, spalten, entjungfern).

Die Riten, die beim Einzug des Ochsenpaars, beim ersten Pflügen und beim Einzug der Braut in ihr neues Heim stattfinden, vermitteln eine ziemlich exemplarische Vorstellung von den Hervorbringungen des praktischen Sinns, der auf die Erfüllung einer Vielzahl von kaum voneinander getrennten Funktionen gerichtet ist und die Polysemie der Handlungen und Dinge voll ausnutzt, um symbolisch und funktional überdeterminierte Handlungen zu erzeugen, von denen jede die gewollten Zwecke mehrfach zu erreichen geeignet ist. Das Sieb, das der Jungverheirateten auf der Türschwelle geschenkt wird, erinnert an das Sieb des Pflügens: es enthält nämlich Weizen, Nüsse, getrocknete Feigen, Datteln als Symbole der männlichen Fruchtbarkeit, Eier, Krapfen, Granatäpfel. Doch, wie wir in mehr als einem anderen Fall gesehen haben (z. B. bei den Riten zum Empfang des Ochsenpaars und den Riten

[Fortsetzung der Fußnote 2 von Seite 428]
hineinzuverlegen (indem ich zum Beispiel sage »erlebt wie« oder »aufgefaßt wie«), und um dieses Verständnis zu vermitteln.

des *azal*), wird erst in der *Verwendung* der praktische Sinn dieser stets ersetzbaren und uneindeutigen Objekte vollständig definiert und enthüllt sich die Äquivalenz mit scheinbar ganz anderen, aber nach denselben Schemata hervorgebrachten und auf dieselben Funktionen ausgerichteten Riten: die Braut zerschlägt Eier am Kopf des Maultiers, wischt sich die Hände an der Mähne ab und wirft dann den Inhalt des Siebs hinter sich, um den sich die Kinder des Brautgefolges (deren Zahl Überfluß bedeutet) balgen (Genevois 1955, Nr. 49). In einer anderen Variante enthält das Sieb Zweige vom Granatapfelbaum, Brennesseln, einen Spiegel, Eier und Weizen; die Braut schüttet Wasser hinter sich und zerschlägt das Ei am Türstock, während die Schwiegermutter den Webstuhl mit Ei bestreicht (Yamina 1953). Nach Aussagen eines anderen Gewährsmanns (Aït Hichem) breitet die Brautmutter vor der Tür eine Matte auf *alemsir* aus, »der Tür der Lebensmittel« (die Analogie zum Ritus des »ersten Einzugs des Ochsenpaars«, der *Fülle* bewirken soll, ist offensichtlich), sie legt Weizen und Bohnen *(ajedjig)* darauf und stellt ein Ei und einen Topf Wasser bereit; die Braut nimmt dieselben Operationen vor (sie wird die Bohnen einige Tage später in den Brunnen werfen). Das Sieb, welches auch »Sieb des Brauches« *(laâwayed)* genannt wird, kann außer Weizen auch Bohnen und Eier enthalten, Krapfen, Nahrungsmittel, die wie die Bohnen quellen und blähen (Boulifa 1913). Allgemein gesprochen, wird die Braut von der *qibla* mit Wasser besprengt, oder von der Mutter des Bräutigams, die ihr in mindestens einem Fall (Sidi Aïch) Wasser (woanders Molke) aus den hohlen Händen zu trinken gibt, wie der Brautvater bei ihrem Weggang (doch kommt es auch vor, daß sie sie besprengt); die Braut wirft den Inhalt des Siebes hinter sich (Nüsse, Datteln, Krapfen, hartgekochte Eier), bis auf den Weizen und die Bohnen – Verheißung vieler Knabengeburten –, die sie (in Aït Hichem) dreimal in die Hände nimmt und in das Sieb zurücklegt, nachdem sie sie dreimal geküßt hat (diese Körner bleiben auf der Matte liegen, auf der die Braut die drei Tage danach sitzt, damit sie fruchtbar werde). Ein oberflächlicher Blick zeigt, daß die Analyse der Varianten die *Freiheit* bestätigt, die darin liegt, daß nach nicht expliziten praktischen Schemata improvisiert wird, anstatt ein explizites Muster nachzuvollziehen: dieselben Objekte und Akte sind überall zu finden, und auch der globale Sinn der Praktik, doch kann dabei alles mögliche durch etwas anderes ersetzt werden, sowohl die Handelnden (z. B. die *qibla*, Schwiegermutter, oder die Braut) als auch die Gegenstände und die vollzogenen Handlungen (was die Suche nach der *richtigen*, vollständigsten, bedeutungsvollsten Variante sinnlos macht, auf die mein Sammeln zumindest am Anfang ausgerichtet war). Alles spielt sich so ab, als erzeugten die Handelnden nach dem Zufall der halbwegs durch lokale Überlieferung kodifizierten Improvisation alle Praktiken, die mit einem entsprechend der dominanten Intention des Ritus ausgewählten Schema (oder mehreren) erzeugt werden können: dem Schema des »Wachsens und Vermehrens«, dem Schema des »Zerbrechens« (oder »Entjungferns«), bei

dem die Schale des Eies zur Zielscheibe wird, des Eies aus dem Sieb oder von dem Teller, auf dem das Henna war und den der Bräutigam mit dem Fuß zertreten muß (Sidi Aïch), das Schema der Umkehrung der Welt mit dem Überschreiten der Schwelle, *ohne sie zu berühren* (huckepack auf einem »Zauberschirm«, bisweilen einem Schwarzen), und dem Spiegel.
Desgleichen enthält das »Sieb des Pflügens« (*agherbal elh'erth,* daher auch der Name des Ritus, *thagerbalt*), das die Frau des Pflügers mit ihren Kindern als Symbol der Vielheit je nach Ort zu verschiedenen Zeiten bringt (morgens, wenn der Pflüger aus dem Haus geht, oder bei seiner Ankunft auf dem Feld, wenn er die Ochsen anschirrt, oder zum Mittagsmahl), stets Pfannkuchen, trockene Bohnen, Weizen, einen Granatapfel. Nach einer anderen Tradition unterbricht der Pflüger seine Arbeit, gibt den Tieren zu fressen und stellt sich dann vor die Ochsen, faßt sie an und wirft zuerst die Körner, dann die Pfannkuchen, die die Kinder im Flug zu erhaschen suchen, auf die Ochsen, den Pflug oder sogar auf den Boden als wohlstandsichernde Geste der Freigiebigkeit und außerdem als Opfer. Nachdem er die Kinder weiter weggeschickt hat, wirft er dann den Granatapfel, den das geschickteste Kind fangen muß. Die Kinder rennen so von Feld zu Feld. Nach einer anderen Beschreibung dieses Ritus (Hénine 1942) enthält das Sieb außerdem einen Webkamm; die Frau legt, nachdem sie ein paar religiöse Sprüche psalmodiert hat, zwei rohe Eier in die zuletzt gezogene Furche, und der Ehemann pflügt eine weitere Furche und läßt dann die Ochsen ausruhen und fressen: wenn die Eier unversehrt sind, wird es ein gutes Jahr; nachdem die Frau in einer Ecke des Ackers ein Amulett vergraben hat, essen die Beteiligten, was im Sieb ist. Von den zahllosen Varianten ist noch folgende erinnernswert: der Pflüger zerbricht zwei Granatäpfel, einige Fladen und Krapfen an der Pflugschar und verteilt dann das übrige an die Teilnehmer; die Opfergaben werden in der ersten Furche vergraben.
Man könnte hier unendlich viele weitere Beispiele für das Zusammentreffen der beiden Rituale anführen: die Braut (und ihr Brautgeleit) werden mit Milch besprengt, häufig nimmt auch die Braut beim Einzug in ihr neues Heim Besprengungen mit Wasser und Milch vor, genau wie die Hausherrin den Pflug beim Aufbruch zum Acker mit Wasser oder Milch besprengt. Man schenkt der Braut einen Schlüssel, mit dem sie an den Türstock schlägt (andernorts schiebt man ihn beim Ankleiden unter ihren Kleidungsstücken durch); man steckt einen Schlüssel in den Sack mit Saatgut, der häufig in die Furche geworfen wird.

Die Verneinung des Mordes und die Verheißung der Wiederauferstehung, wie sie im Ernteritual enthalten war, erfolgen hier in der Verneinung von Vergewaltigung und Gewalt, welche Vorbedingung der Wiederauferstehung des Saatguts sind.[1] Das Opfern und gemeinsame Verzehren des Ochsen können als mimetische Darstellung des Getreidezyklus verstanden werden, bei dem das Getreide sterben muß, um die Gruppe zu ernähren. Dieses Opfer ist um so bemerkenswerter, als der Ochse das den Menschen am nächsten stehende Tier ist, das am engsten mit ihrem Leben, ihrer Arbeit und vor allem ihren Ängsten angesichts der Ungewißheit der kosmischen Rhythmen verbunden ist (von denen es ebenso abhängig und nahe betroffen ist wie die Menschen).

Bei der Wintersonnenwende, wenn die Erde, die auf den Hörnern eines Stieres ruht, von einem Horn zum anderen wechselt, entsteht ein großer Lärm, den nur die Ochsen hören und sich darob so erschrecken, daß sie jedes Futter verweigern und Hungers sterben würden, wenn nicht die ganze Familie einen Riesenlärm im Stall vollführen würde, indem sie auf die Behälter schlägt und schreit: »Fürchtet euch nicht, ihr Ochsen, es ist nur die abnehmende Sonne.« Bei der Tag- und Nachtgleiche im Frühjahr, wenn die »Sonne wendet« und die Tage länger werden, wird ebenfalls Lärm im Stall gemacht, »um zu verhindern, daß die Ochsen merken, daß ihre Arbeitszeit jetzt länger wird« (nach Aussage anderer Gewährsleute geht man am »Borgetag« am Ende des *ennayer* vor Tagesanbruch in den Stall und schreit den Ochsen ins Ohr: »Freut euch, ihr Ochsen, der *ennayer* ist vorbei!«).

Als verneinter Mord wird das Opfer des quasi-menschlichen Tieres, das als Vermittler zwischen der Naturwelt und der Menschenwelt fungiert und dessen Leib als Abbild und Ersatz für den Gesellschaftskörper behandelt wird, im gemeinsamen Mahl vollzogen, das praktisch die Auferstehung der Toten in den Lebenden durch eine letzte Anwendung des Axioms »Leben um Leben« realisiert, die zum anerkannten Opfer des den Ahnen nächsten Greises im Tausch gegen Regen und das Überleben der Gruppe führte. Und dies um so mehr, als das gemeinsame Mahl, zu dem sich die gesamte Gruppe zusammenfindet, eine Anrufung der Toten einschließt: wie am Status des Fremden *(aghrib)*

1 Genau diese Dialektik von Tod und Auferstehung wird in dem (heute oft sinnentstellend zum Generationenkonflikt zitierten) Sinnspruch ausgedrückt: »Aus dem Leben ziehen sie den Tod, aus dem Tod das Leben« (ein Schema, das sich wiederfindet in dem Rätsel: »Was ist das: ein Totes kommt aus einem Lebendigen« – das Ei; »ein Lebendiges kommt aus einem Toten« – das Küken).

ersichtlich ist, der keinen Ahnen »anrufen« kann und von keinem Nachkommen »angerufen« (*asker,* anrufen und auferwekken) werden wird, impliziert die Zugehörigkeit zur Gruppe, die durch Versammlung und Tischgenossenschaft bekräftigt wird, die Macht, die Ahnen anzurufen und zu beschwören und von den Nachkommen angerufen und beschworen zu werden.[1]

An die Auferstehung der Toten in den Lebenden gemahnt der ganze Symbolismus, und besonders der kulinarische: die Bohne, der männliche und trokkene Same überhaupt und verwandt mit den Ochsen, Zuflucht der auf Auferstehung wartenden Seele, gehört mit den Kichererbsen und dem Weizen zu den *ufthyen* (oder *ilafthayen*), den Körnern, die beim Kochen aufgehen und mehr werden[2] und die beim ersten Pflügen (und außerdem am Vorabend des *ennayer* und besonders der *Achura*) gegessen werden; sie kommt auch in *abisar,* ein den Männern vorbehaltenes Gericht; sie gehört zu den Dingen, die man in die erste Furche wirft. Als sozusagen durchsichtiges Symbol der Toten (Rätsel: »Was ist das, wenn man eine Bohne in die Erde legt, und sie geht nicht auf? – Der Tote.« Genevois 1963, S. 10), deren Speise sie ist (»ich

1 Das »Grab des Fremden« oder des Mannes ohne männliche Nachkommen ist einer der Orte, auf die man das Böse abwälzt: man findet es so gut wie in jedem Dorf, bedeckt mit Scherben, Krügen, Tellern, die dazu dienten, »das Böse festzuhalten«. In manchen Flecken (Sidi Aïch) kennt man kein Grab des Fremden, sondern es ist ein Ort mit dem besonderen Namen »Sidi Ali Alghrib«, der dieselbe Funktion erfüllt; andernorts spricht man vom »letzten Grab«. Die Frauen, die ein Übel loswerden wollen (besonders eine Kinderkrankheit), bringen einen Topf voll Wasser und ein Ei, essen das Ei und hinterlassen die Schalen und den Topf: »Das Böse, heißt es, kommt nicht zurück, wie auch der Fremde nicht heimgekehrt ist.« Um »ein Kind im Mutterleibe zum Einschlafen zu bringen«, nimmt man einen »Stein« vom Herd, den man siebenmal um den Gürtel der Schwangeren in die eine Richtung und siebenmal andersherum dreht und dann am Grab des Fremden verscharrt. Desgleichen nimmt die Frau, die keine Kinder haben will, eine Handvoll gekämmter Wolle und legt sie nachts unter das Kopfkissen; am nächsten Morgen steht sie früh auf, steigt siebenmal, die Hände auf dem Rücken, über ihren noch schlafenden Mann hinweg und macht jedesmal einen Knoten in die Wolle, die sie dann, ohne hinter sich zu blicken, am Grab des Fremden vergräbt.

2 *Ajedjig* werden auch die rasch wachsenden und wuchernden Pflanzen genannt, Weizen, Bohnen und Kichererbsen, die besonders geeignet sind, Glück und Wohlstand zu wünschen (»mögen sie gedeihen«, »mögen sie wachsen und sich mehren«).

habe die Toten Bohnen knabbern sehen«: ich bin fast gestorben), ist sie als trockener Same, der im feuchten Schoße der Natur schwillt, um im Frühling vervielfacht als erstes Zeichen pflanzlichen Lebens aufzuerstehen, wie geschaffen, zum Symbolträger von Tod und Auferstehung zu werden.

Beim Weben (vgl. Schema 5), das, wie seit langem bemerkt (Basset 1922, S. 154), eine zum Agrarzyklus vollkommen (bis in dessen Zwiespältigkeit) homologe Struktur aufweist – die allerdings noch klarer ist, weil sie auf die zwei starken Zeiten des mit der Eröffnung des Pflügens vergleichbaren Aufspannens der Kettfäden und des mit der Ernte assoziierten Abschneidens des Gewebes zurückgeführt ist –, wird das Axiom, das die gesamte Logik des Opfers beherrscht, sozusagen explizit formuliert.

Neben der strukturellen Homologie belegt auch eine sehr große Zahl von Indizien direkt die Entsprechung zwischen dem bäuerlichen Zyklus und dem Webezyklus: das Aufziehen der Kettfäden des Webstuhls erfolgt im Herbst bei zunehmendem Mond (»Reif sind die Feigen und die Brombeeren an den Hecken, doch haben wir noch keine Decken«); der obere Webebaum, auch östlicher (Aït Hichem) oder himmlischer (Servier 1962, S. 65) genannt, und der als westlicher oder irdischer bezeichnete untere Webebaum begrenzen einen Raum analog zu dem, den der Bauer beim Beginn des Pflügens umschreibt und innerhalb dessen von unten nach oben, d. h. gen Osten gewebt wird; die Frau, die weben will, enthält sich jeder trockenen Speise; das als »Kettfadenmahl« bezeichnete Abendessen besteht unweigerlich aus feuchter Speise, aus Kuskus und Krapfen *(thigrifin)* usw. (Chantréaux 1941, S. 88). Zahlreiche Indizien beweisen, daß der Webezyklus wie der Getreidezyklus praktisch mit einem Gebärprozeß, d. h. einem Auferstehungsprozeß gleichgesetzt wird: *thanslith*, das dreieckige Motiv, mit dem das Weben begonnen wird und das, wie wir gesehen haben, auch in der Darstellung der »Hochzeitslampe« enthalten ist, ist ein Fruchtbarkeitssymbol; es wird erzählt, daß die Kunst des Webens von Titem Tahittust, der Frau des Schmiedes von Ihittusen aus dem wegen seiner Teppiche berühmten Ort Aït Idjer gelehrt worden sei, die sich ein im Misthaufen entdecktes wunderbares Stück Gewebe mit dem Muster eines Schlangenrückens (Auferstehungssymbol) als Vorlage genommen habe (Chantréaux 1941, S. 219).

Der entscheidende Augenblick der gefährlichen Operation der Vereinigung der Gegensätze, und besonders das *Kreuzen* der Fäden, aus dem sich *erruh'* ergibt, die Webseele, jenes mit einem Euphemismus bezeichnete gefährliche Ding, wird stets einer alten, weniger kostbaren und weniger gefährdeten Frau überlassen (Chantréaux 1941, S. 110). Nach Angaben eines Gewährsmanns kostet das Eintreten einer neuen Person in das Haus mit dem Webstuhl ein Leben; um diese Gefahr zu bannen, wird auf der Schwelle ein Huhn geköpft, dessen Blut auf einen der Pfosten des Webstuhls gespritzt und das am Abend gegessen wird (auch kann man im Hof ein Pfund Wolle waschen, »das noch kein Wasser gesehen hat«, und den Webstuhl mit dem Waschwasser besprengen). Ebenso, wie die letzte Garbe häufig vom Herrn des Feldes von Hand geschnitten wird, kommt es bisweilen der Hausherrin zu, das Gewebe vom Webstuhl zu lösen, ohne dabei Eisen zu benutzen und nachdem sie es zuvor wie einen Sterbenden mit Wasser besprengt und dabei ein Erntelied gesungen hat (Basset 1922, S. 159); andernorts wird diese gefährliche Operation einem alten Weib übertragen, die die Kettfäden unter Aufsagen der *chahada,* wie es heißt, mit einem Messer »köpft«, nachdem sie sie zuvor mit Wasser besprengt hat (Basset 1963, S. 70; Genevois 1967, S. 71). Diese verschiedenen Formen, den Mord zu verneinen und sich so des Gesetzes »Seele um Seele« zu entziehen, welches bewirkt, daß vermieden wird, das Gewebe in Gegenwart eines Mannes abzuschneiden, sind wie die Regen- und Ernteriten zur Anrufung der Auferstehung gedacht, indem sie den fruchtbringenden himmlischen Regen auf den Webstuhl herabrufen, der wie das Stoppelfeld in den Zustand der unfruchtbaren Trockenheit zurückgekehrt ist.

Wolle und Töpferware haben als Naturprodukte einen ziemlich ähnlichen Zyklus. Aus Irdenem entstanden, ist das Getöpferte am Leben des Felds beteiligt: der Ton wird im Herbst gestochen; doch wird in dieser Jahreszeit und auch im Winter, wenn die befruchtete Erde schwanger ist, nie gearbeitet, sondern im Frühling. Die ungebrannte Töpferware *(azegzaw)* trocknet langsam im (trockenfeuchten) Schatten, während die Ähren reifen (trockenfeuchte Jahreszeit) (Servier 1962, S. 164–166). Man darf die Erde nicht brennen, solange sie noch Ähren trägt: erst nach der Ernte, wenn die nackte Erde nichts mehr hervorbringt und das Feuer die Ähren nicht mehr austrocknen kann (trockentrockene Jahreszeit), kann man unter freiem (trockentrockenem) Himmel zum Brennen der Töpferware schreiten. Die Wolle, die seit Ende der kalten Jahreszeit geschoren worden ist, wird genau dann, wenn alles sprießt und schwillt, mit Wasser und Seife gewaschen und in einem Topf gekocht, in den man Weizen und Bohnen *(ufthyen)* geworfen hat, damit die

5. Der Kreislauf der Frauenarbeit

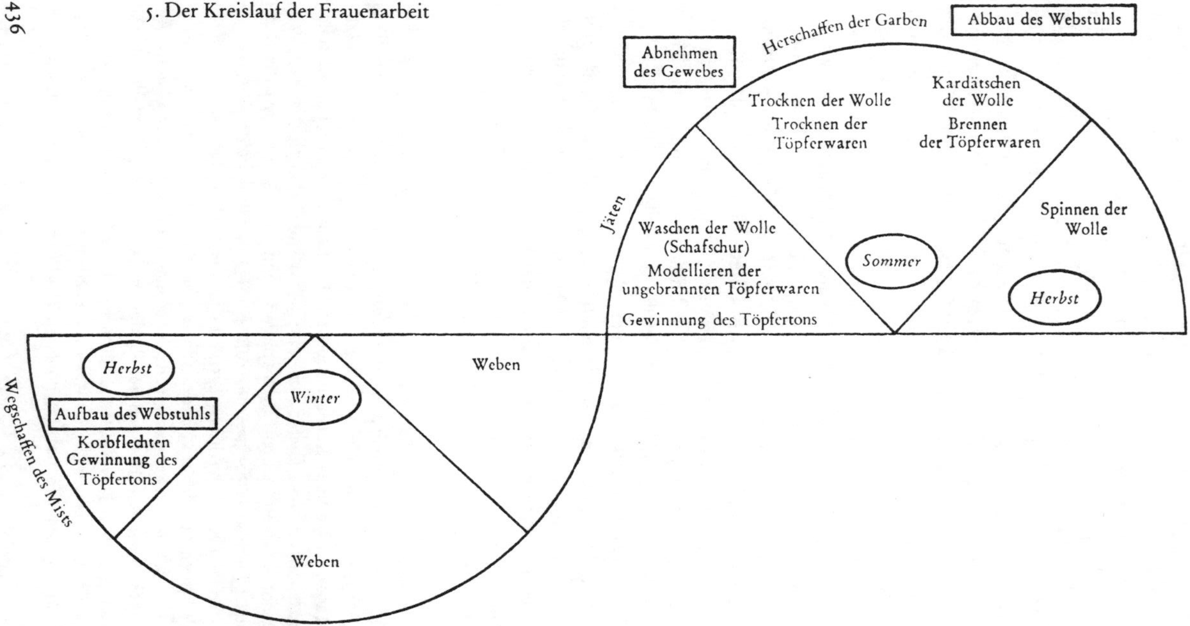

Wollflocken aufgehen wie Ähren. Sie wird ebenso wie die Töpferware in der trockenfeuchten Jahreszeit getrocknet. Sie wird mitten in der trockenen Jahreszeit kardätscht, und zwar mit so typisch »trockenen« und männlichen Werkzeugen wie dem Wollkamm als Symbol der männlichen Absonderung und Schroffheit, jenem Produkt des Schmiedes, das bei den Männlichkeitsriten und den Vorbeugeriten benutzt wird, die die Krankheiten des Abends und der Feuchte abwenden sollen.

Übertragung von Schemata und Homologien

Wie das Weben recht gut zeigt, ist die Anwendung praktisch austauschbarer Schemata die Grundlage der Homologien, die die Analyse zwischen den verschiedenen Praxisfeldern entdeckt. Um zu verstehen, wie die Reihe gewöhnlicher und außergewöhnlicher Gerichte, infolge der Funktion des mimetischen Ritus, die dem Nahrungsverzehr[1] übertragen ist, mit den verschiedenen Zeiten des Bauernjahres (vgl. Schema 6) zusammenhängen, genügt es zum Beispiel, sich den Gegensatz zwischen zwei Klassen von Nahrungsmitteln und zwei Klassen von Operationen zu vergegenwärtigen: einerseits die *trockenen* Nahrungsmittel, Getreide (Weizen und Gerste), Hülsenfrüchte (Bohnen, Kichererbsen, Erbsen, Linsen usw.) oder Dörrfleisch, die im Hausinnern *ohne Gewürze im Topf in Wasser gekocht* oder mit Dampf gegart oder mit Hefe gequollen (Krapfen) werden, alles Operationen, die das Quellenlassen miteinander gemein haben; und andererseits die rohen, grünen oder frischen Nahrungsmittel (alle diese Adjektive sind im Wort *azegzaw* enthalten, das mit dem Frühling und dem unreifen Weizen assoziiert wird), die entweder roh (mehr im Frühling) oder auf der Herdplatte *(bufrah')* vor dem Haus gebraten oder geröstet und stark gewürzt verzehrt werden.[2] Und zur vollständigen Erklärung der beobachteten Va-

1 Diese Funktion wird bisweilen explizit ausgesprochen: Zum Beispiel wird bei der Aussaat von Getreide, weichen Nahrungsmitteln, gesagt, man müsse »sachte zubeißen«.

2 Bis auf seltene Ausnahmen (wenn ein Tier abgestochen wurde oder beispielsweise Kranke im Haus sind) wird das Fleisch, das zu selten und zu teuer ist, fast nie auf Holzkohlenfeuer zubereitet. Im Sommer werden auf dem *kanun* Paprika und Tomaten gegart. Indessen wird das Fleisch im Herbst immer gekocht, während es im Frühjahr gebraten werden kann.

riationen genügt zudem die Feststellung, daß die erste Kombination für Herbstende und Winter als Zeiten der Befeuchtung des Trockenen typisch ist, in denen von der befruchteten Erde und Frau erwartet wird, daß sie schwellen, während die zweite mit dem Frühling als einer Übergangszeit und mit dem Sommer als einer Zeit der Austrocknung des Feuchten und des Bruches mit dem Weiblichen zusammenhängt, in der alles Gehülste, wie Bohnen oder Weizenkörner, sich nach außen öffnen und in der Mittagssonne reifen muß.

Die Nahrung des Winters ist ganz allgemein weiblicher, die des Sommers männlicher. Man versteht, daß die weibliche Speise in jeder Jahreszeit eine feuchte Form der entsprechenden männlichen ist: Grundlage der Männernahrung, die fest und gehaltvoll sein muß, sind Fladen *(aghrum)* und Kuskus; dem Gast, den man ehren will, dem Männlichen an sich, bietet man zumindest einen Kuskus an, und sei er nur aus Gerste, oder einen mit Fleisch, aber nie eine Suppe, nicht einmal eine Weizen- oder Grießsuppe. Die Frauennahrung, die flüssiger, weniger gehaltvoll, nicht so stark gewürzt ist, beruht auf Breien, Suppen, Soßen; ihr Kuskus besteht aus Gerste oder sogar aus Kleie und Mehl *(abulbul)*.[1] In Wirklichkeit ist es nicht ganz so einfach: Grießklöße, die weiblich erscheinen können, weil sie in Wasser

1 Die Trennung der Geschlechter ist schon in der Kindheit sehr ausgeprägt. Von den öffentlichen Zeichen des *sozialen Werts*, der dem Knaben beigemessen wird, sind die typischsten die *youyous* [rituelle Schreilaute arabischer Frauen bei bestimmten Anlässen, Geburt, Hochzeit usw.], die seine Geburt und alle Übergangsriten kennzeichnen: »Wenn der Erstbeste mich aus meinem Haus jagen kann, warum hat meine Mutter *youyous* wachsen lassen (für meine Geburt) (Boulifa 1913, S. 167). Diese Bevorzugung zeigt sich in der Ernährung, der Kleidung, den Spielen. Der Knabe ißt mit den Männern, sobald er laufen und mit aufs Feld gehen kann. Wenn er alt genug ist, die Ziegen zu weiden, hat er ein Recht auf das Vesper (eine Handvoll Feigen, Milch). Männliche Spiele sind konkurrenzbetont und beleidigend; Mädchenspiele bestehen in Erwachsenentätigkeiten, die durch So-tun-als-Ob erfüllt werden (der Knabe, der schmächtig, kränklich oder von vielen Schwestern umgeben ist und Mädchenspiele spielt, wird »Mädchenjunge« oder »Mohand seiner Mutter« genannt). Der Knabe ist *draußen*, mit der Herde oder sogar mit den Männern, in der Versammlung oder bei der Ar-

gekocht sind, sind zugleich die männlichste der weiblichen Speisen und werden folglich zuweilen von den Männern als Beilage zum Fleisch gegessen; umgekehrt darf *berkukes* als Männerspeise von Frauen gegessen werden, da es gekocht ist, im Unterschied zum Kuskus, der bloß befeuchtet und gedämpft wird.

Ohne in eine im Grunde wegen der zahllosen Varianten endlose Beschreibung der Festtagsgerichte einzutreten, in denen die Eigenschaften der mit den verschiedenen Jahreszeiten zusammenhängenden typischen Merkmale der Küche konzentriert sind, lassen sich rasch deren wesentliche Merkmale aufzählen, wenn man sich darüber klar ist, daß sich die Gerichte weniger in ihren Zutaten als in ihrer *Zubereitung* unterscheiden, die als solche die Kochkunst erst definieren. So tauchen bestimmte polysemische Produkte zu verschiedenen Zeitpunkten des Jahres und in ganz verschiedenen Riten auf: beispielsweise der Weizen natürlich, aber auch die Bohne, die in der Mahlzeit des Pflügers, im Neujahrsessen, im Erntemahl, im Leichenschmaus usw. vorkommt, oder das Ei als Symbol der weiblichen Fruchtbarkeit, das auch bei den Riten der Virilisierung am ersten Tag des Frühlings verwendet wird. Zwar ist die am ersten Pflügetag draußen auf dem Acker eingenommene Mahlzeit wie immer männlicher, d. h. »trockener« als die Speise von Herbst und Winter insgesamt, die wie der Hochzeits- oder Leichenschmaus *gekocht* oder gedämpft wird, doch wird das Abendessen am ersten Pflügetag aus einem Brei oder einem grobkörnigen Kuskus und ohne Gewürze bereitet, wie sie im Gegensatz dazu bisweilen von der Mahlzeit am ersten Frühlingstag ausdrücklich ausgeschlosssen sind (»weil die Ameisen sich wie die Grießkörnchen vermehren würden«), oder aus *ufthyen*, bestehend aus gekochten oder gedämpften Weizenkörnern und Bohnen, dem Symbol der Fruchtbarkeit überhaupt, oder aus *abisar*, der bevorzugten Speise des Pflügers, eine Art dickes Püree aus Bohnen, der Speise der Toten und der Auferstehung (als Beilage zu diesen Gerichten gibt es stets Früchte mit vielen Samenkörnern, Granatäpfel, Feigen, Rosinen, Nüsse oder Süßigkeiten wie Honig, Datteln usw. als Symbole der »Leichtigkeit«). Es ist verboten, an den ersten drei Pflügetagen Fladen zu backen, die männliche und trockene Speise über-

[Fortsetzung der Fußnote 2 von Seite 438]
beit (sobald er laufen kann, jagen ihn die Frauen weg und sagen: »Geh hinaus, und du wirst ein Mann«); die Frau, die den Männern das Essen bringt, wird von ihrem Sohn begleitet, auch wenn er noch klein ist, der wie ein Ersatz für den Ehemann ist (viele Männer überwachen ihre Frau durch ihren Sohn). Die Mädchen bleiben drinnen und fegen, kochen oder hüten die Kleinen.

6. Der Kreislauf der Küche

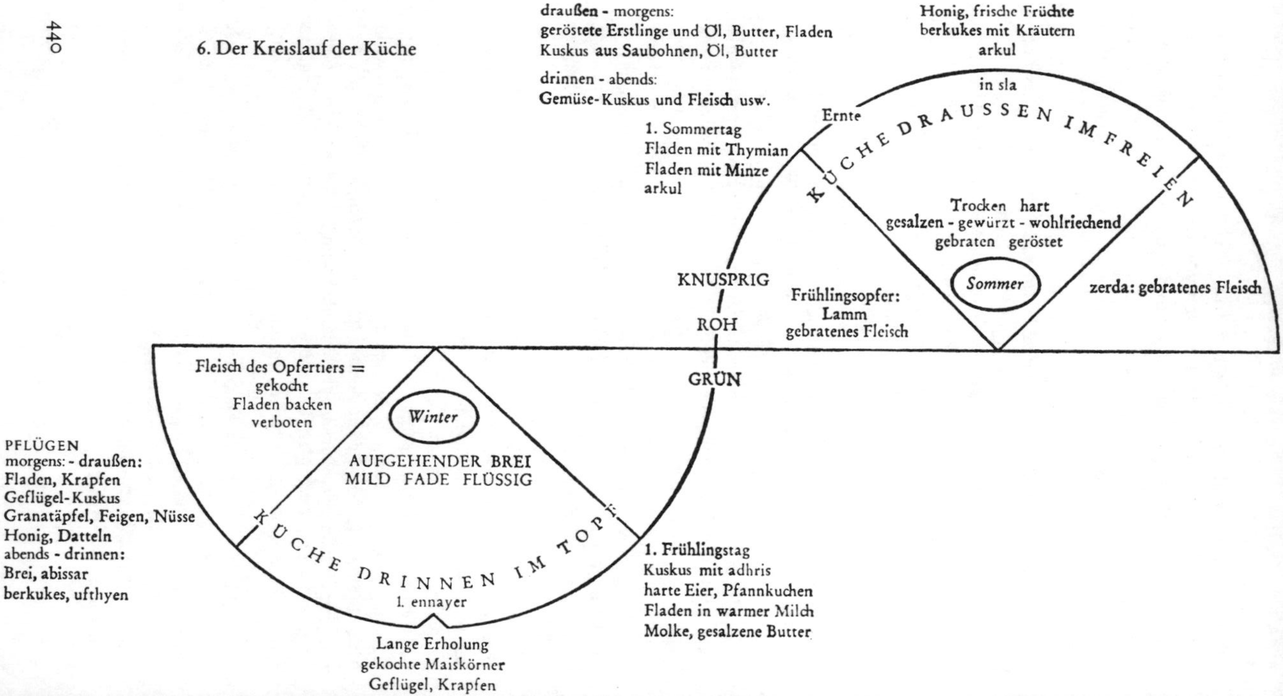

haupt; es heißt sogar, daß die Ochsen sich am Halse verletzen, wenn man in dieser Zeit gebratenes Fleisch ißt (das des *thimechreth*-Ochsen wird gekocht verzehrt). Der Kuskus *(berkukes)* des ersten Pflügetags enthält Fleisch von Geflügel, das als typisch weiblich gilt (vor allem, weil es persönliches Eigentum der Frauen ist). Doch gewiß scheint das Erzeugungsschema der Winterspeise, bei dem das Trockene zum Feuchten gemacht wird, am Vorabend des ersten *ennayer*-Tages (bisweilen »Alte des« *ennayer* genannt) am deutlichsten auf: bei dieser Gelegenheit darf man nichts anderes als gekochte trockene Getreidekörner oder Hülsenfrüchte (bisweilen mit Krapfen) essen und sich davon sättigen; man darf kein Fleisch (»um keine Knochen zu brechen«) und keine Datteln (»um keine Kerne bloßzulegen«) essen. Die Mahlzeit am ersten *ennayer*-Tag *(Achura)* kommt der vom Eröffnungstag des Pflügens ziemlich nahe: stets reichlich (Eröffnungsritus), besteht sie aus *abisar* oder *berkukes* und Krapfen oder Brei.
Vom ersten Frühlingstag an tauchen neben den traditionellen Zutaten der Fruchtbarkeitsspeisen, mit *adhris*-Dampf gegartem Kuskus, Thapsia, die schwellen läßt, harten Eiern, mit denen man sich sättigen muß usw., zugleich mit dem ersten Mal, wo sich die Frauen die Handflächen mit Henna färben, geröstete Nährmittel (Grieß), die die Kinder *draußen* essen, rohe und grüne Produkte (Bohnen und andere Gemüse) und Milch auf (die warm oder gekocht getrunken wird).
Zur Rückkehr des *azal* kündigen *thasabwath*, in kochende Milch gebrockte Pfannkuchenbrösel, *thiklilth*, Käse aus gekochter Molke, der nur an diesem Tag gegessen wird (Hassler) und Buttergrieß die trockene und männliche Sommernahrung an. Die typische Kombination der Festessen der trockenen Jahreszeit besteht aus Fladen und spießgebratenem Fleisch, wozu (je nachdem, ob sie draußen auf dem Feld oder im Haus eingenommen werden) Kuskus hinzukommt, während die gewöhnlicheren Mahlzeiten aus einem in Öl (der im Gegensatz zur feuchten und weiblichen Butter trockenen und männlichen Speise) getunkten Fladen und trockenen Feigen und bei Mahlzeiten im Hause außerdem aus gebratenem Frischgemüse bestehen.

Die Struktur des Tages (in die natürlich die fünf islamischen Gebete eingefügt sind) stellt ein weiteres, besonders leicht lesbares Ergebnis der Anwendung derselben Prinzipien dar. Der Tag der feuchten Jahreszeit ist bis in seinen Tagesbereich hinein nächtlich: weil die Herde nur einmal hinauszieht und heimkehrt, erscheint er wie eine unvollendete Form des Tages der trockenen Jahreszeit (vgl. Schema 7). Von dem als »Rückkehr des *azal*« bezeichneten Tag nämlich, der die Schwelle zur trockenen Jahreszeit darstellt und an dem die Hausfrau das Herdfeuer in den Hof verlegt, wird abrupt zu einem komplexeren Rhythmus übergegangen, der vom zweifachen Kommen und Gehen der Herde bestimmt wird: der erste Austrieb erfolgt im Morgengrauen und die Rückkehr, sobald die Hitze drückend wird, d. h. um *doh'a* herum; der zweite Austrieb erfolgt zum Gebet der Tagesmitte, *dohor,* und die Heimkehr bei Einbruch der Nacht.

Ganz wie das Jahr vom Herbst zum Sommer, von Westen nach Osten fortschreitet, geht der Tag *(as)* vom Abend zum Mittag: das Nachtessen *(imensi)* ist die erste Hauptmahlzeit des Tages. Obwohl das ganze System nach dem vollkommenen Zyklus der ewigen Wiederkehr organisiert ist, wobei Abend und Herbst, Alter und Tod, zugleich auch der Ort von Fortpflanzung und Aussaat sind, ist die Zeit auf den Höhepunkt ausgerichtet, den Mittag, Sommer oder Zeit der Reife darstellen (vgl. Schema 8). Die Nacht mit ihrem dunkelsten Teil, der »finsteren Mitternacht«, die Männer, Frauen und Kinder im geheimsten Teil des Hauses neben den Tieren, in dem umschlossenen, feuchtkalten, mit Grab und Tod assoziierten Ort der geschlechtlichen Beziehungen zusammenbringt, steht im Gegensatz zum Tag und, genauer noch, zu seinem Höhepunkt, dem *azal,* dem Zeitpunkt, zu dem Licht und Hitze der im Zenith stehenden Sonne am größten sind. Die Verknüpfung zwischen Nacht und Tod, an die nächtliche Geräusche wie das Heulen des Hundes oder des Schakals oder das Zähneknirschen der Schläfer gemahnen, das dem der Sterbenden ähnlich ist, wird in allen Verboten für die Abendzeit sichtbar: die verbotenen Praktiken wie Baden oder auch nur um Gewässer streifen, vor allem um stehende, schwarze, schlammige oder übelriechende, sich im Spiegel betrachten, sich die Haare streichen, in Asche fassen haben angeblich die Wirkung, die unheilvolle Last der nächtlichen Dunkelheit größer zu machen, indem sie in Kontakt mit Substanzen bringen, die dieselben Eigenschaften haben (und bisweilen fast austauschbar sind wie Haarschopf, Spiegel, dunkle Gewässer).

Der Morgen ist ein Augenblick des *Übergangs* und des *Bruchs,* eine *Schwelle.* In den Stunden vor Tagesanbruch, wenn der Tag in seinem Kampf mit der Nacht obsiegt, werden nämlich die Austreibungsriten *(asfel)* und Reinigungsriten praktiziert (morgens gießt man nämlich am Fuße eines einzelnen Brombeerstrauchs über das eifersüchtige oder mit einem Fluch *(aqlab)* beladene

Kind den Grieß, den man abends neben seinen Kopf gestellt hat; desgleichen begibt man sich bei manchen Austreibungsriten abends an einen Ort – beispielsweise an einen Ort des Bruchs wie die Grenze zwischen zwei Feldern –, den man am Morgen verläßt, um das Böse dort zu lassen). Wie bei vielen Riten, die im Frühling praktiziert werden, geht es darum, den Bruch mit der Dunkelheit, mit dem Bösen und dem Tod zu beschleunigen und zu verschärfen, um »morgendlich«, d. h. für das Licht und das damit assoziierte Gute und Glück offen zu sein. Die Eröffnungs- und Trennungsriten, die die Übergangstage bezeichnen, werden zu Tagesanbruch ausgeübt, sei es nun das Wecken der Ochsen im Stall bei der Wintersonnenwende, die Riten des ersten Schneefalls, die Erneuerungsriten am Ersten des Jahres *(ennayer)*, das Suchen von Rosenlorbeerzweigen, die zur *âzla* in die Felder gesteckt werden, der Zeit des Aufbruchs der Schäfer zur Suche nach Pflanzen am ersten Frühlingstag, des Austreibens der Herde zur »Rückkehr des *azal*« usw. Jeder Morgen ist eine *Geburt*. Der Morgen ist Aufbruch, *Offensein* und Öffnung zum Licht *(fatah'*, sich öffnen, knospen, ist synonym mit *s'ebah*, morgendlich sein). Es ist der Augenblick, an dem der Tag geboren wird (*thallalith wass*, die Geburt des Tages), wo sich »das Auge des Lichts« öffnet und wo sich aus dem nachts in sich geschlossenen Haus und Dorf Männer und Herden in die Felder ergießen. Der Morgen ist der beste Augenblick, Entschlüsse zu fassen und Unternehmungen zu beginnen.

»Der Morgen, heißt es, ist die Leichtigkeit.« »Der Markt, das ist der Morgen.« (Morgens werden die guten Geschäfte gemacht.) »Morgens wird das Jagdwild verteilt; Pech den Langschläfern«. Am Morgen des ersten Frühlingstags werden die Kinder mit dem Spruch geweckt: »Steht auf, Kinder, je früher ihr vor Sonnenaufgang auf den Beinen seid, desto länger werdet ihr leben.« Am frühen Morgen aufstehen heißt, sich ein gutes Omen sichern (*leftah'*, die Eröffnung, das gute Omen). Wer früh aufsteht, ist gefeit vor Begegnungen, die Unheil bringen; wer sich als letzter auf den Weg macht, kann dagegen keinen anderen Weggefährten haben als den Schielenden (der wie der Blinde mit der Nacht zusammengebracht wird), der mit seinem Aufbruch bis zum hellen Tag wartet, oder den Hinkenden, der hinterherhinkt. Mit dem Hahnenschrei aufstehen heißt, seinen Tag unter den Schutz der Morgenengel stellen und ihnen Dank erweisen. Ebenfalls morgens, zur Eröffnungszeit, werden häufig die Wahrsageriten vollzogen: zum Beispiel ruft man in aller Frühe die Ziegen und Schafe oder die Kühe, und je nachdem,

7. Die Tagesrhythmen im Winter und im Sommer

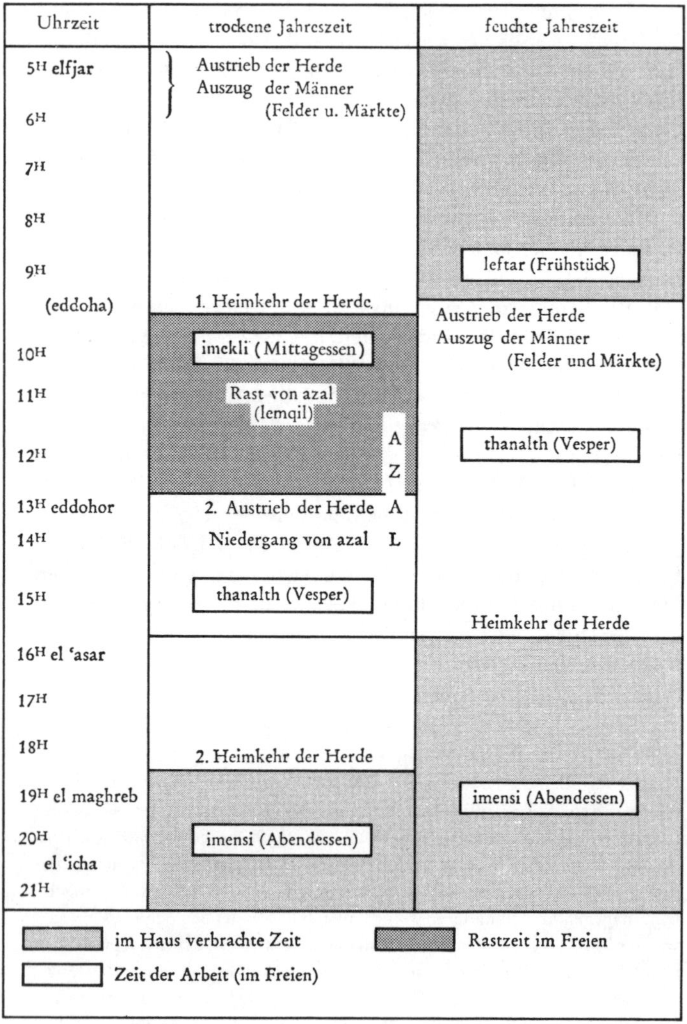

ob die Schafe (oder Kühe) oder die Ziegen zuerst erscheinen, wird es ein gutes oder ein schlechtes Jahr.

Der Morgen wäre wie die homologen Zeiten des Bauernjahrs oder des Menschenlebens, Frühling oder Kindheit, durchweg günstig – weil er den Sieg des Lichts, des Lebens, der Zukunft über die Nacht, den Tod, die Vergangenheit bezeichnet –, wenn ihm seine Lage nicht die furchtbare Macht verliehe, die Zukunft zu bestimmen, an der er beteiligt ist und die er als Anfangspunkt der Reihe beherrscht: an sich wohltätig, ist er gefährlich als potentielles Unglück, weil er den heilsamen oder unheilvollen Ausgang des Tages bestimmen kann. Man muß einen Augenblick bei dieser Logik verweilen, die man nicht vollständig versteht, weil man sie aufgrund der sozusagen magischen Welterfahrung, die sich zum Beispiel in der Emotion selbst denen aufdrängt, die von ihren materiellen Existenzbedingungen und einem derlei »Regression« eher bremsenden institutionellen Milieu besser geschützt sind, nur zu gut halb versteht. Wenn die Welt als ein schicksalhaftes System wahrgenommen wird, das als Ursache seinen Ausgangspunkt zuläßt, beherrscht das, was in der gegenwärtigen Welt geschieht oder was man darin anstellt, das, was kommen muß. Diese Zukunft, die in der Gegenwart in Gestalt von Vorzeichen bereits enthalten ist, muß man entziffern, nicht, um sich ihr als Schicksal zu unterwerfen, sondern um sie notfalls verändern zu können: ein nur scheinbarer Widerspruch, da man im Namen der Hypothese des schicksalhaften Systems versucht, die durch die Gegenwart kundgetane Zukunft *neu zu gestalten*, indem man eine neue Gegenwart gestaltet. Magie wird durch Magie bekämpft, die magische Wirkung des Gegenwartsvorzeichens wird mit einem Verhalten bekämpft, das den Ausgangspunkt verändern soll, und zwar im Namen der Überzeugung, die den Vorzug des Vorzeichens ausmachte, daß das System nämlich seinen Ausgangspunkt als Ursache zuläßt.

Genau untersucht werden die Zeichen (*esbuh'*, die erste Begegnung am Morgen, ein gutes oder schlechtes Omen), mit denen sich böse Kräfte ankündigen können, und man bemüht sich, deren Wirkung zu bannen: wer jemand trifft, der Milch trägt, sieht darin ein gutes Vorzeichen; wer, noch im Bette liegend, Streitgeschrei vernimmt, betrachtet dies als böses Omen; jemand, dem im Morgengrauen ein Schmied, ein Hinkender, ein Schielender, eine

8. Die Struktur des Tages in der trockenen Jahreszeit

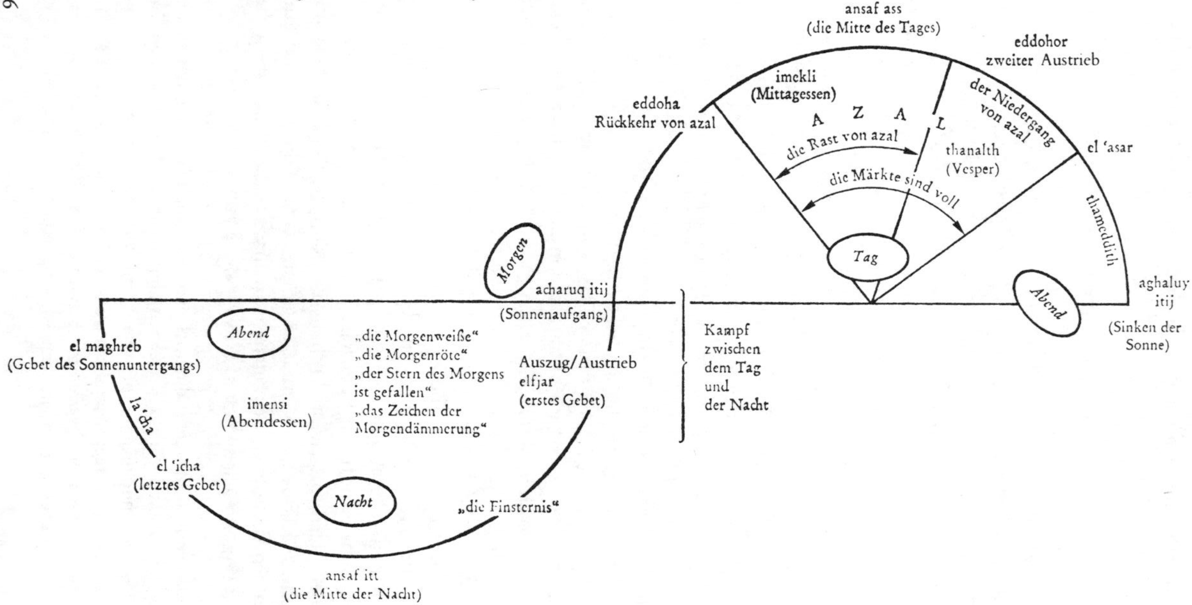

Frau mit einem leeren Weinschlauch oder eine schwarze Katze über den Weg läuft, muß »sich einen neuen Morgen machen«, zurück in die Nacht, indem er in umgekehrter Richtung über die Schwelle tritt, noch einmal schläft und seinen »Ausgang« wiederholt. Dasselbe gilt für den ganzen Tag, und bisweilen für das ganze Jahr oder ganze Leben, wenn es sich um den Morgen eines Eröffnungstags wie des ersten Frühlingstags handelt. Daß die magische Wirkung von Worten und Dingen hier besonders intensiv ist, zwingt mit besonderer Strenge dazu, Euphemismen zu verwenden: von allen verbotenen Worten gehören morgens zu den schrecklichsten die Worte, welche Handlungen oder Augenblicke des Beendens ausdrücken, wie schließen, löschen, schneiden, oder abgeschwächt: beenden, erschöpfen, weggehen, ausbreiten, mit denen auf eine Unterbrechung, eine vorzeitige Vernichtung, die Leere oder Unfruchtbarkeit *angespielt* wird. Der Glaube an die Kraft der Worte unterstellt, daß man in den Verhältnissen zur Welt *Formen setzt,* wobei jede verbale oder gestische Übertretung der vorgeschriebenen Formen welterschütternde Folgen haben kann. So muß man bekanntlich genau darauf achten, was man in Gegenwart von kleinen Kindern, kürzlich Beschnittenen oder Jungvermählten sagt, also von sehr verletzlichen Menschen, deren Zukunft, d.h. Gedeihen, Männlichkeit und Fruchtbarkeit auf dem Spiele stehen; desgleichen sind zahlreiche Tabus und Verbote des Frühlings praktische Euphemismen, mit denen vermieden werden soll, die Fruchtbarkeit der arbeitenden Natur durch die performative Wirkung von Wort oder Gebärde zu gefährden. Im Extrem ist es eben die *Ritualisierung der Praktiken,* die durch Stereotypisierung die Fehler zu vermeiden trachtet, die bei der Improvisation unterlaufen und soziale Konflikte oder Naturkatastrophen auslösen können. Ebenso wie in den Beziehungen zwischen einander fremden Gruppen die Ritualisierung der Tauschvorgänge und der Konflikte (gleichviel, ob es nun um die *thawsa,* das Zielschießen, oder um die Höflichkeit und ihren Formalismus geht) von vornherein das Potential an unglücklichen Worten oder Taten reduzieren will, sollen in den Beziehungen zu den Naturkräften die von den zur Festlegung der Zukunft der gesamten Gruppe Fähigsten durchgeführten großen Gemeinschaftsriten strikt und ohne Spielraum für individuelle Erfindungsgabe oder Laune diejenigen der Wechselverhältnisse zwischen den Menschen und der Naturwelt regeln, die am wichtigsten für das Überleben sind – im echten Sinne, da bei den Ehrenhändeln »Leben um Leben« gegeben werden muß. Wie der Vergleich mit den fakultativen oder geheimen Riten zeigt, bei denen psychologische Funktion und Privatinteresse im Vordergrund stehen und die Gebärden und Worte unmittelbar beherrschen, haben die Pflicht- und Gemeinschaftsriten nicht nur die Wirkung, die unheilvollen Effekte der zu unpassenden Eingriffen führenden Maßlosigkeit im Sprechen oder Handeln oder der Voreiligkeit zu vermeiden, indem sie die Praktiken nach Form, Ort und Zeitpunkt regeln, sondern auch die Funktion, die psychologische Erfahrung zu zensieren, und zwar bisweilen so weit, daß sie sie aufheben oder sie, was auf dasselbe hinausläuft, erzeugen, indem sie das Handeln in einer Art kategorischem Imperativ zum Produkt des Gehorsams machen: das ist der Fall bei der kollektiven Praxis, die die Absicht vertritt und die Wirkung haben kann, eine subjektive Erfahrung und eine Emotion zu *stiften.*[1]

Azal, und insbesondere die Mitte des *azal (thalmas'th uzal)*, der Augenblick, an dem die Sonne im Zenith steht oder der »*azal* am heißesten ist«, der hohe Mittag, steht zur Nacht ebenso im Gegensatz wie zum Morgen, dem Vormittag, dem nächtlichen Teil des Tages. Homolog zur heißesten, trockensten, hellsten Jahreszeit ist er der Tag des Tages, das Trockenste des Trockenen, der die typischen Eigenschaften der trockenen Jahreszeit zur vollen Stärke bringt. Er ist die männliche Zeit überhaupt, der Zeitpunkt, an dem die Märkte, Wege und Felder voll (voller Männer) sind, an dem die Männer draußen bei ihrem Manneswerk sind. (In einem bestimmten Ritus zur Förderung der Heirat eines jungen Mädchens zündet die Zauberin zur Stunde des *azal* die Lampe *(mes'bah')* als Symbol des begehrten Mannes

1 Das Eigentümliche des kulturellen Imperativs ist, daß er eine Art Kulturisierung bewirkt, oder, wenn man so will, eine *Denaturalisierung* aller Dinge, die er berührt, seien es nun biologische oder physiologische Bedürfnisse, die so verwandelt und sublimiert werden wie Lachen oder Weinen oder klimatische oder morphologische Notwendigkeiten. Dies gilt für die rituellen Unterteilungen der Zeit, die sich zu den klimatischen Unterteilungen so verhalten wie gestiftetes Lachen oder Weinen zum »spontanen«. So ist zu beobachten, daß der charakteristische Rhythmus des Wintertages sowohl in den kältesten als auch den wärmeren und bereits »frühlingshaften« Abschnitten der feuchten Jahreszeit gewahrt wird. Noch offensichtlicher ist die Selbständigkeit der Logik des Rituals von den objektiven Bedingungen bei der Bekleidung, die als Symbol eines *sozialen Status* den Klimaschwankungen nicht untergeordnet werden kann. Wie kann man im Sommer den Burnus ausziehen, wo doch ein Mann ohne Burnus entehrt ist? Wie kann man es unterlassen, Winterschuhe zum Sicheln oder zu einem großen Gang übers Gebirge anzuziehen, wenn man weiß, daß diese Schuhe als solche den echten Bauern oder den guten Wanderer kennzeichnen? Wie kann die Hausherrin auf das traditionelle Paar Umhänge verzichten, das sie vorn von einer Spange zusammengehalten trägt und das ihre Autorität, ihren Vorrang vor den Schwiegertöchtern und ihre Macht über die Hauswirtschaft ebenso symbolisiert wie der Gürtel, an dem die Schlüssel zur Speisekammer hängen?

an.) Der Mittagsschlaf *(lamqil)* ist der Idealfall der Männerruhe, wie die Felder das Extrem der gewohnten Schlummerplätze sind, wie die Tenne, der trockenste und männlichste Teil des hausnahen Raums, wo die Männer häufig schlafen; man versteht, daß der *azal*, der als solcher zum Trockenen und Unfruchtbaren gehört, stark mit der Öde *(lakhla)* der Stoppelfelder assoziiert wird.

Eddohor, das zweite Gebet, fällt ungefähr mit dem Ende des *azal*-Mittagsschlafs zusammen: es ist der Beginn der »Abnahme des *azal*«, das Ende der großen Hitze *(azghal)* und der Zeitpunkt des zweiten Austriebs der Herde auf die Felder und des zweiten Auszugs zur Arbeit. Auf den Zeitpunkt des dritten Gebets *elâasar* fallen das Ende des *azal* und der Beginn des *thameddith* (oder *thadugwath*): die Stunde, zu der »die Märkte sich geleert haben«; außerdem der Zeitpunkt, an dem die Verbote des Abends in Kraft treten. Der »Niedergang der Sonne«, die sich »gen Westen neigt«, ist sozusagen das Paradigma aller Formen des Niedergangs, und besonders des Alters und aller Arten des politischen Niedergangs (»seine Sonne ist untergegangen«) oder des körperlichen Verfalls: nach Westen, gen Sonnenuntergang *(ghereb*, im Gegensatz zu *cherraq*, gen Sonnenaufgang) gehen, heißt sich in Richtung auf Dunkelheit, Nacht, Tod bewegen, wie ein Haus mit der Tür nach Westen nur Finsternis empfangen kann.

Man könnte unter Fortsetzung der Analyse der verschiedenen Anwendungsgebiete des Systems der Erzeugungsschemata auch ein synoptisches Schema des Lebenszyklus entwickeln, wie er durch die Übergangsriten strukturiert wird: das gesamte menschliche Dasein wird als Produkt desselben Systems von Schemata homolog zum Schema des Bauernjahrs und der anderen großen Zeit»reihen« geordnet. So wird die Fortpflanzung (*akhlaq*, Schöpfung) ganz offensichtlich mit dem Abend, dem Herbst und dem nächtlichen und feuchten Teil des Hauses assoziiert. Ebenso entspricht die Schwangerschaft dem im Boden verborgenen Leben des Korns, d. h. den »Nächten« *(eliali)*: die Schwangerschafts- und Fruchtbarkeitstabus sind die Tabus des Abends und der Trauer (man darf sich bei Anbruch der Nacht nicht in einem Spiegel betrachten usw.); die Schwangere gehört wie die im Frühling schwellende Erde zur Totenwelt (*juf*, die Bezeichnung des Bauchs der Schwangeren, bezeichnet auch den zur Nacht und zum Winter homologen Norden). Wie die Keimung wird die Schwangerschaft mit dem Garen im Topf gleichgesetzt: man serviert der Wöchnerin die gekochte Nahrung des Winters, der Toten und der Pflügezeit, besonders *abisar* (Toten- und Leichenschmaus), das außer bei dieser Gelegenheit von den Frauen nie verzehrt wird, und nach dem Aufstehen aus dem Kindbett am vierzigsten Tag den groben, in Wasser gekochten Kuskus (*abazin*) als Zeichen der Fruchtbarkeit und Vermehrung, der auch am ersten Pflügetag gegessen wird, und dazu Pfannkuchen, Krapfen und Eier. Die Niederkunft wird mit der »Öffnung« am Winterende assoziiert, und man findet dort alle Verbote, die zum Winterende beachtet werden (die Beine nicht übereinanderschlagen, die Arme nicht kreuzen, keine Armbänder oder Ringe tragen usw.). Die Homologie zwischen dem Frühling, der Kindheit und dem Morgen als Zeiten von Ungewißheit und Harren des Beginns zeigt sich unter anderem auch in der Fülle der Wahrsageriten, die dann praktiziert werden, und außerdem der Riten, die den Bruch mit der häuslichen und mütterlichen Welt und den Aufbruch in die Männerwelt fördern sollen (wie der erste Haarschnitt und der erste Marktgang).

Eine Vielzahl von Übergangsriten werden explizit mit einem homologen Zeitpunkt des Jahres assoziiert: zum Beispiel ist der Herbstbeginn, nicht aber der Winter, günstig für die Beschneidung, und *elâazla gennayer*, der Zeitpunkt der Trennung, ist der günstige Zeitpunkt für den ersten Haarschnitt, einen der wichtigsten Momente des Übertritts in die Männerwelt; Herbst und Frühling (nach *elâazla*) sind günstig für die Hochzeit, die am letzten Tag des Jahres, des *h'usum*, des *nisan* und der Monate Mai und Juni ausgeschlossen ist. Die Frühlingsriten (und besonders die des ersten Tages dieser Jahreszeit und der Rückkehr des *azal*) wenden einen Symbolismus an, der auf den noch »gebundenen, gefesselten, geknoteten« *(iqan)* grünen Weizen auf dem Halm ebenso angewandt wird wie auf die Gliedmaßen des Kleinkinds, das noch nicht laufen kann *(aqnan ifadnis)* und so gewissermaßen erdgebunden bleibt. Die nicht mit einer bestimmten Jahreszeit verknüpften Übergangsriten hingegen verdanken stets einen bestimmten Teil ihrer Eigenschaften den rituellen Merkmalen der Jahreszeit, in denen sie vollzogen werden – was das Wesentliche der beobachteten Varianten erklärt. Zum Beispiel taucht das wohltätige Wasser des *nisan*, unerläßlicher Bestandteil der Riten dieser Jahreszeit (wie die erstgemolkene Milch im Frühling, die Ähren der letzten Garbe im Sommer usw.) auch als zusätzlicher Bestandteil in den dortigen Übergangsriten auf.

Die Ernte wird zwar als vorzeitige Vernichtung *(anâadam)* beschrieben, ist aber kein Tod ohne Nachkommen (*maâadum*, der kinderlose Hagestolz), und man erwartet von der Magie, mit der die Gewinne aus einander widersprechenden Akten widerspruchslos akkumuliert werden können, die Auferstehung in und durch einen neuen Akt der Befruchtung: gen Westen, Sonnenuntergang, Dunkelheit und Tod, die Richtung des Unheils schlechthin ausgerichtet, wendet sich das Alter auch nach dem Osten der Auferstehung in einer Wiedergeburt. Der Zyklus ist nur für den Fremden *(aghrib)* mit dem Tode, d. h. dem Westen abgeschlossen: in einer Welt, in der es zur sozialen Existenz ge-

9. Der Reproduktionszyklus

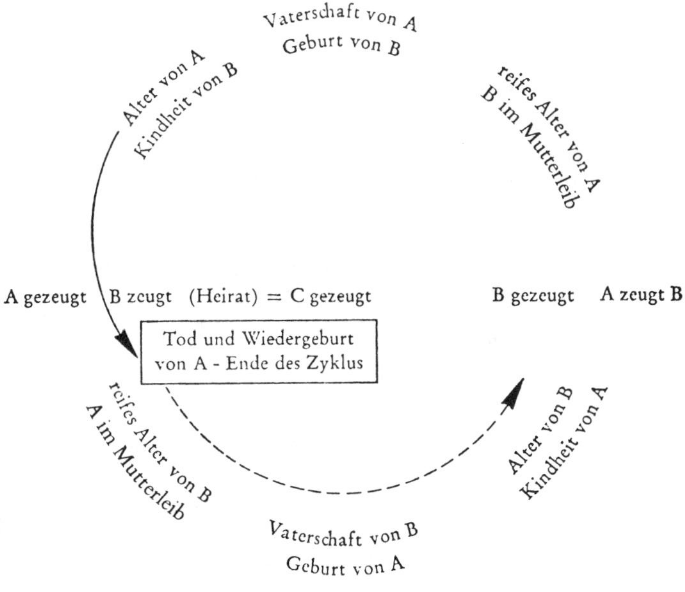

Die verschiedenen Generationen nehmen in dem so bezeichneten Zyklus verschiedene Positionen ein: diametral entgegengesetzte für die aufeinanderfolgenden Generationen von Vater und Sohn (weil der Vater zeugt, während der Sohn gezeugt wird, oder ins Alter eintritt, während des Sohnes Kindheit beginnt), identische für die Wechselgenerationen von Großvater und Enkel (vgl. Schema 9). So sieht die Logik aus, die aus der Geburt eine Wiedergeburt macht und den Vater dazu anhält, seinen ersten Sohn, soweit dies möglich ist, mit dem Namen seines Vaters zu benennen (wobei benennen *asker* heißt, »wiedererwecken«). Und das Feld kennt einen völlig homologen Zyklus, den des zweijährigen Fruchtwechsels: wie der Zeugungszyklus mit Tod und Auferstehung von A vollendet ist, d. h. wenn B C gezeugt hat, so vollendet sich auch der Zyklus des Feldes, wenn das Feld A, das in der ganzen Zeit, die das Leben des befruchteten Felds andauerte, in Erwartung seiner Auferstehung brachgelegen hat, durch Pflügen und Aussaat, d. h. zum Zeitpunkt, wo man das Feld B wieder brachliegen läßt, »wiedererweckt« wird.

hört, daß man von seinen Nachkommen »angerufen« und auferweckt wird, ist der Tod des Fremden, des Mannes des Westens *(el gharb)* und des Exils *(el ghorba)*, der keinerlei Nachkommenschaft *(anger)* hat, die einzige Form des absoluten Todes.

Man sieht, wie die Leugnung des Mordes durch *Zyklusbildung* sogar den »natürlichen« Tod einzubeziehen trachtet: als ob das Warten auf die »Auferstehung« der Toten im Gegensatz zur wissenschaftlichen Illusion nichts anderes sein könnte als das Produkt einer Übertragung von Schemata, die auf dem am direktesten auf Befriedigung der zeitlichen Bedürfnisse ausgerichteten Feld entstanden sind.

So verdankt die praktische Logik ihre Wirksamkeit der Tatsache, daß sie sich durch die Auswahl der von ihr angewandten Grundschemata und durch wohlbedachte Nutzung der von ihr verwandten Polysemie der Symbole jedesmal an die besondere Logik jedes Praxisbereichs anpaßt, was Ungewißheiten, ja, sogar Ungereimtheiten zur Folge hat, auf die man stößt, sobald man alle Einzelanwendungen des Systems von Schemata einander methodisch gegenüberstellen will. Wie dasselbe Wort in jedem seiner großen Anwendungsgebiete einen anderen Sinn erhält und doch in den Grenzen einer »Bedeutungsfamilie« bleibt, werden die Grundstrukturen in den Bedeutungen realisiert, die nach Feld sehr verschieden sind, obwohl sie stets irgendein Merkmal mit mindestens einem anderen Element einer anderen Reihe und alle miteinander eine Art »Familienzug« gemein haben, der intuitiv sofort spürbar ist. Nicht zufällig nämlich fangen die Schwierigkeiten der griechischen oder chinesischen Exegeten dann an, wenn sie bemüht sind, *Reihen* (*series* im Sinne einer asymmetrischen, transitiven und »verbundenen« Relation, den

Russell diesem Wort in seiner *Introduction to Mathematical Philosophy* gibt) ähnlich denen zu bilden, wie sie hier nacheinander untersucht worden sind: man braucht nur zu versuchen, die einzelnen Reihen bis zu einem gewissen Feinheitsgrad zu identifizieren, und schon treten hinter den grundlegenden Homologien alle möglichen Ungereimtheiten zutage.[1] Die echte Strenge gehört nicht zu einer Analyse, die dieses System über seine Grenzen hinaus beansprucht, indem sie den Diskurs mißbraucht, der das Schweigen der Praxis zum Sprechen bringt, die Magie der Schrift benutzt, welche Praxis und Diskurs aus der Zeit herausnimmt, und vor allem, indem sie aus dem Elfenbeinturm heraus die typisch praktischsten der Praktiken nach logischer Geschlossenheit oder Entsprechung befragt.[2]

Erst wenn die Übertragung von Schemata, die diesseits des Diskurses erfolgt, zur *Metapher* oder *Analogie* wird, kann man sich zum Beispiel mit Plato fragen, ob »die Erde die Frau nachahmt, indem sie schwanger wird und ein Wesen zur Welt bringt, oder die Frau die Erde« (*Menexen*, 238 a). Die langsame Evolution »von der Religion zur Philosophie«, wie Cornford und die Cambridger Schule schrieben, d. h. von der Analogie als praktischem

1 So kann zum Beispiel die Geburt als Öffnung und Anfang, je nachdem und nach den Bedürfnissen der rituellen Praxis, in der Ordnung des Jahres entweder mit der Geburt des Jahres – die selbst jeweils auf verschiedene Zeitpunkte gelegt wird – oder mit der Geburt des Frühlings verknüpft werden, oder auch beim Tag mit dem Morgengrauen, oder beim Monat mit dem Neumond, oder beim Getreidezyklus mit dem Sprießen des Weizens; keine dieser Beziehungen schließt aus, daß der Tod, gegen den sie steht, entweder mit der Ernte gleichgesetzt wird, wenn man an den Lebenszyklus des Feldes denkt, oder mit der Befruchtung als Wiederauferstehung, d. h. mit der Geburt des Jahres, wenn man den Getreidezyklus betrachtet usw.

2 Granet gibt sehr schöne Beispiele für diese Konstruktionen, die eben wegen ihres Strebens nach Unangreifbarkeit fantastisch sind und auf das Bemühen zurückgehen, die Widersprüche zu lösen, die aus dem verzweifelten Versuch entstehen, den durch das analoge Denken objektiv systematisierten Hervorbringungen eine absichtlich systematisierte Logik zu unterlegen. Beispielsweise setzt die Theorie der fünf Elemente als gelehrte Elaboration eines mythischen Systems die vier Himmelsrichtungen (zu denen der Mittelpunkt hinzugefügt wird), Jahreszeiten, Stoffe (Wasser, Feuer, Holz, Metall), Musiknoten in Entsprechung zueinander (M. Granet, *La civilisation chinoise*, Paris, Armand Colin 1929, S. 304–405).

Schema des rituellen Handelns zur Analogie als Gegenstand der Reflexion und als rationale Denkmethode, entspricht einem Funktionswandel: Ritus und vor allem Mythos, die in einer Weise wie der Glaube »ausagiert« wurden und als kollektive Instrumente symbolischen Handelns gegenüber der Natur- und Sozialwelt eine praktische Funktion erfüllten, haben tendenziell keine andere Funktion mehr als die, die sie in den Konkurrenzverhältnissen zwischen Gelehrten erhalten, die sie, bezogen auf die Fragestellungen und Lesarten früherer oder zeitgenössischer Interpreten, buchstabengetreu hinterfragen und interpretieren. Erst dadurch werden sie explizit, was sie, allerdings implizit und praktisch, immer gewesen sind: ein System von Lösungen für kosmologische oder anthropologische Probleme, das die gelehrte Reflexion in ihnen zu entdecken vermeint und dem sie als solchem in Wirklichkeit durch einen *Lesefehler*, wie er in jeder ihre Wahrheit ignorierenden Lektüre enthalten ist, erst zur Existenz verhilft.

So kam es, daß sich die Anthropologie, weil sie alles nicht denken konnte, was in ihrem Status als wissenschaftliche Lesart der Praktiken und besonders in ihrer Unkenntnis der Logik der Praxis enthalten war, auf die die archaischen Gesellschaften kein Monopol haben, in der Antinomie von Anderssein und Gleichsein, von »primitiver Mentalität« und »wildem Denken« verfing, deren Grundlage bereits Kant in seinem Anhang zur Transzendentalen Dialektik lieferte, als er darauf hinwies, daß die »Vernunft« je nach den Interessen, die sie leiten, entweder dem »Prinzip der Spezifikation«, das sie die Unterschiede suchen und hervorheben läßt, oder dem »Prinzip der Gleichartigkeit« oder »Prinzip der Homogenität« gehorche, das sie veranlasse, sich die Ähnlichkeiten zu merken, und daß sie in einer Illusion, die für sie typisch ist, das Prinzip dieser Urteile nicht in sich selbst, sondern in die *Natur* ihrer Gegenstände hineinverlege.

Der richtige Gebrauch der Unbestimmtheit

Die praktische Logik hat nichts von einem logischen Kalkül als Selbstzweck an sich. Sie funktioniert in der Dringlichkeit und in Antwort auf Fragen von Leben und Tod. Das bedeutet, daß sie das Bemühen um logische Geschlossenheit unablässig dem Streben nach Effizienz opfert, wobei sie den größtmöglichen Nutzen aus Doppeldeutigkeiten und Zwieschlächtigkeiten zieht, die von der Unbestimmtheit der Praktiken und Symbole gestattet werden. So weist die beschwichtigende Inszenierung, mit der das rituelle Handeln günstige Bedingungen für die Auferstehung des Getreides schaffen will, indem es diese symbolisch in einer Gesamtheit mimetischer Akte reproduziert, zu denen auch die Heirat gezählt werden muß, eine gewisse Zahl an Zweideutigkeiten auf, die beim Ritual der letzten Garbe besonders sichtbar sind. Als ob man sich zwischen einem Zyklus von Tod und Auferstehung des Getreides und einem Zyklus von Tod und Auferstehung des Feldes nicht entscheiden könnte, wird die letzte Garbe je nach Ort praktisch einmal als weibliche Personifizierung des Feldes (»Kraft der Erde«, »Braut«) behandelt, auf die der männliche Regen, bisweilen unter dem Namen *Anzar*[1] personifiziert, herabgefleht wird, und ein andermal als männliches (Phallus-) Symbol des »Korngeists«, der eine Zeitlang zur Trokkenheit und Unfruchtbarkeit zurückkehren muß, bevor er einen neuen Lebenszyklus einleitet, indem er als Regen die dürstende Erde besprengt. Dieselben Zweideutigkeiten finden sich im Pflügeritual, obwohl die Akte, mit denen die Rückkehr der Welt zum feuchten Zustand, und insbesondere die zur Regenerzeugung gedachten Riten, die im Frühling in genau gleicher Form praktiziert werden, auf den ersten Blick sehr logisch mit den Handlungen kombiniert werden, mit denen der Befruchtungsakt, Pflügen oder Heirat als Eintauchen von Trockenem ins Feuchte, Ergießen des Himmelssamens auf die fruchtbare Erde gefördert werden soll. Gegenüber dem Regen als trockenem Wasser, das durch seine himmlische Herkunft zur Männlichkeit der Sonne gehört, während er andererseits auch zur irdischen Weiblichkeit und Feuchtigkeit gehört, ist das Klassifizierungssystem unschlüssig. Dasselbe gilt für Tränen, Harn oder Blut, die

1 Auf diesen Sinn weist das Tauziehen eindeutig hin (Laoust 1920, S. 146–147), bei dem die Männer gegen die Frauen antreten und in dessen Verlauf die Frauen, wenn das Seil plötzlich durchgeschnitten wird, hintenüber fallen und dem Himmel ihr Geschlecht zeigen, den befruchtenden Samen darauf herabflehend.

in den homöopathischen Strategien der Regenriten reichlich verwendet werden, und außerdem in den Riten der Aussaat, die ähnlich dem Regen die Erde oder Frau wiederbelebt, von denen man gleichermaßen sagen kann, daß sie schwellen oder schwellen lassen, wie die Bohne oder der Weizen im Topf. Daher die Unschlüssigkeiten der magischen Praxis, die sich an diesen Zwiespältigkeiten durchaus nicht stört, sondern sie im Gegenteil nutzt, um den symbolischen Gewinn zu maximieren. Die systematische Bestandsaufnahme der vielfältigen Varianten der Regenriten, an deren Ende Laoust, der als einziger klar den Widerspruch erkannt hat (Laoust, 1920, S. 192–193 und 204ff.), zu dem Schluß kommt, daß *thislith*, die Braut, oder *thlonja*, die Schöpfkelle, eine wie eine Hochzeiterin zurechtgemachte Puppe aus einer Schöpfkelle, die im Hochzeitszug unter Bitten um Regen mitgeführt wird, eben durch ihre Präzision das Mittel bietet, die Eigenschaften zu erfassen, die aus der »Puppe« der Riten des Regens, des Jätens (es ist »Mata«, deren Entführung simuliert wird) und der Ernte ein selbst vom Standpunkt des Klassifizierungssystems, dessen Produkt es ist, nicht einordenbares Wesen machen: der weibliche Name *thislith*, der nur ein Euphemismus zur Bezeichnung eines Phallussymbols sein könnte, und das Kleidungsstück (Kopftuch, Halstuch, Kleid), mit dem die Schöpfkelle meist eingehüllt wird (auch wenn in Einzelfällen gesehen wurde, daß alte Frauen eine *männliche* Puppe tragen und die Männer eine *weibliche*), geraten sicher in der Praxis in Konflikt mit den Eigenschaften der Schöpfkelle, die meist zur Herstellung der Puppe benutzt wird (die an vielen Orten als Schöpfkelle bezeichnet wird) und die, obwohl sie für die Taxonomie selbst nicht der Zwiespältigkeit entbehrt, da sie als flüssigkeitsgefülltes Hohlgefäß zum Begießen oder aber als etwas Hohles und Leeres behandelt werden kann, das nach Füllung verlangt, eher der Ordnung des Männlichen angehört.

Hier ein Beispiel der verstreuten Notierungen, die dies tendenziell bestätigen: *(a)* Wahrsageritus: die Braut taucht am Hochzeitstag in ihrem Elternhause die Schöpfkelle in den Topf; sie wird so viele Söhne gebären, wie sie Fleischstückchen in der Kelle hat. *(b)* Sprichwort: »Was im Topf ist, wird die Kelle hochholen«. *(c)* Wahrsageritus: die Kelle wird an einem Faden im Gleichgewicht vor einem Stück Fladen aufgehängt; wenn sie sich dem Fladen zuneigt, wird das erhoffte Ereignis eintreten. *(d)* Wer mit seinen Händen nichts anfangen kann, »ist wie die Schöpfkelle«. *(e)* Verbot: Man darf nie jemand mit einer Kelle schlagen; entweder zerbricht man sie (es gibt nur ein Exemplar im Hause), oder man zerbricht den, der damit geschlagen wird. *(f)* Verbot: Ein Mann darf nie aus der Schöpfkelle essen (um die Soße abzuschmecken, wie es die Frauen tun); sonst gewittert und regnet es an seinem Hochzeitstag. *(g)* »Hast du mit der Kelle gegessen?« fragt man einen Tölpel, der ungeschickt mit einem Werkzeug umgeht; mit der Schöpfkelle essen, heißt sich der Gefahr aussetzen, getäuscht zu werden. *(h)* Wenn ein Mann mit der Kelle am Topfboden kratzt, regnet es bei seiner Hochzeit mit Sicherheit. Die Schöpfkelle, die eindeutig mit der Hochzeit, dem Regen, der Fruchtbarkeit verknüpft ist und mit der sonst Soße, kochendes Wasser, das vermännlichende Heiße und Gewürzte geschöpft wird, verhält sich zum Topf, in den sie eindringt und den sie befruchtet, wie das Männliche zum Weiblichen (daher wegen der Äquivalenz zwischen Nahrungsaufnahme und Sexualität das Verbot an die Männer, aus der Schöpfkelle zu essen, dem Äquivalent der passiven, weiblichen Sexualität, das in der Mehrzahl der männlichen Überlieferungen mit der Idee des Beherrschtseins, Getäuschtwerdens assoziiert wird).

Alles weist darauf hin, daß die Praxis zwischen zwei Verwendungen schwankt: der Gegenstand kann als etwas behandelt werden, das begossen werden will, wie die Frau oder die Erde, die den männlichen Regen ruft, oder als etwas Besprengendes, wie der himmlische Regen. Tatsächlich ist der Unterschied, der die besten Interpreten nicht losläßt, für die Praxis ohne Belang: Besprenger oder Besprengte, besprengte Besprenger, die alten Männer und Weiber, die die Regenriten ausführen, die Gegenstände, die sie tragen, die selber Besprenger und Besprengte sind, mimen die erwartete Wirkung, *bedeuten* den Regen, der untrennbar zugleich Besprengen oder Besprengtwerden ist, je nach dem männlichen oder weiblichen Standpunkt, den man einnimmt, wobei beide Sichtweisen definitionsgemäß in allen Fällen zulässig sind, wo es darum geht, die Vereinigung der Gegensätze zu erreichen. Die rituelle Praxis, die den kollektiven Wunsch symbolisch realisieren und damit dazu beitragen soll, ihn real zu befriedigen, verzaubert sich mit Begegnungen, die wie hier gestatten, alles zugleich zu haben, und es ist nicht ersichtlich, warum sie eine doppelte Realität, die sie doppelt zufriedenstellt, der Analyse unterwerfen sollte. Dies insbesondere in einer Situation wie der Dürre, wo die Bedeutung dessen, um was es geht, d. h. die ganze Jahresernte, dazu zwingt, die Schwelle der logischen

Anforderungen noch weiter abzusenken, um »alle Register zu ziehen«.

Infolge der Tatsache, daß der Sinn eines Symbols immer nur in und durch die Handlungen vollständig bestimmt wird, in die es einbezogen wird, und weil außer den Freiheiten, die sie sich im Hinblick auf die Maximierung des magischen Gewinns herausnimmt, ist die Logik des Ritus häufig in sich *zwiespältig*, weil sie dasselbe Objekt benutzen kann, um die Eigenschaft hervorzubringen, die es charakterisiert (zum Beispiel das Trockene), oder um diese Eigenschaft zu neutralisieren (z. B. Zerstörung des Trockenen), wie die Sichel, die benutzt werden kann, um die Kuh trockenzustellen oder ihr die Milch wiederzugeben, widerspiegeln die Ungewißheiten der wissenschaftlichen Interpretation nur die Ungewißheiten der Verwendung, die die Handelnden selbst von einem Symbol machen können, das derart überdeterminiert ist, daß es dadurch sogar vom Standpunkt der Schemata, die es determinieren, indeterminiert ist.[1] Der Fehler bestünde in diesem Falle darin, das *Unentscheidbare* entscheiden zu wollen.

Es gibt einen anderen Faktor der Unbestimmtheit, der von der Grundlage der praktischen Erkenntnis selbst herrührt: weil sie wie jede Erkenntnis, wie wir gesehen haben, auf der grundlegenden Operation der Teilung beruht und weil dasselbe Teilungsprinzip nicht nur auf das Ganze (das eine kontinuierliche Verteilung sein kann), sondern auch auf jeden seiner Teile angewandt werden kann, kann sie nach demselben Teilungsprinzip eine Unterteilung innerhalb des Teils vornehmen, indem sie zum Beispiel eine Teilung zwischen Kleinem und Großem innerhalb des Kleinen selbst entstehen läßt und so Folgen von verschachtelten Abteilungen (der Form $a : b :: b_1 : b_2$) erzeugt, wie sie sowohl in der Organisation der Gruppen als auch der Organisation von Symbolsystemen so häufig vorkommen. Hieraus folgt notwendig, daß alle Produkte einer Unterteilung zweiten Grades, wie jener,

1 Als Produkt von Angst und Not erzeugt die Magie Angst und Not: so kommt zum Beispiel das ständige Obachtgeben auf die Sprache daher, daß recht häufig nur die Situation bestimmt, welchen Sinn Worte (oder Taten) haben, die je nach den Umständen entweder sich selbst (zum Beispiel das Trockene) oder ihr Gegenteil erzeugen können.

die das selbst global weibliche Haus in einen weiblichen und einen männlichen Teil unterteilt, Dualität und Zwiespältigkeit in sich tragen. Das gilt für alle weiblichen Betätigungen, die sich auf der Seite des Feuers, des Trockenen, des Ostens abspielen, etwa das Kochen und vor allem das Weben als weibliche Tätigkeit, die im Schoße des weiblichen Raums eine Operation der Wiedervereinigung der Gegensätze vollführt, die dem Pflügen, dem Ernten oder dem Ochsenopfer als typisch männlichen und den Frauen verbotenen Tätigkeiten durchaus ähnlich ist. Und der Webstuhl, der mit seinem Oben und Unten, seinem Osten und Westen, seinem Himmel und seiner Erde eine Welt für sich ist, verdankt bekanntlich einen Teil seiner Eigenschaften und Verwendungszwecke (zum Beispiel in den Eidschwüren) der nach genau den Prinzipien seiner inneren Unterteilung definierten Position im Raum des Hauses, die ihrerseits im selben Verhältnis von Mikrokosmos zu Makrokosmos zur Welt insgesamt steht. Nichts definiert die praktische Logik der Magie besser als ihre Fähigkeit, diese Zwiespältigkeiten auszunutzen, zum Beispiel die, die sich daraus ergeben, daß der Innenraum des Hauses seine eigene, im Verhältnis zum Außenraum umgekehrte Ausrichtung hat, so daß man immer mit dem Gesicht gen Osten zugleich aus ihm hinaus- und in ihn hineingehen kann.

Unter den Gegenständen, die eine Herausforderung an das Klassifizierungssystem bedeuten, ist der typischste gewiß der Holzkohlenofen (*times,* ein Wort, das in Gegenwart von Männern tabu ist und durch Euphemismen ersetzt wird): als weibliches Feuer, das zehrt und sich unter der Asche verzehrt wie die Leidenschaft (*thinefsith,* Verkleinerungsform von *nefs*), als heimliches Feuer, heuchlerisch wie eine unbefriedigte Rache (»der nicht verzeiht«), beschwört die Holzkohlenglut das Geschlecht der Frau (im Gegensatz zur Flamme *ah'ajaju,* welche reinigt, glüht wie die Sonne, das rotglühende Eisen, der Blitz – oder der Pflug).[1] Man könnte auch den Mondschein *(tiniri)* zitie-

1 Nach Angaben eines Gewährsmanns wird der Ort des vergossenen Bluts *(enza)* aus drei Steinen gebildet, die wie die Herdsteine *(ini)* angeordnet werden und den Fleck Erde begrenzen, der vom Blut getränkt wurde. Und das Rätsel über den *kanun*, den angezündeten Herd: »Hier ein Rand, dort ein Rand, dazwischen Gift« *(es'em).* (Bekanntlich wird die Idee des *Gifts,*

ren, das Licht der Nacht, Symbol der unverhofften Gelegenheit; oder die Sichel, die als im Feuer hergestellter Gegenstand und als Werkzeug der Gewalt, des Mordes, eindeutig männlich ist, aber als krummes, verzogenes, hinterhältiges, Hader und Zwietracht weckendes Objekt (»sie sind wie die Sicheln« bedeutet, daß sie nicht miteinander auskommen – was auch damit ausgedrückt wird, daß man zwei Finger jeder Hand gekreuzt hält) gehören sie auch zum Weiblichen. Selbst ein Gegenstand, der so eindeutig zugewiesen ist wie das Ei, das Symbol der weiblichen Fruchtbarkeit überhaupt, ist nicht ohne Zwiespältigkeit, wie manche seiner Verwendungen bezeugen, weil es infolge seiner Farbe (weiß) und seines Namens (*thamellalts,* das Ei; *imellalen,* die Weißen, die Hoden des Erwachsenen; *thimellalin,* die Weißen, die Eier, die Hoden des Kindes) auch zum Männlichen gehört.

Alle Faktoren der Unbestimmtheit scheinen bei einem technischen Objekt wie dem Webstuhl vereint, der mehr noch als die eigens für das Ritual hergestellte *thislith* in Verwendungen eintreten kann, die geeignet sind, ihm unterschiedliche, ja sogar entgegengesetzte Bedeutungen zu geben, je nachdem, ob man ihn als Ganzheit oder in diesem oder jenem seiner Teile betrachtet, die selbst wiederum innerhalb gewisser Grenzen von verschiedenen Werten beeinflußt werden können, je nach dem praktischen (syntagmatischen) Kontext, in dem sie stehen, ob diese oder jene Eigenschaften seiner Form oder Funktion hervorgehoben werden usw. Man kann so die äußere Erscheinung des Objekts selbst hervorheben und unter Beachtung seiner Vertikalität, seiner Starrheit, seiner Spannung daraus ein Symbol der *Rechtschaffenheit* machen (Lefébure 1978). Und dies um so leichter, als dieses Objekt (der Webstuhl) durch seinen Standort im Haus an der Ostmauer (von innen gesehen), der »Mauer des Lichts« oder »Mauer der Engel«, der man beim Eintreten das Gesicht zuwendet, der der Gast den Rücken zuwenden darf (in manchen Fällen wird er selbst wie ein neuer Gast behandelt, und man heißt ihn willkommen), gemahnt der Webstuhl an die Haltung des Mannes von Ehre, des »geraden« Mannes, der das Gesicht bietet und dem man das Gesicht bietet. Diese Eigenschaften, und sicher auch die Tatsache, daß er das Gewebe produziert, Schleier und Schutz der

des brennenden Wassers, mit der Idee des Eisenhärtens und außerdem durch die Sprachwurzel mit dem Niedermetzeln und den Hundstagen assoziiert.)

Nacktheit und Intimität (die webende Frau bedeckt ihren Mann, »im Gegensatz zu Cham, der seinen Vater aufdeckte«) bewirken, daß er als »Barriere der Engel« angerufen wird, d. h. als Asyl, Zuflucht, magischer Schutz, und daß man ihn in den Eidschwüren als Garant zitiert (»bei den Tüchern des Webstuhls«, »bei der Kette mit sieben Seelen« usw., vgl. Genevois 1967, S. 25) oder daß man ihn benutzt, um jemand zu ermuntern, indem man ihm untersagt zu kneifen. Doch ist es selbstverständlich, daß die wichtigsten seiner Bestimmtheiten ihm durch seine Funktionen zukommen, und besonders über die Homologie zwischen Pflügen und Weben, zwischen dem Zyklus des Webens oder des Webstuhls und dem Zyklus des Korns oder des Feldes. Alle symbolischen Verwendungen des Webstuhls sind von der Zwiespältigkeit gezeichnet, die sich daraus ergibt, daß der Webstuhl in ähnlicher Weise, wie die praktische Definition des bäuerlichen Zyklus zwischen dem Zyklus des Felds und dem Zyklus des Korns schwankt, in manchen Praktiken einerseits wie ein Mensch behandelt wird, der geboren wird, heranwächst und stirbt, und in manchen anderen Praktiken wie ein Acker, der erst eingesät und dann dessen beraubt wird, was er getragen hat, wobei der Zyklus des Webens mit dem des Korns oder des Menschen gleichgesetzt wird (es heißt auch von der Wolle, daß sie »reift«). Man kann sich mehr dem Webstuhl zuwenden und genauer dem Aufziehen der Kettfäden, d. h. dem *gefährlichen* Akt, der darin besteht zu kreuzen, zu knüpfen, wie das Pflügen, das Eisenhärten oder die Heirat die Vereinigung der Gegensätze zu bewirken, oder mehr dem Produkt dieses Aktes, der geknoteten Sache, dem Knoten als dauerhafter Kreuzung der vereinten Gegensätze, als Lebewesen, das geschützt oder wie der Weizen und das Getreide getötet werden muß, aber unter Verneinung dieses unvermeidlichen Mordes. Der wohltätige Gegenstand ist zugleich ein gefährlicher, der wie der Kreuzweg oder der Schmied genausogut Sterilität wie Fruchtbarkeit bringen kann (so reitet die verstoßene Frau, die sich wieder verheiraten will, auf einem der Schilfrohre zum Abmessen und läuft schreiend damit herum; doch darf man nie über den Webstuhl springen, weil man sonst den Tod eines Familienangehörigen verursachen könnte, und es heißt von der Zunge des Verleumders, sie sei so gefährlich wie die Frau, die im Begriff ist, den Webstuhl aufzuziehen).

Der gefährliche Charakter des Webstuhls, der in sich die zwei Formen der männlichen Gewalt vereint, die Kreuzung und den Schnitt, wird noch verstärkt durch die Eigenschaften, die manchen seiner Teile zugeschrieben werden, wie dem Kettfaden *(ilni)*, einem ambivalenten Objekt, das an das *Schneiden* und den *Knoten* erinnert und in den Riten der bösen Magie ebenso wie zur Vorbeugung verwendet wird: die Frau mißt ihren Mann mit dem Kettfaden, ohne daß er davon weiß, macht sieben Knoten hinein, nimmt einen Flicken von einem seiner Kleidungsstücke, wickelt den Faden mit einem Sträußchen Asafoetida (häufig bei Austreiberiten verwendet) darin ein und verscharrt das Ganze dann am Grabe eines Fremden (Chantréaux 1944, S. 93) oder an der Grenze zwischen zwei Feldern. Maßnehmen heißt ein Double, einen Ersatz für das Gemessene nehmen und sich darüber Macht verschaffen (das Schilfrohr, mit dem die Leiche gemessen wird, wird stets auf dem Grunde des Grabes mitbeerdigt, um zu vermeiden, daß die Weiber es magisch gebrauchen). Diese Operation des Messens, d. h. des Schneidens, die vermittels eines mit dem Gedanken des Schneidens und der Dürre assoziierten Gegenstands vollzogen wird, wird auch auf die Kuh angewandt, um dem Milchdiebstahl vorzubeugen (Rahmani 1936), oder auf das Kind bei den Riten zum Schutz gegen den bösen Blick (Genevois 1968, II, S. 56).

Hier müssen wir innehalten, aber es ließe sich im Hinblick auf diesen wegen der Vielfalt seiner Verwendungen und Funktionen besonders mit Sinn beladenen und überfrachteten Gegenstand unschwer nachweisen, daß die praktische Logik, ohne deswegen in Inkohärenz zu verfallen, bisweilen die Dinge der Welt auf ihre eigene *Pluralität der Aspekte* verweist, bis die kulturelle Taxonomie sie durch ihre willkürliche Auswahl davon entledigt.

Tatsächlich kann die praktische Logik nur funktionieren, wenn sie sich alle möglichen Freiheiten gegenüber den elementarsten Prinzipien der logischen Logik herausnimmt. Der praktische Sinn als praktische Beherrschung des Sinns der Praktiken und der Objekte ermöglicht, alles zu kumulieren, was in die gleiche Richtung geht, alles, was zumindest ungefähr zusammenpaßt, und paßt sich dabei zugleich an die verfolgten Ziele an. Das Vorhandensein identischer symbolischer Objekte oder Akte in Ritualen, die mit so verschiedenen Ereignissen aus dem Dasein des Menschen wie Beerdigung, Pflügen, Beschneidung oder Heirat zusammenhängen, ist anders nicht zu erklären. Der teilweisen Deckungsgleichheit der Bedeutung, die die praktischen Taxonomien diesen Ereignissen beilegen, entspricht die teilweise Dekkungsgleichheit der rituellen Akte und Symbole, deren Polysemie perfekt zu den im wesentlichen multifunktionalen Praktiken paßt. Ohne die Begriffe der (dauerhaften) *Schwellung* und der *Auferstehung* symbolisch zu beherrschen, kann man das als *ufthyen* bezeichnete Gericht, eine Mischung aus Weizen und Bohnen, die beim Kochen quillt, vermittels dessen, was darin der »Auferstehungs«funktion untergeordnet ist, mit den Zeremonien der Hochzeit, des Pflügens oder des Leichenbegängnisses assoziieren, oder im Gegenteil dieses Gericht (»weil das Zahnfleisch geschwollen bliebe«) von Anlässen ausschließen wie dem Zahnen (zugunsten von *thibuâjajin*, einer Art Pfannkuchen, die beim Backen sofort platzende Blasen werfen) oder der Beschneidung als Ritus der Reinigung und Vermännlichung, d.h. des Bruchs mit der Weiberwelt, der im Register des Trockenen, des Feuers, der Gewalt steht (worin das Scheibenschießen einen bestimmenden Platz einnimmt) und von gebratenem Fleisch begleitet ist. Was nicht verhindert, daß *ufthyen* bei einer bestimmten Variante des Rituals einer multifunktionalen Zeremonie wie der Heirat, bei der »Intentionen« der Virilisierung (Öffnen) und der Befruchtung (Schwellen) vereint sind, mit dem Scheibenschießen assoziiert wird.

Die Freiheit von den Zwängen der rituellen Logik, wie sie die vollkommene Beherrschung dieser Logik gewährt, bewirkt, daß dasselbe Symbol auf Realitäten verweisen aknn, die vom Standpunkt der eigenen Axiomatik des Systems entgegengesetzt sind. Folglich ist es zwar nicht undenkbar, daß eines Tags eine strenge Algebra der praktischen Logiken geschrieben wird, doch nur unter der Bedingung, zu wissen, daß die logische Logik, die davon in den Operationen selbst – durch die sie gebildet wird, indem sie sie verneint – immer nur *negativ* spricht, nicht darauf vorbereitet ist, sie zu beschreiben, ohne sie zu zerstören. In Wirklichkeit geht es darum, die verschwommene, geschmeidige und partielle Logik dieses *teilweise geschlossenen* Systems von Erzeugungsschemata wiederzugeben, das entsprechend jeder Einzelsituation *teilweise aufgeboten* wird und in jedem Falle über den Diskurs und die logische Kontrolle, die es ermöglicht, eine praktische »Definition« der Situation und der – fast immer vielfältigen und verschachtelten – Funktionen des Handelns erzeugt, und nach einer zugleich einfachen und unerschöpflichen Kombinatorik die Handlungen, die diese Funktionen innerhalb der Grenzen der verfügbaren Mittel bestmöglich zu erfüllen geeignet sind. Genauer noch, es genügt, die den verschiedenen Praxisfeldern, dem Bauernjahr, dem Kochen, den Frauenarbeiten, dem Tag entsprechenden Schemata zu vergleichen, um zu merken, daß die grundlegende Dichotomie *darin in jedem Falle* in verschiedenen Schemata *spezifiziert* wird, die im jeweiligen Raum deren wirksame Form sind: Gegensatz zwischen dem Feuchten und dem Trockenen, dem Kalten und Warmen, dem Vollen und Leeren beim Bauernjahr; Gegensatz zwischen dem Feuchten und dem Trockenen, dem Gekochten und dem Gebratenen, den zwei Varianten des Gesottenen, dem Faden und dem Gewürzten beim Kochen; Gegensatz zwischen dem Trüben und dem Klaren, dem Kalten und dem Warmen, dem Drinnen (oder Geschlossenen) und dem Draußen beim Tagesablauf; Gegensatz zwischen dem Weiblichen und dem Männlichen, dem Weichen (Grünen) und Harten (Trockenen) im Lebenszyklus. Es würde genügen, andere strukturierte Welten hinzuzufügen, wie den Raum des Hauses oder die Körperteile, um andere Prinzipien am Werke zu sehen, wie oben und unten, Osten und Westen, rechts und links usw.

Diese verschiedenen Schemata sind zugleich teilweise selbständig und teilweise austauschbar, also mehr oder weniger eng miteinander verbunden. Zum Beispiel ist der Übergang vom vorne/hinten zum Männlich/Weiblichen recht selbstverständlich. Nicht nur vermittels der realen Aufgabenteilung, die der Frau die Sorge überläßt, aufzuheben, was der Mann geschnitten oder fallengelassen hat; oder der Anstandsregel, die der Frau gebietet, ein paar Schritte hinter dem Manne zu gehen. Durch das Vorne unterscheidet sich der Mann von der Frau: auf den Wandmalereien wird die Frau durch zwei Rauten dargestellt, die der Vulva und dem Anus entsprechen, der Mann nur durch eine (Devulder 1957); der Mann ist es, der vorangeht, der die Stirn bietet (und er wird mit allen Konnotationen von *qabel* in Verbindung gebracht). Und man kann desgleichen die Gesamtheit der für das System konstitutiven Beziehungen auf der Grundlage einer relativ zweitrangigen Operation wiedererzeugen wie der, die zwischen rechts und links hergestellt wird, zwischen der rechten und der linken Hand, der Geraden und der Kurve (oder dem Krummen).

Der Linkshänder, der ungeschickt und täppisch ist (und dem Klumpfuß und dem Hinkenden nahesteht), bringt Unglück; ihm am Morgen zu begegnen ist ein schlechtes Omen. Niemand nimmt ihn zum Pflügen. Er darf den Ochsen nicht abstechen, oder nur mit der rechten Hand (hier stößt man wieder auf den Gegensatz zwischen dem Männlichen und dem Weiblichen, dem Trockenen und dem Feuchten). Wenn er ein Tier anbindet, wird die Leine reißen und das Tier das Weite suchen. Essen, Almosengeben, Anbieten oder Empfangen von Speisen oder Getränken, Grüßen geschieht mit der rechten Hand, die umgekehrt nicht für schmutzige Akte wie Berühren der Geschlechtsteile oder Schneuzen gebraucht werden darf (ebenso muß man nach links ausspucken). Die linke Hand ist die Hand der bösen Magie; im Gegensatz zu den erlaubten Amuletten, die vom Marabut hergestellt und rechts getragen werden, werden die »magischen« Amulette (Zahn, Leichenknöchelchen, winzige Pflugschar usw.) links getragen (desgleichen wird die wohltätige Medizinmagie mit dem Gesicht nach Osten ausgeführt, während die böse Magie nach Westen gerichtet ist). Mit der Linken essen heißt dem Teufel zu fressen geben. Die linke Hand ist zudem die grausame Hand: ein »Schlag vom Linkshänder« (ob Flintenschuß oder Steinwurf) ist ein tödlicher Schlag. Die Frau wird mit links assoziiert: mit einem Hang nach links geschlagen, geht sie nur rechts, wenn sie aufgerichtet wird (es ist »ein Knoten im Holz«). Die rechte Hand ist die Hand überhaupt, die Schwurhand. *Thiâawij,* die Geschicklichkeit des Handwerkers bezeichnend, könnte nach der Volksetymologie mit der Idee des Drehens und des Linksherum-, Falschherum-Drehens zusammenhängen (der Bösartige, heißt es, ist wie ein krummes Stück Holz, er macht dich blind oder sticht dir ein Auge aus). Desgleichen das Verb *abran* (BRN), welches bezeichnet, daß etwas, ob Kopf, Blick, Zunge (verhaspeln), von rechts nach links, nach hinten, kurz, in die falsche Richtung gewendet wird, steht zu *qalah* (QLB), offen den Rücken kehren, den Blick abwenden, ebenso im Gegensatz wie das Weibliche zum Männlichen, die passive Weigerung, das Kneifen, die Flucht zum aktiven, manifesten, offenen Angriff. Damit fällt der Gegensatz zwischen nach links gehen, sich von rechts nach links wenden als unheilvollen Bewegungen zusammen mit dem Unterschied zwischen nach Westen, ins Exil, ins Unglück gehen, und gen Osten blicken, die Stirn bieten *(qabel)* als Leibeshaltung, die zum Mann von Ehre gehört und von der aus die grundlegendsten Werte der Kultur und besonders die in den Schemata der räumlichen Orientierung einbeschriebenen wiedererzeugt werden können: *quabel* ist auch, wie wir gesehen haben, nach Osten *(lqibly)* blicken, der vornehmen Richtung überhaupt, der Richtung der glücklichen Tage, der guten Vorzeichen, der Zukunft *(qabel)* (und *qebbel* heißt nach Osten ausrichten wie das Tier, das man mit der rechten Hand abstechen will, oder den Toten im Grab); es heißt einen Ankömmling empfangen, und zwar herzlich, Ehre erweisen; es heißt auch akzeptieren, erhören. *Cherreq*, nach Osten gehen, heißt zugleich in die richtige Richtung gehen, in Richtung auf das *Glück*. Dagegen ist die Bewegung nach Westen *(lgharb)*, ins Exil *(lghorba)*, die häufig mit dem Tod oder dem Grab gleichgesetzt wird, unheilvoll: »Der Westen, heißt es, ist die Dunkelheit.« »Ein junges Mädchen«, heißt es über einen Vater, der viele Töchter hat, »ist die Abenddämmerung« *(lgmahreb)*.

In anderen Worten sind alle für das System konstitutiven Gegensätze mit allen anderen verknüpft, allerdings über mehr oder minder lange Wege (die umkehrbar sind oder nicht), d.h. am Ende einer Reihe von Gleichwertigkeiten, die die Beziehung fortschreitend ihres Inhalts entleeren. Zudem kann jeder Gegensatz unter verschiedenen Verhältnissen durch Beziehungen verschiedener Intensität und Richtung mit mehreren anderen verknüpft sein (zum Beispiel kann gewürzt/fade unmittelbar mit männlich/weiblich und heiß/kalt, und nicht so unmittelbar mit stark/schwach oder voll/leer zusammenhängen, im letzten Fall über die selbst wiederum verknüpften Gegensätze männlich/weiblich und trocken/feucht). Hieraus ergibt sich, daß nicht alle Gegensätze in dem *Netz* der sie verknüpfenden Beziehungen dasselbe Gewicht haben und daß man Nebengegensätze unterscheiden kann, die die Hauptgegensätze unter einem besonderen Verhältnis näher bestimmen und daher einen relativ geringen Ertrag liefern (gelb/grün als einfache nähere Angabe von trocken/feucht), und zentrale Gegensätze (das gilt für männlich/weiblich oder trocken/feucht), die mit allen anderen durch logisch sehr verschiedene Beziehungen verknüpft sind, die konstitutiv für etwas kulturell Willkürliches sind (zum Beispiel die Gegensätze zwischen weiblich/männlich und drinnen/draußen oder zwischen links/rechts, krumm/gerade, unten/oben). In Anbetracht dessen, daß in der Praxis immer nur ein bestimmter Abschnitt des Systems von Schemata aufgeboten wird (ohne daß alle Verbindungen zu den anderen Gegensätzen jemals völlig abrissen) und daß die in verschiedenen Situationen aufgebotenen verschiedenen Schemata teilweise autonom und teilweise mit allen anderen verknüpft sind, ist es selbstverständlich, daß alle Produkte der Anwendung dieser Schemata, sei es nun ein bestimmter Einzelritus oder eine bestimmte Abfolge ritueller Handlungen, teilweise deckungsgleich sind und jedem, der das System von Schemata praktisch beherrscht, als ungefähr, d. h. praktisch gleichwertig erscheinen.[1]

Deshalb ist die Beschreibung durch Konstruktion, die durch die Beherrschung der *Erzeugungsformel* der Praktiken ermöglicht wird, sich schuldig, auf die Gefahr hin, bisweilen als Regression in den Intuitionismus verstanden zu werden (der bestenfalls die praktische Beherrschung eines nicht theoretisch beherrschten Systems von Schemata nachahmt), in den Grenzen zu bleiben, die die praktische Logik genau der Tatsache verdankt, daß ihre Grundlage nicht diese Formel, sondern deren praktisches Äquivalent ist, d. h. ein System von Schemata, mit dem die Praktiken orientiert werden können, ohne anders als intermittierend und partiell ins Bewußtsein zu gelangen.[2] Zwischen dem theoretischen Modell, mit dem die gesamte Welt der registrierten Praktiken so weit wiedererzeugt werden kann, wie diese soziologisch determiniert sind, und dem, was die Handelnden im praktischen Zustand beherrschen und von dem die Einfachheit und Kraft des Modells eine zutreffende *Idee* vermittelt, liegt die zugleich unendlich kleine und unendliche Distanz, ohne die es kein Bewußtwerden oder, was auf dasselbe hinausläuft, keine Erklärung gibt.

1 Die Vertrautheit mit dieser Denkweise, die in der wissenschaftlichen Praxis selbst erworben wird, ermöglicht, sich eine (noch sehr abstrakte) Vorstellung von dem subjektiven Empfinden der Notwendigkeit zu machen, das sie denen verschafft, die von ihr besessen sind: es ist ausgeschlossen, daß diese laxe Logik der überdeterminierten und verschwommenen Beziehungen, die eben durch ihre Schwäche vor Widerspruch oder Irrtum sicher ist, in sich selbst auf das Hindernis oder den Widerstand stoßen kann, die zu einer Rückbesinnung oder Infragestellung führen könnten. Geschichte kann ihr also nur von außen zustoßen, über die Widersprüche, die von der (durch die Schrift geförderte) Synchronisierung und Systematisierungsabsicht erzeugt werden, die sie ausdrückt und ermöglicht.

2 Aus den gegenteiligen Gründen war es erforderlich, die Analyse des Innenraums des Hauses in den Anhang zu verweisen, die zwar ihren ganzen Beweiswert behält, aber in ihrer Art und Weise der Darstellung noch zur strukturalistischen Logik gehört.

Anhang
Das Haus oder die verkehrte Welt

Das Innere des Kabylenhauses weist die Gestalt eines Rechtecks auf, das von einem halbhohen Mäuerchen auf einem Drittel seiner Länge in zwei Teile getrennt wird: der größere Teil, etwa 50 cm höher gelegen und mit einem Estrich aus schwarzem Lehm und Kuhmist versehen, den die Frauen mit einem Kiesel polieren, ist für die Menschen, der kleinere Teil, mit Steinplatten gepflastert, für die Tiere. Eine zweiflügelige Tür gewährt Zugang zu den beiden Räumen.[1] Auf dem Trennmäuerchen stehen auf der einen Seite kleine Tonkrüge oder Körbe aus Alfagras, in denen Nahrungsmittel für den sofortigen Verbrauch aufbewahrt werden – Feigen, Mehl, Hülsenfrüchte –, und auf der anderen Seite, an der Tür, Wasserkrüge. Über dem Stall ein Hängeboden, wo neben Geräten aller Art Heu und Stroh als Tierfutter aufgehäuft sind und wo meist die Frauen und Kinder schlafen, vor allem im Winter. Vor dem gemauerten und mit Vertiefungen und Nischen für Küchengeräte (Schöpfkelle, Topf, Fladenpfanne und andere rußgeschwärzte irdene Gegenstände) versehenen Aufbau an der Giebelwand, welcher obere Wand (oder genauer

1 Dieser Text ist eine leicht veränderte Fassung eines Artikels, der erstmals erschienen ist in *Echanges et communications, Mélanges offerts à Lévi-Strauss à l'occasion de son 60e anniversaire*, Paris-La Haye, Mouton, S. 739–758. Obwohl die Prinzipien späterer Analysen darin bereits enthalten sind, zumindest im Entwurf (wie das Augenmerk auf die Bewegungen und Ortsveränderungen des Körpers belegt), bleibt diese Interpretation des Raums des Kabylenhauses innerhalb der Grenzen der strukturalistischen Denkweise. Sie hier im Anhang wiederzugeben, erschien zunächst angebracht, weil infolge des Status des – seitenverkehrten – Mikrokosmos Haus das verkleinerte Abbild der Welt, das sie bietet, als Einführung in die vollständigeren und komplexeren obigen Analysen dienen kann; zweitens, weil sie zugleich weitere Belege für die vorstehenden Analysen liefert und eine Vorstellung von der objektivistischen Rekonstruktion des Systems von Beziehungen bietet, durch die man hindurchmüßte, um zur abschließenden Interpretation zu gelangen, die bisweilen scheinbar einer intuitionistischen Erfassung näher ist.

»Seite«) oder Wand des *kanun* genannt wird und an welchem beiderseits große Tonbehälter mit Getreide stehen, befindet sich der Herd *(kanun)*, eine kreisförmige Mulde von einigen Zentimetern Tiefe, um die drei große Steine als Stütze für das Kochgeschirr im Dreieck angeordnet sind.[1]

Vor der Wand, die der Tür gegenüberliegt und meist mit demselben Namen bezeichnet wird wie die Außenwand, die auf den Hof *(tasga)*[2] geht, oder auch als Wand des Webstuhls oder Gegenwand (beim Eintreten steht man ihr gegenüber), steht der Webstuhl. Die dieser gegenüberliegende Wand der Eingangstür wird Wand der Dunkelheit, oder des Schlafes, oder des jungen Mädchens, oder des Grabes genannt (es heißt auch: »das junge Mädchen ist die Abenddämmerung«, oder auch »das junge Mädchen ist die Wand des Dunkels«, oder auch »wenn ein Knabe geboren wird, freuen sich die Wände des Lichts, wenn ein Toter aus dem Haus getragen wird, weinen die Wände der Dunkelheit« – Bassagana und Sayad); daran schließt sich eine Bank an, breit genug, eine ausgebreitete Matte aufzunehmen; sie dient als Verschlag für das Kälbchen oder das Festlamm, bisweilen auch für Feuerholz oder Wasserkrug. Kleider, Matten und Decken werden tagsüber an einem Pflock oder Querholz an der Wand der Dunkelheit aufgehängt oder aber unter die Trennbank gelegt. Wie man sieht, liegt so die Wand des *kanun* dem Stall gegenüber wie Oben und Unten (*adaynin*, Stall, ist von der Wurzel *ada*, unten, abgeleitet), und die Wand des Webstuhls der Türwand gegenüber wie das Licht der Finsternis. Man könnte versucht sein, diese Gegensätze rein technisch zu erklären, da die Wand des Webstuhls, gegenüber der Tür und gen Osten gelegen, das meiste Licht erhält und der Stall tatsächlich tiefer liegt (weil das

1 Alle Beschreibungen des Berberhauses, selbst die genauesten und methodischsten (Laoust 1912, S. 12–15, und 1920, S. 50–53; Maunier 1930, 120–177; Genevois 1955) weisen in ihrer peinlichen Genauigkeit systematische Lücken auf, die durch direkte Befragung ausgefüllt werden mußten.

2 Bis auf diese Ausnahme werden die Wände mit zwei verschiedenen Namen bezeichnet, je nachdem, ob sie von außen oder von innen betrachtet werden. Die Außenwand wird von den Männern mit der Kelle verputzt, während die Innenwand von den Frauen geweißt und von Hand bemalt wird. Dieser Gegensatz zwischen zwei Sichtweisen ist von grundsätzlicher Bedeutung, wie noch zu sehen sein wird.

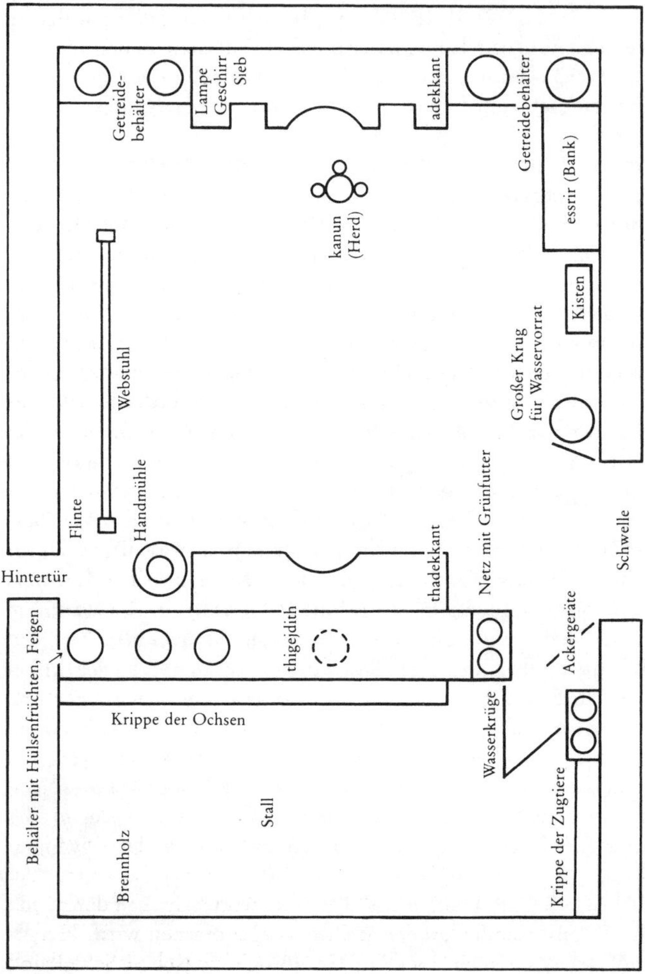
Getreide-
behälter
Lampe
Geschirr
Sieb
adekkant
Getreidebehälter
essrir (Bank)
kanun
(Herd)
Kisten
Großer Krug
für Wasservorrat
Webstuhl
Flinte
Handmühle
thadekkant
Netz mit Grünfutter
Schwelle
Hintertür
thigejdith
Behälter mit Hülsenfrüchten, Feigen
Krippe der Ochsen
Ackergeräte
Wasserkrüge
Stall
Brennholz
Krippe der Zugtiere

Haus meist längs in den Hang gebaut ist, damit Jauche und Abwasser besser abfließen), wenn nicht viele Indizien darauf schließen ließen, daß diese Gegensätze in ein System von parallelen Gegensätzen gehören, deren Notwendigkeit nie ganz auf Sachzwänge zurückgeht.
Der niedere, dunkle und nächtliche Teil des Hauses, Ort der feuchten, grünen oder rohen Sachen, der Wasserkrüge auf den Bänken beiderseits der Stalltür oder an der Wand der Dunkelheit, des Brennholzes, Grünfutters, auch der Lebewesen, Ochsen und Kühe, Esel und Maultiere, der natürlichen Tätigkeiten, des Schlafs, des Geschlechtsakts, der Niederkunft und außerdem des Todes, steht im Gegensatz zum hohen, lichten, vornehmen Ort der Menschen und besonders des Gastes, des Feuers und der mit Feuer hergestellten Gegenstände, der Lampe, der Küchengeräte, der Flinte als Attribut männlichen Ehrgefühls *(nif)*, das die weibliche Ehre *(h'urma)* schützt, des Webstuhls als Symbol allen Schutzes, auch Ort der beiden kulturellen Tätigkeiten schlechthin, die im Raum des Hauses ausgeübt werden, des Kochens und Webens. In der Tat erschließt sich der in den Dingen und Orten des Hausraums objektivierte Sinn vollständig erst über die Praktiken, die nach denselben Schemata strukturiert sind, die im Verhältnis zu ihnen geordnet werden (und umgekehrt). Vor den Webstuhl setzt man den Gast, den man ehren will *(qabel)*, ein Verb, das auch die Stirn bieten und gen Osten blicken bedeutet. Über einen schlechten Empfang heißt es auch: »Er hat mich an die Wand der Dunkelheit gesetzt, wie in ein Grab.« Die Wand der Dunkelheit heißt auch Wand des Kranken und des Müßigen, und der Ausdruck »die Wand halten« bedeutet krank sein, müßig sein: die Liegestatt des Kranken wird nämlich an diese Wand gestellt, vor allem im Winter. Die Verknüpfung zwischen dem dunklen Teil des Hauses und dem Tod zeigt sich auch darin, daß die Totenwaschung an der Stalltür vorgenommen wird. Hergestellt wird sie auch über die Homologie zwischen Schlaf und Tod, die sich explizit in der Empfehlung äußert, man möge sich nur kurz auf die rechte, dann aber auf die linke Seite legen, weil die erstere Liegeposition die des Toten im Grab ist. Klagelieder stellen das Grab als »Haus unter der Erde« dar, als umgekehrtes Haus (weiß/dunkel, oben/unten, mit Malereien geschmückt/grob ausgeschachtet), und nutzen dafür nebenbei folgende, mit einer

Analogie der Form zusammenhängende Homonymie: »Ich habe Leute getroffen, die ein Grab aushoben, mit der Hacke formten sie Bänke *(thiddukanin)*, mit einem Mörtel, schlechter als Schlamm«, heißt es in einem Lied der Totenwache (vgl. Genevois, 1955, Nr. 46, S. 27). *Thaddukant* (Plural *thiddukanin*) bezeichnet die Bank an der Trennmauer und gegenüber der Bank an der Giebelwand *(addukan)*, und außerdem das Erdbänkchen, auf dem der Kopf des Mannes im Grabe liegt (die kleine Kuhle, in der der Kopf der Frau ruht, heißt *thakwath*, wie die kleinen Nischen in den Hauswänden, in denen kleine Frauensachen verborgen werden). Man sagt gern, der Hängeboden, der ganz aus Holz besteht, werde vom Stall getragen wie die Leiche von den Trägern, wobei *thaârichth* zugleich den Hängeboden und die Bahre bezeichnet, auf der die Toten getragen werden.[1] Auch versteht man, daß man einem Gast, wenn man ihn nicht beleidigen will, keine Schlafstatt auf dem Hängeboden anbieten kann, der zur Wand des Webstuhls im selben Gegensatzverhältnis steht wie die Wand des Grabes. Vor der Wand des Webstuhls, gegenüber der Tür, ins volle Licht, wird auch die Braut am Hochzeitstag gesetzt oder besser ausgestellt wie die Zierteller, die dort hängen. Wenn man weiß, daß die Nabelschnur des kleinen Mädchens hinter dem Webstuhl begraben wird und daß man ein Mädchen, um seine Jungfräulichkeit zu schützen, über die herabhängenden Kettfäden treten läßt, indem es von der Tür bis zur Wand des

1 Der Transport der Firstbalken, die mit dem Hausherrn gleichgesetzt werden, wird ebenfalls *thaârichth* genannt, wie der Hängeboden und die Bahre, auf der man den Toten oder ein verletztes Tier trägt, das weit vom Haus entfernt geschlachtet werden soll, und wird zum Anlaß für eine soziale Zeremonie, die fast die gleiche Bedeutung hat wie die der Beerdigung. Durch ihren Zwangscharakter, durch ihre feierliche Form und durch die Größe der Gruppe, die sie mobilisiert, hat diese Gemeinschaftsarbeit *(thiwizi)* außer der Beerdigung nichts Gleichwertiges: die Männer begeben sich an den Ort des Holzeinschlags, nachdem sie von der Höhe der Moschee wie zu einer Beerdigung gerufen worden sind. Von der Beteiligung am Transport der Firstbalken, einem frommen Werk, das immer ohne Gegenleistung verrichtet wird, erwartet man so viel *h'assana* (Verdienste) wie von der Beteiligung an Gemeinschaftsarbeiten im Zusammenhang mit der Beerdigung (das Grab ausheben, Steinfliesen ausgraben oder transportieren, den Sarg tragen oder der Beerdigung beiwohnen).

Webstuhls geht, sieht man, welche magische Schutzfunktion diesem Gerät zugeschrieben wird.[1] Und in der Tat läßt sich das ganze Leben des Mädchens aus der Sicht seiner männlichen Verwandten sozusagen in den Stellungen zusammenfassen, die es nacheinander symbolisch zum Webstuhl als dem Symbol des männlichen Schutzes einnimmt; vor der Hochzeit sitzt es hinter dem Webstuhl, in seinem Schutz und Schatten, wie es unter dem Schutz seines Vaters und seiner Brüder steht; am Hochzeitstag sitzt es vor dem Webstuhl, mit dem Rücken dazu, im vollen Licht, und danach setzt es sich zum Weben hinter den Webstuhl, mit dem Rücken zur Wand des Lichts.

Der niedere und dunkle Teil des Hauses steht dem hohen Teil auch gegenüber wie das Weibliche dem Männlichen: außer daß die Arbeitsteilung zwischen den Geschlechtern die Frau mit den meisten Sachen betraut, die zum dunklen Teil des Hauses gehören, besonders mit dem Tragen des Wassers, Brennholzes oder Mists und mit der Versorgung der Tiere, reproduziert der Gegensatz zwischen dem hohen und niederen Teil im Innern des häuslichen Raums den Gegensatz zwischen drinnen und draußen, zwischen dem weiblichen Raum, dem Haus und seinem Garten, und dem männlichen Raum.

Der Gegensatz zwischen dem Besuchsteil und dem intimen Teil des Hauses (der sich auch im Nomadenzelt findet, das durch eine Zeltbahn in zwei Teile getrennt wird, von denen der eine den Gästen offensteht, der andere den Frauen vorbehalten ist), äußert sich auch in folgendem Wahrsageritus: wenn eine Katze als Heilsbringer mit einer weißen Feder oder Wollflocke auf dem Fell ins Haus kommt und zum Herd läuft, verkündet dies, daß Gäste kommen werden, denen man ein Essen mit Fleisch anbietet; wenn sie zum Stall läuft, bedeutet dies, daß eine Kuh gekauft wird (im Frühjahr) oder ein Ochse (zur Pflügezeit). Die Katze als zufälliger und weggejagter Eindringling ist nur Symbolträger, der die Bewegung des Eintretens praktisch realisiert. Die Feder wird stillschweigend als Äquivalent der Wolle behandelt, sicher weil

1 Um bei den Arabern den magischen Ritus des Beschlagens auszuführen, der Frauen unfähig zu geschlechtlichen Beziehungen machen soll, läßt man die Braut von drinnen nach draußen über die herabhängende Kette des Webstuhls treten, d. h. vom Mittelpunkt des Raumes zur Mauer, gegen die die Weberinnen arbeiten; dasselbe Manöver in umgekehrter Richtung hebt das Beschlagen auf (Marçais und Guiga 1925, S. 395).

beide Stoffe als Träger einer günstigen Eigenschaft fungieren sollen, der Weiße. Man braucht nur den die ganze Abfolge strukturierenden Gegensatz zwischen Herd und Stall, zwischen dem vornehmen Teil des Hauses, wo das Fleisch als die Gästespeise schlechthin gebraten wird und die Gäste empfangen werden, und dem niederen, den Tieren vorbehaltenen Hausteil mit dem Gegensatz zwischen zwei Jahreszeiten zu kombinieren, dem Herbst als Zeit des gemeinsamen Opfers des Ochsen und des Pflügens, und dem Frühling als Zeit der Milch, um auf den Ochsen und die Kuh zu kommen.

Der niedere Teil des Hauses ist der Ort des intimsten Geheimnisses innerhalb der Welt der Intimität, d. h. alles dessen, was mit Sexualität und Fortpflanzung zu tun hat. Tagsüber, wo alle ausschließlich weibliche Tätigkeit den Herd zum Mittelpunkt hat, so gut wie leer, ist der dunkle Hausteil nachts voll, voller Menschen, aber auch voller Tiere, da Ochs und Kuh im Unterschied zu Esel und Maultier nachts nie draußen gelassen werden, und ist sozusagen nie voller als in der feuchten Jahreszeit, wo die Männer im Hausinnern schlafen und die Kühe und Ochsen im Stall gefüttert werden. Die Beziehung zwischen der Fruchtbarkeit der Menschen und des Feldes und dem dunklen Hausteil als hervorragender Fall der Äquivalenzbeziehung zwischen Fruchtbarkeit und Dunkelheit, zwischen dem Vollen (oder Geschwollenen) und dem Feuchten wird hier direkt hergestellt: das Getreide für den Verzehr wird in den großen irdenen Gefäßen an der hohen Wand beidseitig des Herds aufbewahrt, das Saatgut aber im dunklen Teil in Schafshäuten oder in Kisten am Fuße der Wand der Dunkelheit, bisweilen unter dem Ehebett, oder in Holzkisten unter der Bank an der Trennwand (Servier 1962, S. 229, 253).[1] Wenn man weiß, daß Geburt immer auch Wiedergeburt eines Vorfahren bedeutet, versteht man, daß der dunkle Hausteil zugleich und widerspruchslos Ort des Todes und der Zeugung sein kann.

An der Trennwand, zwischen dem »Haus der Menschen« und dem »Haus der Tiere«, befindet sich der Hauptpfeiler, der den Firstbalken (*asalas alemmas,* männlich) und den ganzen Dach-

1 Der Hausbau, der immer zur Hochzeit eines Sohnes stattfindet und die Geburt einer neuen Familie symbolisiert, ist wie die Hochzeit im Mai verboten (Maunier 1930).

stuhl des Hauses trägt. Nun wird der First, der seinen Schutz vom männlichen Hausteil auf den weiblichen ausdehnt, explizit mit dem Hausherrn gleichgesetzt, dem Beschützer der Familienehre, während der Hauptpfeiler, ein gegabelter Baumstamm (*thigejdith*, weiblich), auf dem er ruht, mit der Hausfrau identifiziert wird (Maunier zufolge bezeichnen ihn die Beni Khellili mit *Masâuda*, einem weiblichen Vornamen, der »die Glückliche« bedeutet), und die Verbindung beider Balken stellt die Paarung dar – die auf Wandmalereien wie die Vereinigung von First- und Stützbalken durch zwei Gabeln übereinander dargestellt wird (Devulder 1951).

Um den Firstbalken als Symbol der männlichen Macht windet sich das andere Symbol der befruchtenden Macht des Mannes und außerdem der Auferstehung, die Schlange, »Hüter« des Hauses, die bisweilen, beispielsweise in der Gegend von Collo, auf den von den Frauen gemauerten irdenen Behältern dargestellt ist, die das Saatgut enthalten, und von der es auch heißt, sie krieche bisweilen ins Haus hinunter, in den Schoß der unfruchtbaren Frau, sie dabei Mutter nennend. In Darma bindet die unfruchtbare Frau ihren Gürtel an den Firstbalken (Maunier 1930); an diesen Firstbalken hängt man die Vorhaut und das Schilfrohr, das zur Beschneidung diente; wenn man ihn knacken hört, sagt man eilig »Wohlsein«, weil dies ein Vorzeichen für den Tod des Familienoberhaupts ist. Bei der Geburt eines Knaben äußert man den Wunsch, er möge »der Firstbalken des Hauses« werden, und wenn dieser erstmals rituell fastet, nimmt er seine erste Mahlzeit danach auf dem Hausdach ein (damit er, heißt es, Firstbalken tragen könne). In vielen Rätseln und Sinnsprüchen wird die Frau explizit mit dem Hauptpfeiler gleichgesetzt: »Die Frau ist der Hauptpfeiler.« Zur Jungverheirateten sagt man: »Gott möge dich zu einem festen Pfeiler mitten im Haus machen.« In einem Rätsel heißt es: »Sie hält sich aufrecht und hat keine Füße.« Als nach oben geöffnete Gabel ist der Hauptpfeiler die weibliche Natur, fruchtbar oder besser: befruchtbar.

Als symbolische Zusammenfassung des Hauses ist die Vereinigung von *asalas* und *thigejdith*, die jeder Menschenehe ihren befruchtenden Schutz bietet, wie das Pflügen eine Hochzeit von Himmel und Erde: »Die Frau ist das Fundament, der Mann der Firstbalken«, heißt es in einem anderen Sprichwort. *Asalas*, in einem Rätsel definiert als »in der Erde geboren und im Himmel begraben« (Genevois 1963), befruchtet *thigejdith*, die in der Erde wurzelt und zum Himmel offen ist.

So ist das Haus nach einer Reihe von homologen Gegensätzen geordnet: trocken : feucht :: oben : unten :: Licht : Finsternis :: Tag : Nacht :: männlich : weiblich :: *nif* : *h'urma* :: befruchtend : befruchtbar. Doch faktisch werden dieselben Gegensätze zwischen dem Haus insgesamt und der übrigen Welt aufgestellt. In seinem Verhältnis zur eigentlich männlichen Welt des öffentlichen Lebens und der Feldarbeiten betrachtet, ist das Haus, die Welt der Frau, *h'aram,* d. h. zugleich geheiligt und verboten für jeden Mann, der nicht dazugehört (daher der Ausdruck in feierlichen Gelöbnissen: »möge mir meine Frau – oder mein Haus – verboten *(h'aram)* werden, wenn ich ...). Der entfernte Verwandte (oder nahe, aber über die Frauen, wie der Bruder der Ehefrau), der erstmals in ein Haus eingeführt wird, gibt der Hausherrin eine Summe Geldes, die »der Anblick« *(thizri)* genannt wird. Als Ort des linken Geheiligten, der *h'urma,* mit dem alle mit dem dunklen Hausteil assoziierten Eigenschaften verbunden sind, steht das Haus unter dem Schutz des männlichen Ehrgefühls *(nif)*, wie der dunkle Hausteil unter dem Schutz des Firstbalkens. Jede Entweihung des geheiligten Raums erhält dann die soziale Bedeutung eines Frevels: so wird der Diebstahl aus einem bewohnten Haus in den Verzeichnissen des Gewohnheitsrechts wegen der Schmach für die *h'urma* und der Beleidigung des *nif* des Familienoberhaupts als äußerst schweres Vergehen behandelt.

Daß die Frau im Haus eingeschlossen ist, kann man mit Fug nur sagen, wenn man zugleich beachtet, daß der Mann daraus ausgeschlossen ist, zumindest tagsüber. Der Platz des Mannes ist draußen, auf dem Feld oder in der Versammlung: das wird dem kleinen Jungen schon sehr früh beigebracht. Daher die Formel, die die Frauen wiederholen und mit der sie zu verstehen geben, daß der Mann vieles nicht weiß, was im Hause vor sich geht: »O Mann, armer Unglücklicher, den ganzen Tag auf dem Feld wie ein Packesel!« Schon bei Tagesanbruch muß er sich sommers auf dem Feld oder in der Versammlung aufhalten; winters, wenn er nicht auf dem Feld ist, am Versammlungsort oder auf den Bänken im Windfang des Hofeingangs. Sogar nachts, zumindest in der trockenen Jahreszeit, schlafen die Männer und die beschnittenen Knaben außerhalb des Hauses, entweder bei den Mühlsteinen, auf der Tenne, neben dem gefesselten Esel oder Maultier, oder auf der Feigendarre, seltener auf der *thajmaâth*.[1] Wer tagsüber zuviel im Hause bleibt, macht sich verdächtig oder lächerlich: er ist ein »Hausmann«, wie man den Störenfried bezeichnet, der bei den Frauen bleibt und »im Hause brütet wie eine Henne im Nest«. Der Mann mit Selbstachtung muß sich zeigen, sich ständig den Blicken der anderen aussetzen, ihnen die Stirn, das Gesicht bieten: er ist Mann unter Männern *(argaz yer irgazhen)*. Beziehungen zwischen Männern werden draußen hergestellt: »Freunde sind Freunde des Draußen und nicht des *kanun*.«

Verständlich wird, daß alle biologischen Aktivitäten wie Essen, Schlafen, Zeugen, Gebären aus der Außenwelt verbannt (»das Huhn, heißt es, legt nicht auf dem Markt«) und in das Haus als Zuflucht der Intimität und der Naturgeheimnisse verwiesen sind, in die Welt der Frau, die die Natur zu pflegen hat und vom öffentlichen Leben ausgeschlossen ist. Im Gegensatz zur Mannesarbeit, die im hellen Tageslicht verrichtet wird, muß Frauenarbeit im Dunkeln und Verborgenen bleiben (»Gott verbirgt sie«, heißt es): »drinnen ist sie rastlos, sie strampelt wie eine Fliege in der Molke; draußen (oben) wird nichts von ihrer Arbeit sichtbar.« Zwei sehr ähnliche Spruchweisheiten definieren die Lage der Frau, die keinen andern Aufenthaltsort kennen kann als das Grab: »Dein Haus ist Dein Grab«; »die Frau hat nur zwei Bleiben, das Haus und das Grab«.

So deckt sich der Gegensatz zwischen dem Haus der Frauen und der Versammlung der Männer, zwischen dem privaten und dem öffentlichen Leben oder, wenn man so will, zwischen dem hellen Tageslicht und dem Geheimnis der Nacht, ziemlich genau mit dem Gegensatz zwischen dem niederen, dunklen und nächt-

1 Die mit der Teilung in eine trockene und eine feuchte Jahreszeit verknüpfte Dualität des Rhythmus zeigt sich auch in der häuslichen Ordnung: der Gegensatz zum niederen und hohen Teil des Hauses wird im Sommer durch den Gegensatz zwischen dem eigentlichen Haus, in das sich die Frauen und Kinder zum Schlafen zurückziehen und wo die Vorräte angelegt werden, und dem Hof ersetzt, wo das Herdfeuer und die Handmühle eingerichtet, die Mahlzeiten eingenommen und gelegentlich Feste und Feiern abgehalten werden.

lichen Teil des Hauses und dem hohen, edlen und lichten Teil[1]: anders gesagt, erhält der Gegensatz zwischen der Außenwelt und dem Haus erst dann seinen vollen Sinn, wenn man gewahr wird, daß einer der Ausdrücke dieser Beziehung, nämlich das Haus, selbst nach denselben Prinzipien gespalten ist, die es dem andern Ausdruck gegenüberstellen. Es ist also wahr und falsch zugleich, wenn man sagt, die Außenwelt stehe dem Haus ebenso gegenüber wie das Männliche dem Weiblichem, der Tag der Nacht, das Feuer dem Wasser usw., weil der zweite Ausdruck dieser Gegensätze jedesmal in sich selbst und in sein Gegenteil gespalten ist.

Als nach denselben Gegensätzen, wie sie die Welt ordnen, geordneter Mikrokosmos steht das Haus in einer Beziehung der Homologie zur übrigen Welt; doch aus einer anderen Sicht steht das Haus insgesamt zur übrigen Welt in einer Beziehung des Gegensatzes, deren Prinzipien keine anderen sind als die, nach welchen sowohl der Innenraum des Hauses als auch die übrige Welt und, allgemeiner noch, alle Daseinsbereiche geordnet sind. So beruht der Gegensatz zwischen der Welt des Frauenlebens und der Welt der Männergemeinschaft auf denselben Prinzipien wie die beiden Systeme von Gegensätzen, die er einander gegenüberstellt. Die Anwendung des *principium divisionis* auf entgegengesetzte Bereiche, aus der ihr Gegensatz erst gebildet wird, gewährleistet eine Ökonomie und einen Zuwachs an Schlüssigkeit, ohne dagegen eine Verwechslung zwischen den Gebieten nach sich zu ziehen. Die Struktur vom Typ $a : b :: b_1 : b_2$ ist gewiß eine der einfachsten und mächtigsten Strukturen, die ein mythisch-rituelles System verwenden kann, da sie nicht gegenüberstellen kann, ohne zugleich zu vereinen, wobei sie durch einfache endlos wiederholte Anwendung desselben Teilungsprinzips unendlich viele Daten in eine einheitliche Ordnung bringen kann. Jeder der beiden Hausteile (und zugleich jeder eingebrachte Gegen-

1 Der Gegensatz zwischen dem Haus und dem Versammlungshaus *(thajmaâth)* ist eindeutig aus dem Unterschied zwischen den beiden Bauplänen herauszulesen: während das Haus durch die Tür in der Vorderwand erschlossen wird, stellt sich das Versammlungshaus als ein langer überdachter Gang mit zwei völlig offenen Giebeln dar, den man vom einen Ende zum anderen durchschreitet.

stand und jede darin ausgeführte Tätigkeit) ist sozusagen zweistufig festgelegt: erstens als weiblich (nächtlich, dunkel usw.) insofern, als er zur Welt des Hauses gehört, und zweitens als männlich oder weiblich, je nachdem, ob er zum einen oder anderen Teil dieser Welt gehört. So ist zum Beispiel unter dem Sprichwort »der Mann ist die Lampe des Draußen, die Frau ist die Lampe des Drinnen« zu verstehen, daß der Mann das wahre Licht ist, das Tageslicht, die Frau das Licht der Dunkelheit, der dunklen Helle; und bekanntlich verhält sie sich zum Mond wie der Mann zu Sonne. Desgleichen erzeugt die Frau durch die Wollweberei den wohltätigen Schutz des Gewebes, dessen Weiße das Glück beschwört (»die weißen Tage« sind die glücklichen Tage, und zahlreiche Praktiken bei der Hochzeit, wie das Besprengen mit Milch, sollen die Frau »weiß« machen); der Webstuhl, das Werkzeug der weiblichen Tätigkeit schlechthin, wie ein Mann oder wie der Pflug gen Osten *gewandt,* ist zugleich der Osten des Innenraums und hat als Symbol des Schutzes einen männlichen Wert. Desgleichen ist der Herd als Nabel des Hauses (das selbst mit dem Bauch einer Mutter gleichgesetzt wird), in dem das Feuer brütet, das geheime, verborgene, weibliche Feuer, der Bereich der Frau, die über alles, was mit Kochen und Vorratshaltung zusammenhängt, vollkommene Verfügungsgewalt hat[1]; am Herd nimmt sie ihre Mahlzeiten ein, während der nach draußen gewandte Mann mitten im Raum oder im Hof ißt. Indes leitet sich die magische Kraft des Herdfeuers und seiner Einfassungssteine in allen Riten, in denen sie vorkommen, ob zum Schutz vor bösem Blick oder Krankheit oder zum Schönwettermachen, aus ihrer Zugehörigkeit zur Ordnung des Feuers, des Trockenen und der Sonnenhitze her.[2] Das Haus selber ist mit einer doppelten

1 Der Schmied ist der Mann, der wie das Weib seinen ganzen Arbeitstag drinnen am Herd verbringt.

2 Der Herd ist der Ort einer Reihe von Riten und Gegenstand von Verboten, die aus ihm das Gegenteil des dunklen Hausteils machen. Beispielsweise ist es verboten, die Asche nachts zu berühren, in den Herd zu spucken, Wasser hineinfließen zu lassen oder Tränen darein zu vergießen (Maunier). Desgleichen nutzen Riten, die anderes Wetter herbeiführen sollen und auf einer Umkehrung beruhen, den Gegensatz zwischen dem trockenen und dem feuchten Teil des Hauses: um beispielsweise vom feuchten Wetter zum trockenen zu gelangen, legt man einen Wollkamm (einen mit Feuer herge-

Bedeutung belegt. Zwar steht es der Öffentlichkeit gegenüber wie die Natur der Kultur, doch ist es in einem anderen Verhältnis auch Kultur: heißt es nicht vom Schakal, der leibhaftigen wilden Natur, er baue sich kein Haus?

Das Haus und erweitert auch das Dorf, das volle Land *(laâmara)* oder *thamurth iâamaran),* das menschenbevölkerte umfriedete Gebiet, stehen in einem bestimmten Verhältnis zu den menschenleeren Feldern, *lakhla* genannt, dem leeren und unfruchtbaren Raum. So glauben die Einwohner von Tadder-el-Djeddid, Leute, die außerhalb der Dorfumfriedung bauen, riskierten das Aussterben ihrer Familie (Maunier, 1930); derselbe Glaube findet sich andernorts, und ausgenommen werden nur der Garten, selbst wenn er weit vom Haus entfernt ist, der Obstgarten oder die Feigendarre als Orte, die irgendwie zum Dorf und zu seiner Fruchtbarkeit gehören. Doch der Gegensatz schließt die Homologie zwischen der Fruchtbarkeit der Menschen und der Fruchtbarkeit des Feldes nicht aus, die beide das Produkt der Vereinigung des männlichen und des weiblichen Prinzips sind, der Sonnenhitze und der Erdfeuchte. Genau diese Homologie nämlich liegt den meisten Riten zugrunde, die die Fruchtbarkeit der Menschen und des Bodens gewährleisten sollen, ob es nun um die Küche geht, die strikt den Gegensätzen des Bauernjahrs und damit den Rhythmen des Bauernkalenders unterworfen ist, oder um die Riten der Erneuerung der Herdsteine *(iniyen),* die den Übergang von der feuchten Jahreszeit zur trockenen oder den Beginn des Jahres bezeichnen, oder, noch allgemeiner, um alle Riten im Hausinnern als verkleinertem Abbild des Kosmos: wenn Frauen in die eigentlichen Bauernriten einbezogen werden, beruhen ihre rituellen Handlungen immer noch auf der Homologie zwischen der Fruchtbarkeit des Bodens und der Fruchtbarkeit der Menschen. Man könnte kein Ende finden bei der Aufzählung der Riten, die im Hausinnern vollzogen werden und nur den Anschein häuslicher Riten haben, weil sie untrennbar zugleich auch die Fruchtbarkeit des Feldes und die Fruchtbarkeit

stellten und mit Weben verknüpften Gegenstand) und eine glühende Kohle nachts auf die Schwelle; um umgekehrt vom trockenen Wetter zum feuchten zu kommen, bespritzt man den Wollkamm nachts auf der Schwelle mit Wasser.

des Hauses zu gewährleisten trachten. Das Haus muß nämlich voll sein, damit das Feld voll werde und die Frau zum Gedeihen des Feldes beitrage, indem sie sich unter anderem der Aufgabe widmet, die vom Manne produzierten Güter zu sammeln, einzuteilen, aufzubewahren und im Hause sozusagen alles Gut festzuhalten, das hineingelangen kann. »Der Mann, heißt es, ist wie der Zufluß, die Frau wie die Schüssel«, der eine bringt heran, die andere fängt auf und bewahrt. Der Mann »ist der Haken, an dem die Körbe hängen«, der Versorger, wie Skarabäus, Spinne oder Biene. Die Frau aber sagt: »Verwalte dein Gut wie einen Kienspan. Es gibt ein Heute, es gibt ein Morgen, es gibt das Grab; Gott vergibt dem, der etwas hinterlassen hat, und nicht dem, der alles verzehrt hat.« Auch heißt es, »eine sparsame Frau ist mehr wert als ein Gespann pflügender Ochsen«. Wie das »volle Land« im Gegensatz zum »leeren Raum« steht »die Fülle des Hauses« *(laâmmara ukham)*, d. h. meist »die Alte«, die spart und anhäuft, im Gegensatz zur »Leere des Hauses« *(lakhla ukham)*, meist der Schwiegertochter. Im Sommer muß die Haustür den ganzen Tag offenstehen, damit das befruchtende Sonnenlicht und mit ihm der Wohlstand hereinkann. Die verschlossene Tür bedeutet Hungersnot und Unfruchtbarkeit: sich auf die Schwelle setzen, heißt den Durchgang zu Glück und Fülle sperren. Um jemand Wohlstand zu wünschen, sagt man: »möge deine Tür offenbleiben«, oder »möge dein Haus offen sein wie eine Moschee«. Vom Reichen und Großzügigen heißt es: »Sein Haus ist eine Moschee, es steht allen offen, Armen und Reichen, es ist Fladen und Kuskus, es ist voll« (*thaâmmar; âammar* heißt, wenn von einer Frau die Rede ist, sparsam und haushälterisch sein); Großzügigkeit ist eine Kundgebung von Wohlstand, die Wohlstand garantiert. Die meisten sachlichen und rituellen Handlungen, die der Frau zukommen, sind von der objektiven Absicht geleitet, das Haus wie der Gabelpfeiler *thigejdith* für den Firstbalken *asalas alemmas* zum Gefäß des Wohlstands zu machen, der von außen hineinkommt, zum Bauch, der wie der Boden den Samen empfängt, und umgekehrt das Wirken aller zentrifugalen Kräfte aufzuheben, die dem Haus das ihm Anvertraute nehmen können.

So zum Beispiel ist es verboten, am Tage der Geburt eines Kindes oder Kalbs oder auch beim ersten Pflügen Feuer zu geben[1]; am Ende des Dreschens darf nichts aus dem Haus gehen und muß die Frau alle ausgeliehenen Gegenstände zurückholen; die Kolestralmilch der ersten drei Tage nach dem Kalben darf nicht aus dem Haus gegeben werden; die Braut darf die Schwelle nicht vor dem siebten Tag nach ihrer Hochzeit überschreiten; die Wöchnerin darf das Haus nicht vor dem vierzigsten Tag verlassen; der Säugling darf nicht vor Aït Seghir hinaus; die Handmühle darf nie verliehen werden, wenn man sie leerstehen läßt, bringt man Hungersnot über das Haus; man darf das Gewebe nicht fortbringen, bevor es fertig ist; wie das Ausborgen von Feuer ist das Kehren als Akt der Austreibung an den vier ersten Pflügetagen verboten; das Hinaustragen des Toten wird »erleichtert«, damit er den Wohlstand nicht mit sich fortnehme[2]; die »ersten Ausgänge«, z. B. der Kuh am vierten Tag nach dem Kalben, oder der Molke, sind von Opfergaben gekennzeichnet.

»Leere« kann Ergebnis eines Akts der Austreibung sein; sie kann auch mit manchen Gegenständen wie dem Pflug hineingebracht werden, der zwischen zwei Pflügetagen nicht ins Haus darf, oder mit den Sandalen des Pflügers *(arkasen)*, die mit *lakhla* assoziiert werden, dem Raum, der leer und unfruchtbar ist (wie der *ikhla* Genannte, der verschwenderische und alleinstehende Mann), oder wie manche Leute, wie die Alten, weil sie die Unfruchtbarkeit mit sich bringen und es viele Häuser gibt, die sie zum Verkauf gebracht und in die sie Diebe eingeführt haben. Im Gegensatz dazu sollen zahlreiche rituelle Akte das »Vollwerden« des Hauses gewährleisten, wie die, ins Fundament, auf den ersten Stein, nachdem das Blut eines Tieres darauf vergossen wurde, die Bruchstücke einer Hochzeitslampe zu werfen (die in den meisten

1 Umgekehrt bedeutet das Einbringen neuer Herdsteine ins Haus zu Eröffnungszeiten Erfüllung, Einbringen von Gutem und Schönem; daher beziehen sich Vorhersagen unter diesen Umständen auf Wohlstand und Fruchtbarkeit: wenn man einen weißen Wurm unter diesen Steinen findet, gibt es in diesem Jahr eine Geburt; ein grüner Grashalm bedeutet eine gute Ernte; Ameisen eine gewachsene Herde; eine Kellerassel neues Vieh.

2 Um jemand zu trösten, sagt man: »Er wird die *baraka* dalassen« bei einem Erwachsenen, oder »die *baraka* ist nicht aus dem Haus« bei einem kleinen Kind. Der Tote wird bei der Tür niedergelegt, den Kopf nach draußen gewandt; Wasser wird auf der Stallseite warmgemacht und die Leichenwäsche erfolgt am Eingang zum Stall; angekohltes Holz und Asche von diesem Feuer werden außerhalb des Hauses verstreut; das Brett, auf dem der Tote gewaschen wurde, bleibt drei Tage vor der Tür.

Fruchtbarkeitsriten eine Rolle spielt) oder die junge Braut bei ihrem Eintreten ins Haus auf einen Schlauch voller Getreide niedersitzen zu lassen. Jedes erste Eintreten in ein Haus ist eine Bedrohung für die Fülle der Innenwelt, welche die Riten der Schwelle, Beschwichtigungs- und Vorbeugeriten zugleich, bannen sollen: das neue Ochsengespann wird von der Hausherrin empfangen, der »Fülle des Hauses«, die eine Schafshaut auf die Schwelle legt, auf die die Handmühle gestellt wird und die das Mehl auffängt. Die meisten Riten, die Fruchtbarkeit in den Stall und damit ins Haus bringen sollen (»ein Haus ohne Kuh ist ein leeres Haus«, heißt es), trachten danach, die Beziehung zwischen der Milch, dem Grünblauen (*azegzaw*, das außerdem das Rohe *thizegzawth* ist), dem Gras, dem Frühling, der Kindheit der Naturwelt und des Menschen magisch zu verstärken: zur Tag- und Nachtgleiche im Frühjahr bei der Rückkehr des *azal* pflückt der Schäferjunge, der durch sein Alter und seine Funktion doppelt mit dem Wachsen des Feldes und des Viehbestands zu tun hat, einen »Strauß von allem, was der Wind im Feld bewegt«, um ihn am Türstock aufzuhängen (Rahmani 1936); man vergräbt auch ein Kräutersäckchen mit Kümmel, Benzoe und Indigo an der Schwelle des Stalles und spricht dazu: »O Grünblaues *(azegzaw)*, mach, daß die Butter nicht abnimmt!« Man hängt frischgepflückte Pflanzen ans Butterfaß und reibt damit alle Milchbehälter aus. Der Eintritt der jungen Ehefrau hat von allen die schwersten Folgen für die Fruchtbarkeit und Fülle des Hauses: während sie noch auf dem Maultier sitzt, das sie vom Haus ihres Vaters hergebracht hat, gibt man ihr Wasser, Weizenkörner, Feigen, Nüsse, hartgekochte Eier oder Krapfen, alles Dinge (gleichviel, wie die örtlichen Varianten sein mögen), die mit der Fruchtbarkeit der Frau und des Bodens assoziiert werden, und sie wirft sie zum Haus und läßt damit sozusagen der Fruchtbarkeit und Fülle den Vortritt, die sie ins Haus bringen soll. Sie überquert die Schwelle huckepack auf einem Verwandten ihres Mannes oder bisweilen (Maunier 1930) auf dem Rücken eines Schwarzen (jedenfalls nie auf dem Rücken ihres Gatten), der als Abschirmung die bösen Kräfte auffängt, die ihre Fruchtbarkeit beeinträchtigen können und die in der Schwelle als Ort des Aneinanderstoßens entgegengesetzter Welten lauern: eine Frau darf sich nie mit ihrem Kind auf die Schwelle setzen; das

Kleinkind und die junge Gattin, die wie alle Lebewesen in Grenzsituationen besonders gefährdet sind, dürfen sie nicht zu oft mit Füßen treten. So trägt die Frau, durch die die Fruchtbarkeit ins Haus kommt, ihrerseits zur Fruchtbarkeit der Ackerwelt bei: der Innenwelt verpflichtet, wirkt sie auch auf das Draußen, indem sie die Fülle drinnen gewährleistet und in ihrer Eigenschaft als Hüterin der Schwelle jene Tauschvorgänge ohne Gegenleistung überwacht, auf die nur die magische Logik kommen kann und durch die jeder der beiden Weltteile vom andern nur Fülle empfangen will, obwohl er ihm nur Leere darbietet.[1]

Doch das eine oder das andere dieser beiden Systeme von Gegensätzen, nach denen das Haus entweder in seiner inneren Ordnung oder in seinem Verhältnis zur Außenwelt definiert ist, schiebt sich in den Vordergrund, je nachdem, ob man das Haus aus männlicher oder aus weiblicher Sicht betrachtet: während das Haus für den Mann weniger ein Ort des Hineingehens und mehr ein Ort des Hinausgehens ist, kann die Frau diesen beiden Gängen und den damit zusammenhängenden verschiedenen Definitionen des Hauses nur eine umgekehrte Wichtigkeit und Bedeutung geben, weil die Bewegung nach draußen für sie vor allem in Akten der Austreibung besteht, und die Bewegung nach drinnen, d. h. von der Schwelle zum Herd, ihr selber zukommt. Die Bedeutung der Bewegung nach draußen wird nie besser sichtbar als in dem Ritus, den die Mutter am siebten Tag nach der Geburt ausführt, »damit ihr Sohn mutig werde«: mit gespreizten Beinen über der Schwelle stehend, setzt sie den rechten Fuß auf den Wollkamm und simuliert einen Kampf mit dem ersten Jungen, der vorbeikommt. Das Hinausgehen ist die eigentlich männliche Bewegung, die zu den anderen Männern führt, und auch zu den Gefahren und Bewährungsproben, denen man unbedingt *die Stirn bieten* muß, als Mann, der in Ehrensachen so unversöhnlich ist wie die Spitzen des Wollkamms.[2] Der Mann

1 An der Tür werden verschiedene Gegenstände aufgehängt, die miteinander gemein haben, die Doppelfunktion der Schwelle als selektiver Schranke aufzuzeigen, die das Leere und Böse anhalten und zugleich das Volle und Gute hineinlassen soll.

2 Während das Mädchen bei der Geburt in einen weichen und sanften Seidenschal gewickelt wird, wird der Knabe mit trockenen und groben Schnüren gewickelt, die zum Binden der Garben dienen.

mit Selbstachtung muß morgens bei Tagesanbruch aus dem Haus, da das morgendliche Hinausgehn eine Geburt ist: daher auch die Bedeutung dessen, was ihm dabei über den Weg läuft, als Vorzeichen für den ganzen Tag, so daß er bei einem schlechten Omen (Begegnung mit dem Schmied, mit einer Frau, die einen leeren Schlauch trägt, mit Geschrei oder Streit, mit einer Mißgeburt) besser »seinen Morgen« oder »seinen Ausgang« nochmals von vorn beginnt.

Man versteht nun, warum der Ausrichtung des Hauses so große Bedeutung beigemessen wird: die Fassade des Haupthauses, in dem das Familienoberhaupt wohnt und das einen Stall enthält, ist fast stets nach Osten gewandt, wobei die Vordertür – im Gegensatz zur engen und niedrigen Hintertür des Hauses, die für die Frauen da ist und auf den Garten geht – gemeinhin als Tür des Ostens *(thabburth thacherqith)* oder auch als Straßentür, hohe Tür, große Tür bezeichnet wird.[1] Wegen der Anlage der Dörfer und der tieferen Lage des Stalls liegt der hohe Teil des Hauses mit dem Herd nach Norden, der Stall nach Süden und die Wand des Webstuhls nach Westen. Hieraus folgt, daß die Bewegung des Zugehens auf das Haus, um einzutreten, nach Westen gerichtet ist, im Gegensatz zu der des Hinausgehens, die mit der besten Richtung übereinstimmt, der Richtung nach Osten, d. h. nach oben, zum Licht, zum Guten und Schönen: der Pflüger richtet seine Ochsen beim Ein- und Ausschirren nach Osten aus und beginnt beim Pflügen von West nach Ost; desgleichen stellen sich die Schnitter mit dem Gesicht gen Osten auf und wird der Opferochse mit dem Kopf nach Osten abgestochen; man könnte kein Ende finden mit der Aufzählung der Handlungen, die in diese Haupt-

1 Selbstverständlich ist eine umgekehrte Ausrichtung des Hauses (wie man sie sehen kann, wenn man den Bauplan auf einer Folie von hinten betrachtet) möglich, obzwar selten. Es heißt ausdrücklich, daß alles, was von Westen kommt, Unglück bringt, und daß eine in diese Richtung gehende Tür nur Dunkelheit und Unfruchtbarkeit empfangen kann. Daß die Umkehrung des »Idealplans« selten ist, liegt faktisch zunächst daran, daß die Nebengebäude, wenn rechtwinklig um einen Hof herum angelegt, häufig einfache Wohnräume ohne Stall und Küche sind und daß der Hof auf der der Fassade des Haupthauses gegenüberliegenden Seite von der Rückseite des Nachbarhauses abgeschlossen wird, das selbst mit der Vorderseite nach Osten gewandt ist.

richtung ausgeführt werden, d. h. aller wichtigen Handlungen, bei denen es um das Wohlergehen der Gruppe geht.[1]
Wenn wir nun auf die innere Organisation des Hauses zurückkommen, stellen wir fest, daß deren Ausrichtung genau umgekehrt zu der des äußeren Raums ist, als sei sie durch eine Halbdrehung um die Schwelle oder die Vorderwand des Hauses als Achse zustande gekommen. Die Wand des Webstuhls, der man das Gesicht zuwendet, sobald man die Schwelle überschritten hat, und die direkt von der Morgensonne beleuchtet wird, ist das Licht des Drinnen (wie die Frau die Lampe des Drinnen ist), d. h. der Osten des Drinnen, symmetrisch zum Osten des Draußen, von dem er seine abgeleitete Helligkeit hat (bekanntlich empfängt der Hausherr seinen Gast neben dem Webstuhl). Die dunkle Innenseite der Fassade stellt den Westen des Hauses als Ort des Schlafes dar, den man hinter sich läßt, wenn man von der Tür zum *kanun* geht, wobei die Tür symbolisch dem »Tor des Jahres« entspricht, dem Beginn der feuchten Jahreszeit und des Bauernjahrs. Und ebenso erhalten die beiden Giebelwände, die Stallwand und die Wand des Herdes, einen entgegengesetzten Sinn, je nachdem, welche ihrer Seiten man betrachtet: dem äußeren Norden entspricht der Süden (und Sommer) des Hausinnern, d. h. die Seite des Hauses, die man vor sich und rechts von sich hat, wenn man mit dem Gesicht zum Webstuhl eintritt; dem äußeren Süden entspricht der Norden (und Winter) des Inneren, d. h der Stall, der hinter und links von dem Eintretenden[2] liegt, der von

1 Bekanntlich wurden die beiden *s'uff*, politische und kriegerische Bünde, die aufgeboten wurden, sobald es zu einem Zusammenstoß kam (und in unterschiedlichem Verhältnis zu den auf Verwandtschaft beruhenden sozialen Einheiten standen, das von Deckungsgleichheit bis zur völligen Getrenntheit ging), *s'uff* des Oben *(ufella)* und *s'uff* des Unten *(buadda)* oder *s'uff* der Rechten *(ayafus)* und *s'uff* der Linken *(azelmadh)* oder auch *s'uff* des Ostens *(acherqui)* und *s'uff* des Westens *(aghurbi)* genannt, wobei letztere, weniger gebräuchliche Bezeichnung zur Bezeichnung der Felder für rituelle Spiele beibehalten wurde (von denen sich die Logik der traditionellen Kämpfe zwischen den *s'uff* herleitete) und sich heute im Wortschatz der Kinderspiele erhalten hat.

2 In bestimmten Gegenden der Kabylei müssen sich die beiden Personen, die in einer *Grenz*situation sind, wie die junge Braut und der bei Gelegenheit desselben Festes beschnittene Knabe, auf der Schwelle begegnen.

der Tür zum Herd geht. Die Aufteilung des Hauses in einen dunklen Teil (West- und Nordseite) und in einen lichten Teil (Ost- und Südseite) entspricht der Aufteilung des Jahres in eine feuchte und eine trockene Jahreszeit. Kurz, jeder Außenseite der Mauer *(essur)* entspricht eine Region des Innenraums (die mit *tharkunt* bezeichnet wird, d. h. etwa »die Seite«), die im System der inneren Gegensätze einen symmetrischen und umgekehrten Sinn enthält; man kann also jeden der beiden Räume aus dem anderen durch eine Halbdrehung um die Schwelle als Achse erhalten. Man würde Gewicht und symbolischen Wert der Schwelle nicht richtig verstehen, wenn man nicht merken würde, daß sie ihre Funktion der magischen Grenze der Tatsache verdankt, daß sie zugleich Ort einer Wiedervereinigung der Gegensätze und einer logischen Umkehrung ist und daß sie in ihrer Eigenschaft als Stelle des Durchgangs und des zwangsläufigen Aneinanderstoßens der beiden Räume, die im Verhältnis zu *Körperbewegungen und sozial näher bezeichneten Wegen* definiert sind, der Ort ist, wo sich die Welt umkehrt.[1]

So hat jede dieser Welten ihren Osten, und die beiden am meisten mit Bedeutungen und magischen Folgen beschwerten Bewegungen, der Gang von der Schwelle zum Herd, der die Fülle bringen muß und dessen Ausführung oder rituelle Überwachung der Frau gebührt, und der Gang von der Schwelle zur Außenwelt, der infolge seines Eröffnungswerts alles einschließt, was die Zukunft sein wird, und besonders die Zukunft der bäuerlichen Arbeit, können konform mit der günstigen Richtung ausgeführt werden, d. h. von Westen nach Osten.[2] Die Doppelausrichtung

1 Man versteht damit, warum die Schwelle direkt oder indirekt mit Riten assoziiert wird, die eine Umkehrung des Laufs der Dinge bewirken sollen, indem sie eine Umkehrung der grundlegenden Gegensätze vornehmen, also beispielsweise den Riten zur Herbeiführung des Regens oder schönen Wetters, oder den Riten, die auf der *Schwelle zwischen den Perioden* praktiziert werden (z. B. die Nacht vor dem *En-nayer,* dem ersten Tag des Sonnenjahrs, in der Amulette an der Türschwelle vergraben werden).

2 Die Entsprechung zwischen den vier Ecken des Hauses und den vier Himmelsrichtungen drückt sich eindeutig in gewissen Beschwichtigungsriten aus dem Aurès aus: Bei der Erneuerung des Herds am Neujahrstag bäckt die *chaouïa*-Frau Krapfen, teilt den ersten in vier Stücke, die sie in die vier

des Raums des Hauses bewirkt, daß man zugleich mit dem rechten Fuß eintreten kann, im wörtlichen und im übertragenen Sinne, mit dem ganzen magischen Wohl, das mit dieser Einhaltung verknüpft ist, ohne je die Beziehung zu unterbrechen, die rechts mit oben, mit dem Licht und dem Wohl verbindet. Die Halbdrehung des Raumes um die Schwelle gewährleistet daher, wenn die Formulierung gestattet ist, die Maximierung des magischen Nutzens, weil die zentripetale und die zentrifugale Bewegung in einem Raum vollführt werden, der so geordnet ist, daß man mit dem Gesicht zum Licht eintritt und mit dem Gesicht zum Licht hinaustritt.[1]

Diese beiden symmetrischen und umgekehrten Räume sind nicht gegeneinander austauschbar, sondern hierarchisiert. Die Ausrichtung des Hauses wird in erster Linie von außen bestimmt, aus der Sicht der Männer, und, wenn man so sagen darf, durch die Männer und für die Männer, als Ort, wo die Männer herauskommen (»Männer, heißt es, sehen die Dinge von draußen durch die Tür; Frauen von drinnen durch die Tür«; »Ein Haus gedeiht durch die Frau; sein Äußeres ist schön durch den Mann«). Das Haus ist ein Reich im Reiche, das jedoch stets untergeordnet bleibt, weil es zwar alle Eigenschaften und Beziehungen enthält, die die archetypische Welt definieren, aber eine umgekehrte Welt, eine seitenverkehrte Spiegelung bleibt. »Der Mann ist die Lampe des Draußen, die Frau die Lampe des Drinnen.« Der Schein der Symmetrie darf nicht täuschen: die Lampe des Tages wird nur scheinbar im Verhältnis zur Lampe der Nacht definiert; in Wirklichkeit bleibt das nächtliche Licht als Männlich-Weibliches vom Tageslicht, von der Lampe des Tages, bestimmt und untergeordnet, d. h. vom Tag des Tages. »Der Mann

Ecken des Hauses wirft. Dasselbe macht sie mit dem rituellen Gericht am ersten Frühlingstag (Gaudry 1929, S. 58–59).

2 Um zu zeigen, daß es sich hier gewiß um ein sehr allgemeines Verfahren der magischen Logik handelt, genügt ein anderes, sehr ähnliches Beispiel: Die Araber des Maghreb hielten es für ein gutes Zeichen, berichtet Ben Cheneb, wenn ein Pferd einen weißen rechten Vorderfuß und weißen linken Hinterfuß hatte; der Herr eines solchen Pferdes konnte nur glücklich werden, da er zum Weißen hin aufstieg und zum Weißen hin abstieg – bekanntlich sitzen Araber von rechts auf und nach links ab (Ben Cheneb 1905/07, S. 312).

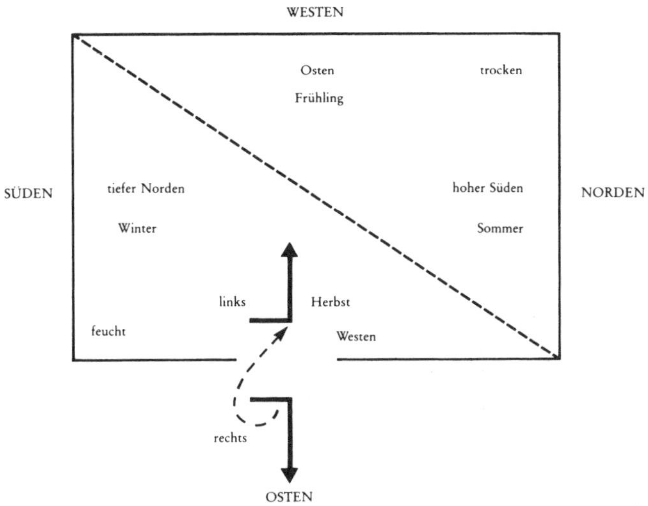

Die doppelte Ausrichtung des häuslichen Raumes. Die schwarzen gewinkelten Pfeile stellen die Positionen dar, die der Körper des Subjekts einnimmt.

erhofft von Gott, die Frau erwartet alles vom Mann«; »Die Frau, heißt es, ist krumm wie eine Sichel«; deshalb ist das geradeste dieser Wesen immer bloß gestrafft. Die verheiratete Frau findet auch ihren Osten im Innern des Hauses des Mannes, der jedoch nur eine Umkehrung des Westens ist. Heißt es nicht: »das junge Mädchen ist der Westen«? Der Vorrang, der der Bewegung nach draußen eingeräumt wird, durch die sich der Mann als Mann bestätigt, indem er dem Haus den Rücken zukehrt, um den Männern das Gesicht zu bieten, indem er den Weg des Ostens der Welt wählt, ist nur eine Form der kategorischen Ablehnung der Natur, der unvermeidliche Ursprung des Dranges, sich von ihr zu entfernen.

Literatur

I. Ethnographische, ethnologische und linguistische Arbeiten über die Kabylei

Anonym, »Démarches matrimoniales«, in: *Fichier de documentation berbère (F. D. B.)*, Fort-National, o. J.

Anonym, »L'Aïd S'Ghir en Kabylie«, in: *Bulletin de l'enseignement des indigènes (B. E. I.)*, Januar–Dezember 1934.

Anonym, »L'immolation«, in: *F. D. B.*, Fort-National 1954

Anonym, »Valeur du sang, rites et pratiques à intention sacrificielle«, in: *F. D. B.* Nr. 84, Fort-National 1964.

Balfet, H., »La poterie des Aïd Smaïl du Djurdjura: éléments d'étude esthétique«, in: *Revue Africaine* 99 (1955), 3. und 4. Trimester, S. 289–340.

Bassagana, R. und A. Sayad, *Habitat traditionnel et structures familiales en Kabylie*, Algier: Mémoires du CRAPE 1974.

Boulifa, S., *Méthode de langue kabyle. Etude linguistique et sociologique sur la Kabylie du Djurdjura.* Mit einem Glossar. 2. Unterrichtsjahr, Algier: Jourdan, 1913.

Calvet, L., »Rites agraires en Kabylie«, in: *Algéria*, Algier, Nr. 51 (N.S.), Oktober 1957, S. 18–23.

Chantréaux, G., »Le tissage sur métier de haute-lisse à Aït Hichem et dans le Haut-Sebaou«, in: *Revue africaine* 85 (1941), S. 78–116, 212–229 und 86 (1942), S. 261–313.

Dallet, J.-M., »Les i'assassen«, in: *F. D. B.*, Fort-National 1949.

Dallet, J.-M., »Le verbe kabyle«, in: *F. D. B.*, Fort-National 1953.

Deveaux, C., *Les Kébaïles du Djurdjura, Etudes nouvelles sur les pays vulgairement appelés la Grande Kabylie*, Marseille: Camion und Paris: Challamel 1859.

Devulder, M., »Peintures murales et pratiques magiques dans la tribu des Ouadhias«, in: *Revue Africaine* 95 (1951), S. 63–102.

Devulder, M., »Rituel magique des femmes kabyles, tribu des Ouadhias«, in: *Revue Africaine* 101 (1957), S. 299–362.

Genevois, H., »L'habitation kabyle«, in: *F. D. B.*, Nr. 46, Fort-National 1955.

Genevois, H., »Ayt-Embarek. Notes d'enquête linguistique sur un village des Beni-Smaïl de Kerrata«, in: *F. D. B.*, Nr. 49, Fort-National 1955.

Genevois, H., »Tawrirt n'At Mangellat«, in: *F. D. B.*, Fort-National 1962.

Genevois, H., »Trois cent cinquante énigmes kabyles«, in: *F. D. B.*, Fort-National 1963.

Genevois, H., »Sut-Tadut, la laine et le rituel des tisseuses«, in: *F. D. B.*, Fort-National 1967.
Genevois, H., »Superstition, Recours des femmes kabyles«, in: *F. D. B.* Teil I, Nr. 97; Teil II, Nr. 100, Fort-National 1968.
Genevois, H., »La femme kabyle: les travaux et les jours«, in: *F. D. B.*, Fort-National 1969.
Genevois, H., »La terre pour le Kabyle, ses bienfaits, ses mystères«, in: *F. D. B.*, Fort-National 1972.
Hanoteau, A., *Poésies populaires de la Kabylie du Djurdjura*, Paris: Imprimerie impériale 1867.
Hanoteau, A. und A. Letourneux, *La Kabylie et les coutumes kabyles*, Paris: Imprimerie nationale 1873.
Hassler, A., »Calendrier agricole«, in: *F. D. B.*, Fort-National 1942.
Hénine, »Préjugés locaux et coutumes agricoles locales«, in: *L'Education algérienne* 3 (Februar 1942), S. 19–26.
Lacoste, C., *Bibliographie ethnologique de la Grande Kabylie*, Mouton: Paris–La Haye 1962.
Lacoste-Dujardin, C., *Le conte kabyle*, Paris: François Maspero 1970.
Lanfry, J., »Dialogue entre l'homme et l'hiver«, in: *F. D. B.*, Fort-National 1947.
Lanfry, J., »La vie féminine en Kabylie, *lembarba*, abandon par l'épouse du domicile conjugal«, in: *F. D. B.*, Fort-National 1947.
Lefébure, C., »Linguistique et technologie culturelle, l'exemple du métier à tisser vertical berbère«, in: *Techniques et culture*, Bulletin de l'équipe de recherche 191, Nr. 3 (1978), S. 84–148.
Louis de Vincennes, Sr, »Les At Mengellat«, in: *F. D. B.*, Fort-National 1953.
Louis de Vincennes, Sr, »Les quatre saisons«, in: *F. D. B.*, Fort-National, o.J.
Marchand, H.-F., »Masques carnavalesques et carnaval en Kabylie«, in: *4e congrès de la Fédération des sociétés savantes de l'Afrique du Nord*, Rabat 1938, Algier 1939, S. 805–814.
Maunier, R., »La construction collective de la maison en Kabylie. Etude de coopération économique chez les Berbères du Djurdjura«, in: *Travaux et Mémoires de l'Institut d'Ethnologie*, III, Paris 1926.
Maunier, R., *Mélanges de sociologie nord-africaine*, Paris: Alcan 1930.
Maury, M., »Coutumes et croyances se rapportant à la vie agricole à Makouda, commune mixte de la Mizrana«, in: *B. E. I.* (1939), S. 37–47.
Ouakli, S., »Légendes kabyles sur le temps et les saisons«, in: *B. E. I.* (1933), S. 112–114.
Ouakli, S., »Aïn-Sla (légende kabyle)«, in: *B. E. I.* (1935), S. 14–16.
Ouakli, S., »Le calendrier agricole en Kabylie«, in: *B. E. I.* (1933), S. 25–28.
Picard, A., *Textes berbères dans le parler des Irjen*, Algier: Typolitho 1968.

Rahmani, S., »Les trois premiers jours des labours chez les Beni Amrous«, in: *B. E. I.*, Nr. 292 (1933).
Rahmani, S., »Le mois de mai chez les Kabyles«, in: *Revue Africaine* 76 (1935), S. 361–366.
Rahmani, S., »Rites relatifs à la vache et au lait«, in: *2ᵉ Congrès de la Fédération des sociétés savantes d'Afrique du Nord, Tlemcen 1936*, Algier 1936, S. 791–809; *Revue Africaine* 80 (1936), 2. und 3. Trimester, S. 791–809.
Rahmani, S., »La grossesse et la naissance au Cap Aokas«, in: *3ᵉ Congrès de la Fédération des sociétés savantes d'Afrique du Nord, Constantine 1937*, Algier 1938, S. 217–246.
Rahmani, S., »L'enfant chez les Kabyles jusqu'à la circoncision«, in: *4ᵉ Congrès de la Fédération des sociétés savantes d'Afrique du Nord, Rabat 1938*, Algier 1939, S. 815–842; wieder in: *Revue Africaine* 82 (1938), 1. Trimester, S. 65–120.
Rahmani, S., »Coutumes kabyles du Cap Aokas«, in: *Revue Africaine* 83 (1939), 1. Trimester.
Rahmani, S., »Le tir à la cible et le nif en Kabylie«, in: *Revue Africaine* 93 (1949), 1. und 2. Trimester, S. 126–132.
Rolland, C., »L'enseignement indigène et son orientation vers l'agriculture«, in: *B. E. I.* (1912).
Saint-François, Sr und Sr Louis de Vincennes, »Politesse féminine kabyle«, in: *F. D. B.*, Fort-National 1952.
Schœn, P., »Les travaux et les jours du paysan kabyle«, in: *Liens*, Nr. 12, 1. Trimester 1960, S. 1–63.
Servier, J., *Les portes de l'année*, Paris: Laffont 1962.
Servier, J., *L'homme et l'invisible*, Paris: Laffont 1964.
van Gennep, A., »Etudes d'ethnographie algérienne«, in: *Revue d'ethnologie et de sociologie*, 1911, S. 1–103.
Yamina (Aït Amar oder Saïd), »Tarurirt Uzal (chez les Aït Mangellet)«, in: *F. D. B.*, Fort-National 1952.
Yamina (Aït Amar oder Saïd), »Le mariage en Kabylie«, übersetzt von Sr Louis de Vincennes, in: *C. E. B. F.*, Teil I (Februar 1953); Teil II (3. Trimester 1953). Neuausgabe 1960.
Zellal, B., »Le roman de chacal, contes d'animaux«, in: *F. D. B.*, Nr. 81, Fort-National 1964.

II. Zum Vergleich wurden vor allem herangezogen

Basset, A., *Textes berbères du Maroc (parler des Aït Sadden)*, Paris: Imprimerie nationale 1963.

Basset, H., »Les rites du travail de la laine à Rabat«, in: *Hesperis* 2 (1922), S. 139–160.

Ben Cheneb, M., *Proverbes arabes d'Alger et du Maghreb*, Paris: Leroux 1905–1907.

Biarnay, S., »Notes sur les chants populaires du Rif«, in: *Archives berbères* 1 (1915) 1, S. 23f.

Biarnay, S., *Notes d'ethnographie et de linguistique nord-africaines*, Paris: Leroux 1924.

Biarnay, S., *Etudes sur le dialecte berbère d'Ouargla*, Paris 1909.

Bourilly, J., *Eléments d'ethnographie marocaine*, hg. von E. Laoust, Paris: Librairie coloniale et orientaliste Larose 1932.

Destaing, E., »Interdictions de vocabulaire en berbère«, in: *Mélanges René Basset*, Bd. 2.

Destaing, E., *Fêtes et coutumes saisonnières chez les Beni Snous*, Algier: Jourdan 1907.

Destaing, E., *Etudes sur le dialecte berbère des Beni Snous*, Paris: Leroux 1911.

Doutté, Ed., *Magie et religion dans l'Afrique du Nord*, Algier 1909.

Galand-Pernet, P., »La vieille et la légende des jours d'emprunt au Maroc«, in: *Hesperis* (1958), 1. und 2. Trimester, S. 29–94.

Galand-Pernet, P., »Un ›schème-grille‹ de la poésie berbère, étude du motif des métamorphoses dans les poèmes chleuhs«, in: *Word* 25 (1969) I/3, S. 120–130.

Gaudry, M., *La femme chaouia de l'Aurès. Etudes de sociologie berbère*, Paris: Geuthner 1929.

Laoust, E., »Le nom de la charrue et de ses accessoires chez les Berbères«, in: *Archives berbères* 3 (1918) 1, S. 1–30.

Laoust, E., *Mots et choses berbères, notes de linguistique et d'ethnographie*, Paris: Challamel 1920.

Laoust, E., »Noms et cérémonies des feux de joie chez les Berbères du Haut et de l'Anti-Atlas«, in: *Hesperis* (1921).

Laoust, E., *Etude sur le dialecte berbère du Chenoua*, Paris: Leroux 1912.

Laoust, E., *Etude sur le dialecte berbère des Ntifa*, Paris 1918.

Levi-Provençal, E., »Pratiques agricoles et fêtes saisonnières des tribus Djebalah de la vallée moyenne de l'Ouargla«, in: *Archives berbères* 3 (1918).

Marçais, W., und A. Guiga, *Textes arabes de Takrouna*, Paris: Leroux 1925.

Menouillard, »Pratiques pour solliciter la pluie«, in: *Revue tunisienne* (1910).

Monchicourt, C., »Mœurs indigènes: les rogations pour la pluie (Thlob en nô)«, in: *Revue tunisienne* (1915), S. 65–81.
Tillion, G., »Les sociétés berbères de l'Aurès méridional«, in: *Africa* (1938).
Westermarck, E., *Ritual and Belief in Marocco,* London: Mac Millan 1926.
Westermarck, E., »The popular rituals of the great feasts in Marocco«, in: *Folklore* (1911).

Register

Pierre Bourdieu im Suhrkamp Verlag

Algerische Skizzen. Übersetzt von Andreas Pfeuffer, Achim Russer, Bernd Schwibs u. a. 523 Seiten. Gebunden

Ein soziologischer Selbstversuch. Übersetzt von Stephan Egger. Mit einem Nachwort von Franz Schultheis. es 2311. 151 Seiten

Entwurf einer Theorie der Praxis. Übersetzt von Cordula Pialoux und Bernd Schwibs. Mit Abbildungen. stw 291. 493 Seiten

Die feinen Unterschiede. Kritik der gesellschaftlichen Urteilskraft. Übersetzt von Bernd Schwibs und Achim Russer. Gebunden und stw 658. 910 Seiten

Homo academicus. Übersetzt von Bernd Schwibs. Gebunden, kartoniert und stw 1002. 455 Seiten

Die männliche Herrschaft. Übersetzt von Jürgen Bolder. 211 Seiten. Gebunden

Meditationen. Zur Kritik der scholastischen Vernunft. Übersetzt von Achim Russer. Gebunden und stw 1695. 335 Seiten

Praktische Vernunft. Zur Theorie des Handelns. Übersetzt von Hella Beister. es 1985. 226 Seiten

Rede und Antwort. Übersetzt von Bernd Schwibs. es 1547. 237 Seiten

Reflexive Anthropologie. Mit Loïc J. D. Wacquant. Übersetzt von Hella Beister. stw 1793. 351 Seiten

NF 147/1/10.15

Die Regeln der Kunst. Genese und Struktur des literarischen Feldes. Übersetzt von Bernd Schwibs und Achim Russer. stw 1539. 552 Seiten

Sozialer Sinn. Kritik der theoretischen Vernunft. Übersetzt von Günther Seib. stw 1066. 503 Seiten

Soziologische Fragen. Übersetzt von Hella Beister und Bernd Schwibs. es 1872. 256 Seiten

Über den Staat. Vorlesungen am Collège de France 1989-1992. Übersetzt von Horst Brühmann und Petra Willim. 722 Seiten. Gebunden

Zur Soziologie der symbolischen Formen. Übersetzt von Wolfgang Fietkau. stw 107. 201 Seiten

Schriften

Band 7: Politik. Schriften zur Politischen Ökonomie 2. Herausgegeben von Franz Schultheis und Stephan Egger. Übersetzt von Roswitha Schmid, Hella Beister, Eva Kessler, Achim Russer und Bernd Schwibs. stw 2056. 374 Seiten

Band 12.1: Kunst und Kultur. Zur Ökonomie symbolischer Güter. Schriften zur Kultursoziologie 4. Herausgegeben von Franz Schultheis und Stephan Egger. Übersetzt von Hella Beister. stw 2106. 256 Seiten

Band 12.2: Kunst und Kultur. Kunst und künstlerisches Feld. Schriften zur Kultursoziologie 4. Herausgegeben von Franz Schultheis und Stephan Egger. Übersetzt von Michael Tillmann, Bernd Schwibs, Hella Beister, Wolfgang Fietkau und Bernhard Dieckmann. stw 2126. 546 Seiten

NF 147/2/10.15

Band 12.3: Kunst und Kultur. Kultur und kulturelle Praxis. Schriften zur Kultursoziologie 4. Herausgegeben von Franz Schultheis und Stephan Egger. Übersetzt von Bernd Schwibs, Achim Russer, Udo Rennert, Michael Tillmann und Hella Beister. stw 2146. 684 Seiten

Band 13: Religion. Schriften zur Kultursoziologie 5. Herausgegeben von Franz Schultheis und Stephan Egger. Übersetzt von Andreas Pfeuffer, Hella Beister und Bernd Schwibs. stw 1975. 278 Seiten

Zu Pierre Bourdieu

Bourdieu und Luhmann. Ein Theorienvergleich. Herausgegeben von Armin Nassehi und Gerd Nollmann. stw 1696. 350 Seiten

Pierre Bourdieu: Deutsch-französische Perspektiven. Herausgegeben von Catherine Colliot-Thélène, Etienne François und Gunter Gebauer. stw 1752. 329 Seiten

Hans-Peter Müller. Pierre Bourdieu. Eine systematische Einführung. stw 2110. 372 Seiten

Soziologie ist ein Kampfsport. Pierre Bourdieu im Portrait. Von Pierre Carles. fes 5. DVD, OmU, 140 min.

NF 147/3/10.15

Soziologie und Systemtheorie im Suhrkamp Verlag Eine Auswahl

Dirk Baecker

- Beobachter unter sich. Eine Kulturtheorie. Gebunden. 309 Seiten
- Die Form des Unternehmens. stw 1453. 288 Seiten
- Neurosoziologie. Ein Versuch. eu 52. 262 Seiten
- Organisation als System. stw 1434. 384 Seiten
- Organisation und Management. stw 1614. 348 Seiten
- Organisation und Störung. Aufsätze. stw 2012. 336 Seiten

Elena Esposito

- Die Fiktion der wahrscheinlichen Realität. Aus dem Italienischen von Nicole Reinhardt. es 2485. 127 Seiten
- Soziales Vergessen. Formen und Medien des Gedächtnisses der Gesellschaft. stw 1557. 419 Seiten
- Die Verbindlichkeit des Vorübergehenden: Paradoxien der Mode. 192 Seiten. Kartoniert

Peter Fuchs

- Die Erreichbarkeit der Gesellschaft. Zur Konstruktion und Imagination gesellschaftlicher Einheit. 291 Seiten. Gebunden
- Intervention und Erfahrung. stw 1427. 160 Seiten
- Moderne Kommunikation. Zur Theorie des operativen Displacements. 248 Seiten. Gebunden
- Die Umschrift. Zwei kommunikationstheoretische Studien: »japanische Kommunikation« und »Autismus«. stw 1216. 198 Seiten
- Das Unbewußte in Psychoanalyse und Systemtheorie. Die Herrschaft der Verlautbarung und die Erreichbarkeit des Bewußtseins. stw 1373. 240 Seiten

NF 125/1/1.16

Peter Fuchs/Andreas Göbel (Hg.). Der Mensch – das Medium der Gesellschaft? stw 1177. 368 Seiten

André Kieserling
- Kommunikation unter Anwesenden. Studien über Interaktionssysteme. 520 Seiten. Gebunden
- Selbstbeschreibung und Fremdbeschreibung. Beiträge zu einer Soziologie des soziologischen Wissens. stw 1613. 306 Seiten

Bruno Latour
- Existenzweisen. Eine Anthropologie der Modernen. Gebunden. 665 Seiten
- Die Hoffnung der Pandora. Untersuchungen zur Wirklichkeit der Wissenschaft. Aus dem Englischen von Gustav Roßler. stw 1595. 386 Seiten
- Jubilieren. Über religiöse Rede. Gebunden und stw 2186. 250 Seiten
- Eine neue Soziologie für eine neue Gesellschaft. Aus dem Englischen von Gustav Roßler. Mit Abbildungen. 488 Seiten. Gebunden
- Das Parlament der Dinge. Für eine politische Ökologie. Aus dem Französischen von Gustav Roßler. 365 Seiten
- Wir sind nie modern gewesen. Versuch einer symmetrischen Anthropologie. Aus dem Französischen von Gustav Roßler. stw 1861. 205 Seiten

Bruno Latour/Vincent Lépinay
Die Ökonomie als Wissenschaft der leidenschaftlichen Interessen. Eine Einführung in die ökonomische Anthropologie Gabriel Tardes. Gebunden. 120 Seiten

Dieter Lenzen (Hg.). Irritationen des Erziehungssystems. Pädagogische Resonanzen auf Niklas Luhmann. stw 1657. 236 Seiten

NF 125/2/1.16

Niklas Luhmann

- Ausdifferenzierung des Rechts. Beiträge zur Rechtssoziologie und Rechtstheorie. stw 1418. 459 Seiten
- Das Erziehungssystem der Gesellschaft. Herausgegeben von Dieter Lenzen. stw 1593. 236 Seiten
- Funktion der Religion. stw 407. 324 Seiten
- Die Gesellschaft der Gesellschaft. Zwei Bände. stw 1360. 1164 Seiten
- Gesellschaftsstruktur und Semantik. Studien zur Wissenssoziologie der modernen Gesellschaft.
  Band 1. stw 1091. 319 Seiten
  Band 2. stw 1092. 294 Seiten
  Band 3. stw 1093. 458 Seiten
  Band 4. stw 1438. 185 Seiten
- Ideenevolution. Beiträge zur Wissenssoziologie. Herausgegeben von Andre Kieserling. stw 1870. 400 Seiten
- Kontingenz und Recht. Rechtstheorie im interdisziplinären Zusammenhang. Gebunden. 348 Seiten
- Die Kunst der Gesellschaft. stw 1303. 517 Seiten
- Legitimation durch Verfahren. stw 443. 261 Seiten
- Liebe. Gebunden. 94 Seiten
- Liebe als Passion. Zur Codierung von Intimität. stw 1124. 231 Seiten
- Macht im System. stw 2089. 156 Seiten
- Die Moral der Gesellschaft. Herausgegeben von Detlef Horster. stw 1871. 401 SeitenDie Politik der Gesellschaft. Herausgegeben von André Kieserling. stw 1582. 444 Seiten
- Der neue Chef. Gebunden. 120 Seiten
- Politische Soziologie. Gebunden und stw 2068. 499 Seiten
- Protest. Systemtheorie und soziale Bewegungen. Herausgegeben und eingeleitet von Kai-Uwe Hellmann. stw 1256. 216 Seiten
- Das Recht der Gesellschaft. stw 1183. 598 Seiten
- Die Religion der Gesellschaft. stw 1581. 368 Seiten

NF 125/3/1.16

- Schriften zur Kunst und Literatur. Herausgegeben und mit einem Nachwort von Niels Werber. stw 1872. 300 Seiten
- Schriften zur Pädagogik. Herausgegeben und mit einem Vorwort von Dieter Lenzen. stw 1697. 350 Seiten
- Soziale Systeme. Grundriß einer allgemeinen Theorie. stw 666. 675 Seiten
- Theorie der Gesellschaft. Neun Bände in Kassette. Die Kassette enthält: Soziale Systeme / Die Gesellschaft der Gesellschaft / Die Wissenschaft der Gesellschaft / Die Wirtschaft der Gesellschaft / Das Recht der Gesellschaft / Die Kunst der Gesellschaft / Die Politik der Gesellschaft / Die Religion der Gesellschaft / Das Erziehungssystem der Gesellschaft. Zusammen 5100 Seiten
- Die Wirtschaft der Gesellschaft. stw 1152. 356 Seiten
- Die Wissenschaft der Gesellschaft. stw 1001. 732 Seiten
- Zweckbegriff und Systemrationalität. Über die Funktion von Zwecken in sozialen Systemen. stw 12. 390 Seiten

Niklas Luhmann/Peter Fuchs. Reden und Schweigen. stw 848. 227 Seiten

Niklas Luhmann/Karl Eberhard Schorr. Reflexionsprobleme im Erziehungssystem. stw 740. 390 Seiten

Niklas Luhmann/Karl Eberhard Schorr (Hg.). Zwischen Intransparenz und Verstehen. Fragen an die Pädagogik. stw 572. 325 Seiten

Niklas Luhmann/Stephan H. Pfürtner (Hg.). Theorietechnik und Moral. stw 206. 267 Seiten

Rudolf Maresch/Niels Werber (Hg.)
- Kommunikation – Medien – Macht. stw 1408. 450 Seiten
- Raum – Wissen – Macht. stw 1603. 309 Seiten

NF 125/4/1.16